D1704059

Triumph der Moderne

Beiträge zur Geschichte und Kultur der Juden in der Schweiz
Band 19

Schriftenreihe des Schweizerischen Israelitischen Gemeindebunds

Angela Bhend

Triumph der Moderne

Jüdische Gründer von Warenhäusern in der Schweiz, 1890–1945

Die Druckvorstufe dieser Publikation wurde vom
Schweizerischen Nationalfonds zur Förderung der
wissenschaftlichen Forschung unterstützt.

Die vorliegende Arbeit wurde von der Philosophisch-Historischen
Fakultät der Universität Basel im Herbstsemester 2020 auf Antrag von
Prof. Dr. Jacques Picard und Prof. Dr. Stefanie Mahrer
als Dissertation angenommen.

Der Schweizerische Israelitische Gemeindebund und die Autorin danken allen Sponsorinnen und Sponsoren, die mit ihrer freundlichen Unterstützung die Realisierung dieser Publikation ermöglicht haben:

Adolf und Mary Mil Stiftung, Zürich
Dr. Alfred und Ruth Bloch-Dym-Stiftung, Zürich
Dr. Georg und Josi Guggenheim-Stiftung, Zürich
Dr. h.c. Emile Dreyfus Stiftung, Basel
Georges und Jenny Bloch-Stiftung, Kilchberg
Ilse und Ernst Braunschweig-Stiftung, Zürich
Jakob und Werner Wyler Stiftung, Zürich
Loeb Holding AG, Bern
René und Susanne Braginsky Stiftung, Zürich
Schweizerische Israelitische Emanzipations-Stiftung, Basel
Stiftung Irène Bollag-Herzheimer, Basel

Maus Frères, Manor und Jumbo im Andenken an Claude Lewin

Schriftenreihe des Schweizerischen Israelitischen Gemeindebunds
Projektleiterin: Valérie Arato Salzer
Wissenschaftlicher Beirat: Prof. Dr. Jacques Picard,
Prof. Dr. Stefanie Mahrer, Dr. Zsolt Balkanyi-Guery

Informationen zum Verlagsprogramm:
www.chronos-verlag.ch

Umschlagbild: Gebrüder Loeb Söhne Bern, Neueröffnung 1914.
Plakat von Emil Cardinaux. (Museum für Gestaltung Zürich,
Plakatsammlung ZHdK)

Print: ISBN 978-3-0340-1585-1
E-Book (PDF): DOI 10.33057/chronos.1585

Inhalt

«Inmitten dieser naturgemässen Entwicklung taucht nun plötzlich der Grossbazar auf mit dem Anerbieten, jedem alles, was er braucht, zu liefern! Ein solches Unternehmen ist wirklich wunderlich, paradox und ungeheuerlich; es steht in vollem Widerspruch mit unsrer modernen, wirtschaftlichen Entwicklung. Wo so ein Grossbazar sich auftut, ist darum stets eine bedeutende Aufregung in Geschäftskreisen zu bemerken. Es ist, als ob ein Hecht in den Karpfenteich versetzt würde, als ob in einer Kleinkinderschule ein volljähriger Elefant sich vorstellte als Mitgespiele!»

Zur Frage der Sonderbesteuerung der Grossbazare im Kanton St. Gallen. Eingabe an die Regierung des Kantons St. Gallen seitens der gewerblichen Vereine, St. Gallen 1906.

Dank

Alles nahm seinen Anfang, als mir mein Nachbar das Buch *Melnitz* des Schweizer Schriftstellers Charles Lewinsky in die Hände drückte. Ein faszinierender Roman, der mir anhand eines Familienepos die jüdische Geschichte der Schweiz in der Gründerzeit erzählte und der mich auf überraschende Weise zum Thema meiner Lizentiatsarbeit (2009) über die Gebrüder Lang, die Französische Warenhalle und als Folge grundsätzlich zum Thema der Warenhäuser geführt hat. Ich danke meinem Nachbarn Walter Roth sehr herzlich, da er mir damit einen entscheidenden Impuls für meine wissenschaftliche Themenfindung geliefert hat. Ebenfalls danke ich an dieser Stelle Prof. Heiko Haumann sehr, der mich zu diesem Thema ermuntert und mich auch in meinem Studium begleitet hat.

Das vorliegende Buch wäre ohne die zahlreichen Menschen, die mich in dieser Zeit mit Hilfe und vielen Ratschlägen begleitet haben, nicht zustande gekommen. An erster Stelle sei hier mein Doktorvater und Mentor Prof. Dr. Jacques Picard genannt, der meine Arbeit von Beginn an förderte und unterstützte, sie in all den Jahren mit grossem Interesse verfolgte und mir stets motivierend und unermüdlich mit wissenschaftlichem Rat zur Seite stand. Ihm gebührt ein sehr grosses und sehr herzliches Dankeschön! Für die Übernahme des Korreferats danke ich Prof. Dr. Stefanie Mahrer ebenfalls sehr.

Herzlich danke ich Daniel Teichman, der stets reges Interesse an meinen «Warenhausgeschichten» zeigte und dessen genealogisches Wissen mir manch erhellende, unvergesslich spannende und amüsante Momente bescherte. Für die wertvollen Hinweise zu der jüdischen Warenhausfamilie Knopf und zu weiterführendem Recherchematerial bin ich Bernd Serger, der selber an einer Publikation über die Familie Knopf arbeitet und mich freundlich in Freiburg im Breisgau empfing, sehr dankbar.

Auch ohne die vielen Zeitzeugen wäre das Buch in dieser thematischen Vielfalt kaum machbar gewesen. Durch ihre generöse Bereitschaft zu Gesprächen und den Zugang zu privatem oder in Familienbesitz befindlichem Archivmaterial konnten wertvolle Erinnerungen in dieser Arbeit gesichert werden. Ich danke deshalb François Loeb sehr, der mir Zugang zum Loeb-Archiv in Bern verschaffte und mich auf den Spuren seiner Vorfahren persönlich durch Freiburg im Breisgau führte. Unvergesslich wird mir hierbei die Fahrt im Twike auf der Suche nach dem Jüdischen Friedhof in Freiburg im Breisgau bleiben, wo seine Vorfahren begraben liegen. Ein grosser Dank geht auch an Thierry Halff, CEO von Maus Frères, der mich im Manor Genf empfing, mir nicht nur die schöne Firmenchronik seiner Familie schenkte, sondern mir auch trotz seines straffen Terminkalenders für wertvolle Stunden für Gespräche zur Verfügung stand und mir überdies Zugang zum Museum von Maus Frères verschaffte. Für das freundliche Gespräch und die tollen Fotos bedanke ich mich herzlich bei Claude Nordmann aus Fribourg. Ein sehr grosses Dankeschön geht an Edith Hornik-Beer aus Colorado (USA), Carol und

Heinz Roder-Bruce aus Zürich, Rico Brauchbar aus Basel, Carlo Goetschel aus Zürich (verstorben 2020), Eliane Bros-Brann aus Paris und Kenneth DuBroff aus New York. Sie alle haben mir bezüglich der Geschichte von Julius Brann eine enorme Hilfestellung geleistet, sei dies in Form von Gesprächen, Korrespondenzen, Erinnerungen oder Fotomaterial. Die Möglichkeit, einige von ihnen zu treffen, Zeitzeugen, die den allerersten und doch weitgehend in Vergessenheit geratenen Warenhausgründer der Schweiz noch persönlich kannten, war für mich ein grosses Privileg. Ebenfalls wertvoll waren mir die Zeitzeugen Gérard Kahn, Irène Bandle, René Strauss, Katja Guth-Dreyfuss, Thomas Ittmann und Jack Reinhardt-Lang, die mir ebenfalls sehr grosszügig zu Gesprächen zur Verfügung standen und mich mit privatem Archivmaterial versorgten. Herzlichen Dank zudem an Tamar und Charles Lewinsky für ihre Hilfe zu den Gebrüdern Lang und für das schöne Familienfoto aus dem Privatbesitz. Für weiterführende Hilfestellungen bedanke ich mich ebenfalls herzlich bei Petra Bonavita aus Frankfurt am Main und Werner Frenkel aus Lengnau.

Ich danke den vielen Archivarinnen und Archivaren – auch wenn ich nicht alle namentlich erwähnen kann – für ihr unermüdliches Heranschaffen von Quellenmaterial. Ein grosses und herzliches Dankeschön gilt hierbei Karin Beck vom Stadtarchiv Zürich, die mir von Anfang an mit Rat und Tat zur Seite stand und auf der Suche nach Meldekarten unzählige Male in die «Katakomben» des Archivs hinabgestiegen ist. Dasselbe gilt für Karin Huser vom Staatsarchiv Zürich, die mir bereits bei meiner Lizentiatsarbeit zum Thema der Gebrüder Lang mit Archivmaterial hilfsbereit den Rücken stärkte. Ebenfalls hilfreich war die Unterstützung von Claudia Klinkmann vom Staatsarchiv St. Gallen, die aus der Ferne etliche Rechercheaufträge erledigte.

Ein grosses Dankeschön geht an den Schweizerischen Israelitischen Gemeindebund, der diese Publikation ermöglich hat, insbesondere an Valérie Arato Salzer, Leiterin Kultur. Herzlichen Dank auch an Hans-Rudolf Wiedmer und sein Team vom Chronos Verlag in Zürich für das sorgfältige Lektorat und die Produktion des Buches. Für die finanzielle Unterstützung bedanke ich mich sehr herzlich bei Dr. Celia Zwillenberg aus Bern. Die spannenden, lehrreichen und mit vielen Freuden verbundenen Jahre als wissenschaftliche Assistentin am Seminar für Kulturwissenschaft und europäische Ethnologie in Basel wurden mir durch die Branco-Weiss-Professur von Prof. Jacques Picard ermöglicht, mit dem ich in diesem Rahmen durch das gemeinsame Projekt «Jüdischer Kulturraum Aargau» verbunden bin. Wertvoll war mir auch die gelegentliche Teilnahme am interuniversitären Doktorandenprogramm «Transformations in European Societies», wofür ich Prof. Walter Leimgruber und den vielen Kollegen und Kolleginnen aus diesem Wissensgefäss danke. Und mit den Zürcher Bürokollegen Daniel Thürer und Bernhard Schaer verbrachte ich jeweils tagespolitisch anregende Kaffeepausen!

Sehr herzlich bedanke ich mich bei meinen Freunden, die in all den Jahren regen Anteil am Entstehen dieser Arbeit nahmen. Vor allem Sandra und Matz Lüscher aus Bern, die bereits bei meiner Lizentiatsarbeit grosse Hilfestellungen und sorgfältige Korrekturen leisteten und manche Stunden mir stützend und motivierend zur Seite standen. Aber auch Sandra und Pädu Käser, Chrege und Roger A. Bachmann und Urs und Beatrice Ammann haben in unterschiedlichster Form zum Gelingen dieser Arbeit beigetragen. Ein herzliches Dankeschön geht auch an meine Familie, vor allem an meinen Vater Erich Schaffner, der mir mit seinem treuhänderischen Wissen so manche Bilanz aufschlussreich entschlüsselt hat.

Last, but not least bedanke ich mich von Herzen bei meinem Mann David Bhend, der mir immer wieder mit viel Geduld und Nachsicht den Rücken stärkte und der einen grossen Anteil an der Entstehung und am Gelingen dieser Arbeit hat. Ohne ihn wäre dieser Weg in meinem Leben nicht zu bewältigen gewesen.

Einleitung

Zu diesem Buch

> *«Department stores were neither a Jewish nor an American invention.»*[1]

Kurz vor Ausbruch des Zweiten Weltkriegs veräusserte der damals grösste Warenhausbesitzer der Schweiz, Julius Brann, sein Lebenswerk und emigrierte in die USA.[2] Die Übernahme des Warenhauses Brann durch den Verwaltungsratspräsidenten und nachfolgenden Warenhausbetreiber Oscar Weber erfolgte still und leise, in den Wirren des Krieges nahm kaum jemand Notiz davon, auch die Presse nicht. Erst zwei Jahre später wurde in einigen Zeitungsartikeln von diesem Besitzerwechsel berichtet, wohl hauptsächlich darum, weil 1941 auch der Wechsel des Firmennamens von Brann AG zu Oscar Weber AG offiziell vollzogen wurde.[3] Die Berner Wochenchronik schrieb damals: «Das Warenhaus Brann ändert seinen Namen in die Firma Oscar Weber A.-G. um, wird also christlich.»[4]

Salopp formuliert, umreisst obiger Satz im Wesentlichen meine Forschungsfrage und führt geradewegs in den Komplex des Buches hinein. Es muss also einst ein Warenhaus Brann in Bern gegeben haben. Doch wem gehörte es, und wer war Oscar Weber? Beides sind Warenhäuser, die es heute nicht mehr gibt und von deren Existenz viele nicht mehr wissen. Und weshalb wechselte das Warenhaus, mitten im Krieg, seinen Firmennamen? Und natürlich das Bemerkenswerteste an dieser Zeitungsnotiz: Ein «Warenhaus» wird «christlich»! Oscar Weber muss also «christlich» gewesen sein. Was war Brann, und weshalb wird dies derart betont?

Sowohl der am Ende des 19. Jahrhunderts aus der ehemals preussischen Stadt Rawitsch in die Schweiz eingewanderte Warenhausgründer Julius Brann als auch die Gründer der noch heute existierenden grossen Warenhäuser Loeb und Manor oder der wie Brann bereits verschwundenen Epa und Knopf und weiterer kleinerer Betriebe waren Juden. Das oben beigefügte Attribut des «christlichen» Warenhauses offenbart uns deutlich, dass das Warenhaus Brann gerade nicht als solches, sondern als «jüdisches» Warenhaus wahrgenommen wurde. Doch gibt es weder «jüdische Warenhäuser» noch «christliche Warenhäuser», es sind Zuschreibungen, die einen gewissen Wahrnehmungshorizont spiegeln. Leon Harris, Autor des Buches *Merchant Princes. An Intimate History of Jewish Families Who Built Great Department Stores*, und selber Spross einer jüdisch-amerikanischen Warenhausfamilie, vermerkte: «This is a book [1979] not about stores but about storekeepers and their families. Even more specifically, it is about Jewish storekeeping families and their influence in their communities, cultural and political as well as economic – an influence so large as to be disproportionate both to their number and to their wealth. If this were only a book about stores, it could not be limited to those owned by

Jews because such stores were no different from those owned by non-Jews. Department stores were neither a Jewish nor an American invention.»[5] Anders gesagt, man mag von einer «Geschichte der Schweizer Juden» oder einer «Geschichte der Schweizer Katholiken», von «Wirtschaftsgeschichte» oder «Kulturgeschichte» oder von der «Geschichte der Schweiz» sprechen, nicht aber im Sinne einer essenzialisierenden Zuschreibung von «jüdischen Waren» oder «christlichem Detailhandel».

Die Gepflogenheit, «nichtchristliche» von «christlichen» Betrieben zu unterscheiden, wie obiges Attribut «christlich» bezeugt, breitete sich in der Schweiz von Beginn weg in der Gründerzeit der Warenhäuser aus. Bereits 1903, gleichzeitig mit der Etablierung der Warenhäuser überhaupt, erschien im *Israelitischen Wochenblatt* ein Artikel, der gegen die Unterstellung, «alle Grosswarenhäuser seien von Juden gegründet worden», protestierte.[6] Der Schweizer Statistiker Carl Brüschweiler wies mehr als dreissig Jahre später in seiner 1938 veröffentlichten Studie *Beruf und Konfession in der Schweiz* nach, dass 1930 von 32 bestehenden Warenhäusern 16 einen «israelitischen Geschäftsinhaber» aufwiesen.[7] 1936 listet die Schrift von Erwin Denneberg 65 Warenhäuser auf, wovon gemäss einer Studie von Aaron Kamis-Müller 41 in jüdischem Besitze waren.[8] Ein auffallend hoher Prozentsatz also, wenn man bedenkt, dass die Juden zur selben Zeit an der Gesamtbevölkerung der Schweiz nicht mehr als 0,5 Prozent ausmachten.[9] Solche Feststellungen statistischer Natur, die das «Jüdische» gegen das «Nichtjüdische» stellten, waren in diesem Kontext politischen Erfordernissen geschuldet: «In einer Zeit, da der Religions- und Rassenbegriff in wichtigen Nachbarländern zu einem staatspolitischen Prinzip und die Judenfrage auch bei uns zum Programmpunkt militanter Parteikreise erhoben worden ist, werden statistische Angaben über die Gliederung unserer Bevölkerung nach Beruf und Konfession mehr als je vermisst»,[10] wie Brüschweiler vermerkte.

Um 1930 waren in der Schweiz rund 8000 Männer und 2500 Frauen jüdischen Glaubens erwerbstätig, was einen verschwindend kleinen Bruchteil der zwei Millionen Erwerbstätigen überhaupt ausmachte. Man könne deshalb, wie Brüschweiler spitz an die Adresse antisemitischer Argumente formulierte, kaum von einer «Verjudung» der schweizerischen Wirtschaft sprechen.[11] Zudem machten die Juden in keiner Berufsgruppe mehr als 3,5 Prozent aller Erwerbstätigen aus. In den handwerklichen und industriellen Bereichen waren sie marginal vertreten, und in der Landwirtschaft fehlten sie ganz.

Vielerorts waren die Warenhauspioniere jüdischer Herkunft.[12] In Deutschland waren bis auf Rudolph Karstadt alle namhaften Warenhausgründer jüdisch, und ein Grossteil dieser Gründer stammte gar aus derselben Ortschaft, aus dem ehemals zu Preussen gehörenden Städtchen Birnbaum. Auch in den USA wurden viele Warenhäuser von europäischen oder osteuropäischen Juden gegründet. In Grossbritannien wie auch in Frankreich war der jüdische Anteil geringer, in anderen Ländern wie Belgien und Österreich gehörten jüdische Warenhausgründer durchaus auch zu den namhaften Unternehmern. In der Schweiz kann man davon ausgehen, dass rund 50 Prozent aller Warenhäuser von jüdischen Einwanderern gegründet worden sind.

Juden sind in der Kategorie «Unternehmer» oder «Detailhändler», gemessen an ihrem Bevölkerungsanteil, also überproportional vertreten, was sich durch zwei Faktoren erklären lässt: Zum einen verblieben Juden oftmals in angestammten Berufszweigen und wandelten ihr Wissen gewinnbringend in Innovationen um – so eben auch im Handel, der ihnen als Betätigung vor ihrer rechtlichen Gleichstellung offenstand, oft in Kontrast zu jeglichen anderen Berufen, die ihnen aufgrund diskriminierender Verbote weitgehend verschlossen waren. Auch der Zugang zu eigenem Landbesitz blieb ihnen bis zur Emanzipation verwehrt, weshalb sie auch in der Landwirtschaft nicht anzutreffen waren. Als ihnen in der Schweiz auf nationaler Ebene 1866 die Freizügigkeit in der Niederlassung gewährt wurde, verschob sich der Lebensmittelpunkt vermehrt aus den Dörfern in die kleineren und grösseren Städte, wo sie unter anderem auch ihre eigenen Geschäfte eröffnen konnten. So wäre es eine plausible und naheliegende Annahme, dass im Zuge der Handelsrevolution daraus auch Warenhäuser entstanden. Doch gegen eine solche These spricht, dass in der Schweiz keines der grossen Warenhäuser von autochthonen Schweizer Juden gegründet worden ist. Im Gegensatz dazu stehen die Gründungen in Frankreich und Deutschland, wo freilich die Gründung von Warenhäusern weitgehend durch Zuzüger aus der Provinz vonstatten ging und nicht aus autochthonen Stadtbewohnern.[13] Der Gründer des Pariser Au Bon Marché zum Beispiel, Aristide Boucicaut, war der Sohn eines Hutmachers von Bellême im Departement Orne, der als Hausierer nach Paris gelangte.[14] Überhaupt sind bis auf Alfred Chauchard, den Gründer des Pariser Warenhauses Au Louvre, sowohl alle französischen als auch alle deutschen Warenhausgründer in Kleinstädten auf dem Land gross geworden.[15] Auch in Belgien waren die Warenhauspioniere der ersten Stunde fremde Einwanderer, die weitgehend aus ländlichen Dörfern Frankreichs stammten.[16]

Weit mehr lassen sich zum andern die Möglichkeiten der Mobilität im Rahmen von Urbanisierung und offenen Grenzen während der Formierung von industriegesellschaftlichen Verhältnissen anführen. Im Zeichen des Liberalismus wurden in der Schweiz die ersten Warenhäuser offensichtlich von Zuwanderern gegründet, von italienischen, französischen und vor allem deutschen Staatsangehörigen, unter den beiden Letzteren waren besonders viele Juden. Die um 1900 gegründeten ersten Warenhausunternehmungen in der Schweiz mit den Familien- bzw. Firmennamen Brann, Jelmoli, Loeb, Nordmann, Maus, Nordmann-Bloch, Knopf, Grosch & Greiff, Milliet & Werner und von Felbert waren «ausländische» Gründungen. Nur Globus, Kaiser und Gonset können als autochthone «schweizerische» Gründernamen gelten.[17]

Die Schwierigkeit der hier vorgelegten Darstellung liegt im Wesentlichen in der zuweilen als ambivalent gewerteten Frage nach dem spezifisch «jüdischen» Anteil der Warenhausgründer. Und um es gleich vorwegzunehmen: Die Juden haben das Warenhaus nicht erfunden, und selbstredend gibt es – es sei wiederholt gesagt – auch keine «jüdischen» Warenhäuser. Dennoch sind zeitgenössische Zumutungen, die Juden hätten das Warenhaus erfunden oder Warenhäuser seien «jüdisch», aufschlussreiche Aussagen, da sie in historischer Perspektive eine Ambivalenz verborgen halten, die sich bei näherem Hinsehen als Defizit an Erfindungsgeist entpuppt: Den Schweizer «Christen» hätten im

Prinzip alle Türen offen gestanden, selber Warenhäuser zu gründen, und sie hätten nicht dreissig Jahre warten müssen, bis eines der grossen Warenhäuser durch den zitierten Kauf von 1939 «christlich» geworden wäre. In den alten, privilegierten Strukturen verharrend oder gar sich in neokorporatistischen Kartellen verschanzend, begnügten sich die Eingesessenen offenkundig mit dem, was war und was sie hatten, bis innovative Zuwanderer neuartige Formen in Gewerbe und Dienstleistungen «erfanden». Lorenz Stucki generalisiert diese Konstellationen mit dem Fazit des Historikers, dass Ausländer der Schweiz viel Wohlstand gebracht haben.[18] In der Gründerzeit selber warf 1901 Johannes Blumer-Egloff als Beobachter und Kritiker die wohl noch aus dem Kulturkampf herrührende Frage auf, was geschehen würde, wenn Katholiken nur bei Katholiken oder Reformierte nur bei Reformierten ihre Bedarfsartikel einkaufen würden, und er sinnierte, dass es bei einem solchen Ausgang auch die jüdische Bevölkerung treffen würde: «Am schlimmsten erginge es dabei wohl den Israeliten, die [heute] bald überall die Mehrzahl der Detailmagazine besitzen, und vorab die Grossbazare würden hiernach bald leer stehen.»[19]

Die Handelsmethoden waren in Wirklichkeit auf der sich industrialisierenden und urbanisierenden Welt überall dieselben: grosser Umsatz, kleiner Preis, schneller Absatz, hohe Produktivität – und diese neuartige, als «revolutionär» empfundene Idee ist weder als «jüdisch» noch als «christlich», noch als «schweizerisch» oder sonst irgendwie essenzialisierbar zu kategorisieren. Jedoch genau dies wurde in der zeitgenössischen Publizistik so gemacht, wenn ein Zeitungsartikel Verkaufsbräuche um 1900 thematisierte: Die Schaufenster, die derart mit Auslagen vollgestopft waren, dass ganz bestimmt kein Tageslicht in die ohnehin trüben Verkaufsräume mehr dringen konnte, werden vom Autor als «Judenfenster» bezeichnet.[20] In Deutschland hingegen wurde allein das Wort Warenhaus als solches mit einer «jüdischen Firma» assoziiert.[21] Anders gesagt: Begriffe als Codes werden in der Untersuchung sehr genau betrachtet und problematisiert werden müssen.[22]

Die sogenannte Warenhausfrage wurde in der Schweiz dann dreissig Jahre später zu einem Politikum, als mit dem dringlichen Bundesbeschluss (Warenhausbeschluss, WHB) 1933 das Verbot von Neugründungen in die Bundesverfassung aufgenommen wurde, bis es 1945 wieder zur Aufhebung dieses antiliberalen Diktums kam. Am Entscheid der 1930er-Jahre auf Bundesebene waren auch rechtsgerichtete Kreise mit teils antisemitischen Argumenten nicht unbeteiligt, womit sich die prominenten Befürworter dieses neokorporatistischen Beschlusses in National- und Ständerat in eine heikle Position begaben.

Das Warenhaus vereint unter seinem Dach nicht nur ein immenses «Warenmeer», sondern auch ein Bündel an immer wieder kontrovers diskutierten Gesellschaftsfragen, wie etwa die Rolle der Frau, die zur Sucht gesteigerte Konsumbegeisterung oder die Abhängigkeiten des Verkaufspersonals und dessen Wohlbefindens vom Effizienzstreben der Kapitaleigner. Meinen Fokus habe ich nunmehr auf den Aspekt der jüdischen Unternehmer gesetzt, um mit einem Beitrag zur Kultur- und Wirtschaftsgeschichte der Juden in der Schweiz den empirisch bemerkenswerten Befund dieser Innovations- und Migrationskonstellation zu erhellen. Wir können diese Konstellation als Ausdruck jener Vielgestaltigkeit der Moderne erkennen, in deren Verlauf die beträchtliche Akkulturationsleistung der Juden teilhatte an der wirtschaftlichen und gesellschaftlichen Entwicklung, wobei Missgunst und feindliche Gesinnung gegenüber Juden, gerade angesichts ihres wirtschaftlichen Erfolgs, in Zeiten von Krisen und Verunsicherungen sich schnell wieder Bahn brachen. Auf der Bühne dieses Geschehens ist auch die Herstellung neuer Traditionen des Jüdischen im frühen 20. Jahrhundert zu beobachten. So zum Beispiel der Zionismus, der sozialistische Bundismus versus die seit Anfang des 19. Jahrhunderts entstandenen kulturprotestantischen Reformbewegungen der religiös Liberalen, denen sich in Gegenreaktionen wiederum die Orthodoxie in den Weg zu stellen versuchte. Sie sind nicht Gegenstand meiner Untersuchung, aber sie gehören in den Kontext europäischer Nationalgeschichten und der Verbürgerlichung im Zeichen liberaler und antiliberaler Prämissen, als eine «christliche» Mehrheit und eine «jüdische» Minderheit – so die dichotomen Container einer ungenügenden Beschreibung – einander rhetorisch wie kulturpolitisch gegenübergestellt worden sind.[23]

Die hier nur andeutungsweise aufgeworfenen Fragen erlauben uns, in eine Welt einzutauchen, die faszinierender und vielfältiger für eine historische Erzählung nicht hätte sein können. Sowohl das Thema des Warenhauses in all seinen Facetten als auch die jüdischen Warenhausgründer in der Schweiz stellen im engeren Sinne dieses Wortes ein Phänomen dar. Als solches wurden sie, wie wir sehen werden, zur besagten Gründerzeit selber charakterisiert. Als eminenter sozial- und wirtschaftsgeschichtlicher, aber auch kulturanthropologisch relevanter Dreh- und Angelpunkt in der Entwicklung von einer agrar- zu einer konsumorientierten Gesellschaft erweist sich das Warenhaus als ein höchst polyvalenter Schauplatz der Moderne. Es gibt wohl wenig solche Orte, an denen sich der Wandel der Gesellschaft mit all den Erwartungen und Verwerfungen mehr offenbart als am und im Warenhaus.

Multifokales Forschen: Überlegungen zur Theorie und Methode

> *«Den Menschen, der erkannt wird, machen Natur und Geschichte: aber der Mensch, der erkennt, macht Natur und Geschichte.» Georg Simmel, 1907*[24]

«In der Lebenswelt sind Individuum und System untrennbar miteinander verknüpft»,[25] schreibt Heiko Haumann unter Berufung auf Karl Marx, der 1845 das «menschliche Wesen» als «Ensemble der gesellschaftlichen Verhältnisse» bezeichnet hat.[26] Für die vorliegende Arbeit kann damit in aller Kürze eine richtungsweisende Aussage gemacht werden. Die jüdischen Warenhausgründer stehen als Individuen, als menschliche Subjekte, im Zentrum dieser Arbeit, dennoch sind sie und ihr Handeln unabdingbar eingebunden in Strukturen und Systeme. Der Philosoph Jürgen Habermas fasst dies in seiner *Theorie des kommunikativen Handelns* unter den Begriffen Kultur und Gesellschaft zusammen, wo alle Teile in einer sich wechselseitig beeinflussenden Abhängigkeit stehen.[27] Diese Einsicht in die gegenseitige Bedingtheit von Individuum und Gesellschaft hatte Norbert Elias bereits 1939 nach seiner Flucht aus Deutschland beschrieben: Der Mensch sei kein *homo clausus*, der für sich und in sich eine kleine Schöpfung wäre, die «letzten Endes ganz unabhängig von der grossen Welt ausserhalb seiner selbst existiert», vielmehr sei er Teil eines gesellschaftlichen Horizontes, einer «Gesellschaft der Individuen».[28] Auch die Protagonisten in diesem Buch sind Akteure in einem weitgespannten Netzwerk, dessen Konfiguration uns deren lebensweltliche Wirklichkeit vor Augen führt und worin das Ereignis, wie Rudolf Vierhaus formuliert, «als Knotenpunkt von Umständen, Handlungsmotiven und Folgewirkungen»,[29] rekonstruiert wird.

Eine solche Sichtweise, die das Alltagshandeln und die kulturellen Deutungsmuster historischer Akteure in den Blick zu nehmen vermag, konnte sich im deutschen Sprachraum innerhalb der Sozial- und Kulturgeschichtsschreibung erst nach Abkehr von der Strukturgeschichte in den 1970er- und 80er-Jahren durchsetzen.[30] Doch im Grunde genommen wurden Begriffe wie «Lebenswelt» oder «Zivilisation» als Prozessgeschehen des Menschen in der Gesellschaft als inkludierter Referenzrahmen bereits zu Beginn des 20. Jahrhunderts von verschiedenen Philosophen aufgegriffen. Dazu zählt insbesondere der deutsch-jüdische Philosoph und Soziologe Georg Simmel (1858–1918), der auch den Lebensweltbegriff zuerst verwendete.[31] Grundlegend für die Begriffsbildungen war das Denken des Phänomenologen Edmund Husserl (1859–1938), der die Lebenswelt des Individuums als den «Horizont» oder gar den «Welthorizont» bezeichnete und so der empirischen Forschung in Sozialwissenschaften und Pädagogik deren disziplinäre Erweiterungen und Fundierungen zuführte.[32] Die 1920er-Jahre dürften sich insgesamt als formative Periode neuer Begriffsbildungen in der Moderne bezeichnen lassen. Der Begründer der amerikanischen Kulturanthropologie, Franz Boas (1858–1942), stellte damals die Annahmen seiner Zeit infrage, das Individuum sei getragen von stabilen, ihm unverrückbar angeborenen Eigenschaften wie «Rasse» und es lasse sich in die Kategorien «primitiv» oder «fortschrittlich» einteilen. Die menschliche Lebenswelt, genauer die darin geübten Lebenspraxen, erscheint bei Boas als ein wechselseitiger Komplex, in welchem unterschiedliche Vektoren wirken: individuelle, gemeinschaftliche, gesellschaftliche, wirtschaftliche, ja auch ästhetische, klimatische und topografische Momente, die sich unter dem Begriff «Kultur» versammeln lassen.[33] Das zeigt sich auch daran, dass «Kultur» wie «Lebenswelt» im Plural präsentiert werden, um nicht in eine statische, dichotome Vorstellung dieser Begriffe zu geraten. «Wie kann man vermeiden», so stellt Stefanie Mahrer mit ihrer Frage einen allzu dialektisch gemeinten Zugang zu Lebenswelten zur Debatte, «dass man trotz aller methodischen Reflexionen in einer Beschreibung von Strukturen hängen bleibt oder aber den mikrohistorischen Blick nicht mehr zu lösen vermag?»[34] Gerade für die Darstellung der Geschichte der Juden muss, wie David Biale mit Rückgriff auf Clifford Geertz betont, die lebensweltliche Arena als Feld in ihren pluralen Praxen multifokal begriffen werden, um nicht im Kliff des Dichotomen hängen zu bleiben.[35]

Der kulturwissenschaftliche Blick, den wir heutzutage auf den im Mittelpunkt stehenden Menschen und dessen Geschichte und Gegenwart richten, ist also unvermeidlich auf die Beziehungen zu anderen Menschen oder sozialen Gruppen, auf Ordnungen und Strukturen in der Gesellschaft und deren

Einflüsse auf das Individuum und die damit verbundenen Vernetzungen und Mechanismen zu richten. Ein solcher Ansatz überwindet nicht nur den Gegensatz zwischen Mikro- und Makroperspektive, wie etwa die individuellen Biografien der jüdischen Warenhausgründer gegenüber dem Warenhaus als einer neuen Ordnung in gesellschaftlichen Strukturen, sondern rückt die Schnittstellen, wo sich Individuum, Gemeinschaften, Machtträger, Stil- und Denkkollektive und vieles mehr zu einem «System» formieren, in den Blick der Forschung.

Nur mit solch einem multifokalen Forschungsansatz konnte der Versuch unternommen werden, dem vorliegenden vielseitigen Thema gerecht zu werden. Denn wenngleich die jüdischen Warenhausgründer als Akteure im Zentrum der Betrachtungen stehen, entpuppt sich bei näherer Betrachtung auch das «System» Warenhaus nicht nur als eine evidente Schnittstelle, sondern darüber hinaus als ein auffallendes gesellschaftliches und kulturelles Phänomen, das nach einer erweiterten Blickweise verlangt. In dieser hier umrissenen Lebenswirklichkeit nimmt deshalb das Warenhaus selber viel Platz ein, wird gar durch seine polyvalenten Schauplätze in alle Himmelsrichtungen um ein Vielfaches erweitert, ohne dabei den handelnden Menschen aus dem Fokus zu verlieren. Die jüdischen Warenhausgründer sind hierbei nicht nur «Produkt» in dieser Geschichte, sondern sie sind auch deren «Initiator»: Das System (Warenhaus) handelt nicht selbst, sondern vermittelt über Menschen, wie Habermas ausführt, die, so lässt sich anfügen, in unterschiedlichen Arenen mit vielfältigen Absichten und Mitteln agieren.[36]

In diesem Sinne eröffnen uns die Lebenspraxen der jüdischen Warenhausgründer ein weites Spektrum mit zahlreichen Schnittstellen, die nicht nur naheliegende Forschungsfelder wie Biografie, Migration und Genealogie, sondern eben auch solche wie Mode, Konsum und Raum inkludieren. Ein solcher Facettenreichtum führt auch dazu, dass in diesem Buch die Methodendiskussion weitgehend da geführt wird, wo sie anhand des empirischen Materials beispielhaft stattfinden kann. Das in zwei Teile gegliederte Buch behandelt im ersten das System Warenhaus sowie die damit verbundenen kulturellen und gesellschaftlichen Ein- und Auswirkungen und im zweiten Teil den Menschen als Akteur und Warenhausgründer sowie die damit verbundenen Darstellungen von Familien- und Unternehmensbiografien. Dennoch muss, gerade im Sinne der vorangegangenen Theoriebildung, weitgehend davon abgesehen werden, diese beiden Teile isoliert zu betrachten – sie wurden auch nicht so geschrieben. So waren die für die Biografien wichtigen genealogischen, familiären und migrationshistorischen Erkenntnisse wegweisend, um im ersten Teil überhaupt zu einer nützlichen und plausiblen Aussage zu gelangen. Biografie versteht die Kulturwissenschaft als Verfahren, «das als nützliches Werkzeug für das eigene Forschen eingesetzt wird und Erkenntnisse für die Sozial- und Kulturwissenschaften zu generieren imstande ist».[37] Gerade in Bezug auf die Biografik erweitert Jacques Picard das Konzept der Lebenswelt im Rückgriff auf Kurt Lewin um eine Komponente beziehungsweise Perspektive, nämlich diejenige der Zeit und damit der Dynamisierung des Feldes. So sei die Kategorie der Lebenswelt nicht nur «als Schnittstelle von individueller und sozialer Welt» zu begreifen, sondern

Abbildung 1: Druckgrafik zur Eröffnung des Warenhauses Brann an der Bahnhofstrasse 75 in Zürich am 14. April 1900. Auf der Rückseite der eigens zur Eröffnung komponierte «Brann-Marsch».

auch als ein «lebensräumliche[r] Wandel», der unter Einwirkung «veränderte[r] Zeitperspektiven» zustande komme.[38] Beispielsweise würden im Fall von politischen Konstellationen Individuen gezwungen, ihre Lebenswelten zu verlassen und sich durch Migration neue zu erschliessen, eine Aussage, die es auch bei den jüdischen Warenhausgründern der Schweiz mitzudenken gilt. Sie alle verliessen ihre angestammten Herkunftswelten und mussten sich in eine neue und fremde, bestehende Lebenswelt einordnen lernen. Ihre Vergangenheit, sprich die alte Lebenswelt, wird damit «zu einem Herkunftspunkt für neue, als innovativ geltende Aspekte der vorgefundenen und gegebenen Lebenswelt gemacht».[39]

Das überaus reizvolle Thema der Mode konnte in einem eigenen Exkurs ausgeführt werden, der zeigt, dass auch Mode und Warenhaus in einem engen Verhältnis zueinander stehen. Die Mode als «sozialer Mechanismus» beeinflusste bereits damals Kultur und Gesellschaft derart stark, dass um 1900 führende Theoretiker unterschiedlicher Disziplinen wie etwa Georg Simmel, Herbert Spencer, Thorstein Veblen oder Werner Sombart über solch einen wirkmächtigen Antrieb sinnierten. Simmel liefert uns hierbei eine kulturanthropologische Sicht, Sombart eine ökonomische und Veblen weist mit seinem 1899 erschienenen Aufsatz *Theorie der feinen Leute* auf den Geltungskonsum der Arrivierten mit ihrem «demonstrativen Konsum» hin. Sowohl der Exkurs zur Mode als auch das Thema des Konsums, zu dem theoretische Überlegungen aufgrund seiner Komplexität als eigenes Kapitel in die Einleitung einfliessen, sind damit zwar vom Kontext etwas losgelöst betrachtet, auch wenn sie als Schnittstelle zur Lebenswelt der jüdischen Warenhausgründer gehören. Hingegen fliessen Überlegungen und Forschungsansätze zum Thema Raum an verschiedenen Orten in diese Arbeit ein. Das Warenhaus als neuer «Lebens-Raum» und «Erfahrungs-Raum» des Menschen erwies sich beispielsweise nicht nur als Katalysator hinsichtlich der Emanzipation der Frau. Als neuer und kollektiver «gesellschaftlicher Raum» wurden ihm zeitweise die unterschiedlichsten Bestimmungen zuteil, an einem einzigen Ort wurden mehrere Räume im Sinne von «Heterotopien» (Michel Foucault) vereint. So war der Raum des Warenhauses neben seiner genuinen Bestimmung als ein Ort des Konsums manchmal gleichzeitig Synagoge, Touristeninformation, Freiraum für ein Stelldichein im Café oder oftmals Kultur- und Ausstellungsraum von Kunst und Gewerbe, wie das Beispiel des Berliner Warenhauses Wertheim, in dem 1909 die erste internationale Ausstellung für Volkskunst durchgeführt wurde, zeigt.[40] Die Warenhäuser der ersten Stunde schufen durch ihre Architektur eine neue Raumordnung, waren es doch regelrechte und von Zeitgenossen auch so genannte «Paläste» oder «Tempel», die mittels ihrer Atmosphäre das Publikum in den Bann zu ziehen wussten. Derartige Überlegungen zu solchen durch Licht und eine extensive Präsentation von Materialität zustande gekommenen «ästhetisierten Realitäten» verweisen auf den Philosophen Gernot Böhme und seinen 2013 erschienenen Essay *Atmosphäre*.[41] Eine Diskussion, die für das Warenhaus damals wie heute als richtungs- beziehungsweise zukunftsweisend erachtet werden kann und die – auch im Sinne eines Ausblickes – am Ende dieses Buches als Anregung dienen soll.

Die hier ausgebreitete Vielfalt von Themen- und Forschungsfeldern führt zu einer multifokalen Betrachtung sowohl der jüdischen Warenhausgründer als auch des Warenhauses in dessen materieller Vielfalt. Ein immenser Reichtum, der sich auch auf den Forschungsalltag der Autorin auswirkte: Es erging mir manchmal wie in dem Beitrag *Vom Wesen der Kulturanalyse* von Rolf Lindner beschrieben: «[…] sich in ein Thema, einen Gegenstand ‹hineinbegeben› heisst, dieses Thema, diesen Gegenstand auf Zeit zu ‹leben› […] und ihm an den unmöglichsten Stellen [zu] begegnen.»[42] So traf ich auf das Warenhaus in meiner Freizeit und in den Ferien, in Tageszeitungen, Modekatalogen, Inseraten, Klaviernoten,[43] auf Fotografien, Ansichtskarten und Postern, in Romanen, Filmen,[44] der Musik und der Kunst[45] genauso wie in der wissenschaftlichen Literatur, auf dem virtuellen Flohmarkt, in Zeitzeugeninterviews oder Lebenserinnerungen. Viel empirisches Quellenmaterial, das teilweise neben der üblichen Feldforschung, in diesem Fall dem Archiv, an der einen oder anderen Stelle in diese Arbeit einfliessen konnte und das sich als buntes «Ensemble» zwischen den Deckeln dieses Buchs versammelt.

Phänomen Warenhaus

«Eines der grössten Wirtschaftsphänomene unserer Zeit sind die großen Basare»,[46] schrieb 1881 ein anonymer Autor in der Pariser Tageszeitung *Le Figaro*. In einem längeren Artikel über die damals aus dem Boden spriessenden Pariser Warenhäuser, wie das Au Louvre, das Au Bon Marché oder das La Belle Jardinière, erfährt man über die breiten, tief greifenden und revolutionär anmutenden Auswirkungen dieser neuen ökonomischen Vertriebsform.

Doch nicht nur diesem aufmerksamen Pariser Zeitgenossen sind die ungewohnt grossen und neuen Verkaufslokale des Einzelhandels ins Auge gesprungen. Auch der französische Schriftsteller Émile Zola (1840–1902) muss das Warenhaus als ein Phänomen erachtet haben, widmete er doch einen ganzen Band seines zwanzigbändigen Romanzyklus *Rougon-Macquart* (eine Natur- und Sozialgeschichte einer Familie im Zweiten Kaiserreich) dem *Paradies der Damen*, wie der Titel des 1882 erschienenen Buches heisst.[47] In eine Liebesgeschichte verhüllt, verarbeitete Zola darin seine Studien über die Pariser Grands Magasins. Damit setzte er dem Warenhaus ein viel zitiertes literarisches Denkmal. Just im selben Jahr erschien mit dem vom Journalisten Pierre Giffard publizierten *Paris sous la troisième République – Les Grands Bazars* eine weitere Studie, die das Thema des Warenhauses in all seinen Facetten auf rund dreihundert Seiten abzuhandeln wusste. «Wir haben alle Seiten des grossen zeitgenössischen Basars betrachtet. Wir haben seine Wunder und seine Niederträchtigkeiten studiert»,[48] schrieb er. 1894 publizierte die Zeitschrift *Revue des deux mondes* die Abhandlung *Le Mécanisme de la vie moderne. Les grands magasins* des französischen Historikers und Ökonomen Vicomte Georges d'Avenel.[49] D'Avenel, der sich insbesondere mit den vielschichtigen Aspekten des modernen Konsums auseinandersetzte – der Begriff «Mécanisme» ist bei ihm mit dem Begriff Konsum gleichzusetzen –, gilt als einer der scharfsinnigsten Beobachter hinsichtlich des Themas «Demokratisierung und Luxus».[50] Und als ein paar Jahrzehnte später auch in der werdenden Metropole Berlin ganze Häuserzeilen in monumentale Verkaufspaläste verwandelt wurden, erschien 1907 die Schrift *Das Warenhaus* des deutschen Theologen und Sozialdemokraten Paul Göhre. Dieser verglich das Warenhaus mit einem «modernen Ozeandampfer», beides Bauten von riesigen Dimensionen, «in deren Innern jedes Plätzchen auf das sorgfältigste und überlegteste ausgenutzt, in die das ganze komplizierte Leben der [...] Gesellschaft zusammengepresst»[51] sei. Beide, Ozeandampfer wie Warenhaus, seien «ein Triumph moderner, gesellschaftlich organisierter menschlicher Arbeit».[52] Göhres erschienene Studie wurde als zwölfter Band in der von Martin Buber herausgegebenen Reihe *Die Gesellschaft. Sammlung sozialpsychologischer Monographien* publiziert.

Bedeutende Quellen, die uns als Auftakt dieser Geschichte verraten, dass die Erscheinung des Warenhauses damals die Gesellschaft bewegt haben muss. Und das Wissen darum, dass Zola mit seinem Trivialroman *Das Paradies der Damen,* der dem Leser einen wirklichkeitsgetreuen Einblick in die faszinierende Welt der Pariser Warenhäuser der ersten Stunde gewährt, nicht nur als Schriftsteller, sondern auch wie ein Ethnologe mit dem Anspruch einer empirisch exakten Schilderung der Arbeits- und Lebensumstände unterwegs war,

Abbildung 2: Massenandrang und Publikumsmagnet. Warenhaus Au Bon Marché in Paris bei einer Neueröffnung. Ansichtskarte, o. J.

lässt verstehen, weshalb der Roman als eine Hauptquelle der Warenhausgeschichte gilt.[53] Zola hatte erkannt, dass Verkehr und Geschwindigkeit – Bedingtheiten von Raum und Zeit – die Grundlagen der Moderne waren und dass das Warenhaus in diesem neuartigen Ordnungsgefüge eine revolutionäre

Rolle spielen würde. Es war seine Absicht, schrieb er, dass *Das Paradies der Damen* eine Dichtung werden solle, «die das moderne Leben beschreibt».[54]

Überhaupt sind solche kulturanthropologischen Beobachtungen zu diesem «grössten Wirtschaftsphänomen», um das anfangs erwähnte Zitat nochmals aufzunehmen, literarisch vielfältig anzutreffen.[55] Die gesellschaftliche Bedeutung der Warenhäuser wird gerade dadurch erhöht, dass sie nicht nur in wissenschaftlichen Abhandlungen nachweisbar sind, sondern auch als Topoi von Handlungssträngen in Erzählungen und Romanen zum Thema geworden sind. Äusserst amüsant sind diesbezüglich die Beschreibungen in Scholem Alejchems *Marienbad*[56] zu lesen, einem Roman in Briefen, der 1917 im Original auf Jiddisch erschienen ist und in dem das Berliner Warenhaus Wertheim bereits auf den ersten Seiten zum prominenten Thema wird. Die aus Warschau stammende Beltschi Kurländer, die sich eigentlich auf dem Weg zur Kur nach Marienbad befindet, macht einen Abstecher nach Berlin und schreibt ihrem zu Hause weilenden Mann Schlojme Kurländer sofort: «Für zehn Pfennig bist Du auf der Leipziger Strasse beim Kaufhaus Wertheim. Und wie ist es möglich, in Berlin zu sein, ohne für eine Minute zu Wertheim hineinzugehen? [...] Den Namen Wertheim habe ich schon in Warschau gehört. Aber ich hätte mir nie vorgestellt, dass es auf der Welt ein solches Geschäft gibt! Was soll ich Dir sagen, mein teurer Gemahl? Was das Auge begehrt und der Mund ausspricht! Und Menschen! Keine Stecknadel kann zu Boden fallen! Und alles spottbillig. Genau halb so teuer wie bei uns auf den Nalewki.»[57] Zudem offenbart sie ihrem «teuren Gatten», dass sie vorhabe, bei ihrer Rückreise nochmals über Berlin zu gehen, um dann «in Ruhe, mit freiem Kopf, alles für den Haushalt einzukaufen, was man braucht». Einstweilen, so schreibt sie weiter, habe sie noch fast nichts gekauft, «nur ein wenig Wäsche, ein paar Sommerschuhe, einen Hut und einen Schlafrock mit Seidenschleifen, ein halbes Dutzend Unterröcke, einen grünen Seidenschirm, Handschuhe, Spitzen und Rüschen und noch anderes mehr, was ich für Marienbad brauche. Und da ich schon bei Wertheim war, konnte ich mich nicht zurückhalten und habe gleich noch ein halbes Dutzend Tischtücher und zwei Dutzend Servietten und eine Buttermaschine dazupacken lassen.»[58]

Was uns Scholem Alejchem über Wesen und Wirkung des Warenhauses in wenigen Zeilen offenbart (Konsumpalast, billiger Massenkonsum, Kaufrausch etc.), erhält bei dem aus Galizien stammenden jüdischen Schriftsteller und Journalisten Joseph Roth eine etwas andere Note. Seine im Auftrag der *Frankfurter Zeitung* durchgeführten Reisen, die später als Reisereportage in *Joseph Roth auf Reisen* zusammengefasst wurden, führten ihn unter anderem 1927 nach Neunkirchen, einer im Saarland gelegenen Arbeiterstadt, wo er eine ärmlich gekleidete Frau bei ihrem Besuch im Warenhaus beobachtet hat. Kulturanthropologisch gesehen sind gerade solch frühe Reisebeschreibungen als empirische Quelle bedeutsam, da sie oftmals den Blick für das Besondere, das sich vom Vertrauten unterscheidet, zu schärfen wissen.[59] Roths Aufzeichnungen kontrastieren denn auch mit der überschwänglichen Aufzeichnung in der Person einer Beltschi Kurländer und machen das Stadt-Land-Gefälle, Armut und Reichtum sichtbar: «Schräg gegenüber ist das Warenhaus. In kleinen Trupps kommen die Frauen und Töchter und Kinder der Arbeiter. Sie sehen,

Abbildung 3: Werbung des Pariser Warenhauses Au Louvre für die «weisse Woche / Vente Blanc» 1924.

wenn sie eintreten, noch schmaler aus, kleiner, enger, denn das Haus ist hoch und gross, viele Waren liegen da, die Preise obenauf, jeder Strumpf nennt ungefragt seinen Wert. Vieles ist hier zu haben, aber nichts umsonst, Verkäufer warten, Waren warten, gläserne Kästen warten, auf Geld, auf Geld, auf Geld. Vielleicht fühlen erst jetzt die Frauen, während sie eintreten, wie wenig sie haben. Denn was zu Hause noch kein Bedürfnis war, kann hier plötzlich eines werden, es liegt ein Stück da und erinnert daran, dass es gebraucht wird. Jeder neue Schuh gemahnt an den alten, zerrissenen, den man leider trägt, jeder wollene Strumpf an den baumwollenen, in dem man leider friert, jeder warme Mantel an den alten, kalten, in dem man leider steckt.»[60]

In der deutschsprachigen Literatur der Schweiz ist das Warenhaus als Topos lange Zeit selten bis gar nicht anzutreffen.[61] 1961 erschien mit Josef Vital Kopps *Der sechste Tag* ein Roman, der von einer jüdischen Handelsfamilie im Amt Sursee erzählt.[62] Der im luzernischen Beromünster aufgewachsene Altphilologe und Theologe Kopp verarbeitete darin seine Jugenderinnerungen. Die Figur des jüdischen Händlers Jesekeel Braun steht für die Familie Hei-

Abbildung 4: «Kathedrale des neuzeitlichen Handels» (Zola). Lichthof des Magasin du Printemps in Paris 1905.

mann, die ab 1873 in Sursee eine Tuchhandlung betrieb, die sich in den folgenden Jahrzehnten zum grössten Damenmodehaus der Luzerner Landschaft entwickelte.[63] In einem äusserst interessanten Zusammenhang aber taucht das Warenhaus im 1977 erschienenen Roman *Das Zusammensetzspiel* des Schweizer Schriftstellers Kurt Guggenheim auf, der das Warenhaus zum exemplarischen Gegenstand der neuen Volkskunde macht.[64] In der Hauptfigur treffen wir darin auf Hans Hiersiger, den ehemaligen Direktor des Instituts für Volkskunde an der Universität Zürich, der einem seiner Studenten das Warenhaus und den als «weisse Woche» deklarierten Ausverkauf in Anlehnung an Zolas *Das Paradies der Damen* als Forschungsarbeit schmackhaft zu machen versucht, indem er zu ihm sagt: «Drei Dinge haben sich nicht verändert, Herr Sonnhalder: die Frauen, das Warenhaus und die weisse Wäsche.»[65]

Doch welche Eigentümlichkeiten und welches Faszinosum wohnten dieser neuen Betriebsform inne, die nicht nur das Publikum in Scharen anzog, sondern zeitgenössische Wissenschaftler, Journalisten und Literaten veranlasste, darüber zu sinnieren und zu diskutieren?

Abbildung 5: Das Warenhaus als Ort des technischen Fortschritts: Einer der ersten Aufzüge im Warenhaus Grands Magasins du Louvre in Paris (Palais-Royal-Halle), Zeichnung von 1879.

Die Erfindung des Warenhauses bedeutete in der Mitte des 19. Jahrhunderts nicht nur eine neue Wirtschaftsidee, sondern war auch Ausdruck einer umfassenden gesellschaftlichen Veränderung. Einerseits führte die Einführung neuer Verkaufsmethoden, wie fixe Preise, freier Eintritt, Rückgaberecht der Ware, aber auch deren Inszenierung mittels Schaufensterpräsentation und Reklame, zu einer radikalen Umwälzung in den vom Einzelhandel dominierten Kleinbetrieben.[66] Bedingt durch das Zusammenspiel von demografischen Faktoren, vor allem Urbanisierung, Innovationen im Produktionsprozess, steigenden Löhnen und nicht zuletzt verbesserten Verkehrsmitteln, insbesondere der Eisenbahn, wurde die Entstehung des Massenmarktes ermöglicht.[67] Doch nicht nur hielt mit der Gründung des Warenhauses der Massenkonsum Einzug, sondern es begannen sich auch die Konsumenten als Masse zu fühlen, wie Walter Benjamin vermerkt hat.[68] Die industrielle Revolution verbesserte zusehends die Lebensbedingungen und schuf eine neue soziale Schicht: die Bourgeoisie, die es sich mit zunehmendem Wohlstand leisten konnte, über das Notdürftigste hinaus Geld auszugeben und Besitz anzueignen. Das Warenhaus gilt deshalb als sichtbares Zeichen des einsetzenden modernen Massenkonsums, als ein Symbol für den Transformationsprozess von einer produktions- zu einer konsumorientierten Gesellschaft.[69] Zudem ging die bahnbrechende Idee, Waren aus aller Welt unter einem Dach zu vereinen, einher mit der Schaffung einer völlig veränderten Gefühls- und Lebenswelt. Warenhäuser waren «Traumwelten» und «magische Plätze», und für manch einen Enthusiasten auch Orte des Abenteuers und der unbegrenzten Möglichkeiten, wie Paul Lerner schreibt.[70] Es waren neu geschaffene, halböffentliche Räume, die sich mitten in der Stadt nicht nur mit ihrer imposanten, sakral anmutenden Architektur, sondern auch mit ihrem ganzen Wesen wirkmächtig in Szene setzten. Einerseits kamen sie einem Mikrokosmos gleich, verfügten sie doch neben den Verkaufsräumlichkeiten auch über Erfrischungsräume wie Teestuben und Restaurants, Wintergärten, Leihbibliotheken, Reisebüros und Theaterkassen, Konzertsäle, Kinderspielzimmer, Kunstausstellungen, Frisiersalons, fotografische Ateliers, Bankabteilungen, Telefonzellen und vieles mehr.[71] Andererseits waren sie Nutzer und Träger des technischen Fortschritts, wie der Elektrizität in Form von Licht aus Glühlampen und für den Betrieb eines Fahrstuhls, später der Rolltreppe, aber auch von modernen Heiz- und Belüftungssystemen.

Beeindruckt von der als gigantisch und umfassend empfundenen, gezielt hervorgebrachten Raumgestaltung, die ein Gefühl der «Schwerelosigkeit» herbeizuzaubern schien, vermerkte Émile Zola 1881 in seinem Notizbuch: «Alles ist aus Backstein und Eisen gebaut. Die Fassade aus schönem Stein. Die Hallen sehr leicht, sehr hoch. Erdgeschoss fünf Meter, erste Etage vier Meter, die zweite drei Meter fünfzig hoch. Verglaste Hallen, durch ein Gitter geschützt, mit dekorierten Fensterscheiben für die Lüftung an den vier Ecken. Lüster, besonders in der grossen Halle, die zur rue de Sèvres hin liegt. Der Anblick dieser aufeinanderfolgenden Hallen, mit halbrunden Bögen, mit Galerien, die sich wölben wie Brücken, Treppen, die schwerelos wie ins Leere hinaufsteigen, mit übereinander gestuften Etagen, die Flucht all dieser Weiten, diese Auftürmung babylonischer Paläste, doch mit einer ausserordentlichen Schwerelosigkeit gebaut (Eisen und Backstein). [...] Das Überraschendste

also, diese dahinfliessende Galerie. Alte Eiche und Gold, sieht kostbar und etwas streng aus. Alles in der Luft, die Galerien, die Brücken, die Kundinnen, die vorübergehen.»[72]

Neue Raumkonzepte und Formen von Warenverkehr veränderten den Habitus des Grossstadtmenschen, und in der Folge stellte sich bald die sogenannte Warenhausfrage, die ein ganzes Bündel von gesellschaftlichen Problemlagen ansprach, wie Detlef Briesen ausführt: «Konsumenten- und Frauenrollen, Wirtschafts- und Marktordnungen, Mittelstandsfragen, Mode, soziale Zeichensysteme usw».[73] Bestehende Ordnungen, seien sie nun politischer, ökonomischer oder sozialer Art, gerieten mit der Erfindung des Warenhauses ins Wanken. Es gibt deshalb kaum einen zeitgenössischen Diskurs, in dem das Thema nicht verhandelt wurde.[74] Aus all diesen Gründen, resümieren Geoffrey Crossick und Serge Jaumain in *Cathedrals of Consumption*, erscheint das Warenhaus nicht als losgelöstes Studienobjekt, sondern als ein Phänomen, dessen Erforschung den Historiker in andere Dimensionen des sozialen, wirtschaftlichen und kulturellen Lebens führen kann.[75]

Von der Geburt des Konsumenten und dem Paradies der Damen

Die durch das Aufkommen der Warenhäuser einsetzende gesellschaftliche Veränderung ist auch im Wandel von Wortbedeutungen erkennbar, wobei sich dies im englischen Sprachraum deutlich besser fassen lässt. Unter «kaufen» oder «buying» kann man noch bis weit ins 19. Jahrhundert jenen Akt des Konsumierens subsumieren, der in der Folge von Produktion und Distribution als letzte Station eine einfache Bedürfnisbefriedigung und eine Wertverminderung durch Verzehr von lebensnotwendigen Gütern darstellt.[76] Unter «einkaufen» oder dem viel ausdrucksstärkeren Wort «shopping» hingegen werden die semantischen Aufladungen spür- und sichtbar. Shopping bedeutet weit mehr als nur den Akt des Kaufens, es impliziert ein sinnliches Ereignis, ist verbunden mit Emotionen und einer Inspiration, die durchaus und geradewegs und in den meisten Fällen dazu führt, dass man kauft, obwohl man nichts braucht. Das «triviale Ding»,[77] wie Karl Marx es in *Das Kapital* nennt, tritt nun plötzlich als Ware auf, wodurch es von einem «sinnlichen Ding» zu einem Fetischcharakter besitzenden «übersinnlichen Ding» mutiert. Eine solche Inszenierung und Aufladung einer Ware geschieht wohl weniger in einem dunklen Ladenlokal einer wenig frequentierten Pariser oder Zürcher Gasse als vielmehr in einem lichtdurchfluteten und von monumentaler Architektur beherrschten Umfeld.

Auch Émile Zola spricht in seinem Roman *Das Paradies der Damen* von einer solchen «Sakralität», indem er das Warenhaus mit kirchenräumlichen Begriffen wie «Tempel für den Verschwendungswahnsinn»[78] oder als «Kathedrale des neuzeitlichen Handels»[79] bezeichnet. Anhand einer Liebesgeschichte zwischen der Verkäuferin Denise Baudau und dem Warenhausbesitzer Octave Mouret zeichnet er die Entstehung und Entwicklung des Warenhauses nach, beschreibt das immense und schillernde Warenangebot und die revolutionären Verkaufsmethoden sowie den auf der ununterbrochenen und raschen Umset-

Abbildung 6: Ein anschauliches Beispiel des gewandelten Lebensgefühls im Fin de Siècle finden wir in einem Werk des deutschen Malers August Macke. Das 1913 in Thun entstandene expressionistische Ölgemälde mit dem Titel «Modegeschäft» zeigt einen Laden mit grossflächigen Schaufenstern und Menschen, die die Warenauslage betrachten oder unter den Lauben flanieren.

zung des Kapitals basierenden Handel. Die Protagonistin in diesem «paradiesischen» Setting von Haus und Waren ist – wie der Titel des Romans bereits verrät – die Frau.

Ihre Verführung als Konsumentin zieht sich wie ein roter Faden durch die Geschichte. Unter Mouret, der unablässig bemüht ist, «stärkere Verführungskünste zu ersinnen», erliegt die Frau der «Verlockung durch die niedrigen Preise», werden ständig «neue Gelüste erweckt», eine «ungeheure Versuchung», der sie «unvermeidlich erliegt und schliesslich von ihrer Gefallsucht bestochen und schliesslich verschlungen wird.[80] Die Verführung und «Ausbeutung der Frau»[81] wird mit der Eröffnung der grossen und im «feenhaften Glanz einer Apotheose» erleuchteten Weisswarenausstellung, ganz zum Schluss der Geschichte, gleichsam in ihrem ganzen Ausmass sichtbar als Verkörperung einer Metamorphose von «Konsum» zur «neuen Religion» und dem «Basar» zum neuen «sakralen Raum»: «Mouret war es, der sie [die Frau] in dieser Weise besass, der sie durch seine ununterbrochene Anhäufung von Waren, durch die Preisherabsetzungen und das Rückgaberecht, seine Galanterie und seine Reklame in der Gewalt hatte. Er hatte sogar die Mütter gewonnen, er herrschte über alle mit der Brutalität eines Despoten, dessen Laune Familien zugrunde richtet. Seine Schöpfung führte eine neue Religion herauf, die Kirchen, die der wankende Glaube nach und nach veröden liess, wurden in den nun unbeschäftigten Seelen durch seinen Basar ersetzt. Die Frau verbrachte jetzt bei ihm ihre leeren Stunden, die Stunden des Schauderns und der Unruhe, die sie einst in den Kapellen verlebte: unerlässliche Verausgabung nervöser Süchtigkeit, wiederauflebender Kampf eines Gottes gegen den Gatten, unaufhörlich erneuerter Kult des Körpers, dazu das göttliche Jenseits der Schönheit.»[82]

Zolas Ausführungen machen mehr als deutlich, dass das Warenhaus «das Haus der Frau» war.[83] Eine Tatsache, die in zeitgenössischen Quellen immer wieder betont wurde: Im Unterschied zur Produktion war Konsum die Domäne der Frau, wie Heinz-Gerhard Haupt ausführt, und dessen Organisation sei der Frau zugedacht. Dies entnimmt man beispielsweise dem *Conseiller des Dames* von 1847/48, der schreibt, dass die Organisation des Familienlebens «in der Überwachung der Dienstboten, der Verfügung über das Konsumbudget, der Aufsicht über die Reinigung und [das] Polieren der Möbelstücke» bestehen.[84] Die Frau avancierte zur «Managerin» der Familie und der Konsum zum weiblichen Herrschaftsgebiet. Obschon Letzteres durch gesellschaftliche Verhaltensnormen begrenzt war und auch die Einkäufe kontrolliert wurden, eröffnete es den Frauen neue Handlungsspielräume, die sie zu nutzen wussten. Als legitimer sozialer Raum, als «Konsumraum», bot das Warenhaus den bürgerlichen Frauen einen Ort, an dem sie, ohne um ihren Ruf fürchten zu müssen, einkaufen gehen konnten. Gefürchtet hingegen wurden diese neuen Handlungsspielräume damals von einigen Zeitgenossen, wie Erika Rappaport nachweist: «In einer Zeit, in der das Ansehen und die soziale Position einer Familie davon abhingen, dass die Mittelschichtsfrau und -tochter dem Markt, der Politik und dem öffentlichen Raum fern bleiben, brach die einkaufende Frau mit dieser Norm.»[85] Haupt schreibt indes auch, dass die Frau nicht ohne Begleitung einkaufen gehen konnte, denn gerade im Warenhaus sah die bürgerliche Öffentlichkeit einen Ort, an dem für die Frauen Gefahren lauern würden.[86] Damit sei nicht nur auf die bereits von Zola beschriebene Verführung der Frau verwiesen, sondern auch auf andere negative Auswirkungen des Warenhauses wie etwa Diebstahl und weitere moralische Verwerflichkeiten (wie wir weiter unten noch sehen werden) oder ganz generell auf eine Kritik am Massenkonsum. Warenhäuser rückten am Ende des 19. Jahrhunderts immer mehr in den Fokus einer konservativen Luxuskritik, da sie mit ihrer Verführung zur Lust auf Luxusprodukte angeblich die Kraft der Bevölkerungen schwächten, was als Zeichen der Dekadenz angesehen wurden.[87]

Abbildung 7: «Tempel für den Verschwendungswahnsinn» (Zola). Der Lichthof mit den neuen Galerien im Warenhaus Bon Marché in Paris 1880, Zeichnung von M. Scott.

Der Begriff Konsum: Schillernde Semantik und sich wandelnder Sprachgebrauch

Solcherart an den «Massenkonsum» gerichtete Kulturkritik deutet schon auf die im 20. Jahrhundert viel diskutierten Debatten über den Begriff Konsum selber hin. Die Einführung von neuen Produktionsmethoden in den Vereinigten Staaten zu Beginn des 20. Jahrhunderts, verknüpft mit Rationalisierung und arbeitsteiliger Herstellung unter dem heute gehandelten Kennwort «Fordismus», rückt – gerade durch die Kritiker – den Konsumbegriff in eine neue Dimension. Die Verbilligung von Produkten sollte es grossen Schichten der Bevölkerung ermöglichen, sich mit bislang als luxuriös geltenden Gütern des Alltags einzudecken. Der Begriff Konsum erfuhr eine optimistische Deutung, indem er in Nordamerika besonders durch Thorstein Veblen und Hazel Kyrk mit der Vorstellung, was moderne Zivilisation ausmacht, und insbesondere mit dem Begriff Kultur verbunden wurde.[88] Deutlich wird diese Linie der Progressiven und der amerikanischen Pragmatisten beispielsweise bei Horace Kallen, der den Begriff Cultural Pluralism geprägt hat.[89] Seiner Auffassung nach richtet sich die Bewegung des Consumerism als Theorie und Praxis gegen das «Big Business» in den Händen einer schmalen protestantisch-weissen Elite, die Gewinne und Wachstum bloss auf die eigene Kapitalakkumulation ausrichte und nicht auf eine Verflüssigung und Umverteilung der angesparten Mittel, die klüger als Bildungsinvestitionen und Lebensqualität dem Konsum zuzuführen seien und so den Mittelstand verbreitern würden.[90] Der Konsumbegriff wird also hier mit Bildung, Kultur und neuer Urbanität verbunden. In den 1930er-Jahren galt dann die Sorge der Consumerism-Debatte – mit Blick auf Faschismus, Rassismus, Nationalsozialismus – gerade auch der Arbeiterschaft, deren Einbindung in den Prozess der Vergesellschaftung mittels Bildungs-, Wohn- und Güterkonsum durch *cooperatives*, das heisst durch Genossenschaften unterschiedlichster Zweckausrichtung, sichergestellt werden sollte. Die in Theorie eingefasste und nur teils in Praxis umgemünzte Consumerism-Bewegung, die in den New Deal der Liberalen einfloss, hat sich in der Philosophie des Communitarism auch in der amerikanischen Nachkriegszeit weiterhin halten können.[91]

Die Zerschlagung solcher Genossenschaftstraditionen auf der anderen Seite des Atlantiks, im nationalsozialistischen Machtraum, hebt die Bedeutungsverschiebung des von den Nationalsozialisten abgelehnten Konsumbegriffs von einer weiteren Seite hervor – der «Konsum» erschien vor 1933 als der genossenschaftlich organisierte Ort, wo lebensnotwendige Nahrung und günstige Alltagsgüter des Haushaltes gekauft werden konnten. Auch die Idee einer gemeinwirtschaftlich betriebenen Landwirtschaft und ebensolchen Stadtsiedlungen, wie sie der jüdische Soziologe Franz Oppenheimer propagierte, gehören in dieses Bild.[92] Im deutschen Sprachgebrauch hat sich trotz der Ablehnung des Konsumbegriffs durch die Nationalsozialisten diese Variante in Wendungen wie «Konsummargarine» gehalten.[93] In der Schweiz bedeutet bis heute die Wendung «in den Konsum gehen» den Einkauf von Lebens- und Haushaltsmitteln in Genossenschaften wie Coop, Migros oder Usego. Kurz gesagt, hier scheint der Begriff Konsum sich auf den Einkauf und Verzehr der gewöhnlichen, kostengünstig erwerbbaren Lebens- und Haushaltsmittel zu beschränken. Nichtsdestoweniger ist es bezeichnend, dass in der Schweiz Migros und Coop – Letzterer ist aus Konsumgenossenschaften der Arbeiter entstanden, bis heute sind beide als Genossenschaften im Detailhandel marktbeherrschend – sich in der Nachkriegszeit mit eigenen Bildungs- und Kulturangeboten profilierten. Dies erinnert an die in den 1920er-Jahren in den Vereinigten Staaten aufgekommenen Theorien des Konsums, die forderten, die aus Massenproduktion resultierenden Gewinne zugunsten von Bildung für alle, partizipativer Kultur und kooperativen Wohnmöglichkeiten zu nutzen.

Die vor der nationalsozialistischen Verfolgung nach Nordamerika geflohenen Intellektuellen, die von marxistischer und zivilisationsskeptischer Kritik des Kapitalismus geprägt waren, wollten angesichts des erstaunlichen Massenkonsums in den amerikanischen Städten den optimistischen Konsum- und Kulturbegriff vieler Amerikaner nicht teilen. Aus der Erfahrung des Zusammenbruchs bürgerlicher Gesellschaften in Europa ging bei ihnen die Kritik der amerikanischen Konsumgesellschaft hervor, die jedoch gleichzeitig die Kulturpropaganda der nationalsozialistischen Massenmedien im

Ohr hatte. Ein Begriff wie «Kulturindustrie», wie ihn Max Horkheimer und Theodor Adorno 1947 prägten, oder die Rede vom Hedonismus und Materialismus der Konsumgesellschaft, die immer nur neue Bedürfnisse schaffe, wie der an der amerikanischen Westküste lehrende Herbert Marcuse kritisierte, prägten seit den 1960er-Jahren zusehends auch die deutschsprachigen Debatten.[94] Die Kritik des Amerikaners John Kenneth Galbraith an der «Gesellschaft im Überfluss»[95] trug seit den 1950er-Jahren zu der nunmehr sehr skeptischen und negativen Haltung gegenüber dem Konsumbegriff bei; er prägte den Ausdruck und die Rede von der Überflussgesellschaft.[96] Vor allem aber ist in der amerikanischen und bald auch europäischen Nachkriegszeit die Macht der Verbraucher zum Thema geworden, endgültig in die Öffentlichkeit brachte George Katona den Begriff Massenkonsum durch seine Studie «The Mass Consumption Society».[97]

Erst durch französische Soziologen[98] oder englische Sozialhistoriker[99] kamen neuartige Fragestellungen und Überlegungen zum Thema Konsum auf, womit die Bedeutung des Konsumbegriffs sich ein weiteres Mal wandelte. John Brewer und Roy Porter sehen den Begriff Konsum weniger als Schlüssel für das geschichtliche und gesellschaftliche Verständnis der Moderne als vielmehr für ungewohnte Deutungsansätze zur Geschichte der Neuzeit. Seit den 1990er-Jahren wird also Abstand von einer moralischen Verklärung oder Verdunkelung des Begriffs Konsum genommen, der den politischen und intellektuellen Streit so lange dominiert hatte.

Vom Basar zum Warenhaus: Begriff, Thematik und Problem des «Warenhauses»

Was ist ein Warenhaus? Diese für den heutigen Konsumenten etwas simple Frage offenbart uns erst bei näherem Hinsehen ihre Schwierigkeiten, vor allem hinsichtlich der Abgrenzung von jenen Betrieben, die kein Warenhaus sind. Was ist beispielsweise der Unterschied zum Kaufhaus, welcher zum Einheitspreisgeschäft, welcher zum Modehaus? Hat es etwas mit Grösse und Architektur zu tun oder nur mit dem Sortiment? Und wann wurde dieser Begriff in der Schweiz verwendet?

Mit dieser anscheinend komplexen Frage «Was ist ‹Warenhaus›»[100] musste sich der Schweizer Professor Eduard Schulze 1899 in seinem Gutachten *Der Kleinhandel und die Warenhäuser* beschäftigen, aufgrund eines von den Gewerbetreibenden St. Gallens an den Regierungsrat geichteten Postulats, dass «Grossbazare» mit einer Sondersteuer zu belegen seien. Das Dilemma mit dem Begriff Warenhaus wird in den Ausführungen von Schulze schnell klar, wenn er schreibt, dass Eigenschaften wie ständiger Markt, Lockartikel, glanzvolle Ausstattung und Dekoration, ungezwungene Bewegung des Publikums, grosser Umsatz, ausserordentlicher Umfang des Betriebes und aussergewöhnliche Vielheit der Artikel viel zu subjektiv, zu dehnbar seien und teils zu enge, teils zu weite Merkmale aufwiesen. Überdies fehle ein verwaltungsrechtlich brauchbarer Begriff als Grundlage für eine steuerliche Behandlung.[101]

Bis eine solche verwaltungsrechtliche Bestimmung in tauglicher Begriffsform vorhanden war, sollten noch etliche Jahre vergehen. Fünfzehn Jahre später und einmal mehr aufgrund der Forderung nach einer gesetzlich verankerten Besteuerung der Warenhäuser, diesmal durch Eingabe des Gewerbeverbandes der Stadt Zürich, schrieb das Warenhaus Jelmoli zu deren Verteidigung: «Die wissenschaftliche Nationalökonomie hat immer und immer wieder darauf hingewiesen, dass das ‹Warenhaus› durchaus keiner genau abgrenzbaren Kategorie von Geschäften entspreche, indem das wirkliche Leben tausend Übergangsstadien vom reinen Spezialgeschäft bis zum ausgesprochenen ‹Allesverkäufer› kennt.»[102] Gemäss Denneberg wurde eine genaue Definition des Warenhauses und wie es sich von allen anderen Geschäften des Einzelhandels abgrenzen lässt, auf politischer Ebene erstmals 1919 diskutiert, als der Grosse Rat des Kantons St. Gallen ein Gesetz über die «Sonderbesteuerung der Warenhäuser und der Zweigverkaufsgeschäfte» erliess.[103] Doch noch 1933, mit dem als dringlicher Bundesbeschluss eingeführten Warenhausbeschluss, der die Neueröffnung, Erweiterungen und eine Filialbildung von Warenhäusern verbot, konnte der «Bestand an Warenhäusern» infolge «der Schwierigkeit der Begriffsabgrenzung» nicht eindeutig bestimmt werden.[104]

Mit solch einer Problematik stand die Schweiz nicht alleine da. So schreibt Uwe Lindemann für Deutschland, dass bereits 1896 «sachliche und begriffliche Unklarheiten» die Ausarbeitung einer Sondersteuer für Warenhäuser erschwerten. «Nicht nur kursierten um 1900 verschiedene Bezeichnungen für das, was heute als ‹Warenhaus› bezeichnet wird. In Anspielung auf die vermeintlich orientalische Herkunft der Warenhäuser spricht man etwa vom ‹Grossbasar› oder in Ableitung des französischen Begriffs ‹Magasins de Nouveautés› vom ‹Grossmagazin›. Auch ist keineswegs klar, was der Begriff ‹Warenhaus› inhaltlich impliziert. Ende des 19. Jahrhunderts gibt es vielfältige Ausformungen des Einzelhandels, die zum Teil erhebliche regionale Unterschiede aufweisen.»[105]

Der Begriff Warenhaus oder «Waarenhaus» war im Prinzip nicht sonderlich neu, existierte er doch seit dem 18. Jahrhundert und bedeutete damals schlicht ein «Lagerhaus für Warenvorräte».[106] Doch mit dem Aufkommen des Warenhauses als einer neuen ökonomischen Betriebsform des Einzelhandels mussten diese unter dem Begriff Warenhaus subsumierten Inhalte auch für die Schweiz neu definiert werden. Denneberg fasste dies 1937 folgendermassen zusammen: «Ein Warenhaus ist ein Einzelhandelsbetrieb, der verschiedene, weitgehend spezialisierte Warengruppen, die nicht in einem innerlichen Zusammenhang zueinander stehen, führt und diese gegen Barzahlung zu individuell festgesetzten Preisen, die auf Grund des Produktionspreises errechnet werden, verkauft.»[107]

Der hauptsächliche Unterschied zum Kaufhaus liegt darin, dass dieses nicht Waren aller Art führt, sondern nur solche, die in einem «innerlichen Zusammenhang» stehen. Vom Abzahlungsgeschäft, das dem Kunden Waren auf Kredit mit Ratenzahlung gewährt, grenzt sich das Warenhaus durch sein Prinzip der Barzahlung ab.[108] Das Einheitspreisgeschäft hingegen unterscheidet sich vom Warenhaus wiederum durch eine Verkaufspreisberechnung, die sich genau gegenteilig gestaltet. Das Warenhaus errechnet, wie alle anderen Betriebsformen, anhand des objektiven Wertes (Produktionspreis)

Abbildung 8: Ein anschauliches Beispiel für die etwas willkürliche Benutzung des Begriffs Warenhaus in der Schweiz. Abgesehen vom Schild deutet nichts auf die moderne Betriebsform hin. «Waarenhaus J. Aufricht» von dem aus Freistadt stammenden Ignaz Aufricht an der Stadthausstrasse 29 in Winterthur, Fotografie um 1915.

den «psychologisch richtigen» Verkaufspreis. Das Einheitspreisgeschäft hingegen ist gezwungen, von einem festgelegten Verkaufspreis auszugehen und daraus den Einkaufspreis zu errechnen, «zu welchem zu kaufen ihm möglich ist».[109] Bereits vor den 1929 in der Schweiz lancierten Epa-Warenhäusern gab es Betriebe, die zum Einheitspreis verkauften. Das Herrentextilgeschäft von G. Naphtaly beispielsweise führte ein «Einheitspreis-Spezialgeschäft»,[110] da dieses nur eine Warengruppe in seinem Sortiment besass. Naphtaly war ein kreativer Reklamemacher, der seine Herrenanzüge in originellen Werbeinseraten in Versform zum Kauf anpries: «Ich verzicht d'rauf, an einem Kunden zu verdienen viel / Mir genügt bescheid'ner Nutzen, nur die Masse ist mein Ziel / D'rum geb' für Frank fünfunddreissig Ich den besten Anzug schon / Dass die Kunden wiederkommen, Dieses ist mein schönster Lohn / Und es sprachen alle Gäste: ‹Sieger der Naphtaly heiss! / Seine Kunden fahr'n am besten, den er hat den Unipreis!›».[111]

Schwierig gestaltet sich auch jene Abgrenzung, die versucht, den Unterschied in der Gemischtwarenhandlung als «Kleinbetrieb» und dem Warenhaus als «Grossbetrieb» zu sehen. Gross und klein hat man oft in Zahlen übersetzt, etwa die Anzahl der Angestellten, die Höhe des Jahresumsatzes, der Flächeninhalt der Verkaufslokale. Als problematisch erweist sich die Unterscheidung zwischen gross und klein gemäss Denneberg vor allem dann, wenn gleich grosse Geschäfte in ländlichen Gegenden als Grossbetrieb angesehen würden, während es in einer Grossstadt niemandem einfiele, von einem Grossbetrieb zu sprechen.[112]

Was bei aller ökonomischen Kategorisierung hierbei ausgeklammert wird oder jedenfalls nicht zum Tragen kommt, ist gewissermassen das Wesen, welches sich in diesem substanziellen Begriff verborgen hält. Der deutsche Soziologe Werner Sombart, der sich in seiner 1928 erschienenen Abhandlung *Das Warenhaus – ein Gebilde des hochkapitalistischen Zeitalters* kritisch mit diesem Thema auseinandergesetzt hat, hält fest, dass man ein Warenhaus am besten einordnen kann, wenn man die Züge des handwerksmässigen und frühkapitalistischen Detailhandels ins Gegenteil verkehrt: «[...] der alte Detailhandel war statisch, das Warenhaus dynamisch, dort alles fest, hier alles im Fluss. Früher klein, jetzt gross. Früher dunkel, jetzt hell. Früher Seele, jetzt Geist.»[113] Sombart schlussfolgert denn auch über das Warenhaus, dass «dieses [...] das rechte Kind des hochkapitalistischen Zeitalters [sei]», womit er in eine nicht ganz unempfindliche Kerbe hieb. Bereits um die Jahrhundertwende wurde das in Deutschland von Kulturpessimisten zur «hassenswerten Betriebsform» erklärte Warenhaus auch Zielscheibe antisemitischer Angriffe.[114]

Georg Wertheim, der Gründer eines der grössten Warenhäuser Deutschlands, reagierte auf solch gehässige Anfeindungen mittels Abgrenzung in der Begrifflichkeit: «Um dem Wort Ramschbazar, das durch das Geschäft von Lubasch und die 50-Pfg.-Bazare, die damals aufgekommen waren, starke Verbreitung, besonders durch antisemitische Zeitungen, gefunden hatte, entgegenzuwirken, setzten wir auf meine Veranlassung in unseren Inseraten und auf den Reklamewagen beharrlich unserer Firma A. Wertheim die Bezeichnung Warenhaus hinzu»,[115] schrieb er in sein Tagebuch. So bürgerte sich gemäss den Wertheim-Biografen der Begriff «Warenhaus», mit dem man Qualität anstelle von Ramsch verbinden sollte, in Deutschland allmählich ein.[116]

Wie es scheint, war der Begriff Warenhaus lange Zeit ein diffuser. Nicht zuletzt geht dies aus einer uneinheitlichen Handhabung in Adressbüchern und Printmedien hervor. Ein Blick in die Adresskalender von Luzern und Basel zeigt, dass die Warenhäuser oftmals noch unter der Bezeichnung «Weisswarengeschäfte», «Modewarengeschäfte» oder «Merceriegeschäfte» zu finden sind, auch wenn sie formal schon ein Warenhaus waren. Beispielsweise führte Luzern die Rubrik «Warenhaus» 1907 ein, Basel erst 1922.[117]

Auch solche Einträge sind nicht wirklich repräsentativ, wie Stichproben im *Schweizerischen Handelsamtsblatt* und in zeitgenössischen Zeitungen ergaben. So hat der aus Russland stammende Max Itzigsohn sein in Winterthur ansässiges Manufakturwaren- und Konfektionsgeschäft bereits 1895 kühn als «Englisches Warenhaus» bezeichnet.[118] Die vom Aargauer Kilian Wyler gegründete Berner Warenhalle warb 1893 im *Walliser Boten* mit dem Slogan «Grösstes Versand- und Waarenhaus der Schweiz».[119] Überhaupt wurde im Zusammenhang mit dem Begriff Warenhaus schnell einmal zu Superlativen gegriffen. Globus inserierte 1896 als das «grösste Warenhaus der Schweiz», als «grösstes sehenswertes Warenhaus der Schweiz» und als «Universalquelle für Festgeschenke».[120] Jelmoli präsentierte sich anno 1900 als «Grösstes Etablissement der Schweiz. Sortimentshaus aller Bedarfs-Artikel».[121] Und als «grösstes» und «allererstes Warenhaus» der Schweiz priesen sich 1897 in Basel sowohl die Gebrüder Loeb als auch Julius Brann beim Publikum an.[122] Gänzlich unbekannt scheint der am Weinplatz an der Limmat in Zürich gelegene Bazar zum Storchen (heute Hotel Storchen), der von 1880 bis 1938 bestand und seinerzeit eines der modernsten Kaufhäuser in Zürich gewesen sein soll. Das Kaufhaus, das vom ursprünglich aus Baden stammenden jüdischen Kaufmann Karl Lang-Schleuniger (1846–1908) gegründet wurde, besass 1904 eine Wasserheizanlage, einen hydraulischen Warenaufzug und einen Briefaufzug.[123]

Auch international betrachtet waren die in den Metropolen beheimateten Warenhausgründer in der Darstellung ihrer Unternehmen wenig bescheiden. Während beispielsweise das Londoner Warenhaus Whiteley für sich die Bezeichnung eines «Universalproviders» in Anspruch nahm, warb um die Jahrhundertwende das Warenhaus Harrods mit dem Slogan «Harrods Serves the World», und die eigene Hausmarke lancierte man unter «Omnia Omnibus Ubique» (Allen alles überall).[124]

Teil I: Migration, Kultur und Wirtschaft in transnationaler Perspektive

AU PRINTEMPS
GRANDS MAGASINS DU PRINTEMPS
Gds MAGASINS DU PRINT
DU PRINTEMPS
M. DCCC LXV
JULES JALUZOT & Cie
M. DCCC LXXXII
PRINTEMPS
PRINTE

1 *«Revolution» und «Wunder»: Die Entstehung des Warenhauses im Kontext des Liberalismus*

> *«C'est vrai, Paris, c'est tout. Et, entre autres merveilles, parlons de la splendeur de ses magasins. [...] Le Louvre, un monde. [...] Les magasins du Louvre l'ont compris. Ils étaient vastes, ils deviennent immenses.»*
> *Le monde illustré, 1870*[1]

Transformationsprozesse und «legendäre» Anfänge in Paris

Das Warenhaus als eine neue Betriebsform des Handels tritt Mitte des 19. Jahrhunderts erstmals in Erscheinung. In jenem Jahrhundert also, das in Europa und Nordamerika durch eine umfassende Industrialisierung, den Beginn der Massenproduktion und des Eisenbahnverkehrs und nicht zuletzt durch das Aufkommen der Elektrizität und einen massiven Bevölkerungsanstieg geprägt wurde. Das Warenhaus verlieh den unaufhaltsam wachsenden Städten in jenen Zeiten ein neues Antlitz. Eng verknüpft mit der damals sich vollziehenden Urbanisierung entwickelte es sich als ein grossstädtisches Phänomen hauptsächlich in den Metropolen und widerspiegelte damit die «wirtschaftlichen Konzentrationsprozesse im 19. Jahrhundert».[2] Auch wenn sie in Paris und London ein paar Jahrzehnte früher als in Berlin gleichsam aus dem Boden sprossen, allen gemein war die unübersehbare und monumentale Architektur. Neben dem Bahnhof, der Oper und dem Museum gab es nun auch das Warenhaus, das die Menschen in Massen in seine sublimierten Räumlichkeiten zog.

Für den einen oder anderen Zeitgenossen dürfte damals das Warenhaus bisweilen ziemlich plötzlich auf der Bildfläche erschienen sein: «Diese Kaufhäuser sind ein Novum in der kommerziellen Welt, fast eine Revolution», schrieb Jules Simon um 1890 in seinem Vorwort der Gedenkschrift über *Les magasins du Bon Marché, fondés par Aristide Boucicaut à Paris.* Und weiter: «Wir haben mehrere in Paris. [...] kleine Einzelhändler kämpfen so viel wie möglich gegen die riesigen Basare. Am Ende wird es keine verlorenen Kräfte geben; jeder wird in der neuen Organisation einen Platz für sich selbst finden, einen Platz zum Nutzen; und der Fortschritt wird so groß sein, dass er nicht durch ein paar vorübergehende Leiden überbezahlt wird. Es ist die moderne Welt, die kommt; die Vergangenheit muss sich schnell an die neuen Gesellschaftsformen anpassen und von ihnen profitieren.»[3]

Der Umwandlungsprozess vom kleinen Einzelhandelsgeschäft zum Grossbetrieb ist jedoch keineswegs «revolutionsartig» über Nacht eingetreten.[4] Vielmehr markierte das Warenhaus als eine neue und moderne Organisationsform das Ende einer längeren Entwicklung und ist im Prinzip die Quintes-

Abbildung 9: Grands Magasins du Printemps am Boulevard Haussmann in Paris. Das 1865 von Jules Jaluzot eröffnete Warenhaus brannte 1881 vollständig nieder und wurde danach wiederaufgebaut. Die anonyme Gravur zeigt den monumentalen Neubau im Jahr 1883.

senz des bereits Jahrzehnte zuvor durch die Industrialisierung angestossenen tief greifenden ökonomischen und sozialen Wandels. Die «Stimulierung des Konsums, die Zwänge zur ‹Fremdversorgung›, die die neuen städtischen Lebensumstände für eine grösser werdende Masse von Verbrauchern mit sich brachten [...], verbanden sich für den Einzelhandel zu einer grossartigen wirtschaftlichen Chance»,[5] wie Homburg ausführt. Die Transformation des Handels war daher eng mit der Transformation der Industrie und den Folgen einer arbeitsteiligen Gesellschaft verbunden. Vorbei waren jene Zeiten, als man alles selber hergestellt hatte. Die Arbeitsteilung, so auch d'Avenel, sei die «Essenz der Zivilisation».[6]

Das Aufkommen des Warenhauses ist zeitlich der ab den 1850er-Jahren einsetzenden und vor allem im letzten Drittel des 19. Jahrhunderts an Bedeutung gewinnenden «Second Retailing Revolution» zuzuordnen.[7] Während die erste Einzelhandelsrevolution den Übergang vom herumziehenden Wanderhändler zum ortsansässigen Kramladen kennzeichnet, entwuchsen dieser zweiten Umwälzung des Einzelhandels neue Detailhandelsbetriebe, die in konzentrierter Form Waren verschiedener Branchen und Artikelgruppen in mehreren Abteilungen unter einem Dach vereinten. Das Verwunderliche oder für die Konkurrenz Bedrohliche war nicht die Vielzahl an neu gegründeten Betrieben, sondern deren ungewohnte Wachstumsdynamik. Mit erheblicher Beschleunigung entwickelten sich einstige Kleinbetriebe zu noch nie dagewesenen Handelsgrossbetrieben.[8] Deren Auftauchen sorgte bei den alteingesessenen Handelsleuten für Aufregung, rüttelten die Grossbetriebe doch an der sich bis anhin in mehr oder weniger beschaulichen Bahnen abspielenden Krämerexistenz. Noch zu Beginn des 19. Jahrhunderts versorgten die kleinen Detailbetriebe einen Kundenstamm, der sich aufgrund fehlender Mobilität ausschliesslich aus Anwohnern desselben Quartiers zusammensetzte. Erst das Aufkommen moderner Transportmittel veränderte diese Struktur und schuf dem Konsumenten die Möglichkeit, seine Besorgungen auch in einem weiter entfernten Laden oder gar in der Stadt, in Betrieben mit mehr Auswahl, zu tätigen.[9]

Hauptsächlich aber waren es innovative Geschäftsprinzipien, die den Handel revolutionierten und die zu einer radikalen Umwälzung in den vom Einzelhandel dominierten Kleinbetrieben führten.[10] Aufgrund der Massenproduktion waren die Inhaber der Warenhäuser nun in der Lage, den Preis tiefer zu kalkulieren und eine Gewinnsteigerung über die grösseren Umsätze zu erzielen. Das stundenlange und nervenaufreibende Feilschen um den Preis wurde mit der Einführung von Preisschildern auf einen Schlag beendet.[11] Die Ware wurde nun nicht mehr in Schubladen versteckt, sondern offen ausgelegt, bar bezahlt und konnte, wenn sie zu Hause dann doch nicht gefallen sollte, zurückgegeben werden. Zudem begünstigte ein freier Eintritt ins Ladenlokal ohne Kaufzwang eine soziale Durchmischung. Während nämlich zuvor der bekannte, gut betuchte Käufer mit grösster Zuvorkommenheit behandelt wurde, bedachte man den armen Schlucker zumeist mit Überheblichkeit. In der Tat aber musste der «reiche» Kunde wahrscheinlich mehr für seine Ware bezahlen als der «arme», da sich der Preis nach der vermuteten Zahlungsfähigkeit des Kunden richtete.[12] Davon ist uns in der 1891 erschienenen Schrift des

Abbildung 10: Au Printemps in Paris, Katalogblatt, 1911, Zeichnung von Etienne Adrien Drian.

österreichischen Nationalökonomen und Sozialpolitikers Viktor Mataja, wonach in den Räumlichkeiten solcher «Riesenkaufhallen […] sich Schulter an Schulter echte und unechte Noblesse, Bürgersfrau und Kokotte drängen»,[13] ein anschauliches Bild überliefert. Ein Bild, das Raumcharakteristika und egalisierend wirkende Entgrenzung zu verknüpfen scheint. Zudem wurde der Absatz der Ware damals durch neue Präsentationsstrategien, wie beispielsweise Schaufensterauslagen oder Produktewerbung, massiv erhöht.

Einzelne dieser neuen Verkaufsmethoden finden sich durchaus schon Jahrzehnte früher. Etwa in England, wo die Entwicklung vom kleinen Laden zu grösseren *stores* oder *bazars* in den 1840er-Jahren einsetzte und damit den Anfang des Grossmagazinwesens markierte.[14] Aus religiösen Gründen versahen die Händler der Quäker ihre Ware bereits zu Beginn des 17. Jahrhunderts mit fixen Preisen.[15] Zudem gingen Londoner Shopkeeper am Ende des 18. Jahrhunderts dazu über, Werbung zu betreiben, indem sie Visitenkarten verteilten, ihre exquisitesten Produkte im Schaufenster platzierten und gar für nicht zufriedene Kunden ein Rückgaberecht beziehungsweise Eintausch ihres Einkaufs einräumten.[16]

Zeitlich noch etwas früher sind einige dieser Geschäftsprinzipien in Frankreich nachweisbar. Bereits während der Regierungszeit Louis XV (1715–1774) betrieb ein Bankier namens Kromm modernes Marketing, indem er durch Verteilung von Prospekten und Katalogen das vielfältige Warensortiment seines Verkaufslokals anpries.[17] Auf eine ausführliche Beschreibung moderner Präsentationsstrategien treffen wir überraschenderweise auch im 1837 erschienenen *César Birotteau* von Honoré de Balzac, der in seinem Roman das wohl älteste Pariser Modehaus, das 1790 etablierte Petit Matelot, beschreibt und darin von «cravates arrangées comme des châteaux de cartes, et mille autres séductions commerciales, prix fixes, bandelettes, affiches, illusions et effets d'optique porté à un tel degré de perfectionnement que les devantures des boutiques sont devenues des poèmes commerciaux»[18] berichtet. Aber auch der ursprünglich aus Irland stammende Alexander Turney Stewart, der 1823 in New York einen *dry good store* eröffnete und sich ein Vierteljahrhundert später mit seinem am Broadway erbauten Marble Palace in die Annalen der ersten Warenhausgründer einschrieb, verfolgte von Beginn an eine konsequente Geschäftspolitik: «His plan was to purchase goods for cash, in large quantities, so as to be able to sell a large amount of goods at a small profit.»[19]

Es dürfte somit als charakteristisch erachtet werden, dass die Herausbildung der Warenhäuser weitgehend durch eine Kombination der einen oder anderen oder von mehreren bereits existierenden Geschäftsmethoden beflügelt und vorangetrieben worden ist. Doch der damit verbundene fliessende Übergang von einem Basar, einem Konfektionsgeschäft oder einem Neuheitenladen einerseits zu einem Warenhaus andererseits macht auch klar, dass die unlängst in der Forschung viel diskutierte Frage nach der «Wiege des Warenhauses» und dem allerersten Warenhausgründer als eine schwierige zu erachten ist. Das zeigt sich im Übrigen auch darin, dass sowohl die Amerikaner als auch die Engländer und Franzosen dieses «Erstgeburtsrecht» für sich in Anspruch nehmen.[20] Indes kann grundsätzlich nicht bestritten werden, dass Frankreich diesbezüglich eine Vorreiterrolle eingenommen hatte und in England, dem Pionierland der Industrialisierung schlechthin, aber auch in Deutschland die Warenhausidee, die «formula» wie Laermans sie nennt, erst um 1900 an Bedeutung gewann.[21]

Erste Schauplätze in der Entstehungsgeschichte der Warenhäuser waren wie bereits erwähnt die grossen Metropolen: London, New York, Chicago, etwas später Berlin und natürlich – Paris! In der «Hauptstadt des 19. Jahrhunderts», wie der deutsch-jüdische Philosoph Walter Benjamin die Stadt an der Seine in seinem Passagenwerk[22] bezeichnet hat, entwickelten sich einige von Europas ersten modernen Warenhäusern: Au Bon Marché (gegr. 1852), Grands Magasins du Louvre (gegr. 1855), Printemps (gegr. 1865), Samaritaine (gegr. 1870) und Galeries Lafayette (gegr. 1893/99).

Dies ist für unsere Darstellung der späteren Genese in der Schweiz nicht zu unterschätzen, funktionierten doch diese Entwicklungen in Frankreich sowie auch in geringerem Masse in Deutschland als Vorbilder.

Die Herausbildung von Frankreichs Warenhäusern fällt in die Zeit des Zweiten Kaiserreiches (1852–1870), jene zwei Jahrzehnte, in denen unter Kaiser Napoleon III. ein Wirtschaftsliberalismus nach angelsächsischem Vorbild gefördert wurde. Unternehmenslust in vielen Sektoren, eine steigende Zahl von Industriebeschäftigten und verbesserte Lebensbedingungen waren die Folge – eine Entwicklung, die sich hauptsächlich in der Hauptstadt Frankreichs manifestierte. Paris prosperierte, und dank steigender Kaufkraft stieg auch die Nachfrage nach Konsumgütern.[23] Überhaupt dürfte der aufkeimende und erschwingliche Hang zu Luxus und zu Eleganz die Entwicklung der Grands Magasins besonders begünstigt haben.[24] Neben den Warenhäusern als Absatzmarkt solcher Anhäufungen von zur Schau gestellten Gütern zeugten auch die ab 1856 alle elf Jahre durchgeführten Weltausstellungen von dem aufkommenden materiellen Überfluss, vom «Universum der Waren»,[25] wie Benjamin es nannte. Es wären, so Benjamin weiter, «Wallfahrtsstätten zum Fetisch Ware». Ganz Paris erwarb sich in diesen Zeiten den Ruf einer «Lichterstadt», und die erwähnten *Expositions universelles* verkörperten geradezu einen numinos anmutenden Enthusiasmus, der als Fortschritt anziehend auf Fremde aus allen Kontinenten wirkte.[26]

Die Vorläufer der Pariser Warenhäuser sind jedoch in den sogenannten Magasins de Nouveautés, wie dem von Balzac erwähnten Petit Matelot, zu finden. Um 1800 sprossen diese in Paris zahlreich aus dem Boden und konnten sich unter der mit Napoleon I. beginnenden Handelsfreiheit erfolgreich entwickeln.[27] Den Magasins de Nouveautés, die als Etablissements erstmals über grössere Warenlager im Haus verfügten, folgten zwanzig Jahre später die Pariser Passagen, jene glasüberdachten und marmorgetäfelten Einkaufsgänge, die Benjamins Flaneur als Schauplatz dienten und mit ihren architektonischen Konstruktionen den Anfängen des Eisenbaus Tribut zollten.[28] Stahl, der erste künstlich hergestellte Baustoff wurde damals eingesetzt für jegliche transitorischen Zwecken dienenden Bauten, wie Ausstellungshallen, Bahnhöfe oder die erwähnten Passagen.[29] Er war auch grundlegend für die Erfindung der Eisenbahn, deren Tempo und Rhythmus in der Gesellschaft eine neue Zeitrechnung implizierte. Die beschleunigte Gangart veranlasste Heinrich Heine 1843 darüber zu sinnieren: «Sogar die Elementarbegriffe von Zeit und Raum sind schwankend geworden. Durch die Eisenbahnen wird der Raum getötet, und es bleibt uns nur noch die Zeit übrig.»[30]

In dem skizzierten Umfeld von erhöhter Mobilität, von Innovation und technischem Fortschritt erhielt das Warenhaus als geniale Erfindung nicht nur Aufwind, es wurde gar zum Dreh- und Angelpunkt in einem komplexen Gefüge, das heute unter dem Begriff Moderne zusammengefasst wird. Die Pionierleistung wurde des Öfteren dem viel zitierten französischen Selfmademan

Aristide Boucicaut (1810–1877) zugeschrieben. Vermutlich aber hat dieser hauptsächlich mit seinem 1887 fertiggestellten Neubau des Au Bon Marché und dessen vom Architekten Louis-Charles Boileau und vom Ingenieur Gustav Eiffel erschaffener «atemberaubende[r]» Eisen- und Glaskonstruktion eine derart grosse Aufmerksamkeit im Publikum erregt, dass er etwas unpräzise als mythische Figur des allerersten «Warenhausgründers» in die Geschichtsschreibung eingegangen ist.[31] Boucicaut war ein normannischer Kaufmann, der aus bescheidenen Verhältnissen stammte. Der 1810 in der Provinzstadt Bellème im Departement Orne geborene Sohn eines Hutmachers verliess mit achtzehn Jahren sein ärmliches Elternhaus. Als Hausierer zog er mit allerlei Tuchwaren durch Frankreich und gelangte dadurch 1835 nach Paris, wo er Marguerite Guérin kennenlernte, mit der er sich im selben Jahr vermählte und in einem der erfolgreichsten Pariser Magasins de Nouveautés, dem Petit Saint-Thomas an der Rue de Bac, eine Anstellung als Verkäufer fand.[32] 1852 trat er als Teilhaber von Paul Videau in dessen Kurz- und Schnittwarenladen, dem im Quartier Latin befindlichen Bon Marché, ein, der damals über zwölf Angestellte, vier Rayons (oder Departemente) und ein Verkaufsvolumen von ungefähr 45 000 Francs verfügte.[33] 1863 gelang es ihm mithilfe von Henri Maillard – der seinen Erfolg als Konfektionär in New York gemacht hatte – Paul Videau auszuzahlen und zum alleinigen Besitzer des Ladens zu werden. 1869 legte er den Eckstein zum ersten Warenhaus Frankreichs, wie Miller schreibt.[34] In den folgenden Jahren wuchs das Warenhaus kontinuierlich an, bis es 1880 den ganzen Häuserblock an der Rue de Sèvres, der Rue du Bac und der Rue de Babylon mit drei monumentalen Eingängen einnahm.[35] Als Boucicaut acht Jahre später starb, war er vermutlich Besitzer der grössten Verkaufsfirma der Welt.[36]

Im Schneeballeffekt breitete sich das neue System von Boucicaut in Paris aus. Sein ehemaliger Buchhalter Jules Jaluzot eröffnete 1865 die von Paul Sédille erbauten und an der Ecke Boulevard Haussmann/Chaussée-d'Antin gelegenen Grands Magasins du Printemps, die damals über eine Verkaufsfläche von 2800 Quadratmetern verfügten.[37] Aber auch die Leiterin der Abteilung für Damenkonfektion im Bon Marché, Marie-Louise Jaÿ, wollte es ihm gleichtun. 1869 eröffnete sie zusammen mit ihrem Mann Ernest Cognacq das Warenhaus La Samaritaine. Beide ehemaligen Angestellten der Firma Bon Marché übernahmen Boucicauts Geschäftsmethoden und erzielten damit beachtliche Gewinne.[38] Als letztes der grossen Pariser Warenhäuser wurden 1893 die Galeries Lafayette eröffnet. Alphonse Kahn (1865–1926) und sein Cousin Théophile Bader (1864–1942) entstammten beide einer jüdischen Familie. Zunächst noch ansässig im Elsass, migrierten sie infolge der Annexion 1871 nach Paris.[39]

Der durchschlagende Erfolg der Pariser Warenhäuser, der auch für die Schweiz von Bedeutung war, ist auch in Zahlen belegt – auch wenn die grössten von ihnen «durch Leute ohne Geld gegründet worden»[40] sind. Der Umsatz des Warenhauses Au Bon Marché stieg innert dreissig Jahren ungefähr auf das Siebenfache, von 25 Millionen Francs 1872 auf 170 Millionen Francs 1898. Das 1855 gegründete Au Louvre wies 1889 einen Umsatz von zirka 134 Millionen Francs aus, Printemps kam auf 60 Millionen Francs.[41] Die 1855 gegründeten Grands Magasins du Louvre beschäftigten anfänglich 175 Angestellte, 1870 bereits 600. Der Umsatz belief sich 1870 auf 30 oder 40 Millionen Francs.[42]

Abbildung 11: Triumphaler Vormarsch des von Aristide Boucicaut 1852 gegründeten Warenhauses Au Bon Marché in Paris. Die Zeichnung von M. Clerget zeigt die dynamische Entwicklung des Warenhauses. Ganze Häuserblocks wurden sukzessive zum Warenhaus ausgebaut. Links im Bild sind die älteren Bauten von Paris zu sehen, daneben der anfängliche Bon Marché, in der Mitte und rechts der 1872 fertiggestellte Neubau.

Die Entwicklung der Warenhäuser in Europa und Amerika

Um im Kontext von Liberalismus und Industrialisierung das transnationale Bild zu vervollständigen, sei nachfolgend auf einige Aspekte der Warenhausentwicklung in weiteren Regionen einer globalen Moderne eingegangen. Einige biografische Beispiele sollen dies jeweils illustrieren.

In England erfuhren die Warenhäuser eine wesentlich andere Entwicklung, da nicht nur das Unternehmenskapital, sondern auch der Genossenschaftsgedanke einen gewichtigen Anteil daran hatte. Ab 1864 wurden diverse Kooperativgesellschaften gegründet, wie etwa die im selben Jahr mit vierzig Postbeamten ins Leben gerufene Post Office General Supply Association (Beamten-Konsum-Genossenschaft). Zwar vereinigten diese Betriebe weitgehend Merkmale von Konsum- und Rabattsparvereinen in sich, deren rapider Zuwachs an Genossenschaftsmitgliedern aber begünstigte den Ausbau des Warensortiments derart stark, dass daraus schon bald auf einem genossenschaftlichen Wirtschaftsgedanken aufgebaute «Warenhäuser» wurden.[43]

Natürlich kam es in London, der zweiten Metropole Europas, ab der Mitte des 19. Jahrhunderts ebenfalls zur Gründung von ersten «privatwirtschaftlichen» Warenhäusern, denen später viele der oben erwähnten Genossenschaftsbetriebe zum Opfer fielen.[44] Im Vergleich zu Paris schlugen die Londoner Warenhäuser einen anderen Weg ein, wie Helmut Frei in seinem Buch *Tempel der Kauflust* ausführt. Während in der Modemetropole Paris die Warenhäuser von der Damenmode beziehungsweise dem Textilsortiment beherrscht wurden, entwickelte sich in den Londoner *department stores*, wie es der Name schon sagt, ein viel breiteres und grösseres Sortiment. Ein anschauliches Beispiel hierfür liefert uns William Whiteley (1831–1907), der sich 1863 mit dem Warenhaus Whiteleys etablieren konnte und sich bereits 1872 den Ruf eines Universallieferanten (The Universal Provider) erworben hatte – obwohl dies vermutlich zu jener Zeit mehr seinem Anspruch als der Wirklichkeit entsprach, wie Richard Lambert ausführt.[45] Der aus der englischen Provinz stammende Whiteley startete seine Warenhauskarriere mit einem Laden, der sich unweit der damals neu eröffneten Londoner U-Bahn-Station Bayswater befand und zwei Verkäuferinnen und einen Laufburschen beschäftigte. 1880 besass er einen Gebäudekomplex aus 18 Läden, der 1887 in einem nächtlichen Brand dem Feuer zum Opfer fiel und viele Schaulustige, vermutlich auch solche mit Schadenfreude, anzog. Whiteley hatte von Beginn an viele Gegner, da er den kleinen Einzelhändlern ein Dorn im Auge war. Er verkaufte nicht nur Kleider und Stoffe, sondern auch Lebensmittel wie Gemüse und Fleisch, und sein Erfrischungsraum rief bei den Bäckern des Viertels grossen Ärger hervor. Die Schuhmacher griffen in ihrer Wut zu rigorosen Mitteln und verbrannten gar öffentlich ein Modell seines Warenhauses.[46]

Doch Whiteley liess sich nicht beirren und verfolgte sein Ziel hin zum grössten Warenhausbesitzer wie ein «Besessener», wie Helmut Frei ausführt. Er heiratete eine seiner Angestellten, die er angeblich wie eine Sklavin behandelte und die ihm ergeben dienen musste. Den verheerenden Brand nutzte er dazu, sein Warenhaus nicht nur wiederaufzubauen, sondern enorm zu vergrössern. 1890 beschäftigte er 5000 Angestellte und die 44 Schaufenster des Warenhauses wurden jeden Morgen neu dekoriert. Whiteleys steile Karriere fand ein jähes Ende, als er am 24. Januar 1907 von seinem unehelichen Sohn erschossen wurde. Seine beiden ehelichen Söhne führten das Unternehmen fort, bis sie es 1926 aufgrund grosser finanzieller Schwierigkeiten an den Konkurrenten Selfridges – noch heute ein weltbekanntes Warenhaus Londons – verkaufen mussten.[47]

Harry Gordon Selfridges war übrigens Amerikaner, dessen Tellerwäscherkarriere bereits als zehnjähriger Praktikant im berühmten Chicagoer Warenhaus Marshall Field's begann. 1904 verliess er das Unternehmen und machte sich auf nach Europa. In London eröffnete er 1909 sein eigenes Warenhaus: das Selfridges. Ähnlich wie Whiteley war auch er beseelt davon, einen immer noch grösseren Warenhaustempel mit spektakulärsten Inszenierungen und Kundenanreizen zu schaffen.[48] Ebenfalls ganz unten, aber mit einer «revolutionären» Idee, begann die Geschichte des Warenhauses Marks & Spencer. Michael Marks, ein jüdisch-polnischer Immigrant, eröffnete 1884 in der englischen Stadt Leeds einen Marktstand mit dem Slogan «don't ask for the price,

Abbildung 12: 1887 fiel das Whiteleys in London einem Brand zum Opfer, der das Warenhaus vollständig zerstörte und der viele Schaulustige anzog.

everything costs a penny». Zehn Jahre später schloss er sich mit dem ehemaligen Kassier der Firma Dewhirst, Tom Spencer, zusammen und verlegte in der Folge seine offene Verkaufslokalität in eine überdachte Passage. 1907 übergab Marks das Geschäft seinem 19-jährigen Sohn Simon, der aus Marks & Spencer in kürzester Zeit eine Weltmarke machte.[49]

Auch in den übrigen europäischen Grossstädten sprossen in der zweiten Hälfte des 19. Jahrhunderts die Warenhäuser aus dem Boden. In Brüssel konnten 1876 die Grands-Magasins de la Bourse ihre Tore öffnen, 1897 gründete Julien Bernheim, Sohn jüdischer Kaufleute aus Mulhouse, zusammen mit seinen Schwagern Paul, Salomon und Mathieu Meyers die Firma Bernheim et Frères und eröffnete an der Rue Neuve das À l'Innovation.[50] In Mailand eröffnete 1877 das erste Warenhaus von Ferdinando Bocconi seine Tore und war bereits zwei Jahre später in zahlreichen italienischen Städten mit Filialbetrieben anzutreffen. Mit dem Tod von Firmengründer Bocconi 1908 erlebte auch dieses Warenhaus seinen Niedergang.[51] Erst durch die 1917 erfolgte Übernahme des reichen Senators Borletti und eine verheissungsvolle Namensänderung erstrahlte das Warenhaus in neuem Glanz. Fortan hiess es La Rinascente (die Auferstehung). In Wien wiederum stammten viele Warenhauspioniere aus jüdischen Familien, darunter auch die Gründer von zwei um 1900 sehr bedeutenden Warenhäuser. Alfred Gerngross war ein ehemaliger Angestellter im 1863 eröffneten Textilgeschäft von August Herzmansky (später Warenhaus Herzmansky), bevor er sich mit einem eigenen Laden selbständig machte und mit dem erfolgreichen Kaufhaus Gerngross zu Herzmanskys grösstem Konkurrenten avancierte.[52]

Die amerikanischen Warenhausgründer lassen sich in drei Gruppen unterteilen: solche, die aufgrund grosser Armut aus Grossbritannien emigrierten, Nachkommen von Quäkerfamilien, die Neu England im 17. Jahrhundert besiedelten, und jüdische Emigranten aus Deutschland und Osteuropa.[53] Auch in den USA war der Anteil der Juden an den Warenhausgründungen kein geringer, wenngleich die ersten und grössten Warenhäuser wie A. T. Stewart, John Wanamaker, Jordan Marsh und im Prinzip auch Macy's allesamt von Nicht-Juden gegründet wurden – wobei sich bei letzterem bald die jüdische Familie Straus beteiligte und es zum grössten Warenhaus der Welt emporbrachte.[54] Lazarus Straus war ein bayrischer Jude, der 1852 in die USA emigrierte. Die Straus Familiy, so Leon Harris, sei die einzige Handelsfamilie, die sich bezüglich ihres Reichtums mit den europäischen Rothschilds messen könne.[55] Während die meisten jüdischen Immigranten im 19. Jahrhundert ihrer Armut und dem Elend entflohen, waren die Straus bereits Ende des 18. Jahrhunderts Landbesitzer und Rohstoffhändler in Rheinland-Pfalz gewesen. Jacov Ben Lazar belieferte nicht nur die Pferde von Napoleons Armee mit Hafer und Klee, sondern war einer der siebzig europäischen Juden, die Napoleon 1807 zu einem Sanhedrin (oberster jüdischer Rat) nach Paris einberief, als versucht wurde, den Status der Juden zu definieren und zu verbessern.[56]

Vor allem aus Deutschland ausgewanderte Juden brachten einige von Amerikas grössten Warenhäuser hervor. So gehen abgesehen von Macy's auch heutige namhafte Konsumtempel wie Bloomingdale's und Gimbel auf bayrische Auswanderer zurück, die aus bitterer Armut um die Mitte des 19. Jahrhunderts ihre Heimat verliessen. Adam Gimbel beispielsweise erreichte New Orleans 1835, wo er sich anfänglich als Dockarbeiter im Hafen verdingte, danach als Hausierer mit einem mobilen Laden umherzog, bis er nach ein paar Jahren einen eigenen stationären Laden eröffnen konnte. Bereits damals verteilte Gimbel Handzettel, die dem potenziellen Kunden Waren zu fixen Preisen versprachen. Aus seiner Ehe mit der Tochter des ebenfalls aus Bayern stammenden Fridolyn Kahnweiler gingen sieben Söhne hervor, die den Fortbestand des Familienbetriebs, der zunehmend erfolgreicher wurde, sicherten. Nachdem 1887 ein erstes grösseres Warenhaus in Wisconsin eröffnet wurde, expandierte man 1894 nach Philadelphia; 1910 nach New York. Das damals von den Gimbel Brothers eröffnete Warenhaus in Manhattan war ein Geschäftspalast der Superlative und zeigt, welch für die Zeitgenossen überwältigendes Ausmass die Warenhäuser um 1900 in den USA annahmen. Das monumentale aus Eisen und Stein erbaute Gebäude schoss auf dreizehn Stöcken in die Höhe und verfügte über zwölf Hektare Bodenfläche, 36 Passagierlifts, zehn Güteraufzüge, 1020 Telefonstationen und mit 100 000 Quadratmeter Aussenfenstern über die angeblich grössten Spiegelglasflächen Amerikas. Den 6000 Angestellten bot man ein eigenes Restaurant zu Selbstkostenpreisen, eine Bibliothek, ein Lesezimmer, reichlich Bäder und einen Vorlesungssaal, dem Konsumenten neben den Verkaufsräumlichkeiten Frisier- und Barbiersalons, ein Postamt und eine Telegrafenstation und allen stand ein vollständig eingerichtetes Hospital sowie ein Konzertsaal mit Bühne zur Verfügung. Selbst für abgehetzte «Shopper» gab es einen «Raum des Schweigens», wo man seine müden Glieder auf einem Polstersessel austrecken konnte.[57] Wenige Jahre später, in den Zwanzigern, avancierte der Konkurrent Macy & Co. in New York mit über einer halben Million unterschiedlicher vorrätiger Artikel und täglich bis zu dreihunderttausend Besuchern zum grössten Warenhaus der Welt.[58]

Die ersten Warenhäuser Deutschlands erschienen im Vergleich zu Frankreich rund 25 Jahre später auf der Bildfläche.[59] Mit Ausnahme von Rudolph Karstadt und Theodor Althoff gingen die deutschen Warenhausunternehmer alle aus jüdischen Familien hervor, die seit mehreren Generationen in den östlichen Grenzregionen Preussens beheimatet waren. Ein Grossteil von ihnen stammte aus der Ortschaft Birnbaum an der Warthe, einer in der Provinz Posen gelegenen Kleinstadt, die heute zu Polen gehört und unter dem Namen Międzychód bekannt ist. Pioniere wie Oscar Tietz, dessen Warenhaus den Namen seines Onkels trug (Hermann Tietz, später Hertie), Leonhard Tietz (später Kaufhof), Knopf, Ury und Joske, sie alle haben ihre Wurzeln in dem kleinen Städtchen Birnbaum. Auch Hermann Wronker, der ein Neffe der Brüder Tietz war, kam von da und die Eltern von Simon und Salman Schocken, den Gründern des Schocken-Konzerns (gegr. 1901/07), kamen aus der in der Provinz Posen gelegenen Ortschaft Margonin.[60]

Birnbaum wird deshalb zu Recht als Wiege der deutschen Warenhausgründer gehandelt. Dieser ungeklärte «Mythos Birnbaum» fand später auch Eingang in die Hetzschriften der Nationalsozialisten, wie in die 1929 erschienene Schrift *Warenhauspolitik und Nationalsozialismus* von Hans Buchner, der schreibt: «Da findet man sie beisammen, wie wenn sie einem Rasseforscher die Arbeit erleichtern wollten: die teils reinrassigen Typen der Schocken, Grünbaum, Knopf, Hirsch und die halben Talmiköpfe der Tietz, Wronker, Joske, Ury und wie sie alle heissen, die aus Birnbaum und von weiter östlich herkamen; von dort, wo der Kaftan und die Hängelocke bis auf diesen Tag zu unentbehrlichen Requisiten der Volkszugehörigkeit zählen [...].»[61]

Der Zusammenhang zwischen dem Städtchen Birnbaum und den daraus hervorgegangenen bedeutenden Warenhäusern ist offensichtlich und vermutlich keinem Zufall geschuldet, auch wenn die genauen Umstände der Forschung noch heute ein Rätsel aufgeben.[62] Eine Erklärung, wonach die Erfindung des Warenhauses von im Ausland weilenden und reisenden Verwandten nach Birnbaum getragen wurde, ist nicht abwegig. Von der weit verzweigten Familie Tietz jedenfalls weiss man, dass drei Söhne des 1796 in Birnbaum geborenen Salomon Tietz 1870 aus Amerika zurückgekehrt waren, unter ihnen auch Hermann Tietz, der später seinem Neffen und Warenhauspionier Oscar Tietz nicht nur mit seinem Namen, sondern vor allem finanziell zum Durchbruch verhalf. Oscar war der Sohn von Jacob Tietz, einem weiteren Sohn aus Salomons erster Ehe. Jacob Tietz, der wie Vater Salomon auch ein Fuhrmann war, lebte in einfachen Verhältnissen, war den Traditionen verpflichtet, sehr religiös, sehr belesen. Als er 1887 auf dem Sterbebett lag, nahm er allen seinen Söhnen das Versprechen ab, die vorgeschriebenen Gebete zu sprechen, ihre Nahrung koscher zuzubereiten und zu segnen. Ausser seinem jüngsten Sohn Oscar. Von ihm soll er sich, der Überlieferung nach, mit den folgenden Worten verabschiedet haben: «Ich weiss, du hältst dich nicht an die altüberlieferten

Formen, und du isst, was die Umwelt isst; du hast neue Ideen im Kopf, aber keines meiner Kinder, auch keiner der Frommen in Israel, übertrifft dich als guter Jude in deiner sozialen Gesinnung, im Wohltun, an Gemeinsinn und in der Beachtung der ethischen Wahrheiten unseres Glaubens; suche und finde Gott auf deine Art.»[63]

Tatsächlich hatte Oscar Tietz neue Ideen im Kopf, die ihn später zu einem der grössten Warenhausbesitzer Deutschlands machten. Bereits fünf Jahre zuvor, 1882, hatte er mit dem Startkapital von tausend Mark in Gera einen ersten Laden eröffnen können, der zu Ehren seines Gönners auch dessen Namen trug: Hermann Tietz. Anfänglich hatte er mit grossem Widerstand zu kämpfen. Seine neuen Verkaufsmethoden erachteten nicht nur die Konkurrenz, sondern auch seine eigenen Verwandten aus Prenzlau als verrückt.[64] Der junge Tietz, liess man verlauten, breche mit allen Traditionen und setze revolutionäre, zum Scheitern verurteilte Konzepte durch. Nachdem man deshalb Onkel Hermann Tietz zum Ausscheiden aus der Firma gezwungen hatte, war nur noch Cousine Betty übrig, die zu ihm stand und die er vier Jahre später, nicht ohne erneuten erheblichen Widerstand und mit Bedingungen seitens seiner Verwandten – er musste in Gera eine Synagoge stiften –, im Herbst 1886 heiratete. Was folgte, waren arbeitsreiche Jahre des Firmenaufbaus. 1894 konnte in München das erste Warenhaus der Firma Hermann Tietz eröffnet werden, 1896 ein weiteres in Hamburg. Danach erfolgte die Expansion nach Berlin, wo im Herbst 1900 an der Leipzigerstrasse ein aus Eisen und Glas konstruierter Konsumtempel seine Tore öffnete; später folgten weitere Filialen in Berlin.[65] Während Oscar Tietz sich mit Warenhäusern im Osten und Süden Deutschlands ausbreitete, expandierte sein Bruder Leonhard Tietz (1849–1914) in den Westen. Nachdem er in Stralsund mit seinem 1879 eröffneten kleinen Geschäft den Grundstein für den späteren Warenhauskonzern Galeria Kaufhof gelegt hatte, eröffnete er 1889 in Elberfeld einen Laden, der bereits nach zwei Tagen ausverkauft war und deshalb vorübergehend geschlossen werden musste. Danach wagte er den Sprung nach Köln, später nach Düsseldorf und Mainz, darüber hinaus ins belgische Antwerpen und nach Brüssel. Überall liess er luxuriöse Einkaufspaläste erbauen, und als er 1914 starb, hinterliess er einen der führenden Warenhauskonzerne Europas mit über 5000 Angestellten.[66]

Die exemplarische Firmengeschichte von Oscar und Leonhard Tietz zeigt überdies ein Muster, das sich auch bei den anderen grossen Pionierwarenhäusern Deutschlands nachskizzieren lässt. Im Vergleich zu Frankreich und England nämlich begann deren Entwicklung nicht in den Grossstädten, sondern in der Provinz, was auch damit zu tun hatte, dass sich Berlin als Hauptstadt im ehemals kleinstaatlich föderalen Deutschland nur mühsam und langsam durchzusetzen schien.[67] Aus dem nordöstlichen Preussen stammten auch die Brüder Abraham und Theodor Wertheim, die 1852 in Stralsund ihr erstes Manufacturund Modewaaren-Geschäft eröffneten. 1876 stiegen Abrahams Söhne Georg (1857–1939) und Hugo (1856–1883) ins elterliche Geschäft ein und brachten bereits wichtige Impulse und erste Neuerungen aus ihrer Berliner Lehrzeit in der Textilgrosshandelsfirma Wolff und Apolant mit. 1885 erfolgte mit dem Sprung in die Reichshauptstadt das «Wagnis Berlin», wie Simone Ladwig-Winters schreibt. Dort konnten in der Folge in der Rosenthaler Strasse, am Moritzplatz in Kreuzberg, in der Leipziger Strasse Filialen und am 30. November 1894 in der Oranienstrasse das erste, eigens vom deutschen Architekten Alfred Messel entworfene Warenhaus eröffnet werden – das erste Warenhaus in Berlin, das einen grossen Lichthof zum Mittelpunkt hatte, wie dies Georg Wertheim in seinem Tagebuch vermerkte. 1897 erfolgte mit der Eröffnung des ebenfalls von Messel kreierten monumentalen Glaspalasts an der Leipziger Strasse, der über Lichthöfe und grosse Fensterflächen verfügte und der einen «geradezu überwältigenden Eindruck auf das Publikum» zu machen schien, ein weiterer Meilenstein in der Geschichte der Wertheims.[68]

Noch eine andere nationale Eigenart zeichnet die deutschen Warenhäuser im Vergleich zu den französischen aus. Während die Warenhäuser in Frankreich mit klangvollen Firmennamen wie Au Louvre, Au Printemps oder etwa Jardinière bezeichnet wurden, hiessen sie in Deutschland schlicht wie ihre Besitzer beziehungsweise Gründer: Tietz, Wertheim, Jandorf, Schocken. Diese Nüchternheit ist auch dem französischen Dichter Jules Laforgue, der 1887 Berlin besichtigte, ins Auge gesprungen und er schrieb dazu: «Die Schrift auf den Ladenschildern ist selten in Gold, sie ist so gut wie immer schwarz auf weiss, und das sieht nicht lustig aus. Nie ein pittoreskes Schild wie ‹Au bon Marché› oder ‹Au Printemps›, auch nicht auf dem Land, wie ‹Cheval Blanc› etc. Nichts als der Name des Geschäftsinhabers und was er Ihnen verkaufen will. Was für ein phantastischer Spassvogel muss der gewesen sein, der vor fünf Jahren in der Leipziger Strasse ein Geschäft gründete – es blieb, glaube ich, ein Jahr am Leben – und dieses kühne Schild auf Französisch aushing: Au bonheur des Dames! In Paris ist das Schaufenster nicht bloss eine Auslage, sondern so etwas wie eine Augenlust; jeden Morgen wird es erneuert und frisch hergerichtet. Es ist nicht überladen, man will nicht so viel wie möglich zeigen, und das Fenster endet dort, wo man sich aufstützt.»[69]

Neben diesen Unterschieden weisen die Warenhausgründer jedoch Gemeinsamkeiten in ihrer sozialen Herkunft auf. Die meisten von ihnen stammten aus sehr bescheidenen, kleinbürgerlichen Verhältnissen, die schulische Vor- und die berufliche Ausbildung entsprachen den Zeitumständen und der ökonomischen Lage der Eltern. Im Alter von zwölf bis vierzehn Jahren war die Schulzeit beendet, und die jungen Leute mussten zum Broterwerb der Familie beitragen oder sogar den eigenen Lebensunterhalt bestreiten. Nur Jules Jaluzot, der Gründer von Au Printemps, genoss eine höhere Schulausbildung, verzichtete aber auf ein weiterführendes Studium an der Militärschule und entschied sich – relativ alt – als Zwanzigjähriger, eine Anstellung als Handelsgehilfe anzunehmen. In diesem Alter standen die meisten seiner Mitstreiter bereits seit Jahren «im Beruf» und zeichneten sich durch lange Lehr-, Gehilfen- und Wanderjahre aus. Der lange und steinige Weg vom Entscheid, aus der ökonomischen Enge auszusteigen, bis hin zum geschäftlichen Erfolg als selbständiger Einzelhändler oder als verantwortlicher Geschäftsführer einer Firma war hart: «Sie setzten Zielstrebigkeit, sparsame Lebensführung, händlerisch-kaufmännische Fähigkeiten, Innovationsfreudigkeit, Risikobereitschaft und Ausdauer voraus.»[70]

Berlin entwickelte sich bis zum Ende des 19. Jahrhunderts zur Metropole mit internationalem Anspruch und zum Zentrum der Warenhäuser Deutschlands. Nicht nur die Warenhäuser von Tietz, sondern auch diejenigen von Wertheim, Jandorf und das Kaufhaus des Westens waren nunmehr da anzutreffen. Es waren die «vier Herrscher Berlins» und «ungekrönten Kaiser», wie sie Leo Colze in seiner 1908 publizierten Schrift *Berliner Warenhäuser* nannte.[71]

Doch auch die anderen Landesteile Deutschlands wurden unter den Warenhauspionieren geografisch abgesteckt. Die ebenfalls aus Birnbaum stammende Familie Knopf etablierte sich mit Warenhäusern im Süden. Ausgehend von einem kleinen 1881 lancierten Laden in Karlsruhe eroberten die vier Brüder Knopf mit ihren Warenhäusern aber nicht nur den süddeutschen Raum, sondern auch die Schweiz. Max Knopf (1857–1934) war der erste der vier Brüder, der 1881 in Karlsruhe ein Verkaufslokal eröffnete. Ein Jahr später, 1882, tat dies Moritz Knopf (1852–1927) in Strassburg und expandierte von da aus nach Elsass und Lothringen, und 1887 folgte Sally Knopf (1847–1922) mit seinem Geschäft an der Kaiserstrasse 32 in Freiburg im Breisgau. Als Letzter eröffnete Albert Knopf (1850–1898) ein Merceriegeschäft in Zürich an der Bahnhofstrasse 104.[72]

Zu den grossen Warenhauspionieren im Süden Deutschlands zählt man auch Hermann Wronker (1867–1942). Sein 1891 an der Frankfurter Zeil erbautes Warenhaus war bis vor dem Zweiten Weltkrieg Frankfurts grösstes Warenhaus. Der Wronker-Konzern verfügte bereits damals schon über 41 Filialen in ganz Deutschland (und in Birnbaum). Mitte der 1920er-Jahre beschäftigte die Hermann Wronker AG dreitausend Mitarbeiter, der Jahresumsatz betrug über 35 Millionen Reichsmark. Nach der im Herbst 1929 erfolgten Weltwirtschaftskrise mussten die Filialen in Nürnberg und Pforzheim verkauft werden, auch eine Verkaufsfiliale in Frankfurt wurde für dreissig Jahre an das amerikanische Einheitspreisgeschäft Woolworth vermietet. Mit der Machtergreifung Hitlers verlor die Familie Wronker ihre ganze Existenzgrundlage: Bereits ab Ende März 1933 durften Hermann Wronker und sein Sohn Max, der seit 1931 als Generaldirektor das Unternehmen geleitet hatte, ihre eigenen Geschäfte nicht mehr betreten, 1934 wurde die Firma «arisiert» und trug fortan den Namen Hansa AG. Max Wronker flüchtete mit seiner Familie über Frankreich und Kairo nach New York. Hermann und Ida Wronker konnten sich nicht mehr retten. Nach der Pogromnacht im November 1938 flohen sie praktisch mittellos nach Frankreich, 1941 wurden sie in Arcachon bei Bordeaux festgenommen und ins Internierungslager Gurs verschleppt, ein Jahr später erfolgte die Deportation nach Auschwitz, wo sie ermordet wurden.[73]

Arisierung und Enteignung im Deutschen Reich

Mit der Machtergreifung Hitlers wurde das goldene Zeitalter der deutschen Warenhäuser beendet. Antisemitische Hetz- und Propagandaschriften hatten deren dynamische Entwicklung aber bereits von Beginn an begleitet.[74] Das «Emporwuchern der Grossbazare» wurde nicht nur mit Besorgnis, sondern mit «Unmut und Abscheu» betrachtet, wie Paul Dehn bereits 1899 in seiner Schrift *Die Grossbazare und Massenzweiggeschäfte* ausführte.[75] Diese, so schreibt er weiter, seien aufdringlich und protzig und mit ihrer marktschreierischen Reklame

Abbildung 13: Lichthof im Warenhaus Wertheim an der Leipzigerstrasse in Berlin, 1900. In der Mitte die überlebensgrosse Statue der «Arbeit», auch «Frau Wertheim» genannt.

bereits überall zu finden, auch schon in kleineren Städten. Zudem würden sie das Strassenbild der Stadt schon rein äusserlich stören: «Üppig wie Unkraut wuchern diese Geschäfte empor, unheimlich vermehren und vergrössern sie sich.»[76] Das Warenhaus stand bei Dehn wie kaum etwas anderes als Synonym für «Schein und Schwindel» und «unersättliche grosskapitalistische Spekulation». Und weiter: «Und wenn man diejenigen Spekulanten mustert, die diese Geschäfte ins Leben rufen, so muss man sagen, dass hier auf orientalische Art ein Raubzug unternommen wird, wie er so dreist und umfangreich kaum jemals versucht worden ist. Deutsch-fremde Emporkömmlinge, unersättliche Spekulanten, nach Angabe Sachverständiger nur etwa 20 bis 30 Gründer, fast ausschliesslich Juden sind es, die dahinterstehen, und unterstützt von der Kapitalskraft sog. Erster Banken mit erstaunlicher Skrupellosigkeit planmässig und gewerbsmässig das deutsche Geschäftsleben revolutionieren.»[77]

Aber auch die Hetzbroschüren des späteren Gauwirtschaftsberaters Hans Buchner berichteten von den angeblich ruchlosen Kräften und Machenschaften der Juden und den in jüdischem Besitze befindlichen Warenhäusern, die den naiven Kunden anlocken und verführen würden.[78] Sowohl Buchner als auch Dehn setzten die «Judaisierung der deutschen Wirtschaft» quasi mit einer Amerikanisierung gleich.[79] Die von Amerika ausgehende Massenproduktion, so auch Wolfgang König, war kaum mit der Vorstellung der sogenannten deutschen Wertarbeit vergleichbar. Deshalb lösten Rationalisierungslehren wie der Taylorismus und der Fordismus um den Ersten Weltkrieg herum grosse Diskussionen aus, was auch damit zu tun hatte, dass Deutschland bezüglich Rationalisierung eigene Wege ging und im Unterschied zu den USA mehr auf differenzierte Qualitätsprodukte als auf billigere Artikel der Massenproduktion setzte.[80]

Der «Jude» wurde von Buchner und anderen zeitgenössischen Wissenschaftlern und Ökonomen auf eine ökonomische Kategorie reduziert, eine Handelsklasse, die sich durch Unmoral und Gier auszeichne und die als eine Invasion aus dem Osten, als «Wanderjuden mit ihren Trödelkasten», den traditionellen Handel und die Gesellschaftsformen Deutschlands angreife, wie Lerner ausführt.[81] Durch ihre ständige Zirkulation hätten sie eine ökonomische Nische entdeckt: vom mobilen Hausierer, der selber zirkuliert, bis hin zum fixen Laden, der die Zirkulation der Waren ermöglicht. Das Motiv des Kosmopolitischen, so Lerner weiter, erscheint als ein antisemitischer Code für die Bedrohung durch die jüdische Wirtschaftsmacht, wonach Juden stets von der Zirkulation, dem Umlauf von Waren und Kapital, leben würden und so eine Gefahr für die im traditionellen Handwerk wurzelnde deutsche Wirtschaft darstellten. Dieser Diskurs findet seinen frühen Ausdruck bereits in der Mitte des 19. Jahrhunderts, als Karl Marx den Juden als Figur der sozialen Frage in seinem 1844 erschienenen Essay *Zur Judenfrage* als «Schacher» bezeichnete. Das Motiv des Juden als eine «ökonomische Kategorie» und als Kapitalist *par excellence* wurde spätestens durch Werner Sombarts 1911 erschienenen Aufsatz *Die Juden und das Wirtschaftsleben* zementiert.[82]

Die Verunglimpfungen der jüdischen Warenhausbesitzer wurden nicht nur in Propagandaschriften verbreitet, sondern nahmen auch manifeste Formen an. Dies bekam beispielsweise auch die Familie Tietz am eigenen Leib zu spüren. Im 1893 zunächst als Investition erworbenen Bürohaus in München kündigten sämtliche Mieter. Im «Jud-Tietz-Palast» wolle man keine Geschäfte mehr unterhalten, war die Begründung. Infolgedessen liess Oscar Tietz das Gebäude zum Warenhaus umbauen.[83] 1905 wurden daselbst sogenannte Mittelstandsposten aufgestellt, wie Heike Hoffmann schreibt, die die Käufer am Zutritt ins Warenhaus hindern sollten.[84]

Bereits im Dezember 1929 kam es beispielsweise in Köln zu einem Sturm der Nationalsozialisten gegen jüdische Warenhäuser wie Tietz, Alsberg und andere Geschäfte.[85] 1933 begannen die Nationalsozialisten sämtliche jüdischen Warenhausbesitzer zu enteignen, die Warenhäuser wurden arisiert. Viele dieser jüdischen Kaufleute engagierten sich in dem von Oscar Tietz 1902 initiierten Verband Deutscher Waren- und Kaufhäuser (VDWK) beziehungsweise waren Mitglieder davon. Nach der Schoah verblieb von den meisten nur noch die Erinnerung an ihre Namen: Gebrüder Barasch, Breslau; Eduard Bormass, Hannover; M. Cornitzer & Söhne, Marienwerder; Hermann Haas, Trier; Geschwister Knopf, Karlsruhe; Messow & Waldtschmidt, Dresden; Wilhelm Stein, Berlin; Hermann und Oscar Tietz, Berlin; Leonhard Tietz, Köln; S. Wronker & Co., Frankfurt a. M.[86]

Die politische Zäsur des Dritten Reiches, so auch Hartmut Berghoff, brachte scharfe Brüche. Der Anteil von Unternehmen jüdischer Herkunft in wirtschaftlichen Spitzenpositionen Wirtschaftselite in den 1920er-Jahren lag bei 15 bis 18 Prozent. Sie fielen alle der «Entjudung der Wirtschaft» zum Opfer. Durch die ab 1933 einsetzende systematische Entrechtung, Ausplünderung, Vertreibung und Ermordung der Juden durch die Nationalsozialisten wurde nicht nur eine tragende Säule des Wirtschaftsbürgertums zerschlagen, sondern ebenso eine lange und erfolgreiche Tradition, die sich gemäss Berghoff nach 1945 nicht einmal ansatzweise wiederbeleben liess.[87]

2 *Der Einzug und Aufstieg des Warenhauses in der Schweiz*

Am Ende des 19. Jahrhunderts konnten sich auch in den grössten Schweizer Städten die ersten Warenhauspioniere mit ihren Warenhäusern etablieren. Den Anfang dürfte 1896 der aus Preussen stammende Julius Brann mit seiner Einzelfirma Jul. Brann Zürcher Engros-Lager in Zürich gemacht haben, das vier Jahre später in das Warenhaus sämtlicher Bedarfsartikel umbenannt wurde.[1] Darauf folgten 1899 das Warenhaus der Gebrüder Loeb (gegr. 1864) in Bern und die Grands Magasins Jelmoli S.-A. (gegr. 1833) in Zürich. Um die Jahrhundertwende wandelten sich die Betriebe Magazine zum Globus (gegr. 1883) und Kaiser & Co. in Bern (gegr. 1883) sowie die von Sally Knopf gegründeten Kurz-, Weiss- und Wollwarengeschäfte in Freiburg, Basel und Biel in Warenhäuser um. 1902 eröffnete das Warenhaus Léon Nordmann in Luzern seine Tore, an dem die 1890 in Biel gegründete Firma Mercerie et Bonneterie en gros, Maus Frères, beteiligt war.[2]

Allgemeine Entwicklung

Die Entstehungsgeschichte der Warenhäuser in der Schweiz zeigt, dass deren Entwicklung in den meisten Fällen aus kleinsten Anfängen heraus schrittweise verlief und die Warenhauspioniere weitgehend aus bescheidenen Verhältnissen stammten.[3] Lediglich Globus-Gründer Joseph Anton Weber aus St. Gallen soll ein wohlhabender Händler gewesen sein.[4] Indes sind die Schweizer Warenhäuser ursprünglich aus sehr verschiedenartigen Betrieben hervorgegangen. In der Mehrheit entwuchsen sie früheren Textilfachgeschäften, wie beispielsweise Jelmoli in Zürich und Loeb in Bern. Nur wenige haben sich aus einer Gemischtwarenhandlung in ein Warenhaus umgewandelt, wie beispielsweise Globus, oder wurden gleich als Warenhäuser gegründet, wie Julius Brann. Die Gründerzeiten beziehungsweise die Umwandlungen fallen bei der Mehrheit in die Jahre von 1895 bis 1910, die Vergrösserung, wie Filial- oder Konzernbildung, in die Zeit von 1925 bis 1933.[5] Die grosse Entfaltung der Warenhäuser erfolgte hauptsächlich in der Zeit nach dem Ersten Weltkrieg. Nur 28 Prozent aller Betriebe wurden in der Schweiz in der Vorkriegszeit gegründet.[6] Zu erwähnen ist zudem, dass 1905 nur drei der 93 gezählten Warenhäuser hundert oder mehr Personen beschäftigten, das heisst Warenhäuser im Sinn eines Grossbetriebes nach heutiger Vorstellung waren (vgl. Tabelle 2). Aufgrund der eidgenössischen Betriebszählung von 1929 ergibt sich folgendes Bild von Bedeutung und Struktur der Warenhäuser: Es existierten 68 Warenhäuser mit 4640 Beschäftigten, von denen 74,1 Prozent weiblichen Geschlechts waren.[7] Zehn Jahre später waren es 119 Betriebe mit 8101 Beschäftigten, wie aus der Statistik in Tabelle 1 hervorgeht. Erstaunlicherweise konnten die Warenhäuser trotz Wirtschaftskrise und dem 1933 erfolgten bundesrätlichen Warenhausbeschluss, der sowohl Neugründungen als auch Filialerweiterungen verbot, um satte 75 Prozent wachsen. Dies lässt sich weitgehend damit begründen, dass 1939 Betriebe zur Gattung «Warenhaus» zählten, die zehn Jahre zuvor noch unter dem Begriff «Sortimentshaus» oder «Kaufhaus» figurierten.[8]

Tabelle 1: Entwicklung der Warenhäuser in der Schweiz von 1905 bis 1965. (Quelle: Jaggi: Le phénomène (1970), S. 325)

Jahr	*Anzahl Betriebe*	*Anzahl Beschäftigte*
1905	93	1 761
1929	68	4 641
1939	119	8 101
1955	149	14 422
1965	217	25 415

Tabelle 2: Entwicklung der Warenhäuser in der Schweiz, 1905–1965 nach Betriebsgrösse. (Quelle: Jaggi: Le phénomène (1970), S. 326)

Betriebsgrösse	1905	1929	1939	1955	1965
1	5	0	0	5	4
2–3	22	0	4	6	14
4–5	13	0	6	6	6
2–3	22	0	4	6	14
10–19	13	12	17	30	15
20–49	23	21	21	33	51
50–99	2	11	24	22	44
100–199	(A) 3	4	7	22	39
200–499		6	(B) 9	6	21
500–999		1		7	7
1000–				1	2
Total Betriebe	93	68	119	149	217

Die erst um 1900 im *Schweizerischen Handelsamtsblatt* publizierte Umbenennung des brannschen Einzelhandelsbetriebs von einem Engros-Lager in ein Warenhaus sämtlicher Bedarfsartikel stellt dessen Anspruch des «Erstgeburtsrechts» zu Recht infrage. Jelmoli eröffnete seinen Glaspalast unter dem Namen Grands Magasins Jelmoli S.-A. bereits ein Jahr früher als Brann, und auch der Chronist der Globus-Geschichte meinte, dass der von Josef Weber Junior 1892 auf der Papierwerdinsel in Zürich eröffnete «Bazar ohne Gleichen» das erste richtige Warenhaus der Schweiz gewesen sei.[9] Die dichte Folge

Abbildung 14: Das vermutlich allererste Warenhaus der Schweiz, 1896 von Julius Brann aus Rawitsch gegründet, besass zehn Schaufenster und befand sich im Erdgeschoss und ersten Stock des Hauses «Alte Schmitte» an der Sihlporte (Talacker 50) in Zürich. Die Eröffnung fand am 21. August 1896 um 10 Uhr vormittags statt. (Tagblatt der Stadt Zürich, 19. 8. 1896, Nr. 194, 20. 8. 1896, Nr. 195)

der Warenhausgründungen am Ende des 19. Jahrhunderts und vor allem die Tatsache, dass die beiden Letztgenannten sich in einem schleichenden Prozess aus bereits jahrelang bestehenden Gemischtwaren- oder Modehandlungen entwickelt hatten, und darüber hinaus die bereits erwähnte uneinheitliche Benutzung des Begriffs Warenhaus erschweren eine solche Rekonstruktion zusätzlich. Verlässliche zeitgenössische und zeitnahe Quellen hingegen haben an Julius Branns Erstgeburtsrecht nichts zu bemängeln. Denneberg hat in seiner 1937 erschienenen Dissertation über *Begriff und Geschichte des Warenhauses in der Schweiz* den 1896 von Julius Brann eröffneten modernen Betrieb als das «erste schweizerische Warenhaus» bezeichnet, und auch der Zürcher Stadtarchivar Eugen Hermann schreibt in seinem 1947 erschienenen Werk *Ein Jahrhundert Zürich und die Entwicklung seiner Firmen*, dass dieses «das älteste Warenhaus in unserem Lande» sei.[10]

Gewichtiger und interessanter als die nach dem Erstgründungsrecht scheinen jedoch andere Fragen: zum einen, weshalb sich die Schweizer Warenhäuser im Vergleich zu Frankreich, Grossbritannien und den USA mit einigen Jahrzehnten Verspätung erst um 1900 entwickelt, und zum anderen, weshalb sich die meisten Warenhäuser nicht aufgrund schweizerischer, sondern aufgrund ausländischer Pionierarbeit herausgebildet haben. Dass viele Warenhausgründer Juden waren, wurde schon erwähnt. Doch auch hierbei ging auffallenderweise keines der grossen Warenhäuser in der Schweiz auf autochthone Juden zurück – mit der Emanzipation von 1866 wären, wie eingangs festgestellt, auch den Schweizer Juden Tür und Tor für derartige Unternehmungen offen gestanden –, sondern wurden ebenfalls von aus dem Ausland immigrierten Juden initiiert.

Die späte Entwicklung der Warenhäuser in der Schweiz hängt im Wesentlichen mit dem vergleichsweise späten Heranwachsen der Schweizer Städte zusammen. Es ist bezeichnend, dass das Warenhaus auch hierzulande als das neue Gesicht der werdenden Grossstadt wahrgenommen wurde. «Ein besonderes Merkmal der werdenden Grossstadt sind die verschiedenen im grossen Style errichteten Warenhäuser oder Bazars»,[11] liest man 1899 über die Eröffnung des Glaspalastes von Jelmoli. Und auch in Basel wurde der 1905 von Julius Brann eröffnete Neubau, der sich als «ein Gebäude von modernem Zuschnitt und grossartiger Anlage» darstellte, als ein Zeichen gedeutet, «dass Basel unaufhaltsam dem Schicksal entgegentreibt, Grossstadt zu werden».[12] Als Voraussetzung für die Entstehung von Warenhäusern in der Schweiz nennt Müller die Entwicklung der Kantonshauptstädte zu «Grossstädten» und die Trennung von Arbeits- und Wohnstätte sowie die Mobilität durch Fahrrad und Strassenbahnen, die städtische Quartiere und Vororte näher zueinanderrücken liessen.[13] Dass sich auch in kleineren, ländlichen Ortschaften mit der Zeit Warenhäuser entwickelt haben, dürfte einerseits mit dem Anwachsen der Konsumgüterindustrie in Zusammenhang stehen, andererseits natürlich mit der Erschliessung abgelegener Orte durch die Bahn.[14] Zudem verfolgten beispielsweise Maus Frères, aus denen später Manor hervorging, anfänglich ein zum Warenhaus Brann konträres Konzept. Als Grossisten machten sie ihren Kunden die «Idee» des Warenhauses schmackhaft, um auch in kleineren Städten oder Ortschaften der Schweiz Warenhäuser oder Betriebe mit warenhausähnlichem Charakter nach weitgehend französischem Vorbild herausbilden zu können.[15]

Die Stadt Zürich bietet sich als anschauliches Beispiel für die etwas zögerliche Entwicklung hin zur werdenden Metropole an. Obschon sich die Zahl der Einwohner zwischen 1830 und 1860 verdoppelte und auf rund 20 000 Personen anstieg, zeigte Zürichs Stadtbild in der Mitte des 19. Jahrhunderts beinahe noch ein mittelalterliches Gesicht.[16] Das etwas provinziell anmutende Stadtleben Zürichs geht als Stimmungsbild auch aus einem Brief von Lydia Escher hervor. Die 1858 geborene Tochter des Zürcher Politikers, Wirtschaftsführers und ungekrönten Königs Alfred Escher – eine der herausragenden Schweizer Frauen der Belle Époque – war befreundet mit der in der anregenden und fesselnden Weltstadt Paris lebenden Künstlerin Louise Breslau, genannt «Lulu».[17] Lydia Escher beklagt sich in ihren Zeilen an die Freundin über das damals noch verschlafene und spiessbürgerliche Zürich – ein «Philisternest», wie sie die Stadt nannte –, in dem sie sich zu langweilen schien: «Oh Zurich quelle province! Et épatant tout de même! Es waren wenig Anlässe ausser dem Wettrennen. Vielleicht hast du davon gehört: unsere Figuren und Toiletten waren in einer fashionablen Pariser Sportzeitung äusserst schmeichelhaft beschrieben. Nächsten Samstag ist Seeclub-Ball; wie gefalle ich dir im immergrünen Atlas und Tüll mit Schilf, Seerosenknospen und Perlen?»[18]

Abbildung 15: Am linken Bildrand: «Weber's Bazar» am Bahnhofplatz (Bahnhofstrasse 110) in Zürich, in der Mitte der Blick in die damals wenig belebte Bahnhofstrasse, Fotografie um 1890. Josef Anton Weber war ein erfolgreicher Messefahrer aus St. Gallen. Nach dem Aus der Messen 1879 eröffnete er im Niederdorf ein Lädeli und bald darauf mit grossem Erfolg diesen Basar am Bahnhofplatz. 1892 konnte Webers Bazar (unter Sohn Josef Weber junior) auf der Papierwerdinsel eröffnet werden. 1893 erwirbt Bankier Heinrich Burkhardt das Geschäft. Ab 1896 wird «Globus» erstmals als Firmenname verwendet.

Lydia Escher dürfte beim Schreiben dieser Zeilen um die zwanzig gewesen sein. Der jungen, reichen, zur Oberschicht zählenden Bürgerstochter konnte das provinziale Zürich im Vergleich zu ausländischen Metropolen an Vergnügen und Ausstattung wenig bieten. Mondän und von hoher Strahlkraft war Zürich damals wahrhaftig noch nicht. Für die Ausstattung ihrer Damentoilette standen ihr noch keine prächtigen Magasins de Nouveautés oder gar Warenhäuser wie in Paris oder London zur Verfügung. «Flanieren» im Sinne von Shopping war buchstäblich ein Fremdwort, der damalige Fröschengraben erst im Umbau begriffen. 1864 begann man den ehemaligen und zwischenzeitlich stinkenden Stadtgraben aufzuschütten und zur heutigen Flaniermeile, der Bahnhofstrasse, auszubauen.[19] Ab den 1890er-Jahren begann sich hier das Konsumangebot, in Form von Verkaufsgeschäften des gehobeneren Bedarfs, sukzessive auszuweiten.[20]

Auch Bern war zu Beginn des 19. Jahrhunderts noch ein derart verschlafenes Nest, dass bloss sieben oder acht unansehnliche Läden offen hatten, deren Besitzer sich oft höchstens so weit anstrengten, dass sie nicht auf ein sorgloses Leben verzichten mussten, wie man den Tagebucheinträgen von Samuel Walthard entnehmen kann.[21] Durch die Einführung der Handels- und Gewerbefreiheit der helvetischen Regierung fielen zwar die regulierenden Schranken, führten jedoch nur zaghaft zur Belebung des Marktes.[22] Als sie dann einsetzte, vermochte dies Walthard optimistischer zu stimmen, er schreibt rund ein Vierteljahrhundert später: «An den Hauptstrassen trifft man heute auf viele Geschäfte, die den Einwohnern der Stadt sowohl das Schauspiel eines orientalischen Basars als auch die Gelegenheit, sich tagtäglich mit dem Nötigsten zu versorgen, bieten.»[23]

Doch kehren wir zurück zu der Frage, weshalb trotz «Inländervorrang» der Anteil der autochthonen schweizerischen Handelstreibenden an den Warenhausgründungen so gering ausfiel. Anstelle von Lamenti über die existenzvernichtenden «jüdischen» Warenhäuser, wie wir dies später noch lesen werden, hätten die kleinen Detailhändler eigentlich die besten Voraussetzungen gehabt, um selber auf den Markt zu drängen. Antworten für diese Passivität finden sich in lebensweltlichen Konstellationen, einer Art Lebensmatrix, aus der die kleinen Händler damals nicht auszubrechen vermochten. Die erwähnte langsame Städteentwicklung dürfte zu diesem Umstand beigetragen haben. Aufschlussreich sind diesbezüglich die Ausführungen von Leo Weisz, der uns anhand des zeitgenössischen Kultur- und Wirtschaftshistorikers Eberhard Gothein und dessen Werk *Wirtschaftsgeschichte des Schwarzwaldes und der angrenzenden Landschaften* eine Deutung für den Erfolg von Hausierern beziehungsweise den Misserfolg der einheimischen Handwerker und Handelsleute liefert. Für den Handwerker sei es schwer, so Weisz, den sozialen Boden, in dem er wurzelt, zu verlassen und ein Fabrikant zu werden. Und auch aus dem Krämer werde selten ein Grosskaufmann, da dieser oft nur den lokalen Absatz, «oft nur den der nächsten Gasse», kennt. Nichts sei aber häufiger, als dass dies dem begabten Hausierer gelinge, da dieser verschiedene Örtlichkeiten miteinander verknüpfe und sowohl die Produzenten als auch die Konsumenten aufsuche.[24] Aus Hausierern würden unmerklich Grosskaufmänner, schreibt Weisz weiter, da sie sich ihre Orts- und Menschenkenntnisse wie auch ihre Verhandlungsgeschicke zunutze machten. «So haben die intelligenteren Kreise des Judentums in unserer Zeit die kaufmännische ‹Begabung›, d. h. die Erfahrungen jahrhundertelangen Hausierhandels, verwertet, so taten es im 17. und 18. Jahrhundert die Oberitaliener, und ihnen machten es dann, als gelehrige Schüler, die Schwarzwälder nach.»[25] Und auch Schulze hält fest, dass der althergebrachte Detailhandel in lokaler Abgeschlossenheit sowie in der Gebundenheit der Konsumenten an die Händler des Ortes oder gar der Strasse wurzelte.[26]

Daneben dürfte sich auch die Lebensart der jüdischen Einwanderer gewinnbringend auf deren Warenhauskarriere ausgewirkt haben. Selbst Johannes Blumer-Egloff, ein Gegner der damals aufkeimenden schweizerischen Warenhausszene, musste in einer Art Tugendneid zugestehen, dass man von den Juden noch vieles lernen könnte, da diese die besseren Geschäftskenntnisse, mehr Ausdauer, Sparsinn und Nüchternheit sowie zumeist ein tadelloses Familienleben hätten. In seiner 1901 herausgegebenen Schrift über die *modernen Grossbazare* entwirft er ein positives Stereotyp: «Lernbegieriger und gescheiter als andere Leute sind sie einmal so wie so, und ihr Sinnen und Streben richtet sich eben von Jugend an in erster Linie auf den Erwerb, den hochgehenden Wogen des bei uns allzusehr entwickelten Fest- und Vereinslebens vertrauen

Abbildung 16: Warenhaus Globus auf der Papierwerdinsel in Zürich 1899.

sie sich nicht so leicht an und haben deshalb auch manchen Schiffbruch weniger zu verzeichnen als wir, wie sie auch unsern vielfach zu ausgeprägten Trinksitten im Allgemeinen nicht huldigen.»[27]

Überdies dürften auch moralische Bedenken die Herausbildung der Warenhäuser gehemmt haben, wie dies Weisz präzise beobachtet. Nach Frankreichs Julirevolution von 1830 brach das goldene Zeitalter der Modewarenhandlungen an. Zu keiner Zeit, so Weisz, habe die Mode der Frau mehr «Putz» erlaubt als dazumal. Vor allem dem über die kunstvoll arrangierte Frisur aufgesetzten Hut waren hinsichtlich Phantasie keine Grenzen gesetzt. Für die Frau sei das anbrechende Zeitalter eine «wohltätige Rekompensation für eine jahrhundertelange Entbehrung». Ein Manko hingegen seien die fehlenden Bezugsquellen für diese neuartigen Bedürfnisse. Weder die alten Kramläden noch die kleinen Stoffhandlungen verfügten über ein derartig exquisites Produktesortiment. Sogar die besseren Kaufleute lehnten es ab, dem neuen «hoffärtig-sündhaften […] Treiben der Eitelkeit und Sittenlosigkeit zu dienen».[28] Und so kam es, «dass die neuesten Modewaren in den Städten der Schweiz, anfangs der dreissiger Jahre noch, an den Markttagen in den Messbuden fremder Wanderkaufleute gekauft werden mussten, und Ausländer es waren, die die ersten wirklichen Modewarengeschäfte gründeten».[29]

Paris erobert die Schweiz, buchstäblich

Während Einwohner wie Lydia Escher das nervöse Grossstadttreiben von Paris vermissten und es Ausländer waren, die die ersten Modewarengeschäfte brachten, priesen im Gegenzug ausländische Touristen die topografische Schönheit der Schweizer Städte. Zürich besitze neben Damaskus die schönste und freundlichste Altstadt unserer Hemisphäre, berichtete Samuel Hawkins Marshall Byers in seinem 1875 erschienenen Reisebeschrieb *Switzerland and the Swiss*: «Whoever stands upon the upper Limmat bridge, on some calm, summer's evening, when the atmosphere is clear, and looks to the south and east, will see a sight as fair indeed as any of the world.»[30] Solche romantisierenden Reiseberichte entstanden denn auch im Kontext der Überreizung der Grossstädte. Um 1900 floh der moderne Mensch aus den lärmigen Metropolen in die vermeintliche Unberührtheit der Natur und der Berge, wie Thomas Lenz in *Konsum und Modernisierung* schreibt. Zu Zielen, die einst nur durch einsame Wanderungen zugänglich waren, führten unterdessen allerdings Eisenbahnen. Ein Umstand, der den Philosophen und Soziologen Georg Simmel missmutig stimmte. In seiner 1895 erschienenen Abhandlung *Alpenreise* beklagte er, dass diese sich «in rascher Folge accumulieren; wo die Steigungen zu steil sind, um Fahrstrassen zu bauen, wie nach Mürren oder Wangernalp, baut man eine Eisenbahn; schon scheint die Bahn auf den Eiger gesichert, und so viele Bergsteiger bisher überhaupt die schwierige Höhe erstiegen haben – ebenso viele wird die Bahn vielleicht an einem einzigen Tag hinaufbringen».[31]

In der zweiten Hälfte des 19. Jahrhunderts befand sich die europäische Moderne in einem von vielen Zeitgenossen als nervös empfundenen Kreislauf. Während die von den lärmigen Metropolen flüchtenden Städter mit der Eisenbahn in die abgelegene Natur der Schweizer Berge verfrachtet wurden, schleppten einheimische Bergbewohner ihrerseits ihre selbstgefertigten Waren ins Tal, um diese gegen «modischen Fabrikplunder» einzutauschen, wie der folgenden Erinnerung von 1909 zu entnehmen ist: «Anna Egger und Elsa Brawand, hatten früher noch in Hutten, in Rückentragkörben, Waren von Interlaken her ins Tal getragen. ‹Inha g'fergged›, wie man sagte. Hier wurden die Güter in einem Gaden neben der Wohnung aufbewahrt und mit einem bescheidenen Profit weiterverkauft: Etwa ein Haubenblätz oder ein seidenes Halsband. Kleider gab es in Grindelwald noch keine zu kaufen! Sie wurden von den Frauen selber angefertigt. […] Vor hundert Jahren waren nun aber, mit dem Tourismus, stattliche Kaufläden an der Dorfstrasse entstanden. Jetzt schüttelte man den Kopf über die jungen Grindelwalder Frauen, die ihr selbstgewobenes Tuch zum Krämer im Duftli, im Dorfzentrum, oder sogar ‹Zur Stadt Paris› der Gebrüder Geismar in Interlaken trugen und nichts Gescheiteres zu tun wussten, als ihre währschaften Handarbeiten gegen modischen ‹Fabrikplunder› einzutauschen!»[32]

Das in der Erinnerungsschrift vermerkte Kaufhaus Zur Stadt Paris liefert uns als Beispiel einen ersten Hinweis auf die Entwicklung solcher «fremdländischen» Modewarengeschäfte in der Schweiz, wenngleich es bei weitem nicht das erste oder einzige gewesen war. Der aus dem Piemont stammende Johann Peter Jelmoli zum Beispiel konnte sich, wie wir wissen, bereits 1833 mit ei-

Abbildung 17: Gebrüder Blum mit ihrem Herrenkleidergeschäft À la ville de Paris in Genf und Filialen in Lausanne, Vevey, Neuenburg und Yverdon. Lithografie von S. Dajoz, 19. Jahrhundert.

nem exquisiten Stoffgeschäft in Zürich etablieren. Dennoch ist es interessant festzustellen, dass es hierzulande einst zahlreiche solche «Zur Stadt Paris»-Geschäfte gegeben haben muss, nicht nur das 1906 in Interlaken von den aus dem elsässischen Grussenheim abgewanderten Gebrüdern Geismar eröffnete. Auch die Gebrüder Bernheim, die ebenfalls aus dem Elsass kamen, besassen einen Detailhandelsbetrieb namens Zur Stadt Paris, dessen Filialen 1897 bereits in Luzern, Biel, Moutier, Lausanne, Delémont, Neuveville und Fribourg anzutreffen waren.[33] Ihr Vater, Clément Bernheim aus Zillisheim, hatte sich in der zweiten Hälfte des 19. Jahrhunderts samt seiner Familie in Biel niedergelassen, wo er spätestens ab 1883 mit einem Tuchwaren- und Möbelgeschäft vertreten war.[34] Zehn Jahre später übertrug er die Firma an vier seiner Söhne, Leon, Leopold, Moses und Camille, die den Betrieb als Gebrüder Bernheim weiterführten.[35] Entscheidend hierbei ist die Tatsache, dass die Bernheims durch Heirat sowohl mit der bedeutungsvollen Maus-Dynastie als auch mit den Nordmanns verwandt geworden sind. Ihre familiären Verbindungen und die «Zur Stadt Paris»-Geschäfte dürften deshalb synergetisierend auf die spätere Entwicklung zum Warenhaus Manor gewirkt haben (vgl. Abb. 32).[36]

Deutlich früher waren die Gebrüder Blum,[37] die sich 1842 erstmals an der Frühjahrsmesse in Zürich angekündigt hatten. Unter dem klangvollen Namen A la Ville de Paris warben sie im *Zürcherischen Wochenblatt* für ihre «dernière nouveauté», die man zu fixen Verkaufspreisen an drei Marktständen auf dem Unteren Hirschengraben erstehen konnte.[38] Ihr Name war Programm, kamen sie doch tatsächlich aus der Weltstadt Paris, wo sie an der Rue Bourbon-Villeneuve 19 ein Konfektionsgeschäft und Atelier betrieben.[39] 1844 benötigten sie an der Zürcher Messe bereits ganze acht Messebuden, um ihre

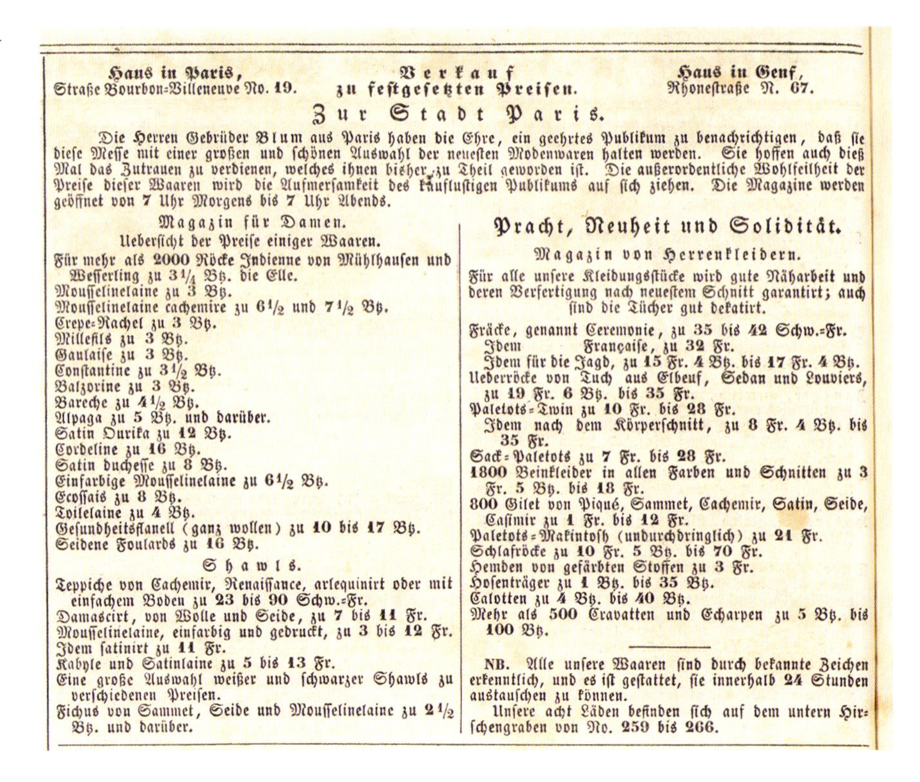

Haus in Paris,
Straße Bourbon-Villeneuve No. 19.

Verkauf
zu festgesetzten Preisen.

Haus in Genf,
Rhonestraße N. 67.

Zur Stadt Paris.

Die Herren Gebrüder Blum aus Paris haben die Ehre, ein geehrtes Publikum zu benachrichtigen, daß sie diese Messe mit einer großen und schönen Auswahl der neuesten Modenwaren halten werden. Sie hoffen auch dieß Mal das Zutrauen zu verdienen, welches ihnen bisher zu Theil geworden ist. Die außerordentliche Wohlfeilheit der Preise dieser Waaren wird die Aufmersamkeit des kauflustigen Publikums auf sich ziehen. Die Magazine werden geöffnet von 7 Uhr Morgens bis 7 Uhr Abends.

Magazin für Damen.

Uebersicht der Preise einiger Waaren.

Für mehr als 2000 Röcke Indienne von Mühlhausen und Wesserling zu 3 1/4 Bz. die Elle.
Mousselinelaine zu 3 Bz.
Mousselinelaine cachemire zu 6 1/2 und 7 1/2 Bz.
Crepe-Rachel zu 3 Bz.
Millefils zu 3 Bz.
Gaulaise zu 3 Bz.
Constantine zu 3 1/2 Bz.
Balzorine zu 3 Bz.
Bareche zu 4 1/2 Bz.
Alpaga zu 5 Bz. und darüber.
Satin Ourika zu 12 Bz.
Cordeline zu 16 Bz.
Satin duchesse zu 8 Bz.
Einfarbige Mousselinelaine zu 6 1/2 Bz.
Ecossais zu 8 Bz.
Toilelaine zu 4 Bz.
Gesundheitsflanell (ganz wollen) zu 10 bis 17 Bz.
Seidene Foulards zu 16 Bz.

Shawls.

Teppiche von Cachemir, Renaissance, arlequinirt oder mit einfachem Boden zu 23 bis 90 Schw.-Fr.
Damascirt, von Wolle und Seide, zu 7 bis 11 Fr.
Mousselinelaine, einfarbig und gedruckt, zu 3 bis 12 Fr.
Idem satinirt zu 11 Fr.
Kabyle und Satinlaine zu 5 bis 13 Fr.
Eine große Auswahl weißer und schwarzer Shawls zu verschiedenen Preisen.
Fichus von Sammet, Seide und Mousselinelaine zu 2 1/2 Bz. und darüber.

Pracht, Neuheit und Solidität.

Magazin von Herrenkleidern.

Für alle unsere Kleidungsstücke wird gute Näharbeit und deren Verfertigung nach neuestem Schnitt garantirt; auch sind die Tücher gut dekatirt.

Fräcke, genannt Ceremonie, zu 35 bis 42 Schw.-Fr.
Idem Française, zu 32 Fr.
Idem für die Jagd, zu 15 Fr. 4 Bz. bis 17 Fr. 4 Bz.
Ueberröcke von Tuch aus Elbeuf, Sedan und Louviers, zu 19 Fr. 6 Bz. bis 35 Fr.
Paletots-Twin zu 10 Fr. bis 28 Fr.
Idem nach dem Körperschnitt, zu 8 Fr. 4 Bz. bis 35 Fr.
Sack-Paletots zu 7 Fr. bis 28 Fr.
1800 Beinkleider in allen Farben und Schnitten zu 3 Fr. 5 Bz. bis 18 Fr.
800 Gilet von Piqué, Sammet, Cachemir, Satin, Seide, Casimir zu 1 Fr. bis 12 Fr.
Paletots-Makintosh (undurchdringlich) zu 21 Fr.
Schlafröcke zu 10 Fr. 5 Bz. bis 70 Fr.
Hemden von gefärbten Stoffen zu 3 Fr.
Hosenträger zu 1 Bz. bis 35 Bz.
Calotten zu 4 Bz. bis 40 Bz.
Mehr als 500 Cravatten und Echarpen zu 5 Bz. bis 100 Bz.

NB. Alle unsere Waaren sind durch bekannte Zeichen erkenntlich, und es ist gestattet, sie innerhalb 24 Stunden austauschen zu können.

Unsere acht Läden befinden sich auf dem untern Hirschengraben von No. 259 bis 266.

Abbildung 18: Zur Stadt Paris – Ankündigung der Gebrüder Blum aus Paris an der Messe in Zürich 1844.

«neuesten Modenwaren», für die man mit «Pracht, Neuheit und Solidität» warb, an das Publikum zu bringen.[40] Auch die gemeinhin als revolutionär geltenden neuen Verkaufsmethoden, wie fixe Preise und im Eventualfall sogar ein Umtausch der Waren innert 24 Stunden, kamen bei den Blums bereits damals zur Anwendung.[41] Ferner bereisten sie mittlerweile auch die Frühjahrs- und Herbstmessen der Städte Fribourg, Bern und auch Genf, wo das Maison Blum Frères bereits als stationäre Verkaufslokalität an der Rue du Rhone vorzufinden war.[42] 1851 besassen die Blums ein Grosshandelshaus und Zuschneideatelier sowie ein Detailhandelsgeschäft (Aux Villes de Suisse) im Montmartre in Paris, betrieben Filialen in Bern, Genf, Lausanne, Neuenburg und Zürich und waren ein sogenanntes Reise-Haus in der Schweiz.[43]

Als gesichert kann gelten, dass die Gebrüder Blum ihre Inspiration in den damals florierenden Pariser Magasins de Nouveautés fanden, von denen das grösste in den 1840er-Jahren ebenfalls Ville de Paris hiess, 150 Mitarbeiter beschäftigte und 1844 einen Umsatz von 10 bis 12 Millionen Francs aufwies.[44] Damit wird deutlich, dass die Strahlkraft der damaligen Welthauptstadt Paris die Schweiz rund fünfzig Jahre vor den ersten Warenhausgründungen erreichte und dank ausländischen, aus Frankreich kommenden Marktfahrern einige der ersten «Modewaarengeschäfte» oder Magasins de Nouveautés hervorbrachte.

Abbildung 19: Gebrüder Geismar/Geschwister Geismar, Gruppenbild (v. l.: Léon, Anna, Jonas, Henriette, Edmond, Lucien) anlässlich der Hochzeit von Henry Bloch und Madeleine Geismar in Luzern am 26. September 1943.

Die Gebrüder Geismar und das Kaufhaus Zur Stadt Paris

Die vier Brüder Lucien, Edmond, Jonas und Léon Geismar stammten aus dem elsässischen Grussenheim. 1906 eröffneten sie im 1902 erbauten Jugendstilgebäude in Interlaken eine Manufakturen-, Hut- und Konfektionswarenhandlung, die den Namen Zur Stadt Paris trug.[45] Vier Jahre später konnten sie in Thun die Liegenschaften des ehemaligen Tuchgeschäfts Matthäi und des benachbarten Gasthauses Rebstöckli erwerben und erbauten an derselben Stelle das Warenhaus Zur Stadt Paris, das am 13. Dezember 1913 seine Tore öffnete und bis 1963/1964 in deren Besitz verblieb. Die Brüder teilten sich die Leitung der beiden Betriebe auf: Lucien und Edmond führten das Geschäft in Interlaken, Jonas und Léon dasjenige in Thun. Am 9. Oktober 1916 erwarb Jonas Geismar das Burgerrecht der Stadt Thun und wurde damit Schweizer Bürger.[46] Das Geschäft Zur Stadt Paris in Interlaken hatte schon kurz nach seiner Eröffnung 1906 einen guten Namen, wie sich Ruth Geismar erinnert. Im Eröffnungsjahr kosteten Damenblusen 2.50 Franken oder Regenschirme 1.25 Franken. Kundschaft kam von nah und fern, vom «Bödeli», aber auch aus den «Lütschinentälern und aus Brienz».[47] Vor ihrer Etablierung in Interlaken hatten die Gebrüder Geismar im gleichnamigen Geschäft in Schwyz gearbeitet, das damals den Gebrüdern Bernheim gehörte. Die klangvolle Firmenbezeichnung Zur Stadt Paris hatte einen guten Ruf, weshalb sie ihn für ihr eigenes Geschäft in Interlaken und Thun übernehmen wollten und dies auch durften.[48]

Abbildung 20: Warenhaus Zur Stadt Paris – A la Ville de Paris der Gebrüder Geismar in Thun, eröffnet am 13. Dezember 1913, geschlossen 1964.

Herkunft, Mobilität und Migration der Schweizer Warenhausgründer

Die Geschichte des Warenhauses in der Schweiz war in ihren Ursprüngen eine vorwiegend transnational geprägte, entstammten doch die allermeisten Warenhauspioniere dem benachbarten Ausland. Julius Brann kam aus der damals preussischen Stadt Rawitsch (heute Polen), die Familie Loeb aus Nieder-Wiesen (Rheinhessen), die Knopfs aus dem preussischen Międzychód (zu Deutsch Birnbaum, heute Polen) und die beiden Familien Maus und Nordmann (Manor) sowie die Brüder Lang aus dem elsässischen Raum (Colmar, Hegenheim und Sierentz). Abgesehen von den jüdischen Warenhausgründern migrierte Jelmoli-Gründer Giovanni Pietro Jelmoli aus dem grenznahen Italien in die Schweiz. Und selbst der aus St. Gallen kommende Globus-Gründer Josef Anton Weber war für damalige Zeiten gewissermassen ein «Migrant», kam er doch als kantonsfremder Marktfahrer an die Zürcher Warenmessen, schickte seinen Sohn nach Paris und wurde durch diese Horizonterweiterung mit der Warenhausidee infiziert. Auch die in der Westschweiz etablierten und überaus erfolgreichen Gründer des Warenhauses Grosch & Greiff waren keine Schweizer, sondern Deutsche.[49] Im Tessin wurde 1901 das erste Warenhaus namens Milliet & Werner durch den gebürtigen Franzosen Alexandre Milliet und den Deutschen Gustav Werner[50] eröffnet. Alexandre Milliet, der später Alessandro Milliet hiess, wurde zwar in Yverdon geboren, war damals aber noch von Bonvillard.[51] Das Gleiche gilt für das Warenhaus Wilhelm von Felbert, dessen gleichnamiger Inhaber von Styrum (Rheinland, Preussen) kam.[52] Schweizerischen Ursprungs war das aus einem Papeterie- und Schulbücherbetrieb hervorgegangene Warenhaus Kaiser & Co. in Bern und die Warenhauskette Gonset, die auf das Ehepaar Paul Henri und Louise Gonset-Henrioud zurückzuführen ist. Er war aus dem Kanton Bern, sie aus Yverdon.[53]

Migrationshistorisch betrachtet waren die Warenhauspioniere der Schweiz somit zu einem Grossteil Eingewanderte: französische Juden, deutsche Juden, christliche Deutsche und Italiener, die im Laufe des 19. Jahrhunderts ihre angestammte Heimat verliessen. Die Beweggründe für die Abwanderung aus der alten Heimat sind unter Einbezug sozialer, wirtschaftlicher und politischer Umstände durchaus erklärbar. An dieser Stelle ist die mit der Industrialisierung einhergehende Urbanisierung zu nennen. Die Umschichtung der einzelnen Berufssektoren und die mit der Erfindung der Eisenbahn rasant zunehmende Mobilität hatten tief greifende Einwirkungen auf die Lebenswelt und den Habitus des einzelnen Menschen. Auf der Suche nach Auskommen und einer zukunftsversprechenden Existenz zog es die Bevölkerung vom Land in die Stadt. Berlin beispielsweise war im ausklingenden 19. Jahrhundert Hauptziel der Abwanderungsbewegung der ländlichen Bevölkerung – unter ihnen auch viele Juden: Zählte die Stadt 1875 noch eine Million Einwohner, stieg diese Zahl bis um die Jahrhundertwende auf beinahe das Doppelte an.[54] Eine solche Verdoppelung der Bevölkerung lässt sich auch für die damals grösste Stadt der Schweiz, für Zürich, ausmachen. Waren es 1880 78 300 Einwohner, stieg diese Zahl bis 1900 auf 150 700 an.[55]

In der jüdischen Bevölkerung Deutschlands setzte spätestens seit der Mitte des 19. Jahrhunderts eine massive Binnenwanderung ein, die von Ost nach West und von kleineren Orten in grössere Städte führte.[56] Hierbei muss man daran denken, dass Juden bis zur Aufhebung der gesetzlich auferlegten Schranken lange Zeit eine freie Abwanderung bzw. Zuwanderung verwehrt worden war. In Deutschland wurde eine rechtliche Gleichstellung der Juden zwar bereits seit 1781 öffentlich diskutiert. Zur gesetzlichen Verankerung und damit zur Gewährung der gleichen politischen und bürgerlichen Rechte wie den übrigen Staatsbürgern kam es erst mit der Reichsverfassung 1871.[57] Für die französischen Juden erfolgte die Emanzipation *de jure* bereits 1791, was ihnen in der Folge die Niederlassungsfreiheit und das Recht, alle Berufe – auch in öffentlichen Anstellungen – auszuüben, gewährte.[58] Konservative Strömungen in der Restaurationszeit (1814–1830) verlangsamten jedoch den Integrationsprozess, bis mit dem Sturz der Bourbonen eine zweite Emanzipationsphase einsetzte und 1846 die

Tabelle 3: Staatsangehörigkeit der leitenden Personen der Waren- und Kaufhäuser sowie der Basare mit Warenhauscharakter in der Schweiz. (Quelle: Zur Warenhausfrage. Vernehmlassung der Preisbildungskommission an das Eidg. Volkswirtschaftsdepartement. Bern 1933.)

	Warenhäuser	Im Handelsregister eingetragene Inhaber, Verwaltungsräte, Direktoren usw.	Schweizer		Ausländer				
			Total	Nach 1918 eingebürgert	Total	Deutsche	Franzosen	Italiener	Übrige Ausländer
Total	179	354	218	71	136	98	19	11	8
		100%	61,6%	20%	38,4%	27,7%	5,3%	3,1%	2,3%
			100%	33%	100%	72%	14%	8,1%	5,9%

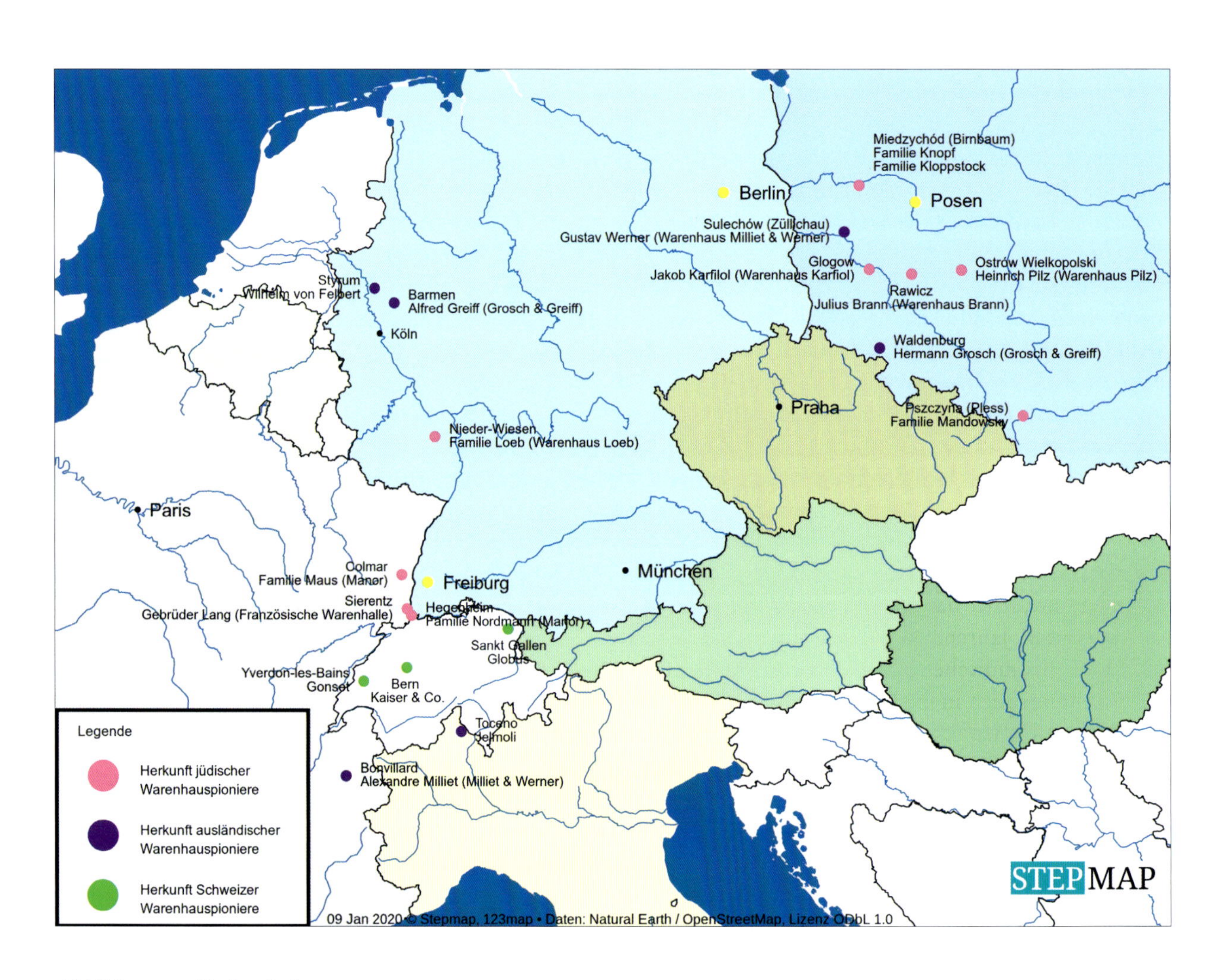

Abbildung 21: Herkunft der Gründer von Schweizer Warenhäusern.

letzte formalrechtliche Diskriminierung, der im Elsass immer noch gebräuchliche Judeneid (*more iudaico*), abgeschafft wurde.[59]

In der Schweiz wurde die Emanzipation auf nationaler Ebene 1866 durchgesetzt und 1874 mit der allgemeinen Kultusfreiheit in der Verfassung abgeschlossen. Jedoch war in elf liberal regierten Kantonen die Niederlassungs- und Gewerbefreiheit bereits in den Jahrzehnten zuvor gewährt worden.[60]

Als diese rechtlichen Schranken in den westeuropäischen Staaten fielen, begannen die an die Mobilität gewöhnten Juden ihren sozialen Aufstieg.[61] Jahrhundertelang in Berufe wie den Vieh- oder Textilhandel gedrängt, da andere Berufszweige verwehrt blieben, besassen sie grosse Handelskenntnisse, waren erfahren im Umgang mit Ein- und Verkauf und mit Produzenten und Konsumenten. Aber die Erwartung von jüdischen und christlichen Befürwortern der Emanzipation, dass die Juden nach der rechtlichen Gleichstellung aus diesen traditionellen Berufsfeldern ausbrechen würden, erfüllte sich zum damaligen Erstaunen vieler nur bedingt.[62] Rückblickend erkennen zumindest aufmerksame Beobachter, dass erstens Berufsgebiete wie Landwirtschaft, Handwerk, Beamtentum oder die Armee bereits von Nichtjuden besetzt waren und es zweitens für die Juden aufgrund ihrer vorteilhaften Position überhaupt keinen Anreiz gab, ihren Beruf zu wechseln.[63]

Bei den jüdischen Akteuren, die alle dem sogenannten Landjudentum angehörten, dürften Faktoren wie Armut und die Chance auf eine neue und gesicherte Existenz eine nicht unerhebliche Rolle gespielt haben. Obschon die einschlägige Forschungsliteratur nachweist, dass die in traditionellen Berufen wie Vieh- oder Textilhandel anzutreffenden Landjuden im Kaiserreich in der Mehrzahl dem sogenannten Mittelstand angehörten und es zumeist nicht Armut war, die zur Abwanderung aus den betreffenden Dörfern führte, trifft dies auf die Protagonisten der Warenhausgründungen gerade nicht zu.[64] Die Provinz Posen und Westpreussen, woher die Branns, die Knopfs, die Mandwoskys, und auch viele der jüdischen Warenhausgründer Deutschlands stammten, wiesen innerhalb des deutschen Kaiserreichs die ärmste jüdische Bevölkerung auf. Sie konnten als Angehörige sozial geringer Schichten durch Emigrationen nur gewinnen.[65] Julius Branns Vater Heimann beispielsweise war von Beruf ein Lohgerber, hatte damit seine Frau und sieben Kinder durchzubringen und verstarb mit 42 Jahren.[66] Kaum war Julius Bar-Mizwa, also dreizehn Jahre alt und damit aus jüdischer Sicht volljährig, schickte seine Mutter ihn nach Berlin, wo er angeblich in einem Warenhaus eine Lehre absolvierte. Seine älteste Schwester Paula verliess als 15-Jährige ihre Heimat, zog nach Breslau und Posen, wo sie als Stütze einer Hausfrau arbeiten sollte, der älteste Bruder Ludwig folgte ihr nach Posen, wo er als Handlungslehrling an derselben Adresse wie seine Schwester wohnte.[67] Diese Hinweise geben uns Aufschluss darüber, dass es sich bei den Branns kaum um eine begüterte Familie des jüdischen Bürgertums gehandelt haben konnte.

Auch im Elsass war die Flucht vor widrigen Umständen ein häufiges Motiv zur Auswanderung aus der alten Heimat.[68] Viel dazu beigetragen hat zudem der Umstand, dass die Juden damals nirgends derart heftig wegen der Art und Weise, wie sie ihren Lebensunterhalt führten, angegriffen und kritisiert wurden wie im Elsass.[69] Zu einem weiteren Abwanderungsschub kam es 1871

...alité de Delémont
...N DE BERNE

CERTIFICAT

Le soussigné F. Fleury, maire de la ville de Delémont déclare et certifie que le Sieur Maus Ernest, employé, originaire de Colmar (Alsace), habitué notre localité, qu'il a toujours joui d'une excellente réputation et que jamais aucune plainte ne lui est parvenue à son encontre.

En foi de quoi le présent certificat lui a été délivré à Delémont, le 25 Janvier 1890.

Le Maire

F. Fleury

Abbildung 22: Leumundszeugnis des Bürgermeisters Fleury aus Delémont für Ernest Maus, der sich 1890 als 18-Jähriger im solothurnischen Rüttenen einbürgern liess.

nach dem Deutsch-Französischen Krieg, als die elsässischen Juden aufgrund der Annexion nicht unter deutscher Herrschaft weiter dort leben wollten.[70]

Von solch widrigen Lebensumständen in der Mitte des 19. Jahrhunderts berichten uns auch die Brüder Lang, die später in die Schweiz emigrierten und sich hierzulande mit der Grossen Französischen Warenhalle in Zürich und dem Warenhaus Schlossberg in Baden etablieren konnten. In ihrem 1891 im aargauischen Baden verfassten Familienvertrag schreiben sie dazu: «Vor 45 Jahren (anno 47) am ‹Jakres› haben wir mit unserem sel. Vater in Klein-Kemps & Renviller bei Anlage der grossh. Badischen Eisenbahn Erdarbeiten verrichtet. Von Sierenz, unserem Wohnort aus, hatten wir zum Arbeitsplatz bereits 2 Stunden zu laufen und betrug der Taglohn 10 alte Batzen. Als Mittagessen hatte uns die sel. Mutter insgesamt ca. 1 Pfund Brot mitgegeben und um dieses zu kaufen musste sie zeitweise ihr altes Zinngeschirr und sogar Linge verkaufen. Brot und Butter genügte uns bei harter Arbeit von morgens 3 Uhr bis abends 10 Uhr als wir wieder zurückkamen und doch hat uns der lb. G'tt gross und stark werden lassen.»[71]

Die Warenhauspioniere der ersten Stunde waren zumeist sehr früh beziehungsweise jung unterwegs. Oft traten sie nach der Bar-Mitzwa ins Geschäftsleben ein, absolvierten ihre Lehr- und Wanderjahre und sammelten dadurch vielseitige Berufserfahrungen. Julius Brann, wie bereits erwähnt, verliess als Dreizehnjähriger sein Elternhaus in Richtung Berlin. Bereits sieben Jahre später gelang ihm seine Etablierung mit einem eigenen Warenhaus in Zürich. Einen solch fulminanten Start wie dieser zwanzigjährige Jungunternehmer legten indes die wenigsten Warenhausgründer hin, was weitgehend damit zu tun hatte, dass Julius Brann just auf der Schweizer Bildfläche erschien, als die ökonomischen Voraussetzungen für Warenhausgründungen überhaupt erst gege-

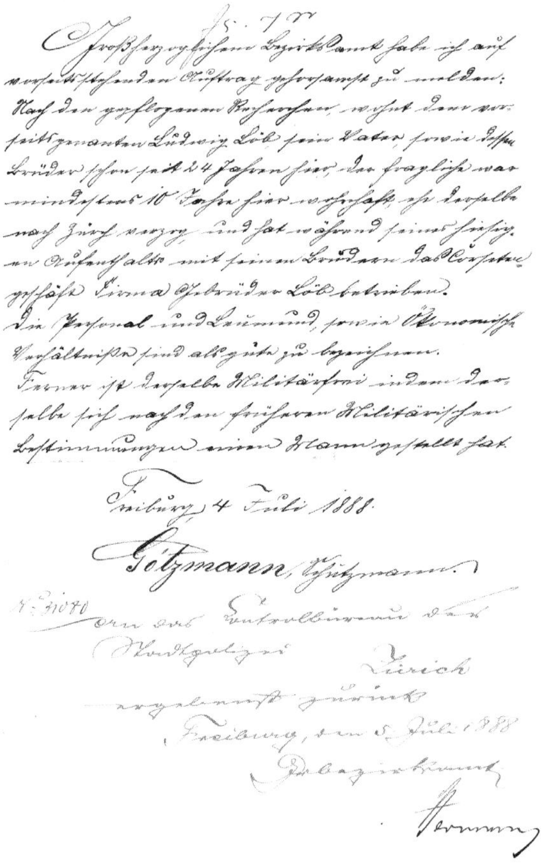

Abbildung 23: Das Schreiben der Polizeibehörden aus Freiburg im Breisgau, anlässlich der Einbürgerung von Ludwig Loeb in Zürich 1889, gibt Aufschluss über Migrationsbewegungen und sozioökonomische Verhältnisse der Gebrüder Loeb: «Grossherzoglichem Bezirksamt habe ich auf vorseits stehenden Auftrag gehorsamst zu melden: Nach den gepflogenen Recherchen wohnt dem vorseits genannten Ludwig Löb sein Vater, sowie dessen Brüder schon seit 24 Jahren hier, der fragliche war mindestens 10 Jahre hier wohnhaft, ehe derselbe nach Zürich verzog, und hat während seines hiesigen Aufenthalts mit seinen Brüdern das Corsetengeschäft Firma Gebrüder Löb betrieben. Die Personal und Leumund, sowie Ökonomische Verhältnisse sind als gute zu bezeichnen. Ferner ist derselbe Militärfrei indem derselbe sich nach den früheren Militärischen Bestimmungen einen Mann gestellt hat. Freiburg, 4. Juli 1888, Götzmann, Schutzmann.»

ben waren. In den meisten anderen Fällen verstrichen zwischen dem erstem Tuch- oder Gemischtwarenladen und der Eröffnung des eigentlichen Warenhauses mehrere Jahrzehnte, eine Zeit, die mit harter und mühsamer (Aufbau-) Arbeit verbunden war. Von Warenhauspionier David Loeb aus Nieder-Wiesen wissen wir, dass er 15 Jahre alt war, als er im September 1858 einen Heimatschein für seinen Aufenthalt als Handelslehrling, vermutlich in Alzey, beantragte.[72] Sechs Jahre später, 1864, etablierte er sich als 21-Jähriger zusammen mit seinen drei jüngeren Brüdern mit der Firma Gebrüder Loeb in Freiburg im Breisgau. Als er nach Bern übersiedelte, um dort die serbelnde Filiale der Gebrüder in Schwung zu bringen, war er bereits 47 Jahre alt, und es sollten nochmals zehn Jahre bis zur eigentlichen Gründung des Berner Warenhauses Loeb vergehen.[73]

Die hier ebenfalls aufgezeigten sukzessiven Abwanderungen, die sich sowohl bei Julius Brann als auch bei den Brüdern Loeb in einer etappenweisen Verlegung der Wohnorte äusserte und die im Übrigen typisch und häufig anzutreffen war,[74] lässt sich exemplarisch bei den Brüdern Lang und Maus nachskizzieren. Die im elsässischen Colmar geborenen Henri und Ernest Maus legten eine erste Zwischenstation im jurassischen Delémont ein, wo sie beide zwei Jahre als Commis tätig waren. Henri war damals 20 und Ernest 18 Jahre alt. 1890 zogen sie weiter nach Biel, wo sie sich mit einer eigenen Firma, der Mercerie et Bonneterie en gros, Maus Frères, etablierten und einen eigenen Hausstand gründeten. Jedoch war auch Biel nicht festes Ziel, sondern diente als Sprungbrett. So brachen sie nach rund zehn Jahren abermals ihre Zelte ab und liessen sich 1903 in ihrer endgültigen Heimat in Genf nieder.[75] Die Brüder Lang hingegen verliessen ihre Heimat Sierentz vorerst in Richtung Glarus, wo sie nachweislich einige Jahre lang einen Tuchladen betrieben, bevor sie wie erwähnt nach Zürich und Baden ausschwärmten.[76] Auffallend hierbei ist ihre sehr frühe Niederlassung in Glarus, die bereits 1863 stattfinden konnte und die vermutlich in einem engen Zusammenhang mit dem im selben Jahr abgeschlossenen Handels- und Niederlassungsvertrag der Schweiz mit Frankreich stand, der allen Franzosen – ohne Unterschiede der Religion – die Gleichstellung in den Schweizer Kantonen gewähren sollte.[77] Die bereits erwähnte nationale Emanzipation und die allgemeine Kultusfreiheit von 1866/1874 ermöglichten ihnen überall die freie Wahl des Beruf- und Wohnortes sowie die religiöse und kulturelle Ausübung ihres Glaubens.[78]

Die Herausbildung der Warenhäuser

Die Migrationsbewegungen der ausländischen Warenhauspioniere in die Schweiz zeigen keinen einheitlichen Vorgang, lassen sich aber grob auf ein Muster von drei aufeinanderfolgenden Phasen reduzieren, die auch die Herausbildung und Entwicklung der Warenhäuser kennzeichnen: In einer ersten Phase kamen die Zuwanderer als Marktfahrer, etablierten sich in einer zweiten Phase – unter anderem auch dank einem treuen Kundenstamm in den jeweiligen Städten – mit einem Einzelhandelsbetrieb, aus dem in einer dritten Phase die Warenhausgründungen erfolgten. Nicht alle Pioniere durchliefen sämtliche Stationen, einige stiegen gleich bei Phase zwei ein, und Julius Brann übersprang sogar gleich die ersten beiden Phasen.

Zur Generation der jüdischen und christlichen Marktfahrer gehörten sowohl die Gebrüder Loeb und Lang als auch Giovanni Pietro Jelmoli und Josef Anton Weber, die mit ihren Waren die jährlich stattfindenden Frühjahrs- und Herbstmessen bereisten. Die frühesten Spuren hat diesbezüglich der gebürtige Italiener Jelmoli hinterlassen. Mit einem «Fünfspänner» seien er und Angehörige der Familie Ciolina bereits in den 1820er-Jahren jeweils von Bern an die Messe nach Zürich gereist, um ihre Modewaren im Krönle am Unteren Graben feilzubieten.[79] Vom wohlhabenden Josef Anton Weber ist uns überliefert, dass er für seine Herrlichkeiten vier Messestände benötigte.[80] Die Loebs, die 1864 aus dem rheinhessischen Nieder-Wiesen nach Freiburg im Breisgau abgewandert sind, eroberten von da an hauptsächlich mit ihrer beliebten Strickwolle die verschiedenen Schweizer Städte und sicherten sich dadurch bald einen treuen Kundenstamm. Und die Langs boten ihre Waren nachweisbar bereits ab 1860 feil, was mit Inseraten belegbar, aber auch in ihrem Familienvertrag festgehalten ist, wo sie 1891 schreiben: «Auf Märkten und Messen machten wir schon Geschäfte vor 30 Jahren».[81]

25.²

Avis für Damen!

Diese Messe zum ersten Mal.

Einzig und allein bei

David Loeb aus Freiburg

kaufen Sie ächte Berliner **Terneau-Wolle**, schwarz und weiß, per Loth gewogen 25 Cts., alle andern Farben per Loth gewogen 30 Cts.

Ich zeige dem geehrten Publikum der Stadt Bern und Umgegend an, daß ich diese Messe zum ersten Mal besuche mit einem großen **Wollen-, Nadel- und Kurzwaaren-Lager** mit Tausenden von Gegenständen, welche ich zu Fabrikpreisen verkaufe, so wie es unten stehender Preis-Courant ausweist.

Ich werde darauf bedacht sein, bei festen Preisen nur gute Waare einzuhalten, um mir eine feste und dauerhafte Kundschaft zu erwerben und zu erhalten.

Mein Laden befindet sich Kramgasse, Schattseite Nr. 188, gegenüber dem Gasthof zum Mohren.

David Loeb aus Freiburg.

Preis-Courant

zu unbedingt festen Preisen.

Berliner Terneau-Wolle,

schwarz und weiß, per Loth gewogen	25	Cts.
alle übrigen Farben, gewogen	30	"
Niederländ. Strickwolle, per 1/4 Pfd. engl. Gew.	90	"
Hamburger Wolle, per 1/4 Pfd. engl. Gew.	1 Fr. 15	"
Englische Wolle, per 1/4 engl. Gew.	1 Fr. 60	"
Ringelwolle in allen Farben, per 1/4 Pfd.	1 Fr. 40	"

Gezwirnte Nähfaden.

Elsäßer Faden ohne Holz, 6fach, per Dtzd.	1 Fr. —	Cts.
Elsäßer Faden ohne Holz, 4fach, per Dtzd.	60	"
Kartenfaden, per Dtzd	30	"
Leinener Strängchenfaden, per Dtzd.	10	"
Spoolfaden, per Dtzd.	80	"

Knöpfe.

Perlmutterknöpfe, per Dtzd.	10—20	"
Porzellanknöpfe, 36 Stück	5	"
Kleiderknöpfe, neueste Art, per Dtzd.	20—60	"

Stiefelnestel.

Leinene, per Dtzd.	10	"
Leinene runde, per Dtzd.	20	"
Kameelhaarriemen, per Dtzd.	25—30	"
Wollene in allen Farben	25	"
Seidene, per Dtzd.	60	"

Nadeln.

Stahlnadeln mit schwarzen Köpfen, per Dtzd.	7	"
Karlsbader Stecknadeln, per 100 Stück	10	"
Englische Stahlstecknadeln, per 100 Stück	15	Cts.
Amerikanische Versicherungsnadeln, per Dtzd.	10	"
I. Qualität englische Nähnadeln, 25 Stück	15	"
II. " " " "	7	"
Aechte englische Stopfnadeln, 6 Stück	5	"
Aechte englische Stricknadeln, 5 Stück	5	"
Fein polirte Haarnadeln, 1 Paquet	5	"

Seife.

Mandelseife in Silberpapier, per Dtzd.	1 Fr. 20	"

Kautschukkämme.

Runde für Kinder, per Stück	15	"
Frisirkämme, per Stück	15	"

Diverses.

Zeichenfaden, ächtfarbig, per Dtzd.	7	"
Einnähkordel, per Dtzd.	30	"
Strumpfband per Paar	10	"
Armhalter, per Paar	10	"
Photographierahmen, per Stück	10	"
Kleiderbesetzband, prima, per Stück von 70 Ct. an.		
Filet-Netze, per Stück	10	"

Metallwaaren.

Neusilberne Kaffeelöffel, per Stück	10	"
Eßlöffel, neusilberne, per Stück	20	"
Fingerhüte, per Stück	5	"
Schwarze polirte Haften, 16 Dtzd.	10	"
Silberne Haften, 16 Dtzd.	25	"
Englische Patent Kleiderhacken, per Dtzd. Paar	10	"

Wollene Halstücher in allen Farben per Stück 60 Cts.

Außer diesen angeführten Artikeln sind noch circa 100 Gegenstände zu haben.

David Loeb aus Freiburg.

Nur im Laden Kramgasse, Schattseite Nr. 188, gegenüber dem Mohren.

Mit Firma versehen.

Wiederverkäufer erhalten Rabatt.

Abbildung 24: Unterwegs als Marktfahrer. Der Warenhauspionier David Loeb besuchte 1867 zum ersten Mal die Messe in Bern.

Im Prinzip waren sowohl die Gebrüder Lang als auch die Gebrüder Loeb auf ihren Marktfahrten als ambulante Grossisten unterwegs. Beide besassen grosse Warenvorräte, die sie an den Messen nicht nur an Einzelkunden, sondern auch an Wiederverkäufer inklusive zusätzlicher Rabatte zum Verkauf anboten.[82] Ihre Waren bezogen sie in grossen Mengen direkt beim Hersteller oder Fabrikanten, was ganz offensichtlich die Funktion hatte, Zwischenhändler zu eliminieren, und gerade dadurch vorteilhaft günstige Preise garantiert haben dürfte. Anzutreffen waren die Loebs und Langs auch nicht wie gewohnt an einem Messestand, sondern eingemietet in einem bestehenden Verkaufslokal vor Ort, was ihnen den nötigen Raum für die Lagerung und Präsentation ihres Warenangebots verschaffte. Erste frühe Hinweise zu solcherart Geschäftsmethoden finden sich bereits 1860 im *Intelligenzblatt Bern*, nämlich als sich die Gebrüder Lang aus Frankreich mit ihrem Messebesuch unter dem Slogan «Kein Ausverkauf, aber doch staunend billig, um aller Konkurrenz die Spitze zu bieten. En gros und en détail» ankündigten und bekanntgaben, dass sie mit ihrem grossen «Waarenlager» im Laden des Handschuhfabrikanten Brouillet an der Kramgasse anzutreffen seien und in der Lage seien, ihre Waren «durch vortheilhafte Einkäufe in den ersten Fabriken Frankreichs und Deutschlands» zu billigen Preisen zu verkaufen.[83] Später waren sie mit ihrem Tuch- und Mercerie-Warenlager im Laden von Frau Küffer an der Kramgasse anzutreffen, wo sie «rien pour rien!» und zu Preisen «incroyables» ihre Waren zum Verkauf anboten.[84] Auch David Loeb aus Freiburg, der sich 1867 zum ersten Mal an der Berner Messe ankündigte, gab in seiner Anzeige bekannt, dass er «mit tausenden von Gegenständen», welche er «zu Fabrikpreisen verkaufe», in einem Laden an der Kramgasse gegenüber dem Gasthof zum Mohren anzutreffen sein werde.[85] Die Loebs besuchten mit ihrem ambulanten Warenhandel nachweisbar auch die Stadt Schaffhausen. Am 5. Oktober 1877 verkündeten sie im *Schaffhauser Intelligenzblatt*: «Auf Wunsch vieler unserer werthen Kundschaft haben wir einen großen Verkauf untenstehender Artikel auf einige Tage eröffnet. Kein Geschäft ist im Stande, mit gleich guter Waare zu solchen billigen Preisen verkaufen zu können. Ein Jeder kann das Verkaufsmagazin betreten, die Solidität und Preiswürdigkeit der Waaren prüfen, ohne etwas kaufen zu müssen. Das Verkaufslokal befindet sich im Thiergarten!»[86]

Die angeführten Beispiele weisen durchaus Merkmale späterer Warenhausbetriebe auf. Werbung, grosser Umsatz – kleine Preise, Verkauf en détail und en gros, freier Eintritt ins Lokal und kein Kaufzwang. Moderne Geschäftsmethoden, die in jener Übergangsphase vom ambulanten Warenhandel zum dauerhaften Verkaufslokal bereits das Warenhaus als neue Betriebsform ankündigen.

Begünstigt durch Depots mit grösseren Warenbeständen, das angesparte Eigenkapital und die gesammelten Erfahrungen gingen die Marktfahrer früher oder später dazu über, sich mit kleinen stationären Verkaufslokalitäten vor Ort zu etablieren. Nach einer ersten erfolgreichen Konsolidierungsphase wurden diese laufend expandiert, manchmal blieben sie jedoch noch etliche Jahre vor sich hin dümpelnde Verkaufslokalitäten oder mussten später wieder liquidiert werden.[87] Ein Merkmal der angehenden Warenhäuser war, dass sie von Beginn weg unter chronischem Platzmangel litten, weshalb sich die Besitzer stets darum bemühen mussten, benachbarte Liegenschaften dazuzumieten oder zu erwerben. Ein Unterfangen, das in den Zentren der meisten Schweizer Städte kein leichtes gewesen sein dürfte und oftmals jahrelange Verhandlungen mit sich brachte.[88] Dies etwa im Gegensatz zu den USA, wo die Hürden für die Entwicklung der Warenhäuser niedrig waren, da es keine mittelalterlichen Gemäuer gab, die niedergerissen werden mussten.[89]

Eine etwas andere Strategie lässt sich bei der Herausbildung des heutigen Manor festmachen. Maus Frères waren anfänglich selber im Engroshandel tätig. Mit ihrer 1890 in Biel gegründeten Bonneterie Maus Frères belieferten sie damals hauptsächlich die rasch anwachsenden Kurzwarengeschäfte, die in ihrer Entwicklung schon Ansätze in Richtung der Warenhäuser zeigten.[90] Ihre Geschäftspolitik, die in der Vermittlung der Warenhausidee an die Kunden und in deren Anbindung durch gezielte Einkaufsverträge zu besonders günstigen Konditionen bestand, erwies sich als sehr erfolgreich.[91] Während sich die Gebrüder Loeb und Julius Brann vorwiegend in den grösseren Schweizer Städten mit räumlich ausgedehnten Filialen ausbreiteten, gehörte es zur Besonderheit von Maus Frères, dass sie sich hauptsächlich in kleineren Städten mit räumlich bescheidenen, aber regional stark verankerten Kaufhäusern entwickelten. Maus Frères besassen am Vorabend des Ersten Weltkrieges bereits vierzehn Verkaufslokalitäten: «Es handelt sich um ein echtes Netzwerk, das schrittweise in der Nähe des Verbrauchers aufgebaut wird, das jedoch von den Vorteilen einer zentralen Struktur für den Grosshandelskauf und der Finanzorganisation profitiert.»[92]

Nicht selten liessen sich Angestellte eines Warenhausbetriebes für die Warenhausidee begeistern und machten sich in der Folge mit eigenen Warenhäusern selbständig, wie wir dies bereits anhand von Pariser Beispielen gesehen haben. Auch in der Schweiz gingen auffällig viele Warenhäuser aus solch einem «Schneeballsystem» hervor. So etwa das nur kurzlebige, aber bedeutende Warenhaus Grosch & Greiff. Der aus Schlesien stammende Hermann Grosch war zuerst langjähriger Angestellter des Warenhauses Knopf in Basel, bis er sich zusammen mit seinem aus Preussen stammenden Freund Alfred Greiff am Ende des 19. Jahrhunderts mit einem eigenen Warenhaus in La Chaux-de-Fonds etablieren konnte.[93] Nach ein paar Jahren besass das Warenhaus Filialen in Lausanne, Vevey, Yverdon, Freiburg im Üechtland, Neuenburg, Genf, Montreux sowie Bern und wurde 1913 in eine Aktiengesellschaft umgewandelt.[94] Aufgrund des Ausbruchs des Ersten Weltkriegs verlor das als deutsche Firma bekannte Unternehmen – Grosch & Greiff waren keine Juden – das Wohlwollen des Publikums, wurde 1917 liquidiert und die Besitzer verkauften ihre Geschäfte an die Gebrüder Bigar und Maus.[95] Das Genfer Geschäft wurde von den Gebrüdern Bigar unter dem Namen Au Grand Passage weitergeführt. Dasjenige von Yverdon hingegen ging an die Familien Meyer und Knopf (fortan Magasins Réunis), und Neuchâtel übernahm die Familie Loeb (fortan Aux Armourins). Vevey und Montreux wurden von der Firma Walter Bloch & Fils übernommen und Freiburg im Üechtland von der Nordmann, Bloch & Co. (fortan Aux Trois Tours).[96] Das Geschäft in La Chaux-de-Fonds wurde von der jüdischen Familie Bloch übernommen, die es fortan Au Printemps nannte und es über mehrere Generationen bis zur endgültigen Schliessung 1995 zu einem Traditionshaus für die Einwohner von La Chaux-de-Fonds ausbaute.[97] Inspiration durch Knopf *und* Grosch & Greiff erhielt die Tessiner Warenhausunternehmung Milliet & Werner, die 1901 in Lugano ihren ersten Laden eröffnen konnte. Der aus Deutschland stammende Gustave Werner erhielt 1896 zunächst eine Anstellung bei Knopf in Zürich, wechselte zwei Jahre später als Direktor zur Genfer Filiale von Grosch & Greiff, die ihm im selben Jahr noch die Leitung der Filiale in Yverdon übertrug. In Genf lernte er damals Alexandre Milliet kennen, mit dem er den Entschluss fasste, einen Laden in ähnlichem Stil wie die Grosch-&-Greiff-Unternehmung zu eröffnen.[98] Doch nicht nur für Gustave Werner, sondern auch für Julius Brann wurde das Warenhaus Knopf in Zürich zum Sprungbrett. Nach nur ein paar Monaten Anstellung als Commis machte sich dieser 1896 mit einem eigenen Warenhaus in Zürich selbständig. Ferner war Heinrich Pilz zunächst Geschäftsführer der 1901 eröffneten Solothurner Filiale des Warenhauses Julius Brann, bis er diese 1903 übernahm, und fortan die Magazine Heinrich Pilz auf eigene Rechnung führte.[99] Auch der bei Julius Brann in Zürich angestellte Jakob Karfiol, der 1919 zum Warenhaus von Heinrich Pilz nach Solothurn gewechselt hatte, machte sich daselbst zwei Jahre später mit einem eigenen Warenhaus, dem Magasin Karfiol an der Hauptgasse in Solothurn, selbständig.[100] Und auch der Grand Bazar Rheinfelden Albert Luss, vorm. C. Gamp, der 1913 von dem aus dem elsässischen Mommenheim eingewanderten Albert Luss (1879–1941) eröffnet wurde, soll durch das Dazutun von Julius Brann ermöglicht worden sein.[101] Dessen Sohn Alfred, der das Warenhaus später weiterführte, erinnerte

Abbildung 25: Grands Magasins Au Printemps an der Avenue Léopold-Robert 52 in La Chaux-de-Fonds, 1911 vom Düsseldorfer Architekturbüro Jean Crivelli und Otto Engler für Grosch & Greiff erbaut (INSA, 1982, Bd. 3, S. 205 f.). Ein paar Jahre später wurde das Gebäude von der Familie Bloch übernommen. Die dominierende neobarocke Vertikalfassade trägt die Handschrift Englers, der auch die Fassade vom Warenhaus Grands Passages in Genf entwarf.

sich daran, dass sein Vater 1912 vom Elsass nach Rheinfelden gekommen sei und dessen Schwester Jenny, die Sekretärin und später Prokuristin bei Julius Brann gewesen war, mit Letzterem zusammen dem Vater in Rheinfelden einen Laden verschafft haben soll.[102]

Es zeigt sich also, dass die deutsch-jüdische Warenhausunternehmung Knopf einen beachtlichen Einfluss auf die Entwicklung der Warenhäuser in der Schweiz hatte. Hauptsächlich ehemalige Angestellte von «deutschen» Warenhäusern wie Knopf und Grosch & Greiff vermochten das System Warenhaus am effizientesten durchzusetzen, indem sie in kürzester Zeit an mehreren Orten weitere Filialen eröffneten. Es ist bezeichnend, dass die Herausbildung der Warenhäuser in der Schweiz durch die Vorbilder der französischen Grands Magasins de Nouveautés und der deutschen Warenhäuser beeinflusst wurde. Nach Friedmann kam es letztlich zu einem Kompromiss, indem die meisten Schweizer Warenhäuser versuchten, die Philosophie beider Typen unter einem Dach zu vereinigen.[103] Jedoch lässt sich anhand der anfänglichen Namensgebung der Warenhäuser sowohl die nationale Eigenart als auch die Herkunft der Warenhauspioniere ausmachen: Die aus Deutschland stammenden benutzten zumeist etwas nüchtern ihren eigenen Familiennamen (Brann, Grosch & Greiff etc.), die aus dem Elsass oder dem übrigen Frankreich kommenden zumeist einen aus Paris inspirierten (Au Louvre, Au Printemps, Au Petit Bénéfice, A la Ville de Paris etc.). Die Quellen zeigen weitgehend, dass das Warenhaus «vom Ausland her in die Schweiz verpflanzt worden war»[104] oder zumindest «vom Ausland nicht unbeeinflusst blieb».[105] Jedoch, so Denneberg, sei die weitere Entwicklung unabhängig von derjenigen ausländischer Warenhäuser vor sich gegangen.[106] Und auch Friedmann ist der Ansicht, dass man den in der Schweiz gegründeten Warenhäusern den schweizerischen Charakter kaum absprechen könne.[107]

Waarenhaus S. Klopstock
Christbaumschmuck
Spielwaaren
Festgeschenke
Grossartig sortirt, bekannt billige Preise.
Meine Geschäftslokalitäten sind Sonntag den 18. ds. den ganzen Tag geöffnet.
Waarenhaus S. Klopstock z. grossen Haus.

Abbildung 26: Inserat Waarenhaus S. Klopstock in Schaffhausen. (Schaffhauser Nachrichten, 1898)

Warenhaus Knopf und Klopstock

Exemplarisch soll gezeigt werden, wie Dynamik, Verwandtschaften und Mobilität eine temporeiche Entwicklung der Unternehmungen hervorbrachten. Wie erwähnt kamen auch die Geschwister Knopf aus dem preussischen Birnbaum. Sie sollen einer mit Kindern reich gesegneten Viehhändlerfamilie entsprungen sein und vom Erfolg der Familie Tietz in Stralsund und Gera, mit ihren Kurz-, Weiss- und Wollwarengeschäften, erfahren haben, wie Denneberg schreibt.[108] Max Knopf (1857–1934) und seine ältere Schwester Johanna eröffneten 1881 als Erste zusammen einen kleinen Laden in Karlsruhe. Von da aus eroberten die Geschwister Knopf mit ihren Warenhäusern nicht nur den süddeutschen Raum, sondern auch die Schweiz. Ein Jahr später, 1882, eröffnete Moritz Knopf (1852–1927) ein Geschäft in Strassburg und expandierte ins Elsass und nach Lothringen. Eva Knopf etablierte sich zusammen mit ihrem Mann Rudolf Schmoller in Frankfurt, Hermann Schmoller, ihr Schwager, in Mannheim. 1887 eröffnete Sally Knopf (1847–1922) sein Geschäft in der Kaiserstrasse 32 in Freiburg im Breisgau. Sally Knopf war es auch, der am 26. April 1895 an der Freiestrasse 65 in Basel eine Filiale seines Unternehmens eröffnete, die im Übrigen ebenfalls in Anspruch nahm, als das erste Warenhaus der Schweiz zu gelten.[109] Es folgten weitere Zweiggeschäfte in Bern und Luzern (1897), in Freiburg im Üechtland und Interlaken (1899). Als Letzter eröffnete Albert Knopf (1850–1898) 1893 ein Merceriegeschäft in Zürich an der Bahnhofstrasse 104.[110]

Während das Warenhaus Knopf in Süddeutschland und der Schweiz zu einem grossen Warenhauskonzern wurde, ist für die hier vorliegende Geschichte von Julius Brann hauptsächlich der Zürcher Zweig von eminenter Bedeutung. Am 1. März 1893 eröffnete Moritz Knopf eine Zweigniederlassung seines in Strassburg geführten Stammhauses an der Bahnhofstrasse 104 in Zürich.[111] Prokura erteilte er damals an seinen Bruder, Albert Knopf, der mitsamt seiner gleichaltrigen Frau Augusta (geborene Schachtel) sowie den zwei Kindern, Alice (geb. 1875) und Herbert (geb. 1880), von Strassburg nach Zürich zog.[112] Die ganze Familie wohnte an der Bahnhofstrasse 108.[113] Ein Jahr später machte sich Albert Knopf selbständig. Unter dem Firmennamen A. Knopf

Abbildung 27: Warenhaus A. Knopf an der Badstrasse im aargauischen Baden, 1896 eröffnet, Ansicht um 1900.

Abbildung 28: Titelseite Katalog Warenhaus Knopf in Basel.

eröffnete er zuerst eine zweite Filiale im Haus Zum Feldhof an der Badenerstrasse/Langstrasse in Zürich III (1895), danach weitere Zweigniederlassungen im aargauischen Baden (1896), in Rapperswil (1897) und in Glarus (1897).[114] Albert Knopf unterhielt auch bereits 1895 ein Versandgeschäft.[115] 1896 lässt er sich und seine Familie im zürcherischen Wettsweil einbürgern.[116]

Das erblühende Geschäft nimmt 1898 ein jähes Ende, als Albert Knopf mit 48 Jahren verstarb. Obwohl vom Schicksal hart getroffen, versuchte die Familie das Unternehmen weiterzuführen und wandelte die Firma in die Kollektivgesellschaft A. Knopf Erben um. Der damals 18-jährige Sohn Herbert übernahm die Funktion des Familienoberhauptes, starb jedoch tragischerweise zwei Jahre später ebenfalls. Beide sind sie auf dem jüdischen Friedhof in Zürich bestattet. Das Geschäft an der Bahnhofstrasse und die Zweiggeschäfte mussten liquidiert oder verkauft werden, einzig das Warenhaus in Aussersihl wurde beibehalten und von Alice Knopf und deren Mann bis 1929 weitergeführt.[117] Ehefrau Augusta verliess mit Tochter Alice das Unglück bringende Zürich und meldete sich am 23. März 1900 nach Berlin ab, wo sie 1911 mit 61 Jahren starb.[118] 1903 heiratete Alice Knopf in Berlin den diplomierten Ingenieur und Fabrikbesitzer Sale Salomon Wolff.[119]

Das Warenhaus Knopf gehörte um 1900 zu einer der grössten europäischen Warenhausketten mit Filialen in Deutschland, Frankreich und der Schweiz. Die durch den Nationalsozialismus in den 1930er-Jahren erfolgte Zerschlagung des blühenden Konzerns führte zu einer Zersplitterung in verschiedene Aktiengesellschaften. Als eines der ältesten Warenhäuser schloss es 1977 in Luzern und 1978 in Basel endgültig seine Tore und wurde wie die Frawa vom niederländischen Riesen der Brenninkmeyers (C&A) übernommen. Die Filiale von Interlaken ging an Loeb in Bern.[120]

In der Ostschweiz machte sich mit dem «Waarenhaus» S. Klopstock ein erweiterter Arm der Warenhausfamilie Knopf bemerkbar.[121] Der von Sally Klopstock 1895 in Winterthur eröffnete Laden mit Kurz-, Woll- und Weisswaren wurde anfänglich als Verkaufsstelle der Geschwister Knopf betrieben.[122] Zwei Jahre später konnte in Schaffhausen eine Filiale eröffnet werden.[123] Inhaber Sally Klopstock (1863–1926) war der Schwager von Max Knopf, dem jüngsten Sohn der Knopf-Dynastie, der seine Schwester Paula Klopstock geheiratet hatte.[124] Auch die Klopstocks stammten ursprünglich – wie die Familie Knopf und ein Grossteil der anderen bedeutenden Warenhauspioniere Deutschlands auch – aus dem in der Provinz Posen gelegenen Städtchen Birnbaum.[125] Sally selber vermählte sich mit Lisbeth Rothe, zusammen betrieben sie das Warenhaus Klopstock in Schaffhausen, Winterthur und Konstanz. Nach dem Tod von Sally und Lisbeth wurde das Warenhaus unter dem Namen Glarner & Co. weitergeführt.[126]

Sozialer Aufstieg und Verbürgerlichung: Vom Händler zum Warenhausbesitzer

Die jüdischen Hauptakteure emigrierten aufgrund geringer Zukunftsperspektiven aus ihrer angestammten Heimat und der ökonomische und soziale Aufstieg in der Schweiz gelang schnell. Den grösseren Warenhausbesitzern wie Julius Brann, den Brüdern Loeb, Léon Nordmann und den Brüdern Maus gelang um 1900 allen den Sprung vom kleinen Händler, Marktfahrer oder Handelsangestellten ins Wirtschaftsbürgertum. Damit gehörten sie zu jenen sechs Prozent der erwachsenen Wohnbevölkerung der Schweiz, die sich damals überhaupt zur Kategorie des sogenannten Bürgertums zählen liessen, jedenfalls was deren Besitz und Berufsstand betraf.[127] Der Parameter für solch eine gesellschaftliche Abgrenzung lag gemäss Jakob Tanner bei einer unteren Vermögensgrenze von 20 100 Franken, die allermeisten der erwähnten Warenhausbesitzer lagen mit ihrem Vermögen deutlich darüber.[128]

Der mit viel Arbeit verbundene, aber erfolgreiche Aufstieg lässt sich bei den Gebrüdern Loeb gut nachskizzieren. 1864, als die gesamte Familie von Nieder-Wiesen nach Freiburg im Breisgau emigriert, galt es vorerst, vor Ort einen eigenen Betrieb aufzubauen und danach als Marktfahrer die verschiedenen Städte der Schweiz zu bereisen. Fünfzehn Jahre später besassen sie an den Standorten Freiburg, Basel und Zürich ein Warenlager im Wert von 82 600 Mark und insgesamt ein Reinvermögen von 164 000 Mark.[129] Bereits 1872 konnte eine erste fixe Verkaufslokalität in Basel am Münsterberg eröffnet werden, der weitere in Zürich sowie Bern und anderen Städten der Schweiz folgten. Von dem 1881 gegründeten Laden in Bern, aus dem später das heutige Warenhaus Loeb hervorging, weiss man, dass er am Eröffnungstag gerade einmal 150 Franken umsetzte.[130] Die Loebs jedoch waren fleissig und zielgerichtet. Nach rund 25 Jahren Geschäftsaufbau waren sie – zumindest aus ökonomischer Sicht – etabliert. Dies lässt sich der Einbürgerungsakte von Ludwig Loeb entnehmen, dem das Landrecht für sich und seine Familie 1888 in der Stadt Zürich bewilligt wurde. Nieder-Wiesens Bürgermeister Engisch schrieb in seinem Empfehlungsschreiben an die Zürcher Behörden: «Die Eltern desselben haben in der Zeit des hiesigen Aufenthalts [in Nieder-Wiesen] in geringen Vermögensverhältnissen gestanden aber in 1864 mit ganzer Familie nach Freiburg gezogen und wie hier bekannt durch den strebsamen Fleiss der Söhne [... unlesbar] dort ein ansehnliches Vermögen erworben haben.»[131]

Neben den wirtschaftlichen Faktoren lassen sich aber auch andere Merkmale ausmachen, die in das Deutungskonzept der Verbürgerlichung jüdischer Unternehmer fallen.[132] Abseits der Warenhausbühne engagierten sie sich häufig in lokalen jüdischen und teilweise christlichen beziehungsweise bürgerlichen Vereinen und waren daselbst oftmals auch in einer leitenden Position anzutreffen. Häufig waren sie an der Gründung beziehungsweise am Aufbau der jeweiligen lokalen jüdischen Gemeinden massgeblich beteiligt. Vermögen und Ansehen brachte sie zumeist schnell in gesellschaftlich angesehene und einflussreiche Stellungen, was ihnen jenes «kulturelle Kapital» verschaffte, mit dem sie sich selber oder in der Folge ihre Nachkommen

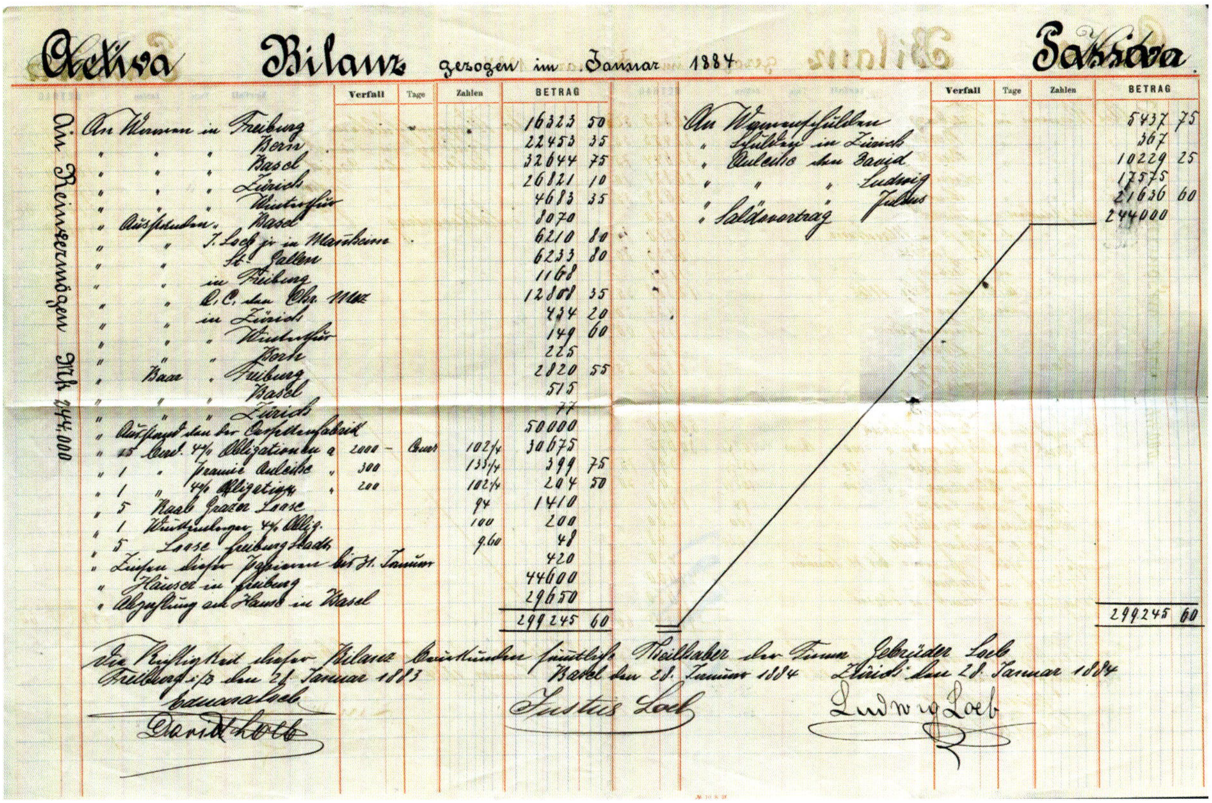

Activa Bilanz gezogen im Januar 1884 Passiva

Verfall	Tage	Zahlen	BETRAG		Verfall	Tage	Zahlen	BETRAG
			16323 50					5437 75
			22453 35					567
			32644 75					10229 25
			26821 10					17575
			4683 35					21636 60
			8070					244000
			6210 80					
			6233 80					
			1168					
			12808 35					
			434 20					
			149 60					
			225					
			2820 55					
			515					
			77					
			50000					
		102 1/4	30675					
		133 1/4	399 75					
		102 1/4	204 50					
		94	1410					
		100	200					
		9.60	48					
			420					
			44600					
			29650					
			299245 60					299245 60

Basel den 28. Januar 1884 Zürich den 28. Januar 1884

David Loeb Justus Loeb Ludwig Loeb

Abbildung 29: Bilanz der Firma Gebrüder Loeb von 1883, die ein Reinvermögen von 244 000 Mark auswies. Nach rund zwanzig Jahren besass man Verkaufslokalitäten in Freiburg, Bern, Basel, Zürich und Winterthur. Zusätzlich in Mannheim und St. Gallen, wo die Ehemänner der Schwestern der Gebrüder Loeb eine Filiale betrieben. Zudem besass man eine Korsettenfabrik in Freiburg im Breisgau und Liegenschaften ebendort und in Basel.

wirkmächtig als Philanthropen oder Förderer kultureller Einrichtungen betätigen konnten.[133]

Hinsichtlich der Rolle der Frau lässt sich festhalten, dass diese den ihnen zugedachten Wirkungskreis kaum verliessen. Ihre Aufgaben beschränkten sich auf die eigene Familie und darüber hinaus auf die soziale Fürsorge in der Gemeinde und deren Wohltätigkeitsbereich. So zumindest entnimmt man es der dürftigen Quellenlage, die zumeist aus ein paar dürren Zeilen im Nachruf der Verstorbenen besteht.[134] Am Rückzug der Frau in den Privatraum der Familie lässt sich die Verbürgerlichung deutlich ablesen, ist es doch ein Distinktionsmerkmal, mit dem sich die Frauen von der unteren, arbeitenden Klasse abzuheben vermochten. Eine Ausnahme sei hierbei jedoch erwähnt. Fanny Loeb-Löw, die Frau von Warenhauspionier David Loeb, war lange Zeit im Warenhausbetrieb in Bern tätig, auch dann noch, als sie diese Mühen gar nicht mehr nötig gehabt hätte. Überhaupt genoss Fanny bei ihrer Belegschaft hohes Ansehen und wurde tief verehrt. Sie sei die Seele des Geschäftes gewesen, und mit ihrer Gesinnung prägte sie ihr Umfeld und ihre Söhne, weshalb ihr in der Familienerzählung der Loebs ein grosser Anteil am Erfolg der Firma Loeb in Bern zugesprochen wird.[135]

Der Aufstieg von Julius Brann gelang ebenfalls schnell. Dennoch lässt sich dessen Verbürgerlichungsprozess am wenigsten fassen, auch wenn von den messbaren Parametern wie Besitz, Einkommen und Vermögen sowie eine leitende Funktion in der Wirtschaft durchaus bekannt ist, dass sie in ausgeprägtem Mass vorhanden waren.[136] 1896 konnte er sich als Zwanzigjähriger mit einem eigenen Warenhaus in Zürich etablieren, 1905 besass er bereits ein Vermögen von 150 000 Franken und versteuerte ein jährliches Einkommen von 25 000 Franken.[137] Spätestens Ende der 1920er-Jahre war er Millionär und Besitzer einer Villa an der Schneckemannstrasse in Zürich, die damals mit einer halben Million Franken assekuriert worden war.[138]

Philanthropie scheint auch für Julius Brann durchaus eine wichtige Rolle gespielt zu haben. Zum einen war er Mitglied der B'nai B'rith in Zürich (Augustin-Keller-Loge), die sich als jüdischer Orden für Humanität, Toleranz und Wohlfahrt einsetzt. Aufgrund Differenzen bezüglich seines Einheitspreisgeschäftes in Spanien, der Sepu, an der er beteiligt war und die aufgrund der Tatsache, dass sie sich in den Händen von «jüdischem Kapital» befand, Zielscheibe einer Kampagne mit Gewaltaktionen der faschistischen Bewegung Falange wurde, ist er damals aber aus der Loge ausgetreten.[139] Zum anderen taucht er 1945 auf einer Liste des «Joint» als Donator auf, und zwar bei der Swiss Division des United Jewish Appeal (UJA), der jüdischen philanthropischen Dachorganisation, die 1939 gegründet wurde, um die Mittel zu sammeln, die dem American Jewish Joint Distribution Committee dazu dienten, jüdische Verfolgte, Flüchtlinge und später Holocaust-Überlebende zu unterstützen.[140] Zudem war es seine Absicht, nach seinem Ableben je einer christlichen und einer jüdischen Organisation in der Schweiz hunderttausend Franken zu stiften, wie dies seinem Testament zu entnehmen ist.[141]

Dennoch tritt der von einem Zeitzeugen als «schillernde Figur» bezeichnete Pionier Brann abseits der Warenhausbühne doch wenig bis kaum in Erscheinung. Zwar war er Mitglied der Israelitischen Cultusgemeinde Zürich (ICZ), wie aus den Mitgliederverzeichnissen von 1907, 1916 und 1929[142] sowie dem Steuerregister von 1922 hervorgeht,[143] jedoch bleiben weitere mögliche Aktivitäten am Gemeindeleben, ebenso andere bürgerliche Vereinsmitgliedschaften, im Dunkeln. Auffallend langwierig und geradezu problematisch vollzog sich sein Einbürgerungsverfahren, um das er sich im Vergleich zu anderen jüdischen Warenhauspionieren relativ spät bemühte und das erst im dritten Anlauf gelang![144] Vermutlich dürfte er dabei Opfer der seit dem Ersten Weltkrieg einsetzenden fremdenpolizeilichen Bestrebungen, die Schweiz vor einer behaupteten «Verjudung» zu bewahren, der daraus resultierenden restriktiveren Zürcher Einbürgerungspraxis sowie einer in der Zwischenkriegszeit stark anwachsenden Überfremdungsangst geworden sein.[145] Bereits 1920 startete Julius Brann einen ersten Versuch zur Erlangung des Schweizer Bürgerrechts. Hauptsächlich aufgrund der vielen Polizeibussen sein Warenhaus betreffend wurde aber sein Gesuch um Verleihung der bundesrätlichen Einbürgerungsbewilligung abgewiesen. Auch fünf Jahre später, bei einem erneuten Anlauf, wurde sein Einbürgerungsgesuch abschlägig behandelt. Obwohl sich die Polizeidirektion Zürich nun zu einer Empfehlung durchringen konnte und Branns Einbürgerung nunmehr empfahl, «weil dieser Inhaber eines der grössten Warenhäuser auf dem Platze Zürich sei und auf wirtschaftlichem Gebiet ‹eine nicht zu unterschätzende Rolle› spiele», machte man in der Bun-

Abbildung 30: Inserat für Koscheres im Warenhaus Brann. (Israelitisches Wochenblatt, 1921) Julius Brann verkaufte im Zürcher Warenhaus für einige Zeit koschere Lebensmittel und auch Mazzen. Weitere Inserate: Koschere Wurstwaren bei Brann (IW, 6. 12. 1929); Inserat Mazzenmehl bei Brann und W. Simon (IW, 30. 1. 1931); Inserat Koschere Wurstwaren von Kahn und Sohn bei Brann (IW, 16. 9. 1932).

desratssitzung vom 12. Dezember 1925 geltend, dass die Delikte nicht kleiner geworden seien und des Petenten Steuern jeweils betrieben werden müssten, was eine «Aufnahme dieses Mannes in das Schweizerbürgerrecht nicht wünschenswert erscheinen lässt».[146] Erst 1929 – beim dritten Anlauf – erteilte man Julius Brann und seiner Frau Frida das Landrecht der Stadt Zürich. Wie rau und antisemitisch aber das Klima in der Schweiz unterdessen geworden war, zeigt eine protokollarisch festgehaltene Aussage aus Branns Nachbarschaft, wo man verwundert war, «dass Besagter Schweizerbürger werden wolle. Ohne Zweifel geschehe letzteres nur, um dadurch Nutzen zu ziehen. Trotz seines vieljährigen Aufenthaltes hierorts, sei Brann heute noch ein ‹fertiger Jude›, den man nicht empfehlen könne.»[147]

Ein Ausnahmefall bilden zudem die aus dem Elsass abgewanderten Geschwister Lang, die sich in Baden mit dem Warenhaus Schlossberg und in Zürich mit der Grossen Französischen Warenhalle etablieren konnten und von denen wir wissen, dass sie der liberalen Bewegung innerhalb der jüdischen Religion eher verschlossen gegenüberstanden und zeitlebens dezidiert orthodox blieben. Die Langs verstanden sich als Vertreter eines thoratreuen Judentums, eine Gesinnung, die auch dem bereits erwähnten Familienvertrag zu entnehmen ist: «Im weitern sagen dieselben Juden, dass ‹Rischus› [jiddisch: Antisemitismus] komme daher, weil die Juden nicht nach den Goyem [Nichtjuden] leben, aber gerade das Gegenteil ist wahr. Rischus ist mehr gegen die Halb- und Neujuden, wie ja Hofprediger Stöcker in seinen Predigten selbst sagte, gegen die orthodoxen Juden habe er nichts. Wir wollen daher nicht zu den Halb- oder Neujuden gehören, sondern vollständig volle Juden sein, wie sie unsere sel. Eltern und Voreltern gewesen sind.»[148]

Die Zitierung des deutsch-protestantischen Hofpredigers Adolf Stoecker, dessen Ansichten und dessen Programm stark antisemitische Züge aufweisen, macht die vehemente Bekämpfung jeglicher Reformbewegungen durch die Familie Lang mehr als deutlich. Stoecker vertrat in seiner 1879 gehaltenen Rede *Unsere Forderungen an das moderne Judenthum* die Ansicht, dass die deutschen Juden die Emanzipation hinsichtlich Gleichberechtigung missverstanden hätten. Sie müssten anerkennen, dass sie im Grunde genommen nur den Status geduldeter Fremden einnähmen und sich deshalb auch entsprechend zu verhalten hätten.[149]

Die orthodoxe Gesinnung der Langs dürfte einen bestimmenden Einfluss auf die religiöse Ausrichtung der jüdischen Gemeinden in Baden und Zürich gehabt haben. So diente der ehemalige Tanzsaal im Warenhaus Schlossberg dem 1859 gegründeten Israelitischen Cultusverein in Baden nicht nur jahrzehntelang als Synagoge, sondern soll lange Zeit auch ein «Zentrum starken jüdischen Lebens» und ein «Gebets-, Lehr- und Rabbinerhaus» gewesen sein, wie sich Selig Schachnowitz in seinem von 1901 stammenden Reisebericht an diesen Ort erinnert.[150] Jacques Lang wurde 1892 zum Präsidenten des Cultusvereins gewählt, ein Amt, das er 1901 nach 22 Jahren Vorstandsarbeit wieder niederlegte.[151] 1891 gründete er zudem ein Bet Hamidrasch, eine Talmudschule, die erst 1950 aufgegeben wurde.

Auch in Zürich machte sich der Einfluss der Langs bemerkbar. Raphael war Mitbegründer und spendabler Financier der Israeltischen Religionsgemeinschaft Zürich (IRGZ), einer Austrittsgemeinde, die sich 1898 als orthodoxer Flügel von der 1862 gegründeten Israelitischen Cultusgemeinde separierte.[152] Es ist zu vermuten, dass dafür sogar eigens die für die Familie als interner Sozialfonds gedachte Maaserkasse «geopfert» worden war. Von dem einstigen Guthaben von 40 000 Franken, das diese 1891 noch aufgewiesen hatte, ist jedenfalls gemäss einem Nachkommen der Langs nichts mehr weiter bekannt.[153] Im Übrigen diente das Warenhaus auch in diesem Fall als Versammlungsort der Gottesdienstbesucher. Zwischen 1898 und 1900 stellten die Gebrüder Lang der Austrittsgemeinde in der Französischen Warenhalle einen Raum zur Verfügung, der als provisorische Synagoge genutzt werden konnte.[154]

Familiäre Bande: Ein Netzwerk zum Erfolg

Nicht unbedeutend für die Entwicklungsgeschichte der Warenhäuser in der Schweiz sind die weitverzweigten familiären Verknüpfungen, aus denen zahlreiche Warenhausbetriebe, Filialsysteme oder Anschlusshäuser hervorgegangen sind. Nachfolgende genealogische Ausführungen beziehen sich zwar auf eine jüdische Familie, solcherart Phänomene von verwandt- und bekanntschaftlichen Netzwerken finden sich aber auch in prominenten nichtjüdischen Unternehmensfamilien. So etwa bei der aus Fredeburg stammenden katholischen Familie Sinn, die als Wanderhändler vom Sauerland bis ins Ruhrgebiet und ins Rheinland zog, was später zu 36 Sinn-Modehäusern in Köln, Dortmund, Krefeld, Aachen und Bonn führen sollte,[155] sowie bei den Mettinger Tiötten, aus denen Firmen wie Hettlage und C&A hervorgegangen sind. Oft, so schreibt auch Busch-Petersen in seiner Biografie über Oscar Tietz, «führten ein gemeinsamer Herkunftsort und eine herangereifte Zeit dazu, dass aus einer Kleinstadt heraus ganze Märkte umgestaltet, revolutioniert wurden».[156]

Auch Yvette Jaggi weist in ihrer 1970 erschienenen Dissertation auf dieses Phänomen hin: Es sei geradezu ein gemeinsames Merkmal der Warenhäuser in Europa, dass die Warenhausunternehmen oft lange Zeit ein Familienunternehmen und eine der «stärksten Bastionen des Familienkapitalismus» geblieben seien (oder sich zumindest in den Händen einer begrenzten Anzahl von Aktionären befinden) und gar regelrechte Dynastien bildeten, wie etwa in Belgien die Vaxelaire-Claes (Bon Marché), in Frankreich die Laguionie-Vigneras (Au Printemps), in Italien die Borletti und Brustio (La Rinascente) und in der Schweiz die Maus-Nordmann.[157]

Die komplexen und komplizierten genealogischen Zusammenhänge der erwähnten Maus-Nordmann-Dynastie, die ein über die ganze Schweiz ausgebreitetes Netzwerk an Warenhäusern hervorbrachten, konnten nicht bis ins letzte Detail entschlüsselt werden, sollen hier aber grob dargestellt werden.

Das heutige Warenhaus Manor geht in seinen Ursprüngen auf die beiden Familien Maus und Nordmann zurück, deren Anfangsbuchstaben sich seit 1994 als Akronym im Firmennamen spiegeln (MAus/NORdmann). Aus der anfänglich in Biel geknüpften geschäftlichen Beziehung zwischen den Gebrüdern Maus und Léon Nordmann wurde mit der Zeit eine sowohl partnerschaftliche als auch freundschaftliche, mit der 1929 erfolgten Heirat von Robert Nordmann (Sohn von Léon Nordmann) mit Simone Maus (Tochter von Ernest Maus) auch eine familiäre. In der Causa Manor spielen jedoch die beiden aus dem elsässischen Colmar stammenden Urahnen Meyer Max Maus (1833–1914) und dessen Schwester Breinel Brünette Maus (1831–1890) zudem eine gewichtige Rolle für die Warenhausentwicklung in der Schweiz. Beide hatten sie je mindestens acht Kinder, von denen so manche Verheiratung nicht nur die familiären, sondern auch die geschäftlichen Beziehungen auf dem Weg zu Manor und zur Konzernbildung nachhaltig stärken sollten.

Von Meyer Max Maus' drei Töchtern wurde die erstgeborene Clémentine Maus (1863–1938) mit Marx Bigar verehelicht, der später mit seinen Söhnen Georg und André das Warenhaus A L'Innovation in Lausanne betrieb.[158] Hélène Maus (1865–1946) heiratete den Cousin Henri Bernheim, Sohn des nachfolgend erwähnten und ebenfalls in Biel ansässigen Clément Bernheim, dessen Söhne sich später mit der Firma A la Ville de Paris etablierten.[159] Alice Maus (1873–1950) vermählte sich mit Paul Bladt, dem Gründer der Grands Magasins du Louvre in Payerne.[160] Seine Söhne Henri und Ernest Maus waren die Begründer der Mercerie et Bonneterie en gros, Maus Frères, die 1890 in Biel ihren Anfang nahm. Henri Maus (1868–1930) heiratete Berthe Bloch und Ernest Maus (1871–1945) vermählte sich mit Adeline Bernheim. Ein weiterer Sohn, René Maus (1881–1934), versuchte sich erfolglos mit Geschäften in Frankreich (Annemasse, Thonon und Grenoble) zu etablieren und musste seinen Betrieb verkaufen.[161] Dessen Tochter Denyse jedoch heiratete Piero Benedick, der die Geschäfte des Innovazione in Lugano führte und damit die Verbindung ins Tessin gewährleistete. Piero Benedick wiederum war der Sohn von Siegfried Benedick, dessen Schwiegervater Max Lévy zusammen mit Maus Frères 1911 den damals Globus heissenden Laden an der Piazza Dante zurückkaufte und diesen in Anlehnung an das L'Innovation in Lausanne, bei dem Maus Frères auch Partner waren, in All'Innovazione umbenannte.[162] Nur ein Sohn, Albert Maus (1866–1922), ging eigene Wege, indem er nach Mexiko auswanderte und sich fortan Alberto Maus nannte.[163]

Auch die Töchter der beiden Brüder der Maus-Frères-Gesellschaft wurden strategisch verheiratet: diejenige von Henri Maus, Marcelle Maus (1901–1970), ging die Verbindung mit Emile Brunschwig, Sohn von Bongénie-Gründer Adolphe Brunschwig (1861–1941), ein. Hélène Maus (1903–1990) wurde mit Maurice Farhi (1892–1979), dem Gründer vom Magasin Prisunic Frankreich, liiert und schuf damit die Verbindung zu Frankreich, die aber im Übrigen bereits durch Théophile Bader, Besitzer der Galeries Lafayette, vorhanden war, der angeblich ein Cousin der Gebrüder Maus gewesen war.[164]

Meyer Max Maus hatte zudem wie oben erwähnt eine Schwester, Breinel *Brünette* Maus, die mit dem aus Zillisheim stammenden Clément Bernheim vermählt wurde. Aus dieser Ehe gingen mindesten zehn Kinder hervor, die alle in Zillisheim geboren wurden.[165] Auch Clément zog es mit seiner Familie nach Biel, wo er spätestens ab 1883 ein Tuchwaren- und Möbelgeschäft betrieb. Später stiegen seine Söhne ins Geschäft ein und eröffneten in der Folge als Gebrüder Bernheim mehrere Geschäfte unter dem Namen A la Ville de Paris. Aus der Verheiratung der einzigen Tochter Rosalie mit Léopold Bloch ging die Firma Bernheim & Cie. hervor. Die beiden Töchter Berthe und Alice wurden mit den zwei Brüdern Nordmann aus Freiburg im Üechtland verheiratet und brachten das florierende Geschäft mit in die Ehe.

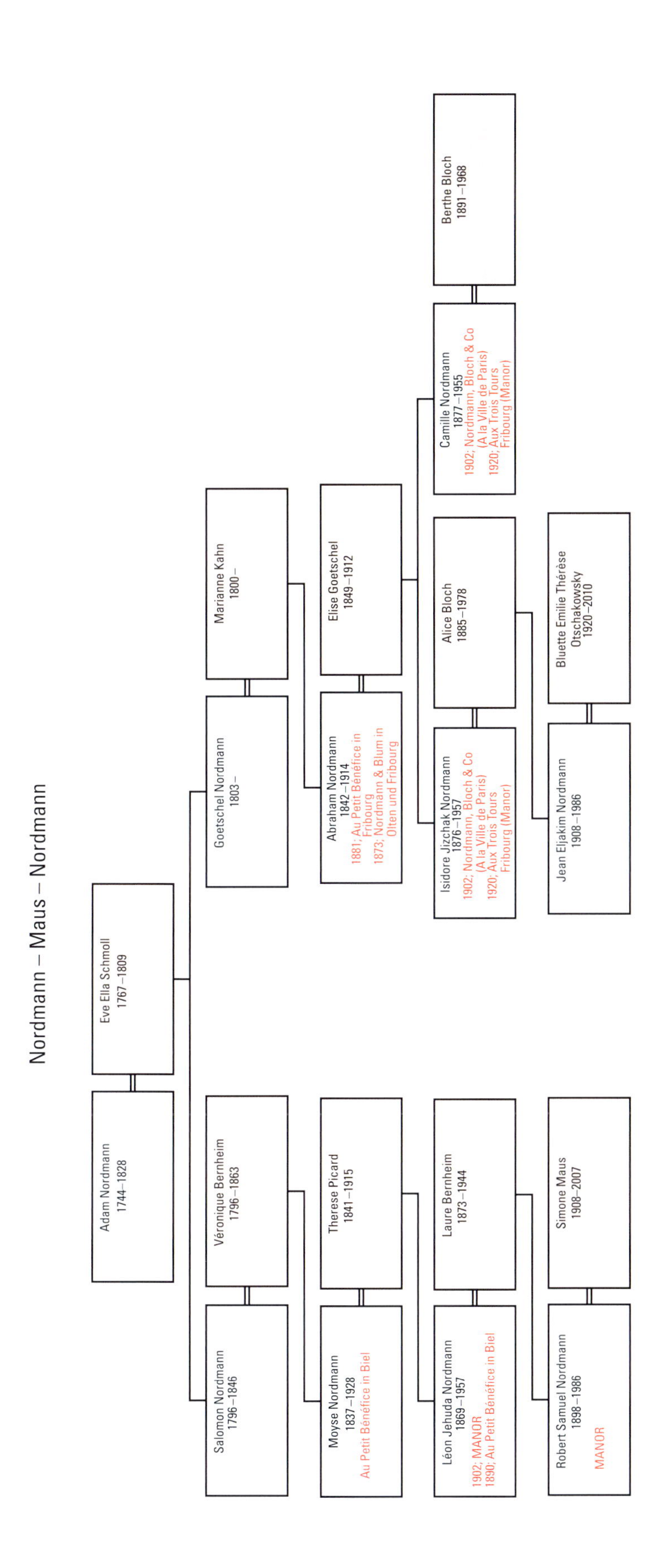

Abbildung 31: Stammbaum/ Firmennetzwerk Familien Nordmann und Maus. (Darstellung: Daniel Teichman) Der um 1744 in Hegenheim geborene Urahn Adam Nordmann (hebräisch Maharam ben Schlomo), Sohn von Salomon Nordmann, war mindestens zweimal verheiratet. Einmal mit Nennel Dreyfus (aus dieser Ehe sind keine Kinder bekannt) und einmal mit Eve Ella Schmoll aus Hirsingue, mit der er mindestens vier Kinder hatte: Rachel (geb. 1794), Salomon (geb. 1794), Aaron (geb. 1801) und Goetschel (geb. 1803).

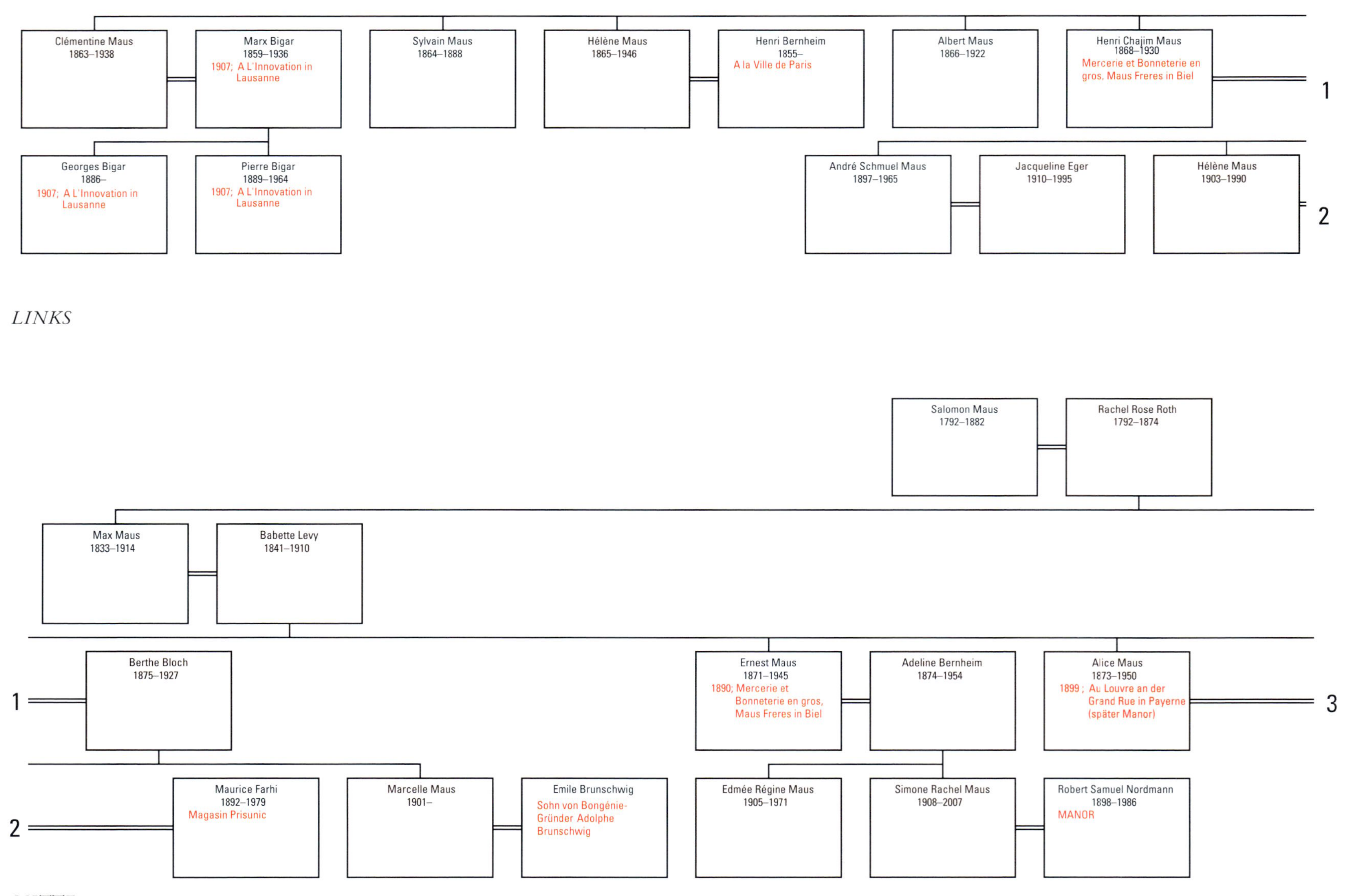
Clémentine Maus
1863–1938
Marx Bigar
1859–1936
1907; A L'Innovation in Lausanne
Sylvain Maus
1864–1888
Hélène Maus
1865–1946
Henri Bernheim
1855–
A la Ville de Paris
Albert Maus
1866–1922
Henri Chajim Maus
1868–1930
Mercerie et Bonneterie en gros, Maus Freres in Biel
1
Georges Bigar
1886–
1907; A L'Innovation in Lausanne
Pierre Bigar
1889–1964
1907; A L'Innovation in Lausanne
André Schmuel Maus
1897–1965
Jacqueline Eger
1910–1995
Hélène Maus
1903–1990
2
LINKS
Salomon Maus
1792–1882
Rachel Rose Roth
1792–1874
Max Maus
1833–1914
Babette Levy
1841–1910
1
Berthe Bloch
1875–1927
Ernest Maus
1871–1945
1890; Mercerie et Bonneterie en gros, Maus Freres in Biel
Adeline Bernheim
1874–1954
Alice Maus
1873–1950
1899 ; Au Louvre an der Grand Rue in Payerne (später Manor)
3
2
Maurice Farhi
1892–1979
Magasin Prisunic
Marcelle Maus
1901–
Emile Brunschwig
Sohn von Bongénie-Gründer Adolphe Brunschwig
Edmée Régine Maus
1905–1971
Simone Rachel Maus
1908–2007
Robert Samuel Nordmann
1898–1986
MANOR
MITTE

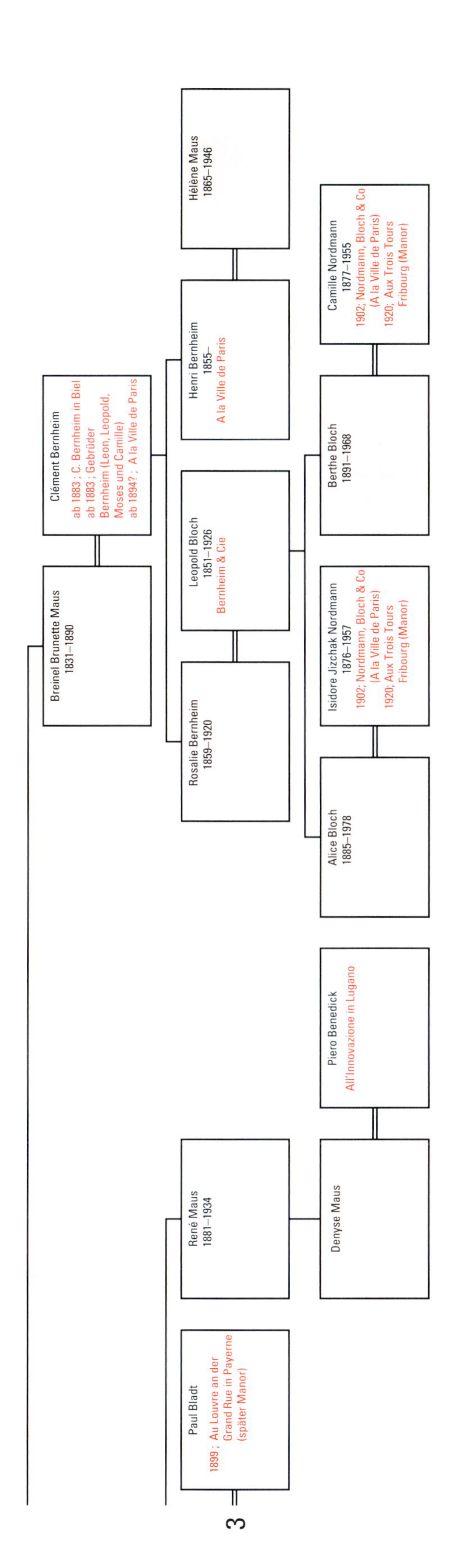

Abbildung 32: Stammbaum/Firmennetzwerk Familien Maus, Bigar, Bernheim, Brunschwig, Bladt, Benedick. (Darstellung: Daniel Teichman)

3 «Kathedralen des Konsums»: Architektonische Bauzeugen

Einzigartige Anfänge im Stile der Pariser Grands Magasins

Noch sind sie vereinzelt vorhanden: die in der Gründerzeit gebauten Warenhäuser, die sich uns heutzutage stumm und stoisch als kulturhistorische Zeitzeugen einer verblichenen Epoche an den Strassen und Plätzen der grösseren Schweizer Städte entgegenrecken. Oft sind davon nur noch die Fassaden in ihrer Originalgestalt erhalten geblieben, da die einstige Innenarchitektur im Laufe der Zeit den wiederholten baulichen Veränderungen weichen musste. Die damals mit exquisiten Materialien wie Marmor und Edelhölzer ausgestatteten Innenräume und vor allem die glasüberdachten Lichthöfe zogen den Besucher der Warenhäuser der ersten Stunde in einen magischen Bann. «Der Lichthof war etwas ganz Neues, Bestaunenswertes: ein Dach aus dickem Glas im zweiten Stock, welches Licht durchliess bis hinunter ins Parterre»,[1] wie sich eine ehemalige Verkäuferin anlässlich des 1899 eröffneten Warenhauses Loeb in Bern erinnerte. Auch die 1932 erbauten Magazine zur Rheinbrücke (heute Manor) in Basel zogen die Menschen mit einem grandiosen Lichthof an, der mit einer Höhe von 22 Metern den Zentralraum sämtlicher Etagen bildete und an den sich der zeitgenössische Berichterstatter folgendermassen erinnert: «Wir wähnen uns beinahe unter der Kuppel einer riesenhaften Kirche, so imponierend sind Grössen- und Raumverhältnisse, und wir bekommen erst einen richtigen Begriff davon, wenn wir uns vergegenwärtigen, dass diese Kuppel bequem die ganze Breite der Greifengasse überdachen würde.»[2] Sie waren die eigentlichen Herzstücke der Warenhäuser, die hohen glasüberdachten Innenhöfe, die diesem neuartigen und für alle Menschen zugänglichen Verkaufsraum gleichsam eine sakral anmutende Wirkung verliehen.

Als wichtiges architektonisches Element wurden solche Lichthöfe in den Pariser Grands Magasins überhaupt zum ersten Mal verwirklicht.[3] Kein Wunder spielte Zola im *Das Paradies der Damen* auf eine solche Transzendenz an, indem er das Warenhaus mit sakralen Raumbegriffen wie «Tempel für den Verschwendungswahnsinn»[4] oder als «Kathedrale des neuzeitlichen Handels»[5] bezeichnete. Auch wenn diese Raumästhetik beispielsweise beim 1895 erbauten Warenhaus Tietz anfänglich eher aus pragmatischen als aus ästhetischen Überlegungen heraus entstand, da «man kaum genügend Waren für alle Etagen anschaffen konnte».[6] Doch grundsätzlich entwickelte sich der Lichthof zum Nonplusultra der späteren Warenhausarchitektur, sämtliche um die Jahrhundertwende erbauten Warenhäuser in der Schweiz verfügten über einen Lichthof.[7] Im Lauf der Zeit wurden sie zugunsten mehr Verkaufsfläche um- und dann vollends zugebaut.[8]

In diesem Kapitel geht es, verallgemeinernd gesagt, um die Visibilität als Ausdruck eines neuen Selbstverständnisses, das im urbanen Raum inszeniert

Abbildung 33: Lichthof im Warenhaus Globus am Marktplatz in Basel 1931. Das Warenhaus wurde 1904 von Julius Brann erbaut und 1907 an Globus verkauft.

wurde. Die eigentliche Arena der emanzipierten und bürgerlich-konfessionell lebenden Juden im öffentlichen Raum war gewiss die Synagoge im historizistischen Baustil des späten 19. Jahrhunderts.[9] Jenseits dieser religionsgebundenen Inszenierungen erscheinen aber die sakral anmutenden «Tempel» der Warenhäuser, der Banken und auch der Bahnhöfe, die allesamt die säkularisierende Sprache einer Integration der unterschiedlichen ethnischen, religiösen und vergangenheitsgebundenen Gruppen und Gemeinschaften zu reden scheinen. Die Visibilität und die besondere «sakral» anmutende Ästhetik der Warenhäuser erzählt somit von diesem kulturell neuartigen Vergesellschaftungsprozess, den die jüdischen wie die christlichen Gründer voranzutreiben und über Grenzen hinauszutragen wussten.

Abbildung 34: Lichthof mit Galerien und Pfeilern aus südfranzösischem Marmor im Warenhaus Julius Brann an der Bahnhofstrasse in Zürich, Fotografie um 1930.

In der Schweiz wurden um 1900 und auch danach viele repräsentative Räume mit hohen Lichthöfen und umlaufenden Galerien im Stil der Pariser Grands Magasins realisiert. Zum Beispiel das Warenhaus Loeb an der Spitalgasse in Bern 1899, das Warenhaus Mandowsky an der Marktgasse in Bern 1909,[10] dasjenige von Julius Brann an der Bahnhofstrasse in Zürich 1900 und Jelmoli an der Seidengasse in Zürich 1899, Old England an der Rue Croix d'Or in Genf 1912 (ab 1929 Uniprix),[11] um hier nur einige zu nennen.

Doch nicht nur die Warenhäuser, sondern auch Mode- oder andere Spezialgeschäfte in der Schweiz nutzten den Pariser Typ der Warenhausarchitektur für die Ausgestaltung ihrer Verkaufsräumlichkeiten. Von Basel weiss man beispielsweise, dass mit den 1903 erbauten Magazinen Zum wilden Mann an der Freien Strasse 35 erstmals ein Geschäft dieser Art entstand, ein Jahr später folgten zwei weitere: der von Julius Brann am Marktplatz erbaute Jugendstilbau, der drei Jahre später an Globus ging, und das Au Printemps Paris an der Freien Strasse 47 mit charakteristischer Glasfassade. Beide verfügten über einen sich über vier Geschosse erstreckenden Lichthof und ein separates Treppenhaus.[12] Wohl der letzte Bau aus jener Epoche befindet sich an der Freien Strasse 23 in Basel, dessen Innenraum noch heute mit Lichthof, Galerien und ausladender Holztreppe den Kunden bezaubert.[13]

Die Vorläufer der Warenhäuser bestanden aus in Wohnbauten eingenisteten Verkaufsräumlichkeiten. Bis 1920 waren solche Geschäftshäuser mit Wohngeschossen vorherrschend, wobei in den meisten Fällen das gesamte Erdgeschoss dem Verkauf vorbehalten blieb und Geschäftsleitung, Lager und andere Infrastrukturen entweder in die Ober- oder die Untergeschosse verlegt wurden.[14] Oft liessen diese niederen und gedrungenen Räume kaum Licht ins Innere, wie sich auch Eugen Loeb an die erste Verkaufslokalität der Gebrüder Loeb in Bern erinnerte.[15] Als man für die ersten Warenhäuser am Fin de Siècle bestehende Wohnbauten abriss oder vollständig umbaute, fügten sie sich mit ihren grossflächigen Glasfassaden zumeist als «rahmensprengender Einbruch in die kleinräumliche Altstadtstruktur»[16] in die bestehenden Häuserzeilen ein, wie dies beim 1904 erbauten Warenhaus Globus in Aarau angemerkt wurde. Doch die dem Jugendstil verpflichteten monumentalen Geschäftsbauten präsentierten sich den Menschen nun mit ungeahnt grossen, hohen und lichtdurchfluteten Verkaufsräumen. Kein Wunder wurden sie, auch aus architektonischen Gründen, zum Publikumsmagneten. Und wenn das Tageslicht der Dämmerung wich, dann verzauberten elektrische Lampen mit künstlichem Licht die grossen Hallen und sorgten dafür, dass auch abends nach der Arbeit der Einkauf fortgesetzt werden konnte.[17] Elektrisches Licht war um die Jahrhundertwende noch keine Selbstverständlichkeit, wie dies auch aus den Erinnerungen von Paul Erismann zum Warenhaus Globus an der Bahnhofstrasse 15 in Aarau zu entnehmen ist: «Abends war das Geschäftshaus elektrisch beleuchtet (während zur gleichen Zeit noch mancher Gewerbler beim Schein der Petrollampe arbeitete), und die Käufer und Neugierigen strömten massenhaft herbei. Auf dem Dache prangte ein weithin sichtbarer Globus aus Glas, ebenfalls elektrisch beleuchtet …»[18]

Die Warenhäuser Brann und Loeb in Zürich, Bern und Basel

Viel Licht, von 60 Bogenlampen kommend, besass auch das von den Architekten Kuder & Müller neu erstellte Warenhaus für Julius Brann, das 1899 anstelle eines abgebrochenen Massivhauses an der Bahnhofstrasse 75 in Zürich erbaut worden war. Die *Illustrierte schweizerische Handwerker-Zeitung* berichtete über dieses Vorhaben: «Ein Riesen-Geschäftshaus in orientalischem, monumentalem Baustyl soll die bekannte Firma Julius Brann an der Bahnhofstrasse in Zürich zu erstellen beabsichtigen. […] das Bauwerk [soll] eine Hauptzierde Zürichs werden.»[19]

Der in Stuttgart lebende Architekt Kuder dürfte ganz gewiss durch die Formensprache seines Kollegen Alfred Messels inspiriert worden sein, der seinerzeit mit dem 1897 eröffneten Bau des Warenhauses Wertheim in Berlin grosses Aufsehen erregt hatte. Der von den Fachleuten als Messelscher Pfeilertypus bezeichnete Monumentalbau an der Leipziger Strasse verabschiedete

Abbildung 35: Warenhaus Globus in Aarau. Der auf dem Dach befestigte Globus dürfte von der Weltkugel der beiden deutschen Warenhauskonzerne Tietz und Wertheim inspiriert worden sein, die diese bereits um 1900 als Firmenlogo verwendeten und exklusive Rechte geltend machten, die juristisch geklärt werden mussten. (Vgl. dazu: Ladwig-Winters: Wertheim, S. 31.)

sich von einer horizontalen zugunsten einer vertikalen Fassadenschichtung, zwischen deren Pfeilern – und das war eine weitere Sensation – ausgedehnte Glasflächen lagen, wodurch die gesamte Front zu einem riesigen, vom Boden bis zum Dach reichenden Schaufenster wurde.[20] Alfred Wiener ist gar der Ansicht, dass Messel der Erste war, dem es gelang, «für den Zweck des Warenhauses die rechte Form zu finden und ihm seine Eigenart zu geben, so dass heute jedermann bei dem Worte Warenhausbau eine deutliche Vorstellung seines Aussehens hat.»[21] Als Messel 1909 mit 56 Jahren starb, schrieb der Architekt Max Landsberg im Zentralblatt der Bauverwaltung: «Messel war der Architekt der Zweckmässigkeit, mehr noch der Baukünstler des Idealbaues. [...] Er hat dem neuzeitlichen Leben neuartige Hausformen gegeben, er hat das ‹Warenhaus›, welches von der Gesetzgebung, den Zeitungen, den Kleinkaufleuten so gehasst wurde, dessen Bezeichnung jahrelang so unschmackhaft über unsere Lippen ging, zu einer der schönsten Blüten neuzeitlicher Kunst geformt.»[22]

Abbildung 36: Rechts im Bild das von den Architekten Kuder & Müller erstellte und am 18. April 1900 eröffnete Warenhaus Julius Brann an der Bahnhofstrasse 75 in Zürich. Fotografie von Adolf Moser, 1910.

Damals besass die Frontlänge des brannschen Jugendstilbaus vier Axen.[23] Eine zeitgenössische Fotografie zeigt uns die viergeschossige Glasfassade, die sich axialsymmetrisch mit Mittelrisalit markant von den anderen Bauten abhob. Abgesehen davon schweigen sich die Quellen über diesen ersten Neubau bis anhin weitgehend aus. Wie es im Innern des am 14. April 1900 eröffneten Warenhauses Brann ausgesehen haben muss, konnte nun in einem zur Eröffnung erschienenen Artikel im *Tages-Anzeiger für Stadt und Kanton Zürich* und zwei dazughörenden Illustrationen in Erfahrung gebracht werden (Abb. 37).[24] So erfährt der Leser einerseits, dass es sich beim eröffneten Warenhaus um ein neues und doch bereits altbekanntes Geschäfts-, Detailverkaufs- und Versandhaus in Zürich handelt, dessen Verkaufslokalitäten sich über fünf Stockwerke beziehungsweise Böden erstrecken, nämlich Souterrain, Parterre, erster, zweiter und dritter Stock. Im vierten Stock befanden sich die gut und geschmackvoll ausgestatteten Räumlichkeiten eines fotografischen Ateliers, und wen es gelüstete, der konnte von dort aus «gleich auch noch auf die Zinne und allda wie von einem babylonischen Thurm über das Häusermeer der Stadt» seine Blicke schweifen lassen.[25]

Doch war es weniger die Fassadengestaltung beim Warenhaus Brann als dessen Innenraum, der jenem des 1899 erbauten Warenhauses Wertheim in Berlin frappant ähnelte (Vgl. Abb. 13, 37). Die mitgelieferte Illustration zeigt, dass der Besucher wie bei Wertheim beim Eintritt in einen grossen Lichthof geführt wurde, auf dessen gegenüberliegender Seite *Die Arbeit*, eine Skulptur des Schweizer Künstlers August Bösch,[26] in der Mitte der zweiflügeligen Treppe vom ersten Stock herab über das Geschehen wachte. Die überlebensgrosse Statue, eine Frauenfigur, dürfte, analog zu dem Standbild des Bildhauers Ludwig Manzel im Lichthof Wertheims, als ein Sinnbild des Transformationsprozesses von einer «industriellen Produktion in eine Massen-Warenkultur

[…] die Urmutter der Produktion und des Warenumsatzes» verkörpert haben.[27] Wie bei Wertheim war auch der brannsche Innenraum eine hohe Halle, die mit einem gläsernen Tonnengewölbe überdacht für Lichteinfall bis ins Parterre hinunter auf die vielen Auslagen der Spitzen, Schleier, Tülls, Strümpfe und Corsetts sorgte.[28]

Eine erste Erweiterung des Warenhauses Brann erfolgte im Jahr 1910/11 durch die Architekten Pfleghard & Haefeli und konnte am 4. Mai 1912 eröffnet werden. Damals fielen die massiven Eckbauten an der Bahnhofstrasse/Uraniastrasse/Lintheschergasse – die erst 1896 erbaut wurden – dem Umbau zum Opfer und wurden abgerissen.[29] Auch Pfleghard & Haefeli dürften sich in ihren Entwürfen damals weitgehend an dem neugotischen Warenhaustypus von Messel orientiert haben, der nun eine Abkehr von grossflächigen Fensterfronten hin zu mit Fensterreihen und eng gestellten Pfeilern sakral anmutend strukturierten Fassaden propagierte.[30] In einem vor der Eröffnung erschienenen Inserat veröffentlichte Julius Brann selber Zahlen über den neuen Monumentalbau. Die Gesamtfassadenfront der Lokalitäten wurde auf 122 Meter erweitert. Das Warenhaus verfügte nun über sechs elektrische Fahrstühle, zwei Lichthöfe, fünf Treppenhäuser und wurde durch 1150 Glühlampen und viele Bogenlampen erleuchtet.[31] 1929 erhielt das Warenhaus in einem zweiten Erweiterungsbau zum «modernsten Warenhaus der Schweiz» sein abschliessendes und heutiges architektonisches Gewand und konnte am 5. Dezember eröffnet werden. Flaggengeschmückt präsentierte sich der sechsstöckige Neubau mit einer Gesamtbodenfläche von 1500 Quadratmetern, er entstand unter der architektonischen Leitung von Otto Pfleghard in der Zeit zwischen Februar 1928 und Dezember 1929. Fünf Zürcher Künstler haben den im zweiten Stock neu entstandenen Erfrischungsraum/Tearoom künstlerisch ausgestaltet (Otto Baumberger, Karl Hügin, H. Müller, E. G. Rüegg und Prof. Stiebel) und auch die ebenfalls neue und vor allem neuzeitlich eingerichtete Lebensmittelabteilung im fünften Stock konnte sich sehen lassen: modernste Kühlanlagen und Kühltische, moderne Lüftungsanlagen, sanitäre Einrichtungen, alabasterbelegte Marmortische und -wände, separate Stadtexpedition (Expresslieferung ins Haus), vier moderne Lifts zur Lebensmittelabteilung, eine eigene Kaffeerösterei, Weinverkauf vom Fass, abwechselnde Degustationen und eine Imbissecke: kaltes Buffet.[32] Der *Tages-Anzeiger* schrieb, dass «die grosse, ganz in Weiss gehaltene Lebensmittelabteilung auf der fünften Etage, die mit ihren marmorverkleideten Korpussen, auf denen die Verkaufsgegenstände unter blitzenden Glasbehältern ruhen, mit den zu bunten Pyramiden aufgeschichteten Objekten der Lebensmittelbranche, mit den geometrisch exakt aufgebauten Flaschen der langen Regale und dem als Schaufenster raffiniert ausgebildeten Kühlschrank eine Sehenswürdigkeit bedeutet.»[33] Das Kundentreppenhaus erhielt eine noch heute vorhandene Farbverglasung, ein Glasmosaik, das nach den Entwürfen des Schweizer Künstlers Otto Morach (1887–1973) gefertigt wurde und das sich wie ein farbiger Lichtfilter in die grossräumige Architektur integrierte.[34]

Eines der wenigen Warenhäuser, deren in der Gründerzeit erbaute ursprüngliche Fassade bis heute teilweise erhalten werden konnte, ist der von den Architekten Alfred Romang und Wilhelm Bernoulli 1904/1905 erstellte

Das Warenhaus Julius Brann – Bericht im Tages-Anzeiger

«Von Außen besehen verspricht das inmitten einer aneinander gebauten Häuserreihe in der Bahnhofstrasse stehende Geschäftshaus nicht was es innwendig bietet. Gross und stattlich ist es ja schon; man schaue sich auf dem kleineren Bilde nur die Frontansicht mit den gewaltigen Schaufenstern bis unters Dach gehörig an und vor dem wirklichen Bau stehend wird der Blick von der Mannigfaltigkeit, Eleganz und Grösse der Schaufenster-Ausstellungen förmlich gebannt. Auch die elegante Ausstattung der kleinen Eingangshalle thut ihre Schuldigkeit, dem Eintretenden gehörig Respekt einzuflössen. Man tritt dann in die Parterrelokalität, die durch unser grösseres Bild veranschaulicht wird. Die große Frauenstatue dem Eintretenden gerade gegenüber stellt die Arbeit allegorisch dar und ist eine Schöpfung des Bildhauers Bösch. Sollen wir nun von den eleganten Warentischen, Gestellen, gläsernen und farbigen Dekorationen, dem Formen- und Farbenreichtum der ausgestellten Waren sprechen? Sollen wir Ihre Leser durch all die reichbestellten Verkaufsräume, Bureaux, Arbeitslokale, die ungemein praktisch eingerichteten Personal-Garderoben mit verschliessbaren Schränken führen? Die schwellenden Polster und eleganten Sessel, kurz die prächtige Ausstattung des im ersten Stock befindlichen Erfrischungsraumes mit seinen farbigen Fenstern, seiner Marmortischen und dem gewaltigen Buffet schildern? Oder von dem allen Käufern gratis zur Verfügung stehenden Telefon-Kabinett erzählen? O das wird nicht nötig sein, bald wird es weit herum jedermann selbst gesehen haben, besonders wer sich einmal bei Julius Brann photographieren lassen will kann gar nicht umhin, die Stokwerke hinauf über die bequemen Treppe all dies zu sehen. Doch halt, Treppensteigen ist nicht unbedingt nötig. Man hat auch Gelegenheit, sich in hochelegantem Elevator hinaufbefördern zu lassen. Nur um die ersten Besucher ein wenig zu informieren, sei hier mitgeteilt, dass im Soutterain, der von außen durch die Schaufenster beinahe überblickt werden kann, die Haushaltungsgegenstände aufgestellt sind, und Herr Brann rechnet dazu nicht nur die zierlichsten Korbwaren, die verschiedensten Kinderwagen, sondern auch – Bonbons. Im Parterre sind die Manufaktur- und Merceriewaren, im ersten Stock die Galanterieartikel wie auch die Damenkonfektion eingehäuselt und im zweiten Stock treffen wir auf die Abteilung für Putzsachen, zu denen künstliche Blumen gehören und im nächsten Stockwerk ist die Stätte für Schuhwaren und Herrenkonfektion. Anprobekabinette und was sonst zu einer vollkommenen Einrichtung gehört, sind im ganzen Hause vorgesehen und gegenüber der kärglich gehaltenen Aufzählung des Warenlagers nimmt sich die Wirklichkeit verblüffend aus. Und wenn die 60 elektrischen Bogenlampen und 1000 Glühflammen ihr Licht erstrahlen lassen, wird dem Besucher nichts mehr fehlen – als dass es keine 10 Kassen und keine 100 Verkäufer bzw. Verkäuferinnen mit Argusaugen gäbe. Nun, wir leben noch nicht in Bellamys Zukunftsstaat, aber der Anfang, das Warenhaus, in dem man – ums Geld alles haben kann, ist dazu gemacht. Sagen Sie mir doch einmal einen Artikel, den man bei Julius Brann an der Bahnhofstrasse nicht haben könnte? Sehen Sie, wie verlegen Sie werden!»

Quelle: Tages-Anzeiger für Stadt und Kanton Zürich, 14. April 1900 (Nr. 88)

Abbildung 37: Fassade und Innenraum des am 18. April 1900 eröffneten Warenhauses Brann an der Bahnhofstrasse 75 in Zürich. In der Mitte eine Statue des Schweizer Bildhauers Bösch.

Abbildung 38: Warenhaus Brann an der Bahnhofstrasse in Zürich 1926. Links der Neubau von 1912, rechts daneben der 1900 erstellte Bau. Der Stilwechsel in der Architektur wird hier gut ersichtlich. Fotografie von Wilhelm Pleyer, 1926.

Bau am Marktplatz in Basel, der noch heute «das grösste erhaltene Jugendstil-Geschäftshaus Basels»[35] ist (vgl. Abb. 40). Der damalige Bauherr war ebenfalls Julius Brann, der bereits seit 1897 in der Liegenschaft am Marktplatz 1, im ehemaligen Haus Zur goldenen Münze, ein Warenhaus betrieb (vgl. Abb. 70). 1904 trat er der Stadt Basel von seiner Parzelle 21 Quadratmeter Land ab, die in das Areal des Marktplatzes fielen, und erhielt dafür 23 680 Franken in bar. Im Gegenzug verpflichtete er sich, die Gebäude «am Marktplatz 1 und 2 auf seine Kosten abzubrechen und auf der neuen Baulinie einen der Bedeutung der Lage entsprechenden Neubau zu errichten», dessen Fassade der Genehmigung des Regierungsrates unterliegen musste, wie aus der Landabtretungsurkunde zu entnehmen ist.[36] Der Neubau, der am 8. April 1905 mittags um 2 Uhr dem Verkehr übergeben wurde, wies eine symmetrisch gegliederte, hochrechteckige Fassade zum Marktplatz hin auf, die eiserne Ornamente und Friese aus buntem Glas zierten, und war inklusive Kuppel 25 Meter hoch. Waren wurden auf Verkaufsräumlichkeiten von 1355 Quadratmetern zum Verkauf angeboten. Die breite Front von über 13 Metern entstand durch die Zusammenlegung der Goldenen Münze und der ehemals pfisterschen Liegenschaft.[37] Wie in Zürich müssen auch in Basel die Räumlichkeiten im Innern des Warenhauses beeindruckt haben. Jedenfalls findet sich in den *Basler Nachrichten* ein ausführlicher Beschrieb dazu, der von «weiten Hallen mit grosser Perspektive», «mit mehreren Stockwerken ringsum laufender Galerien», von «vollständig in Glas aufgelöste[r] Vorderfront des Erdgeschosses im Stile der Grands Magasins du Louvre in Paris» berichtete. Der Journalist schrieb damals, dass es wenig Phantasie brauche, um sich in *Au Bonheur des Dames* (Zolas Roman *Das Paradies der Damen*) versetzt zu glauben.[38]

Abbildung 39: Der 1929 eröffnete monumentale Neubau des Warenhauses Brann an der Bahnhofstrasse 75 in Zürich. Innenansicht. Treppenaufgang mit Glasmosaik nach Entwürfen von Otto Morach, Fotografien um 1930.

Zur selben Zeit und in ähnlichem Stil erbaute Julius Brann ein weiteres Warenhaus in Zürich, das sich unmittelbar am Eingang von Aussersihl an der Ecke Badenerstrasse/Stauffacherstrasse befand.[39] Dieses heute weitgehend unbekannte Warenhaus inserierte damals auch unter Warenhaus zum Stauffacher und ging dann später in das Kaufhaus Universum über.[40] Der 1905 erstellte

Abbildung 40: Warenhaus Julius Brann am Marktplatz in Basel. 1897 gegründet, 1904 umgebaut in ein Jugendstilgebäude durch die Architekten Romang & Bernoulli und A. Lommel (diese Ansicht), am 8. April 1905 eröffnet und 1907 an Globus verkauft. Rechts im Bild das ebenfalls 1905 neu umgebaute Rathaus. Beide Gebäude veränderten das Stadtbild markant.

markante Jugenstilbau mit Hufeisengiebeln und Zwiebeltürmen wurde 1955 abgebrochen.[41]

Die mit grossen Schaufensterfronten und Glasfassaden gekennzeichneten Warenhäuser um die Jahrundertwende mussten später teilweise einem neuen Baustil weichen. Nicht immer erwies sich das viele Licht und die direkte Sonneneinstrahlung als günstig. Das Warenhaus Wertheim in Berlin jedenfalls soll seinerzeit grosse Gardinen aufgehängt haben, damit eine zu schnelle Aufheizung des Innenraumes verhindert werden konnte.[42] Aber auch im städtebaulichen Kontext mussten gewisse Konzessionen in Kauf genommen werden, wie das Beispiel des ersten Warenhauses der Gebrüder Loeb in Bern zeigt. Der 1899 vom Berner Architekten Eduard Rybi erstellte Bau, dessen Schaufensterfronten sich mondän über drei Stockwerke erstreckten, löste damals einiges Befremden aus. Eine solche Glasfassade sei in Bern störend und unpassend, gar ein Fremdkörper, hiess es. Schnell wurde das moderne Warenhaus in der Gasse nur noch Zahnlücke genannt (vgl. Abb. 42, 91). Der 1905 in Bern gegründeten schweizerischen Heimatschutzbewegung trug dies gehörig Wasser auf die Mühle. Jedenfalls wurde die missglückte Zahnlücke bereits fünfzehn Jahre später abgerissen und durch eine neue und einheitliche Fassade ersetzt. Die Ausdehnung des Erweiterungsbaus erstreckte sich nunmehr auf die Häuser Spitalgasse 51–54 und Schauplatzgasse 40–42, alles Nachbargebäude, die von den Loebs 1913 dazugekauft werden konnten. Die von Albert Gerster entworfene sechsachsige Sandsteinfassade des Neubaus, die nun mit traditionellen bernischen Elementen wie Laubenbogen, Vogeldielen und Fenstergittern aufwarten konnte, überzeugte nicht nur den Heimatschutz, sondern die ganze Stadt, und die «Wiedergutmachung einer ästhetischen Schandtat», so Anne-Marie Biland, brachte dem Warenhaus viel Lob ein.[43] Die ganze Anlage sei nicht schreiend und aufdringlich, liest man auch in einem Eröffnungsartikel vom 16. April 1914, sondern vielmehr intim, gediegen und vornehm.[44] Und zweifellos sei das Prunkstück

Abbildung 41: Kaufhaus Universum A.-G., Waren-Kreditgeschäft an der Stauffacherstrasse 28 (Ecke Badenerstrasse 29) in Zürich. Wohn- und Geschäftshaus, 1905 erbaut, 1955 abgetragen. Beim Kaufhaus handelt es sich um einen «originell-markanten» Jugendstil-Eckbau. Mittelachse mit Hufeisengiebeln, dahinter Zwiebeltürme. Ecklisenen als freistehende Pfeiler über Dachgesims ragend. (INSA: 1922, Bd. 10) Fotografie von Ludwig Macher, o. J.

des Hauses der hohe prachtvolle Lichthof, mit seinen Marmorsäulen, den zwei prächtigen Leuchtern und dem frohfarbigen Glasdach.[45] Bern wurde damals mit dem neuen Warenhaus Loeb zur Grossstadt, nicht nur wegen der äusseren prachtvollen Aufmachung, sonden auch weil dort alles zu haben war, was die «anspruchsvollste und verwöhnteste Hausfrau» nur haben möchte, was eben ein typisches Zeichen der Grossstädte sei.[46]

Ein Grossereignis dürfte auch der am 12. September 1929 eröffnete Neubau der Gebrüder Loeb AG in Bern gewesen sein. Die Berliner Zeitschrift *Der Konfektionär* resümierte, dass Bern damit in die Reihe der Städte gerückt sei, «die einen modernen Warenhauspalast aufzuweisen haben». Zwar sei die äussere Gestaltung «nicht im Sinne der modernen oder modernsten Warenhausarchitektur gehalten; sie fügt sich dem Charakter des Stadtbildes vollkommen ein, überrascht aber durch die Grosszügigkeit und die Dimensionen des Baues. [...] Mit besonderer Sorgfalt ist der Teeraum behandelt, der in einem wahren Goldton gehalten ist. Die eingebauten Möbel sind in Zitronenholz mit schwarzen Zierleisten gearbeitet, und moderne Beleuchtungskörper erhöhen den behaglichen Eindruck des Raumes, der etwa 250 Personen fasst. [...] Bern darf stolz sein auf diesen Warenhauspalast, der ihm nicht nur die altgewohnten und vertrauten Kolonnaden an der Spitalgasse erhalten hat, sondern ihm auch ein grossstädtisches Gepräge gibt.»[47]

Abbildung 42: Links: Das erste Warenhaus in Bern der Gebrüder Loeb reichte von der Spitalgasse (47/49) bis zur Schauplatzgasse (36/38) und wurde am 16. März 1899 eröffnet. Die grossflächige und als revolutionär empfundene Glasfassade ging als Zahnlücke in die Geschichte ein. Rechts: Neubau, 1913 von Architekt Albert Gerster erstellt, am 16. April 1914 eröffnet, machte die «missglückte» Fassade rückgängig und fügte sich mit seiner Sandsteinfassade harmonisch in die Häuserreihen ein.

Für die Entwicklung der Warenhausarchitektur in der Schweiz stellen die Warenhäuser Brann in Zürich und Loeb in Bern einen interessanten Vergleich dar. Sie eröffneten beide ihre im Jugendstil erbauten Warenhäuser um die Jahrhundertwende (Loeb 1899, Brann 1900). Deren von grossen Glasflächen dominierte Fassaden hoben sich markant von den jeweiligen Nachbarsbauten in der Altstadt ab. Beide expandierten in den 1910er-Jahren mit einem ersten Erweiterungsbau (Brann 1912, Loeb 1914), dessen Fassade je nun andere Stilmerkmale trug. Loeb passte sich weitgehend dem bernischen Lokalkolorit an, bei Brann werden deutsche Einflüsse einer Warenhausarchitektur sichtbar. Und beide konnten 1929 in einem zweiten grossen Erweiterungsbau den weitgehenden Abschluss zum monumentalen und grossstädtischen Warenhaus feiern.

Warenhaus Léon Nordmann in Luzern und Basel

Léon Nordmann eröffnete sein allererstes Warenhaus 1902 im ehemaligen Haus des Hotels Zu den drei Königen an der Weggisgasse in Luzern (vgl. Abb. 101). Zehn Jahre später wurde dieses unter der Regie des Luzerner Ar-

chitekten Friedrich Felder durch einen markanten Neubau im Jugendstil ersetzt und am 6. März 1913 dem Publikum zugänglich gemacht. Nach wie vor bildet der Bau die Eckpfeiler des heutigen Warenhauses.[48] Dem repräsentativen Bau, der sich über ein Areal von 600 Quadratmetern erstreckte und von der Weggis-, Theiling- und Schlossergasse umgrenzt wurde, fielen damals prominente historische Altstadthäuser zum Opfer.[49] Die *Illustrierte schweizerische Handwerker-Zeitung* berichtet uns über diesen Bau Folgendes: «Gewaltige Schaufenster, eingefasst in Durana-Metall, inmitten geschliffenen schwedischen Granitfaçaden, kennzeichnen den Neubau als Warenhaustyp, welcher aber der gediegenen Ausführung wegen doch in die Kategorie der Repäsentationsbauten eingereiht werden kann. Ein imponierender Haupteingang auf der Weggisgassseite führt in die mächtigen, luxuriös ausgestatteten Verkaufsmagazine und erschliesst dem Auge die inneren Einrichtungen, welche den neuesten Anforderungen der Technik entsprechen. So sind zum Beispiel die Deckenpfeiler, Unterzüge und die ganze Dachkonstruktion in armiertem Beton ausgeführt, um der Gefahr des Feuers widerstehen zu können. Der Personen- und Geschäftsverkehr vom Parterre in die einzelnen Etagen wird vermittelst elektrischer Aufzüge (Lifts) bewältigt und zwar durch amerikanische Schnelläufer mit Hebelsteuerung (Patent Schindler). Eine Zentralheizung (Niederdruckdampf-System) erwärmt die grossen Magazine, Bureaux etc. Für die Beschaffung frischer Luft, welche im Winter durch eine besondere Einrichtung zur Vermeidung von Zuglufterscheinungen vorgewärmt wird, sorgt eine allen Anforderungen der Neuzeit entsprechende mechanische Ventilationsanlage. Auch dem grimmen Feind ‹Staub› macht eine Entstaubungsanlage die Existenz nicht leicht.»[50]

Wesentlich andere Stilmerkmale prägten das zwischen 1930 und 1932 in Kleinbasel an der Greifengasse entstandene neue Flaggschiff von Maus Frères, die Magazine zur Rheinbrücke AG. Der vom Basler Architekturbüro Preiswerk & Cie. erstellte fünfgeschossige moderne Neubau verfügte im Innern zwar noch über einen grossen, in belgischem Marmor gehaltenen Lichthof im Stile der Pariser Grands Magasins. Die Aussenfassade jedoch, bei der eine horizontale Fassadengliederung dominierte, sowie das Flachdach zeigen deutlich die Abkehr vom Jugendstil zugunsten der Neuen Sachlichkeit. Ein moderner Grossbau, dessen Architektur vor allem auf seine Zweckbestimmung ausgerichtet sein sollte und dessen Entwürfe durch die Vorgaben deutscher Architekten wie Erich Mendelsohn, bekannt durch seine kompromisslose Architektur der Schocken-Kaufhäuser, beeinflusst worden sind. Die Basler Bevölkerung jedenfalls schien damit auf eine gutschweizerische Art zufrieden. In der Sonderausgabe der *Basler Nachrichten* steht, dass das neue Kaufhaus ohne Übertreibung als das schönste und modernste von Basel und der ganzen Schweiz angesehen werden könne und: «Gute Erfahrungen grosser ausländischer Etablissemente wurden in Einklang gebracht mit bodenständiger einheimischer Tradition, so dass wir trotz allem Modernen und allem nötigen Komfort nie den Eindruck des Überladenen und Protzenhaften bekommen.»[51]

Von der Schipfe bis zum Glaspalast: Warenhaus Jelmoli

Zu den herausragendsten Schweizer Warenhausbauten des Fin de Siècle gehört zweifellos der von den Architekten Stadler und Usteri für Jelmoli erbaute Glaspalast in Zürich.[54] Der für damalige Zeiten so imposante Bau fiel sogar den beiden Prager Schriftstellern Franz Kafka und Max Brod ins Auge, als sie als Touristen im Spätsommer 1911 der Stadt Zürich einen eintägigen Besuch abstatteten. «Die kleine Stadt hat es eleganter als Prag», fand Brod und Kafka hob in seinen Aufzeichnungen die langfristige Reklamewirkung einer solch grosszügigen Warenhausarchitektur hervor.[55]

Der auf dem Gelände der ehemaligen Seidenhöfe erstellte Einkaufstempel bestach durch das Prinzip des neuartigen Eisenskelettbaus und war das erste Warenhaus in der Schweiz, dessen Architektur in der *Schweizerischen Bauzeitung* vom 12. November 1898 ausführlich besprochen wurde. Der für solche konstruktiven Gerippebauten benötigte Baustoff Eisen war damals teuer und verursachte hohe Mehrkosten. Doch die Vorteile, die Architekt Stadler selber auflistete, lagen auf der Hand und bestanden im Wesentlichen aus Folgendem: «1. Grösstmögliche Ausnutzung der bebauten Bodenfläche, welcher Umstand namentlich bei hohen Bodenpreisen in Betracht fällt. 2. Gewinnung grosser

Abbildung 43: Der am 6. März 1913 eröffnete Neubau von Léon Nordmann in Luzern. Fotografie anlässlich des 50-Jahr-Jubiläums, 1952.

Abbildung 44: Die Neue Sachlichkeit hält Einzug. Die Magazine zur Rheinbrücke (heute Manor) an der Ecke Greifen- und Utengasse in Kleinbasel wurden zwischen 1930 und 1932 vom Architekturbüro Preiswerk & Cie. erbaut und am 5. April 1932 eröffnet. Die 55 Meter langen Fronten der Fassade dominieren durch eine strenge, aber wohlproportionierte horizontale Gliederung. Das Haupttreppenhaus erhielt ein Täfelung aus Nussbaumholz und die Schreinerarbeiten des Restaurants wurden in afrikanischem Rosenholz, das gesamte Mobiliar in poliertem Mahagoniholz gehalten. Fünf Personenlifte sowie die erste Rolltreppe in der Schweiz, die vom Parterre in den ersten Stock führte, standen dem Publikum zur Verfügung.[52] Ein Wandgemälde von Niklaus Stöcklin schmückte das Restaurant im zweiten Stock. Im dritten Stock fand sich gar ein Kinderspielgarten mit allen möglichen Spielzeugen, «wo die einkaufenden Eltern ihre Kinder abgeben» konnten und der durch eine Kindergärtnerin beaufsichtigt wurde. Im vierten Stock befand sich die Möbelabteilung, im fünften die Büros und Ateliers. Das Kaufhaus bot im Sortiment ausser frischen Lebensmitteln alles an.[53]

Abbildung 45: Das 1913 erbaute Woolworth Building in New York galt mit seinen 241 Metern Höhe bis 1930 als das höchste Gebäude der Welt. Es beherbergte die Zentrale der Woolworth-Kaufhäuser (5-und-10-Cent-Läden) und wurde aufgrund seiner Funktion und seinem Aussehen auch «Kathedrale des Kommerzes» genannt.

Schauflächen gegen die Strasse zur Ausstellung der Ware, die durch keine störenden Mauerpfeiler unterbrochen wird. 3. Grosse, freie, durch keine störenden Zwischenmauern unterbrochene Innenräume. 4. Möglichkeit des Vorlegens der Spiegelscheiben an die Strassenfront, wodurch die ausgestellte Ware sofort das Auge des Vorübergehenden anzieht. 5. Grösste Lichtfülle der Innenräume. 6. Grössere Sicherheit bei Feuersgefahr, da dem Feuer durch gänzliche Vermeidung brennbarer Stoffe jede Nahrung entzogen wird. 7. Durch das schmale, zierliche Rahmenwerk und die grossen Spiegelscheiben erhält das Gebäude das Gepräge eines modernen grossstädtischen Geschäftshauses.»[56]

Der Eisengerippebau war ein ursprünglich aus den USA kommender Baustil, der seine Anwendung vor allem in den neu erbauten Hochhäusern (Skyscrapers) fand. Die in der zweiten Hälfte des 19. Jahrhunderts schnell wachsenden Städte der USA verursachten nicht nur Bevölkerungszuwachs, sondern auch eine Zunahme des städtischen Handels, was den Bedarf an städtischem Geschäftsraum erhöhte.[57] Damals bekam der Wettlauf um das höchste Gebäude der Welt eine neue Dynamik, die bis heute anhält. Nach Chicago, das als Geburtsstätte des ersten Skyscrapers gilt, wurde New York zum Schauplatz des extensiven Bauens von Hochhäusern. 1913 erstellte Frank Winfield Woolworth (1852–1919), Sohn eines Kartoffelbauers und Gründer der gleichnamigen Kaufhaus- und Supermarktkette Woolworth (5-und-10-Cent-Läden), am Broadway in Manhattan das gigantische Woolworth Building. Der vom Architekten Cass Gilbert erstellte 13,5 Millionen US-Dollar teure Bau im gotischen Stil galt mit seinen 241 Metern bis 1930 als das höchste Gebäude der Welt und wurde auch unter dem Beinamen The Cathedral of

Commerce bekannt. Der Bau ist ein unvergleichliches Sinnbild für die amerikanische Revolution des Massenkonsums und eine Machtdemonstration des durch die Einheitspreisgeschäfte gross gewordenen Verkaufsimperiums von Woolworth. Musste er bei seinem allerersten 1879 in Utica im Staat New York eröffneten The Great 5¢ Store noch mit Absatzschwierigkeiten kämpfen, besass seine 1905 gegründete Firma F. W. Woolworth & Co. bereits 120 Verkaufsstellen mit einem Aktienkapital von 10 Millionen US-Dollar. Nach dem Ende des Ersten Weltkriegs konnte in New York 1918 die tausendste Filiale eröffnet werden.[58] 1909 schwappten Woolworths' Einheitspreisgeschäfte über den Teich und eroberten zuerst den britischen und danach den deutschen Markt. Woolworths erfolgreich lanciertes Geschäftsmodell fand fünfzig Jahre später Eingang in die Schweiz, wo 1929 die ersten Einheitspreisgeschäfte unter dem Namen Epa ihre Tore öffneten.

Nachdem der Eisengerippebau in Paris und danach bei den deutschen Warenhäusern Nachahmung gefunden hatte, konnte sich die avantgardistische Bauart auch in der Schweiz ausbreiten: «In der CH hat bei unsern kleinlichen Verhältnissen und den hohen Eisenpreisen diese Bauart nur langsam über Basel vordringen können; dafür wird nun aber der in Ausführung begriffenen Neubau der Aktiengesellschaft vorm F. Jelmoli, Ecke Sihlstrasse Seidengasse, sowohl in Bezug auf Grösse, als auch Konsequenz der Durchführung fast alle derartige Bauten in Deutschland übertreffen.»[59]

Das Prinzip des damals neuartigen Eisenskelettbaus bestand aus «grossen, liegenden, durch schmale Stützen voneinander getrennte Glasflächen zwischen gemauerten Risaliten», wie Claudia Vosti und Nicole Caminada schreiben.[60] Eine Bauart, die nicht nur ästhetisch überzeugte, sondern wie erwähnt auch eine grösstmögliche Ausnützung der Bodenfläche mit sich brachte. Aufgrund einer starken Entwicklung bei Jelmoli konnten 1931/32 und 1936/38 – trotz Wirtschaftskrise und Warenhausbeschluss – unter den Architekten Otto Pfleghard und Johann Emil Schaudt aus Berlin zwei grössere Erweiterungsbauten verwirklicht werden. Im Gegensatz zum Altbau verfügten die Erweiterungsbauten über eine horizontale Fassadengliederung. Zwischen 1958 und 1961 wurde mit einem letzten Verbindungsglied zwischen dem Altbau von 1898 und den letzten zwei Erweiterungsbauten der ganze Block geschlossen. Die freistehenden Stützen im Eingangsbereich an der Uraniastrasse, der von einem Gesimsband umfasste Dachgarten und die hinter die Fassade zurückversetzten Stützen sind Beispiele für die vom Architekten Roland Rohn praktizierte Anlehnung an die Moderne.[61]

Warenhauspionier Giovanni Pietro Jelmoli (1794–1860)

Johann Peter Jelmoli kam 1894 im zum Piemont zählenden Dorf Toceno im Vigezzotal unweit der Schweizer Grenze zur Welt.[62] Sein Vater war ein wohlhabender Bauer, so erzählt es die Chronik, und Giovanni Pietro Domenico Jelmoli, wie er als gebürtiger Italiener damals noch hiess, konnte eine Handelslehre bei den Gebrüdern Ciolina absolvieren. Die aus demselben Dorf stammende, aber in Mannheim niedergelassene gut betuchte Kaufmannsfamilie, die von Paris und Lyon bis nach Hamburg und Königsberg einen regen Handel betrieb, besass eine Modewarenfirma, die, 1804 gegründet, zu jener Zeit tonangebend war und zu einer Gruppe der grössten rheinländischen Handelshäuser gehörte.

Vielleicht hat sich Johann Peter Jelmoli bereits als Kind in die ein Jahr jüngere Maria Ciolina aus seinem Heimatdorf verliebt – wer weiss. Doch gewiss war sie für ihn eine gute Partie, denn mit der 1813 erfolgten Heirat wurden eindeutig die Weichen für sein späteres Berufsleben und die Sicherung des Lebensunterhalts für sich und seine Familie gestellt. Der so wichtige Nachwuchs stellte sich auch bei Jelmolis schnell ein. Sohn Franz kam ein Jahr nach der Vermählung zur Welt. Auf das zweite Kind mussten sie dann sieben Jahre warten, Töchterchen Anna Maria wurde 1821 geboren, es sollte das letzte Kind bleiben.[63]

Als Angestellter arbeitete Johann Peter Jelmoli im 1832 eröffneten ersten Warenlager der Ciolinas in Bern.[64] Man habe ihn, so heisst es, der als eine in Mannheim bestens bewährte Arbeitskraft gegolten hat, «zur Leitung der Marktgängerei» nach Bern abberufen.[65] 1833 erschienen die Ciolinas zum ersten Mal an der Messe in Zürich. Drei Buden am Unteren Graben waren nötig, um den Stadt- und Landbewohnern «die feinsten Modewaren aus Paris und Lyon, Halstücher, Schleier, Seidenstoffe, Strümpfe, Unterröcke, Möbelstoffe und dergleichen anzubieten».[66] Dem inzwischen 40-jährigen Johann Peter Jelmoli muss es in Zürich auf Anhieb gut gefallen haben, denn noch im selben Jahr liess er sich da nieder und eröffnete am 1. November 1833 als Schwiegersohn des Firmeninhabers unter dem Namen Gebrüder Ciolina, aber auf eigene Rechnung, ein ständiges (man sagt, das erste in Zürich) Modewarengeschäft im Hause Waldegg an der Schipfe 7, einem Stadtteil der zur linksufrigen Altstadt und zum ältesten, dauerhaft besiedelten Gebiet der heutigen Stadt Zürich zählt und wo damals die meisten Schiffe ankerten.

Jelmoli verstand es, das Unternehmen rasch erfolgreich zu machen. Günstige Zeitumstände kamen ihm dabei zu Hilfe und liessen die Nachfrage im Geschäft steigen: Einerseits förderte die Mode der 1830er-Jahre den Absatz an grossen Mengen von Textilien, andererseits belebte die 1833 neu eröffnete Universität und deren grosse Zahl an Studenten die Stadt ebenso wie das 1834 durchgeführte Eidgenössische Schützenfest in der Aegerten sowie die 1835 in Betrieb genommene Zürichsee-Dampfschifffahrt. Auch Seebewohner kamen nun öfters nach Zürich.

1837 verlegte Jelmoli das Geschäft, das immer noch Gebrüder Ciolina hiess, an den Münsterhof 5 (Haus zum Psalter, einstiges Chorherrenhaus). Jelmoli war nicht nur zuvorkommend und kulant, sondern verkaufte auch zu fixen Preisen. Vor allem die kleinen Leute der Stadt, aber auch die ländliche Bevölkerung waren dafür besonders empfänglich. Jelmoli kam seiner Kundschaft insofern entgegen, als er ihnen bereits damals Warenmuster zusandte, um dem Kunden die Kosten und den Zeitverlust einer Reise in die Stadt zu ersparen. 1849 zog das Geschäft an den Münsterhof 17. Im selben Jahr kam es zum Bruch, die Familiengesellschaft löste sich auf. An die Stelle der Gebr. Ciolina trat nun 1849 das Haus Jelmoli & Comp. Manufakturwaren- und Konfektions-Geschäft. Unter dem Enkel des Gründers, Franz Anton Jelmoli-

Abbildung 46: Der von den Architekten Stadler und Usteri erbaute Glaspalast des Warenhauses Jelmoli. 1899 eröffnet. Fotografie von Gottfried Gloor, um 1900.

Blass, nahm dieses eine noch raschere Aufwärtsentwicklung, sodass man 1882 mit einer Filiale an die Bahnhofstrasse 17 (Tiefenhöfe) expandieren konnte. Doch bereits acht Jahre später brach eine schwere Krise über Europa herein (grosse Depression), die auch in Zürich zu einer katastrophalen Absatzstockung führte und die Liquidation dieser Filiale zur Folge hatte.

1893 und 1896 konnten zwei Liegenschaften an der Sihlstrasse, auf dem Areal der ehemaligen Seidenhöfe, erworben werden, wo 1898/1899 das noch heutzutage da anzutreffende spektakuläre und moderne Warenhaus in Form eines Glaspalastes erbaut wurde.

4 *Erfahrungswelten Warenhaus*

> *«Die Warenhäuser bedeuten die Kathedralen unserer Kultur; ein wahres Fieber der Bedürfnisse hat die Menschen ergriffen.»*
> *Schweizerische Lehrerinnen-Zeitung 1916–1917*[1]

Das Warenhaus als kulturelles und geschmacksbildendes Moment

In Scharen hätten sich die Leute vor dem Eingang des Warenhauses Léon Nordmann gedrängt, seien immer wieder in Hurra-Rufe ausgebrochen, erinnert sich der Chronist der Manor-Story und verweist damit auf die angebliche Begeisterung anlässlich des im März 1913 eröffneten Neubaus in Luzern.[2] Ebenso wurden die um das Fin de Siècle in Zürich aus dem Boden gestampften Warenhäuser von Julius Brann und Jelmoli als «Sehenswürdigkeiten» der Stadt angepriesen.[3] Und in Bern strömte 1899 die Bevölkerung von Stadt und Land tagelang herbei, um das damals neu eröffnete moderne Warenhaus Loeb, «dieses neuartige Verkaufsgeschäft mit Ladenräumen in verschiedenen Stockwerken anzusehen, zu bewundern – und zu kritisieren».[4]

Warenhäuser waren in ihren Gründerjahren aufsehenerregende Publikumsattraktionen, Sehenswürdigkeiten und Einkaufsparadiese zugleich. An der Zürcher Bahnhofstrasse traf man um 1900 im neu eröffneten Warenhaus Brann neben den mit Formen- und Farbenreichtum ausgestellten Waren bereits auf einen Fahrstuhl, ein Telefon-Kabinett und einen mit Marmortischen prächtig ausgestatteten Erfrischungsraum, wie aus dem Eröffnungsinserat hervorgeht. Zudem luden die geschmackvoll ausgestatteten Räumlichkeiten eines fotografischen Ateliers im vierten Stock dazu ein, wie von einem «babylonischen Thurm über das Häusermeer der Stadt seine Blicke schweifen [zu] lassen».[5] 1905, zur Eröffnung der Basler Filiale, berichteten die *Basler Nachrichten*, dass der Neubau des Warenhauses Brann einer jener modernen Grossbasare sei, wo man sich alle denkbaren Haushaltungsbedürfnisse erfüllen und Kleidungsstücke, auch Nahrungsmittel, ja sogar Lektüre sich verschaffen könne, «von der Wiege bis zum Barentuch und Totenkranz».[6] In Privathaushalten waren moderne technische Errungenschaften kaum anzutreffen, umso spektakulärer dürfte die öffentliche Benützung von Telefonen oder Fahrstühlen gewesen sein.

Mit ihrer monumentalen Architektur und luxuriösen Innenausstattung, den mit Tausenden zu Türmen aufgestapelten Artikeln und Warenauslagen wurden sie schnell zum Publikumsmagneten. Freier Eintritt und kein Kaufzwang waren ein Garant für ein bunt gemischtes Publikum jeglicher Standeszugehörigkeit, das es in die neu geschaffenen quasi halböffentlichen Räume gelockt haben dürfte. Paul Göhre, der sich für seine Studie einen Vormittag lang im Berliner Warenhaus Tietz aufgehalten hatte, berichtet von dieser heterogenen Besucherschar: «Und in dieser Zeit erschienen neben- und nachein-

Abbildung 47: Erfrischungsraum im Warenhaus Julius Brann an der Bahnhofstrasse Zürich.

ander protestantische Diakonissen und katholische Nonnen, Demimondänen, ehrbare Bürgerfrauen, elegante Damen der Gesellschaft, Trauernde, Kinder, junge Weiber und alte Mütterchen, Häßliche, Schöne, Frische, Elastische, Langsame; ab und zu auch ein Mann.»[7] Auch hierzulande tummelten sich im Warenhaus Brann oder Jelmoli «die Frau Pfarrer, die Frau des Lehrers, den Herrn Präsidenten mit Frau, oder eine liebe Gevatterin, seine eigenen Verwandten und Bekannten und so weiter», wie einem längeren Artikel von 1914 zu entnehmen ist.[8] Selbst die jüdische Dichterin Else Lasker-Schüler, die in den 1930er-Jahren als Exilantin in Zürich weilen musste, schien fasziniert von den verschiedenartigen Auslagen solcher Konsumtempel zu sein. Befreundet mit Julius Branns Direktor Hugo May sowie dessen Prokurist Kurt Ittmann, weilte sie des Öftern in diesem Warenhaus und schrieb ihnen in einem Brief am 9. Oktober 1934: «Ich will sie nicht immer im Bureau stören. Oft sehe ich mir die Dinge an in allen Räumen. Und bleib begeistert stehen im Nadelsprudelbad und Seifenschäumen. Denn die Abteilung habe ich besonders in mein Herz geschlossen. Auch oben in dem Spielabteil seh ich die Puppen an und reite hoch zu Schaukelpferd und gescheckten Rossen.»[9]

Arm und Reich, Klein und Gross zählte lange Zeit auch das Warenhaus Loeb in Bern zu seiner Kundschaft, wie sich eine Zeitzeugin erinnerte. Die modernen, städtischen Verkaufsmethoden hingegen waren für das ländlich geprägte Publikum gewöhnungsbedürftig. Damit sei auf die Aufzeichnungen der ehemaligen Verkäuferin Berta Müller-Zwahlen[10] verwiesen, die uns von einer in Braun und mit gestärkter Schürze gekleideten «älteren Jungfrau» aus dem Guggisbergerland erzählt, die immer dienstags ins Warenhaus Loeb gekommen sei, durch alle Etagen und Abteilungen ihren Rundgang tätigte und ihre sorgfältig auserwählten Einkäufe nie zu den angeschriebenen fixen Preisen bezahlen wollte mit dem Argument: «Das isch für all Lüt, aber i chume

Abbildung 48: Das 1899 in St. Gallen an der Marktgasse eröffnete Warenhaus Brann, mit grossflächig ausgestatteter Schaufensterfront, bot im Erfrischungsraum nachmittags Künstlerkonzerte an.

all Monet ga Bärn, choufe gäng bi Loeb u süsch niene, dä cha mir souft öppis ablah!»[11]

Einkaufen, einst eine vorwiegend notdürftige und uninspirierende Angelegenheit, wurde für bürgerliche Kreise immer mehr zu einem Freizeitvergnügen, das Warenhaus selber ein beliebtes Ausflugsziel. Stresemann schrieb 1900 in diesem Zusammenhang über das Warenhaus Wertheim in Berlin: «Wenn man heute in einer Familie hört: Wir gehen zu Wertheim, so heisst das nicht in erster Linie, wir brauchen irgend etwas besonders notwendig für unsere Wirtschaft, sondern man spricht wie von einem Ausfluge, den man etwa nach irgend einem schönen Orte der Umgegend macht. Man wählt sich dazu einen Nachmittag, an dem man möglichst viel Zeit hat, verabredet sich womöglich noch mit Bekannten.»[12] Nicht nur als Ausflugsziel, sondern auch als geeigneter Ort für ein etwaiges Rendez-vous schienen die öffentlich zugänglichen Räume des Warenhauses geeignet. Ein solches Tête-à-Tête, das im Erfrischungsraum des Warenhauses Brann an der Bahnhofstrasse in Zürich zustande kam, geht als Beispiel aus einer raren und vermutlich in den 1910er-Jahren geschriebenen Ansichtskarte hervor: «Sehr geehrter u. lieber Herr Vallecard. Ich hoffe, dass ich Sie mit dieser Karte an die schönen dort verlebten Stunden erinnere», ist da zu lesen. Und während das Warenhaus Brann in denselben Räumlichkeiten bereits ab 1914 täglich Konzerte und ab 1929 täglich Violinkonzerte, jeden Mittwoch Extraveranstaltungen für Kinder und wöchentlich zweimal Elitekonzerte im Angebot hatte, sang im Oktober 1915 eröffneten Tearoom des Warenhauses Loeb in Bern, das sich im ersten Stock befand und durch Glaswände an den Lichthof angeschlossen war, ein Herr Aversano jeweils sein «Sole Mio».[13] Jelmoli, dessen Erfrischungsraum bereits am 9. Oktober 1899 eröffnet worden war,[14] bot der Kundschaft zusätzlich einen Kinderhort in Form eines Spielgartens im Hof für die Kinder der einkaufenden Mütter.[15]

Die international grossen Kaufhäuser boten Mahlzeiten, Kinderbetreuung und Reparaturdienstleitungen an, veranstalteten Konzerte, unterhielten Leihbibliotheken und stellten Aufenthaltsräume mit Schreibtisch und Briefpapier zur Verfügung, weshalb die Soziologin und Warenhausforscherin Jan Whitaker in ihrem 2013 erschienenen Buch *Wunderwelt Warenhaus* schlussfolgert: «Zweifellos hat das Publikum bis vor wenigen Jahrzehnten in Warenhäusern mehr Ausstellungen gesehen, mehr Konzerte gehört und mehr Stil- und Geschmackslektionen erhalten als in öffentlichen Ausstellungs- und Konzerthallen. Und für viele Menschen, die im Kaufhaus ihre erste Restaurantmahlzeit einnahmen, zum ersten Mal eine Rolltreppe benutzten, ihren ersten Telefonanruf tätigten oder ihre erste Modenschau erlebten, diente es als ein Museum der Alltagskultur und der modernen Technologie.»[16]

Die Warenhäuser waren nicht nur ausschliesslich Einkaufsparadiese, sondern auch kollektive Räume des kulturellen Austauschs, in denen Kultur ganz dezidiert und in unterschiedlichster Form einer breiten Bevölkerungsschicht zugänglich gemacht werden konnte. Vom Warenhaus Globus ist überliefert, dass sich 1897 im ersten Stock eine Galerie und eine Touristeninformation befand,[17] und dem Warenhaus Knopf in Basel hat man gar den Volksbrauch der «Konfetti» zu verdanken.[18] In ihrer Rolle als Kulturpioniere erfüllten sie nicht nur eine ökonomische, sondern auch eine ästhetisch-kulturelle Mission. Beispielsweise boten sie kunstgewerbliche Produkte von grosser Schönheit, wie etwa Porzellan-, Keramik-, Kristall- und Beleuchtungsartikel zu erschwinglichen Preisen an. Zudem konnte auch «unbemittelten Bevölkerungsschichten» der Zugang zu einem breiten Büchersortiment verschafft werden, das neben Trivialliteratur auch Lexika, Enzyklopädien, Reisbücher, Kochbücher oder Bilderbücher für Kinder enthalten hat und «der Volksbildung damit im besten Sinne Vorschub leisten» konnte.[19]

Es könne nun nicht mehr abgestritten werden, schrieb auch Göhre 1907, dass ein Besuch in einem der «besseren Warenhäusern» fast jedem eine Fülle von Anregungen «ästhetischer Art» bieten würde. Warenhäuser würden geradezu mithelfen, an der «neuen Kunsterziehung» des Volkes.[20] Eine solche «Kunsterziehung» hatte vor allem grossen Einfluss auf das damalige aufstrebende Bürgertum, das sich über eine solche Kultur zu definieren begann, wie auch Miller in seinem Buch über das Pariser Warenhaus The Bon Marché herzuleiten weiss: «Der Bon Marché zeigte den Menschen, wie sie sich kleiden sollen, wie sie ihr Zuhause einrichten sollen und wie sie ihre Freizeit verbringen sollen. Es definierte die Ideale und Ziele für die französische Gesellschaft.»[21]

Bereits um 1900 nahmen die Warenhäuser eine Vermittlerrolle zwischen Kunst und Publikum ein. Alleine schon ihre Architektur und die luxuriösen Innenausstattungen sowie neue Präsentationsstrategien, die sich vor allem in der Ausgestaltung der Schaufenster bemerkbar machten, begünstigten eine solche Rolle. Das Schaufenster avancierte gar zu einer wichtigen Quelle der Geschmacksbildung, hauptsächlich für das damalige Bürgertum.[22] Auch vonseiten der Kunstschaffenden wurde das Schaufenster als innovativer Ausstellungsraum entdeckt. So veranstaltete etwa im Januar 1934 der Wirtschaftsbund bildender Künstler im Zürcher Warenhaus Jelmoli eine Art «Kunst-Schau»,

Abbildung 49: Café Loeb 1915, des Schweizer Künstlers Otto Morach (1887–1973). Das futuristisch anmutende Gemälde (Öl auf Leinwand, 100 × 80 cm) zeigt eine Szene mit Gästen und Musikern im Café.

die in zwanzig Schaufenstern ausschliesslich mit Gemälden, Skulpturen und kunstgewerblichen Arbeiten, teilweise unter dem Motto «Kunst und Mode», ausgestellt und dekoriert waren.[23]

Die Warenhäuser wurden hierzulande schnell zu begehrten Auftraggebern zeitgenössischer, zumeist lokaler, aber auch nationaler Künstler und Grafiker, die man mit dem Design von Werbeplakaten und Katalogen, aber auch mit der künstlerischen Innengestaltung der Räume betraute. Der aus der Ostschweiz stammende Bildhauer August Bösch beispielsweise meisselte für das im April 1900 eröffnete Warenhaus Brann an der Bahnhofstrasse in Zürich eine überlebensgrosse Frauenskulptur *Die Arbeit* aus Stein, die damals symbolträchtig vom ersten Stock aus über der Verkaufshalle thronte und in ihrer Ausgestaltung weitgehend eine Nachahmung der im Berliner Waren-

Abbildung 50: Aus einem Wettbewerb für ein Orientteppichplakat für Grands Magasins Jelmoli S. A., Ankauf Plakatentwurf von Otto Baumberger, Maler, Zürich.

haus Wertheim anzutreffenden Statue war.[24] Für Branns dritten im April 1929 inaugurierten Neubau engagierte man fünf Zürcher Künstler zur Ausgestaltung des im zweiten Stock neu entstandenen Erfrischungsraums.[25] Der Maler, Plakatgestalter und Wandbildner Otto Morach bekam 1928 den Auftrag, die Farbverglasung im Kundentreppenhaus zu entwerfen.[26] Noch heutzutage kann man dieses in der Bildgestaltung abstrakt gehaltene Glasmosaik von starker Leuchtkraft bestaunen, das sich als farbiger Lichtfilter in die grossräumige Architektur integriert. Damals äusserte sich Morach unmittelbar vor dem Einsetzen der Scheiben über die Wirkung seines neuen Werkes: «Das Brann-Glasfenster wächst. Ende der Woche wird es zusammen u. eingesetzt. Es ist schade, dass mans nicht so in Detailstücke irgendwie einsetzen konnte, so wie es jetzt … herumhängt … Jetzt ist nämlich die Sache interessant und macht einen starken Eindruck, wenn es einmal zusammengestellt ist wird es sicher zu einem flackernden bengalischen Feuerwerk herabsinken.»[27]

Im selben Jahr, am 11. September 1929, eröffnete auch das Warenhaus Loeb seinen monumentalen Neubau. Für den Treppenaufstieg auf der Seite der Schauplatzgasse schuf der Berner Plakatkünstler und Maler Emil Cardinaux sechs grosse Farbfenster in tiefen, leuchtenden Farben. Ein damals bedeutendes Kunstwerk, das mit populären Motiven wie den vier Jahreszeiten, dem Loeb-Ecken und einem Maskenball, in kräftigem Realismus und zugleich dekorativer Einkleidung, seinen Ausdruck fand.[28]

Aber auch Plakatwand und Schaufenster, schrieb 1916 Hermann Röthlisberger, Redaktor der *Schweizerischen Zeitschrift für Baukunst, Gewerbe, Malerei und Plastik*, *Das Werk*, würden zunehmend zu einem «Bilderbuch für die Großen und Kleinen», und wirklich gute Plakate dienten «der Geschmackbildung im Volk weit mehr denn ein Berner Dutzend an gelehrten Vorträgen und

Abbildung 51: Das Schaufenster als Quelle der Geschmacksbildung. Warenhaus Loeb in Bern, Fotografie um 1929.

wohlgemeinten Abhandlungen».[29] Zudem garantierten Warenhauskataloge und Versandhandel auch der auf dem Lande lebenden Bevölkerung immerhin einen Hauch von «Urbanität» und den Anschluss an die «Modernität». Johann Peter Jelmoli war da ausgesprochen früh unterwegs, als er 1834 erstmals Muster und Waren zu fixen Preisen in Kartonschachteln an auswärtige Kunden und 1897 den ersten Katalog dahin versandte.[30] Doch zu ausgesprochenen «Katalog-Pionieren» in der Schweiz entwickelten sich alsdann Maus Frères (Manor). Mittels unterschiedlicher Formate und zeitweise vierzehn Ausgaben pro Jahr bedienten sie die Haushalte der Schweiz. Was anfänglich einfach als Werbung für das Produktesortiment des Warenhauses gedacht war, ging schnell dazu über, Konsumenten ausserhalb der Stadt mittels Bestellschein eine Heimlieferung zu ermöglichen. Am erfolgreichsten war dann später der sogenannte Serienkatalog, der später in «Populäre Preise» umbenannt wurde und als Pendant zu den Einheitspreisgeschäften gedacht war.[31]

Über alle lokalen oder nationalen Grenzen hinaus agierte damit das Pariser Warenhaus Au Bon Marché. Es bediente mit seinen Katalogen nicht nur die auf dem Lande lebende Bevölkerung Frankreichs, sondern besass einen internationalen Versandhandel, der mit seinen saisonalen Winter- und Sommerkatalogen früh ein überwältigendes Ausmass annahm. 1894 wurden vom Winterkatalog 1,5 Millionen Exemplare gedruckt, von denen 260 000 für das Ausland bestimmt waren. Neben Deutschland, Italien und den Niederlanden war auch der Versand in die Schweiz bei einem Mindestbestellwert von 25 Francs kostenlos.[32] Dass die Schweizer davon rege Gebrauch machten, zeigt folgendes Zitat: «Wenn im Herbst die bunten Blätter fallen, so ist die Zeit wieder da, wo die grossen französischen Warenhäuser, Bon-Marché, Louvre, und wie sie alle heissen, ihre Kataloge in alle Welt versenden. Zentnerweise werde

Abbildung 52: Nordmann-Katalog «Populäre Preise» 1967.

sie den Pöstlern aufgeladen, und die bringen sie nicht nur in die Paläste der oberen Zehntausend, sondern auch in die guten Bürger- und Beamtenfamilien. Tagsüber oder auch beim Lampenschein werden dann diese Kataloge von der Hausfrau und vom Töchterchen studiert; die recht präsentabel zurechtgemachten Abbildungen werden im Geist verglichen mit dem, was hiesige Magazine anbieten oder was man auch schon gekauft hat, und alles wird von allen ‹halt schrecklich billig› gefunden.»[33]

Der Warenhauskatalog wurde dann später in den abgelegenen Bergbauernhaushalten «zum beliebtesten und oft einzigen Volks- und Kinderbuch [...] welches Bibel, Kalender und Märchenbücher ersetzt», wie der Schweizer Volkskundler Richard Weiss in seinem 1962 erschienenen Aufsatz *Alpiner Mensch und alpines Leben in der Krise der Gegenwart* etwas pessimistisch anmerkt.[34]

Weisse Wochen

Bereits dem Naturalisten Zola fielen sie ins Auge. Die Weissen Wochen, die alle weissen Artikel sämtlicher Rayons in einer Weisswarenausstellung vereinten, wie er im 1881 publizierten *Paradies der Damen* schrieb, sodass es nichts mehr gab «ausser diesem Blendenden, einem weissen Licht, mit dem alles andere Weiss verschmolz, einem in die weisse Helligkeit herabschneienden Sternenstaub».[35]

Um die Kauflust anzusporen, begannen die grossen Warenhäuser zusätzlich zu anderen Ausverkaufs- und Sondertagen die Weissen Wochen einzuführen. Diese jeweils meistens im umsatzschwachen Monat Februar durchgeführte «Woche» war beim Publikum besonders beliebt und bildete ein jährlich wiederkehrendes Ereignis, dem man mit Spannung entgegensah.[36] Nach französischem Vorbild, dem *Vente-en-blanc*, hatte vermutlich allen voran Hermann Tietz die Weissen Wochen in Deutschland als Attraktion ins Leben gerufen.[37] Nicht nur in den Grossstädten, sondern auch in der Provinz bürgerten sich die Weissen Wochen ein und wurden da sogar als besondere Ausstellungsmöglichkeiten genutzt, zum Beispiel für die Industrie, um mittels Informationen zu Material und Herstellung von Webwaren gezielt Aufmerksamkeit zu erregen.[38] Hauptsächlich die geschmackvolle Inszenierung der Ware zog den Kunden in den Bann. Göhre schreibt, dass in gewissem Sinne solche «Wochen» Saisonausstellungen waren, bei denen besonders schöne Dinge – meist Saisonneuheiten – in speziell hergerichteten Räumen wie beispielsweise dem Lichthof und in besonderer Aufmachung präsentiert wurden und mitunter geradezu ästhetische Überraschungen boten.[39] Solche Sonderveranstaltungen waren zugkräftige Reklamemittel, mit denen viel Geld in die Kassen der Warenhäuser gespült werden konnte.[40] Aber auch den Dekorateuren boten die Weissen Wochen ein weites Feld, um mit möglichst originellen Ideen und aufwändiger Gestaltung die Waren wirkungsvoll und immer wieder überraschend in Szene zu setzen.[41]

Die Weissen Wochen wurden auch in der Schweiz zum beliebten Publikumsmagneten. Jedenfalls berichtete 1914 das *Schaffhauser Intelligenzblatt*

Abbildung 53: Titelseite Katalog «Weisse Woche» der Gebrüder Loeb Söhne Bern.

über die Bundesstadt Bern, die ganz im Zeichen der Weissen Wochen stehe. Die Warenhäuser Loeb, Brann, Grosch & Greiff und das Louvre würden sich der Bevölkerung Berns in einheitlichem weissem Gewand präsentieren. Die Preise seien zwar auf die «anzüglichste Tiefe gesunken», weshalb eine Italienerin auch meinte, dass man hier ja alles «halba vergeba» erhalte. Die Konkurrenz der Warenhäuser untereinander würde auch der Ästhetik wertvolle

Abbildung 54: Inserat vom 1. Februar 1931 für «Weisse Waren» der Gebrüder Loeb in Bern.

Dienste leisten.[42] Einer Erinnerung *Us em Ufsatzheft vom Gritli Wüest* von 1914 entnehmen wir, dass die Warenhäuser neben den zweimal pro Jahr gesetzlich bewilligten Ausverkäufen, den Weissen Wochen, solche unter anderen Namen, wie «Kehr-aus Verkauf», «Räumungsverkauf», «Inventur-Verkauf», «Massen-Verkauf», «Sonder-Angebot», «99Cts. Tag», «Konkursausverkauf», durchgeführt haben.[43]

Von prachtvoll dekorierten Weissen Wochen lesen wir auch in der Festschrift *75 Jahre Loeb*. Als Dank für die zusätzlich geleistete Arbeit des Personals in dieser Zeit wurden die Angestellten in den Tearoom eingeladen, wo die Musik Wunschkonzert spielte. Sie wurden verköstigt und Eugen Loeb überreichte jedem Mitarbeitenden ein goldiges Zehnfrankenstück.[44] Von dem prächtig dekorierten Lichthof der Weissen Wochen berichtete auch die ehemalige Angestellte M. Hohenadel, wie sie mit offenem Mund erstaunt davorstand und es nicht glauben konnte, was die Dekorateure über Nacht alles hingezaubert hatten; in der Mitte muss damals ein mächtiger Glasleuchter gehangen haben.[45]

Schauplatz einer sinkenden Moral

> *«Die Warenhäuser üben nach wie vor ihre magische Kraft auf das Publikum, ganz besonders auf die Frauenwelt aus, durch ihre beispiellose Propaganda und Aufmachung [...].»*[46]
> *Neue Zürcher Zeitung, 1937*

Nicht alle begrüssten das moderne Warenhaus gleichermassen freudig. Die Vielfalt der Waren, deren Anhäufung und öffentliche Zurschaustellung, die niedrigen Preise und deren fortwährende Herabsetzung sowie die Lockartikel und -methoden, überhaupt der freie Zugang für jedermann beziehungsweise -frau: das alles faszinierte die einen und provozierte die anderen. Fortschrittsoptimisten sahen darin den Triumph der modernen Zivilisation, Kulturpessimisten hingegen viel eher deren Niedergang. Durch den offensichtlichen Warenüberfluss und den sich anbahnenden Massenkonsum fühlten sich Letztere in ihrem moralischen und sozialen Wertesystem empfindlich gestört.[47] Ebenso kam es zur Thematisierung der Geschlechterverhältnisse und der Visibilität der Frauen. Ein solch «moralisches Dilemma», wie Briesen es nennt, zeigt sich auch in der 1899 an den St. Galler Regierungsrat eingereichten Schrift *Zur Frage der Grossbazare*: «Wenn gleichwohl diese Bazare in vielen Städten auffallende Erfolge aufzuweisen haben, so liegt dies nicht etwa an einer durchschnittlich wirklich billigern Bedienung, sondern weit mehr an ihrer schon erwähnten Betriebseigentümlichkeit, durch Verschleuderung ihrer Lockartikel sich in den nicht gerechtfertigten Ruf ausserordentlicher Billigkeit zu bringen. Ihr Erfolg liegt auch in dem Reiz ihrer äussern glanzvollen Ausstattung, in der ausgesuchten Dekoration ihrer Schaufenster, in der Fülle der aufgestapelten Waren und nicht zuletzt in der Freiheit und Ungezwungenheit, mit welchen die Käuferschaft sich in ihren weiten Räumen bewegen kann, so dass diese Bazare in mancher Stadt zum öffentlichen Salon der Frauenwelt geworden ist.»[48]

Abbildung 55: Titelseite Katalog «Weisse Woche», Warenhaus Rheinbrücke in Basel, 1938.

Die Innovation Warenhaus durchbrach offensichtlich nicht nur traditionelle ökonomische Ordnungen, sondern schuf als demokratisierendes Momentum auch neue soziale Räume, einen «öffentlichen Salon», wovon hauptsächlich die Frau der aufstrebenden Mittelstandsklasse hinsichtlich ihrer Bewegungsfreiheit starken Nutzen zog: «A growing number of urban woman found in shopping a legitimate reason to escape the domestic sphere.»[49] Der in der Mitte des 19. Jahrhunderts neu geschaffene Verkaufsort ermöglichte der Frau, ihrem oft öden «privaten Raum» zu entkommen, und verschaffte ihr

Zugang zu einem «öffentlichen Raum», der ihr durch zivilrechtliche Bestimmungen bis anhin verschlossen und grundsätzlich dem Manne vorbehalten war.[50] Sie wurde nun «sichtbar», was durchaus als ein Indiz der weiblichen Emanzipation erachtet werden kann.[51] Andererseits, so Thomas Lenz, diente diese Verknüpfung von Konsum mit Weiblichkeit einer «Pathologisierung von Konsum an sich», der sich als «kulturkritischer Abwehrreflex gegen allgemeine Modernisierungserscheinungen» und damit grundsätzlich gegen die Emanzipation der Frau richtete.[52] Zudem führte die Abwesenheit der Männer im «feminisierten Konsum» gerade nicht zur Auflösung der klassischen Geschlechterrollen, wie Lindemann ausführt,[53] sondern vielmehr zur Neudefinition einer «dualen Kultur der Geschlechter».[54] Das Warenhaus jedenfalls wurde «zur Bühne für die strukturellen Verschiebungen einer feminisierten Öffentlichkeit, in dem Masse, in dem der Konsum als Folge der Arbeitsteilung der Geschlechter ‹weiblich› war».[55]

Die Gelegenheit, ohne männliche Begleitung in der Öffentlichkeit sichtbar zu werden, hatte eine negativ geprägte und als kriminalistisch eingestufte Kehrseite: «Der grosse Bazar – das ist die Immoralität», schrieb 1887 der ehemalige Polizeivorsteher der Pariser Sicherheitspolizei, «und niemals wird man alle Thränen kennen, die er vergiessen gemacht hat […].»[56] Die neu gewonnene Selbstbestimmung der Frau wurde überschattet von den Problematiken der Prostitution und des Warenhausdiebstahls.

Der im 19. Jahrhundert noch klar auf die häusliche Sphäre beschränkte Aufgabenbereich der bürgerlichen Frau wurde mit dem Warenhaus als «Teil einer feminisierten öffentlichen Zwischenzone»[57] erweitert und zwei neue, sich kontrastierende Frauenrollen wurden geschaffen: die Konsumexpertin[58] und die Verkäuferin, wobei Letztere einen besonders schlechten Ruf genoss. In der Regel war eine Verkäuferin sowohl unverheiratet als auch kinderlos und befand sich deshalb ausserhalb der bürgerlichen Rollenvorstellungen von Häuslichkeit, Mütterlichkeit und Weiblichkeit, die das tugendhaft-viktorianische Frauenbild des damaligen Bürgertums prägten.[59] Prinzipiell fand sich die Warenhausverkäuferin selber in sozialer Hinsicht in hohem Masse in einem prekären Status wieder. Obwohl sie einem bürgerlichen Beruf nachging, bewegte sie sich als «transitional subject»[60] zwischen den sozialen Klassen, zwischen Dame und Arbeiterin.[61] Als erwerbstätige Frau wurde sie genauso wie das leichte Mädchen als «öffentliche Person» wahrgenommen und stand grundsätzlich unter dem Generalverdacht der Käuflichkeit, wie aus den zeitgenössischen Quellen hervorgeht.[62]

Einer an alle männlichen Angestellten des Warenhauses Loeb in Bern gerichtete Weisung vom 27. Februar 1942 ist zu entnehmen, dass sich verschiedene männliche Angestellte dem weiblichen Personal und hauptsächlich den Lehrtöchtern gegenüber unschicklich verhielten und diese durch unanständiges Berühren, unsittliche Bemerkungen und zweideutige Witze belästigen würden.[63] Mit der einsetzenden Forderung nach Emanzipation wurden zudem die in bürgerlichen Kreisen zuvor klar gezogenen Grenzen zwischen Beruf und Familie zunehmend vermischt. 1929 konstatierte die Chefetage des Warenhauses Loeb mit Befremden, dass die Verheiratung des Damenpersonals bedeutend zunehme, und dies, ohne die Geschäftsleitung jeweils davon in Kenntnis gesetzt zu haben. Die Rayonchefs wurden deshalb in einem Zirkular angewiesen, betreffende Damen zu überwachen, um festzustellen, ob ihre Leistung deswegen abnehmen würde oder nicht. Denn: «Es liegt in der Natur der Sache, dass Angestellte, wenn sie einmal verheiratet sind, nicht mehr die ganze Kraft und das volle Interesse dem Geschäfte widmen können wie vorher. Nach Geschäftsschluss müssen die betreffenden Angestellten die Haushaltung in Ordnung bringen und während der Tischzeit noch das Kochen besorgen. [...] Dieses verheiratete Personal übermüdet sich dadurch und ist nicht mehr wie früher leistungsfähig. Jeder Rayonchef hat daher fürderhin genau zu überwachen, ob bei dem verheirateten Personal die Intensivität der Leistungen nach der Verheiratung abnimmt, und die Geschäftsleitung jeweils entsprechend zu benachrichtigen, damit von Fall zu Fall die Engagements gelöst werden können.»[64]

Die Arbeitsbedingungen für eine Verkäuferin waren streng und die Arbeitszeiten lang. 1914 dauerten die Arbeitstage im Warenhaus Loeb in Basel von 8 Uhr bis 20 Uhr, samstags von 8 Uhr bis 21 Uhr (Tischzeit jeweils 1,5 bzw. 2 Stunden). Die Kleidung musste schwarz oder mit einer grossen schwarzen Ärmelschürze vollständig bedeckt sein. Ein Zuspätkommen wurde verwarnt und hatte nach mehrmaliger Wiederholung die Kündigung zur Folge. Zudem war es strengstens untersagt, sich in Gegenwart von Kundschaft mit anderen Angestellten zu unterhalten, während der Geschäftszeit im Warenhaus Privatbesuche zu empfangen oder eigene Körbe, Ridicules oder Handtaschen mit ins Geschäft zu bringen.[65]

Dass Kulturpessimisten das Warenhaus damals als moralisch verwerflich erachteten, zeigt sich auch am Beispiel eines 1913 erlassenen «Flirtverbots» eines amerikanischen «Konsumtempels», wie man im *Intelligenzblatt Bern* lesen kann. Die New Yorker Polizei erliess eine Verfügung, wonach das Flirten am Ladentisch mit strenger Strafe belegt werden sollte. So berichtet der Zeitungsartikel, dass vier hübsche Verkäuferinnen in einem Warenhaus an einem Tag elf Männer zur «Strecke» brachten, die mit ihnen zu flirten begannen, und dass die von einem Detektiv in flagranti ertappten männlichen Delinquenten mit strengen Strafen von bis zu dreissig Tagen Haft belegt wurden.[66]

Auch in der erst hundert Jahre nach seinem Tod herausgegebenen Autobiografie von Mark Twain erfahren wir über das wohl vielseitigste und dazumal vermutlich grösste Warenhaus der Welt, das Whiteleys in London, dass es «von der Wiege bis zum Grabe» alles anbot – selbst einen Sarg und Totenwagen konnte man dort im Voraus bestellen oder auch lebende Tiere und Vögel, die Rede ist sogar von Elefanten und Kängurus, die im Sortiment waren. Nur eine einzige «Ware» besass der als «Universallieferant» bekannte Besitzer Whiteley für einen Kunden, der vergebens danach suchte, gerade nicht – «eine Ehefrau». Sie sollte jedoch alsbald gefunden werden, indem der Warenhaubesitzer ihm eine «neue Verkäuferin» einer Abteilung anbot.[67] Was hier ironisch-anekdotenhaft beschrieben wird und im Übrigen bereits 1907 bei Paul Göhre nachzulesen ist,[68] zeigt beispielhaft, wie der Diskurs über die Frau im Kontext der neuen Öffentlichkeit des Konsums geführt wurde: einerseits die verführbare Konsumentin mit ihrem «Begehren» und andererseits die Frau selber als «Objekt der Begierde», was in der nach Walter Benjamins Diktion beschriebenen Ambiguität der «Hure, die Verkäuferin und Ware in einem ist»,[69] kumuliert.

Das Absinken in die Prostitution wird in Emile Zolas *Das Paradies der Damen* genauso thematisiert wie, neben vielen anderen, auch in einem Beispiel aus der Schweiz, wo 1927 eine Frauenärztin von ihrem angeblich «alltägliche[n] Berufserlebnis» berichtet: Eine fünfzehnjährige Lehrtochter eines Warenhauses sei von einem «eleganten Herrn, einem Schauspieler», ins Theater eingeladen worden, «ein Varieté wars, und nachher ist's eben passiert». Das Kind sei noch ganz unentwickelt und deshalb anfänglich nicht leicht zu untersuchen gewesen. Immerhin, so die Ausführung, «wurden gleich bei der ersten Untersuchung Tripperbazillen gefunden».[70] Gründe für eine solche Misere sind letzten Endes auch in dem damals sehr geringen Einkommen der zumeist sehr jungen angestellten Verkäuferinnen zu finden, wie aus einem Artikel in der Monatszeitschrift des Schweizerischen Arbeiterinnenverbandes *Die Vorkämpferin* von 1913 hervorgeht: «Man sollte meinen, dass die Direktion eines grossen Zürcher Warenhauses, [...] auszurechnen verstünde, dass es für ein junges Mädchen, das anständig ins Geschäft kommen will, unmöglich ist, mit weniger als hunderfünfundzwanzig Franken im Monat zu leben.» [71] Um nicht zu darben und sich nicht gar so einschränken zu müssen, beschafften sich, wie aus dem anonym verfassten Artikel etwas salopp formuliert hervorgeht, die oftmals sehr jungen Verkaufsangestellten einen Freund, was ihnen zuweilen Geschlechtskrankheiten, uneheliche Kinder und in der Folge davon Arbeitslosigkeit bescherte. Von solch erschütternden Umständen berichtete 1908 auch die Lokalzeitung *Intelligenzblatt Bern* in einem längeren Artikel über zwei Verkäuferinnen des Warenhauses Knopf, die beide ausserehelich schwanger geworden seien, daraufhin einen Abort einleiteten, worauf eine der beiden Frauen aufgrund dieser Abtreibung verstorben sei.[72]

Eine weitere Auswirkung der neuen Öffentlichkeitssphäre Warenhaus war der «Warenhausdiebstahl», der als eine neuartige Kategorie des Verbrechens charakterisiert und in dessen Problematik rundweg der Frau zugeschrieben wurde.[73] Alleine in Paris wurden 1881 rund viertausend Frauen aufgrund Warenhausdiebstahls von der Polizei verhaftet.[74] International rief dieses ungewohnte Phänomen die unterschiedlichsten Kritiker aufs Tapet, und rasch wurde unter dem Einfluss der neuen Wissenschaften von Psychiatrie und Kriminologie die soziale Verantwortung der Warenhäuser diskutiert. Die den Diskurs führenden Zeitgenossen der Medizin, Jurisprudenz und Psychiatrie waren sich nicht einig über Ursachen und Folgen dieser gestörten Ordnung: Sollte nun Warenhausdiebstahl als Produkt des weiblichen Körpers und der Sexualität angesehen werden? Oder handelte es sich dabei um psychische Erkrankung und Minderwertigkeitsgefühle, die man sozialen Ursachen zuschreiben oder als Teil der weiblichen Natur ansehen konnte? Das Problem des Warenhausdiebstahls oder, präziser, die Frage, weshalb Frauen im Warenhaus stehlen, entfachte eine breite Diskussion um die moralische Integrität des Individuums, das Wesen der Verführung und die Gefahr der «neuen Zeit». Ab 1920 hatte der Kaufhausdiebstahl seinen aussergewöhnlichen Status zumindest in Deutschland verloren und wurde als eine normale kriminelle Handlung angesehen.[75]

Abbildung 56: Personalausflug des Warenhauses Loeb in Bern 1915. 1915 verdiente eine Verkäuferin bei den Loebs monatlich im Schnitt 100 Franken, eine «Putz-Directrice» zwischen 225 und 300 Franken, ein Hausdiener zwischen 10 und 25 Franken monatlich. (SWA HS 189 G2, G3, G7)

Auch in den damaligen Schweizer Tageszeitungen finden sich Berichte über Kleptomanie und Ladendiebstahl, beispielsweise über eine Frau aus Glarus, die 1944 beim Diebstahl von drei Portemonnaies in einem Zürcher Warenhaus erwischt wurde, wobei die Hausdurchsuchung weitere entwendete Ware, 250 Blei- und Tintenstifte und 12 Füllfederhalter, zutage förderte.[76] Das ungewohnte Thema wurde zudem in einem 1939 in der *Neuen Zürcher Zeitung* publizierten halbseitigen Bericht abgehandelt mit dem Verdikt: «Aus Hysterikerinnen, aus Frauen auf der Grenze zwischen geistiger Gesundheit und Krankheit balancierend, rekrutieren sich die meisten Warenhausdiebinnen.»[77] Dieses Urteil zeigt, dass die als gestört empfundene Ordnung bezüglich des Phänomens Warenhaus vornehmlich als eine sozialmedizinische Indikation gelesen wurde. Zusammenfassend zeigen alle diese Quellen zudem, wie die Ordnung «Warenhaus» in gesellschaftlicher Hinsicht stark von der damals geltenden Geschlechterordnung geprägt war.

Exkurs: Die Macht der Mode

> *«Die verschiedenen hauptsächlichsten Eigenschaften der Mode sind ihre Veränderlichkeit, ihre Allgemeinheit, ihre Plötzlichkeit und ihre Tyrannei.»*[78]

Es heisst, der Warenhausgründer Johann Peter Jelmoli habe sich zu Tode gegrämt, als sich die Mode in der zweiten Hälfte des 19. Jahrhunderts schlagartig änderte.[79] An die Stelle der Krinoline – eines steifen Reifrocks, der den bauschig ausladenden Frauenkleidern Unmengen von Meterwaren Stoff abverlangte – traten weich fallende und fliessende Formen. Für ein selbst gefertigtes Kleid benötigte der Schneider verglichen mit früher nur noch einen Bruchteil des Stoffs. Und mit der Erfindung der Nähmaschine und der einsetzenden Massenproduktion gab es auch bald das günstige Kleid ab der Stange, die Konfektion. Sie entsprach der neuesten Mode, war aber viel billiger und auch für die unteren Stände erschwinglich, was wiederum einschneidende Veränderungen für den Beruf des Schneiders bedeutete.

Der bereits erwähnte anonyme Autor des 1881 in der Pariser Zeitung *Le Figaro* erschienenen Artikels konnte einer derartigen «Egalisierung» der Stände durch die Kleidung der Frau nichts Positives abgewinnen, liess ihn vielmehr sorgenvoll in die Zukunft blicken. Er müsse gestehen, schrieb er, «dass der große Basar, indem er in diesen kleinen Haushalten die Einheitlichkeit von Kleidung, Möbeln usw. schafft», seine Gefühle verletzen würde: «Die Zeiten sind vorbei, in denen die Frau ihr eigenes Kleid gemacht hat! [...] In der Vergangenheit war das Kleid, das die Frau selbst angefertigt hatte, wie ihre Biographie oder ihr Porträt, das sie mit sich trug. [...] Jetzt ist quasi beinahe alles wie vom gleichen Patron. Die gleiche Zeichnung und der gleiche Schnitt der Stoffe bedecken Frauen, die sicherlich nicht der gleichen Erziehung angehören, d.h. der gleichen Seele ... des gleichen Fleisches!»[80]

Rund zwanzig Jahre später sinnierten auch führende Wissenschaftler unterschiedlicher Disziplinen über diesen sich als wirkmächtig erweisenden Effekt der Modeentwicklung, der die in der Kleidung sichtbare Diskrepanz zwischen der Bourgeoisie und dem Proletariat aufzuheben schien. Herbert Spencers Trickle-Down-Theorie[81] besagt, dass die obere Gesellschaftsschicht einen Modetrend lanciert, der so lange anhält, bis die unteren Gesellschaftsschichten ihn nachahmen. Eine Theorie, die auch Georg Simmel aufgreift und die uns deutlich den sozialgeschichtlichen Kontext der industriell-bürgerlichen Epoche mit der Betonung der getrennten Schichten und der Dynamik zwischen «oberen Ständen» und «unteren Klassen» spiegelt.[82] Ebenso hatten auch Thorstein Veblen und Werner Sombart diese Theorie aufgegriffen. Letzterer wurde vor allem durch seine Studien zur Entstehung des Kapitalismus bekannt, er sah das Warenhaus als «Gebilde des hochkapitalistischen Zeitalters» und kam 1902 zum Schluss, dass der «Haupttrick» der Warenhäuser, um modische Waren zu verkaufen, in der Imitation von teurer Kleidung zu finden sei. Sein polemischer Ton beschreibt mit der «Raserei» eine damals weit verbreitete Zeitmetapher: «Eine wichtige Rolle in diesem Processe, der die innerste

Natur der modernen ‹Moderaserei› erst zum Verständnis bringt, spielen die modernen grossen Detailhandelsgeschäfte, namentlich die Grands magasins de nouveautés. Eins ihrer beliebtesten Manöver ist es, irgendeinen Kleiderstoff oder sonstigen Modeartikel, nachdem die allererste Hochfluth der Nachfrage in den führenden Kreisen der ganzen und halben Welt vorüber ist, in grossen Posten bei den Fabrikanten zu bestellen, so dass sie ihn erheblich billiger beziehen, und ihn dann als Lockartikel zum Selbstkostenpreis abzugeben: die Folge ist, dass alle Damen, die gern à la mode sich kleiden oder einrichten möchten, und deren Portemonnaie doch nicht goss genug dazu ist, es den obersten Zehntausend nachzuthun, nun die Gelegenheit begierig ergreifen, die ‹dernière nouvauté› im Bon Marché oder Louvre en masse zu kaufen, die dann natürlich aufgehört hat, überhaupt noch von ‹anständigen› Menschen benutzt werden zu können.»[83]

Doch die von Sombart kritisierte «Moderaserei» war nicht mehr zu stoppen, und die Mode bahnte sich ihren unaufhaltsamen Weg ins 20. Jahrhundert. Mit ihrer Laune forderte sie so manche Tribute und liess noch manch anderen als Johann Peter Jelmoli zum Verzweifeln bringen.

1911 protestierten beispielsweise französische Textilfabrikanten «gegen die fortdauernde Mode der engen Damenkleider». Man forderte gar den Präsidenten der Handelskammer dazu auf, bei den grossen Pariser Schneiderhäusern «Einspruch zu erheben». In einem Rapport über die vernichtenden Folgen der Frauenmode in der Textilindustrie wurde aufgezeigt, dass die Mode für die Robe der Frau den Stoffverbrauch innerhalb von zwei Jahren von 13–14 Metern auf 4–5 Meter reduzierte. «Obendrein werden die Unterröcke, nachdem sie zuerst ebenfalls verengt worden waren, jetzt überhaupt nicht mehr getragen.»[84] Die Folge dieses Modewechsels waren massive Absatzeinbussen bei der Seide von vielen Tausend Metern Stoff, was den Handel und die Industrie in eine Krise stürzte und grosse Arbeitslosigkeit zur Folge hatte.[85]

Renommierte Macher einer solchen Mode waren damals beispielsweise die Pariser Couturiers Paul Poiret und Jeanne Margaine-Lacroix, die beide eine korsettlose Kleidermode propagierten. Zum Verdruss der Produzenten und Händler trieb die Mode – unbarmherzig wie sie war – nicht nur die Reduktion des Stoffverbrauchs, sondern auch den radikalen Wegfall von «Requisiten der weiblichen Kleidung» voran. Die ganze Misere habe ihren Anfang 1908 mit dem Aufkommen der Directoire-Roben genommen und seither sei nur noch ein Ausscheiden von Kleidungsstücken im Gange, wie ein Artikel in der Zeitschrift *Schweizerische Fachschrift für die gesamte Textilindustrie* resümiert: «In den vornehmen Kreisen trägt man den Unterrock nicht mehr, die Bluse ist durch die Vorliebe für ganze Kleider hart bedrängt, der Gürtel darf nicht mehr im Salon getragen werden, die Schleifen und der Hutbesatz sind verschwunden, Schleier gelten nicht mehr als fashionable, alle Kragen und Halsbekleidungen werden nicht mehr gekauft und finden nur noch bei der arbeitenden Bevölkerung Absatz, und auch das Futter der Kleider wurde gestrichen.»[86]

Merkwürdig an dieser reduzierten Mode war, so der Schreibende, dass zwar der Materialverbrauch zurückgegangen sei und dadurch der Stoffhandel unter einem erschreckenden Rückgang des Absatzes leide, ja dass alles zurückgegangen sei, nur der Preis der Kleider nicht: «Die Fabriken verdienen weniger, die Händler verdienen weniger, weniger ziehen die Frauen an: aber darüber, dass man weniger bezahlt, hat noch kein Mann etwas verraten.»[87]

Abbildung 57: Modell der Pariser Designerin Margaine-Lacroix 1911. Auf ein Minimum an Stoffverbrauch und Accessoires reduziert, löste eine solche Mode eine Krise bei den Produzenten aus.

Während also das Warenhaus als Absatzort von Gütern im Kreislauf von Produktion, Distribution und Konsumption eine entscheidende Vermittlerrolle einnimmt, ist die Mode der Beweggrund, der diesem Zyklus die eigentliche Antriebskraft verleiht. Die Mode macht sich das «Begehren» des Konsumenten zunutze, welches «stets auf dem Vergleich, der Eitelkeit, dem Neid und dem ‹Bedürfnis› nach Selbstbestätigung»[88] beruht. Man müsse die Mode, so schreibt der Lyriker Charles Baudelaire, «als ein Symptom des Strebens nach dem Ideal»[89] ansehen, doch die Moderne sei gerade das Flüchtige und Vergängliche im Leben der Menschen. Und das flüchtige Leben der Moderne zeigte sich hauptsächlich im rasanten Wandel, gerade «im Flüchtigen mache sich das Zeitgenössische geltend, z. B. im geistigen Leben, in der Leidenschaften – und in der Mode».[90] Weiter ist Mode selber zyklisch und erlebt andauernd ihr eigenes Revival, ein Phänomen, das nicht erst in den letzten Jahrzehnten zu beobachten ist. Georg Simmel erkannte dieses scheinbare Paradox schon sehr früh in seinem Aufsatz *Die Mode* (1905, 1911).[91] Sobald eine frühere Mode einigermassen aus dem Gedächtnis verschwunden sei, liege kein Grund vor, sie nicht wiederbeleben zu lassen, weil es der Mode eben nur auf den «Wechsel» ankomme. Der Mode sei der Wandel geradezu inhärent. Und um dies mit wenig Kraft zu erreichen, greift sie auf das sparsamste Mittel zurück, nämlich den Rückgriff auf frühere Formen.[92]

Diesem Streben also, anhand der Mode «modern zu sein», diesem Drang nach Selbstbestätigung, liegt nach Simmel ein sozialer Mechanismus zugrunde. Dem Menschen, so Simmel, wohne grundsätzlich ein dualistisches Wesen inne, wovon die eine Seite nach Einheit, Dauer und Gleichheit, die andere Seite nach dem Besonderen, der Veränderung und der Einzigartigkeit strebe. Deshalb würden wir erstens nachahmen und uns zweitens absondern, wie Simmel weiter ausführt: Der moderne Mensch strebe in der Nachahmung immer nach Dazugehörigkeit zu einer Gruppe, von der er sich aber stets durch seine Neigung, als Individuum etwas Besonderes zu sein, wieder abheben möchte. Obwohl wir auf diese Gegensätze in uns selber träfen, tendiere die menschliche Psyche zur Nachahmung. Simmel, als Stimme eines historischen Diskurses, kommt zur Erkenntnis, dass Nachahmen beruhige und uns in unserem Tun entlaste, da wir nicht selber produktiv sein müssten und die Verantwortung abschieben könnten. Nachahmen befreie demnach von der Qual der Wahl, indem wir nachahmten, seien wir ein Geschöpf der Gruppe, ein «Gefäss sozialer Inhalte».[93]

Das Pariser Modediktat äusserte sich um und nach 1900 auch in der extravaganten «Nachahmung» der Hutmode der Frau. Volumen und vielfältigste Accessoires verlagerten sich von der Kleidung auf den Kopf und kompensierten bei den Hüten, was sonst eingespart wurde. Die jüngeren Frauen, so erinnerte sich der Berner Schriftsteller Albert von Tavel (1859–1941) in seinem Werk *Bernerläbe*, hätten sich darin gefallen, auf ihrem Hut, nebst Blumen, Federn oder ausgestopften Vögeln, «e ganze Garte mitzschleipfe».[94] Eine

Abbildung 58: Inserat mit extravaganter Hutmode. (National-Zeitung, 1910)

Abbildung 59: Der Wandel der Mode um 1900.

Mode, die auch hierzulande in der Schweizer Zeitschrift *Frauenbestrebungen*, einem feministischen Organ der Union für Frauenbestrebungen, kontrovers diskutiert wurde: «Nachdem der glitzernde Stoff allen Formen des Körpers so genau wie möglich angepasst ist, kommt eine Frisur, die nur ein Idiot als Eigenprodukt ansehen kann, und in Formen, die von China und Japan oder auch von den Feuerländern importiert worden, und endlich last not least [sic!] das Monstrum von Hut, dessen Geschmacklosigkeit nur von seiner Arroganz übertroffen wird. Wie muss es in dem Innern des Kopfes aussehen, der ein solches Ungetüm trägt oder seine Töchter, seine kleinen Kinder damit schmückt! Wo und wie sollen da harmonische Gedanken, Logik, Pflichtgefühl, soziales Denken Eingang finden, wo solchem Unsinn noch allgemein gehuldigt wird, wo eigentlich alles Sinnen und Trachten nur gerichtet ist, Aufsehen zu erregen, angestaunt, bewundert und beneidet zu werden.»[95]

Mit Pierre Bourdieu lässt sich die Mode als habitueller Teil einer Ökonomie der symbolischen Güter verstehen, die andauernd produziert, inszeniert, begehrt, distribuiert, bestaunt, angeeignet und konsumiert werden.[96] Frühere Zeitgenossen haben den Modebegriff, als das Warenhaus transnational in Erscheinung trat, nicht als ökonomisch-kulturellen Komplex verstanden. Max Weber ordnete die «Mode» dem Brauch und den Sitten und hier ihrer Unterscheidung zu: Mode solle «Brauch» – im Gegensatz zur «Sitte» – dann heissen, wenn «die Tatsache der Neuheit des betreffenden Verhaltens Quelle der Orientierung des Handelns daran wird».[97] Interessant in diesem Zusammenhang ist das Modebewusstsein von jüdischen Frauen, wie Heiko Haumann vermerkt: «Eine besondere Wirkung auf die Christen übte das Modebewusstsein jüdischer Frauen aus, die vermutlich aus ihrer andersartigen Rolle und aus der hohen Mobilität der jüdischen Händler herrührte. Jedenfalls erhielt Gailingen den Beinamen ‹Klein-Paris›. Ein derartiger Einfluss ist auch aus anderen ‹Judendörfern› belegt.»[98]

5 *Wirtschaftspolitische Eindämmungen im Zeichen des Neokorporatismus*

«Das Volk strömt nun einmal hin und der Detaillist klagt ...»
Neue Zürcher Zeitung, 17. Juni 1904

Nicht alle mögen sie: Konsumkritik und Warenhausdebatte

Ein im November 1898 im *Intelligenzblatt Bern* publizierter Artikel widmet sich den Klagen des Mittelstandes, der Handwerker und Kleinhändler, die angeblich durch das Auftauchen der Konsumvereine, Wanderlager und Warenhäuser von einer früher glücklichen in eine unglückliche Lage versetzt worden seien. Der Verfasser des Artikels kommt nicht umhin, festzustellen, dass «zu allen Zeiten [...] Konjunkturen eingetreten [sind], welche den einen oder den andern Erwerbszeig begünstigten und einem andern Abbruch thaten. Zu allen Zeiten haben die Begünstigten ihr Glück möglichst stillschweigend genossen und die Benachteiligten ihr Unglück möglichst laut beklagt».[1]

Wenngleich die Warenhäuser die Handwerker und Kleinhändler in eine unglückliche Lage versetzt und ihre Klagen befeuert haben sollen, in einer glücklichen Lage befand sich der Mittelstand schon länger nicht mehr. Das 19. Jahrhundert war geprägt von einem tief greifenden wirtschaftlichen, durch die Industrialisierung gekennzeichneten Strukturwandel, der sich unter anderem in der Aufhebung staatlicher Regulierungen zugunsten einer freien Marktwirtschaft bemerkbar machte. Die einsetzende und in einzelnen Kantonen sich behutsam durchsetzende Handels- und Gewerbefreiheit wurde 1874 in der Schweizerischen Bundesverfassung gesetzlich verankert und beendete damit letzten Endes auch das Zunftwesen zugunsten einer liberalen Wirtschaftsgestaltung.[2] Neue Handelsmethoden und moderne Betriebsformen wie die des Warenhauses drängten sich damals auf den Markt und «verdrängten» aus Sicht der Warenhausgegner die zahlreich vorhandenen kleinen Einzelhandelsbetriebe.

Das Auftauchen solcher Grossbetriebe im Detailhandel der Schweiz war für die mittelständischen Handelsleute und Gewerbetreibenden offensichtlich Provokation und Bedrohung zugleich, worauf sie bereits um die Jahrhundertwende mit heftigem Widerstand reagiert haben.[3] Die Warenhäuser seien eine «grosse soziale Gefahr» und würden «viel Unheil anrichten», hiess es etwa 1901 in einem Referat aus Zürich.[4] Sie seien «volkswirtschaftlich schädlich», weswegen man regulierende Massnahmen in Form von Sondersteuern und ein staatliches Eingreifen gegen das «monopolistische Grosskapital» fordere, entnimmt man 1899 einer Eingabe an den Regierungsrat in St. Gallen.[5] Es seien «Riesengeschäfte», die alles Mögliche zum Verkauf anböten, «modernste Gebilde» des Wirtschaftslebens, durch deren Übermacht sich bei den kleinen Händlern sehr oft «bittere Dramen des ökonomischen Ruins» abspielten.[6]

Geringschätzig subsumierte man deswegen die vermeintlich riesigen und mit neuen Handelsmethoden operierenden Grossbetriebe unter Begriffen wie «Grossbazare», «Kolosse» oder «Monstre-Hallen».[7]

Doch nicht nur den kleinen Detailhändlern waren die neuen Zentren des Massenkonsums ein Dorn im Auge. Mit ihrem allumfassenden Sortiment wirkten sie auch in zahlreiche andere Gewerbebereiche hinein, da sie neben Mode- und Kurzwaren von Glas-, Blech-, Email-, Holz-, Bürsten- und Stahlwaren über Lampen, Uhren, Steingut, Porzellan, Kupfergeschirre und Korbwaren bis hin zu Konditoreiartikel und Bücher alles verkauften und zudem in ihren Lokalen sogar noch gewirtet und fotografiert wurde. Damit lenkten sie den Zorn der Handwerker und Gewerbetreibenden in Stadt und Land auf sich.[8]

Zu den sachlichen Vorwürfen im Argumentenkatalog gegen die aus ihrer Sicht volkswirtschaftlich absolut überflüssigen Grossbetriebe im Detailhandel kamen bei den Gegnern schnell moralisierend-aufklärerische hinzu.[9] Hauptsächlich deren – notabene sehr erfolgreiche – neuartige Handelsmethoden waren den Gewerbetreibenden ein Dorn im Auge. Das Warenhaus betreibe «Schwindel» und «unlauteres Geschäftsgebaren» wie etwa «masslos aufgebauschte Reklamen».[10] Unisono wurden zu jener Zeit die Werbemethoden der Warenhäuser mit dem Prädikat «marktschreierisch» betitelt.[11] Zur Bekämpfung des expansiven Treibens der Warenhäuser forderte man die Aufklärung des Publikums.[12] Im St. Galler Volksblatt erfolgte 1899 gar ein Warnruf an alle «Frauen und Töchter», nicht in diesen «unreellen Warenhäusern» einzukaufen, da die angebliche Billigkeit solcher «ausländischen Geschäfte» vielfach auf «Lug und Trug» basiere.[13] Ähnliches liess im selben Jahr der Zentralvorstand des Schweizerischen Gewerbevereins verlauten, indem er zum Schutz der einheimischen Arbeit an das «Billigkeitsgefühl» der Konsumenten appellierte und schrieb: «Das wohlfeilste sei nicht immer das billigste […].»[14] Und auch die Verbände der schweizerischen Schuhindustrie vereinbarten damals, ihre Waren weder an Konsumvereine noch an Warenhäuser und Bazare zu liefern, um «das einheimische Fabrikat kräftig zu protegieren.»[15] In Alarmbereitschaft versetzt durch die geplante Eröffnung eines grossen Warenhauses wurden auch die kaufmännischen und gewerblichen Vereine Freiburgs. Zwölf Vereine, vom Cercle catholique bis zum Grütliverein, gelangten an die Freiburger Bevölkerung mit einem Aufruf, die Gewerbetreibenden in ihrem Existenzkampf gegen das in den «Grossbazaren thätige internationale Grosskapital zu unterstützen».[16] In den Verkaufsräumlichkeiten des Warenhauses Knopf an der Freiestrasse in Basel ereignete sich im Juni 1899 gar ein Drama. Dem aus Deutschland stammenden Geschäftsführer Johann Peter Goos war gekündigt worden, woraufhin er eine Klageschrift schrieb und eine Broschüre veröffentlichte, welche die aus seiner Sicht unlauteren Geschäftspraxen der Warenhäuser entlarven sollte. Sie enthielt den dringlichen Appell an jeden Konsumenten, nicht in Warenhäusern, sondern in den bekannten Spezialgeschäften einzukaufen.[17] Danach fand er keine Stelle mehr und er erschoss sich aus purer Verzweiflung an seinem ehemaligen Arbeitsort.[18]

Es zeigt sich also, mit welcher Heftigkeit bereits am Fin de Siècle diese erste Warenhausdebatte in der Schweiz geführt wurde. Doch war sie gerechtfertigt?

Vereinigung gegen unlauteres Geschäftsgebahren.

Oeffentliche Versammlung

Mittwoch den 18. Januar 1899, abends 8 Uhr

im Saale zum „Schiff“

zur Besprechung der Tagesfrage:

„Die großen Warenhäuser und deren Wirkungen.“

Zu dieser Versammlung ist Jedermann, der sich um die vorliegende Frage interessiert, freundlichst eingeladen. 341

Der Vorstand.

Abbildung 60: Zur Tagesfrage erkoren. Inserat «Vereinigung gegen unlauteres Geschäftsgebahren». (Die Ostschweiz, 1899)

Der ehemals an den Universitäten Zürich und Jena tätige Professor Hans Müller schrieb in seiner 1935 erschienenen Aufklärungsschrift *Das Warenhaus-Problem in der Schweiz und seine Lösung durch das «landesübliche Mass der Verfassungsritzung»*, dass diese erste Warenhausdebatte, die in der Schweiz schon um die Jahrhundertwende geführt wurde, zu einer Zeit erfolgte, als der Mittelstand beinahe noch auf alle Kundschaft zählen konnte und die ersten Warenhäuser noch in den Kinderschuhen steckten.[19] Auch Zahlen belegen, dass damals der prozentuale Anteil der Warenhäuser am Detailhandelsumsatz nur gerade einmal vier Prozent ausmachte.[20] Bei der 1905 durchgeführten eidgenössischen Betriebszählung wurden im Bereich «Eigentlicher Handel» 49 305 Betriebe gezählt, die 102 305 Personen beschäftigten.[21] Von den 93 gezählten Warenhäusern und Abzahlungsgeschäften gehörten gerade einmal fünf in die Kategorie Grossbetriebe, die fünfzig und mehr Personen beschäftigten, 48 zählten zu den Mittelbetrieben (6–49 Personen) und 40 galten als Kleinbetriebe (1–5 Personen).[22] Das Argument des deutschen Reichsaussenministers und späteren Friedensnobelpreisträgers Gustav Stresemann dürfte auch für die Schweiz gelten. Er schreibt in seiner Schrift über das «deutsche» Warenhaus, dass eine Schädigung des Kleinhandels durch das Auftauchen der Warenhäuser wohl niemals bestritten worden sei, da deren Anteil am Umsatz ja offensichtlich den anderen Geschäften entzogen werde. Freilich, so sinniert er weiter, nicht in vollem Umfange, da das Warenhaus auch neue Bedürfnisse wecke und seine Kunden oft zu Käufen anreizen würde, die in früheren Zeiten nicht gemacht worden wären.[23]

Doch die kleinen Detailhändler liessen sich dadurch kaum beruhigen und noch vierzig Jahre später wandte sich Joseph Zimmermann mit seiner Schrift *Kampf dem Warenhaus!* an deren Adresse, indem er schrieb, dass in Selbstmitleid zu verfallen, fehl am Platze sei, vielmehr seien Selbstkritik und Selbstertüchtigung gefragt. Der Detaillist müsse erkennen, dass der Kampf gegen das Warenhaus vor allem ein Kampf gegen sich selbst, gegen die eigene Bequemlichkeit, die Eigenbrötelei und den Krämergeist sei. Er ermunterte sie zur besseren Schaufenstergestaltung, zur Personalschulung oder dazu, Hemmungen aufgrund des Kaufzwangs abzubauen.[24]

Das eigentliche Problem waren jedoch nicht nur die dynamischen Warenhäuser, sondern die sogenannte Übersetzung im Detailhandel, was heisst, dass es viel zu viele Detailhandelsgeschäfte gab, die, in starren und alten Strukturen verhaftend, sich untereinander selber ihre eigenen Existenzgrundlagen entzogen. Auf diesen Missstand wies 1899 auch der St. Galler Professor und Handelshochschullehrer Eduard Schulze in seiner Schrift *Der Kleinhandel und die Warenhäuser* hin, indem er schreibt, dass die althergebrachte und noch vorherrschende Betriebsweise des Kleinhandels sowohl eine immense Kraftvergeudung als auch Arbeits- und Kapitalzersplitterung sei. Die Betriebe seien völlig überfüllt, unrationell und dadurch überteuert. Zudem nehme die Anzahl der Detailgeschäfte immer mehr zu, teilweise auch aufgrund von Personen, die «oft genug im Leben bereits irgendwo Schiffbruch» erlitten hätten, sich ein bequemes Leben suchten, aber mit wenig kaufmännischem Wissen auch als Ladenbetreiber scheitern würden.[25] Auch der Sekretär des kaufmännischen Vereins Basel, der 1907 über die Vor- und Nachteile der Warenhäuser referierte, kam damals zum Schluss, dass der Kleinhandel nicht nur durch die Grossbetriebe, sondern vor allem auch durch seine eigene «anormale Vermehrung» sowie die oft sehr «mangelhafte Verfügung über Kapital und Kenntnisse» gedrückt werde.[26] Die «Übersetzung» des Detailhandels war ein Problem, das weiter fortbestand und auch in den 1920er- und 1930er-Jahren immer wieder ein Diskussionspunkt bildete.[27]

Mit solchen Widerständen, Diskussionen und Debatten um das Warenhaus stand die Schweiz keineswegs alleine da, wie ein vergleichender Blick in unsere Nachbarländer offenbart. In England, in Deutschland und in Italien richteten sich die ersten Kritiken anfänglich vor allem gegen die grossen Konsumvereine.[28] Weitaus grössere Dimensionen nahm die Antiwarenhausbewegung in Frankreich ein, wo in den 1880er-Jahren eine regelrechte Kulturkritik gegen die Grands Magasins ins Rollen kam.[29] Bereits 1843 findet sich im *Economiste français* eine gegen die Grossbasare gerichtete Petition. Auf Drängen der Detailhändler wurde 1844 eine erste Warenhaussteuer – in Form einer Gewerbesteuer – eingeführt. Zeitlich etwas später hat sich zur Bekämpfung dieser Grossbasare die Bewegung Ligue syndicale pour la Défense des Intérêts du Travail, de l'Industrie et du commerce gebildet, die 1890 nach eigenen Angaben über 33 000 Mitglieder verfügte. Das dazu eigens ins Leben gerufene Presseorgan, das den bezeichnenden Titel *La Revendication* (die Rückforderung einer entwendeten Sache) trug, hat die Herausgabe zwar vor 1900 wieder eingestellt und auch die Bewegung selbst hat sich ungefähr zur selben Zeit aufgelöst. Geblieben jedoch war das von ihr angestossene und 1880 geschaffene Gesetz zur Besteuerung der Grands Magasins, das in den folgenden zwei Jahrzehnten sechsmal geändert wurde. Während sich die öffentliche Meinung in Frankreich also relativ früh auf Gesetzesebene spiegelte in der Sonderbesteuerung der Warenhäuser, praktizierte England eine Laisser-faire-Handhabung und auch in den USA wurden die Warenhäuser wenig bis gar nicht bekämpft.[30] Auch in Deutschland wurde die Eröffnung der Warenhäuser um 1900 nicht als Zeichen des ökonomischen und kulturellen Aufbruchs gewertet, sondern vornehmlich als sichtbarer Ausdruck modernen Kulturzerfalls.[31] Die von Frankreich ausgehende in den 1890er-Jahren lancierte Warenhausdebatte überschwemmte das Lesepublikum mit einer Flut von Veröffentlichungen, die zu einer breiten und öffentlichen Diskussion führten.[32] In den Streitschriften ging es immer um wesentlich mehr als nur um die Probleme des deutschen Einzelhandels, wie Briesen schreibt. Allgemeine Kulturzustände im deutschen Reich beziehungsweise im europäischen Kulturraum überhaupt wurden debattiert, und ein Panorama an Befürchtungen, Anschuldigungen und Katastrophen wurden auf die Warenhäuser projiziert. Gemäss Briesen offenbarte sich in diesen negativen Stereotypen eine grundlegende Skepsis gegenüber allen «modernen» Errungenschaften, wie Massenkonsum, selbständigem Handeln von Frauen, Veränderungen von Architektur und Mode, neuartigen Moralvorstellungen, sozialem Wandel und Kommerzialisierung. Den Kritikern erschien das Warenhaus als «hassenswerte» Betriebsform.[33] Das entscheidende Schlagwort für alle Gegner der Warenhauswelt vor dem Ersten Weltkrieg war die «moralische Gefahr», die angeblich von ihr ausging. Die Warenhausdebatte war in Deutschland zuerst und vor allem eine moralische Debatte, mit der man in einem zweiten Schritt volkswirtschaftliche Probleme verknüpfen konnte.[34]

Erster Widerstand gegen die Warenhäuser und die Gründung des «Vorläufers» des Schweizerischen Detaillistenverbandes

Mit den ersten Warenhäusern traten auch hierzulande deren Kritiker und Gegner auf. Vielerorts begannen sich in jenen Jahren die kleinen Einzelhändler gewerbepolitisch zu organisieren, um den als übermächtig empfundenen modernen Grosshandelsbetrieben den Kampf anzusagen. Die Warenhäuser wurden als besondere Erscheinung im Wirtschaftsleben angesehen, weshalb sie auch besonders besteuert werden sollten.[35]

Einen ersten Anfang machten 1899 mehrere Gewerbevereine aus der Stadt St. Gallen, die in einer Eingabe an den Regierungsrat *Zur Frage der Grossbazare* regulierende Massnahmen in Form einer Sondersteuer forderten.[36] Da sie nicht reüssierten, kam es 1906 zu einer weiteren Eingabe.[37] Dreizehn Jahre später, am 19. Februar 1919, erliess St. Gallen als erster Kanton der Schweiz ein Gesetz über die Sonderbesteuerung von Warenhäusern und von Zweigverkaufsgeschäften, das am 7. April 1919 in Kraft trat. Dagegen rekurrierten die drei Warenhausbetreiber am Platz (Globus, Brann und May & Co.) sowie etliche weitere Mitbeteiligten, die teils Zweiggeschäfte inner- und ausserkantonal betrieben, beim Schweizerischen Bundesgericht mit Erfolg. Am 27. September 1919 wurde das Gesetz bereits wieder aufgehoben.[38]

In Zürich polemisierte Johannes Blumer-Egloff als Lobbyist am Veteranentag des Verbands Reisender Kaufleute Schweiz in einem 1901 gehaltenen Referat *Die modernen Grossbazare oder Warenhäuser, nebst einigen Streiflichtern über andere dunkle Punkte im Schweiz. Kleinhandel und Kleingewerbe* gegen die Warenhäuser, gegen die «Monstre-Hallen», wie er sie nannte, die in der kleinen und nicht allzu reichen Schweiz entschieden kein Bedürfnis wären. Forderungen nach einer gesetzlich verankerten Sondersteuer zur Eindämmung der expandierenden Warenhäuser wurden auch da immer lauter.[39]

Im luzernischen Sempach gründeten die Detaillisten 1903 auf Anregung des späteren Luzerner Regierungs- und Nationalrats Heinrich Walther[40] und des Fürsprechers Joseph Beck[41] eine Geschäftswehr, welche «die gegenseitige Unterstützung in der Bekämpfung der Grossbazare, Warenhäuser und Konsumvereine» zum Zwecke hatte.[42] Der daraus hervorgegangene Rabattverein beziehungsweise Detaillistenverband des Kantons Luzern hängte in den folgenden zehn Jahren den weitgehend in jüdischen Händen befindlichen Warenhäusern der Stadt Luzern mehr als ein Dutzend Zivil- und Strafrechtsprozesse an den Hals.[43] 1905 nahm der Detaillistenverband in Bern den Kampf gegen die Warenhäuser und Abzahlungsgeschäfte auf, indem er mittels Zirkularen die Mitglieder des Handwerker- und Gewerbevereins – vor allem deren Frauen – ersuchte, in diesen Konkurrenzbetrieben absolut keine Einkäufe zu machen.[44]

Aufgrund der vielen in jüdischem Besitz befindlichen Warenhäuser machten sich im gegnerischen Diskurs schnell einmal fremden- und judenfeindliche Aussagen, zum Teil auch ein latenter Antisemitismus breit.[45] Dem bereits erwähnten Blumer-Egloff kann man keinen programmatischen Antisemitismus unterstellen, jedoch wettert er indirekt gegen die Fremden und die Juden, wenn er schreibt, dass der mittelständische Gewerbetreibende aufgrund der Warenhäuser zur Auswanderung gezwungen würde, da an deren Stelle die «heissblütigen Söhne des Südens und die redegewandten Bürger des nordischen Reiches» träten.[46] Zwar sei diesen die Schaffenstüchtigkeit und -freudigkeit nicht abzusprechen, allein erstrebenswert sei ein solcher Zustand allerdings nicht.[47] Man wolle keinen Antisemitismus und keine Fremdenhetze, schrieb er, jedoch «wehren dürfen und müssen wir uns wohl, im Interesse unserer Selbsterhaltung, gegen die vorgenannte und ähnliche Übelstände!»[48]

Sowohl das Warenhaus als auch die modernen Geschäftsmethoden wurden also oftmals unter dem Prädikat des «Jüdischen» apostrophiert. So sei es allgemein bekannt, schrieb ein St. Galler Korrespondent in einem Kommentar über die 1899 stattgefundene Ständeratsdiskussion zu einer gründlichen Untersuchung des Gewerbewesens in der Schweiz, wie misslich vielfach die Lage des schweizerischen Gewerbestandes sei. Dieser habe schwer zu kämpfen gegen die Konkurrenz, «namentlich immer mehr gegen grosse jüdische Warenhäuser, welche zu Schund- und Schleuderpreisen verkaufen und durch fabelhafte Reklame die Käufer in ihre Räume locken».[49] Vor allem die modernen Geschäftsprinzipien wie Reklame und Inserate wurden als «unlautere» und «unreelle» und als spezifisch «jüdische» Geschäftsmethoden angeprangert, wie einem Weckruf des Vorstands des Rabattsparvereins Luzern 1913 zu entnehmen ist: «Dieses Winden und Drehen, diese masslos aufgebauschten Reklamen, dieses marktschreierische Getöse mittelst unlauterer Inserate [...], diese Vorkommnisse sind allerdings nicht christlich, auch nicht ehrenhaft israelitisch, sondern ‹jüdisch› im volkstümlichsten Sinne des Wortes.»[50] Der Gebrauch der Adjektive «israelitisch» und «jüdisch» steht für die Unterscheidung eines «israelitischen» bürgerlichen Judentums von einem «jüdischen» Ostjudentum, zu dem auch als wenig akkulturiert wahrgenommene Zuwanderer gezählt wurden. Auf diese Weise konnten antisemitische Perspektiven sprachlich kodiert werden.

Auch Hans Hiestand thematisierte die angeblich jüdischen Geschäftsmethoden und das aus seiner Sicht «heikle» Thema der nationalen Verankerung der Warenhausbetriebe. So schreibt er: «Das starke, vom Judentum am Warenhauswesen bekundete Interesse hat dazu geführt, dass in vielen Kreisen die

Warenhäuser überhaupt mit dem Prädikat ‹jüdisch› bedacht werden. [...] Was nun die jüdischen Leiter von Warenhäusern oder die rein jüdischen Unternehmen anbetrifft, so soll uns dieses Problem nicht länger beschäftigen; denn es hängt ausschliesslich von der Judenfrage überhaupt zu gebenden Lösung ab. Unseres Erachtens wird es wohl aber nicht möglich sein, seit längerer Zeit eingebürgerte und sich dem Schweizervolk gegenüber loyal verhaltenden Israeliten differenziert zu behandeln, sofern sie sich den Gebräuchen unseres Landes, namentlich auch mit Bezug auf die Geschäftsmethoden, anpassen.»[51]

Besonders heftig äusserte sich ein 1902 entfachter Widerstand, der von den Detailhändlern der Stadt Biel gegen die in der gleichen Woche eröffnenden jüdischen Warenhäuser Brann und Knopf lanciert worden war. Schnell rotteten sich die Gewerbetreibenden Biels zusammen, um der «drohenden Gefahr», wie aus dem Zeitungsbericht hervorgeht, gemeinsam entgegenzuwirken.[52] Rund einen Monat später im November war ihre Kampfansage Realität geworden: «Biel. Die Organisation der Detaillisten zum Kampfe gegen die Konkurrenz der großen Warenhäuser Knopf und Braun [sic!] ist nun zur Tatsache geworden. Präsident der neuen Vereinigung, welcher bereits über 100 Firmen angehören, mit einem Jahresbeitrag von 5–20 Fr., ist Herr Grossrat Jordi-Kocher, ständiger Sekretär Herr Handelsmann Schwander. Besonders auf die nahende Festzeit hin soll nun das Publikum so viel als möglich aufgeklärt werden über die Geschäftspraktik der Warenhäuser.»[53]

Johann Gottfried Schwander, der 1903 als Sekretär des Schutzverbandes der Detaillisten und Handwerker von Biel und Umgebung und ein Jahr später als Sekretär des bis 1909 bestehenden Vorläufers des Schweizerischen Detaillistenverbandes amtierte, betrieb in der Folge eine moralisierende «Aufklärung» gegen die Warenhäuser, wie den beiden Schriften *Die Warenhäuser oder Kleinhandel und Gewerbe – das Opfer einer übelberatenen Staatspolitik* und *Die Warenhäuser – ein gemeinschädlicher wirtschaftlicher Auswuchs* zu entnehmen ist.[54] Schwanders Darstellungen beruhten weitgehend auf einer wertekonservativen und fremdenfeindlichen Rhetorik. So sei das «ächte kaufmännische Wesen» eine gute gesellschaftliche Sitte, die sich nur durch Tüchtigkeit, wirkliche Leistungsfähigkeit und Ehrenhaftigkeit auszuzeichnen verstehe und im Gegensatz zu Aufdringlichkeit und «Charlatanerie» (Schwindel) stehe.[55] Wohlstand, der sich in Form von Materialismus und Lebensgenuss äusserte, wurde als Zeitzeichen eines kulturellen Niederganges gesehen. Brisant sind Schwanders Thesen vor allem, weil seine dafür durchgeführten Recherchearbeiten, wie er selber schreibt, sich hauptsächlich auf die beiden damals neu eröffneten Bieler Warenhäuser Brann und Knopf beschränkten – also beides Warenhäuser in jüdischem Besitz. Zu diesen schrieb er Folgendes: «Unter den Warenhäusern, welche hier in Betracht kommen, ist jene besondere Spezies verstanden, die, ihren hinterpommerschen Ursprung und das Cachet polakisch-jüdischen Schnorrertums unter einem gleissnerischen Äussern dem unkritischen Auge geschickt verbergend, zuerst ihren Einzug in Deutschland gehalten, nachträglich von dorther, auf vielbetretener Spur, auch den Weg ‹in die Schweiz 'nei› gefunden hat.»[56] Im Weiteren meinte er: Die Warenhäuser seien eine «kulturelle Entartung», eine «Ausgeburt schmutzigster Gewinnsucht», im Vergleich zu Pariser Warenhäusern «reinste Ramschbazare», die Methoden lägen darin, «von vornherein dem niedern und höhern Volk durch blendende Installation und gleissende Schaustellung» zu imponieren, und die Artikel würden zu ungeraden Preisen in den Schaufenstern angeboten, was werbetechnisch eine Täuschung des Publikums sei.[57] «Die materialistische, kulturfeindliche Zeitströmung hat den Volksgeist nicht ganz zu vergiften vermocht. Der Kern des Volkes, zu dem der Kleinhandel, Handwerk und Gewerbe ein grosses und auch moralisch starkes Kontingent stellen: der Kern des Volkes, das arbeitende Volk ist gesund geblieben.»[58] Das «dumme Volk» werde durch seine Unerfahrenheit durch jeden dahergelaufenen Frechling ausgebeutet, dagegen müsste die Regierung etwas unternehmen: «Es ist schlimm genug, wenn das Volk dumm ist, aber arg schlimm ist es, wenn ‹Unerfahrenheit› eine Regierung hindert, ihre Pflicht zu tun.»[59]

Der am 9. Mai 1904 in Olten und mit Biel als Vorortssektion konstituierte Schweizerische Detaillistenverband wurde am 13. Dezember 1909 vom Zentralvorstand offiziell «mangels Finanzen und geeigneten Leitern» sowie als «nicht aktionsfähig» liquidiert, um gleich wieder von neuem gegründet zu werden, wie der Festschrift *100 Jahre Schweizer Detaillistenverband 1909–2009* zu entnehmen ist.[60] Erst viel später, während und nach dem Ersten Weltkrieg, begannen sich auch bei den führenden Kräften der Schweizer Warenhäuser ernsthafte Bestrebungen nach einem Zusammenschluss und sinnvoller Koordination der Kräfte abzuzeichnen. Mit der am 10. Dezember 1930 in Zürich erfolgten Gründung des Schweizerischen Verbands der Waren- und Kaufhäuser verschafften sich die Warenhausbesitzer ein Instrument, um gemeinsame Fragen zu behandeln und Rechte zu wahren, sowie die Möglichkeit, mit den bereits bestehenden Verbänden an der nationalen und internationalen Wirtschaftspolitik mitzuwirken.[61] Damit klinkten sie sich im Zeichen des Neokorporatismus in das Verbandssystem ein, welches im direktdemokratischen Verfahren der schweizerischen Politik bis heute eine gewichtige Rolle spielt.

Die Folgen der Wirtschaftskrise der 1930er-Jahre

Kampagne gegen jüdische Warenhausbesitzer

Die erste Welle der verbalen Bekämpfung der neuartigen und als bedrohlich empfundenen Grossbasare schien nach deren Gründerjahren weitgehend abzuflachen. Doch nach dem Ersten Weltkrieg und vor allem in den 1930er-Jahren regte sich erneuter Unmut, der seinen Nährboden in einer fremdenfeindlichen und zunehmend antisemitischen Stimmung fand. Der Kampf gegen das Warenhaus verschärfte sich spürbar, wobei konjunkturelle und aussenpolitische Ereignisse mitunter eine entscheidende Rolle spielten.

Bereits der Erste Weltkrieg und dessen Folgen stürzten die Schweiz in eine schwere wirtschaftliche wie geistige Krise. Die Angst vor «Überfremdung» führte 1917 zur Schaffung der Eidgenössischen Fremdenpolizei und die Verarmung einer breiten Bevölkerungsschicht zu sozialen Spannungen sowie politischen Umbrüchen, die sich 1918 im Landesstreik kulminierten und den schweizerischen Bundesstaat massiv erschütterten. Die beiden Pole – Arbeiterbewegung und Bürgertum – standen sich in den folgenden Jahren als spannungsgeladene Politblöcke gegenüber und schufen Platz für die Entfaltung rechtsextremer Kräfte, der «Fronten».[62] In Zürich, wo sich die Hochburg der «Frontisten», aber auch der Kommunisten und Exilanten befand, war bereits in den 1920er-Jahren eine antisemitische Grundstimmung auszumachen. Manche Unternehmen stellten keine jüdischen Mitarbeiter mehr ein, und die städtischen Zünfte und Vereine nahmen grundsätzlich keine jüdischen Mitglieder in ihren Reihen auf.[63] Ein erster antisemitisch motivierter Aktionismus erfasste die Schweiz in den Jahren 1923/24, als in der sogenannten Hakenkreuzwelle Flugzettel verteilt und öffentliche Gebäude mit Plakaten und Schmierereien verunstaltet wurden.[64] Zu solch antisemitischer Propaganda gegen jüdische Geschäfte kam es 1923 auch in St. Gallen, wo man die Schaufenster der Warenhäuser von Fink-Gut, Brann & Co., May & Co, aber auch jene der «nichtjüdischen» Globus AG mit Zetteln beklebte, auf welchen «Kauft nichts bei Juden» zu lesen war.[65]

In den 1930er-Jahren verschärfte sich der Antisemitismus in der Schweiz in einem Mass, das das vergangene Jahrzehnt als vergleichsweise «idyllisch» erscheinen liess.[66] Die Krise der Demokratie, die sich bereits in der Nachkriegsära ankündigte, wurde mit der Machtergreifung Hitlers, die sich seit dessen Wahl im Januar 1933 sukzessive vollzog, und unter dem Eindruck der weltweiten Finanz- und Wirtschaftskrise allgegenwärtig. Die helvetische Entsprechung zum deutschen und italienischen Faschismus war die Frontenbewegung, deren Gruppierungen in jenem Jahr des so vermerkten Frontenfrühlings besonders zahlreich erblühten und politische Erneuerung und eine Systemveränderung forderten. Neben einem propagierten Antikommunismus und dem Aufbau eines Einheits- und Führerstaates wurde die Abschaffung der freien Marktwirtschaft zugunsten einer korporativen, berufsständisch organisierten Ordnung gefordert.[67] Ein antiliberaler Wirtschaftskurs also, den vor allem auch katholisch-konservative Kreise begrüssten und der im Wissen darum, dass einige deren Politiker eine gefährliche Nähe zu Vorstellungen des Nazismus und Faschismus pflegten, auf die aufgeheizte Antiwarenhauskampagne der nachfolgenden Jahre vorausweist.[68] Hauptsächlich die in jenem Frontenfrühling gegründete Neue Schweiz, eine den Fronten nahestehende Mittelstandsbewegung, hatte sich den Kampf gegen das Warenhaus explizit auf die Fahne geschrieben. Nicht ganz erfolglos, wie wir weiter unten noch sehen werden, gelang ihnen 1933 die Durchsetzung des Warenhausbeschlusses durch den Bundesrat, der die Eröffnung und Erweiterung von Warenhäusern verbot. Daneben trugen die Parolen der Fronten zusätzlich Wasser auf die Mühle der Mittelstandsbewegung, die sich schon seit einiger Zeit zum Kampf gegen die Warenhäuser formiert hatte. In der vehementen Bekämpfung des Warenhauses fand man offenbar schnell einen gemeinsamen Nenner. Während der Mittelständler sich davon die Rettung aus seiner eigenen existenziellen Misere erhoffte, übernahmen die Fronten die ideologischen Programmpunkte der Nationalsozialistischen Deutschen Arbeiterpartei (NSDAP), die bereits 1920, von Adolf Hitler in München selber verlesen, in Punkt 16 «die Schaffung eines gesunden Mittelstandes» und die «sofortige Kommunalisierung der Grosswarenhäuser und ihre Vermietung zu billigen Preisen an kleine Gewerbetreibende» gefordert hat.[69] Nach der Machtergreifung der Nationalsozialisten im März 1933 wurden diese Forderungen in Deutschland erstmals in die Tat umgesetzt, indem es zum landesweiten «Judenboykott» gegen jüdische Geschäfte, Warenhäuser, Ärzte und Rechtsanwälte kam. Der Schweizer Hans Hiestand bemerkte in seiner 1933 erschienenen Schrift *Warenhäuser und Einheitspreisgeschäfte im Ständestaat* dazu Folgendes: «Die nationalsozialistische Bewegung in Deutschland hat die Lösung der Warenhausfrage zu einem ihrer wesentlichen Programmpunkte gestempelt. Von da aus ist das Problem in die Parteihefte auch verschiedener nationaler Gruppen in der Schweiz übergegangen. Die Bekämpfung der Grossbetriebe im Einzelhandel, wie der zum Teil damit zusammenhängende Antisemitismus, haben sich in der Propagandistik vieler Parteigenossen derart in den Vordergrund geschoben, dass weniger eingeweihte Kreise darin ein wesentliches Merkmal der korporativen Bewegung zu erkennen vermöchten.»[70]

Damit nahm auch die Propaganda gegen jüdische Gewerbetreibende und deren Warenhäuser zu. In der Weltwirtschaftskrise, die sich in der Schweiz etwas verspätet, aber dann mit dem Zusammenbruch der Export- und Binnenkonjunktur, einer starken Preis- und Lohnsenkung, der Abwertung des Schweizer Frankens sowie einem Emporschellen der Arbeitslosenquote auf das Siebenfache bemerkbar machte, büsste die liberale Wirtschaftspolitik den Kredit, den sie beim Mittelstand einst besessen hatte, vollends ein.[71] Die Forderungen der Fronten nach einer Systemveränderung und politischer Erneuerung wurden lauter.

Auch hierzulande radikalisierten sich die «Fronten», wie aus zahlreichen Angriffen gegen Warenhäuser in jüdischem Besitze zu erkennen ist. Im April 1933 wurden die im aargauischen Baden gelegenen Warenhäuser Schlossberg, Brandeis (Anschlusshaus von Julius Brann) und Stadtturm AG mit Hakenkreuzen beschmiert.[72] Im Mai desselben Jahres kam es in Zürich zu Attacken, indem die Schaufenster verschiedener Warenhäuser mit Hakenkreuzen und der Aufschrift «Kauft nicht bei Juden!», «Sau-Juden, Jude, pfui!» beklebt und beschmiert wurden.[73] Eine Woche vor Weihnachten 1934 kam es vor den Warenhäusern in Zürich abermals zu verschiedenen Zusammenstössen: «Kauft nicht im jüdischen Grosswarenhaus, kauft im bodenständigen Schweizergeschäft solide Schweizerware!»,[74] stand auf Flugzetteln, welche die Fröntler auf der Strasse verteilten. «Kauft nicht bei Juden» -Zettel wurden in Zurzach wie auch in diversen anderen aargauischen Orten verteilt.[75] In Basel machte die Nationalsozialistische Schweizerische Arbeiterpartei, der Volksbund, Stimmung gegen die Warenhäuser, indem sie im April 1934 mit Flugblättern gegen die «grosskapitalistischen Riesenunternehmen» protestierte.[76] Im Dezember 1936 kam es in den Verkaufsräumlichkeiten der Epa und der Französischen Warenhalle in Zürich zu einem hinterhältigem Angriff mit Tränengasphiolen und Stinkbomben.[77] In den Gemeinden Interlaken, Unterseen und Matten wurden während einer Verdunkelungsübung am 3. Mai 1937 massenhaft Flugzettel mit der Aufschrift «Kauft nicht bei Juden!» verteilt sowie von der Nationalen Front unterzeichnete Plakate angeschlagen, die sich gegen die Sozialdemokraten und deren Parteigrössen richteten.[78]

Insbesondere auch die Nationale Front, deren Hauptziel die Bekämpfung des geplanten «jüdischen Marxismus» war, griff in ihrem seit dem November

1931 erschienenen Publikationsorgan *Eiserne Besen* die Warenhäuser und Einheitspreise gezielt an: Verbale Attacken wie «Fort mit allen Wucherjuden und mit ihren Einheitsbuden»[79] oder Bemerkungen wie zu den Einheitspreisläden, «dass nur noch eine staatliche Bettelsuppenanstalt für diejenigen fehle, die der internationale Jude bis aufs Hemd ausgeplündert» habe,[80] sind als Kampfansagen zu finden.

Die Durchschlagskraft solcher Attacken und antisemitischer Druckerzeugnisse der Fronten gegen die Warenhäuser und deren Besitzer dürfte in der Bevölkerung weitgehend marginal gewesen sein. Die Wahlerfolge der Frontisten erwiesen sich als sehr mässig, und ihre Bedeutung schwand im Zeichen der Bedrohung der Schweiz durch das Dritte Reich zusehends. Viel grösseres Potenzial konnten hingegen frontistische Parolen und Ideologien bei den von der wirtschaftlichen Depression arg gebeutelten Gewerbetreibenden entfalten. Hier bekam die Stimmung gegen die stark bedrohliche Konkurrenz der Warenhäuser und Einheitspreisgeschäfte, wie einem Artikel in *Der Zürcher Handelsangestellte* im Januar 1933 zu entnehmen ist, einen «bitterböse[n]» Ausdruck.[81] Der in Zürich geborene Schweizer Journalist und Politiker Paul Schmid-Ammann, der den Frontismus vehement bekämpfte, schrieb in seiner 1971 erschienenen Erinnerungsschrift *Mahnrufe in die Zeit*, dass es in jenem Frontenfrühling 1933 tumultuös zu- und herging. «Das Bürgertum zeigte sich über diese neuartigen ‹patriotischen› Bewegungen und Methoden zuerst erstaunt und schockiert», wie er schreibt. Aber: «Viele gewerbliche Mittelständler versprachen sich von der frontistischen Forderung ‹Fort mit den jüdischen Geschäften und Warenhäusern!› die Rettung aus ihrer wirtschaftlichen Misere, und in der katholisch-konservativen Partei fanden die frontistische Kampfansagen an die liberale Demokratie und die Propaganda für einen ‹berufsständischen Führerstaat› offenes Gehör und Unterstützung.»[82] Dieselbe Stimmungslage fängt 1933 ein Zeitungsartikel im *Freier Aargauer* ein, dessen Redaktor schreibt, dass es Gewerbetreibende auch in der Schweiz gebe, denen das deutsche Hitlerregime gefalle, weil sie der Meinung seien, dass es die ihnen verhassten Warenhäuser und das jüdische Geschäftskapital erledige. «Deshalb hätten sie auch gerne einen kleinen Hitler in der Schweiz. Deshalb schliessen sie sich zum Teil den Fronten an. Deshalb glauben sie an verschwommene Sprüche, die in irgend einer der Kundgebungen verzapft werden.»[83]

Doch die Stimmung gegen die Warenhäuser war nicht nur eine «bitterböse» geworden, sondern wechselte von einer gehässigen zu einer judenfeindlichen. Für die Vernichtung der mittelständischen Betriebe wurden nun nicht mehr die Warenhäuser grundsätzlich, sondern explizit die «jüdischen» Warenhäuser verantwortlich gemacht. Das Publikationsorgan des Schweizerischen Detaillistenverbandes, das *Schweizerisch Wirtschaftliche Volksblatt*, druckte 1936 einen Artikel, der vorab in einer Genfer Zeitung erschienen war und der die jüdischen Geschäfte wie Epa und weitere als «Maison juives» bezeichnete den «Maison genevoises disparues» gegenüberstellte. An die Leserschaft gerichtet erging die Frage: «1. Werden nicht auch in meiner Ortschaft ansässige Ladenbesitzer von solchen Billigmagazinen aufs Äusserste bedrängt und in ihrer Existenz bedroht? 2. Helfe ich und meine Angehörigen mit, diese jüdischen Grossgeschäfte zu unterstützen und damit die kleinen Schweizer

Abbildung 61: Der «Neue Weg», Inserat des Warenhauses Globus. (Neue Zürcher Zeitung, 1934)

Geschäfte zu vernichten?»[84] In Genf wetterte Georges Oltramare in seiner Zeitschrift *Le Pilori* sehr ausfällig gegen die Juden und die von ihnen geführten Warenhäuser «Bon Génie», «Au Grand Passage» und «Uniprix». In seiner Ausgabe vom 21. Januar 1930 schrieb er: «Nach dem jüdischen Bazar folgt ein weiterer Judenbazar. Zwei oder drei ausländische Häuser zocken die gesamten Genfer Ersparnisse ab. Die Hälfte der in der Stadt ausgegebenen Gelder fliessen in die Kassen Israels.»[85]

Wie judenfeindlich das Klima und wie aufgeheizt die Stimmung gegen die Warenhäuser in jenen Jahren war, geht indes auch aus anderen Vorfällen her-

Abbildung 62: Fasnachtslaterne, 1934, gezeichnet von Charles Hindenlang für die Fasnachtsclique Mittwochsgesellschaft: «J. G. F. dr Rytlischwur in dr Freiestross». Sujet IGF (Interessengemeinschaft Freie Strasse), das den Widerstand gegen die «Warenhauspolypen» und «den semitischen Kaufmann» illustriert. In Basel formierte sich unter dem Namen I. G. F. eine Antiwarenhausbewegung der Ladenbesitzer an der Freienstrasse, um die Konkurrenz der Warenhäuser und Einheitspreisgeschäfte abzuwehren. (Das Werk, 1934, Bd. 21, Heft 5, S. 149)

vor. Unter der Antiwarenhausbewegung litt offensichtlich auch das «nichtjüdische» Warenhaus Globus, weshalb dieses zu einem Gegenschlag der besonderen Art ausholte. In einer im Januar 1934 lancierten Kampagne pries sich das Warenhaus in mehreren Inseraten als «schweizerisch-bodenständig» an, das von nun an und auf einem «neuen Weg» vollständig auf Ausverkäufe verzichten wolle.[86] Die Wortwahl ähnelt dem Vokabular der Fronten oder den Fronten nahestehenden Erneuerungsbewegungen (wie der bereits erwähnten Neuen Schweiz) an. Auch in einer unveröffentlichten, im Archiv der NZZ vorhandenen mehrseitigen Abhandlung *Notizen zur Bewegung gegen die Warenhäuser* wird besonders betont, dass die Magazine zum Globus ein rein schweizerisches Unternehmen, mit guter, bodenständiger Geschäftsauffassung seien, das Kapital restlos in schweizerischen Händen liege und ebenso der gesamte Verwaltungsrat, die Generaldirektion und sämtliche leitenden Personen gute Schweizer seien.[87]

So kann das vehemente oder codiert «stillschweigende» Abgrenzen des «Nichtjüdischseins» vom «Jüdischsein» ebenfalls als Indikator und als Gradmesser der damaligen vorherrschenden antisemitischen Stimmung angesehen werden. Er sei «rein arischer Abstammung», rechtfertigte sich Friedrich Wittmann, Inhaber der Firma The London House an der Bahnhofstrasse in Zürich, in einem Inserat in der NZZ, das unter dem Titel «Aufklärung» im Juni 1933 abgedruckt wurde. Angeblich werde über ihn das Gerücht verbreitet, dass er Israelit oder zumindest jüdischer Abstammung sei, eine unwahre Behauptung, wie er im Inserat ausführte, aber geeignet, «ihm geschäftlich zu schaden».[88] Indessen dementierte in einer öffentlichen «Erklärung» auch das in jüdischem Besitz befindliche Damenkonfektionsgeschäft Modelia das Gerücht, wonach es ein Ableger des Warenhauses Brann sei.[89] Ein Hinweis darauf, dass auch die jüdischen Detailhändler unter den Grossbetrieben der Warenhäuser zu leiden hatten.

Der Warenhausbeschluss WHB

Im Windschatten des Frontenfrühlings konnten die Gegner der Warenhäuser auch auf dem politischen Parkett einen Gang zulegen. Ende Januar 1933 wurde an einer Präsidialkonferenz des Schweizerischen Detaillistenverbandes (SDV) in Olten die Idee des Warenhausbeschlusses (WHB) lanciert. Die Voten vom promovierten Juristen und Vertreter der katholisch-konservativen Volkspartei, Alphons Iten (1898–1964), fielen bei der unzufriedenen und unter der schlechten Wirtschaft leidenden Basis auf fruchtbaren Boden: Man müsse bei den zuständigen eidgenössischen Behörden eine Notverordnung für den gewerblichen Mittelstand erwirken, die ein temporäres Verbot zur Neugründung und Vergrösserung von Warenhäusern und Einheitspreisgeschäfte enthalte.[90]

Tatsächlich gingen die führenden Protagonisten in der Umsetzung des WHB weniger aus dem traditionellen Verbandsrahmen hervor als genau aus dieser selbsternannten Mittelstandsbewegung Neue Schweiz, wie David Reich nachweist.[91] Diese der Frontenbewegung nahestehende, aber sich gemässigter präsentierende Mittelstandsbewegung war eine national-konservative Erneuerungsbewegung, die im Frontenfrühling 1933 gegründet wurde. Neben einer Umwandlung der liberalen in eine korporatistische, berufsständische Wirtschaftsordnung forderte sie zugleich einen staatlich sanktionierten Verbandsprotektionismus zugunsten des ökonomisch bedrängten gewerblichen Mittelstandes.[92] Der «Bundesführer» der von 1933 bis 1936 bestehenden Neuen Schweiz war Berner Regierungs- und Nationalrat Fritz Joss, der mit seiner im Frühjahr 1933 eingereichten *Motion Joss* den Grundstein für den Warenhausbeschluss legte.[93] Zugleich amtierte er als Vizepräsident des Schweizerischen Gewerbeverbandes (SGV), dessen Präsidium der aus St. Gallen stammende Nationalrat August Schirmer innehatte und der «bei der Reaktivierung korporatistischen Gedankenguts federführend» war. Das Triumvirat vervollständigte der promovierte Jurist und Vertreter der katholisch-konservativen Volkspartei Alphons Iten, der 1933 das Präsidium des Schweizerischen Detaillistenverbandes (SDV) übernahm und ebenfalls Einsitz im Vorstand und leitenden Ausschuss des SGV nahm; er wurde 1934 als Ständerat des Kantons Zug ins Parlament gewählt.[94]

Iten war zudem Gründer und Herausgeber der Zeitung *Zuger Gewerbeblatt*, das in einem am 6. Januar 1934 publizierten Artikel einem unverhohlenen Antisemitismus Ausdruck verlieh. Eines der Hauptziele des Judentums sei es schon immer gewesen, riesige Reichtümer anzuhäufen, schrieb der Verfasser des Artikels *Warenhaus und christlicher Kaufmann*.[95] Doch im Gegensatz zu früher, als das christliche Mittelalter das christliche Volk noch mittels «Im-Zügelhalten» vor einer Überflutung des Judentums habe schützen können, sei es in den heutigen liberalen Zeiten seinem Ziel ein grosses Stück näher gerückt. Doch noch sei es nicht zu spät, sich gegen «das pilzartige Aufschiessen der Warenhäuser» zu stellen und damit «das nachfolgende Absterben christlicher Betriebe» zu verhindern. Das Ziel der Warenhausbesitzer sei nicht nur, hohe Gewinne zu erzielen, sondern auch – und das sei viel gefährlicher – die Vernichtung der christlichen Geschäfte.[96]

Die aus dieser unheilvollen Konstellation hervorgegangene *Motion Joss* wurde am 8. Juni 1933 im Nationalrat diskutiert. Die Ausführungen Joss' lassen dessen antiliberale und stark korporative Gesinnung durchblitzen. Er begründete seinen Vorstoss mit der gegenwärtigen Krise, bei der es sich nach seiner Ansicht nicht nur um eine Konjunkturkrise, sondern um eine Strukturkrise handle, und dass sowohl im Aufbau wie auch im Fundament der Schweizer Wirtschaft etwas unrichtig sei. Dabei verweist er auf andere Länder, die aus dieser Strukturkrise bereits ihre Schlüsse gezogen hätten, wie etwa in Italien, wo der Faschismus mit der liberalen Wirtschaftsordnung bereits ein Ende gemacht habe, oder in Deutschland, wo man sich mit einem nationalsozialistischen Programm von der freien, liberalen Ordnung abgekehrt habe. Allgemeine Signatur dieser Krise sei die grosse Arbeitslosigkeit weltweit. Joss betont weiter, dass in keinem anderen Land eine im gleichen Mass unbeschränkte Handels- und Gewerbefreiheit bestehe wie in der Schweiz. Er anerkenne die grossen Verdienste des Liberalismus, der die Wirtschaft kraftvoll entwickeln habe lassen, jedoch habe jede Idee ihre Zeit, «die Tragik einer grossen Idee spielt sich nun gerade auch bei der Handels- und Gewerbefreiheit ab».[97] Die Warenhäuser hätten in der Schweiz eine starke Entwicklung genommen, führt er weiter aus, und ausländische Warenhauskonzerne würden nun hier ihre Geschäfte machen. «Zu ihnen gesellen sich nun noch die Einheitspreisgeschäfte, die in ihrer Art in unserem Lande ein Fremdgewächs sind.» Der Mittelstand sei, das müsse hier wieder einmal wiederholt werden, der eigentliche Kern des bürgerlichen Staates, und es wäre zweifellos ein Gebot staatspolitischer Klugheit, den eingetretenen Prozess abzubiegen, um den Zusammenbruch zahlreicher kleiner Existenzen zu vermeiden. Aufgrund dieser aufgezeigten Missstände zog Joss die Schlussfolgerung, dass die in Artikel 31 niedergeschriebene Handels- und Gewerbefreiheit den heutigen Bedürfnissen zum wirksamen Schutz für den wirtschaftlich Schwächeren angepasst werden müsse.[98]

In rekordverdächtigem Eiltempo von nur acht Monaten wurden die Motion Joss und die Forderungen der Gewerbeverbände aufgegleist und durchgesetzt.[99] Bereits am 5. September 1933 genehmigte der Bundesrat in seiner Sitzung den Antrag des Volkswirtschaftsdepartementes vom 28. August 1933 und erliess einen dringlichen Bundesbeschluss, der am 14. Oktober 1933 mit dem Verbot der Eröffnung und Erweiterung von Warenhäusern, Kaufhäusern und Einheitspreisgeschäften in Kraft trat und erst 1945, nach Kriegsende, wieder aufgehoben wurde.[100]

Die Umsetzung des Warenhausbeschlusses oblag indes den einzelnen Kantonen. Eine schwierige Angelegenheit, wie an der Flut von Eingaben ablesbar ist: Alleine auf Bundesebene sind zwischen 1934 und 1942 insgesamt 188 Rekursentscheide und 88 Entscheide in Zweifelsfällen zu verzeichnen.[101] Bereits in der grundlegendsten Frage, welche Betriebe sich unter den Kategorien Warenhaus, Kaufhaus oder Filialgeschäft fassen lassen, gingen die Meinungen offensichtlich auseinander.[102] Aber auch der in Artikel 3 des Bundesbeschlusses verfasste «Bedürfnisnachweis», den die Kantone «ausnahmsweise» bewilligen konnten, falls nicht «erhebliche volkswirtschaftliche Interessen dagegen sprechen», dürfte für Ungemach und Verunsicherung gesorgt haben, sind doch sowohl «Bedürfnis» als auch die ihm gegenübergestellten «erheblichen volkswirtschaftlichen Interessen» dehnbare Begriffe, die nicht zuletzt je nach politischer Perzeption und ideologischer Einfärbung der einzelnen Behörden zu einem negativen oder positiven Bescheid führen konnten.

Die Notverordnung des WHB bekamen die Warenhausbesitzer schnell zu spüren. Oftmals trat sie gar rückwirkend auf den 5. September in Kraft.[103] Wie etwa bei Léon Nordmann in Luzern, dem die Fortführung seiner im Umbau befindlichen Liegenschaft an der Eisengasse 16 (ehemaliges Gasthaus zum Ochsen) untersagt wurde, dies obschon dessen Baugesuch vom Stadtrat noch am 7. Oktober 1933 bewilligt worden war. Auch in der «Bedürfnisfrage» liess sich der Luzerner Regierungsrat keineswegs umstimmen, machte er doch geltend, dass für eine solche Erweiterung kein Bedürfnis bestehe, sie auch keiner besonderen Erörterung bedürfe und ohne weiteres verneint werden müsse.[104] Indes bewilligte der Kanton Solothurn noch drei Eingaben nachträglich, da deren Gesuche noch vor dem Inkrafttreten des WHB eingereicht worden waren.[105] Und auch das Warenhaus Jelmoli konnte beispielsweise dank der auf die Jahre 1927 zurückreichenden baulichen Vorbereitungspläne das Verbot umgehen, wenngleich nur unter vielen Umtrieben, indem die geplanten Erweiterungsbauten in den Jahren 1936/1938 etappenweise realisiert wurden.[106]

Der Warenhausbeschluss verbot nicht nur die Eröffnung und Erweiterung von Warenhäusern, Kaufhäusern und Einheitspreisgeschäften, sondern auch eine Erweiterung des bestehenden Sortiments durch neue Warenkategorien. In Solothurn gerieten deswegen die beiden Warenhausbesitzer Karfiol und Nordmann regelrecht ins Visier der Gewerbetreibenden und der Polizei. Im Fall von Karfiol ging es um den Verkauf von Herrenanzügen, eine Warengattung, die der Warenhausbetreiber angeblich erst nach der Einführung des Warenhausbeschlusses zum Kauf anbot und die als *corpus delicti* die Gemüter anderer Gewerbetreibenden erregte und die Solothurner Stadtpolizei beschäftigte.[107] Aufgrund der eingegangenen Klagen verbot das Solothurner Polizeidepartement in einer Verfügung vom 17. April 1936 den Verkauf solcher Herrenanzüge. Dagegen rekurrierte Karfiol erfolglos beim Solothurner Regierungsrat und letztinstanzlich auch beim Bundesgericht in Bern. Trotz negativem Bescheid verkaufte Karfiol auch weiterhin Herrenanzüge, weshalb die Klagen bei der Solothurner Polizei nicht weniger wurden. Ein Konkurrenzbetrieb echauffierte sich derart, dass er nach mehrmaligen Hinweisen und Anzeigen bei der Polizei telefonisch zur Aussage gab, dass Karfiol die Behörden an der Nase herumführe und dass er ein Gewehr kaufen und Karfiol damit erschiessen würde.[108]

Auch das Warenhaus Nordmann hatte bei den Solothurner Gewerbetreibenden einen schweren Stand. 1936 protestierten sie mehrmals bei der Polizei, da Nordmann angeblich neue Warenkategorien wie etwa «Herren- und Gabardinenmäntel», «Trauerkränze», «Veloketten-Schutzblech» oder «elektrische Nähmaschinenlampen» zum Verkauf anbiete. Es folgten Beschwerden über die Neueinführung von «Strassenschuhen», da Normann «bis dato nur Turnschuhe, Schlappen und billige Finken» führte. Dafür sei eine Bewilligung einzuholen, ansonsten laufe man Gefahr, «dass bis innert Jahresfrist diese Abteilung zu einem kompletten Schuhgeschäft ausgebaut ist».[109]

Kampf gegen die Einheitspreis AG, besser bekannt als Epa

> *«Die Einheitspreisgeschäfte bilden die schwierigste Position im Kampf um das Warenhaus.*
> *Ihr Auftauchen hat denn auch das glimmende Feuer erst recht zum Auflodern gebracht.»* [110]

Die im Juli 1929 erfolgte Gründung der Einheitspreis-Aktiengesellschaft, der Epa, brachte «das glimmende Feuer [des Widerstands gegen die Warenhäuser] erst recht zum Auflodern».[111] Bei dieser damals in der Schweiz noch unbekannten Betriebsform der Einheitspreisgeschäfte wurden die Preise nicht mehr aufgrund des tatsächlichen Aufwandes zur Entstehung eines Warenartikels berechnet, sondern man kalkulierte einheitliche Tarife, was zu besonders billigen Angeboten führte. In Zeiten wirtschaftlicher Krise wurde diese Verkaufspraxis mit heftiger politischer und ökonomischer Kritik bedacht.[112]

Die Epa eröffnete im Frühjahr 1930 ihre ersten beiden Geschäfte in Zürich am Sihlporteplatz und in Genf an der Rue Croix d'Or, denen im Spätherbst ein drittes in Lausanne an der Rue du Théâtre, folgte.[113] 1931 erfolgten Filialeröffnungen in Oerlikon, Winterthur und Basel, 1932 in Vevey, St. Gallen und Bern, 1933 in Schaffhausen.[114] Die von den beiden Warenhauskonzernen Maus Frères SA und Brann AG hierzulande errichtete Einheitspreis-Aktiengesellschaft war im Grunde genommen ein Ableger der deutschen Warenhaus-Grossunternehmung R. Karstadt AG, die sich anfänglich am Aktienkapital mit einem Drittel beteiligte.[115] Bei Karstadt, dem einzigen «nichtjüdischen» Warenhaus Deutschlands, amtete ab Mitte der 1920er-Jahre der jüdische Kaufmann Hermann Schöndorff als Generaldirektor und trieb sowohl die horizontale als auch die vertikale Expansion des Unternehmens stürmisch voran. Schöndorff war es denn auch, der 1926 die Idee der Epa für Karstadt lancierte und neben der Schweiz zwischen 1931 und 1933 auch für andere Einheitspreisgesellschaften wie etwa die weiter unten erwähnte tschechoslowakische Jepa und die französische Uniprix und Prix Unique tätig war. Nach der Machtergreifung Hitlers emigrierte Schöndorff 1933 in die Schweiz, wo er 1936 starb und auf dem Unteren Friesenberg in Zürich bestattet wurde.[116]

Die Karstadt AG war es auch, die zusammen mit dem Warenhauskonzern L. Tietz in der Mitte der 1920er-Jahre als Erste solche Einheitspreisgeschäfte in Deutschland lancierte. Die Idee der Einheitspreisgeschäfte stammte ursprünglich aus den USA und deren bedeutendster Vertreter war die bereits erwähnte Firma F. W. Woolworth & Co., die 1879 gegründet wurde und 1909 mit einer Tochtergesellschaft in England Fuss fasste.[117] Begünstigt wurde die Entwicklung dieser Betriebsidee durch den Umstand, dass der amerikanische Konsument den Hang zur «Gleichförmigkeit und Standardisierung sowohl in der Kleidung und Nahrung, als auch in allen Lebensgewohnheiten» aufwies.[118] Einmal in Grossbritannien etabliert, breiteten sich die Einheitspreisgeschäfte weiter nach Deutschland aus und entfalteten sich in den Jahren zwischen 1927 und 1930 sehr dynamisch, dies trotz oder gerade wegen der Krise, bis sie durch staatliche Erlasse gehemmt wurden.[119] 1937 waren die vier grössten deutschen Einheitspreisunternehmungen: die Epa (Einheitspreis-Aktiengesellschaft, Berlin), die Ehape (Aktiengesellschaft für Einheitspreise, Köln), die F. W. Woolworth & Co. GmbH, Berlin, und die Wohlwert Handelsgesellschaft m. b. H., Leipzig.[120]

Die meisten Wirtschaftskreise Deutschlands konnten sich damals nicht vorstellen, dass das deutsche Publikum «Massenwaren in genormten Typen und zu Einheitspreisen» aufzunehmen geneigt sei. Doch der durchschlagende Erfolg, trotz oder gerade wegen der Wirtschaftskrise, liess jegliche Skepsis schnell verschwinden. Innerhalb von fünf Jahren (1926–1931) stieg die Anzahl der Verkaufsfilialen der Ehape von 11 auf 74, die der Epa von 10 auf 55.[121] Das Epa-Geschäft von Karstadt mauserte sich schnell zum grössten Einheitspreisgeschäft Deutschlands, das 1931 einen Umsatz von 100 Millionen Reichsmark erzielen konnte. Daneben beteiligte sich Karstadt auch als erster deutscher Konzern neben der Schweiz an einer Reihe von ausländischen Einheitspreisgeschäften, vorwiegend mit Einkaufsverträgen.[122]

Die Einheitspreisgeschäfte richteten sich gezielt an ein Publikum mit kleinem Einkommen, das sorglich auf den Preis achtete und dem die Bedienung nicht wichtig war. Der Funktionsbereich der Verkäuferin reduzierte sich auf das Einkassieren und das Einpacken der Ware.[123] Die Methoden der Epa waren simpel: keine Reklame, keine Kataloge und keine Liquidationen, die auf den Verkaufspreis abgewälzt werden mussten.[124] Das gesamte Sortiment bestand in der Schweiz anfänglich aus wenigen haarscharf kalkulierten Artikeln, die in nur zehn verschiedenen Preislagen angeboten wurden.[125] So gab es hauptsächlich Artikel des täglichen Gebrauchs, die in jedem Haushalt zwingend notwendig waren, wie etwa Kleider (Blusen, Jupes, Unterwäsche), Stoffe und Mercerie, Geschirr und Pfannen, aber auch Handwerkerzubehör (Hämmer, Nägel, Zangen, Elektro- und Velozubehör). Da kein Artikel mehr als zwei Franken kosten durfte, wurde beispielsweise eine Pfanne in ihren Einzelteilen wie Stiel oder Deckel, angeboten.[126] Durch die Sortimentsgestaltung, die verschiedenen Rayons, die relativ grosse Anzahl an Verkaufspersonal pro Betrieb und das Filialsystem erhielten auch die Einheitspreisgeschäfte einen warenhausähnlichen Charakter. In Deutschland wurden sie denn auch als «Kleinwarenhaus», «Einheitspreis-Warenhaus» oder «Warenhaus des kleinen Mannes» bezeichnet.[127]

Das Betriebsmodell der Einheitspreisgeschäfte liess sich auch in der Schweiz erfolgreich durchsetzen. Nach rund drei Jahren besass die Epa landesweit zehn Filialen. Ihren Erfolg und ihre Popularität hatte die Epa unter anderem auch der Wirtschaftskrise zu verdanken, waren es doch die vielen Arbeitslosen sowie Arbeiterfamilien, die sich dank den Billigpreiswarenhäusern mit lebensnotwendigen Produkten zu überaus günstigen Preisen versorgen konnten. Den zeitgenössischen Erinnerungen von Jakob Mändli, ehemaliger Rayonchef der Epa-Filiale in Schaffhausen, ist Folgendes zu entnehmen: «Ihr Erscheinen war in der Stadt im Detailhandel verhasst, nicht aber bei den vielen Arbeitslosen. Ich selbst war in den Jahren 1933/35 zweimal ein halbes Jahr arbeitslos und fand als Kaufmann nirgends eine Stelle. […] Die Epa hatte von Anfang an sehr guten Erfolg. Die Arbeiter speziell konnten nun preiswert einkaufen. Der Widerstand der Gegner war gross, nur mit Mühe fanden sich ansässige Lieferanten bereit, Brot, Kleingebäck, Fleischwaren und Milch zu liefern. Das Personal wurde von der Schaffhauser Geschäftsjugend auf der Strasse angerempelt und mit Schmährufen bedacht, wie beispielsweise ‹Epa-Wyber›. Der Stock der ‹Besser-Verdiener› in der Stadt mied die Epa. Doch liessen es sich diese Leute nicht nehmen, durch Dienstmädchen oder sonstige Drittpersonen von den Epa-Preisvorteilen zu überzeugen.»[128]

Die Einheitspreise waren unternehmerisch besehen eine Antwort der krisengeschüttelten Warenhäuser auf die zunehmenden Probleme der Warenverteilung, da die anfänglich produktionsorientierte Rationalisierung sich zu einer verkaufs- und absatzorientierten gewandelt hatte.[129] Die neue Betriebsform der Einheitspreisgeschäfte und die Steigerung im Absatzbereich provozierte mit unschlagbaren billigen Preisen die mittelständischen Betriebe des Einzelhandels, denn Letztere konnten selbst bei herabgesetzten Preisen weiterhin nur in kleinen Mengen Waren absetzen.[130]

Zwar wurde die Expansion der Epa mit dem am 14. Oktober 1933 eingeführten Warenhausbeschluss (WHB) abrupt gestoppt.[131] Doch war es nicht nur

Abbildung 63: Ein Überbleibsel aus vergangenen Zeiten: Plastiksack der Epa.

die Wut der mittelständischen Detailhändler alleine, die dem WHB zu einer erfolgreichen Durchsetzung verhalf. Dass die Krise in allen Interessenskreisen und Klassen Einkommensverminderungen hervorgerufen habe, bestreite niemand, schrieb Hans Müller in seiner 1935 erschienenen Schrift *Das Warenhaus-Problem in der Schweiz und seine Lösung durch das «landesübliche Mass der Verfassungsritzung»*. Doch dass die Erbitterung des mittelständischen Händlers «zu einer flammenden Empörung» angefacht worden sei, «war das Werk einer aufwiegelnden, mit demagogischen Mitteln skrupellos betriebenen Agitation seitens einer gewissen Presse und der sogenannten ‹Erneuerungsbewegungen›».[132] Vor allem die Neue Schweiz nahm eine führende Rolle in dieser Hetze gegen die Warenhäuser und Einheitspreisgeschäfte ein. In ihrer gleichnamigen Zeitung bezichtigten sie diese als eitle Blendwerke, die dem Käufer vielfach Gerümpel anhängen würden, und die Verkäuferinnen seien zu solch systematisch raffinierten Verkaufstaktiken gar erzogen worden. Die «Volks- und Gottesstimme» dränge rasch zu Taten, und so forderte in ihrer Ausgabe vom 21. April 1933 die *Neue Schweiz* nicht weniger als die vollständige Aufhebung der Epa und die Überführung ihrer Filialen in selbständige schweizerische Privatbetriebe.[133]

Der Widerstand und das Aktionskomitee in Vevey

Der Kampf gegen die Epa radikalisierte sich zu Beginn der 1937er-Jahre unter dem in der Westschweiz gebildeten Le Comité d'Action Vaudois, das sich als Organ zum Schutz des mittelständischen Detailhandels die vehemente Bekämpfung der Einheitspreisgeschäfte und anderer «tentakelartige[r]» Unternehmen auf die Fahne geschrieben hatte.[134] Eine erste Kundgebung fand am 21. Februar 1937 im Lausanner Comptoir statt, zu der sich über 4000 Teilnehmende versammelt hatten. Die Voten der führenden Köpfe fielen bei den unzufriedenen Gewerbetreibenden auf fruchtbaren Boden. Die Epa ruiniere den Mittelstand, hiess es, und es könne nicht sein, dass der Staat in dieser Situation nicht eingreife, sei es doch genau dieser ruinierte Mittelstand gewesen, der in Deutschland Hitler an die Macht gebracht habe. Einhellig wurde eine Resolution verabschiedet, in der man die waadtländische Regierung aufforderte, unverzüglich in Bundesbern für die Abschaffung der Einheitspreisgeschäfte im Kanton Waadt zu sorgen.[135]

Rund zwei Wochen später, am 8. März 1937, stellte der Lausanner Nationalrat Henri Cottier dem Bundesrat eine Anfrage, in der er auf die unlautere Konkurrenz der Einheitspreisgeschäfte hinwies und ihm nahelegte, unverzüglich Schutzmassnahmen zu ergreifen, bevor der Mittelstand, der die Grundlage der Gesellschaftsordnung bilde, der Verarmung anheimfalle.[136] Im Juni 1937 vereinigten sich die Kantone Waadt, Freiburg, Neuenburg und Wallis zu einem Comité intercantonal d'action, dessen Interessen durch Delegierte wie den bereits erwähnten Henri Cottier sowie den Abgeordneten Joseph Pasquier, Armand Coppex und Pierre Court vertreten wurden.[137] 1937 wurden von den Kantonen Waadt, Freiburg und Genf, unterstützt vom Kanton Neuenburg, Initiativen zur Abschaffung und zum Verbot der Einheitspreisgeschäfte in Bern eingereicht.[138]

Aufgrund der heftigen Vorwürfe sah sich die Epa veranlasst, eine Aufklärungsschrift zu verfassen, um sich gegen ungenaue Zahlen und die Legenden, die über sie verbreitet wurden, zu wehren. Die im Mai 1937 erschienene Schrift *La vérité sur UNIPRIX* zeigte auf, dass entgegen dem hochbeklagten «Ruin» der Detailhandel durchaus noch lebensfähig sei, wie die nackten Zahlen belegen würden: Zwischen 1930 und 1936 (seit der Existenz der Epa) seien 5442 neue Einzelhandelsbetriebe gegründet worden. Zudem beziehe die Epa 90 Prozent der Waren in der Schweiz, was 600 Lieferanten ein Einkommen verschaffe und womit die Schweizer Wirtschaft offensichtlich gestärkt worden sei. Die Löhne der Epa seien durchaus angemessen, die Ferienzeit der Angestellten von ihr bezahlt und deren Sozialleistungen vorhanden.[139]

Doch in der Folge führte das waadtländische Aktionskomitee eine aufgeheizte Kampagne gegen die Epa, die sich in ihrer Heftigkeit schon bald eher zu einer sozialpolitisch als ökonomisch argumentierenden und vor allem zu einer judenfeindlichen Angelegenheit hochschaukelte. Man wusste die mittelständischen Gewerbetreibenden mit schlagkräftigen Parolen und Polemiken gut gegen die Epa aufzuhetzen. Sie sei eine Gefahr für den sozialen Frieden in der Schweiz, eine fremdländische Idee, mit internationalem Kapital und antisozialen Methoden. Ihre schnelle Ausbreitung habe den hiesigen Detailhandel in die Anarchie und in die Misere getrieben. Es handle sich für die Gewerbetreibenden um eine Frage von Leben oder Tod.[140]

Offiziell distanzierten sich die Beteiligten des Komitees von jeglichem Antisemitismus. Der Präsident des Comité d'Action Vaudois, Marcel Mack, präzisierte in seinen Ausführungen vom 21. Februar 1937, dass die Forderung nach der Schliessung der Epa nicht «antisemitisch», sondern «antiparasitisch» gemeint sei, weshalb er mit seiner ganzen Energie gegen diese zwei oder drei «ausländischen» oder «gerade eingebürgerten» «supercapitalistes Israélites» kämpfen würde, die über die Einheitspreisgeschäfte in der Schweiz regierten.[141] Die damit gemeinten Besitzer der Epa, Julius Brann aus Zürich und Ernest Maus von Genf, wurden vom waadtländischen Aktionskomitee eindringlich aufgefordert, nicht nur ihre Einheitspreisgeschäfte zu liquidieren, sondern auch wegzureisen, wie aus einem offenen Brief hervorgeht: «Meine Herren! Am 21. Februar 1937 bei Anlass des Comptoir Suisse in Lausanne haben 4300 waadtländische Handelsleute und Handwerker in einem Kongress vereinigt eine feierliche Warnung an Sie gerichtet, und von Ihnen verlangt, Ihre Einheitspreisgeschäfte zu liquidieren und wegzureisen. [...] Herren Maus und Brann! Erfüllen Sie unser Verlangen. Zögern Sie nicht, denn die Stunde ist kritisch und duldet keinen Aufschub. Sorgen Sie dafür, dass in allernächster Zeit Ihre Schaufenster, sei es in Lausanne, Vevey oder anderswo, vom Ramsch geleert und mit der Aufschrift ‹Zu Vermieten› angetroffen werden. Diese Tat, mit der sie allerdings den angestifteten riesigen Schaden nicht mehr völlig gutmachen können, würde Ihnen immerhin die Dankbarkeit aller derjenigen einbringen, welche heute, inklusive Ihrer geschädigten Glaubensbrüder am Rande des wirtschaftlichen Abgrundes stehen, und welche von Ihnen verlangen, dass man sie und ihre Familie leben lässt. Bleiben Sie diesem dringlichen Rufe gegenüber nicht stumm, den wir zum dritten Male an Sie richten. Liquidieren Sie, meine Herren Maus und Brann, während es noch Zeit ist. Später wird es vielleicht zu spät sein. Liquidieren Sie!»[142]

Der aggressiv geführte Kampf gegen die Epa drohte sich mit seinen judenfeindlichen Diffamierungen von einer Warenhausfrage zu einer herbeigeredeten Judenfrage zu entwickeln. Dieser Problematik war sich auch der Präsident des Schweizerisch Israelitischen Gemeindebunds (SIG) Saly Mayer mehr als bewusst, wie aus einer handschriftlichen Aktennotiz hervorgeht. Die jüdischen Kreise seien beunruhigt, notierte er, und dass via Wirtschaft ein «Richus» (Risches = Antisemitismus) grossgezogen werde.[143] Überhaupt stieg für die Schweizer Juden der Druck, in keinster Weise negativ aufzufallen, um damit den Antisemitismus nicht noch mehr zu schüren, was sich in den eigenen Reihen bald gegen die Warenhausbesitzer richtete. Der SIG sah sich gezwungen, in privatwirtschaftliche Angelegenheiten zu intervenieren, was ihm grundsätzlich widerstrebte und was er eigentlich von jeher ablehnte. Doch die zunehmende Hetze gegen die Epa drohte diese bisher konsequente Haltung im April 1937 aufzuweichen. Die Mitgliedgemeinde aus Vevey verlangte vom SIG, er solle die Epa unter Druck setzen, alle ihre Warenhäuser in Städten von weniger als hunderttausend Einwohnern zu schliessen. Obwohl ein solches Ansinnen grundsätzlich abgelehnt wurde, konnte die Geschäftsleitung an der nachfolgenden Delegiertenversammlung dazu verpflichtet werden, mit den Behörden und der Epa-Leitung Verhandlungen zu suchen.[144]

In einem schriftlichen Appell an die Herren Brann, Maus und Nordmann forderte deshalb Saly Mayer die Warenhausmagnaten dazu auf, sich zu mässigen und sich ihrer Verantwortung gegenüber der jüdischen Gemeinschaft bewusst zu werden. Die Antwort von Julius Brann im Namen der anderen kam postwendend und ist beinahe die einzige erhaltene schriftliche Korrespondenz, die aus der Feder von Brann selber stammt, weshalb sie hier in voller Länge wiedergegeben sein soll: «Sehr geehrter Herr Mayer, Mit Ihrem Kollektivbrief vom 5. August appellieren Sie an mein Verantwortlichkeitsgefühl gegenüber meinen Glaubensgenossen, ich kann Ihnen hierauf nur antworten, dass es solcher Anregung nicht bedarf. Ich habe zeitlebens Herz und Gefühl für meine Mitmenschen gehabt, nicht alleine nur für solche jüdischen Glaubens. Die Campagne, die vor einigen Monaten in der Westschweiz entstand, hat keinerlei Bedeutung, denn die Behörden in Bern, mit denen wir in fortgesetzter Fühlung sind, stehen vollkommen auf unserer Seite. Die Epa-Geschäfte erfreuen sich einer Popularität bei dem grossen Publikum, wie die Migros, Konsumverein, Usego etc. Ebenso haben wir von den vielen Hunderten Lieferanten, mit denen die Epa in Verbindung steht, die grösste Anerkennung. Es gibt leider im Leben keine Vollkommenheit, und Sie und ich werden die wirtschaftliche Struktur nicht ändern. Ich habe vor ca. 3 Jahren von dem derzeitigen Präsidenten der B-B-Loge [Bnai Brit Loge] wegen der Einheitspreisgeschäfte in Spanien, bei denen ich interessiert bin, einen Brief ungefähr gleichen Inhalts bekommen, ich bin seit damals aus der Loge ausgetreten. Vielleicht konstruieren unsere lieben Glaubensgenossen, dass der Krieg in Spanien durch die Begründung der Epageschäfte in diesem Land entstanden ist! Meine Freunde Ernest Maus und Robert Nordmann sind von den gleichen Empfindungen beseelt wie ich selbst. Ich werde mich freuen, Sie bald wieder einmal zu sehen und bin mit besten Grüssen, Ihr J. Brann.»[145]

Von jüdischer Seite her war man zunehmend alarmiert, was sich auch darin äusserte, dass beispielsweise der Präsident der jüdischen Gemeinde Vevey in einem am 26. September 1937 verfassten Brief an Saly Mayer verlauten liess, dass der Gemeindebund energischer eingreifen und möglicherweise von den beiden Gemeinden Genf und Zürich verlangen müsse, die beiden Mitglieder Maus und Brann, die einen solch grossen Fehler gegenüber dem gesamten Schweizer Judentum begangen hätten, auszuschliessen.[146] Dass nicht wenige Mitglieder jüdischer Gemeinden selber dem Mittelstand und namentlich dem Detailhandel angehörten, muss zu dieser damaligen Forderung angemerkt werden.[147]

Die offenen Drohungen und verbalen Attacken gegen die Besitzer der Epa wurden in der Folge nicht weniger. Maus und Brann wurden als «Monster» und «Haie» betitelt. Immer wieder wurde die Mahnung ausgesprochen, dass sich die Angelegenheit vom wirtschaftlichen Gebiet auch auf das Politische und Konfessionelle ausweiten werde.[148] Nationalrat Cottier warf Maus und Brann im *Journal des Epiciers* vor, mit ihrer unnachgiebigen Haltung das Aufkommen einer judenfeindlichen Bewegung zu begünstigen und damit ihre eigenen Religionsgenossen in Gefahr zu bringen. Zudem schrieb er: «Die Pogrome beginnen schon und drohen ein höchst gefährliches, unerwünschtes Feuer anzufachen.»[149]

Das Waadtländer Aktionskomitee erhöhte in der Folge durch Protestaktionen und Kundgebungen den Druck auf politischer Ebene. Da sich Bundesbern nicht zu bewegen schien, rief das Aktionskomitee am 10. November 1938 zu einem Streik aller Geschäfte Veveys auf, um ihren Forderungen mit Nachdruck endlich Gehör zu verschaffen.[150] Indes hatte das Eidgenössische Volkswirtschaftsdepartement zur Untersuchung des Epa-Falls bereits Anfang Jahr eine Expertenkommission einberufen, die sich aus dem Berner Professor Fritz Marbach, dem Direktor des Comptoir Suisse Dr. Morel und dem Chef der kantonalzürcherischen Finanzkontrolle J. C. Bruggmann zusammensetzte. Aus dem Ende 1938 vorgelegten Gutachten ging letzten Endes klar hervor, dass die Epa kaum einen Einfluss auf die miserablen Geschäftsumsätze der Detailhandelsgeschäfte hatte, vielmehr war es der Rückgang des Fremdenverkehrs in Verbindung mit der bereits erwähnten «Übersetzung» im Einzelhandel. Es würden in Vevey im Vergleich zu anderen Schweizer Städten vergleichbarer Grösse viel zu viele Betriebe existieren. Beispielsweise gab es in Olten acht, in Vevey dreissig Zigarettenläden. Die Experten kamen deshalb zum Schluss, dass die Auswirkungen eines Epa-Verbotes in Vevey vom Aktionskomitee ganz erheblich überschätzt würden.[151] Und ein Artikel in der *SMUV-Zeitung* schrieb dazu, dass die Mitglieder des Aktionsausschusses zuweilen ein enges Gesichtsfeld hätten und Mangel an wirtschaftlicher Einsicht und allzu grossen blinden Eifer an den Tag legten.[152]

Nicht nur in der Schweiz protestierte und wehrte man sich übrigens vehement gegen die Einheitspreisgeschäfte. In Deutschland wurde am 9. März 1932 ein von der Reichsregierung restriktives Dekret erlassen, das die Eröffnung von neuen Geschäften in Städten von weniger als 100 000 Einwohnern verbot.[153] Aber auch in Österreich, Norwegen, Belgien, den Niederlanden, Luxemburg und der Tschechoslowakei wurden die Aktivitäten der Einheitspreisgeschäfte reglementiert. Einzige Ausnahme war Grossbritannien und Schweden, wo die Regierung nach reiflicher Überlegung beschloss, nicht einzugreifen. Ansonsten dominierten in Europa Interventionen unterschiedlicher Stärke gegenüber dem Epa-Geschäft.[154]

1938 änderte die Epa ihren Namen und nannte sich fortan Neue Warenhaus AG (NWAG). Die Umbenennung der Epa hatte offensichtlich den Zweck, eine weitere Warenhaussteuer, diejenige gegen die Einheitspreisgeschäfte, wobei die Epa das einzige in der Schweiz war, zu umgehen. So schreibt auch Ullmann in seinen Memoiren: «Und dann brauchte der Bund noch mehr Geld und dekretierte eine Extra-Steuer von 2% für Warenhäuser und 3% für Einheitspreisgeschäfte. Wieviel solche gab es? Die Epa. Es war eine ‹antisemitelnde› Steuer; die Epa gehörte ja noch dem Juden Brann. Aber der Jude Brann und seine Direktion waren auch nicht dumm. Mit diesen ungeraden Preisen waren wir doch gar kein Einheitspreisgeschäft mehr, also wurde eine neue Firma gegründet: Neue Warenhaus AG. Die Epa machte damals etwa 100 Millionen Umsatz im Jahr, also verdiente sie mit dieser Namensänderung eine runde Million, d.h. sie verlor sie nicht.»[155] Die Brann AG und deren Beteiligungen an der NWAG wurden 1939 von Oscar Weber übernommen. 1941 erfolgte die Umbenennung der Brann AG in die Oscar Weber AG, zehn Jahre später erfolgte die Gründung der Oscar Weber Holding. 1983 besass die Oscar Weber AG elf Häuser mit einem Umsatz von 110 Millionen Franken, die Neue Warenhaus AG hatte 32 Epa/Unip-Filialen mit einem Umsatz von 704 Millionen Franken.[156]

Maus und Brann in Frankreich, Brann und andere in Spanien und der Tschechoslowakei

Kaum war die Epa in der Schweiz gegründet worden, machte sich angeblich Ernest Maus mit Hut und Stock auf nach Paris, um seinen Cousin Théophile Bader, Besitzer des Warenhauses Galeries Lafayette, für die Lancierung von Einheitspreisgeschäften in Elsass-Lothringen zu gewinnen.[157] Auch in Frankreich schossen zu Beginn der Dreissigerjahre die Magasins à prix uniques wie Pilze aus dem Boden.[158] Die unter dem Begriff Magasins Populaires zusammengefassten Einheitspreisgeschäfte trugen unterschiedliche Namen wie Monoprix, Prisunic, Uniprix, Basprix, Dimax, Priminimes und Noma und eroberten von Paris aus nicht nur die französische Provinz, sondern drangen bis ins kolonialisierte Nordafrika vor.[159] Zudem waren die wichtigsten Magasins Populaires wie andernorts auch Tochtergesellschaften der grössten Warenhäuser: Die 1928 lancierte Uniprix gehörte zur damals grössten Warenhauskette Nouvelles Galeries, Prisunic zu den Grands Magasins du Printemps und Monoprix zu den Galeries Lafayette. Analog zur Epa in der Schweiz haben auch beim Aufbau der französischen Einheitspreisgeschäfte deutsche Warenhauskonzerne, insbesondere die Karstadt AG, eine wesentliche Rolle gespielt.[160]

Da der kontaktierte Cousin Théophile dem schnell entschlossenen Ernest Maus zu zögerlich reagierte, beschloss dieser kurzerhand sein Angebot dessen ärgstem Rivalen Pierre Laguionie, dem Besitzer des Warenhaus Printemps,

Abbildung 64: Das 1932 von Julius Brann gegründete Einheitspreisgeschäft JEPA in der Tschechoslowakei befand sich in Prag II an der Na Poříčí. Das vom Architekten Václav Pilc in den Jahren 1930–32 gebaute AXA Hotel wurde als multifunktionales Gebäude mit Büroräumen, Restaurant und Shops designed. Die JEPA besass bis zu ihrer Arisierung Filialen in Aussig, in Teplitz-Schönau und in Brünn.

zu unterbreiten. Dieser schlug ein.[161] Im Osten Frankreichs wurden die Filialen der Prisunic von der 1931 gegründeten Société alsacienne de magasins à prix unique kontrolliert, eine Gesellschaft, die zur Sapac-Printemps-Prisunic-Gruppe gehörte und an der die beiden Schweizer Warenhauskonzerne Maus Frères SA und Brann AG erheblich beteiligt waren.[162]

Pierre Lévy, der nach dem Zweiten Weltkrieg selber Aktionär der Firma wurde, erinnert sich in seinen Memoiren an den immensen Erfolg, den die Einheitspreisgeschäfte verbuchen konnten: «Dès le départ le succès de ces magasins populaires fut immense. [...] Aux ouvertures de magasins il y avait des agents pour canaliser le monde, on laissait entrer par paquets de cinquante.»[163] Doch ihr durchschlagender Erfolg wurde auch in Frankreich vehement bekämpft. Für grossen Unmut sorgte bereits die erwähnte Tatsache, wonach die drei grössten Einheitspreisgeschäfte Frankreichs nicht von Franzosen, sondern von Deutschen dirigiert würden: Prisunic von Oscar Alexander (vormals Direktor von Karstadt von Berlin-Hamburg), Uniprix von Horst Richard Mutz (vormals Direktor von Woolworth in Berlin) und Monoprix und Noma (nouveaux magasins) durch Herr Ury aus Leipzig.[164] Die Kampagne gegen die Magasins à Prix Unique, die im Sommer 1933 ihren Anfang nahm, war gekennzeichnet durch aufeinanderfolgende Gesetzesvorlagen, die letzten Endes unter Minister Albert Sarraut zum Gesetzt vom 22. März 1936 (Verbot Eröffnung von Einheitspreisgeschäften) führte.[165]

Trotz Wirtschaftskrise konnten die französischen Warenhausgesellschaften wie Galeries Lafayette und Au Printemps Widerstand leisten. Der Reingewinn schrumpfte bei Printemps zwar um 2,5 Millionen Francs, doch angesichts der Krise war das hinzunehmen. Über Prisunic notierte die NZZ: «Die Einheitspreis-Filialen in den grössten französischen Provinzstädten haben erfolgreich abgeschlossen.»[166]

Nach dem Zweiten Weltkrieg veräusserte Julius Brann, der bereits 1939 die Brann AG samt der Epa unter dem Preis an Oscar Weber verkauft hatte, seine Beteiligung an der Société alsacienne de magasins à prix unique. Es sei seine Frau Frida gewesen, erinnert sich Pierre Lévy in seinen Memoiren, die ihn dazu gedrängt habe, indem sie anlässlich eines Besuches zu ihm gesagt habe: «Julius je t'aime je voudrais tellement que tu vendes les Prisunic à Pierre Lévy. Ça nous permettrait d'allonger nos vacances dans l'Engadine.»[167]

Bis die Veräusserung stand, gab es einige Verhandlungen mit Brann, der bereits in New York war. Die Sympathien der jeweiligen Aktionäre untereinander waren unterschiedlich verteilt. Letzten Endes verblieb die Gesellschaft in den Händen von Maus und Pierre Lévy.[168]

Die Idee der Einheitspreisgeschäfte setzte Julius Brann nicht nur in der Schweiz und in Frankreich um, sondern auch in Spanien und der Tschechoslowakei. So wurde 1932 in Prag der Warenhauskonzern Jepa AG mit einem Aktienkapital von 3 000 000 Kronen gegründet.[169] Die Zentrale der Firma befand sich in Prag II, Vodickova 32, während Verkaufsfilialen sich in Prag II. Na Poříčí, Brünn, Teplitz und Aussig befanden. Als Geschäftsführer wurde damals der 23-jährige Frank Brauchbar (Bruce) eingesetzt, ein «Schützling» von Julius Brann, der zusammen mit seinem Vater Edmund Brauchbar und Erwin Stiebel[170] an der Firma beteiligt gewesen war und beim Einmarsch Hitlers Prag verliess und in die USA emigrierte.[171] Die Firma wurde im Jahr 1938/39 «arisiert», kam im Mai 1945 unter staatliche Verwaltung und wurde 1949 im Zuge des schweizerisch-tschechoslowakischen Entschädigungsabkommens mit 225 120 Franken entschädigt.[172]

In Spanien wurde 1934 das erste Geschäft der Sepu (Sociedad Española de Precios Unicos, S. A.) an der damaligen Gran Vía in Madrid eröffnet, es folgten alsbald Eröffnungen in den Zentren von Barcelona und Saragossa.[173] Die Sepu war eines der ersten Warenhäuser Spaniens überhaupt und kam während des spanischen Bürgerkriegs stark unter Beschuss der faschistischen Bewegung Falange. Das «jüdische Kapital» war auch in Spanien Beweggrund für antisemitische Attacken, im März 1935 wurde das Madrider Geschäft von einer Gruppe von Falangisten überfallen.[174]

Für die Umsetzung der Einheitspreisidee in Spanien fand Julius Brann in Alex Goetschel einen Grossinvestor. Der in Zürich wohnhafte Schürzenmacher begegnete ihm bei einer «Musterung» in dessen Warenhaus, der Anlass, an dem Produzenten ihre Waren dem Warenhausbesitzer zur Auswahl vorlegten, um in deren Sortimente aufgenommen zu werden. Aus einer langjährigen geschäftlichen Beziehung wurde später eine freundschaftliche. Eines Tages rief Julius Brann bei Alex Goetschel an und erzählte ihm von der Idee, ein Einheitspreisgeschäft in Spanien zu realisieren. Auf die Frage, wie viel Erspartes er denn hätte, antwortete Alex Goetschel, er habe 200 000 Schweizer Franken. Sie wurden sich schnell einig. Alex Goetschel investierte das Geld, ohne zu zögern, in die neue Geschäftsidee. Nachdem Julius Brann später seinen Anteil verkauft hatte, verblieb die Sepu in den Händen der Familie Goetschel. In den 1990er-Jahren ging die Firma an ein australisches Unternehmen, soll aber angeblich nach wenigen Jahren heruntergewirtschaftet gewesen sein.[175]

Kurzes Gastspiel: Das Selbstbedienungsrestaurant Mika

In einer denkbar ungünstigen Zeit gesellte sich zu den schwer bekämpften Selbstbedienungswarenhäusern der Epa das Selbstbedienungsrestaurant namens Mika. Die im Dezember 1937 mit Sitz in Zürich gegründete Gesellschaft, deren Zweck in der Errichtung und dem Betrieb von Restaurants und Milchbars lag, eröffnete im Februar und März 1938 Gaststätten in Zürich an der Sihlporte (Löwenstrasse 1), in Basel an der Eisengasse 13 und in Bern an der Marktgasse 8.[176]

Die NZZ schrieb, dass unter grossem Andrang das ehemalige Café Sihlporte wiedereröffnet worden sei, den Namen Mika trage und Platz für 600 Gäste biete. Ende Dezember seien bereits in Basel und Mitte Januar in Bern solche alkoholfreien Automatencafés eingerichtet worden. In Zürich konnte unter Ausnützung des von der Sihlporte übernommenen Wirtschaftspatentes auch Bier, Wein und Spirituosen ausgeschenkt werden. Die Mika in Zürich war von 7 Uhr morgens bis 11 Uhr abends geöffnet. Der Andrang am ersten Tag sei gross gewesen, es wurden bereits 250 Güggeli vom Grill konsumiert und trotz Selbstbedienung brauche es dazu 60 Angestellte.[177]

Hatte die Epa das glimmende Feuer gegen die Warenhäuser erst recht zum Brennen gebracht, war es die Mika, die aus Sicht gewerblicher Kreise zusätzlich Öl ins Feuer goss. Die Detonation erfolgte unter anderem beim Wirteverband, der in seinem Publikationsorgan *Schweizerische Wirte-Zeitung* eine vehemente Kampagne gegen diese verhassten «Automatenrestaurants» startete.[178] Stein des Anstosses war anfänglich einmal mehr nicht nur die für die Wirte ruinöse Preisgestaltung – das grillierte Güggeli mit Pommes und Salat gab es für 1.50 Franken, den Cervelat, die Wienerli für 40 Rappen, Piccata Milanese für 1.20 Franken, den Milchkaffe für 20 und Wein für 30 oder 40 Rappen[179] –, sondern dass sich der Betrieb in «jüdischen» Händen befand. «Die ‹Mika› kommt, wie die ‹Epa› kam, die kleinen Händlern das Brot wegnahm. [...] Du Zunftwirt aus Zürich, schütze Dein Haus! Ein Levy ist sicher auf Schuldbriefe aus. [...] Nach Grossbank, Börse, Warenhaus – räumt er jetzt

Eure Stuben aus. Wacht auf, Ihr Wirte, von Berg und im Tal! Ein Levy ist da – mit viel Kapital!»,[180] hiess es in einem am 19. März 1938 in der *Schweizerischen Wirte-Zeitung* publizierten Gedicht. Dass die bis anhin keineswegs judenfeindlich eingestellte *Wirte-Zeitung* nun dazu überging, solche Texte zu publizieren, schreckte einige Juden auf. In Basel sei unter den Wirten plötzlich eine «schärfste revolutionäre, antisemitische Stimmung ausgebrochen». An den Tischen werde mit den Gästen diskutiert, «wie die MIKA und das jüdische Grosskapital» den Wirtestand zugrunde richten würden, schrieb man via Alfred Goetschel an den SIG.[181]

Vor allem aber liefen beim SIG die Drähte wegen der Mika heiss. Die Zeichen stünden auf Sturm, schrieb in emotionalem Ton Rabbiner Messinger aus Bern in einem Einschreiben vom 13. März 1938 an Präsident Saly Mayer.[182] In Bern würde das Gerücht die Runde machen, dass Julius Brann und ein Herr Leon Levy aus Zürich die Mika-Häuser ins Leben gerufen hätten, was er selber fast nicht glauben könne. Ein grosser Verband habe nun in Bern Versammlung gehalten, man wolle gegen die Juden wegen deren «Rücksichtslosigkeit und Vernichtung von Existenzen» vorgehen und die jüdischen Geschäfte boykottieren. Die Versammlungsteilnehmer seien sich einig, dass die Grenzen bereits weit überschritten seien. Es müsse wie in Deutschland eine Abwehr gegen die Grosshansen einsetzen. «Warenhäuser, gut, zumal sie von früher stammen. Aber schon die Epa ist eine gewaltige Überschreitung aller Grenzen. […] Nun noch die ‹Mika› überall und nun auch in Bern. Damit ruiniere man alle kleinen Wirtschaften, Bäckereien usw. Und alles keine Hiesigen.» Messinger war derart aufgebracht, dass er die Mika und deren Hintermänner für das Überleben der gesamten Judenheit verantwortlich machen wollte: «Wie darf man mit der Existenz von einer jüdischen Gesamtheit spielen? Ich sage jüd. Gesamtheit, weil wenn nun das Bollwerk Schweiz fällt, so ist kein Land mehr zu halten. Und selbst die Millionäre werden kein Ruheplätzchen in der Welt finden. Ich schreibe diese Zeilen nicht ohne Erregung und nicht ohne Beschämung.»[183] Später eilte er nach Baden, um sich mit Fürsprecher E. Guggenheim auszutauschen. Auch dessen Appell an Mayer gegen ein solches «Epa-Geschäft», wie er es nannte, war eindringlich: «Der Gemeindebund hat nicht nur die Pflicht, den Antisemitismus zu bekämpfen, nein, er muss auch im eigenen Lager antisemitismuspflanzende Situationen bekämpfen und womöglich beseitigen.»[184] Ins gleiche Horn blies ein mehrseitiger Brief eines jüdischen Auslandschweizers aus dem elsässischen Saint-Louis, der schrieb, dass die *Schweiz. Wirte-Zeitung* bis in die hintersten Bergtäler gelange, da wochenlang aufliege und zu Hunderttausenden gelesen werde. Deshalb forderte er den SIG auf, unverzüglich einzugreifen, gar solch «anstössige Betriebe noch rechtzeitig aufzulösen resp. zu liquidieren, oder aber an nichtjüdische Käufer zu veräussern».[185]

Als man im November 1938 in Biel eine Mika eröffnen wollte, hielt die Israelitische Kultusgemeinde Biel vorsichtshalber Rücksprache mit dem SIG. Man wollte sichergehen, dass «keine Juden weder als Verwaltungsratsmitglied noch als Aktionär an der Mika beteiligt sind», um so «allen wahrheitswidrigen Gerüchten, die anscheinend bereits stark umlaufen, die Spitze abzubrechen».

Abbildung 65: Links aussen das Selbstbedienungsrestaurant Mika, das sich an der Sihlporte an der Löwenstrasse 1 in Zürich befand. Im Vordergrund wurden lebende Karpfen aus einem Massenfang zu 2.20 Franken per Kilo verkauft.

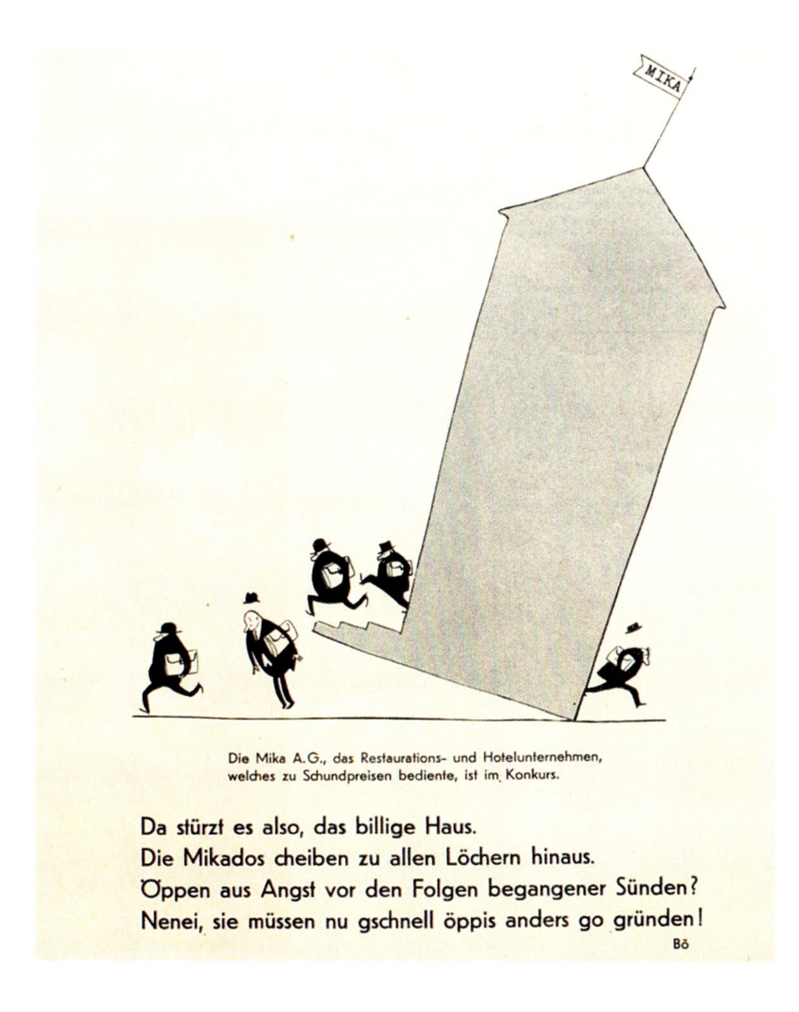

Abbildung 66: Konkurs der Mika AG. Illustration von Carl Böckli im Nebelspalter 1943.

Verlangt wurde nunmehr eine schriftliche Erklärung, die man dem Präsidenten des Wirtevereins vorzulegen gedachte.[186]

Die Episode der Mika verebbte so schnell, wie sie aufgetaucht war. Vermutlich dürfte Präsident Saly Mayer sich diesmal sehr beharrlich in die privatwirtschaftlichen Verhältnisse eingemischt haben, wie aus einer Aktennotiz hervorgeht: «MIKA Angelegenheit: schriftlich und persönlich interveniert und ereeicht [sic], dass Levy ausgetreten – abgeklärt, dass jetzt kein jüdisches Geld mehr inverstiert [sic] und Brann nicht resp nie beteiligt gewesen.»[187]

Am 23. April 1938 wurde die *Schweiz. Wirte-Zeitung* mit einem Schreiben von den Anwälten der Mika AG davon in Kenntnis gesetzt, dass sämtliche Aktiven und Passiven der Mika AG von einem rein schweizerischen Konsortium übernommen worden seien und dass Herr Léon Levy aus der Leitung der Mika AG gänzlich ausgeschieden sei und an diesem Unternehmen in keiner Form mehr beteiligt sei.[188] Die *Wirte-Zeitung* kommentierte die «Eliminierung dieses geschäftstüchtigen Mannes» mit den Worten: «Der Jude Lévy als Person war nicht die Zielscheibe unseres Angriffes, auch wenn er früher in Kleiderkonfektion und in letzter Zeit in Wirtschaften ‹machte›. [...] Unser Angriff richtet sich nach wie vor gegen die unschweizerische Form dieser Führung einer Gaststätte – wie wir sie auch bei Warenhäusern, Epa etc., bekämpfen.»[189] Die *Wirte-Zeitung* führte in der Folge den Kampf gegen die Mika weiter, er bekam neuen Auftrieb, als die Gesellschaft plante, Mika-Hotels zu eröffnen. Als die Mika im Oktober 1942 in Konkurs geraten war, folgten neben schwerwiegenden persönlichen Verlusten der Gläubiger die Versteigerung auf einer Gant, wo sie für läppisch wenige Franken an den Meistbietenden verscherbelt wurde.[190]

Subtile «Arisierung» oder gewollter Ausstieg?

Zum Begriff «Arisierung» sei an dieser Stelle eine notwendige, kritisch differenzierte Vorbemerkung theoretischer und begrifflicher Art angeführt: In der Tat ist dieser Sprachgebrauch für die Schweiz problematisch, da der Begriff aus dem «völkischen» Antisemitismus aus Nazideutschland stammt, wo er nichts anderes als Verdrängung und Aneignung von jüdischen Institutionen und jüdischem Eigentum bedeutete, gestützt auf Gesetze – dies ist so für die Schweiz nicht anwendbar. Der Begriff «Arisierung» ist somit nicht zielführend und es ist aus heutiger Sicht auch nicht opportun, diese Vorgänge so zu benennen, auch wenn er in der Empirie, wie hier in der Quelle, durchaus so erscheint. So wurde unter anderem der Sprachgebrauch «Arier» und «Nichtarier» auch durch einzelne Schweizer Behörden, wie die Fremdenpolizei, unreflektiert übernommen. Dies im Gegensatz dazu, dass damals Schweizer Gerichte auf Bundes- wie kantonaler Ebene es ablehnten, deutsche Gerichtsurteile zu vollstrecken, wie beispielsweise Vermögenswerte auszuhändigen, da es einer Enteignung gleichgekommen wäre. Und zwar beriefen sie sich auf die Notstandsklausel, den *ordre public*, da die Schweiz nicht zwischen den Begriffen «Arier» und «Nichtarier» unterschied.[191]

Die hier ausgeführten Ereignisse in den 1930er-Jahren gingen an den meisten jüdischen Warenhausbesitzern nicht spurlos vorbei. Noch im Herbst 1937 liess sich der Warenhausbesitzer Julius Brann trotz heftiger Kritik und persönlichen Anfeindungen bezüglich der Epa-Geschäfte nicht beirren und verströmte vordergründig grosse Zuversicht. Er sei ein grosser Optimist, schrieb damals Eugen Brandenburger, der ihn mit Max Biedermann zusammen in einem Gespräch auf die drohende Gefahr für die Schweizer Juden eines zunehmenden Antisemitismus aufmerksam machen wollte. Und weiter: «Ich glaube kaum, dass er recht behalten wird. Unserer Besprechung mit ihm hatte keinen Erfolg und es muss schon mindestens ein Bundesrat kommen, um ihm den Standpunkt der Allgemeinheit klar zu machen.»[192] Doch ein Jahr später hatte sich die Situation im In- und Ausland zusätzlich verschärft. Saly Mayer fasste im Anschluss an die Sitzung des Geschäftsausschusses des SIG den Auftrag, eindringlich an das Gewissen der einzelnen Besitzer der Epa zu appellieren. Die ganze Öffentlichkeit befasse sich in jenen Tagen intensiv mit jüdischen Fragen und Problemen, schrieb er an die Adresse von Maus und Brann, und man müsse darauf achten, dass keine judenfeindliche Stimmung aufkomme. Es müsse im Interesse aller Beteiligten so rasch als möglich eine Entspannung der Situation erfolgen, anerkannte Forderungen des Mittelstandes müssten befriedigt werden, nur so könne die drohende Gefahr eines unerwünschten Antisemitismus gebannt werden. «Sie [Maus und Brann] haben es in der Hand, rettend einzugreifen, und wir müssen Sie noch einmal bitten, ohne jede Verzögerung die jetzt notwendige Verständigung herbeizuführen. Eine rasche Zusage von Ihrer Seite würde sehr zur Beruhigung der Beteiligten beitragen. Wir sind unterrichtet, dass Verhandlungen angebahnt sind, und würden uns glücklich schätzen, von Ihnen zu vernehmen, dass Sie bereit sind, diese Verhandlungen aufzunehmen, die als Endziel zu einer Befriedung führen sollten, welche im Hinblick auf wirtschaftliche Interessen tragbar ist, mit Rücksicht auf die allgemeine Lage vielleicht einmal einen Verzicht bedeutet, der auf anderem Boden durch seine Wirkung ein positives Ergebnis zeitigen kann.»[193]

Welche Verhandlungen, wo und mit wem geführt wurden und ob der von allen Seiten ausgeübte Druck sich auf nachfolgende Ereignisse überhaupt auswirkte, ist ungewiss. An Julius Brann jedenfalls scheinen sie nicht spurlos vorübergegangen zu sein, auch wenn man zwischen diesen Ereignissen und dem Verkauf seiner Firma keinen engeren kausalen Zusammenhang konstruieren sollte. Er habe Angst bekommen, wie man sich erinnert.[194] Aber wovor genau? Vor Anfeindungen und Kritik in der Schweiz? Vor der Kriegsstimmung im Ausland? Und was man sich auch vor Augen halten muss: Er war 63-jährig und hatte keine Nachkommen. Bereits Ende November 1938 dementierte die NZZ ein Gerücht, wonach er seine Unternehmung an den amerikanischen Woolworth-Konzern verkauft haben soll.[195] Tatsache ist: Ein Jahr später, bei Ausbruch des Zweiten Weltkriegs, verkaufte Julius Brann sein Lebenswerk, die Brann AG, an den langjährigen Verwaltungsratspräsidenten Oscar Weber, der bereits seit den 1920er-Jahren als Aktionär zu 45 oder 49 Prozent an der Firma beteiligt war. Weit unter dem Preis soll dies erfolgt sein, wie sich mehrere Zeitzeugen erinnern.[196] Die Zeiten seien schwierig gewesen, schreibt auch Ringier-Biograf Lüönd: Niemand wollte in Kriegszeiten in ein Warenhaus investieren, das Waren verkaufte, die einerseits schwer zu beschaffen waren und die sich andererseits die Konsumenten gar nicht mehr leisten konnten.[197] Unattraktiv fürs Geschäft war auch der immer noch «anhaftende Hemmschuh» des Filialverbots. Der Waffenfabrikant Emil G. Bührle jedenfalls, der damals reichste Zürcher, hatte eine Beteiligung beim Warenhaus Brann abgelehnt.[198]

Und welches Schicksal ereilte die in Verruf geratene und von den Gegnern so verhasste Epa? Auch sie wurde 1939 an Oscar Weber verkauft.[199] Das Publikationsorgan des Migros-Gründers Gottlieb Duttweiler, *Die Tat,* dokumentierte diese Episode zwei Jahre später in einem Artikel *Vom Schicksal der Juden. Eine Katze, die das «Maus»en lässt!,* wo dieser selber schrieb, dass das *Journal des Epiciers Suisses*, Publikationsorgan des Nationalrats Cottier, seinerzeit eine Kampagne gegen die jüdische Firma Maus Frères geführt habe, bis deren Beteiligung an dem Brann- und Epa-Konzern zu einem entsprechend «vernünftigen Preis» in «arische Hände» übergegangen sei.[200] Einem Artikel in der sozialdemokratischen Zürcher Zeitung *Volksrecht* gelang gar eine verbale Entgleisung eigener Art, als 1944 in einem Artikel konstatiert wurde: «‹Die Warenhaus AG› ist weitgehend verbunden mit der Firma Oscar Weber AG (früher Brann AG.). Die beiden Warenhäuser wollen durch die Namensänderung die Arisierung kenntlich machen, die durch Aenderung der Aktienmehrheit vor sich gegangen ist.»[201]

Indes war Julius Brann bei weitem nicht der einzige jüdische Warenhausbesitzer, der den Firmenbetrieb verkaufte und seine Zelte in der Schweiz abbrach. Auch der Warenhausbetreiber Jakob Karfiol zog sich aufgrund «der Krise der Kriegsjahre und der anhaltenden Angst vor Nazideutschland» aus dem solothurnischen Geschäftsleben zurück und emigrierte 1940 nach New York, um sich ein neues Tätigkeitsfeld zu suchen, wie Karin Huser schreibt. Seine Familie sollte er nicht wiedersehen, da Bemühungen, diese nachzuziehen, an der restriktiven Einwanderungspolitik seitens der USA scheiterten und er kurz darauf im Alter von 55 Jahren an einer Lungenentzündung verstarb.[202]

Auffallenderweise schieden 1940 auch im Warenhaus Jelmoli sämtliche jüdischen Verwaltungsräte und Direktionsmitglieder aus.[203] Die Aktien des eigentlich «nichtjüdischen» Warenhauses waren damals zu etwa fünfzig Prozent in jüdischem Eigentum, dem Wolf-Konzern.[204] Silvain Brunschwig, Julius Wolf und Sigmond Jacob räumten ihre Posten und emigrierten in die USA. Die Chronik zum Warenhaus Jelmoli dokumentiert diesen Wechsel folgendermassen: «Eine grundlegende Veränderung trat in den Jahren 1940/41 ein, als der Verwaltungsrat und die Direktion neu bestellt wurden und der Betrieb an die neuen Verhältnisse anzupassen war.»[205] Lüond schreibt dazu, dass das Geschäft eigentlich eine Sensation gewesen war, aber in der NZZ vom 4. April 1941 lediglich eine winzige Notiz dazu erschien: «Die Generalversammlung von Jelmoli hat eine Erhöhung des Aktienkapitals von drei auf fünf Millionen Franken beschlossen. Aus dem Verwaltungsrat sind die bisherigen Mitglieder Dr. S. Brunschvig und Dir. S. Jacob ausgeschieden. Neu in den Verwaltungsrat gewählt wurde Hans Ringier-Landolt in Zofingen.» Zunächst stieg bei Jelmoli die damalige Bankgesellschaft ein, die von Fritz Richner präsidiert wurde, der seinem Freund Paul August Ringier eine Mehrheit von 51 Prozent anbot.

Dieser zögerte nicht lange. Nicht nur war das Angebot günstig, sondern es sicherte ihm als Verleger auch den grössten Druckauftrag neben Telefonbüchern in der Schweiz.[206]

Zunehmender Antisemitismus und die Angst vor Hitlers Einmarsch in die Schweiz veranlasste auch die Inhaber der Firma Maus Frères, ein zusätzliches Standbein in den USA als Absicherung anzuvisieren. Deshalb reiste Robert Nordmann in die Vereinigten Staaten, wo er 1938 das von Peter A. Bergner gegründete Warenhaus Bergner's akquirierte. Bei Kriegsausbruch gelang es ihm noch, in einem Wasserflugzeug nach Lissabon den Atlantik zu überqueren, wo er tatsächlich mit nur einem weiteren Passagier den allerletzten Zivilflug zurück in seine Heimat erwischte.[207] Im Übrigen fuhr 1939 auch der 64-jährige Arthur Loeb nach Amerika, um dort den Einkauf für das Warenhaus Loeb in Bern zu organisieren, «da die Warenbeschaffung immer schwieriger wurde», wie dem Verwaltungsratsprotokoll von 1947 zu entnehmen ist.[208] Nach Kriegsende kehrte auch er in die Schweiz zurück, wo er ein Jahr später, 1946, verstarb.[209]

Die Schweizer Juden insgesamt befanden sich hier in einem schwierigen Dilemma, wie Jacques Picard am Beispiel der «Motion Pestalozzi» aufzeigt: Seit 1938 gaben Schweizer Juden dem lastenden innenpolitischen und vom Ausland erzeugten Druck nach und verliessen, soweit sie es sich wirtschaftlich überhaupt leisten konnten und wollten, das Land. Sie taten dies vorwiegend in Richtung Übersee in die USA, wo sie sich durch verwandtschaftliche Beziehungen ein zweites Standbein schufen oder sich endgültig und fest niederliessen. Der Wegzug bereitete der Israelitischen Cultusgemeinde Zürich (ICZ) und dem Schweizerisch Israelitischen Gemeindebund (SIG) Sorgen wegen der finanziellen Auswirkungen dieser Ausreisen, weil in der ICZ 1940 das Steuersubstrat um einen Drittel sank. Damit fehlten die für die Alimentierung des Verbandes Schweizerisch-Jüdischer Fürsorgen (VSJF) dringend benötigten Gelder zur Unterstützung des Flüchtlingswerkes, dem die eidgenössischen Behörden den Unterhalt der jüdischen Flüchtlinge zuschoben. Der Grossteil der immensen Ausgaben des VSJF während und nach dem Zweiten Weltkrieg wurde dann durch Hilfsgelder amerikanisch-jüdischer Philantropiewerke gedeckt. Auch die bereits erwähnte Swiss Division des United Jewish Appeal, unter dessen Vorstand auch die Namen der ausgewanderten schweizerisch-jüdischen Unternehmer figurieren, so auch Julius Brann, trug mit ihren solidarischen Sammlungen rund einen Siebtel der vom VSJF benötigten Mittel bei. Am Ende des Krieges meinte dann der Zürcher Kantonsrat Hans Pestalozzi diese Auswanderer mit seiner Motion steuerlich mit Strafabgaben belangen zu müssen, wenn diese «Drückeberger» wieder in die Schweiz zurückkehren würden. Dieser Vorstoss zog 1944/45 eine heftige Debatte nach sich, in deren Verlauf der Komplex von Antisemitismus und gesellschaftlicher Verdrängung sowie «Arisierung» und VSJF-Finanzlasten in der Flüchtlingsbetreuung zum ersten Mal und in vollem Umfang öffentlich zur Sprache gebracht wurde. Dabei wurde auch die «Warenhausfrage» einer kritischen Sicht seitens der Antisemitismus-Abwehr unterzogen.[210]

Den düsteren Jahren der nationalsozialistischen Machtausübung in Deutschland und alsbald in Europa entwuchs auch hierzulande ein Antisemitismus, dessen Agitationen sich heftig und gezielt gegen Warenhäuser in jüdischem Besitz richteten. Offenbar verfehlte die von den Fronten und rechtskonservativen Kreisen angeführte Kampagne gegen jüdische Warenhausbesitzer ihre Wirkung nicht. Julius Brann jedenfalls warf das Handtuch, aber auch bei Jelmoli und der Epa wechselten die Eigentümer, indem das Aktienkapital in «christlichen» Besitz überging. Aus einer undatierten «Aktennotiz zur Judenfrage», die jedenfalls nach dem 12. März 1943 verfasst worden war, geht zudem Folgendes hervor: «Teilt man die Handelsberufe auf und betrachtet bei den selbständig Erwerbenden wieder die Kategorien, die den grössten jüdischen Anteil aufweisen, so ergibt sich z. B. für Warenhäuser: 50 % der Geschäftsinhaber sind Juden. Seit 1930 sind allerdings verschiedene früher jüdische Warenhäuser in christlichen Besitz übergegangen.»[211]

Die Angst vor dem Einmarsch Hitlers und einer Eskalation der innenpolitischen Lage in der Schweiz dürfte indes auch bei anderen jüdischen Grossunternehmern spürbar gewesen sein. Sie sickert jedenfalls zwischen den Zeilen zweier im *Israelitischen Wochenblatt* publizierten Artikel hindurch, worin der eine zum Thema «Arisierung und jüdische Angestellte»[212] schreibt, dass nach der «Arisierung» der Warenhäuser auch andere «arisierte» Grossbetriebe ihre jüdischen Angestellten hinausgeworfen hätten. Der andere nimmt dazu Stellung und meint, dass mehrere grosse jüdische Geschäftsinhaber das Lebenswerk ihrer Väter in fremde Hände gegeben hätten, um dafür die Illusion einer vermehrten Sicherheit einzukaufen. Das Ergebnis sei, dass viele der neuen christlichen Firmenbesitzer die jüdischen Angestellten entliessen oder auch keine Juden mehr einstellen würden. Der Schreiber des Artikels meinte zwar, dass dem nicht unbedingt Antisemitismus zugrunde liege. «Manche Inhaber von Grossfirmen sind mit Juden aufs engste befreundet – stellen aber keine Juden an.»[213] Zuletzt bezieht er sich mit grosser Wahrscheinlichkeit auf Julius Brann, der mit dem Verkauf und seiner Abwanderung ein negatives Signal für andere jüdische Unternehmer gesetzt habe: «Seitdem der kleine, freundliche Herr, der ein ebenso bedeutender Geschäftsmann wie gütiger Arbeitgeber war, sich bewogen fühlte, nach Amerika zu gehen, wo ihm der geschäftliche Erfolg versagt blieb, war dies leider für manchen ein Signal zur Resignation.»

Abbildung 67: Bar-Mizwa von Manuel Beer 1940 in New York. Unter den Gästen auch Julius und Frida Brann. Das Foto dokumentiert die aus der Schweiz nach den USA ausgewanderte jüdische Gemeinschaft. Reihe 1, von links: 1. Ernst Wertheimer, 2. Adele (Dele) Wertheimer (Tochter von Edmund Brauchbar), 3. N. N., 4. Edmund Brauchbar (guter Freund von James Joyce), 5. N. N., 6. N. N., 7. junger Mr. Gut, 8. N. N., 9. N. N., 10. Leo Gerstle (Rechtsanwalt, der mit dem Schweizer Konsulat in New York City zusammenarbeitete und die St. Galler Stickerei seiner Frau mitbetreut hatte), 11. Max Delfiner (Warenhaus Herzmansky in Wien), 12. Mr. Axelrath. Reihe 2, von links: 1. Lottie Delfiner (Tochter von Max Delfiner), 2. N. N., 3. Frida Brann, 4. N. N., 5. Mrs. Gut (Tochter von Gurary), 6. Mrs. Gurary, 7. Mr. Gurary, 8. N. N., 9. N. N., 10. Rabbiner Sandrow (der einzige gebürtige Amerikaner auf dem Fest), 11. N. N., 12. Mr. Gut, 13. N. N., 14. Julius Brann, 15. N. N. Reihe 3, von links: 1. Eva Delfiner, 2. N. N., 3. Marion Moss, 4. N. N., 5. Mrs. Gerstle (Mutter von Leo Gerstle), 6. Rosa Beer, 7. Simon Beer, 8. Daisy Gerstle (Frau von Leo Gerstle), 9. bis 12. N. N. Kinder: 1. N. N., 2. Manuel Beer, 3. Edith Beer, 4. N. N.

Teil II: Familien- und Unternehmensbiografien

Einleitung

In diesem zweiten Teil des Buches geht es um die Darstellung von Familien- und Unternehmensbiografien. Schon diese Verknüpfung von Familie und Unternehmung macht deutlich, dass die Geschichte der Warenhäuser ohne eine Perspektive genealogischer und verwandtschaftlicher Verhältnisse kaum verständlich und sachgerecht wäre. Dies wiederum ist für das biografische Erzählen, wie es in der Moderne auf das Individuum und das Individuelle zugeschnitten ist, nicht voraussetzungslos gegeben. Denn Produkte des Erzählens, in unserem Fall Biografien, kommen stets kulturgebunden und zeitabhängig zustande.[1] Solcherart betrachtet, bieten sich Biografien als Schlüssel für das Verstehen von differenten Zeiten und Kontexten an, was deutlich macht, dass sich die historischen und die Kulturwissenschaften der eigenen kulturellen Prägungen und gesellschaftlicher Bedingtheiten bewusst bleiben sollten. Herbert Leibowitz warnt etwa davor, dass Biografien und erst recht Autobiografisches – in Form von Memoiren, Familienlegenden, Nekrologen oder Festschriften – zu Fiktionen und Verschleierungen neigten und man genötigt sei, die Grenzen zwischen zeitgebundenen Fakten und produzierten Mythen ständig zu überschreiten.[2]

Es geht also nicht allein darum, das Leben zu erzählen, sondern auch darum, sich bewusst zu halten, wie und wozu und in welchem Zusammenhang man als Erzähler oder Erzählerin etwas beschreibt.[3] Der bedeutsame westschweizerisch-jüdische Gelehrte Jean Starobinski vermerkt in seiner Biografie über Jean-Jacques Rousseau: «Wir befinden uns nicht mehr im Bereich der Wahrheit, in einer wahren Geschichte, sondern wir sind in den der Authentizität getreten».[4] Nie lässt sich deshalb das Individuum als eine Art «Homo clausus» verstehen, der souverän über seine kleine Schöpfung, die «letzten Endes ganz unabhängig von der grossen Welt ausserhalb seiner selbst existiert», zu bestimmen meint.[5] Umso mehr sind auch für die Familien- und Unternehmungsbiografien, die in diesem Buch zur Darstellung kommen, nachvollziehbare Bezugnahmen zu Zeit-, Orts-, Namens-, Ereignis- und Gegenstandsangaben zu vermitteln. Dies ist im ersten Teil dieses Buches erfolgt, der vornehmlich den Kontext zum hier nachfolgenden biografischen Teil darstellt. Erst im Zusammenhang mit den sozialen, wirtschaftlichen, technischen und politischen Aspekten in der historischen Entwicklung wird für die Familienbiografien auch die nötige Plausibilität hergestellt. Umgekehrt sind die abgebildeten Wirklichkeiten des allgemeinen wie lokalen Kontextgeschehens wiederum nur durch die Darstellung der Familienbiografien näher erschliessbar, wenn die Darstellung verständlich sein soll. Auf diese Weise will der zweite Teil über das biografische Material hinaus nach dem «Biographischen als sozialer Grösse» fragen.[6] Als soziale Grösse kann allerdings vieles stehen: Religion, Lebenszyklen, Kultur und Kapital, also Begriffe, wie sie sich gerade im 19. Jahrhundert herausgebildet haben. Auch so verschiedene Dinge wie Heirat, Riten, Mobilität, Licht oder Moden lassen sich anführen. Erzähltes Leben – das eigene oder ein fremdes – bezeichnet denn auch einen Topos, einen Ort oder genauer: mehrere relationale Orte, wo «Alltag» hergestellt, «Sinn» konstruiert und Identität gebildet wurde. Das Verständnis für religiöse und kulturelle Zugehörigkeiten, für damalige Geschlechterverhältnisse und namentlich für die hohe Bedeutung von Verwandtschafts- und Generationenbezügen muss sorgsam rekonstruiert werden, will man eine Geschichte des Warenhauses angemessen vermitteln.

Damit sei auch gesagt, dass die vier nachfolgend skizzierten «Fallbeispiele» nicht darauf angelegt sind, eine Vergleichsstudie zu betreiben. Gewiss wäre auch dies ein Weg in einer Untersuchung. Zum Beispiel ist deutlich, dass die Gründerfamilien unterschiedliche religiöse Präferenzen hatten: Die Loebs orientierten sich deutlich am reformorientierten religiös-liberalen Judentum, die Langs an der orthodoxen Version nach deutschem Ritus, und in den Familienzweigen der Nordmanns und der Maus findet sich beides gleichzeitig, das Festhalten an den elsässisch-jüdischen Riten, als konservative religiöse Orientierung, und ebenso die Offenheit gegenüber bürgerlich-liberalen Deutungen des eigenen Jüdischen, was einen konfessionellen Verständigungsrahmen für die verwandtschaftlichen Bande bot. Und Julius und Frida Brann stärkten ihre jüdische Identität durch das Gebot der Zedaka, der Solidarität und hochherzigen Fürsorge in den eigenen jüdischen Konfessionsreihen. Dass im Weiteren solche Halt stiftenden Orientierungen dann mit verwandtschaftlichen Verbindungen einhergingen, wie sie mit gezielten Heirats- und familiären Nachfolgepolitiken fassbar werden, zeigt deutlich, dass die Warenhausbesitzer versuchten, ihren Unternehmungen geistig-mentale Verlässlichkeit und genealogische Stabilität zu verleihen. Nur so konnten sie ihre oft etwas wagemutigen Innovationen voranbringen.

Die Auftritte von Menschen auf der «Warenhausbühne» und deren soziale und unternehmerische Beschaffenheit werden durch das biografische Material also gut anschaulich. Und dieses Material ist Ausdruck dafür, dass die Interaktionen über zahlreiche Vektoren verwoben sind: Personen, Gruppen, Zeiten, Räume, Geld, Dinge, Waren, Symbole, Ideen, Träume, Eigenschaften, Institutionen, Handlungen und Bewegungen. Mit dieser Auffassung des Biografischen ist die lange als klassisch geltende Frage nach dem menschlichen «Lebenslauf», den viele Kulturen als «Lebenskreis» – von Geburt über Kindheit, Jugend, Erwachsenenzeit und Alter bis zum Tod – darstellen, keineswegs obsolet. Im Zeichen globaler Gesellschaften, mit ihren zirkulären Bewegungen, erscheint solcherart die Welt des Warenhauses auch in den Skizzen zu den hier ausgewählten Familienbiografien im Kleinen anschaulich.

6 *Der Allererste: Julius Brann aus Rawitsch und das Warenhaus Brann*

> *«Und auf ihrem hohen Sockel ragte vor ihnen aus dem geschuppten, flirrenden Glitzern sonnenbestrahlten Wassers im Westen die Freiheitsstatue auf. [...] Das also war das weite, unglaubliche Land, das Land der Freiheit, der ungeheuren Möglichkeiten, das Goldene Land.» Henry Roth, Nenn es schlaf, S. 13–14.*

Am zwölften Dezember 1939 ging im Hafen New Yorks Julius Brann mit seiner Frau Frida von Bord des italienischen Ozeandampfers SS Rex.[7] Die in Genua begonnene Schiffsreise über den Atlantik hatte zehn Tage gedauert und war nicht die erste dieser Art. Bereits im März desselben Jahres hatten sie den Atlantik mit der *Ile de France* von Le Havre aus überquert, jedoch mit dem einen, aber feinen Unterschied: Dieses Mal würde es keine Rückreise mehr geben. Sie würden vorerst nicht wieder in das Land zurückkehren, in dem sie über vierzig Jahre lang gelebt hatten. Eine Zeitzeugin aus dem Freundeskreis der Branns erinnert sich: «They did not know if Switzerland would stay neutral and the atmosphere in Zurich was not pleasant.»[8]

Entgegen vielen Mutmassungen handelt es sich beim ersten Warenhausgründer der Schweiz weder um Jelmoli noch um Globus. Die Pionierrolle dieser neuen Form des Detailhandels kann man Julius Brann zuschreiben. Doch wer war diese heutzutage fast gänzlich unbekannte Person, die nicht nur das erste Warenhaus der Schweiz gründete und nach kurzer Zeit in zahlreichen Grossstädten der Schweiz viele Filialen besass, sondern auch in architektonischer Hinsicht Zeichen setzte, indem sie eindrucksvolle «Tempel» errichtete, die heute unter Denkmalschutz stehen und die Stadtbilder mitprägten? Vergessen scheinen viele Aufzeichnungen und Zeugnisse von der Person Julius Brann, als wären sie in jenem denkwürdigen Dezember des Jahres 1939 bei seiner Auswanderung nach New York vom Boot gekippt und für immer versunken. Pierre Lévy, ein späterer Geschäftspartner, hinterlässt uns in seinen Memoiren *D'un souvenir à l'autre* eine der raren Erinnerungen an das Ehepaar Brann: «Ce petit bonhomme était d'une intelligence vive, il mélangeait un peu l'allemande l'anglais le français et le yidisch mais il retombait toujours sur ses pattes. Sa femme, allemande aussi, fumait du matin au soir; lors de ses séjours à Paris elle se rendait à toutes les Présentations de collections, dépensant beaucoup.»[9]

Eigentlich brauche aus der Schweiz niemand auszuwandern, schrieb 1941 das *Israelitische Wochenblatt*.[10] Unter vielen jüdischen Bürgern in der Schweiz hatte sich jedoch die Angst schleichend ausgebreitet, ein Einmarsch der Deutschen wurde nicht ausgeschlossen. Wer konnte, und das waren in diesem Fall die Vermögenden, schickte Verwandte vor, in Übersee ein zweites Standbein einzurichten, oder sie packten ihr Hab und Gut gleich selbst zusammen und

Abbildung 68: Julius Brann (geb. 1876 in Rawitsch, gest. 1961 in New York) und Frida Brann, geb. Mandowsky (geb. 1886 in Bern, gest. 1964 in New York).

machten sich auf nach Amerika, Kanada, Südamerika.[11] So auch Julius Brann. Als Warenhausbesitzer bot er in jenen düsteren Jahren eine besonders geeignete Angriffsfläche für den aufkeimenden Antisemitismus in der Schweiz während der 1930er-Jahre.[12] Antijüdische Hetzkampagnen und Drohungen der Nationalen Front dürften die Angst massgeblich geschürt haben. Aber auch von den eigenen jüdischen Kreisen, vor allem vonseiten des Israelitischen Gemeindebundes, wurde verbal offenkundig Druck gegen ihn ausgeübt. Bis zu seiner Auswanderung war er Mitglied der Israelitischen Cultusgemeinde Zürich, trat aber mehr als spendabler Steuerzahler denn als aktives Gemeindemitglied in Erscheinung.

Angst und Unbehagen, aber auch das Fehlen von Nachkommen und sein Alter – er war damals 63-jährig – dürften ihn zum Verkauf seines Lebenswerkes, der Brann AG, bewogen haben. Den Gerüchten zufolge hatte er seinen Konzern angeblich unter dem Preis, zu vier Millionen Franken, an den damaligen Verwaltungsratspräsidenten Oscar Weber veräussert. Es herrschte Krieg, keine Investoren waren bereit, grosse Risiken einzugehen.

Familie und Herkunft

Julius Brann wurde in eine jüdische Familie hineingeboren, die nachweislich seit dem 17. Jahrhundert in der damals zu Preussen gehörenden und in der Provinz Posen gelegenen Ortschaft Rawitsch ansässig war. Bereits sein Grossvater Leiser Brann wie auch sein Vater Heimann Leiser Brann und dessen sieben Geschwister waren in der 1639 gegründeten Stadt auf die Welt gekommen.[13] Wie vielerorts wollte man jüdische Bewohner auch in Rawitsch nicht dulden, man verbot ihnen *de jure* gar «für Ewige Zeiten das Wohnen», was jeder Herrscher urkundlich festgehalten hatte, *de facto* aber gelang es den Juden von Beginn an, sich in der Stadt aufzuhalten, zu handeln, sogar Häuser konnten gemietet und gekauft werden. Über das eigentliche Niederlassungsverbot wurde vorwiegend aus wirtschaftlichen Gründen gerne hinweggesehen, brauchte man doch die jüdischen Bewohner als Vermittler des Rawitscher Hauptgewerbes: der Tuchmacherei. Rohstoffe mussten von ihnen herbeigeschafft und das fertige Tuch aufgeführt und abgesetzt werden.[14]

Heimann Leiser Brann, der im zweiten Vornamen den Namen seines Vaters und seines Grossvaters trägt, war ein Lohgerber – so jedenfalls hat es sein Sohn Julius viele Jahre später bei seiner Einbürgerung in Zürich zu Protokoll gegeben.[15] Er gerbte Rinderhäute zu strapazierfähigem Leder, eine eher ungewöhnliche Berufstätigkeit, blieb doch den damaligen Juden grundsätzlich der Zugang zum Handwerk und zu den Zünften verwehrt. Doch in Polen und vor allem in Russland waren gegen Ende des 18. Jahrhunderts zunehmend Juden in Handwerksberufen wie Schneider, Kürschner, Fleischer, Posamentierer, Knopfmacher und vereinzelt eben auch in Berufen wie Glaser, Lohgerber, Kupferschmiede anzutreffen.[16]

In der Stadt Rawitsch gab es damals eine ansehnliche jüdische Gemeinschaft, die 1850 mit 1700 Personen ihren höchsten Mitgliederstand verzeichnete.[17] Die im typisch maurisch-byzantinischen Stil von einer gewaltigen Kuppel gekrönte Synagoge, die über 300 Männerplätze verfügte, wurde 1888/89 erbaut, zu einer Zeit, in der die Gemeinde wirtschaftlich und auch zahlenmässig noch in der Blüte stand. Tatsächlich aber hatte die Abwanderung vom Land in die Stadt – namentlich Berlin – schon längst begonnen.[18]

Am 28. März 1871 vermählte sich Heimann Leiser mit der aus Ostrowo stammenden 20-jährigen Bertha Pilz, die innerhalb von zehn Jahren insgesamt sieben Kindern das Leben schenkte: Paula, Regina, Ludwig, Julius, Martin, Friedrich und Ida.[19] Die ausschliesslich deutschen Namen lassen auf eine zunehmende Akkulturierung der Eltern und auf euphorische Verehrung des Kaiserreiches schliessen. Dies obwohl Rawitsch, als zur Provinz Posen gehörend, die ärmste jüdische Bevölkerung im Reich aufwies.[20]

Julius Brann, das vierte Kind, wurde am 27. Januar 1876 geboren. Das beschauliche und raue Leben in der Provinz erfuhr eine jähe Zäsur als Julius' Vater 1885 mit 42 Jahren starb. Der Verlust des Familienoberhauptes dürfte die noch junge Mutter Bertha hart getroffen haben, wurde sie doch mit 34 Jahren zur Witwe und musste auf einen Schlag ihre sechs Kinder im Alter von vier bis dreizehn Jahren alleine durchbringen. Beim Tod seines Vaters war Julius neun Jahre alt, vier Jahre später wurde er Bar-Mizwa, religionsmündig, und verliess als 13-Jähriger seine Heimat, um – wie abermals aus seiner Einbürgerung hervorgeht – von 1889 bis 1892 eine Lehre in einem Berliner Warenhaus zu absolvieren.[21]

Berlin war im ausklingenden 19. Jahrhundert Hauptziel der Abwanderungsbewegung der ländlichen Bevölkerung. Alle zog es in die aufstrebende Metropole, die Glanz und Hoffnung auf ein erfolgreiches Leben versprach. Die allgemein einsetzende Abwanderungswelle der ländlichen Bevölkerung in Richtung grössere Städte erfasste auch die Familie Brann. Im ausklingenden Jahrhundert installierte man sich in der aufstrebenden und zukunftsversprechenden Stadt.[22]

In Berlin verheirateten sich die beiden ältesten Schwestern von Julius zuerst. 1895 trat Regina mit dem Kaufmann Philipp Prinz unter die Chuppa, seine Herkunft bleibt unbekannt; 1899 Paula mit dem aus Karlsruhe stammenden Kaufmann Gustav Ebstein. Martin, Julius' jüngerer Bruder, vermählte sich 1901 mit Hedwig Pincuss, die wie seine Mutter aus Ostrowo stammte.[23] Zusammen mit seinem Schwager Philipp Prinz betrieb er eine Handlung für Getreide, Sämerei- und Futterartikel, die sich 1897 an der Rosenthalstrasse 40 befand.[24]

«Flitterkrams» am Talacker 50 in Zürich: Das erste Warenhaus der Schweiz

Zögerlich war Julius Brann bestimmt nicht, als er 1896 als Zwanzigjähriger nach Zürich kam, um beim damals an der Bahnhofstrasse 104 gelegenen Merceriegeschäft Knopf, A. Woll- u. Modewaren einer Arbeit als Commis nachzugehen. Die Anstellung kam nicht von ungefähr, denn bereits zuvor war er knapp ein Jahr im Kurz-, Weiss- und Wollwarengeschäft der Geschwister Knopf in Karlsruhe tätig gewesen, das von Max Knopf geleitet wurde. Dessen jüngerer Bruder Albert wurde mit der Dependance in Zürich betraut, die bereits seit 1893 bestand und die wohl einen tüchtigen Mitarbeiter gebrauchen konnte.[25]

Seine Anstellung bei Knopf war nicht von langer Dauer, denn noch im selben Jahr machte er sich mit einem eigenen Warenhaus selbständig. Am 22. August 1896 eröffnete er auf eigene Rechnung und unter eigenem Namen sowie mit bald 60 Angestellten sein allererstes Warenhaus «im Stile der deutschen Warenhäuser», wie Denneberg schreibt.[26] Die Räumlichkeiten dieses modernen Warenhauses – das das erste in der Schweiz sein sollte – befanden sich unweit der Synagoge, im Haus der Alten Schmitte am Talacker 50 in Zürich. «Dieses Warenhaus hatte von allem Anfang an einen grossen Erfolg», wie Eugen Hermann rund ein halbes Jahrhundert später schreibt. «Zum ersten Male kam es der zürcherischen Käuferschaft, neben der Neuartigkeit des Betriebes, zum Bewusstsein, dass man im gleichen Hause Waren der verschiedenartigsten Branchen in reichster Auswahl kaufen konnte.»[27] Im Erdgeschoss sowie im ersten Stock der Liegenschaft setzte Julius Brann jene neuartigen Geschäftsprinzipien wie «fixe Preise» und «grosser Umsatz, kleine Preise» in die Tat um, die den Detailhandel in den benachbarten Ländern schon Jahrzehnte zuvor revolutioniert hatten und die er selber ganz gewiss in seiner Zeit als kaufmännischer Lehrling in Berlin hautnah miterleben konnte.

Der Nebelmonat November des Jahres 1899 brachte Unheilvolles: Menschen sprangen aus dem ersten Stock seines Warenhauses, als eine Gasleitung barst und das Feuer sich lodernd ausbreitete. «Im Nu standen die Verkaufsräume des Parterres und des ersten Stockes, in welchen ungeheure Massen Flitterkrams ausgestapelt waren, in Flammen, welche lichterloh aus den Schaufenstern herauszüngelten. Mit allergrößter Mühe nur konnte sich das Personal retten. [...] Das ganze vierstöckige Gebäude von 10 Fenstern Front ist vollständig ausgebrannt und die Waren sind zu Grunde gegangen. Eine ungeheure Menschenmenge belagerte den ganzen Abend den von Polizeimannschaften und Feuerwehr abgesperrten Platz.»[28] Der Schock war gross, der materielle Schaden total, doch glücklicherweise gab es nur wenige Personen mit Brandwunden und einige, die sich beim Sprung aus dem ersten Stock des Gebäudes verletzt hatten.

Abbildung 69: Julius Brann kündigt am 18. August 1896 die Eröffnung seines ersten Warenhauses am Talacker 50 in Zürich an. Den Begriff Engros-Lager hat er von den Geschwistern Knopf übernommen, bei denen er knapp ein Jahr als Handlungsgehilfe tätig gewesen war. (Tagblatt der Stadt Zürich, 1896)

Eine Warenhauskarriere nimmt ihren Lauf

Die Zeit war mehr als reif für die Warenhausidee in der Schweiz, das hatte der begabte Jungunternehmer Julius Brann schnell erkannt. Nicht nur dynamisch, sondern eine «schillernde Figur» sei er gewesen, wie sich ein Zeitzeuge erinnert.[29] Rastlos und voller Tatendrang liess er sich deshalb schon wenige Monate nach der Zürcher Warenhausgründung in der Stadt Basel nieder,[30] um am 11. April 1897 an prominenter Verkehrslage, am Marktplatz 1, ein weiteres Warenhaus zu eröffnen, das bis 1901 als Hauptniederlassung dienen sollte.[31] Der Platz war gut gewählt, denn die Stadt am Rhein erlebte damals ein rasantes Bevölkerungswachstum und zwischen 1895 und 1900 gar eine konjunkturelle Blütezeit. Basel wurde in jener Zeit zur Grossstadt mit über 100 000 Einwohnern. «Alle mussten untergebracht, ernährt, beschäftigt werden».[32]

Die Verkaufsräumlichkeiten im sogenannten Kaufhaus zur goldenen Münz[33] befanden sich nun bereits auf drei Etagen und deren Eröffnung wurde in der Basler Tageszeitung prominent angekündigt.[34] Vorab wurden 94 weibliche Angestellte gesucht, die sich am 12. Februar 1897 im Hotel Métropole persönlich vorstellen sollten.[35] Die geplante Eröffnung des brannschen Etablissement, das sich als «grösstes» und «billigstes Einkaufshaus der Schweiz» anpries und dessen «unerreicht grosse Leistungsfähigkeit» speziell in «guter und solider Qualität der Waren» lag, wurde vor allem von den Konkurrenten, den Gebrüdern Loeb, mit Argwohn beobachtet, lagen sie doch mit ihrem Warenhaus gleich um die Ecke.[36] Ohne Bedenken imitierten diese deshalb die grossflächigen Inserate des neuen Platzhirsches Brann. Plötzlich waren die Loebs auch das «erste», «grösste» und «billigste» Warenhaus der Schweiz, ein «Warenhaus allenersten Ranges», das in «Qualität und Solidität der Waren unübertrefflich» sei.[37] Dies wiederum liess sich Julius Brann nicht gefallen und schaltete in den *Basler Nachrichten* ein seitenfüllendes Inserat mit dem riesigen Titel «Warnung vor Täuschung». Sein geistiges Produkt sei in «schmählichster Weise» missbraucht wor-

Abbildung 70: Viertes Haus von rechts: Kaufhaus zur goldenen Münz von Julius Brann am Marktplatz 1 in Basel, Ansichtskarte um 1900.

den, schrieb er, und er bitte das «hochverehrte Publikum», sein Geschäft nicht mit irgendeiner «andern hiesigen Firma in Verwechslung» zu bringen.[38]

1904 beschloss Julius Brann, das alte Warenhaus am Marktplatz durch einen zeitgenössischen Neubau zu ersetzen, der am 8. April 1905 dem Publikum übergeben werden konnte und der noch heutzutage «das grösste erhaltene Jugendstil-Geschäftshaus Basels» ist (vgl. Abb. 40).[39] Das neue Flaggschiff in Basel war indes kaum eröffnet, als Julius Brann sich daran machte, dieses wieder zu verkaufen. Mit Emil Graetz, der als damaliger Geschäftsführer Interesse an der Übernahme des Warenhauses bekundet hatte, wurden primäre Verhandlungen geführt. Schlussendlich verkaufte Julius Brann 1907 die Basler Filiale jedoch an seinen Konkurrenten H. Burkhard-Schuppisser respektive an das Warenhaus Globus, für 1 500 000 Franken.[40] Der *Basler Anzeiger* brachte am 6. Juni 1907 ein letztes Inserat, das einen Teilausverkauf wegen bevorstehender käuflicher Übernahme des Warenhauses anpries. Gleichzeitig erschien ein erstes Globusinserat «mit der nicht unbedingt höflichen Bemerkung», wie Vögelin schreibt, dass das gesamte Warenlager geräumt werden müsse, «um einem besseren Genre von Artikeln Platz zu machen».[41]

Blenden wir zurück nach Zürich, wo Julius Brann nur ein paar Monate nach dem heftigen Brand am Talacker ein neues und modernes Warenhaus an der Bahnhofstrasse 75 eröffnete. Die aus einem Wohnhaus mit Kellergewölbe bestehende Liegenschaft war damals noch im Besitz von August und Max Weil, zwei Glaubensbrüder, die er vermutlich von der Israelitischen Cultusgemeinde Zürich her gekannt hatte und die das Gebäude 1899 von Gustav Hürlimann zum Preis von 150 000 Franken erworben hatten.[42] Der darauf errichtete moderne Neubau, der eine Hauptzierde Zürichs werden sollte, sorgte schon vor der Eröffnung für Aufsehen. «Ein Riesen-Geschäftshaus in orientalischem, monumentalem Baustyl soll die bekannte Firma Julius Brann an der Bahnhofstrasse in Zürich zu erstellen beabsichtigen», schrieb die *Illustrierte schweizerische Hand-*

Abbildung 71: Warenhaus Brann an der Bahnhofstrasse in Zürich, um 1920. Rechts der ursprüngliche Bau von 1900, links der 1912 erstellte Neubau.

werker-Zeitung damals.[43] Der von den Architekten Kuder und Müller erstellte Neubau mit seinen vier Verkaufsetagen hob sich mit den grossen Glasfronten markant vom benachbarten Gebäude ab und ähnelte in seiner Ausführung dem Warenhaus Loeb in Bern, das dort im Volksmund als «Zahnlücke» in die Geschichte eingegangen war und den Berner Heimatschutz dagegen aufbrachte (vgl. Abb. 36, 42, 91).

Es war Julius Branns vierter Streich, das «Zürcher Engros-Lager Julius Brann – Grösstes und umfangreichstes Waren-Etablissement des gesamten Schweizerlandes», wie er es selber nannte. Der Eröffnungstag war eigentlich auf den 14. April 1900 festgesetzt worden, musste jedoch wegen polizeilicher Verfügung um vier Tage verschoben werden. Das räumlich und dekorativ als Sehenswürdigkeit der Stadt angepriesene Warenhaus hatte durchaus beeindruckt: Neben sämtlichen Bedarfsartikeln gab es nun auch ein fotografisches Atelier (mit elegantem Umkleide-, Empfangs- und Aufnahmesalon, Dunkelkammer, Laboratorium und Kopierhäusern), einen behaglichen Erfrischungsraum, wo dem Kunden Speis und Trank zu «mässigen Preisen» angeboten wurden. Zudem bot das Warenhaus Telefone für Stadtgespräche zur unentgeltlichen Benützung an.[44] Später wurde dieses als Mutterhaus geltende Warenhaus in zwei weiteren Bauetappen (1911–1912 und 1927–1929) unter den Architekten Pfleghard & Haefeli sukzessive zum heute noch anzutreffenden Ensemble ausgebaut.[45]

In illustrer Gesellschaft: Vom Kleinbetrieb zur Aktiengesellschaft

Nachdem Julius Brann 1896 in Zürich seine allererste Dependance dem Publikum hatte übergeben können und er 1898 in Basel, 1899 in Rorschach und St. Gallen weitere Filialen und 1900 an der Bahnhofstrasse in Zürich sein Haupthaus hatte erbauen lassen, folgten Warenhauseröffnungen 1901 in Biel und Solothurn, 1905 in La Chaux-de-Fonds und Le Locle, Herisau und Bern, 1908 in Schwyz,[46] 1909 in Schaffhausen, 1910 in Winterthur, Glarus, Luzern, 1911 in Delémont und 1912 in Altstetten und Genf. Nach knapp fünfzehn Jahren besass er 20 Warenhäuser in 18 Schweizer Städten.[47]

War er als Mensch begabt und rastlos, pflegte er als Kaufmann zudem einflussreiche Kontakte. Die für den Aufbau seines Imperiums massgeblichen Netzwerkkonfigurationen rührten noch aus seinen Berliner Tagen her. Unter vielen von seinen späteren Geschäftspartnern oder «Freunden» finden sich klingende Namen wie etwa Pierre Laguionie[48] (damaliger Besitzer des Pariser Warenhauses Printemps), Oscar E. Haac[49] (Warenhaus Wertheim) oder der Filmpionier und Gründer von Universal Pictures Karl Lämmle.[50] Die Bekanntschaft mit Oscar Tietz, dem damals grössten Warenhausbesitzer Deutschlands, endete tragisch, als dieser zur Reorganisation des Warenhauses Brann in die Schweiz fuhr, um deren Inhaber zu beraten, und hier verstarb. Georg Tietz, dessen Sohn, erinnerte sich später mit folgenden Zeilen daran: «[…] in der Nacht vor seinem Tode war ein Abschlussvertrag entworfen und paraphiert worden. Die Verhandlungen zogen sich bis spät in die Nacht hin, aber was schlimmer war, Vater musste an einem Diner teilnehmen, bei dem viel gegessen und getrunken wurde, und die Weine waren schwer. Am nächsten Tage fuhr Vater nach Klosters, um seinen Erholungsurlaub anzutreten. Als er zu seinem ersten Spaziergang aus dem Hotel trat, fiel er um; sein Herz, das so gute Herz, das so vielen geholfen hatte, hatte für immer aufgehört zu schlagen.»[51]

Bereits bei der 1908 vollzogenen Umwandlung vom Einzelhandelsunternehmen in eine Kommanditgesellschaft mit einem Kapital von 2,5 Millionen Franken hatte sich Julius Brann mit der deutschen Unternehmung Hecht, Pfeiffer und Co. eine finanzstarke Partnerin im neu gebildeten Konsortium an Bord geholt. Die führende Berliner Exportfirma beteiligte sich damals mit einer Million Mark am aufstrebenden Brann-Unternehmen und war zukünftig für den gesamten Einkauf besorgt.[52] Dieser neu gebildete Trust wurde vor allem im Ausland mit Aufmerksamkeit wahrgenommen, denn Hecht, Pfeiffer und Co. waren zudem bereits seit Anfang 1907 in einer Interessensgemeinschaft mit der Hamburger Firma M. J. Emden Söhne verbunden, die damals mit 200 Warenhäusern zu den ganz grossen Warenhausbesitzern Deutschlands gehörten.[53] Auch Schweizer Tageszeitungen wie der NZZ war das Thema eine Schlagzeile wert.[54]

Als das Warenhaus Brann 1918 in eine Aktiengesellschaft umgewandelt wurde,[55] holte sich Julius Brann aus diesem illustren Kreis die Mitglieder des ersten Verwaltungsrates: Gustav Maier (Präsident), Julius Brann (Delegierter), Jakob Emden,[56] Hermann Hecht[57] und Otto Schnabel.[58] Der aus Ulm stammende, weltgewandte Kaufmann und Bankier Gustav Maier (1844–1923) hatte sich in den 1890er-Jahren in Zürich niedergelassen. Als Humanist und Pazifist war er nicht nur ein Förderer und Freund des jungen Albert Einstein – und durch seine Beziehung zum Gesinnungsgenossen Rektor Jost Winteler ausschlaggebend für dessen Einschreibung an der Kantonsschule Aarau[59] –, sondern auch Mitbegründer der 1895 entstandenen Schweizerischen Gesellschaft für ethische Kultur.[60] Ebenso war Maier Mitbegründer und langjähriger Verwaltungsrat der Lenzburger Konservenfabrik Hero.[61] Für den Erfolg des

Warenhauses Brann dürfte er einiges getan haben, wie aus seiner Todesanzeige 1923 in der NZZ hervorgeht: «Der Verstorbene gehörte seit 15 Jahren unserer Gesellschaft an und hat sich durch sein grosses Wissen, seinem Weitblick, seine Energie und unermüdliche Schaffenskraft um die Entwicklung unseres Hauses in hohem Masse verdienst gemacht.»[62] Nach dessen Tod wurde Oscar Weber zum Präsidenten des Verwaltungsrates ernannt.[63] Mit ihm übernahm ein Industrieller das Ruder des Warenhauses.[64]

Das anfängliche Aktienkapital von drei Millionen Franken wurde in der Folge zweimal um je eine Million auf fünf Millionen Franken erhöht.[65] Nach der Umwandlung in eine Aktiengesellschaft führte die Brann AG sogenannte Anschlusshäuser, wie etwa Brockmann & Co. in Aarau, Wil und Frauenfeld, Laumann & Co. (Kaufhaus Rössli) in Brugg etc. (siehe Abb. 72).[66] Die erfolgreiche Entwicklungsphase wurde in der ersten Hälfte der 1920er-Jahre abrupt gestoppt. Walter Ullmann, der vierzig Jahre lang Angestellter des Einheitspreisgeschäftes Epa war, erinnert sich in seinen Memoiren gut daran, dass die Warenhäuser in den 1920er-Jahren mit ihrer stürmischen Entwicklung finanziell nicht mehr mithalten konnten und sich deshalb mit Grossindustriellen und Banken zusammenschliessen mussten.[67] Mehrere Filialen, wie etwa Biel, Solothurn, La Chaux-de-Fonds, Schwyz, Schaffhausen, Winterthur, Glarus, Delémont und Altstetten fielen in Krisenzeiten oder Konjunkturflauten ihrem eigenen Wagemut zum Opfer.[68] Schüttete der Konzern 1918–1921 eine Dividende von 6 Prozent aus, verblieb die Dividende 1922 und 1923 bei null, stieg 1924 dann wieder auf 5 Prozent und lag ab 1925 wieder bei 6 Prozent.[69]

In der zweiten Hälfte der 1920er-Jahre war eine konjunkturelle Erholungsphase spürbar. 1927 schlossen sämtliche Brann-Häuser mit einem Gewinn ab, das Hauptgeschäft in Zürich wies einen stabilen Verkehr auf. Insbesondere Waren in höherer Qualität konnten abgesetzt werden.[70] Trotz merklichem Umbau am Haupthaus der Zürcher Bahnhofstrasse 1928 und den daraus resultierenden Einschränkungen konnte der Umsatz auch in diesem Jahr gesteigert werden.[71] Die 1929 einsetzende Weltwirtschaftskrise dürfte sich anfänglich kaum merklich auf das Unternehmen ausgewirkt haben. Wie dem Geschäftsbericht von 1930 zu entnehmen ist, wiesen die Umsätze trotz wesentlich verbilligten Verkaufspreisen eine erfreuliche Steigerung auf, und auch das neu lancierte Einheitspreisgeschäft, die Epa,[72] verzeichnete eine durchaus befriedigende Entwicklung.[73] Trotz der sich vielerorts auswirkenden globalen Depression konnte das Unternehmen hierzulande anwachsen. Die Bilanzsumme stieg zwischen 1927 und 1934 von 7,3 auf 18,3 Millionen an und auch der Gewinn verblieb mit jährlichen 300 000 Franken konstant.[74]

Tragödie in Biel

Am Samstagmorgen des vierten Aprils 1909 um zehn Uhr morgens verschwand in Biel unter mysteriösen Umständen die jüngste Schwester von Julius Brann. Die 28-jährige Ida Brann (1881–1909) hatte sich damals erst vor einem Monat mit dem sieben Jahre älteren Viktor Mayer vermählt.[75] Der aus Ulm in Württemberg stammende Kaufmann liess sich 1908 in Biel nieder, wo

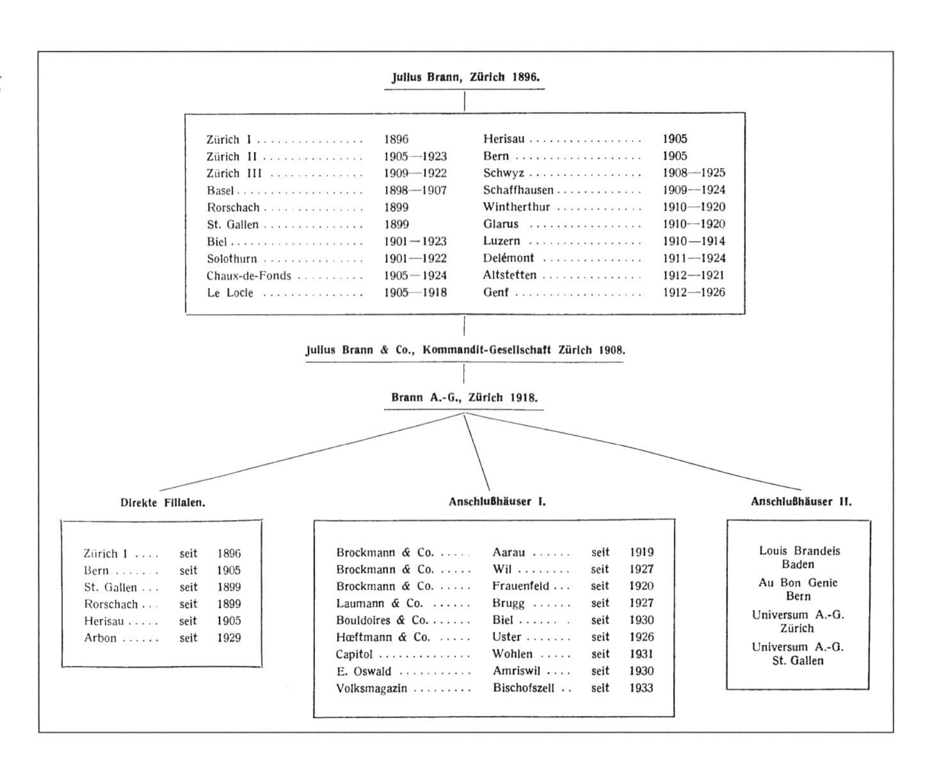

Abbildung 72: Die Entwicklung des Brann-Konzerns.

er die Betreuung der Filiale des Warenhauses Brann übernahm. Gemeinsam wohnten die Mayers an der Nidaugasse 11.[76]

Die in der Tageszeitung erschienene Vermisstmeldung ging davon aus, dass sie Opfer eines Unfalls wurde: «Comme elle vivait dans de très heureuses conditions, on doit supposer qu'elle a été victime d'un accident.»[77] Drei Wochen später wurde ihre Leiche von ein paar Buben, die im Zihlkanal fischten, entdeckt. Das *Journal du Jura* berichtete, dass Ida Mayer-Brann an jenem unheilvollen Tag ihr Heim unter dem Vorwand, Kommissionen zu tätigen, verliess. Seitdem sei sie verschwunden, ohne Spuren zu hinterlassen. Man vermutete, dass sich die arme Frau aufgrund einer geistigen Absenz ins Wasser warf.[78] Die Leiche wurde danach nach Zürich zur Bestattung auf dem Unteren Friesenberg überführt. Dem kurzen Nachruf im *Israelitischen Wochenblatt* entnehmen wir, dass ein junges Frauenleben zu Grabe getragen worden sei, «die Schwester des Herrn Julius Brann, die nach kurzer Ehe mit Herrn Mayer in Biel einen frühen Tod gefunden hat. Der Beerdigung wohnten die Mitglieder der Familie und Freunde bei, alle sichtlich ergriffen von dem schmerzlichen Todesfall.»[79]

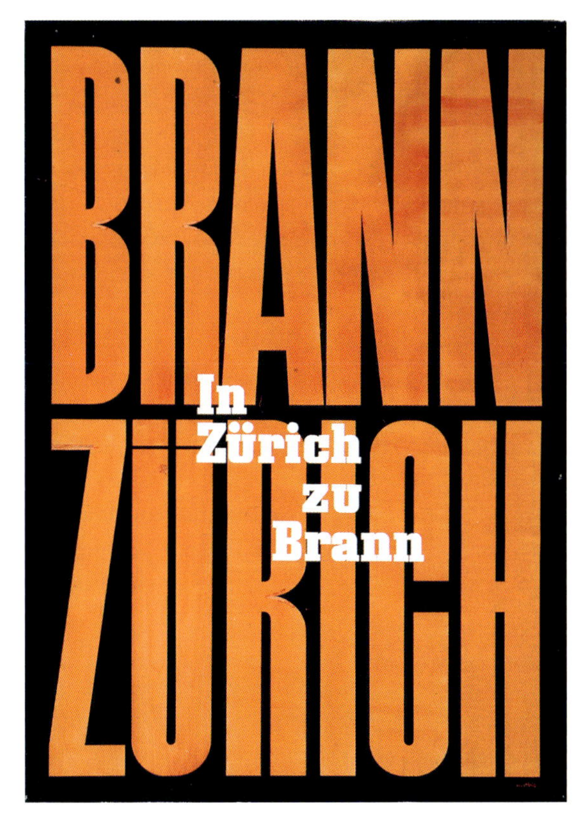

Abbildung 73: Warenhaus Brann. Werbeplakate von Joe Mathis aus den 1930er-Jahren.

Familiäre Bande und die Warenhäuser Mandowsky, Pilz und Universum

Im Kontrast zu Julius Branns wirtschaftlichem und materiellem Erfolg stand seine kinderlose Ehe mit Frida Mandowsky, die er 1904 in Bern geheiratet hat.[80] Sie war das einzige Kind des Warenhausbesitzers Adolf Mandowsky[81] und vermutlich auch eine entfernte Verwandte von Brann.[82] Die junge achtzehnjährige Frida musste sich ihrem Schicksal wohl ungefragt beugen, denn wie damals üblich und bis weit ins 20. Jahrhundert hinein wurden jüdische Ehen oft arrangiert und damit nicht selten auch geschäftliche Beziehungen und Verbindungen gestärkt.

Fridas Vater Adolf war der Besitzer des Warenhauses A. Mandowsky, das sich damals in Bern an der Marktgasse 6 befand. Verheiratet war er mit Rosalie, einer geborenen David, die ursprünglich aus dem hessischen Oppenheim stammte. Er selber kam aus Pless, einer Stadt in Preussen, wo es eine kleine jüdische Gemeinde gab. 1882 liess er sich mit seiner Frau in der Aarestadt nieder, und zusammen mit seinem Bruder Eduard eröffnete er im Juni 1886 ein Warenabzahlungsgeschäft, das sich «A. Mandowsky Nachfolger von J. Ittmann» nannte.[83] Ein paar Monate später konnte eine Zweigniederlassung im Neuquartier 38 in Biel eröffnet werden, die 1887 in den alleinigen Besitz von Bruder Eduard überging.[84] Vermutlich war Eduard mit seinem Warenabzahlungsgeschäft nicht ganz so ambitioniert wie dessen Bruder Adolf, von dem in den folgenden Jahren zahlreiche Filialeröffnungen im In- und Ausland, wie etwa in Genf, La Chaux-de-Fonds, St. Gallen, Zürich, Basel, Mülhausen im Elsass, in Freiburg i. Br. und Colmar, zu verzeichnen sind.[85]

Frida Mandowsky brachte somit etliche Warenhäuser und Abzahlungsgeschäfte mit in die Ehe, von denen beispielsweise jenes in Bern ab 1908 durch Übernahme in ein Warenhaus von Julius Brann transformiert wurde. Im selben Jahr erfolgte die Geschäftsaufgabe von Vater Adolf, da sowohl er als auch seine Frau nicht mehr bei bester Gesundheit waren. Man zog nach Zürich, um in der Nähe der Tochter und des Schwiegersohnes zu sein, zwei Jahre später verstarben beide innerhalb von wenigen Monaten, im Alter von 52 Jahren, nach langer und schwerer Krankheit.[86]

Zusammen mit seinem Schwiegervater Adolf hatte Julius Brann indes noch ein weiteres Kredit-Warenhaus betrieben, das unter dem Namen Kaufhaus Universum AG figurierte und in Zürich am Oberen Mühlesteg 6 und in Aussersihl an der Ecke Badenerstrasse/Stauffacherstrasse anzutreffen war.[87] Letzterer Standort wurde von Julius Brann bereits 1904 erbaut, wie dies der *Illustrierten schweizerischen Handwerker-Zeitung* zu entnehmen ist: «Ein neues grosses Warenhaus in Zürich ist im Bau begriffen und soll auf nächsten Frühjahr eröffnet werden. Die Firma Julius Brann ist nämlich die Erbauerin des Geschäftshauses, das unmittelbar am Eingang von Aussersihl an der Ecke Badenerstrasse-Stauffacherstrasse gebaut wird.»[88] 1905 eröffnete also Julius Brann ein weiteres grosses Warenhaus in Zürich. Dieses heute weitgehend unbekannte Warenhaus inserierte damals auch unter «Warenhaus zum Stauffacher» und ging dann spätestens 1923 in das Waren-Kredithaus Universum über (vgl. Abb. 41).[89]

Verwandtschaften zwischen den Familien Pilz, David, Brann und Ittmann

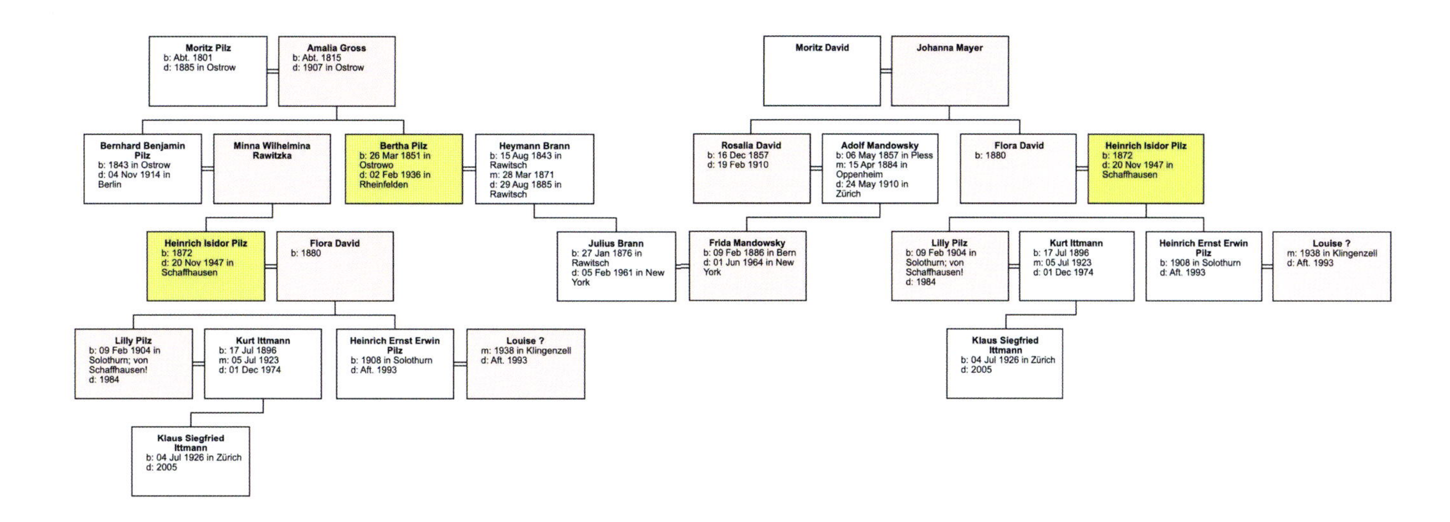

Abbildung 74: Julius Brann und sein familiäres Netzwerk. (Daniel Teichman)

Aus einer verwandtschaftlichen Verbindung heraus dürfte vermutlich auch das Solothurner Warenhaus Pilz hervorgegangen sein, auch wenn dies nicht detailliert verifiziert werden kann. Heinrich Isidor Pilz, der sich 1901 in Solothurn niederliess und zunächst als Geschäftsführer des an der Gurzelngasse 18 gelegenen Warenhauses Brann arbeitete, weist nicht nur den gleichen Namen, sondern auch den gleichen Geburtsort wie Julius Branns Mutter auf. Beide hiessen Pilz und kamen aus dem preussischen Ostrowo. Gut möglich also, dass Heinrich Isidor Pilz ein Grossonkel von Julius Brann gewesen war. Heinrich Isidors Tochter Lilly jedenfalls heiratete später Kurt Ittmann, die beide in Julius Branns Testament aufgeführt erscheinen. Auch deren Sohn Klaus wurde darin von ihm explizit als «sun of a cousin of mine» mit einer Summe von 5000 Dollar bedacht.[90] Jedoch könnte mit dieser Verbindung auch Julius Branns Frau Frida gemeint gewesen sein. Sie war eine Cousine ersten Grades von Lilly Pilz, beide besassen sie die gleichen Grosseltern: Moritz und Johanna David-Mayer. (vgl. Abb. 74)

Wie dem auch sei, Heinrich jedenfalls übernahm 1903 das solothurnische Warenhaus Brann und führte es als Magazine Heinrich Pilz bis 1919 weiter.[91] In diesem Jahr zog er samt seiner Familie nach Schaffhausen, wo sich bereits seit 1909 im Haus Zur Gloggen eine Filiale des pilzschen Betriebes – und das allererste Warenhaus Schaffhausens – befand. Im selben Jahr wechselte man vom «Gloggen» in den «Frühling», 1932 in den «Paradiesvogel» und den «Goldenen Stern». Der letzte Liegenschaftswechsel wurde bei den Gewerbetreibenden Schaffhausens mit Unmut zur Kenntnis genommen, weil die Veräusserung an die Epa erfolgte. Deren 1933 erfolgte Geschäftseröffnung schlug wie an anderen Orten auch hohe Wellen. Man beschuldigte Heinrich Pilz, «die Epa nach Schaffhausen gebracht zu haben». Im Kriegsjahr 1939 übernahm Sohn Erwin Pilz das Warenhaus. Doch die Ereignisse vor und während des Krieges wirkten sich ungünstig aus, die Geschäftsaufgabe erfolgte 1947.[92]

Abbildung 75: Die Magazine Heinrich Pilz im Haus Zur Gloggen (gegr. 1909) waren das erste Warenhaus Schaffhausens.

Warenhausdirektoren, Prokuristen und Else Lasker-Schüler

Die in den 1930er-Jahren in Zürich im Exil weilende Lyrikerin Else Lasker-Schüler schrieb in einem Brief: «Ich bin befreundet mit zwei Direktoren von Brann auch noch dazu seine Verwandten, grosse Gentleman. Die geben mir jeden Monat 100 Frc für die Miete. Ich muss hier im Hospiz bleiben leider und gern hätte ichs Ihnen erklärt. Ich sage Ihnen das nur weil Sie überzeugt sein sollen, wie nett beide sind. Ich mal dafür, da ich nichts annehme ungestraft zwei Bilder oder dem einem der Gedichte so liebt, schreibe ich Gedichte ab von mir.»[93]

Mit den beiden Direktoren sind die damals beim Warenhaus Brann in Zürich tätigen Kurt Ittmann und Hugo May gemeint. Die Verwandtschaft von

Letzterem zu Julius Brann ist allerdings nicht nachweisbar: Der ursprünglich aus Trier eingewanderte Kaufmann Hugo May (1887–1958) war der Sohn eines Thoraschreibers, kam 1912 zuerst nach Bern, wechselte danach für drei Jahre nach Lausanne und liess sich schliesslich in St. Gallen nieder, wo er Teilhaber der Firma May & Co., Konfektions-, Kurz- und Weisswarengeschäft war.[94] Der 1896 in Eppstein geborene, in Frankfurt am Main aufgewachsene und promovierte Jurist Kurt Ittmann hingegen dürfte tatsächlich mit Julius Brann verwandt gewesen sein, wenngleich sich diese familiäre Verbindung auch hier nicht mit letzter Gewissheit bestätigen lässt. Kurt war der Sohn von Siegfried und Laura Ittmann-Fischel, die eine Möbelfirma mit 26 Filialen in ganz Deutschland besassen. Geprägt haben ihn der Erste Weltkrieg, wo er verwundet wurde und in englische Gefangenschaft geriet. 1923 vermählte er sich in Schaffhausen mit Lilly Pilz, Tochter des bereits erwähnten Warenhausbesitzers Heinrich Isidor Pilz. Zunächst noch als kaufmännischer Angestellter in Breslau tätig, zog er 1925 nach Zürich, wo er als Leiter der Abteilung Statistik im Warenhaus Brann eine Arbeit fand. 1934 liess er sich im solothurnischen Hauenstein-Jfenthal einbürgern. Ittmann blieb auch weiterhin Angestellter des Warenhauses, als die Brann AG zur Oscar Weber AG mutierte. Kurt Ittmann verfasste selber lyrische Gedichte (*Liebe ist das Wunderbare*, 1946 im Oprecht-Verlag erschienen). Er war befreundet mit Erich Kästner, ein leidenschaftlicher Schachspieler und galt als sportlich.[95]

Die bei Lasker-Schüler prominent erwähnten Warenhausdirektoren May und Ittmann waren indes nicht die einzigen Kaderangestellten bei Brann, die deutsch-jüdischer Herkunft waren. So kamen die Direktoren Joachim Krotoschiner,[96] Arthur Fraenkel,[97] Emil Rawitscher[98] und Julius Borchardt[99] alle aus Berlin. Krotoschiner war mit Herta Barasch, Tochter von Georg Barasch, verheiratet, der zusammen mit seinem Bruder Arthur die bedeutende deutsche Warenhauskette Gebrüder Barasch führte.[100] Werner Barasch schrieb in seiner 2001 verfassten Autobiografie *Entronnen*, dass sein Vetter Joachim «Manager einer der führenden Zürcher Warenhäuser» war und es diesem noch gelang, «mit seiner Familie auf der Schweizer Quote nach Amerika auszuwandern, als Hitler überall siegte und die Zukunft Europas sehr düster aussah».[101]

Indes war Norbert Kaufmann, der 1908 bei Brann eintrat und eine Karriere vom kaufmännischen Angestellten bis zum Geschäftsführer der Warenhäuser in Rorschach, Zürich und St. Gallen durchlief, aus dem preussischen Cornelimünster.[102] Der 1912 in Zürich niedergelassene Friedrich Bachenheimer hingegen kam aus Erfurt.[103] Direktor May nannte ihn den «Kälberjud».[104] Vorerst noch als Rayonchef angestellt, konnte er sich später zum Direktor emporarbeiten.[105] Während Krotoschiner, wie erwähnt, aber auch Fraenkel bei Ausbruch des Zweiten Weltkriegs nach Amerika emigrierten, verblieben noch Bachenheimer und May nach Branns Wegzug in der Direktion.[106] Ein anderes Schicksal ereilte den ab 1923 in Zürich niedergelassenen Julius Borchardt, dessen Aufenthaltsbewilligung 1942 nicht mehr verlängert wurde und der am 7. Juli 1942 als Staatenloser aus der Schweiz ausgebürgert wurde. Die Meldekarte vermerkte, dass er am 21. Juni 1943 verstorben sei. Was genau mit ihm geschah, ist ungewiss.[107]

Abbildung 76: Warenhausdirektor Kurt Ittmann mit seiner Frau Lilly, geb. Pilz und Sohn Klaus, Zürich, 1938.

Vorboten des Zweiten Weltkriegs und Emigration in die USA

1936 konnte Julius Brann mit seinem Warenhaus das 40-Jahr-Jubiläum feiern. Noch immer war er leidenschaftlicher Geschäftsführer des Konzerns, «die Arbeit sei seine höchste Freude», und als Delegierter des Verwaltungsrates amtierte er «mit dem gleichen jugendlichen, ungebrochenen Eifer wie vor 40 Jahren», schrieb das *Israelitische Wochenblatt*.[108] Der nunmehr 60-Jährige konnte auf eine erfolgreiche berufliche Karriere zurückblicken: Mit bescheidenen Mitteln hatte er das erste Warenhaus der Schweiz gegründet und es in den darauffolgenden Jahrzehnten zu einem blühenden Unternehmen gemacht, das im Jubiläumsjahr die grösste Einkäuferin auf dem Schweizer Markt gewesen war und gegen tausend Personen beschäftigte. Ebenfalls bestand eine ansehnliche Fürsorgeeinrichtung. Seit 1931 fungierte ein enormes Lagerhaus in der «Binz» als zentrale Einkaufstelle.[109]

Doch die politische Lage in der Schweiz hatte sich längst zugespitzt. Die Aktionen der «Fronten» gegen die Juden in der Schweiz waren auch für Julius Brann spürbar und unangenehm, auch an seinem Warenhaus klebten Zettel mit «Kauf nicht bei Juden». Mit seinem Warenhauskonzern Julius Brann AG bot er bereits durch die Gründung der Epa und Mika sowie überhaupt als jüdischer Warenhausbesitzer eine ideale Plattform für antisemitische Anfeindungen. Brann hatte allen Grund, sich bedroht zu fühlen, und die Machtaspiration der Nationalsozialisten nahm auch in der Schweiz zu. Als in Zürich deutsche Diplomaten in grossen schwarzen Wagen mit Hakenkreuzflaggen an den Seitenfenstern herumfuhren, fürchteten Juden, die Schweiz könnte ihre «Neutralität» aufgeben.[110]

Zudem war Brann durch seine Beteiligungen an den ausländischen Einheitspreisgeschäften in Spanien und in der Tschechoslowakei noch viel stärker mit einem unverhohlenen und direkten Antisemitismus konfrontiert. Bereits 1935 kam das Warenhaus Sepu in Spanien unter Beschuss der faschistischen Falange, die neben einer allgemeinen verbalen Anti-Warenhaus-Kampagne auch die Filiale in Madrid mit einer «Razzia» überfiel.[111] Und nachdem der tschechische Präsident Emil Hácha auf Druck Adolf Hitlers am 15. März 1939 in Berlin seine eigene Abdankung unterschrieben und damit den Weg zum Zweiten Weltkrieg geebnet hatte, war auch die Jepa bedroht. Im Zuge der nationalsozialistischen Verfolgungen wurde auch das Warenhaus in Prag samt seinen Verkaufsstellen in Brünn, Teplitz und Aussig 1940 «arisiert».[112] Durch seine Geschäftstätigkeiten im In- und Ausland war Julius Brann mehr als andere Juden in der Schweiz unmittelbar von der sich anbahnenden Katastrophe betroffen. Doch nicht nur das: Nach der Machtübernahme Adolf Hitlers im März 1933 waren seine noch in Berlin befindlichen Familienangehörigen vor den Nationalsozialisten auf der Flucht. Julius Brann vernahm die schrecklichen Ereignisse, die sich in Deutschland abspielten, nicht nur vom Hörensagen oder durch Medien, sondern erfuhr von den Repressionen und Verfolgungen gegen die Juden ohne Umwege und auf direktem Weg von seinen eigenen Verwandten. Diese Situation, die ihn unmittelbar betraf, dürfte ihm vermutlich einiges abverlangt haben, denn mittlerweile war er vermögend, einflussreich und Schweizer Bürger.[113]

Mit viel Mühe und unter Drängen, schrieb das *Israelitische Wochenblatt*, gelang es Julius Brann 1935 seine verwitwete Mutter Bertha aus den «unruhigen Verhältnissen in Deutschland» in die Schweiz zu holen, wo sie nur ein paar Monate später in Rheinfelden verstarb.[114] Seine ältere Schwester Regina Prinz, die als Begleitung von Mutter Bertha ebenfalls in die Schweiz geflüchtet war, wohnte nach deren Tod im aargauischen Baden und emigrierte im Oktober 1938 nach Südafrika, wo sie 1943 verstarb.[115] Ihrem Sohn Herbert, den Julius als seinen Neffen als Filialleiter im bereits erwähnten Prager Jepa-Warenhaus eingesetzt hatte, gelang die Flucht aus der besetzten Tschechoslowakei nicht mehr rechtzeitig. Vergeblich stellte er ein Gesuch an die Prager Polizei, datiert vom 6. Dezember 1939, um nach Shanghai auszuwandern. Er wurde am 4. Dezember 1941 von Prag ins Konzentrationslager Terezin (Theresienstadt) transportiert, am 29. September 1944 weiter nach Auschwitz, wo er ermordet wurde.[116]

Von Berlin über Meran in Italien und ebenfalls in den Aargau nach Baden flohen 1938 Julius' jüngerer Bruder und dessen Frau, Martin und Hedwig Brann-Pincuss, wo sie als Staatenlose bis nach dem Krieg ausharrten und festsassen.[117] Hedwig Brann starb 1947 in Baden, Bruder Martin Brann emigrierte ein Jahr später nach New York, wo er 1950 verstarb. Henry Walter Brann, deren Sohn, der als Schriftsteller und Professor für Philosophie seine Stelle aufgrund der antijüdischen Gesetze in Berlin verlor, floh bereits 1935 zusammen mit seiner Frau Doris Cohn nach Frankreich. In Paris kam zwei Jahre danach das einzige Kind, Tochter Eliane Juliette Bros-Brann, zur Welt, die später Do-

Abbildung 77: Gesuch von Hedwig und Martin Brann-Pincuss um einen Nansen-Ausweis. Das Ehepaar floh 1938 aus Berlin in die Schweiz nach Baden AG.

8. Dans quel ut demandez-vous un certificat d'identité ou Nansen?
Zu welchem Zweck benötigen Sie das nachgesuchte Ausweispapier? Für die Ausreise nach New York
A quale scopo chiedete il certificato d'identità?
pour ceux qui veulent émigrer: — wenn Auswanderungsabsicht: — per coloro che vogliono emigrare:
quelles démarches en vue de votre émigration avez-vous faites jusqu'à ce jour? — welche Bemühungen zur Ermöglichung der Auswanderung haben Sie bisher unternommen? — quali passi avete fatto finora per poter emigrare?
Beim Amerik. Generalkonsulat in Zürich, das auch von Julius Brann für mich ein Affidavit erhalten hat.
Avez-vous ou êtes-vous sur le point d'obtenir l'assurance de pouvoir entrer dans un autre pays et quel est ce pays?
Ist Ihnen die Einreise in ein anderes Land zugesichert oder steht eine solche Zusicherung bevor und für welches Land? U.S.A.
V'è stato assicurato o state per ottenere l'assicurazione che potrete entrare in un altro paese e se sì, in quale?
quand pourrez-vous probablement émigrer *(production de pièces à l'appui)*?
Wann wird die Auswanderung voraussichtlich stattfinden können *(Belege beifügen)*? Noch unbekannt, es kann jetzt plötzlich so weit sein!
Quando potrete probabilmente emigrare *(annettere i documenti giustificativi)*?

Signalement: — Signalement: — Indicazioni personali:

Grandeur et taille: / Grösse und Gestalt: / Altezza e figura: 152½ cm, schlank
Cheveux: / Haare: / Capelli: ~~braun~~, ergrauend
Yeux: / Augen: / Occhi: braun
Nez: / Nase: / Naso: gebogen
Visage: / Gesicht: / Viso: oval
Signes particuliers: / Besondere Kennzeichen: / Segni particolari: Keine

Photographie (agrafer une deuxième photographie)
Photographie (eine zweite Photographie beiheften)
Fotografia (attaccare una seconda fotografia)

Signature du requérant: — Unterschrift des Bewerbers: — Firma del richiedente:

Frau Hedwig Brann.

Légalisation du signalement, de la photographie et de la signature du requérant (par une autorité du canton, du district ou de la commune): — **Beglaubigung von Signalement, Photographie und Unterschrift des Bewerbers** (durch eine kantonale, Bezirks- oder Gemeindebehörde): — **Legalizzazione delle indicazioni personali, della fotografia e della firma del richiedente** (da parte di un'autorità cantonale, distrettuale o comunale):

B a d e n, den 8. April 1946.

Kantonspolizei
Bez.-Unteroffizier
BADEN, Schweiz

A remplir par l'autorité cantonale: — Von der kantonalen Behörde auszufüllen:
Da riempirsi da parte dell'autorità cantonale:

Proposition d'admission ou de rejet de la présente demande (avec motifs): / Antrag zum umstehenden Gesuch (mit Begründung): / Proposta d'ammissione o di rigetto della presente domanda (coi motivi): Entsprechung
Pour quelle durée le certificat devrait-il être établi? / Für welche Dauer sollte der Ausweis ausgestellt werden? / Per quale durata dovrebbe essere rilasciato il certificato? Für 1 Jahr
Le requérant est-il au bénéfice d'une tolérance dans votre canton? / Besitzt der Bewerber Toleranzbewilligung in Ihrem Kanton? / Il richiedente possiede un permesso di tolleranza nel vostro Cantone? Ja
Depuis quand et jusqu'à quand? / Seit wann und bis wann? / Da quando e fino a quando? 1940 bis heute
Depuis quand le requérant réside-t-il en permanence en Suisse? / Seit wann hält sich der Bewerber dauernd in der Schweiz auf? / Da quale data il richiedente risiede permanentamente in Isvizzera? 18. Sept. 1938
Recommandez-vous l'établissement gratuit du certificat pour cause d'indigence du requérant? / Wird unentgeltliche Ausstellung des Ausweises wegen Bedürftigkeit empfohlen? / Raccomandate il rilascio gratuito del certificato a causa dell'indigenza del richiedente? Nein
Papiers et autres pièces à l'appui joints à la présente demande: / Beiliegende Ausweispapiere und andere Belege des Bewerbers: / Documenti e altri atti giustificativi annessi alla presente domanda: keine
Pièces à l'appui produites à l'autorité soussignée, mais non annexées à la présente demande: / Der unterzeichneten Behörde vorgewiesene (hier nicht beigefügte) Belege: / Documenti giustificativi presentati alla sottoscritta autorità ma non allegati alla presente domanda: keine

anbei 2 Photos

Lieu, date — Ort, Datum — Luogo, data
Sceau et signature — Stempel und Unterschrift — Sigillo e firma

Baden, den 8. April 1946 Frau Hedwig Brann.
Gartenstrasse 4 Aarau, 9.4.1946. Kantonale Fremdenpolizei:

zentin an der Sorbonne wird und die sich rückblickend an ihre Flucht in die USA erinnert, die man dem grosszügigen «Onkel» Brann zu verdanken hatte, der mittlerweile an der Park Avenue in New York lebte und sich drei europäische Bedienstete leisten konnte.[118]

Nicht immer konnte oder wollte Julius Brann mit Blick auf die Nachkriegszeit seinen Angehörigen helfen. «Infolge eines heute von meinem Bruder aus New York erhaltenen Schreibens sollen wir bis auf Weiteres und wahrscheinlich bis zu unserem Lebensende in der Schweiz bleiben», schrieb Bruder Martin Brann am 1. Mai 1946 etwas pessimistisch an die kantonale Fremden-

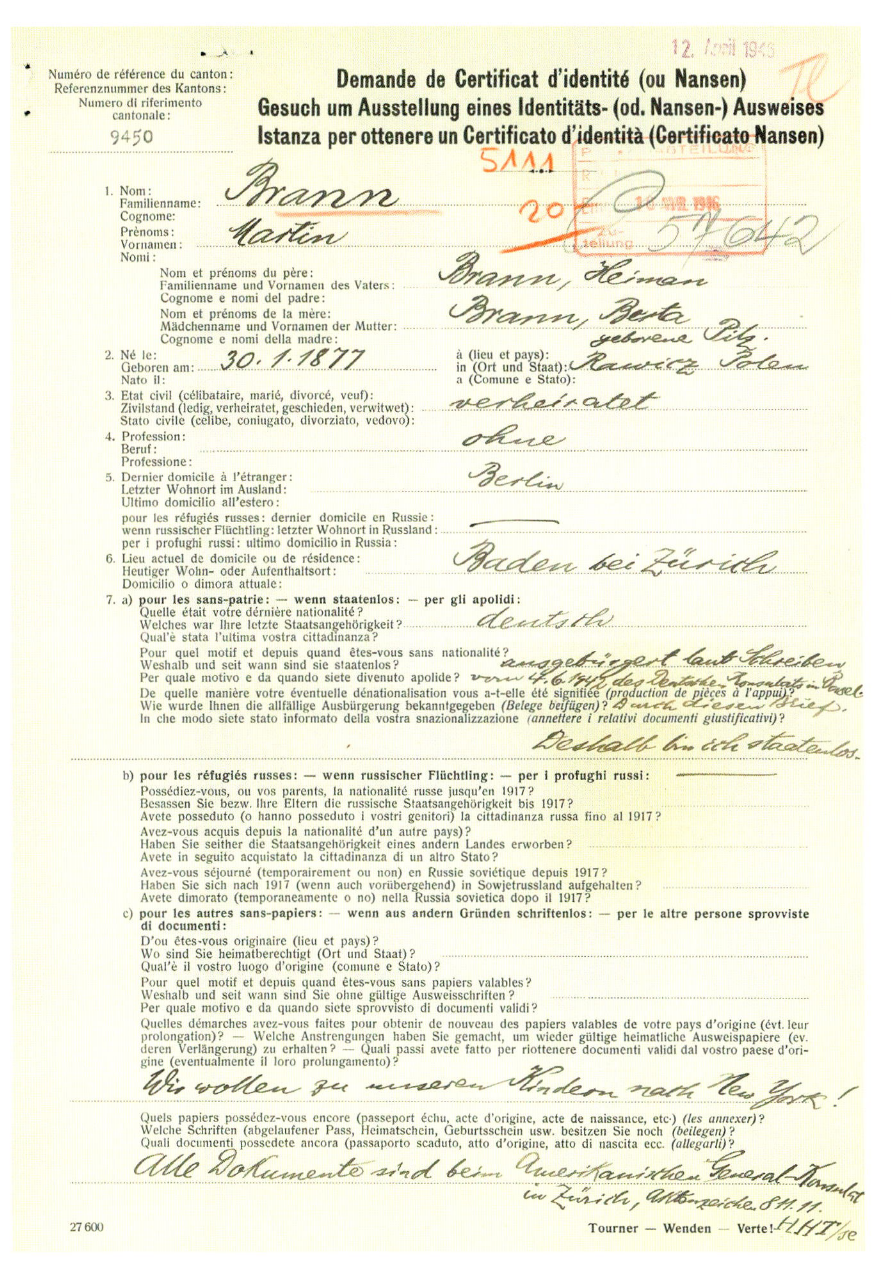

12. April 1946

Numéro de référence du canton:
Referenznummer des Kantons:
Numero di riferimento cantonale:
9450

Demande de Certificat d'identité (ou Nansen)
Gesuch um Ausstellung eines Identitäts- (od. Nansen-) Ausweises
Istanza per ottenere un Certificato d'identità (Certificato Nansen)

5111

20

57642

1. Nom: / Familienname: / Cognome: Brann
Prènoms: / Vornamen: / Nomi: Martin
Nom et prénoms du père: / Familienname und Vornamen des Vaters: / Cognome e nomi del padre: Brann, Heiman
Nom et prénoms de la mère: / Mädchenname und Vornamen der Mutter: / Cognome e nomi della madre: Brann, Berta geborene Pilz.
2. Né le: / Geboren am: / Nato il: 30. 1. 1877 — à (lieu et pays): / in (Ort und Staat): / a (Comune e Stato): Rawicz Polen
3. Etat civil (célibataire, marié, divorcé, veuf): / Zivilstand (ledig, verheiratet, geschieden, verwitwet): / Stato civile (celibe, coniugato, divorziato, vedovo): verheiratet
4. Profession: / Beruf: / Professione: ohne
5. Dernier domicile à l'étranger: / Letzter Wohnort im Ausland: / Ultimo domicilio all'estero: Berlin
pour les réfugiés russes: dernier domicile en Russie: / wenn russischer Flüchtling: letzter Wohnort in Russland: / per i profughi russi: ultimo domicilio in Russia: —
6. Lieu actuel de domicile ou de résidence: / Heutiger Wohn- oder Aufenthaltsort: / Domicilio o dimora attuale: Baden bei Zürich
7. a) **pour les sans-patrie: — wenn staatenlos: — per gli apolidi:**
Quelle était votre dérnière nationalité? / Welches war Ihre letzte Staatsangehörigkeit? / Qual'è stata l'ultima vostra cittadinanza? deutsch
Pour quel motif et depuis quand êtes-vous sans nationalité? / Weshalb und seit wann sind sie staatenlos? / Per quale motivo e da quando siete divenuto apolide? ausgebürgert laut Schreiben vom 4.6.1942 des Deutschen Konsulats in Basel.
De quelle manière votre éventuelle dénationalisation vous a-t-elle été signifiée *(production de pièces à l'appui)*? / Wie wurde Ihnen die allfällige Ausbürgerung bekanntgegeben *(Belege beifügen)*? / In che modo siete stato informato della vostra snazionalizzazione *(annettere i relativi documenti giustificativi)*? Durch diesen Brief. Deshalb bin ich staatenlos.

b) **pour les réfugiés russes: — wenn russischer Flüchtling: — per i profughi russi:** —
Possédiez-vous, ou vos parents, la nationalité russe jusqu'en 1917? / Besassen Sie bezw. Ihre Eltern die russische Staatsangehörigkeit bis 1917? / Avete posseduto (o hanno posseduto i vostri genitori) la cittadinanza russa fino al 1917?
Avez-vous acquis depuis la nationalité d'un autre pays)? / Haben Sie seither die Staatsangehörigkeit eines andern Landes erworben? / Avete in seguito acquistato la cittadinanza di un altro Stato?
Avez-vous séjourné (temporairement ou non) en Russie soviétique depuis 1917? / Haben Sie sich nach 1917 (wenn auch vorübergehend) in Sowjetrussland aufgehalten? / Avete dimorato (temporaneamente o no) nella Russia sovietica dopo il 1917?

c) **pour les autres sans-papiers: — wenn aus andern Gründen schriftenlos: — per le altre persone sprovviste di documenti:**
D'ou êtes-vous originaire (lieu et pays)? / Wo sind Sie heimatberechtigt (Ort und Staat)? / Qual'è il vostro luogo d'origine (comune e Stato)?
Pour quel motif et depuis quand êtes-vous sans papiers valables? / Weshalb und seit wann sind Sie ohne gültige Ausweisschriften? / Per quale motivo e da quando siete sprovvisto di documenti validi?
Quelles démarches avez-vous faites pour obtenir de nouveau des papiers valables de votre pays d'origine (évt. leur prolongation)? — Welche Anstrengungen haben Sie gemacht, um wieder gültige heimatliche Ausweispapiere (ev. deren Verlängerung) zu erhalten? — Quali passi avete fatto per riottenere documenti validi dal vostro paese d'origine (eventualmente il loro prolungamento)?
Wir wollen zu unseren Kindern nach New York!

Quels papiers possédez-vous encore (passeport échu, acte d'origine, acte de naissance, etc·) *(les annexer)*? / Welche Schriften (abgelaufener Pass, Heimatschein, Geburtsschein usw. besitzen Sie noch *(beilegen)*? / Quali documenti possedete ancora (passaporto scaduto, atto d'origine, atto di nascita ecc. *(allegarli)*?
Alle Dokumente sind beim Amerikanischen General-Konsulat in Zürich, Aktenzeichen 8H.11.

27 600 — **Tourner — Wenden — Verte!** HHT/se

polizei in Aarau.[119] Seine älteste Schwester Paula, die bereits seit Jahrzehnten verwitwet war und die sich vermutlich bis zuletzt in Berlin um Mutter Bertha gekümmert hatte, war damals kurz zuvor verstorben. Ihre Tochter und deren Mann, Gertrude und Paul Ebstein-Guttmann, flohen nach der Machtergreifung Hitlers im März 1933 ebenfalls nach Zürich. Im Dezember 1941 stellten sie bei der Fremdenpolizei Zürichs den Antrag auf schweizerische Ausländerpässe, um in die USA auszuwandern, was ihnen zu dem Zeitpunkt nicht mehr gelang. Erst nach dem Krieg, vermutlich 1946, konnten sie in die USA emigrieren, wo sie sich fortan Goodman nannten.[120]

1939, als der Zweite Weltkrieg ausbrach, zog sich Julius Brann selber gezielt zurück. Er veräusserte sein Lebenswerk an den damaligen Verwaltungsratspräsidenten Oscar Weber[121] und schied auch als Verwaltungsrat aller seiner Firmen aus.[122] Dies betraf nicht nur die Brann AG, sondern auch seine Beteiligungen am Warenkredithaus Universum und der Au Bon Genie in Bern. Zusammen mit seiner Frau Frida verliess er die Schweiz, ein Land, das ihnen für die Hälfte ihres Lebens eine neue Heimat geworden war, und emigrierte in die USA.

Die Übernahme der damals grössten Warenhauskette in der Schweiz erfolgte still und leise, in den Wirren des Krieges nahm davon kaum jemand Notiz. Erst zwei Jahre später fand der offizielle Namenswechsel statt, indem die Brann AG in Oscar Weber AG umbenannt wurde.[123] Einige Zeitungsartikel konnten sich damals die bissige Bemerkung nicht verkneifen, dass das Warenhaus nun ein «christliches» oder gar «arisches» geworden sei.[124]

Ziehsohn und Geschäftspartner: Frank Bruce (Brauchbar)

In den USA verfolgte Julius Brann die Idee der Einheitspreisgeschäfte weiter.[125] Zusammen mit Frank Bruce eröffnete er in New Rochelle und in Hazleton einen Bon-Ton Department Store, wobei sich Julius Brann vor allem als Geldgeber beziehungsweise stiller Teilhaber daran beteiligt haben dürfte. Am 19. September 1940 eröffneten die beiden an der 222 North Avenue in New Rochelle einen ersten Laden unter dem Namen Frank Bruce Co.[126] Später finden sich auch Inserate mit dem Firmennamen Bruces's «Bon Ton» Department Store.[127] 1941 erwarben sie mit dem von Jacob Grumbacher gegründeten Bon-Ton Department Store an der 126–136 West Broad Street in Hazleton ein weiteres Geschäft.[128] Das im Staat Pennsylvania gelegene Hazleton prosperierte. Aufgrund reichen Vorkommens an Anthrazitkohle erlebte die Stadt einen rasanten Bevölkerungsaufschwung, vor allem auch durch zugezogene Kohleminenarbeiter, und erlebte just 1940 ihren Höhepunkt.

In Frank Bruce (1909–2002) dürfte der kinderlose Julius Brann für eine bestimmte Zeit einen «Ziehsohn» gesehen haben, ihre Wege hatten sich ungefähr Ende der 1920er-Jahre gekreuzt. Franz Max Brauchbar, wie er ursprünglich hiess, war das zweitälteste Kind von Edmund und Olga Sara Brauchbar-Tritsch, die 1897 aus Wien nach Zürich emigriert waren.[129] Vater Edmund arbeitete vorerst als Commis bei der damaligen Firma Königsberger, Schimmelburg & Co.,[130] bis er 1912 Partner der neuen Firma Abraham, Brauchbar & Cie. wurde, die sich in der Folge zu einem der bedeutendsten Seiden-Engrosgeschäfte der Schweiz entwickeln sollte. Den Memoiren Walter Ullmanns ist zu entnehmen, dass es sich dabei um ein für jene Zeit typisch «jüdisches» Familienunternehmen handelte und man in den oberen Rängen kaum «Schweizerdeutsch» zu hören bekam. Die Geschäftsführer der Firma ABC (wie ihre Abkürzung hiess) seien enorm tüchtig, initiativ, aber auch pedantisch und sparsam gewesen, so sparsam, dass wer unnötig das Licht brennen liess, zu hören bekam: «machen sie doch das Licht aus, wir gehen ja sonst Pleite». Auch fast runtergespitzte Bleistifte soll man jeweils heimlich noch einem der

Abbildung 78: Hochzeit von Frank Bruce (Brauchbar) mit Marion Steinharter, 1942 in New York. Unter der illustren Gästeschar sind auch Julius und Frida Brann-Mandowsky zu finden. Vordere Reihe (sitzend) von links: N. N., Lina Steinharter (Grossmutter von Marion Bruce), Marion Bruce-Steinharter, Frank Bruce, N. N., N. N. Mittlere Reihe (stehend), von links: N. N., Paul Steinharter (Cousin Marion Bruce), Margit Steinharter (Schwester von Marion Bruce), Edmund Brauchbar (Vater von Frank Bruce), Alice Steinharter (Mutter von Marion Bruce), Sigwart Steinharter (Vater von Marion Bruce), Olga Brauchbar (Mutter von Frank Bruce), N. N., Frida Brann-Mandowsky (Frau von Julius Brann), Ernst Wertheimer (Schwager v. Frank Bruce), Dela Wertheimer (Schwester von Frank Bruce), Julius Brann, N. N. Hintere Reihe (stehend, die drei grossen Männer), von links: Walter Steinharter (Cousin von Marion Bruce), Ferdi Bruce (Bruder von Frank Bruce), N. N.

Geschäftsführer auf den Schreibtisch gelegt haben – er würde diese ganz bestimmt noch zu Ende gebrauchen.[131]

Die Firma ABC besass damals neben Paris auch eine Filiale in Lyon, wohin man Frank für ein paar Jahre sandte. An Lyon, eine pulsierende und wichtige Handelsstadt für Seide, erinnert sich auch der Schriftsteller Joseph Roth, der 1925 eine Reise dahin unternahm: «An einem Sonntagnachmittag kam ich nach Lyon. Diese Stadt liegt an der Grenze zwischen dem Norden und dem Süden Europas. Es ist eine Stadt der Mitte. Dem nördlichen Ernst und dem nördlichen Zielbewusstsein ebenso hingegeben wie der Ungezwungenheit des

Südens, lächelt sie und arbeitet. […] Man fabriziert in dieser Stadt Seide. Das Geschäftsviertel erinnert überall an dieses Produkt. Alle Schilder sprechen von Seide. In allen Schaufenstern sieht man Seide. Alle Frauen tragen Seide, auch die arbeitenden und unbemittelten. […] Ein Schimmer von dem festlichen Produkt fällt auf die Menschen, die es beschäftigt. […] Wenn jemand zwanzig Jahre leuchtende, schimmernde, bunte Regenbogenfäden knüpft, ist seine Seele heiter, seine Hand zärtlich, und sein Hirn denkt tröstliche Gedanken.»[132]

Während sein ein Jahr älterer und erstgeborener Bruder Rudolf in die Firma seines Vaters einsteigen konnte, erhielt Frank Bruce nach seinen Lehr- und Wanderjahren in Lyon eine Anstellung im Zürcher Warenhaus von Julius Brann.[133] 1932 beteiligte er sich zusammen mit seinem Vater Edmund Brauchbar und dessen Geschäftspartner Erwin Stiebel[134] an dem von Julius Brann initiierten modernen Einheitspreisgeschäft Jepa AG in der Tschechoslowakei und zog darauf als 23-jähriger Geschäftsführer nach Prag.[135] Es waren für ihn die jungen und schönen Jahre, die nach sechs Jahren mit dem Abkommen von München und der Usurpation durch Hitler ein abruptes Ende nahmen. Gerade noch rechtzeitig konnte er das Land verlassen und emigrierte im September 1938 über England in die USA. Sein einziges Hab und Gut waren acht Herrenanzüge, wie man sich erinnert, die er beim damals besten Schneider und Herrenausstatter der Stadt, der Firma Knize, hatte massanfertigen lassen.[136] Auch seine Eltern, Edmund und Olga Brauchbar-Tritsch, verliessen bei Ausbruch des Zweiten Weltkriegs Zürich und emigrierten in die USA. Sie waren übrigens mit James Joyce befreundet gewesen. Vater Edmund nahm bei Joyce Englischstunden, um diesen in seinem Exil in Zürich finanziell zu unterstützen.[137]

In New York lernte Frank Bruce die aus einer wohlhabenden Familie stammende Marion Steinharter (1918–2003) kennen, mit der er sich 1942 vermählte. Marion war die Tochter von Sigwart und Alice Steinharter, die 1937 ebenfalls vor den Nationalsozialisten aus München geflohen und in die USA emigriert waren.[138] Ihrem Vater, sowie dessen Bruder Paul, gehörte das zweitgrösste Futtermittelwerk Deutschlands, das Felmochinger Melassewerk, das vor 1933 ein grosser Arbeitgeber und Abnehmer landwirtschaftlicher Produkte aus Feldmoching gewesen war. Die beiden enteigneten Brüder Steinharter verloren damals nicht nur ihre Heimat, sondern auch den Grossteil ihres Vermögens. In den USA wurden sie zu amerikanischen Staatsbürgern. Ihre damals 81-jährige Mutter, Lina Steinharter, konnte noch am 18. August 1941 mit dem Schiff Exeter zu ihren Söhnen nach New York entfliehen.[139]

Marion und Frank Bruce lebten zunächst in einem geräumigen Haus in Purchase NY, später zogen sie nach Scarsdale, ein Viertel, das nicht nur für seine sehr hohe Dichte an jüdischen Bewohnern, sondern zudem für ein hervorragendes Schulbildungssystem bekannt geworden war. Sie akkulturierten sich schnell in ihrer neuen Heimat. «Deutsch» mochte man nicht mehr gerne sprechen, weshalb man davon absah, nur mit anderen aus der Schweiz oder Deutschland geflohenen Juden Bekanntschaften zu pflegen, sondern sich schnell einen amerikanischen Freundeskreis aufbaute. Die jüdisch-schweizerische Congregation wiederum war eine Art Club, man traf sich zum Essen und

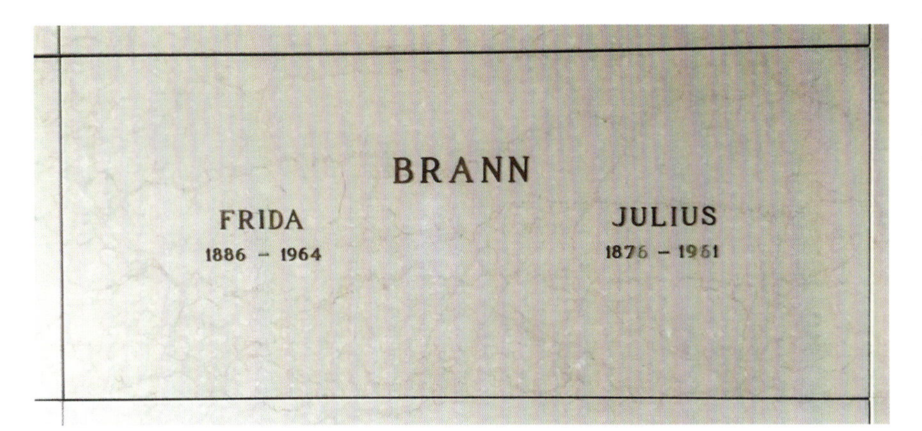

Abbildung 79: Die letzte Ruhestätte von Julius und Frida Brann: Ferncliff Mausoleum auf dem Ferncliff Cemetery in Hartsdale NY.

spielte Bridge.[140] Beide waren sie sportlich, spielten Golf, waren im Golfclub. 1959 liess sich Frank Bruce in den USA naturalisieren. Doch bereits ein paar Jahre später kehrte er in seine alte Heimat, die Schweiz, zurück. Die Bon-Ton-Geschäfte liefen bereits seit längerem nicht mehr gut.[141] Und als Julius Brann starb, liquidierte er das serbelnde Warenhausgeschäft und zog mit seiner Familie zurück in die Schweiz, vorerst nach Bern, wo er Karl Schweri dabei half, die Simon-Läden in Denner-Satelliten umzumodeln und eine Eigenmarke für Denner aufzubauen.[142]

Obschon Julius Brann 1939 sein Lebenswerk, die Brann AG, verkaufte und in die USA emigrierte, hatte er hierzulande noch nicht alle seine Zelte abgebrochen. Seine 1922 erworbene Villa an der Schneckenmannstrasse 22 in Zürich wechselte den Besitzer erst nach dem Krieg.[143] Und auch Zeitzeugen erinnern sich daran, dass er danach jeweils ein- oder zweimal pro Jahr die Schweiz besuchen kam. So etwa Carlo Goetschel, der damals als junger Mann eine Lehre bei American Express absolvierte und dem Julius Brann anlässlich eines Besuches hundert Franken schenkte. In dessen Gedächtnis hat sich von Julius Brann ein Bild eines beliebten und dynamischen Mannes, einer schillernden Figur und eines grossen Unternehmers eingeprägt.[144] Er sei auch sehr temperamentvoll und intelligent gewesen, mag sich eine ebenfalls nach New York ausgewanderte Zeitzeugin erinnern.[145]

In den USA jedoch sollte Julius Brann ein weiteres grosses Werk nicht mehr gelingen. Er war in die reiferen Jahre gekommen, die Bon-Ton-Warenhäuser verloren an Dynamik. Gegen Ende sei er im Büro in Manhattan nur noch aufgekreuzt, um seine Post zu besorgen.[146] Und vermutlich haben ihn auch die etwas bitteren Erinnerungen an das Ende seiner erfolgreichen Tätigkeiten in der Schweiz nie mehr ganz losgelassen.

Julius Brann verstarb am 5. Februar 1961 im Alter von 85 Jahren in New York. Im *Israelitischen Wochenblatt* wurden dazu folgende Zeilen abgedruckt: «New York. Im hohen Alter von 85 Jahren ist Julius Brann gestorben, der ehemals in der Schweiz als Gründer von Warenhäusern eine bedeutende Rolle spielte. So gründete er die bekannten Unternehmen in Zürich und Bern und später die EPA. Julius Brann war bekannt und beliebt als vorbildlicher Kaufmann und Arbeitgeber. Die Entwicklung in der Hitlerzeit veranlasste ihn, sein Unternehmen an die Firma Oscar Weber zu verkaufen und noch vor dem Zweiten Weltkrieg nach Nordamerika auszuwandern. Noch heute erinnert man sich in der Schweiz gerne an diesen beliebten Grosskaufmann.»[147] Seine Frau Frida folgte ihm drei Jahre später und verstarb am 1. Juni 1964.[148] Beide sind sie im Ferncliff Mausoleum auf dem Ferncliff Cemetery in Hartsdale NY begraben.

7 *Der Familienbetrieb partout: Die Gebrüder Loeb und das Warenhaus Loeb*

Damals, im Frühjahr des Jahres 1899, sass Moses Loeb *der Zweite* auf der kleinen Schanze in Bern. Er sei, so erinnerte sich eine ehemalige Verkäuferin des Warenhauses Loeb sechzig Jahre später, völlig in die Betrachtung der Schneeberge und der Schönheit der Stadt Bern versunken gewesen.[1] Man kann nur mutmassen, welche Gedanken der damals 84-jährige Urvater und Patriarch des Warenhauses Loeb Revue passieren liess. Im März desselben Jahres war das von seinen Söhnen und Enkeln ins Leben gerufene erste moderne Warenhaus in Bern eröffnet worden. Mehrere Stockwerke, ein Lichthof sowie eine Glasfassade mit grossen Fenstern prägten den Bau. Ein Kundenlift, eine elektrische Kasse und eine Fülle an Waren auf jeder Etage so weit das Auge reichte. Dies alles hatte er sich von seinem ältesten Sohn David zeigen lassen, der ihn durch die Räumlichkeiten des Warenhauses führte.[2] In seinem Leben hatte er schon viele Stationen durchlaufen und eine lange und abwechslungsreiche Wegstrecke zurückgelegt. Er durchwanderte ein ganzes Jahrhundert, das von Auf- und Umbruch, von Abwanderung, Urbanisierung und Industrialisierung geprägt war. Als Jude erlebte er die rechtliche Gleichstellung, die Freizügigkeit, die ihm erlaubte, samt seiner Familie von einem kleinen ländlichen Dorf in die Stadt zu ziehen, um für sich und seine Nachkommen ein besseres Leben anzufangen. Er wurde Zeuge des bürgerlichen Lebensstils seiner Söhne und Töchter. Schon längst war er kein Handelsmann mehr, sondern nannte sich stolz «Privatier». Die Welt, auf die er damals am Fin de Siècle zurückschaute, war zweifelsohne eine andere geworden.

Urvater Moses Loeb der Zweite aus Nieder-Wiesen

Moses Loeb der Zweite war der Sohn von Moses Loeb dem Ersten, der am Sonntag des 24. März 1850 seine neunzehn Jahre jüngere Frau Adelheid – eine geborene Nathan – zur Witwe machte und verstarb. Seinem Sohn Moses blieb es vorbehalten, den Tod seines Vaters auf dem Nieder-Wiesener Standesamt zu vermelden. «80 Jahre alt, geboren in Niederwiesen, wohnhaft in Niederwiesen Schlossgasse Nr. 51, Händler, Eltern unbekannt», gab er zu Protokoll.[3] Der damals 35-Jährige wusste nicht, wer seine Grosseltern gewesen waren. Jedenfalls keine Gelehrten, so viel steht fest. Denn Schreiben hatte sein Vater angeblich nie erlernt, sondern sich seinen Lebensunterhalt zeitlebens durch allerlei Handel verdient, eine damals übliche Betätigung jüdischer Bewohner auf dem Lande, nicht nur jener vom Sechshundertseelendorf Nieder-Wiesen, in dem die Juden, als Moses starb, etwa einen Fünftel der Einwohner ausmachten.[4]

Tatsächlich prägte einst ein Schloss die zwischen sanften Hügellandschaften am Wiesbach gelegene Topografie Nieder-Wiesens. Die Burg und das gesamte Dorf waren bis zur Französischen Revolution in Besitztum des Frei-

Abbildung 80: Urvater Moses Loeb der Zweite aus Nieder-Wiesen (1815–1906).

herrn von Humbolstein, der damals neben der evangelischen Kirche bestattet wurde. Spätestens zu Beginn des 18. Jahrhunderts wird im zum Landkreis Alzey gehörenden evangelischen Pfarrdorf Nieder-Wiesen eine jüdische Gemeinde verzeichnet, und anno 1830 war die Hälfte der in den 66 Häusern wohnenden Einwohnerschaft entweder katholisch oder jüdisch, sogar fünf Mennoniten zählte man. Neben der evangelischen Kirche und dem Schulhaus existierte die 1770 neu erbaute Synagoge, über deren Eingang der Vers «Das ist das Tor des Herrn, die Gerechten werden dort einziehen» aus Psalm 118 stand.[5]

Moses Loeb der Zweite besass inzwischen eine ansehnliche Familie. Seine aus dem benachbarten Grünstadt stammende Frau Jakobina Kahnweiler hatte er an einem Novembertag des Jahres 1842 geheiratet.[6] 42 Wochen später schon kam mit David Moses Loeb der erste Sohn zur Welt, der in dieser Geschichte eine Hauptrolle einnehmen wird. Danach folgten im Ein- oder Zweijahresabstand seine Geschwister: Emilia, Ludwig, Justus, Isaak, Eduard, Wilhelmina und Mathilde. Alle wurden sie in Nieder-Wiesen geboren und verbrachten ihre Kindheit in dieser Ortschaft.[7]

Die Liegenschaft an der Schlossgasse 51 ist bis in die heutige Zeit erhalten geblieben, doch die Nachkommen Moses Loebs des Ersten sind schon lange nicht mehr in Nieder-Wiesen ansässig. Sechs Jahre nach seinem Tod hörte auch Adelheids Herz auf zu schlagen. Mit ihrem Ableben neigte sich gleichermassen eine Blütezeit in dieser grössten jüdischen Kommune Rheinhessens langsam, aber unaufhaltsam dem Ende zu. Ab 1861 reduzierte sich die jüdische Einwohnerschaft Nieder-Wiesens kontinuierlich, eine Abwanderung der jüdischen Bewohner vom Land in die Stadt setzte ein und bescherte den kleinen ruralen Gemeinden im alemannischen Siedlungsraum den Niedergang.

Deutschland war wie ganz Europa im Um- und Aufbruch. 1862 gewährte das Grossherzogtum Baden als eines der ersten Länder Deutschlands den Juden die rechtliche Gleichstellung, die Emanzipation. Fortan waren Niederlassungsort und Berufstätigkeit auch für die jüdische Bevölkerung endlich frei wählbar.[8]

Neue Heimat in Freiburg im Breisgau und die Etablierung der Gebrüder Loeb 1864

Moses Loeb zögerte nicht lange. 1864, zwei Jahre nach der erlangten Freizügigkeit, packte er die Gelegenheit für ein besseres Leben beim Schopf, brach seine Zelte in Rheinhessen ab und zog mit seiner ganzen Familie in den Süden Deutschlands, nach Freiburg im Breisgau.[9] Er war damals 49 Jahre alt und trotz vorgerückten Alters – wie so viele Juden auf dem Land, die sich mit allerlei Handel durchschlugen – immer noch arm. Er habe, so schreibt Nieder-Wiesens Bürgermeister Karl Engisch viele Jahre später, «in der Zeit des hiesigen Aufenthalts in geringen Vermögensverhältnissen gestanden».[10] Armut und Mittellosigkeit sowie die Aussicht auf ein ökonomisch besseres Leben für sich und vor allem für seine Familie, allen voran seine Söhne, dürften für ihn der Hauptgrund zur Migration gewesen sein. Womöglich hat man noch die Bar-

Mizwa des jüngsten Sohnes abgewartet und danach das Hab und Gut zusammengepackt. Eduard wurde damals im Mai dreizehn, religionsmündig, und befand sich damit auf der Schwelle zu einem erwachsenen Mann.

Zwei Monate später, jedenfalls mitten im Sommer, am 3. Juli 1864, eröffneten sie an der schmalen Egelgasse 240[11] in Freiburg im Breisgau das erste Ladenlokal der Gebrüder Loeb.[12] «Seit dem 3. Juli haben wir uns hier etabliert und wird stets unser Bestreben sein, uns eine dauernde Kundschaft zu erwerben und zu erhalten suchen», verkündeten die frischgebackenen Ladenbesitzer David, Julius, Ludwig und Eduard in der Freiburger Zeitung. Das explizit an die «Dame» avisierte Inserat versprach ein kunterbuntes Sortiment an Brauchbarem und auch allerlei Unbrauchbarem. Neben den üblichen Kurzwaren, wie Wolle, Knöpfe, Nadeln, Zwirne etc., gab es «Lyoner Seide», «Elsässer Faden» und «ächte leinene Zwirn» sowie Kaffee- und Esslöffel, Briefpapier, Damenkörbe, Kämme aller Art, Necessaire, Reisetaschen, alle Sorten Parfümerie, Bimssteinseife zum Reinigen der Hände und noch andere «tausende Artikel». Unweit des Münsters gelegen, versuchte man wohl auch die jährlich in die Stadt reisenden christlichen Pilger als potenzielle Kunden zu gewinnen, indem man «heilige[n] Sachen» wie Porzellanfiguren mit Vergoldung von Christus, Johannes, Joseph, Madonna und Engel zum Verkauf anbot. Dass es sich um ein jüdisch betriebenes Geschäft gehandelt haben muss, lässt sich höchstens noch an den anfänglichen Öffnungszeiten ausmachen: An den hohen jüdischen Feiertagen 1864, Rosch Haschana (1. und 2. 10. 1864) und Jom Kippur (10. 10. 1864), blieb das Geschäft der Gebrüder Loeb in Freiburg geschlossen.[13]

Abbildung 81: Zeitungsinserat Warenhaus Loeb Basel, September 1921.

Vermutlich haben Moses und Jacobina Loeb in Begleitung ihrer sieben Kinder an diesen Feiertagen den Gottesdienst der jüdischen Gemeinde besucht und dem Orgelspiel gelauscht. Erst ein paar Monate zuvor konnte sich in Freiburg eine neue Religionsgemeinde konstituieren, deren Gründungsmitglieder sich darauf einigten, die Mannheimer Gottesdienstordnung einzuführen, die reformorientiert war und musikalische Instrumente zuliess.[14] Die rechtliche Gleichstellung ermöglichte den Zuzug neuer jüdischer Familien in die Stadt, deren Familienoberhäupter am 11. Januar 1865 Adolf Weil zum Vorsteher der Israelitischen Gemeinde wählten. Unter den 34 Wahlmännern befand sich auch Moses Loebs erstgeborener Sohn David.[15] Das Aufblühen einer jüdischen Gemeinde in Freiburg wurde allgemein wahrgenommen: Es würden in Freiburg nun gegen 35 jüdische Familien wohnen, berichtete die *Allgemeine Zeitung des Judentums* im September 1864, die sich eine Synagoge eingerichtet haben und an Schabbat und Feiertagen Gottesdienste mit Orgelbegleitung abhalten würden.[16] Die Zusammenkünfte an Schabbat und Feiertagen fanden anfänglich in einem Betsaal im Haus Nr. 838 am Münsterplatz statt, bis 1870 eine eigene Synagoge feierlich eingeweiht werden konnte, die im 1882 erschienenen pathetischen Touristenführer Freiburgs unter der Rubrik Sehenswürdigkeit immerhin mit einem Satz als «eines Besuches sehr werth»[17] erwähnt wurde.

Für Moses und seine Söhne folgten arbeitsreiche und intensive Jahre des Geschäftsaufbaus, und vermutlich hatten sie alle Hände voll zu tun, um mit der starken Konkurrenz mitzuhalten. Insgesamt war die Stadt Freiburg mit

Abbildung 82: Das erste Inserat der Gebrüder Loeb von 1864, wo sie am 9. Juli 1864 ihre Etablierung in Freiburg im Breisgau bekannt geben. (Freiburger Zeitung, 1864)

Avis für Damen!

Seit dem 3. Juli haben wir uns hier etablirt und wird stets unser Bestreben sein, uns eine dauernde Kundschaft zu erwerben und zu erhalten suchen. In Betreff der Billigkeit verweisen wir auf untenstehenden Preis-Courant.

Nur allein bei Gebrüder Loeb, Egelgasse Nr. 240, am Brunnen, nächst der Expedition des Oberrheinischen Couriers.

Dort kaufen Sie **Terneauxwolle, Knöpfe aller Art, Besatzbänder, Näh-, Stopf-** und **Stricknadeln aus reinem Stahl, Schnüre, Riemen, Zwirne, Seide** u. drgl. und noch tausend in diesem Fach einschlagende Artikel.

Preis-Courant zu unbedingt festen Preisen:

Terneaurwolle, schwarz u. weiß, gewogen, pr. Lth.	7 kr.	12 Stück Zwirn auf Karten	6 u. 9 kr.
" braun u. grau, " "	8 kr.	12 " Zeichnengarn, ächtfarbig	2 kr.
" roth, grün, blau, violett, " "	9 kr.	12 " Mandelseife in Silberpapier	30 kr.
12 Stück leinene Stiefelnestel	3 kr.	12 " Honig- dto.	30 kr.
12 " Kameelhaarnestel, fein,	5 u. 6 kr.	12 " Mirban-dto.	33 kr.
12 " dto. extrafein	8 kr.	12 " neusilberne Caffeelöffel	24 kr.
12 " schwarz und bunte wollene	7 kr.	1 " Eßlöffel	5 kr.
12 " seindene Nestel, Prima,	15 kr.	1 " Vorleglöffel	18 kr.
12 " wollene Corsettenriemen	20 kr.	100 Carlsbader Stecknadeln	3 kr.
36 " Porzellanknöpfe	1 kr.	Alle Farben wollene Besatzbänder, per Stück	18 kr.
12 " Perlenmutterknöpfe	4 u. 5 kr.	Kautschuckreifkämme	6 kr.
5 " Stricknadeln aus reinem Stahl	1 kr.	dto. beschlagene	9 kr.
5 " Stopfnadeln " "	1 kr.	Kautschuckfrisierkämme	7, 8 u. 9 kr.
25 " ächte engl. Nähnadeln, I. Qualität	3 kr.	Hornfrisierkämme	3, 4, 6 und 9 kr.
1 Loth Lyoner Seide, I. Qualität	30 kr.	2löch. Hornknöpfe, per Dutzend	4 kr.
4 " polirte Haarnadeln (2 Paquet)	3 kr.	Damenkörbe bunt u. braun lakirt von 9 kr. an pr. Stück.	
4 " " Krappen und Schlingen	3 kr.	Sicherheitsnadeln, schwarz, weiß und gelb	2 u. 3 kr.
4 " Silberdraht " "	8 kr.	Blechlöffel, fein überzinnt, per Stück	2 kr.
1 " wollene Stoßkordel, à 26 Ellen	9 kr.	Drahtkämme mit Perlen per Stück	3 kr.
12 Ballen Elsäßer Faden ohne Holz	36 kr.	12 Bogen Briefpapier I. Qualität	3 kr.
12 " ächte leinene Zwirn	36 kr.	25 " Brief-Couverts von gutem Papier	3 kr.

Dann führen wir noch Portemonnaies von 3 kr. an, Necessaires von 30 kr. an, Cigarrenetuis, Brieftaschen und Notizbücher von 3 kr. an, Damen-, Geld- und Reisetaschen zum billigsten Preis, alle Sorten Parfumerie, besonders empfehlen wir unsere Bimsteinseife, welche vorzüglich zum Reinigen der Hände ist und denselben gleichzeitig Glätte und Weichheit gibt. Chatullen, Zeichenbücher, Cigarrenrohr, Gummi-Bälle, graue und farbige, von 3 kr. an, gelbe Buxfederhalter per Dtzd. 3 kr., gedrehte pr. Dtzd. 4 kr., Blechzuckerbüchsen zum Verschließen 10 und 24 kr., Caffee- u. Theebretter, fein lakirt, von 9 kr., Brodkörbe, Spuckkasten von 15 kr. an, Spiegel mit Nußbaum- u. Goldrahmen von 6 kr. an, Wasserflaschen von 16 kr. an.

Ferner führen wir noch in feinen Porzellanfiguren mit Vergoldung per Stück von 3 kr. an bis 5 fl., als, in heiligen Sachen, Christus, Johannes, Joseph, Madonna, Engel, Weihkessel und Madonna. Dann Eierbecher, Schmuckdosen, Tintengefäße, Blumen-Vasen, Biscuitfiguren, Uhren- und Tabaksbehälter, Feuerzeugständer, Briefbeschwerer und Pfeffer- und Salzkannen.

Wir haben noch tausende Artikel, welche nicht angegeben sind, wegen Mangel an Raum. 2348

Nur bei Gebrüder Loeb, Egelgasse Nr. 240,
beim Brunnen, zunächst bei der Expedition des Oberrheinischen Couriers.

Wiederverkäufer erhalten Rabatt.

Geschäften gut versorgt, es gab damals 283 Kaufleute. Und auch die Zahl der jüdischen Bevölkerung stieg in jenen Jahren rasant an. Verzeichnete man 1861 27 Juden, stieg diese Zahl bis 1871 auf 330 an.[18] Mit ihrer «Kurz-, Strick-, Galanterie-, Mercerie- und Spielwarenhandlung» waren sie nicht die Einzigen am Platz, und der grosse Aufschwung liess auf sich warten. 1868 betrug der gesamte Wert des Warenlagers nur bescheidene 6536 Franken.[19] Um überleben zu können, gingen viele Handlungen dazu über, «en gros und en détail» zu verkaufen.[20]

Nach der Reichsgründung 1871 war der Aufschwung im Deutschen Reich spürbar – auch für die Familie Loeb. 1873 hatten sie vermutlich genügend Geld gespart, um aus dem Mietverhältnis an der Eisenbahnstrasse 42 auszutreten und eine Liegenschaft an der Eisenbahnstrasse 9 zu erwerben. 1882 besass die Familie drei Warenlager in Freiburg im Breisgau. An der Kaiserstrasse

Abbildung 83: Gebrüder Loeb. Von oben: David (1843–1915), Ludwig (1846–1916), Julius (1848–1924) und Eduard (1851–1942).

75 als Mieter, an der Eisenbahnstrasse 9 als Eigentümer und an der Thurmstrasse 6 als Eigentümer der gesamten Liegenschaft. Ein weiteres Standbein war ab den 1880er-Jahren die Betreibung einer eigenen Korsettenfabrik der Gebrüder Loeb, für die vermutlich hauptsächlich Eduard verantwortlich war und die damals 80 Näherinnen beschäftigte.[21]

Unterwegs in die Schweiz

Drei Jahre brauchten Moses und die vier Brüder, um das Geschäft in Freiburg aufzubauen und zu konsolidieren. Danach war die Zeit reif, auszuschwärmen und neue Verkaufsmärkte zu erobern. Das Vorhandensein eines Warenlagers mit grossem Sortiment ermöglichte ihnen, als Marktfahrer andere Städte zu Messezeiten zu bereisen, ein Konzept, das sie womöglich ihrem eigenen Umfeld abgeschaut hatten. Auch in Freiburg fanden alljährlich Frühjahrs- und Herbstmessen statt, in denen sich Firmen aus anderen Städten entweder mit Marktständen oder der Einmietung in bestehende Verkaufslokalitäten zeigten.

Im Herbst 1867 besuchte David Loeb als Marktfahrer zum ersten Mal die Martinimesse in Bern.[22] «Diese Messe zum ersten Mal. Einzig und allein bei David Loeb aus Freiburg kaufen Sie ächte Berliner Terneau-Wolle, schwarz und weiss, per Loth gewogen 25 Cts., alle andern Farben per Loth gewogen 30 Cts.», verkündigte das *Intelligenzblatt Bern* am 24. November 1867, nebst vielen anderen Artikeln wie gezwirntem Nähfaden, Knöpfen, Stiefelnesteln, Nadeln, Seife, Metallwaren und vielem mehr. Bereits damals verkaufte er seine Waren zu fixen Preisen (vgl. Abb. 24).

Im selben Jahr wie Bern, am 26. Oktober 1867, kündigte sich David Loeb auch erstmals an der Basler Messe an. Seine Mercerie- und Wollartikel, zu denen sich später auch noch Besteck und Seife gesellten, verkaufte er damals in der Brauerei Cardinal, 1870 im Gasthaus zum Wilden Mann und 1871 im kleinen Casinosaal.[23] 1871 traf man die Gebrüder Loeb in Neuchâtel mit einem Verkauf von mehreren Tagen an[24] sowie 1877 in Schaffhausen im Thiergarten[25] und in St. Gallen am Jahrmarkt im Herbst 1879.[26] Aus dem Inserat in St. Gallen geht auch hervor, dass sie bereits früher an den Messen waren, wenn sie schreiben, «dass wir auf der Messe keine Bude mehr beziehen».[27]

Danach eröffneten die Gebrüder Loeb sukzessive Filialen in der ganzen Schweiz: in Basel am Münsterberg (gegründet 1872), ab 1874 an der Eisengasse, vermutlich nur für sehr kurze Zeit im elsässischen Mülhausen (1874),[28] in Zürich «Merceriewaaren & Strickwaarenfabrik» (gegründet 1876)[29] mit Verkaufsstellen am Rinderhof (gegründet 1874)[30] und Centralhof, in St. Gallen an der Marktgasse (gegründet 1880), in Winterthur zur Waldegg (1880–1888),[31] Maison Loeb Frères in Genf an der Rue du Commerce 5 (gegründet 1887),[32] ein Geschäft für Damenkonfektion, «Corsetterie» und «Modenwaaren» in Luzern an der Alpenstrasse 8 namens Fortuna (1888–1907),[33] ein «Modewaaren-Geschäft» in Schaffhausen an der Schwertstrasse (1890–1892),[34] in Biel an der Seevorstadt 17, «Modewaaren» (1891–1893),[35] Mercerie, Bonneterie et Nouveautés an der Rue de Bourg in Lausanne (gegründet 1894).[36] Nicht alle Betriebe waren von langer Dauer, wie beispielsweise Schaffhausen, Winterthur oder Biel, die nach einem oder mehreren Jahren wieder aufgegeben wurden. Weitaus überlebensfähiger aber erwiesen sich jene Filialen, deren Leitung man mit eigenen Familienmitgliedern besetzen konnte.

So wurden die Verkaufsstandorte Bern, Basel und Zürich auf David, Julius und Ludwig aufgeteilt. Mit der Führung der Filiale in St. Gallen wurde der aus Frankfurt stammende Schwager Aaron Kahn betraut (siehe weiter unten). Eduard, der alle seine Brüder überleben sollte und erst 1942 als 90-Jähriger verstarb, zog nach seiner 1885 erfolgten Heirat mit der aus Karlsruhe stammenden Maria Wolf nach Genf, wo er die Zweigniederlassung von Loeb Frères übernahm.[37] 1905 zog er sich vom Geschäftsleben zurück und übersiedelte 1920 nach Zürich.

Vor diesem Hintergrund bildet das Jahr 1890 eine Zäsur in der Geschichte der Gebrüder Loeb, denn man trennte sich damals nicht nur geografisch, sondern auch geschäftlich. Eduard und Ludwig traten aus der Kollektivgesellschaft der Gebrüder Loeb aus und übernahmen die Standorte Zürich und Genf. David und Julius wurden die neuen Inhaber der Firma Gebrüder Loeb in Basel, Bern, Luzern, Lausanne, Biel und Schaffhausen.[38] Die bis dahin befindliche Hauptniederlassung Freiburg im Breisgau wurde aufgelöst und nunmehr nach Basel verlegt.[39]

Freiburg im Breisgau rückte also zunehmend in den Hintergrund. Nach rund 25 Jahren Geschäftsaufbau, unzähligen Marktfahrten und Filialgründungen trennen sich nun die Wege der vier Brüder. Alle waren sie mittlerweile in der Schweiz mit Geschäften etabliert, hatten einen eigenen Familienstand gegründet und waren Schweizer Bürger.

Die Kunde über den Erfolg von Moses Loeb und dessen Söhne drang rund 25 Jahre später gar bis an ihren früheren Heimatort Nieder-Wiesen. Moses und Jacobine Loeb hätten, so abermals der Bürgermeister Engisch, «wie hier bekannt, durch den strebsamen Fleiss der Söhne […] ein ansehnliches Vermögen erworben».[40] Moses Loeb der Zweite hatte den Sprung vom mittellosen Händler ins emporstrebende Bürgertum geschafft. Seine Frau Jacobine starb am 27. Oktober 1886 mit 72 Jahren, er selber überlebte sie noch weitere zwanzig Jahre und durfte die Karriere seiner Söhne und die Entstehung derer moderner Warenhäuser miterleben. Er erreichte wie sein Vater ein hohes Alter, verstarb 1906 mit 91 Jahren und liegt neben seiner Frau auf dem Jüdischen Friedhof in Freiburg im Breisgau begraben. «Hier ruht Moses Loeb, Privatier, geb. 14. April 1814, gest. 12. März 1906» wurde schlicht in den schwarzen Marmor gemeisselt.[41]

Abbildung 84: Loeb Frères Fils in Lausanne an der Rue de Bourg. Fotografie von Camille-César Mermod, um 1912. Von 1894 bis 1899 war Arthur Loeb in Lausanne tätig, wo er die Filialgründung und Leitung übernahm, wie der Festschrift «50 Jahre Loeb» zu entnehmen ist.

Marktgasse 11. **Gebrüder Loeb** Marktgasse 11.

St. Gallen

empfehlen über den Jahrmarkt ihr wohlassortirtes Lager zu außergewöhnlichen Preisen.

Ferner ist eingetroffen eine große Sendung:

Glacéhandschuhe	von Fr. 1. 50	Unterhosen	von Fr. —. 60
Damenkragen	„ „ —. 25	Unterjacken in Vigogne	„ „ 1. 80
Herrenkragen à Dutzend	„ „ 2. 90	Wollene Pulswärmer	„ „ —. 35
Herren=Cravatten zum Anhängen	„ „ —. 10	Wollene Kopfshawls	„ „ —. 65
dito mit Mechanik	„ „ —. 60	Straminpantoffeln	„ „ 1. 80
Corsets für Damen, fein nach Pariser Façon, in Drill	„ „ 2. 70	Sophakissen	„ „ 3. 80
Wollene Tücher in 30 verschiedenen Qualitäten	„ „ —. 80	Herrenhemden=Einsätze	„ „ . 25
		Herren=Cachenez	„ „ —. 40
		Strickwolle, das Pfund	„ „ 4. 20
		Terneauwolle, per Neuloth	„ „ 12½
		Shawlswolle, „ „	„ „ —. 13

Wir machen die ergebene Anzeige, daß wir auf der Messe keine Bude mehr beziehen. Wir bitten deßhalb unsere werthe Kundschaft, ihre Einkäufe Marktgasse Nr. 11 gefälligst machen zu wollen.

1338 Hochachtungsvollst

Gebrüder Loeb.

Abbildung 85: Inserat der Gebrüder Loeb als Marktfahrer in St. Gallen. (St. Galler-Zeitung, 1879)

Die Schwestern: Emilia und Wilhelmina Loeb

Wie oft in den Firmengeschichten oder den Chroniken der damaligen Zeit werden die Frauen der Familien bisweilen nur an wenigen Stellen oder gar nicht erwähnt. Dies trifft auch auf die drei Schwestern der Familie Loeb zu: Emilia, Wilhelmina und Mathilde. Von Letzteren, der Jüngsten, fehlt bis heute jegliche Spur. Indes gelang es von den zwei anderen, Weniges in Erfahrung zu bringen. Sie seien an dieser Stelle aufgeführt, dürften sie doch ebenfalls eine Rolle im unternehmerischen Netzwerk ihrer Familie gespielt haben.

Die älteste Tochter, Emilia Loeb, verheiratete sich am 13. Mai 1869 mit dem aus Frankfurt am Main stammenden Kaufmann Aaron Kahn.[42] Die Ehe wurde früh belastet durch den Verlust der ersten drei Kinder, was die immer noch hohe Kindersterblichkeit jener Zeit dokumentiert: Ein Jahr nach der Hochzeit kam Sohn Max zur Welt, ein Jahr darauf Töchterchen Emma, beide verstarben jedoch im Kindesalter. Auch das dritte Kind, das 1872 zur Welt kam, verstarb wohl am selben Tag oder wurde tot geboren.[43] 1879 zogen Emilia und Aaron Kahn-Loeb mit dem nunmehr 1874 noch in Frankfurt geborenen Sohn Moritz nach St. Gallen, wo sie vorerst den Laden für Mercerie, Corsetterie und Wollwaren der Gebrüder Loeb an der Marktgasse 11 betrieben, bis sie diesen 1888 auf eigene Rechnung und unter eigenem Namen (Kahn A. vorm. Gebr. Loeb) übernahmen. Drei Jahre später kam mit der 1882 geborenen Tochter Meda das letzte Kind zur Welt, 1890 wurde die ganze Familie gegen eine Gebühr von 300 Franken in St. Gallen eingebürgert.[44] Als Vater Aaron Kahn frühmorgens am 6. November 1906 an einem Herzschlag verstarb, übernahm Sohn Moritz das Geschäft, das mittlerweile eines für Herren- und Damenartikel war.[45] Mutter Emilia starb am 24. Juni 1920 in Basel. Moritz Kahn, der sich 1907 mit Rosalia Bernheim aus dem elsässischen Niffer vermählte, führte das Geschäft unter der Bezeichnung «A. Kahns Sohn» bis Mitte der 1930er-Jahre weiter.[46] 1931 zog er an die Marktgasse 18.[47]

Von Wilhelmina Loeb, der zweitjüngsten Tochter, ist noch weniger bekannt. Geboren 1853 in Nieder-Wiesen, vermählte sie sich 1875 in Freiburg im Breisgau mit dem aus Mutterstadt stammenden Kaufmann Jacob Löb.[48] Die 22-Jährige zog danach mit ihrem Ehemann nach Mannheim, wo die beiden vermutlich für nur kurze Zeit ebenfalls eine Filiale der Gebrüder Loeb betrieben. Jedenfalls erscheint J. Löb jr. in Mannheim unter den Aktiven der 1881 bis 1883 gezogenen Bilanzen der Gebrüder Loeb.[49] Der Ehe entsprang 1886 eine Tochter, Erna Johanna, die 1965 in Basel verstarb. Ihre Eltern hingegen starben beide im Israelitischen Krankenheim in Mannheim, Vater Jakob 1918, Mutter Wilhelmina 1934.[50]

«Überaus populär»: Das erste Warenhaus der Gebrüder Loeb in Basel

Justus Julius Loeb (1848–1924) in Basel

Die erste dauerhafte Verkaufslokalität der Gebrüder Loeb in der Schweiz, aus der sich später eines der ersten Warenhäuser in Basel entwickeln sollte, wurde zu Beginn des Jahres 1872 am Münsterberg 2 eröffnet. «Angekommen», so hiess die Überschrift eines Inserats der Gebrüder Loeb in Basel vom 22. Februar 1872. Gemeint waren damit nicht die Loebs, sondern eine Partie verschiedener Sorten von Strickbaumwolle und Terneau-, Moos- und Castor- und Strumpfwolle sowie alle möglichen anderen Kurzwaren.[51]

Obwohl alle Brüder und vor allem auch Ludwig beim Geschäftsaufbau mit von der Partie gewesen sein dürften, vertraute man die verantwortungsvolle Aufgabe des Filialleiters dem 24-jährigen Justus Julius an, der erst ein paar Monate zuvor aus dem Deutsch-Französischen Krieg zurückgekehrt war. Mit grosser Begeisterung waren damals auf beiden Frontseiten Juden in den Krieg gezogen.[52] Als hessischer Grenadier kämpfte Julius gegen die Franzosen, die ganze Familie war derweil froh darüber, dass er unter jenen Soldaten war, die unversehrt in ihre Heimat zurückgekehrt waren.[53]

Der Laden lief gut an, wie sich einer der ersten Kunden der damals bei «Loeb» ein- und ausging, fünfzig Jahre später erinnert: «Drei Eigenschaften waren es, die den Senior des Geschäftes auszeichneten und die Schuld daran waren, dass die bescheidenen Räumlichkeiten am Münsterberg sich bald als viel zu klein erwiesen: Sein allzeit guter Humor, sein gesunder Geschäftssinn und die Solidität, mit der er von Anfang an sein Geschäft betrieben hatte.»[54] Auch die frühzeitig betriebene Werbung mittels Inseraten hat zum Aufschwung und zur Entwicklung der Firma beigetragen, waren doch die Loebs damals «der erste Grossinserent am Platze Basel», wie aus dem *Basler Anzeiger* von 1922 hervorgeht, dessen Schreiber die Gründer der Firma noch in bester und freundschaftlicher Erinnerung gewesen sein mussten.[55]

Julius Loeb arbeitete tatsächlich unermüdlich. Die Zeiten, das Unternehmen voranzubringen, waren im boomenden Basel der 1870er-Jahre zwar besonders günstig, doch war es seiner und seiner Brüder Weitsicht zu verdanken, dass man sich nicht frühzeitig auf den Lorbeeren ausruhte. Bereits zwei Jahre später wurde eine weitere Filiale eröffnet, die sich an der Eisengasse 21 befand. Eine kluge Standortwahl, denn der überaus rege Verkehr verlagerte sich zunehmend an neue Zentren wie jene des Marktplatzes. Die Menschen strömten deshalb auf dem Weg zwischen Gross- und Kleinbasel genau am Kurz- und Korbwarenladen der Loebs vorbei. Es dauerte nicht lange und das Geschäft der Gebrüder Loeb war «überaus populär».[56]

Nach vier Jahren Aufbau der Basler Filiale zog Ludwig 1876 weiter nach Zürich, um in unermüdlicher Arbeit die Geschäfte der Gebrüder Loeb mit Filialen am Rindermarkt und im Centralhof zu eröffnen. Im selben Jahr liess sich Julius Loeb endgültig in Basel nieder und 1881 vermählte er sich als 33-Jähriger mit Henriette (gemäss Nachruf hiess sie Johanna) Schwarz aus dem schwäbischen Rexingen. Um unter die Chuppa zu treten, kehrte er nach Freiburg im Breisgau zurück, wo seine Eltern Moses und Jacobina sowie seine Brüder David und Eduard noch immer ansässig waren und die Hauptniederlassung des Hauses Loeb betreuten. Der Ehe entsprangen zwei Kinder: Sohn Rudolf (1881), der die Basler Filiale später übernehmen sollte, und Tochter Hedwig (1883). Julius Loeb liess sich 1883 vorerst im züricherischen Stallikon[57] und 1890 in der Stadt Basel[58] einbürgern.

Anlässlich des 25-Jahr-Jubiläums des Geschäfts 1897 wurde in einem Totalumbau die Umwandlung zum modernen Warenhaus inklusive eines Liftes

Abbildung 86: Rudolf Loeb, Sohn von Julius und Henriette (Johanna) Loeb-Schwarz. Geschäftsführer des Warenhauses Loeb in Basel bis 1927.

vollzogen.[59] Doch die Loebs waren damit nicht die Einzigen am Platz. Auch Sally Knopf an der Freiestrasse 65, der damals 47 Geschäfte im In- und Ausland besass, pries seine Dependance als Warenhaus mit imposanter Schaufensterdekoration ersten Ranges an.[60] Doch damit nicht genug: Den ärgsten Konkurrenten fanden sie in Julius Brann, der sich just im selben Jahr gleich nebenan um die Ecke am Marktplatz 1 mit seinem Warenhaus Zur goldenen Münz etablieren konnte. Gleich zwei neu eröffnende nebeneinanderliegende Warenhäuser, das bedeutete wahrlich einen Konkurrenzkampf sondergleichen. In einer grossangelegten Inserateschlacht buhlten die beiden Kontrahenten um jeden Kunden, und man versuchte sich gegenseitig in Superlativen als «grösstes», «allererstes» oder «billigstes» Warenhaus der Schweiz zu übertrumpfen.[61]

Julius Loeb galt als tüchtig und intelligent und war ein Freund aller Neuerungen, wie seinem Nachruf im *Israelitischen Wochenblatt* zu entnehmen ist. Daneben schien er aber auch gesellig und gründete den jüdischen Verein «Erholung», der sich bei Jung und Alt grosser Beliebtheit erfreute. 1922 konnte das Warenhaus Loeb in Basel sein 50-Jahr-Jubiläum feiern. Zwei Jahre später verstarb Julius an einer schweren, schleichenden Krankheit im Alter von 77 Jahren.[62] Sohn Rudolf, der die Nachfolge seines Vaters bereits 1905 angetreten hatte, führte das Warenhaus noch bis zu der endgültigen Aufgabe 1927 weiter.[63]

Modewaren, Bonneterie und Mercerie an der Bahnhofstrasse in Zürich

Nach dem erfolgreichen Geschäftsaufbau in Basel zog Ludwig Loeb (1846–1916), der zweitälteste Sohn von Moses Loeb, weiter und liess sich 1876 als Dreissigjähriger in der Stadt Zürich nieder, wo er, nach Basel und Lausanne, ein weiteres Standbein der Gebrüder Loeb aufzubauen gedachte.[64] Spätestens ab 1880 findet man deshalb am Rindermarkt und am Centralhof zwei Verkaufslokalitäten der Gebrüder Loeb. Nachdem sich Ludwig 1890 von der Kollektivgesellschaft der Gebrüder Loeb getrennt hatte, um mit Bruder Eduard die Geschäfte in Genf und Zürich auf eigene Rechnung weiterzubetreiben, expandierten die beiden 1896 an die aufstrebende Einkaufsmeile Zürichs, an die Bahnhofstrasse 56 und 58. Um die Jahrhundertwende betrieb man ein Atelier mit ersten Arbeitskräften im Hause, damit jede Bestellung schnellstens ausgeführt werden konnte.[65] Die Gebrüder Loeb waren speziell im Korsettgeschäft mit einer reichhaltigen Auswahl anzutreffen. In Zürich hatten sie eine Spezialabteilung. Damals gab es die unterschiedlichsten Korsetten: Neben Korsetten in einfacher Ausstattung gab es das Korsett Empire («ganz nieder, das neueste und bequemste in Schnitt und Façon»), das «Gurt-Korsett» («hoch u. stark, für korpulente Damen»), reversible Korsetten, Tüll-Korsetten, das Korsett Plastron («epochemachende Neuheit, vollendete Figur für überschlanke Damen, der jetzigen Kleidermode entsprechend»), Korsetten «extra lang, für starke Damen», das Korsett-Mieder («Korsetten für schwächliche Damen, in Wolle gestrickt, leicht und geschmeidig»), das Negligé-Korsett («ohne Schliessen, praktisch und bequem, auch zum Reisen»), das Umstands-Korsett («sehr

Abbildung 87: Das Warenhaus der Gebrüder Loeb an der Eisengasse 21 in Basel (1874–1927). Fotografie um 1925.

elastisch und hygienisch»), Korsetten für Ammen, Töchter-Korsetten und Geradehalter, Kinder-Korsetten und das «Platinum Anti-Korsett» («verleiht eine tadellose Figur und ist infolge seiner Geschmeidigkeit die Krone aller Gesundheits-Korsetten»).[66]

Zwei Jahre nach seiner Niederlassung in der Stadt Zürich vermählte Ludwig sich 1878 in Freiburg im Breisgau mit der neunzehn Jahre jungen Rosa Bernheim aus San Francisco und zog mit ihr in die leicht erhöhte und über dem rechten Seeufer Zürichs gelegene Gemeinde Hottingen, wo sie von 1878 bis 1886 lebten. Aus der Ehe gingen drei Kinder hervor, Alice Thekla (geb. 20. 8. 1879),[67] Karl Oskar (geb. 9. 4. 1883) und Erwin (geb. 4. 7. 1889).[68] 1888 wurde Ludwig Loeb samt seiner Familie gegen Entrichtung von 500 Franken in der Stadt Zürich eingebürgert.[69] Die Geschäfte der Familie Loeb müssen floriert haben, al-

Abbildung 88: Das Warenhaus der Gebrüder Loeb in Zürich befand sich an der damals aufstrebenden Bahnhofstrasse 56–58. Das oben abgebildete Wohnhaus wurde 1885 erbaut, 1907 erhielt das Gebäude (der Ringhof) durch die Architekten Dorer und Füchslin seine zweigeschossige Ladenfront im Jugendstil (Huber: Bahnhofstrasse, 2015, S. 192). Inhaber dieser Filiale war einer der Brüder, Ludwig Loeb, der sich 1876 in der Zwinglistadt niederliess. 1922 wurde das Geschäft liquidiert. Heute befindet sich dort das Geschäft Och Sport. Fotografie Johannes Meiner, 1908.

leine Ludwig besass bereits damals 50 000 Franken Vermögen und ein Einkommen von 5000 Franken, eine beträchtliche Summe für jene Zeit.

Ludwig und Rosa Loeb-Bernheim waren Mitglieder der Israelitischen Cultusgemeinde Zürich (ICZ), Rosa war die dritte Präsidentin des Israelitischen Frauenvereins. Sie bekleidete das Amt zweimal, von 1890 bis 1900 und ein weiteres Mal von 1920 bis 1924. Sie kämpfte bis zum letzten Atemzug für mehr Rechte für die jüdische Frau. Ruth Heinrichs schreibt über sie: «Mit der Präsidentin Rosa Loeb-Bernheim öffnete sich der Verein auch für Frauen, deren Männer nicht Mitglied in der Gemeinde waren. Sie erweiterte den Unterstützungsrahmen und gab dem Verein eine erste manifeste Struktur, indem sie die Gründung des Brautausstattungsfonds vorantrieb und regelmässige Nähnachmittage organisierte. Die Arbeit blieb jedoch auf den engen Aktionskreis beschränkt, den Männer ihren Frauen zudachten.»[70]

Im Alter von 65 Jahren zog sich Ludwig Loeb aus der Firma zurück und übergab 1911 das Geschäft seinen beiden Söhnen Oskar und Erwin Loeb.[71] Er starb fünf Jahre später und ist auf dem Jüdischen Friedhof in Zürich bestattet.[72] Die Firma «L. Loeb, vormals Gebrüder Loeb», die damals immer noch Konfektion, Weiss- und Modewaren, Putz (Schmuck), Korsette, Bonneterie (Strumpf- und Wirkwaren) und Mercerie anbot, existierte noch bis 1922. Heute findet man an derselben Adresse immer noch die Firma Och Sport.[73] Sohn Oskar starb mit 49 Jahren. Erwin Loeb wanderte bei Ausbruch des Zweiten Weltkriegs in die USA aus, nach Seattle/Washington.[74]

Warenhaus Loeb in Bern: Eine Erfolgsgeschichte

> *«[Sie] hat Liebe gepflanzt in viele Herzen, Liebe, die sich vermehrt und Frucht getragen hat, hundertfältig und tausendfältig. So wurde der Grundstein gelegt zu dem Hause Loeb […].»*[75]
> *In memoriam Fanny Loeb, 1937*

Gründerzeit: David und Fanny Loeb-Löw

Vermutlich 1874 heiratete David Loeb die 20-jährige Fanny Löw aus Mutterstadt, eine entschlossene, robuste und bemerkenswerte Frau, wie sich noch zeigen wird. Für David war es höchste Zeit, unter die Chuppa zu treten, denn mit seinen 31 Jahren lag er gerade noch knapp im durchschnittlichen Heiratsalter jüdischer Männer.[76] Die junge Fanny brachte ihm eine ansehnliche Mitgift von rund 17 000 Mark[77] mit in die Ehe, die in Kaufmannsfamilien zusammen mit dem Vermögen und den Kenntnissen des Mannes üblicherweise dazu benutzt wurde, als Betriebskapital die Existenzgrundlage des Paares zu bilden.[78] 1875 kommt mit Arthur der erste, 1877 mit Eugen der zweite Sohn zur Welt. Wären da nicht noch zwei weitere Kinder gewesen – Sohn Hugo und Tochter Melanie –, die beide im Kindesalter verstarben, wäre das Familienglück vermutlich perfekt gewesen. Vor allem dem sensibleren Eugen schien dieser Verlust zeitlebens in schmerzhafter Erinnerung zu bleiben.[79]

Im Dezember 1890 zog David Loeb mit seiner Frau und seinen zwei Kindern in die Schweiz.[80] Bern sollte für ihn und seine Familie neue Heimat werden. «Behufs Auswanderung nach der Schweiz» liess er sich deshalb an seinem Geburtsort Nieder-Wiesen entlassen[81] und beantragte das Bürgerrecht im aargauischen Dättwil, das ihm und seiner Familie 1893 verliehen wurde.[82] Ob ihm und Fanny der Wohnortswechsel schwerfiel, ist nicht bekannt und stand vermutlich auch nicht zur Debatte. Doch der serbelnde Laden in Bern brauchte eine begabte kaufmännische Führungskraft vor Ort.

Das Ladenlokal der Gebrüder Loeb befand sich damals an der Sonnenseite der Spitalgasse 32 und war bereits am 9. September 1881 eröffnet worden. In den Laubenbogen des sandsteinernen Patrizierhauses stand über dem Eingang zweimal in geschwungener Schrift «Gebr. Loeb» und drei hölzerne Tritte führten hinab,[83] in ein «schmales, tiefes, abnormal niederes Lokal mit Gasbeleuchtung, das im Winter mit einem einzigen Holzofen geheizt wurde»,[84] wie sich Sohn Eugen viele Jahre später erinnert hat. Im Angebot gab es Handschuhe, Strümpfe, Schürzen, Korsette, Wolle, Trikotblusen und etwas Konfektion, hauptsächlich Kurzwaren also, die ihnen am ersten Verkaufstag unter dem Strich 150 Franken einbrachten. Da keiner der vier Brüder in der Lage war, die Berner Filiale zu betreuen – Ludwig war in Zürich, Julius in Basel, David und Eduard mit den Eltern in Freiburg –, hatten sie eine Geschäftsführerin und zwei Angestellte eingestellt, an deren Namen man sich später nicht mehr erinnerte. Doch der dunkle Laden war schleppend gelaufen und entwickelte sich kaum.[85]

Erst mit der Übersiedelung von David und Fanny Loeb nahm das Geschäft an Bedeutung ständig zu. David, so sagt man später, habe neben einem redlichen Streben und ehrlichem Fleiss eine besondere kommerzielle Bega-

Abbildung 89: Gründerzeit. David und Fanny Loeb-Löw mit ihren Söhnen Arthur (links) und Eugen (rechts).

bung und einen kaufmännischen Unternehmensgeist gehabt, der der Firma Loeb bis weit über die Grenzen dieses Landes «guten Klang verschafft» habe.[86] Die Zeiten waren aber auch günstig, denn auch Bern wurde – wie ganz Europa – von neuen Technologien erfasst und entwickelte sich rasant. Das zweispännige Rösslitram des Fuhrhalters Bietenhard wurde abgelöst durch das Tramway, das ab 1890 mit komprimierter Luft und vier Jahre später als Dampftram durch die Gassen fuhr. In alle Himmelsrichtungen wurden kunstvolle Brücken über die Aare gebaut, der Kopfbahnhof durch Abgrabungen an der Schanze zum stehenden durchgehenden Bahnhof erweitert und auch die neue Universität konnte 1891 ihre Tore öffnen.[87] Die Menschen strömten in die Städte, auch nach Bern.

1896 besass das Geschäft zehn Verkäuferinnen, 1898 schon zweiundzwanzig, die alle ihre eigenen Rayons bedienten. Man ging dazu über, neue Warengattungen wie Mercerie, Wäsche und Toilettenartikel, später eine Regenschirmabteilung einzuführen.[88] Die Öffnungszeiten, Ende des 19. Jahrhunderts von frühmorgens bis 20 Uhr und am Samstagabend sogar bis 22 Uhr, waren lang, zeugen aber auch von einer aufstrebenden Mittelschicht, die es

Abbildung 90: Erstes Geschäftslokal der Gebrüder Loeb an der Spitalgasse Nr. 32 in Bern, eröffnet am 9. September 1881.

sich zunehmend leisten konnte, nach dem Abendbrot durch die Lauben zu schlendern, die Schaufenster zu begutachten und ihre Einkäufe zu tätigen.[89] In den Tagen vor Weihnachten herrschte im Laden der Loebs jeweils Hochbetrieb, sodass die Angestellten erst um Mitternacht nach Hause kamen. Fanny Loeb galt gemeinhin als Seele des Geschäftes, bediente grösstenteils die Kasse, daneben musste sie aber überall gleichzeitig nach dem Rechten sehen. David kümmerte sich um die Administration, doch seine Hauptsorge galt der Kundschaft, die es richtig und zuvorkommend zu bedienen galt. Den Erinnerungen der Verkäuferin Bertha Häberli-Trittenbach entnehmen wir, dass er immer sehr nervös wurde, wenn seine Frau Fanny nicht zugegen war: «Er rannte dann im Laden herum ‹wi nes Wäschpi› und rief immer: ‹wo isch sie? Wo isch sie?›».[90]

Abbildung 91: Die «Zahnlücke»: Das Warenhaus der Gebrüder Loeb an der Spitalgasse 47/49 in Bern wurde am 16. März 1899 eröffnet und war das erste Warenhaus überhaupt in Bern. Die Abbildung zeigt die moderne mehrgeschossige Schaufensterfront, die damals nicht ins Berner Stadtbild zu passen schien und teils heftige Reaktionen auslöste. Mit einem ersten Erweiterungsbau (mit dem Erwerb der rechts angrenzenden Liegenschaften) wurde sie fünfzehn Jahre später rückgängig gemacht. Links vom Warenhaus ist das Hotel du Lion zu sehen, das 1928 dazugekauft und 1929 für den zweiten Erweiterungsbau abgerissen wurde.

Bald schon wurde das Geschäft viel zu klein, in den beengten Räumlichkeiten war auch nach etlichen Umstellungen und dem Abreissen von Mauern und Versetzen von Wänden kein Platz mehr.[91] Auf einer Gant bot sich ihnen 1897 die Gelegenheit, auf der anderen Seite der Spitalgasse, an der Schattenseite, die Liegenschaften Nummer 47 und 49 mit den zugehörigen Hinterhäusern Nummer 36 und 38 an der Schauplatzgasse zu erwerben.[92] Nach zweijähriger Umbauzeit war es so weit: Das neue mehrgeschossige Warenhaus der Gebrüder Loeb konnte am 16. März 1899 um fünf Uhr abends eröffnet werden. Ein bedeutungsvolles Datum für Bern, denn damit war das «erste moderne Warenhaus» geboren, wie ein Chronist rückblickend dazu schreibt.[93] Keine gedrungenen kleinen Patrizierfenster, sondern eine auffallend grosse, sich über drei Stockwerke erstreckende Schaufensterfassade aus Glas glitzerte dem Ankömmling nun entgegen. «Warenhaus Gebrüder Loeb, Lausanne – Basel – Luzern» prangte in Grossbuchstaben über dem Eingang des Geschäftes. Ein Hauch von Paris lag damals in der Luft, und die Bernerinnen und Berner werden ganz bestimmt gestaunt haben über diesen auffallenden Neubau, auch jene, die nur zufällig daran vorbeieilten.

Es wurde im Intelligenzblatt Bern Tage zuvor gross angekündigt und in einem Artikel ausführlich besprochen, das am 16. März 1899 eröffnete Warenhaus der Gebrüder Loeb an der Spitalgasse 47/49 in Bern, das Verkaufsräumlichkeiten im Souterrain, im Parterre, im ersten und zweiten Stock besass. Ein neues Geschäftshaus sei es, das den neuzeitlichen Anforderungen bezüglich Lage, Zugängen, Luft und Licht sowie Grösse und praktischen Einrichtungen entspreche. Ein Neubau, der eigentlich beweisen sollte, dass man in Bern in baulicher Hinsicht durchaus auf der «Höhe der Zeit» sei.[94]

Doch die vom sonst eher konventionellen und angepassten Berner Architekten Eduard Rybi erstellte Warenhausfassade konnte nicht alle gleichermassen begeistern und löste zum Teil heftige Reaktionen aus: «Die ungewöhnliche, die alte Laubenanlage total störende Architektur des Hauses hat schon allgemeinen Unwillen hervorgerufen», schrieb die Berner Chronik über dieses Ereignis.[95] *Allzu modern fanden es gewisse Kreise und sahen in den grossflächigen Glasfassaden des Gebäudes eine Verschandelung des Stadtbildes, die – alsbald als Zahnlücke verspottet – der damals sich anbahnenden Heimatschutzbewegung gehörig Aufwind verschaffen konnte.*[96] *Die Konsumenten indes schien dieses Lamento nicht gross zu genieren, denn das Warenhaus Loeb zog das Publikum – wohl auch gerade deswegen – in Scharen an, wie der Jubiläumsschrift 80 Jahre Loeb zu entnehmen ist: «Tagelang strömte die Bevölkerung von Stadt und Land herbei, um sich dieses neuartige Verkaufsgeschäft mit Ladenräumen in verschiedenen Stockwerken anzusehen, zu bewundern – und zu kritisieren.»*[97]

Das 1899 eröffnete Warenhaus in Bern war für die damalige Zeit ein vergleichsweise grosses Haus, wie sich die langjährige Verkäuferin Bertha Müller-Zwahlen 1951 anlässlich des 70-Jahr-Jubliäums der Firma erinnert.[98] *Neuartig im mehrgeschossigen Warenhaus war auch der Lichthof, der durch ein dickes Glas im zweiten Stock Licht bis hinunter ins Parterre durchliess, und der Personenlift.*[99] *Dieser fuhr bis in den dritten Stock, war wie das Marzili-Bähnli mit Wasserkraft betrieben und brauchte drei Minuten von zuunterst bis zuoberst.*[100] *Nicht allen Kunden schien dies geheuer zu sein: Eine alte Bauersfrau meinte, sie würde nicht in diesen «Zouberschaschte» reingehen.*[101] *Licht kam aus Gaslampen, nur die Kasse war elektrisch betrieben. Es gab zwar seit 1891 elektrisches Licht in der Stadt Bern, aber man konnte noch nicht so viel Strom abgeben. Telefone gab es in jeder Etage. Und Waren so weit das Auge reichte. Sechzig Angestellte kümmerten sich um die Bedürfnisse der Kundinnen und Kunden. Im Keller befanden sich Haushaltsartikel; im Parterre: «Mercerie, Spitzen, Seidenband, Schürzen, Herrenartikel, Strümpfe, Lederwaren, Bijouterie, Parfümerie, Bébéartikel, Handschuhe und Corsets; im ersten Stock: Manufakturwaren, Wolle, Barchent, Baumwollwaren, Seide, Samt, Damen- und Kinderhüte, Schuhe; im zweiten Stock: Konfektion, Reisekoffer, Reisekörbe, Spielwaren, Galanterie [modische Accessoires], Papeterie, Kinderwagen und Kindertische.»*[102] *1905 wurde der erste Warenlift eingebaut. Eine Erleichterung für alle Angestellten. 1906 gab es eine Neuheit für Bern: drei «Probierzimmer». Zur gleichen Zeit wurde der erste Lieferwagen in Betrieb genommen, um Kunden schneller bedienen zu können. Es war zwar nur ein dreiräderiges kleines Auto mit einem Chauffeur, der in seiner Uniform aussah wie «der junge Lenin», aber es war «doch ein Auto!».*[103]

Blütezeit: Auf dem Weg zum Traditionshaus Loeb

Als Davids Söhne ins elterliche Geschäft eintraten, Arthur 1893 und Eugen 1896, erkannten die jungen Unternehmer bald, dass man mit einer beschleunigten Entwicklung Schritt halten musste. Arthur hatte seine kaufmännischen Kenntnisse unter anderem auch im grossen Kommissionshaus Kiefe Frères in Paris erworben und von 1894 bis 1899 die Filiale der Gebrüder Loeb in Lausanne geleitet. Er brachte also viel Erfahrung und Weitsicht mit nach Bern.[104] Zweifellos hatte er die sensationsheischenden «Einkaufstempel» in Paris studiert und dabei wegweisende Impulse und Ideen für den eigenen Familienbetrieb erhalten.

Die beiden Brüder besassen ein ausgesprochenes Flair für das Warenhaus und ergänzten sich als Geschäftsführer bestens, unterschieden sich aber dennoch grundsätzlich in ihren Charakteren. Arthur war dynamisch und aufbrausend, sein Temperament schwer zu bremsen, wie sich sein Sohn Fritz später erinnerte. Er hatte eine kräftige Stimme, die man bei seinen Vorhaltungen auch durch Türen hindurch noch hören konnte. Hatte er sich wieder beruhigt, war der ganze Vorfall vergessen. Eugen hingegen war der ruhende und ausgeglichene Pol, seine Anweisungen jedoch klar und unmissverständlich.[105] Er, der in Lausanne an der Ecole industrielle-commerciale die französische Sprache erlernt und danach in Vevey eine Schlosserlehre in einer Eisen- und Werkzeugfirma absolviert hat, war künstlerisch begabt.[106] Aufgrund dieser Neigung kümmerte er sich anfänglich auch um die Dekoration der beiden Schaufenster des Berner Geschäftes und ums Reklamewesen.

So unterschiedlich sie auch waren, beide führten sie das Personal mit strenger Hand. Im Geschäft waren sie immer und überall anzutreffen, wie man sich erinnert, alles sei sowohl kontrolliert als auch registriert worden, «au wenn esmal öppis lätz ggangen isch».[107] Der badische Dialekt blitzte direktiv durch: «Sie bleibe hier, bis ich selbst komme und Ihne sage, dass Sie gehe könne!»[108] Die Grundprinzipien der Eltern wurden eisern verfolgt: «strenge Rechtlichkeit, Festhalten an reellen, kaufmännischen Grundsätzen, Bedienung der Kundschaft mit guter Ware zu möglichst niedrigen Preisen.»[109] Doch werbetechnisch gingen sie neue, moderne Wege, indem sie tagsüber zwei hohe Schaukasten in den Lauben platzierten und diese abends jeweils wieder zurück ins Parterre schoben.[110] Die Kundschaft schien dies alles zu goutieren, denn das Warenhaus Loeb florierte.

Unter der umsichtigen Leitung von Arthur und Eugen erfuhr der loebsche Betrieb in Bern in mehreren Bauetappen dynamische Erweiterungen. Bereits im Frühjahr 1910 wurden auf Initiative von Arthur die Damen- und Kinderkleider in das Parterre und den ersten Stock des damaligen «Studer-Hauses» verlegt; die Konfektion erfuhr dadurch eine massive Vergrösserung: Das Haus selber legte auch den Grundstein zum später legendären «Loeb-Eggen». Dennoch litt das Warenhaus, wie alle anderen Warenhäuser zu jener Zeit auch, unter chronischem Platzmangel. Kurz darauf konnte mit dem Erwerb von angrenzenden Liegenschaften ein erster Erweiterungsbau realisiert werden. Die missglückte Zahnlückenfassade wurde rückgängig gemacht.[111] Für diese Neugestaltung erhielten die Loebs nach der Eröffnung am 16. April 1914 viel Lob seitens der Presse. Die Fassade sei harmonisch, die innere Ausstattung geschmackvoll und der Gang durch das moderne Warenhaus nicht nur sehr unterhaltend, sondern auch lehrreich. Zudem würden einen flinke und einheitlich gekleidete Verkäuferinnen – die Belegschaft war damals auf zweihundert Angestellte angewachsen – rasch und freundlich bedienen.[112] Mit dem neuen Warenhaus wurden auch verschiedene neue Abteilungen eingeführt, wie etwa eine Buchhandlung, ein Teppich- und Linoleumlager, Büroartikel und elektrische Lampen sowie Nippsachen vom feinsten Porzellan bis hin zum Thuner Majolika.[113] Überdies konnte im Herbst 1915 der lang ersehnte Tearoom eröffnet werden, in dem nachmittags jeweils Maestro Aversano musizierte und seine «italienischen Schnulzen» zum Besten gab. Für die Erteilung der dazu erforderlichen amtlichen Bewilligung jedoch galt es grosse Schwierigkeiten zu überwinden.[114] 1928 erwarben Loebs das Hotel Löwen, das ein Jahr später abgerissen wurde, und erstellten darauf den Um- und Neubau, dessen bauliche Form das Warenhaus noch heute prägt. Eugen reiste dazu eigens nach Paris, um moderne Messingständer und Spiegel für die Verkaufskorpusse zu bestellen, und Arthur in die USA, um sich über zeitgemässe Einrichtungen wie etwa Registrierkassen oder Etikettiermaschinen zu informieren.[115] Unter dem Titel *Triumph des Warenhauses* berichtete ein Zeitungsartikel über dieses am 12. September 1929 eröffnete moderne Einkaufsparadies, dessen Grosszügigkeit sich nicht nur im vom Architekten Albert Gerster erstellten barock anmutenden Bau, sondern auch in seiner inneren Ausgestaltung, seiner hochkünstlerischen und technischen Ausstattung und seiner ganzen Organisation offenbarte.[116] Am Eröffnungstag herrschte Massenandrang. Alle wollten in die mächtigen und lichten Verkaufshallen eintreten, die braune Mahagonitreppe hinaufsteigen und sich dabei an der Farbenpracht, den von Emil Cardinaux entworfenen Glasfenstern, erfreuen.[117]

Damals trat mit Fritz und Victor Loeb auch schon die nächste Generation ins Geschäftsleben ihrer Väter ein. Fritz war der Sohn von Arthur, der sich 1905 mit Gustl Schweizer verheiratet hat. Victor indes war der Sohn von Eugen, aus der 1910 geschlossenen Ehe mit Juliette Blum.

Bereits 1905 hatten Arthur und Eugen zusammen mit Cousin Rudolf als «Gebrüder Loeb Söhne» das Berner und Basler Geschäft auf eigene Rechnungen übernommen.[118] 1918 wurde die Kollektivgesellschaft in eine Aktiengesellschaft mit einem Aktienkapital von einer Million Schweizer Franken umgewandelt. Kein einfaches Jahr, da der Erste Weltkrieg immer noch tobte und infolgedessen die Einfuhr von Waren massiv erschwert blieb. Behelfsmässig mussten sie damals auf teurere Schweizer Fabrikate zurückgreifen. Trotz erschwerten Bedingungen und massiven Abschreibungen erwirtschafteten die Gebrüder Loeb Söhne einen Reingewinn von beachtlichen 280 000 Franken, von dem man auch der Stadt Bern 1000 Franken für Wohltätigkeitszwecke zukommen liess. Besonders fleissige Verkäuferinnen und Verkäufer erhielten eine Gratifikation zwischen 500 und 1500 Franken.[119]

Und bereits ein paar Jahre zuvor, am 11. Juli 1912, hatten die Loebs in Thun eine weitere Filiale in Betrieb genommen. Die ehemalige Verkäuferin Frieda Ogi-Hubacher erinnert sich an den Eröffnungstag: «Mit Schwung öffnete der Magaziner Zysset den eisernen Rolladen, und eine grosse Menschenmenge strömte in den Laden. Ich sehe sie noch heute vor mir, die markanten

Abbildung 92: Blütezeit. Familie Loeb, Gruppenbild, Bern, ca. 1913 (von links: David, Gustl, Arthur, Juliette, Fanny, Eugen; Kinder, von links: Fritz, Yvonne, Ilse, Victor).

Sigriswiler Fraueli in ihren grobbeschlagenen Bergschuhen und mit den grossen Hutten am Rücken, wie sie sich durch das Gewühl zwängten! Eitel Lob herrschte über Grösse, Einrichtung und Warenangebot von Loeb, waren wir doch das grösste, modernste Haus in Thun mit einer imposanten Fensterfront. Eine wegen ihrer bösen Zunge stadtbekannte Thunerin staunte mit grossen Augen, beide Arme in die Hüften gestemmt, und meinte schliesslich anerkennend: ‹Das het my Tüüri bis hüt no gfählt z'Thun›».[120]

Mitten im Krieg und kurz vor Chanukka am 30. November 1915 starb David Loeb. Seine Frau Fanny sollte ihn noch über zwanzig Jahre überleben. Fanny, das sei an dieser Stelle noch ausgeführt, muss eine aussergewöhnliche und starke Frau gewesen sein. 1854 in Freiburg im Breisgau als Kind von Lazarus und Therese Löw geboren, war sie vermutlich eines der jüngeren von vierzehn Geschwistern.[121] Nach der Heirat mit David Loeb siedelte sie mit den zwei Kindern Eugen und Arthur 1890 nach Bern über, wo sie half, das damals serbelnde Unternehmen erfolgreich zu machen.

Fanny Loeb stand täglich selber im Geschäft, und etliche Kunden und Mitarbeitende erinnern sich an die stets gegenwärtige «Mama Loeb» – wie man sie heimlich nannte. In einem Brief des Personals zu ihrem 80. Geburtstag wird nicht nur die grosse Verehrung, die man der Jubilarin entgegenbrachte, deutlich, sondern auch ihre Gesinnung. Am Morgen war sie die Erste, die anwesend war, und am Abend mit den Verkäufern die Letzte, die den Betrieb verliess. Mit Achtung und liebevoll behandelte sie ihre Angestellten und spornte zur besten Leistung an, zuvorkommend verhielt sie sich gegenüber den Kunden – kein Kunde zu gering, kein Einkauf zu klein. Dem Brief ist zu entnehmen: «Diese Atmosphäre bewirkte denn auch natürlicherweise beim Kunden eine Anhänglichkeit an das Hause Loeb, die sich bis heute erhalten hat.»[122] Mit dieser Gesinnung prägte sie ihre beiden Söhne, Eugen und Arthur, die das Lebenswerk erfolgreich weiterführten. «In diesem Sinne haben sie Ihre Söhne erzogen und die Freude erleben dürfen, dass sich dieses von Ihnen ins Leben gerufene Haus so gewaltig vergrössert hat. Der Erfolg stellt sich nicht von selbst ein, es erfordert Arbeitsamkeit, Energie, Einfachheit, selbstlose Güte und Ehrbarkeit, um ein derart hochgestecktes Ziel zu erreichen. Diese Eigenschaften haben Sie als Mutter Ihren Söhnen anerzogen.»[123] Auch dem Nachruf im *Israelitischen Wochenblatt* ist zu entnehmen, dass ihr Beitrag zum Aufstieg des Unternehmens kein geringer war. «Der Segen ihrer Hände lag und liegt auf diesem Hause ihres Namens.» Sie war in allen Kreisen sehr beliebt und mit ihrer Einfachheit und natürlichen Bescheidenheit erwarb sie sich die allgemeine Hochachtung und Sympathie der Mitmenschen. Im Stillen stand sie den Armen und Verlassenen mit Wort und Tat hilfreich bei.[124] Fanny Loeb starb 1937 im Alter von 83 Jahren und konnte 1932 noch dem 50-Jahr-Jubiläum der Firma Loeb beiwohnen.

Kunst und Kultur: Religion und Philanthropie

1896, sechs Jahre nach seiner Niederlassung in Bern, trat David Loeb der Israelitischen Cultusgemeinde bei.[125] In seiner religiösen Weltanschauung, schreibt Seelsorger Messinger, sei er der moderneren, das heisst reformorientierten liberalen Richtung des Judentums angehangen. In seinem Innersten war er in hohem Masse der Zedakah, der Fürsorge verpflichtet, die er ausübte, ohne zu fragen.[126]

Eugen Loeb war ein bedeutender Förderer der Kunst, insbesondere der Schweizer Malerei. Bereits als 25-Jähriger verbrachte er längere Aufenthalte in Florenz. Da, so wird jedenfalls spekuliert, sei das Fundament für seinen späteren Kunstsinn gelegt worden. Ferdinand Hodler hat er persönlich gekannt, aber auch mit anderen zeitgenössischen Malern wie Hans Berger oder Cuno Amiet war er eng verbunden. Von Amiet, der ihm bei seinem Tod ein Gedenkblatt mit der Unterschrift «Schon wieder ist ein lieber Freund von mir gegangen» widmete, soll er eine der grössten Sammlungen der Welt besessen haben. Jahrelang war er Vorstandsmitglied der Freunde des Berner Kunstmu-

Abbildung 93: Gedenkblatt von Cuno Amiet zum Tod von Eugen Loeb (1877–1959).

Abbildung 94: Gebrüder Loeb Söhne Bern, Saisonneuheiten, Plakat von Charles Loupot, um 1915.

seums, und auch der Schützengesellschaft der Stadt Bern gehörte er mehr als vierzig Jahre an.[127] Eugen gehörte nicht nur zu den ersten Passagieren, die Walter Mittelholzer in einer klapprigen Kiste über den Alpenwall flog, sondern er war auch unter den ersten Passagieren der Zeppelinfahrten, die ihn 1931 im Luftschiff bis nach Ägypten und Palästina führten. Die Überfliegung Jerusalems zählte für ihn zum eindrücklichsten Moment, wie er in seinem Tagebuch festgehalten hat: «Wir kreisen zweimal über der Stadt, halten still, die Motoren werden abgestellt. […] Erregung oben, Begeisterung in unbeschreiblichem Ausmass unten. […] Wir […] sehen und photographieren die vielumstrittene Klagemauer, umfliegen die Grabeskirche, in der zur Zeit unserer Ankunft eine grosse Messe abgehalten wird. Trotz allem strömen die Leute aus der Kirche und auch aus der Synagoge. Niemand denkt mehr an Gottesdienst, alles will den ‹Zeppelin› sehen, der zum ersten Male die heiligen Stätten umfliegt.»[128]

SAISON-NEUHEITEN
ARTIS S.A.
LAUSANNE
Gebr. LOEB Söhne
BERN

Eugen Loeb war ebenfalls kein religiöser Jude im Sinne der orthodoxen Tradition. Das Gotteshaus habe er nicht häufig besucht, wie sein Nachruf berichtet. Für die jüdische Gemeinschaft machte er sich ebenfalls durch fürsorgerische Taten verdient; ihm wurde die Ehre einer Abdankung in der Synagoge zuteil, wie übrigens seinem Sohn Victor auch.[129] Victor setzte sich noch stärker für ein reformorientiertes Judentum ein. Er gehörte zu den Gründern des Vereins für ein religiös-liberales Judentum in der Schweiz, war dessen Präsident und später Ehrenpräsident. Zudem war er Mitglied des Leitungsgremiums der World Union for Progressiv Judaism, die ein lebendiges und offenes Judentum, frei von jeglichem Fanatismus, förderte.[130] Darüber hinaus war Victor fasziniert vom Aufbau des Staates Israel, nahm an zahlreichen Zionistenkongressen teil und trat proisraelitischen Vereinigungen bei. Er kannte beispielsweise nebst anderen prominenten Persönlichkeiten die ehemalige Ministerpräsidentin Golda Meïr sowie die Präsidenten Zalman Shazar und Ephraim Katzir.[131]

Sein Bruder Arthur war sowohl Mitglied des Vorstands als auch Vizepräsident der Jüdischen Gemeinde Bern (JGB). Mehrmals vertrat er die Kultusgemeinde als Delegierter im Schweizerischen Israelitischen Gemeindebund (SIG), wie Georges Brunschvig in seiner Abdankungsrede festhielt.[132] Arthur setzte sich bereits 1933/34, als die ersten Flüchtlinge die Schweizer Grenze überquerten, mit Initiative und Tatkraft für diese ein. Er sei ein grosser Jude vom Nathan-Typ gewesen, berichtete die *Berner Tagwacht* in seinem Nachruf, «aufgeschlossen für alle Hilfswerke, sozial, grossherzig und grosszügig nicht nur in Geschäften, sondern auch in der Liebe zum Nächsten».[133]

Überhaupt sorgten sich zahlreiche Familienmitglieder der Loebs um die Opfer des Holocausts oder deren Nachkommen. Victor beteiligte sich während des Zweiten Weltkriegs an der Leitung der Berner Flüchtlingshilfe der jüdischen Gemeinde. Seine Frau Ann-Marie, geb. Haymann, nahm Kinder, die durch *clandestine filières* (Schmuggelketten) aus dem besetzten Frankreich in die Schweiz gebracht wurden, in ihrem Haus auf. Und auch die Frau von Fritz Loeb, Anneli Loeb-Croner, bewies grossen Mut, indem sie sich um jüdische Flüchtlinge und Kinder kümmerte. Fritz und Anneli adoptierten zwei Flüchtlingskinder: Berthe, die später in Zürich lebte, und Hubert, der später nach Israel auswanderte und in seiner neuen Heimat den Vornamen Ehud annahm.

Ihren Kunstsinn bewiesen die Loebs neben der Rolle als Mäzene von Schweizer Künstlern auch rund um das Warenhaus selber. Für ihre Plakatausgestaltung engagierten sie Künstler wie Charles Loupot oder Emil Cardinaux, das Treppenhaus wurde später eigens zu einer Galerie umfunktioniert und auch in ihrer Schaufensterausgestaltung erlangten sie über die Jahrzehnte einen legendären Ruf, da sie den Zeitgeist lokaler und internationaler Themen immer wieder ins Schaufenster fassten und damit «die Welt zu Loeb zu bringen und aus Loeb der Welt etwas zu geben»[134] wussten. Harald Szeemann schrieb im Vorwort des 1995 erschienenen Bandes *30 Jahre Loeb-Schaufenster*, dass es Warenhäuser gebe, die nur ihre Ware preisen würden, aber «gottseidank auch solche, die über das krude Angebot hinaus Werte» weitergeben würden, «die ein Preisschild nie fixieren» könne.[135]

8 Die Dynastie: Die Familien Maus und Nordmann sind das Warenhaus Manor

Aus dem Elsass in die Stadt der Zukunft

Es ist eine fulminante Saga, die Geschichte von Manor, wie sie ihren Anfang im ausklingenden 19. Jahrhundert nimmt und uns von jenen zwei Familien erzählt, die heute die Grundfesten des grössten und bislang erfolgreichsten Warenhauskonzerns der Schweiz bilden.[1] Beide, die Familie Maus und die Familie Nordmann, verliessen damals ihre angestammte Heimat im Elsass in Richtung der Schweiz, um sich in eine neue, ungewisse Zukunft aufzumachen. «Aus dem Nichts und mit Nichts», so der 1932 geborene Philippe Nordmann, Patron der dritten Generation des Warenhauses Manor, und nur «durch Talent und Ausdauer wussten sie unser Unternehmen aufzubauen, zu erweitern und zu festigen, um es zu dem werden zu lassen, was es heute geworden ist».[2]

Die Anfänge liegen im zweisprachigen Biel. Aus dem stagnierenden «Stettli» wurde in der zweiten Hälfte des 19. Jahrhunderts eine «Stadt der Zukunft» – wie sich Biel noch heute nennt. Von allen umliegenden Landen strömten sie damals herbei, neue Zuwanderer, die auf der Suche nach einem Auskommen in der prosperierenden Uhrmacherindustrie eine Arbeit fanden. Biel mauserte sich in jenen Jahren zur ersten Industriestadt der Schweiz und die Bevölkerungszahl explodierte förmlich. Verzeichnete man um 1800 knappe 2000 Einwohner, stieg die Einwohnerzahl bis um 1900 auf das über Zehnfache auf 24 000 an. «Die Stadt schien über Nacht zehntausend Einwohner mehr bekommen zu haben», erinnerte sich der 1878 in Biel geborene und aufgewachsene Schweizer Schriftsteller Robert Walser. «Die Bauunternehmer hatten eine prachtvolle Zeit, sie brauchten nur immer bauen zu lassen [...]. Die Kaufleute konnten unter solchen Umständen nicht klagen.»[3]

Biels aufgehender Stern zog auch die beiden Familien Nordmann und Maus ins Berner Seeland – die einen etwas früher, die anderen etwas später, wie die Geschichte zeigen wird. Während auf der einen Seite die bereits skizzierten ökonomischen Voraussetzungen Biels offensichtlich auf einen gesicherten Lebensunterhalt hoffen liessen, waren auf der anderen Seite auch soziale Faktoren für eine Abwanderung aus der Heimat ausschlaggebend.

Die Anfänge in Biel: Moïse Nordmann aus Hegenheim, Ernest und Henri Maus aus Colmar

Moïse Nordmann war 28 Jahre alt und noch ledig, als er seine Heimat Hegenheim verliess und sich 1865 in Biel an der Unionsgasse 18 niederliess.[4] Damals zählte die Stadt 52 Juden, darunter auch sein älterer Bruder David, der ihm vorausgegangen war und zu den Gründervätern der 1858 konstitu-

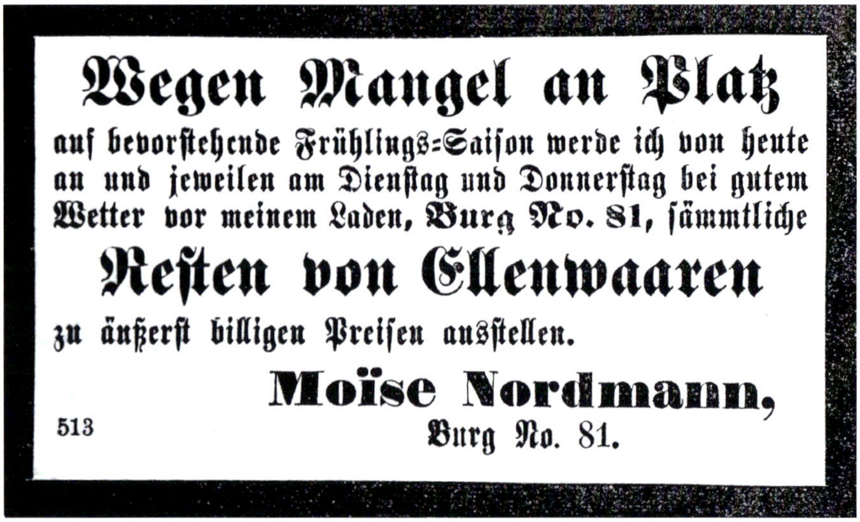

Abbildung 95: Inserat der Tuchwarenhandlung von Moïse Nordmann, Burg Nr. 81. (Tagblatt der Stadt Biel, 1878)

Wegen Mangel an Platz
auf bevorstehende Frühlings-Saison werde ich von heute an und jeweilen am Dienstag und Donnerstag bei gutem Wetter vor meinem Laden, Burg No. 81, sämmtliche
Resten von Ellenwaaren
zu äußerst billigen Preisen ausstellen.
Moïse Nordmann,
Burg No. 81.
513

Abbildung 96: Moïse Nordmann (1837–1928) aus Hegenheim liess sich 1864 in Biel nieder, wo er bis zu seinem Tod lebte. Er war Mitglied der Jüdischen Gemeinde Biel und der Vater von Léon Nordmann, dem späteren Warenhausbesitzer. Er starb 92-jährig.

ierten Israelitischen Cultusgemeinde Biel und deren Männerkrankenvereins Chewra-Bikkur-Cholim zählte.[5] David, der mit seiner Frau Sara und den sechs Kindern unweit von Moïse an der Neuengasse in Biel wohnte, war in der Uhrenbranche tätig. Mit seinem Schwiegersohn Albert Blum besass er die 1883 gegründete und im Neuquartier 40 angesiedelte Uhrenfabrikationsfirma Nordmann & Cie.[6]

Zwei Jahre zuvor wurde Davids und Moïses verwitwete Mutter Véronique, eine geborene Bernheim, zu Grabe getragen; Vater Salomon Nordmann, vermutlich ein strenger und frommer Mann, hatte sie und seine zwei Brüder allzu früh verlassen, als er 1846 mit fünfzig Jahren starb. Der ursprünglich aus Hirsingue kommende Salomon war im Handel tätig gewesen, ein *marchand d'étoffe*, wie aus seiner Sterbensurkunde hervorgeht.[7]

Während Bruder David im Uhrenbusiness tätig war, trat Moïse in die Fussstapfen seines Vaters und versuchte sich als Stoffhändler seinen Unterhalt zu verdienen. In der Altstadt Biels, unweit des mit gotischen Treppengiebeln verzierten Rathauses und des Burgplatzes, wo jeweils der Markt stattfand, betrieb er vorerst eine kleine Tuchwarenhandlung.[8] Wegen Platzmangel gab Moïse Nordmann am 7. Februar 1878 im *Tagblatt der Stadt Biel* bekannt, dass er jeweils am Dienstag und am Donnerstag, aber nur bei gutem Wetter, vor seinem Laden an der Burg Nummer 81 «sämtliche Resten von Ellenwaaren zu äusserst billigen Preisen» ausstellen werde.[9]

Ein Jahr nach seiner Niederlassung in Biel trat Moïse Nordmann 1866 mit der ebenfalls aus Hegenheim stammenden Thérèse Picard (1841–1915) unter die Chuppa.[10] Der Tradition entsprechend fand die Vermählung am Herkunftsort der Braut statt. Thérèse, die Tochter des Colpolteurs Louis Picard, schenkte ihm in der Folge zwei Kinder: Jules und Léon. Mit der Geburt von Letzterem setzte später die hier vorliegende Warenhausgeschichte ein.

Vorerst wächst Léon in einem von jüdischer Religion und elsässischer Tradition bestimmten Elternhaus heran. Als die französischen Juden ihre an-

Abbildung 97: Au Petit Bénéfice in Biel um 1900. Das Foto zeigt den Warenhauspionier Léon Nordmann und seine Frau Laure, geb. Bernheim.

gestammte Heimat in den Dörfern des Elsasses verliessen und sich für das liberale Bern als neuen Niederlassungskanton entschieden, blieben sie vorerst ihren religiösen Konventionen nach elsässischem Gebrauch (Minhag) treu. So zeichnete sich die jüdische Gemeinschaft im Elsass durch ein starkes Gefühl der Zusammengehörigkeit und des gemeinsamen Schicksals aus, das sich in gegenseitiger Hilfe und Barmherzigkeit äusserte. Das Befolgen von Riten und das Festhalten an religiösen Traditionen war lange Zeit ein bestimmendes Moment im Leben der Elsässer Juden auf dem Land. Der jüdische Kalender unterteilte Wochen und Monate in Schabbat und Festtage und rhythmisierte das gesamte jüdische Alltagsleben. Diese Verbindung von religiösen Ritualen und dem Familienleben übte einen traditionsbewahrenden Einfluss aus.[11]

So war auch Vater Moïse den Traditionen seiner «streng-frommen Väter» zeitlebens treu geblieben, wie dem Nachruf im *Israelitischen Wochenblatt* zu entnehmen ist. Nach seiner Niederlassung in Biel trat er 1866 als letztes Gründungsmitglied dem 1859 respektive 1866 erneut gegründeten jüdischen Männerkrankenverein Chewra-Bikkur-Cholim bei, der die gegenseitige Unterstützung im Krankheits- und Todesfall in Form von finanzieller Zuwendung, aber auch mittels Besuchen und Totenwachen – eine Chewra Kaddischa (hebr. Beerdigungsbruderschaft) – zum Zwecke hatte.[12] Moïse gehörte zu den fleissigsten Besuchern der Synagoge Biels, und oft liess er im Gotteshaus die ihm als «echt jüdisch» geltenden Melodien mit seiner wohlklingenden Stimme ertönen. Es waren jene elsässisch-tradierten alten Lieder, die in früheren Jahren noch in der Muttergemeinde «Hegenheim» feierlich vorgetragen wurden und die bei den Synagogenbesuchern Biels stets wohltuende Erinnerungen weckten.[13]

Moïse Nordmann besass Arbeitssinn und Arbeitswillen. Infolge der Verlagerung des Verkehrs wandelte sich die einst von Bauernhöfen geprägte Nidaugasse, aus der 1862 die drei letzten dampfenden Miststöcke, durch Enteignung entfernt werden mussten,[14] in eine achtbare Flaniermeile mit aparten Modegeschäften und Warenhäusern um. In weiser Voraussicht verlagerte deshalb auch Moïse seinen Laden an diese neu entstehende Einkaufsstrasse. 1888 beschloss er ein bestehendes Wohnhaus an der Nidaugasse Ecke Schulhausstrasse zugunsten eines neuen Geschäftshauses abreissen zu lassen.[15] 1890 eröffnete er an der Nidaugasse 20 das Konfektions- und Tuchwarengeschäft mit dem sinnigen Firmenzusatz Au Petit Bénéfice (Zum kleinen Gewinn), womit gewissermassen auf die modernen und zukunftsträchtigen Geschäftsmethoden hingewiesen wurde. Gewiss war Moïse stolz auf seinen eigenen Laden, da er den Kunden neben Tuchwaren nun auch Konfektionskleider zu fixen Preisen, Nouveautés, Mercerie und Bonneterie zum Kauf anbieten konnte. Als Detailhändler bezog er einige dieser Artikel bei der Firma Mercerie et Bonneterie en gros, Maus Frères, die unter anderem auch Herrenhemden und Krawatten im Sortiment führten und deren Geschäft ein paar Häuserblocks weiter an der Zentralstrasse von den Brüdern Maus betrieben wurde. Zu den jungen Inhabern der Firma, Henri und Ernest Maus, pflegte vor allem der mittlerweile im Laden mitarbeitende, beinahe gleichaltrige Sohn Léon eine gute Freundschaft. Die Eltern der beiden Familien kannten sich vermutlich bereits aus früheren Tagen, denn auch Henri und Ernest Maus entstammten dem Elsass.[16]

Auch über die Familie Maus wissen wir aus jenen frühen Zeiten wenig. Henri wurde am 27. Dezember 1868 und Ernest am 27. Juli 1871 in Colmar geboren. Ihre Eltern, Meyer Max und Barbe Maus-Lévy, brachten mindestens noch sechs weitere Kinder zur Welt, Clémentine, Sylvain, Hélène, Albert, Clarisse Alice und René. Vater Meyer Max war als *agent d'affaires* tätig, wohnte damals in Colmar, wurde aber 1833 in Herrlisheim geboren, seine Eltern waren Salomon Maus, von Beruf Metzger, und Rosa, geborene Roth.[17]

Abbildung 98: Urahn Meyer Max Maus (1833–1914) und seine Frau Barbe Maus, geb. Levy (1841–1910).

Am 1. Juli 1890 gründeten Henri und Ernest Maus in Biel die Kollektivgesellschaft Mercerie et Bonneterie en gros, Maus Frères. Die beiden waren noch sehr jung, einer der Unternehmer, Ernest, sogar noch minderjährig. Die Geschäftsanzeige vermerkte deshalb, dass Vater Meyer Max Maus die natürliche Vormundschaft innehatte.[18] Die Abwanderung von Colmar in die Schweiz nach Biel verlief auch bei den Brüdern Maus in mehreren Etappen, entsprechend dem allgemeinen Migrationsverhalten jener Zeit von jüdischen Abwanderern vom Land in die Stadt.[19] Eine solche Zwischenstation legten Henri und Ernest im jurassischen Delémont ein, wo sie beide zwei Jahre als Commis arbeiteten und von wo sie sich auch um das Schweizer Bürgerrecht bewarben, das ihnen 1890 im solothurnischen Rüttenen gegen eine Gebühr von je 1200 Franken gewährt wurde.[20] Delémonts Bürgermeister Fleury schrieb damals in seinem Leumundszeugnis, dass Henri und Ernest «toujours joui d'une excellente réputation et […] jamais aucune plainte ne lui est parvenue à son encoutre» (vgl. Abb. 22).[21] Auch die ökonomischen Verhältnisse kann man als durchaus gut bezeichnen. Beide besassen bei der Colmarer Bank Bickart & Wahl ein Depot von je 3000 Franken.[22]

Mit einem ordentlichen Startkapital und dem Schweizer Bürgerrecht in der Tasche liessen sich die beiden Brüder Ende November 1890 in Biel an der Zentralstrasse 31 nieder.[23] Der noch ledige Ernest wohnte und schlief in einem Hinterzimmer des Geschäftes. Er war es auch, der einen angeborenen Sinn für Ästhetik besass, weshalb er von Zeit zu Zeit die Schaufenster des Nordmann-Ladens Au Petit Bénéfice dekoriert haben soll.[24] Später dann, 1899, heiratete er in Basel die aus dem elsässischen Pfastatt stammende Adeline Bernheim, die beiden Töchter Edmée Régine (geb. 1905) und Rachel Simonne (geb. 1908) kamen bereits in Genf zur Welt.[25] Hingegen wurden Henris Kinder aus der Ehe mit Berthe Bloch, André Samuel (geb. 1897) und Marcel (geb. 1901), noch in Biel geboren, Tochter Helene (geb. 1903) jedoch bereits in Genf.[26] 1903 (gemäss Firmenchronik 1901) verliessen die Brüder Maus Biel und siedelten nach

Abbildung 99: Warenhaus Léon Nordmann in Luzern. Eröffnung des Neubaus, 1913.

Genf um. Auch der Firmensitz der Maus Frères wurde von Biel nach Genf an die Avenue du Mail 9 verlegt.[27] Obwohl sich Genf damals auf dem Weg zur Grossstadt weniger schnell als Zürich oder Basel entwickelte, war dies ökonomisch betrachtet ein kluger Entscheid, profitierte man doch von der Freihandelszone mit Savoyen, der *zone franche*, die sich beinahe über ganz Hochsavoyen erstreckte.[28]

Warenhaus Léon Nordmann

Mit Léon Nordmann, der am 26. Januar 1869 in Biel geboren wurde, setzt die offizielle Warenhausgeschichte ein. Eigentlich wäre da noch ein älterer Bruder, Jules, doch von ihm und weshalb er als Erstgeborener nicht ins väterliche Geschäft einstieg, ist nichts bekannt. Von Léon wissen wir, dass er in einem frommen Elternhaus heranwuchs, das ihn zeitlebens prägen sollte. Tradierte Kultur wie Religion und Brauchtum waren ein Vermächtnis der wie seine Eltern vorwiegend aus dem Elsass stammenden Jüdinnen und Juden, das der Israelitischen Cultusgemeinde Biel von Beginn an ihr Gepräge gab.[29] Das *Israelitische Wochenblatt* schreibt später, dass in seinem Haus ein echter jüdischer Geist geherrscht habe und dass er zeitlebens ein selbstbewusster und traditionstreuer Jude war, der regelmässig den Gottesdienst am Schabbat besuchte.

Mit achtzehn Jahren beantragte Léon das zürcherische Kantonsbürgerrecht der Gemeinde Boppelsen und wurde 1887 Schweizer Bürger.[30] Zehn Jahre später trat er mit der in Biel ansässigen Laure Bernheim unter die Chuppa.[31] Die 24-jährige Laure, die 1873 im neuenburgischen Genevey sur Coffrans geboren wurde, verlebte keine einfache Jugend und wurde vom Schicksal hart getroffen. Die aus dem Elsass stammenden Eltern, Alexandre und Fanny Bernheim-Guggenheim, starben, als sie fünfjährig war, und so kam sie zusammen mit ihrer Schwester Emilie zur Tante Judithe Picard-Guggenheim, die in Vauvillier (Frankreich) lebte und die beide Mädchen grosszog. Laure kam gemäss ihrem Nachruf 1889 nach Biel zu Verwandten.[32]

Mit dem neuen Familienstand rückte eine neue Generation nach und Vater Moïse zog sich 1898 offiziell aus dem Geschäftsleben zurück, indem er den Laden seinem Sohn übergab.[33] Léon hatte, wie es die Geschichte zeigt, weitreichendere Pläne: Das Au Petit Bénéfice dürfte ihm zu trödelig gewesen sein, die Welt war im Umbruch, die Konkurrenz am Platz nahm zu. Als sich um die Jahrhundertwende die ersten Warenhäuser Knopf und Brann in Biel etablieren konnten, blieb dies von ihm und der hiesigen Konkurrenz anderer Gewerbetreibenden nicht unbemerkt. Letztere formierten sich «zum Kampfe gegen die Konkurrenz der grossen Warenhäuser Knopf und Braun [sic!]», wie im *Intelligenzblatt Bern* im November 1902 zu lesen ist, und forderten für die nahende Festzeit Aufklärung für das Publikum «über die Geschäftspraktik der Warenhäuser».[34] Ob aufgrund der ungemütlichen Stimmung oder weil zwei neue Warenhäuser just an der Nidaugasse entstanden waren, Léon Nordmann zog die Konsequenzen: Sein erstes Warenhaus jedenfalls wurde nicht in Biel, sondern in Luzern eröffnet. Das Au Petit Bénéfice in Biel wurde ein paar Jahre später, 1905, aufgegeben.[35]

NORDMANN & Co.
LEON NORDMANN & Co.
NORDMANN
NORDMANN
NORDMANN
Eröffnung
LUZERN
Weggisgasse
DIENSTAG den 11ten MÄRZ

1902 war für Léon Nordmann das Jahr des Aufbruchs. Bereits im Mai desselben Jahres konnte er in Nyon an der Rue de la Gare 10 einen weiteren Laden für Mercerie, Bonneterie, Quincaillerie (Haushaltwaren) und Konfektionsware unter dem Namen Au Louvre eröffnen.[37] Der grosse Coup gelang ihm jedoch, als er am Mittwoch, 12. November 1902 die Eröffnung des allerersten Warenhauses in Luzern feiern konnte. Der Kaufhaustempel befand sich an der Weggisgasse 7, im ehemaligen Hotel Zu den drei Königen, ein Altstadthaus, das für den Neubau abgerissen werden musste. Das reichhaltige Sortiment wurde «in nur prima Qualitäten» und zu «konkurrenzlosen Preisen» angeboten und reichte von Kurzwaren, Stoffen, «Schuhwaren, beste Schweizer Fabrikate», bis hin zu Damenkonfektion und Putz.[38]

Um die Eröffnungsgeschichte dieses allerersten Warenhauses von Léon Nordmann in Luzern ranken sich allerlei Legenden und Anekdoten. So sei die von Léon und Laure Nordmann-Bernheim 1897 nach Luzern unternommene Hochzeitsreise eine Inspiration für die spätere Standortwahl gewesen. Das schmucke Städtchen am See habe Léon gut gefallen, sodass er sich ein paar Jahre später, auf der Suche nach einem geeigneten Standort, daran erinnert haben soll. Jedoch sei das Warenhaus in Luzern überhaupt gar nicht sein «allererstes» gewesen, dieses sei ein paar Wochen zuvor, im August, im kleinen Städtchen Willisau eröffnet worden. Und zugetragen habe sich diese Geschichte folgendermassen: Auf der Suche nach einem geeigneten Standort habe Léon im Hotel Drei Könige an der Weggisgasse in Luzern logiert und sei da mit einem Gast ins Gespräch gekommen, der ihm von einem Mietobjekt in Willisau erzählte. Unverzüglich sei er darauf ins Luzerner Hinterland gereist, habe den Laden gemietet und auch gleich seine Frau hinter der Kasse installiert.[39] Erwin Amrein-Gumann verweist jedoch auf ein im *Willisauer Boten* erschienenes Inserat, das die bevorstehende Eröffnung erst auf den 29. November 1902 ankündigt und wo zugleich vier Verkäuferinnen, ein Lehrmädchen und ein Ausläufer für den sofortigen Eintritt gesucht werden.[40] Und auch der Stadtpäsident von Willisau, Heinrich Zust, hielt an diesem Eröffnungsdatum fest, als er Robert Nordmann 1978 zu dessen 80. Geburtstag gratulierte.[41]

Wie dem auch sei: Luzern nimmt von Beginn an eine gewichtige Rolle in der Warenhauslandschaft ein. Zehn Jahre später beschloss man, das Warenhaus durch einen Neubau zu ersetzen, der am 6. März 1913 eröffnet wurde. Der durch den Luzerner Architekten Friedrich Felder erstellte Jugendstilbau bildet nach wie vor die Eckpfeiler des heutigen Warenhauses.[42] Kein Wunder, schreibt Chronist Friedmann, sei das Publikum am Eröffnungstag immer wieder in Hurra-Rufe ausgebrochen. Gewaltige, in Metall eingefasste Schaufenster, inmitten einer geschliffenen Granitfassade, zierten den repräsentativen Bau in der Altstadt, der sich über ein Areal von 600 Quadratmetern erstreckte und nunmehr von der Weggis-, Theiling- und Schlossergasse umgrenzt wurde. Der an der Weggisgassseite imponierende Haupteingang führte in die mächtigen und mit einem Lichthof überdachten, luxuriös ausgestatteten Verkaufsräumlichkeiten.[43] Doch nach nur sieben Jahren, 1920, wurde der imposante Lichthof zugunsten von mehr Verkaufsfläche umgebaut und verschwand schliesslich ganz. Im Laufe der Zeit konnten benachbarte Liegenschaften dazugekauft und das Warenhaus vergrössert werden. Luzern war lange Zeit das

Abbildung 100: Das 1902 von Léon Nordmann gegründete Geschäft Au Louvre in Nyon[36] *an der Rue de la Gare um 1910 (links im Bild), Au Petit Bénéfice (rechts im Bild). Wie aufsehenerregend die Aufnahme eines Fotos damals war, zeigt sich in der Ansammlung der Menschen, die alle für den Schnappschuss posieren, aus dem Laden kommen oder zufällig stehen bleiben.*

Lieblingshaus des Konzerns. Léon Nordmann betreute es während Jahrzehnten von Biel aus, und auch Sohn Robert wurde nach Luzern in die Grundausbildung gesandt.[44]

1904 eröffnete Léon Nordmann in Zug, 1907 in Hochdorf ein Warenhaus. 1921 erfolgte mit der Eröffnung der Magazine Léon Nordmann in Solothurn ein weiterer Meilenstein der Firmengeschichte. Nach Luzern war dieses lange Zeit – bis zur Eröffnung der Filiale im Einkaufszentrum Emmen – das zweitgrösste Warenhaus, das den Namen Nordmann trug. Für knapp drei Jahre befand sich das Geschäft an der Hauptgasse 21, wo man anfänglich hauptsächlich Manufaktur-, Weiss- und Wollwaren zum Kauf anbot,[45] bevor man am 13. Oktober 1923, in den ehemaligen Lokalitäten des Warenhauses Pilz (Nachfolger und Anschlusshaus des Warenhauses von Julius Brann) an der Gurzelngasse den aufsehenerregenden Neubau eröffnen konnte. So etwas habe man in Solothurn noch nie gesehen, schrieb die Presse damals, und es ist zu vermuten, dass besonders der zur zeitgenössischen Warenhausarchitektur dazughörige Lichthof das Publikum ins Staunen versetzt haben dürfte.[46] Nicht alle Warenhausgründungen waren von Erfolg gekrönt. Die 1921 von Léon Nordmann in Einsiedeln und Rheinfelden eröffneten Geschäfte für Manufaktur, Konfektion, Woll- und Weisswaren mussten 1923 beziehungsweise 1928 wieder aufgegeben werden.[47]

Die «Stadt der Zukunft» wurde für Léon Nordmann zur Stadt seiner Heimat. Wenngleich er später im ganzen Land seine Warenhausunternehmungen

Abbildung 101: Warenhaus Léon Nordmann an der Weggisgasse in Luzern im Eröffnungsjahr 1902.

Abbildung 102: Herbst- & Wintersaison – Eröffnung – Léon Nordmann & Cie Luzern. Plakat von Charles Honoré Loupot, 1916.

besass, seiner Geburtsstadt Biel blieb er bis zu seinem Tod treu. Jahrzehntelang war er ein aktives Mitglied des jüdischen Gemeindevorstands und mit seinem Tod 1957, im Alter von 89 Jahren, verlor die Jüdische Cultusgemeinde Biel nicht nur ein treues, sondern auch ihr ältestes Mitglied.[48] Seine Frau Laure hatte ihn bereits dreizehn Jahre zuvor verlassen. Zeitlebens engagierte sie sich neben ihrer Familie in der sozialen Fürsorge. So war sie jahrelang Mitglied der Komitees beider jüdischer Frauenvereine in Biel, Chewra Kadischa und Malbisch Arumim, und präsidierte dieselben 21 Jahre lang. Auch als die 1920 gegründete internationale karitative Frauenorganisation Women's International Zionist Organisation (WIZO) in der Schweiz Fuss fasste, war sie jahrelang deren Vorsitzende. Ihre Schwester Emilie hat wohl nie geheiratet, gemäss Nachruf lebte sie vier Jahrzehnte lang mit Laure zusammen.[49]

HERBST- & WINTERSAISON
ERÖFFNUNG
LÉON NORDMANN & Cie
LUZERN

Abbildung 103: Inserat Magasin Au Petit Bénéfice von Abraham Nordmann und Blum an der Rue de Lausanne 109 in Fribourg. (La Liberté, *1883*)

109, rue de Lausanne **MAGASIN AU PETIT BÉNÉFICE** 109, rue de Lausanne

NORDMANN & BLUM

CONFECTIONS POUR HOMMES ET JEUNES GENS

Vêtements complets tout laine depuis	26 francs
Vêtements complets haute nouveauté depuis	38 »
Vestons et Jaquettes tout laine »	12 »
Pantalons et Gilets »	7 »
Pardessus mi-saison et été tout doublés de satin depuis	25 »

(H271F) Vêtements complets sur mesure (274)

MAGASIN AU PETIT BÉNÈFICE rue de Lausanne,109, Fribourg.

Der Freiburger Zweig der Familie Nordmann: A la Ville de Paris und Aux Trois Tours

Während sich Moïse Nordmann mit seiner Familie in Biel installierte – um von da aus den Ball zur Gründung der legendären Manor-Warenhäuser ins Rollen zu bringen –, liess sich sein Cousin Abraham Nordmann (1842–1914) zuerst in Olten und dann in Fribourg nieder, wo noch heute das Warenhaus Manor an der Rue du Romont von der Erfolgsgeschichte dieses Familienzweigs zeugt. Obwohl aus der gleichen Familie stammend – was viele nicht wissen können: Moïse und Abraham hatten denselben Grossvater (Adam Nordmann, vgl. Abb. 31) –, war diese Firma der Nordmanns stets eigenständig geblieben. Zwar war man schon früh unter den Fittichen des «grossen Bruders» und spätestens ab 1976 mit der Umwandlung des Warenhauses in die zu Manor gehörende Placette eine Franchiseunternehmung, doch erst mit der Übernahme im Jahr 2015 durch Maus Frères musste man den langjährigen Fribourger Familienbetrieb preisgeben. Klein und ohne grosse Mittel fing auch diese erfolgreiche Warenhausgeschichte Fribourgs an, sie ähnelt gar frappant jener des «grossen Bruders», denn wie Cousin Moïses Laden in Biel hiess auch Abrahams erstes Geschäft in Fribourg Au Petit Bénéfice.[50]

Abraham Nordmann kam aus Niederhagenthal, einem elsässischen Dorf unweit der Schweizer Grenze, wo 1846 die Hälfte der Einwohner jüdisch waren. Als Sohn von Goetsch, einem *marchand colpoteur*, und Marie, geborene Kahn, wurde er 1842 geboren.[51] Als er sechs Jahre alt war, verwüsteten und plünderten christliche Mitbürger, wie an vielen Orten im Revolutionsjahr, die Hagenthaler Synagoge. Nach dem Deutsch-Französischen Krieg 1871 verliess er im Alter von 29 Jahren seine Heimatgemeinde. Vermutlich wie so viele seiner jüdischen Mitbürger wollte auch er als Elsässer nach dem 1871 beendeten Deutsch-Französischen Krieg nicht unter deutscher Herrschaft weiterleben, weshalb er per Option Bürger von Belfort wurde, sich dann aber 1873 im solothurnischen Olten niederliess. Zusammen mit dem aus dem französischen Vesoul stammenden Salomon Blum betrieb er da das Manufakturwaren- und

Abbildung 104: Isidore Nordmann, Präsident der Israelitischen Gemeinde in Freiburg, während seiner Ansprache am 12. September 1949 zu Ehren von Prof. Chaim Weizmann, dem ersten Staatspräsidenten Israels, der 50 Jahre zuvor an der Universität Freiburg doktoriert hatte und dessen Doktordiplom bei dieser Gelegenheit feierlich erneuert wurde. Skizze von Wladimir Sagal.

Konfektionsgeschäft Nordmann und Blum, mit dem sich die beiden spätestens ab 1873[52] in Olten als Hauptsitz und ab 1881 in Fribourg als Filiale etablieren konnten.[53]

Abraham vermählte sich mit Elise Götschel, die sieben Kinder gebar, vier Söhne und drei Töchter, wobei die letzte Tochter als Siebenjährige verstarb.[54] 1881 siedelte die ganze Familie nach Fribourg über. Die Nordmanns waren in ihrer neuen Heimatgemeinde schnell verwurzelt, und da der Tuch- und Konfektionsladen florierte, konnte Abraham schon bald ein zweites Standbein in Fribourg eröffnen.[55] 1892, als er für sich und seine Familie das Bürgerrecht im zürcherischen Seuzach erwarb, fand der Stadtpräsident Fribourgs in seinem Schreiben nur lobende Worte: «Nordmann Abraham allié Elisa née Goetschel, de Niederhagenthal (Haut-Rhin), demeurant à Fribourg depuis 1881, a toujours eu une trés bonne conduite et jouit d'une honorable réputation. – Il est établi ici en qualité de Négociant en étoffes et confections et il est à la tête de deux magasins.» Seit seiner Niederlassung im Jahr 1881 geniesse er sowohl als Kaufmann wie als Privatmann einen sehr guten und ehrbaren Ruf.[56]

Die lokale Verankerung zeigte sich auch von Beginn an in deren Mitgliedschaften in Vereinen und sozialem Engagement. Vater Abraham war Mitbegründer und «eifriger Förderer» der 1895 neu konstituierten jüdischen Gemeinde, der Communauté Israélite de Fribourg (CIF), wie aus dem *Israelitischen Wochenblatt* hervorgeht, seine Söhne Maurice und Isidore beispielsweise waren aktive Mitglieder der Musique de Landwehr (Isidor für einige Zeit deren Präsident) und der Société fédérale de sous-officiers de Fribourg.[57] Isidore wurde später Präsident der CIF und war nebenamtlich Oberstleutnant der Versorgungstruppe der schweizerischen Armee.[58] Auch Camille fungierte lange Jahre als Sekretär und Vorstandsmitglied der CIF und war ein treues Mitglied des Stadtgesangvereins, Veteran des kantonalen Sängerverbandes sowie des Sängerbundes. Zudem gehörte er zu den Freunden des Fribourger Fussballklubs.[59] Mutter Elise engagierte sich im Amt als Präsidentin der Société des Dames Israélites der jüdischen Gemeinde Fribourg.[60]

Die Zukunft jedoch zeitigte für die Söhne und Töchter Abrahams unterschiedliche Lebensentwürfe: Erstgeborener Maurice, der sich mit Bella Weiller

Abbildung 105: Abraham Nordmann (1842–1914) mit seiner Frau Elisabeth (Elise), geb. Götschel, (1849–1912) und seinen sechs Kindern, Maurice, Isidore, Camille, Mathilde, Clémence und Jules. Abraham Nordmann war der Gründervater des Freiburger Zweigs der heutigen Manor-Warenhäuser.

vermählte und 1912 als ältester Sohn der Tradition entsprechend ins väterliche Geschäft einstieg, verstarb mit 44 Jahren aufgrund eines tragischen Turnunfalls.[61] Nach dessen frühem Tod überahm seine Witwe Bella und die beiden Kinder Gaston und Lily das an der Rue de Lausanne gelegene Geschäft Au Pétit Bénéfice, bis dieses 1939 endgültig aufgegeben wurde.[62] Mathilde trat mit Paul Levaillant aus Vevey unter die Chuppa, und ihre Schwester Clemence, die 1947 verstarb,[63] vermählte sich mit Achille Nordmann aus Liestal, der 1904 das Manufakturwarengeschäft von seinem Vater Emanuel Nordmann übernahm (Firma Achille Nordmann z. Volksmagazin),[64] woraus 1930 das Kaufhaus Tor wurde, welches später in den Besitz von Maus Frères gelangte. Der jüngste Sohn Julien, der 1918 beim Tod seines Bruders Maurice in Kobe in Japan weilte und nicht ins Warenhausgeschäft seiner beiden älteren Brüder Isidore und Camille einsteigen wollte oder konnte, schlug sich später als Vertreter in der Westschweiz durch.[65]

Mit Isidore und Camille endlich setzte die bis heute andauernde erfolgreiche Warenhausgeschichte ein, die nicht zuletzt in der Verknüpfung und Stärkung der familiären Bande ihren Ursprung fand. So heirateten die Brüder Isidore und Camille zwei Töchter des in der gleichen Branche anzutreffenden Léopold Bloch aus Biel.[66] Ein kluger Entscheid, denn die beiden Töchter – Alice, die mit Isidore,[67] und Berthe, die mit Camille vermählt wurde – brachten das florierende Geschäft A la Ville de Paris mit in die Ehe, das seit 1894 in der mehrheitlich Deutsch sprechenden Unterstadt von Fribourg an der Rue de Lausanne anzutreffen war und damals bereits Filialen in Biel, Neuveville, Moutier und Delémont und ein paar Jahre später auch in Luzern und Lausanne besass.[68] Indes wurde das A la Ville de Paris anfänglich von den Gebrüdern Bernheim in Biel gegründet, bis erwähnter Léopold Bloch durch Heirat

Abbildung 106: Warenhaus Aux Trois Tours der Familie Nordmann an der Rue de Romont in Fribourg. Heute Manor.

mit der einzigen Schwester, Rosalie Bernheim, in die Firma eintrat. Und nicht zuletzt war Rosalie die Nichte von Meyer Max Maus, dem Vater von Henri und Ernest Maus.[69]

1920 übernahmen Camille und Isidore das bedeutende Warenhaus Grosch & Greiff an der Rue de Romont und eröffneten es unter neuem Namen.[70] Die Namensfindung des neuen Einkaufstempels wurde originellerweise der Fribourger Bevölkerung überlassen. In einem Ideenwettbewerb wurden die Meinungen der lokalen Bewohner befragt und aus 437 Antworten wählte man mittels eigener Jury den Namen Aux Trois Tours.[71] Da die bereits 1902 gegründete Firma Nordmann, Bloch & Co. aus den Geschäften Ville de Paris und Aux Trois Tours bestand, einigte man sich darauf, dass Camille sich um die verschiedenen Ville de Paris und Isidore um das Warenhaus Aux Trois Tours kümmern soll.

1945 feierte die Firma ihr silbernes Jubiläum, bei dem neben dem gesamten Personal der Firmen Ville de Paris (1894) und Trois Tours (1920) auch eine illustre Gästeschar von Historikern, Nationalräten und Gemeindräten, Rechtsanwälten, Vertretern der städtischen Behörden und die Geschäftsführer der damaligen Filialen in Langnau, Zweisimmen, Aarberg, Langenthal und Frutigen anwesend waren.[72] In der nächsten Generation übernahmen Camilles Sohn André und Isidores Sohn Jean die Geschäftsleitung. Eigentlich hätte Jean studieren wollen, doch als ältester Sohn musste er ins Warenhausgeschäft einsteigen. Das Studium blieb seinem jüngeren Bruder Pierre vorbehalten, der Rechtsanwalt wurde und sich noch bis in die 1960er-Jahre um die Ville-de-Paris-Geschäfte kümmerte. Jean hingegen wurde später nicht nur Präsident der Jüdischen Gemeinde Fribourg, sondern auch Präsident des SIG. Zudem war er der erste jüdische Oberst der Schweizer Armee.[73] Von Camilles beiden anderen Söhnen wurde Marius Chefarzt der Fribourger Frauenklinik. Roger rief 1946 die Radiosendung Glückskette und zwei Jahre später die Internationale Glückskette ins Leben, deren Generalsekretär er 1953 wurde.

Abbildung 107: Ernest Maus (1871–1945).

«Schem tov»: Ein brillantes Geschäftsmodell und ein weitverzweigtes Netzwerk

Blenden wir zurück zu Henri und Ernest Maus und in die Westschweiz nach Genf. Nach ihrem Wegzug aus Biel begannen sie anhand einer innovativen Geschäftsidee die Fundamente des heutigen Warenhauskonzerns zu legen. Im Vergleich zu anderen Warenhausgründern der Schweiz verfolgten sie dabei eine etwas andere Strategie. Einerseits begannen sie mit ihrer 1903 ins Genfer Handelsregister eingetragenen Firma Maus Frères alleine oder als Kollektivgesellschaft mit einem Partner in kleineren Städten oder Gemeinden Maison de Nouveautés, Kaufhäuser oder Warenhäuser zu gründen, die auffallenderweise alle Au Louvre hiessen und wie eine «Warenhauskette» in Erscheinung traten: 1906 in Murten, Burgdorf und Sainte-Croix, 1907 in Hochdorf, 1908 in Saignelégier und Bulle, 1909 in Tavannes, 1911 in Aigle, 1914 in Orbe, 1916 in Rolle und 1922 in Tramelan-dessus.[74] So war zum Beispiel das Au Louvre in Murten anfänglich eine Zweigniederlassung von Maus Frères, ein Jahr später kooperierten sie mit ihren Cousins, den Brüdern Bigar. Und auch das 1907 eröffnete Warenhaus A l'Innovation in Lausanne war anfänglich ein gemeinsames Joint Venture von Maus Frères und Bigar Frères, von dem sich Ernest und Henri gemäss *Schweizerischem Handelsamtsblatt* erst 1920 trennten.[75]

Andererseits ermunterten sie als Grossisten ihre Kunden früher oder später dazu, sich mit einem eigenen Warenhaus zu etablieren, und unterstützten sie auf diesem Weg auf unterschiedlichste Weise, etwa mit finanziellen Darlehen oder mittels Einkaufsverträgen.[76] Eine Art Franchising, das ihnen nicht nur vorteilhaften Warenabsatz und Gewinnbeteiligungen sicherte, sondern längerfristig gesehen die Bindung der jeweiligen Partner an das Mutterhaus Maus Frères stärken sollte.

Der Aufstieg der Firma Maus Frères war kometenhaft. Bereits vor dem Ersten Weltkrieg besass man vierzehn Verkaufslokale. 1930, als Henri nach langer Krankheit mit 68 Jahren verstarb, war das Unternehmen schweizweit etabliert und gehörte zu den wichtigsten Geschäftshäusern jener Zeit.[77] Ein beträchtlicher Erfolg, der gemäss dem *Israelitischen Wochenblatt* dank der guten Zusammenarbeit der beiden Brüder, deren Energie und Intelligenz sowie deren Verlässlichkeit und Vertrauenswürdigkeit zustande kam.[78] Henri und Ernest Maus waren zwei veritable und auch brillante Selfmade-Männer, so die Beschreibung von Ernest in dessen Nekrolog.[79] Bei allem honorablen «Self» darf jedoch keineswegs unbeachtet bleiben, dass die Brüder in ein weitverzweigtes familiäres Netzwerk eingebunden waren, das ihnen Rückhalt bot und Selbstkontrolle abverlangte. Und gewiss hat Vater Meyer Max Maus anfänglich in diesem *networking* eine nicht unbedeutende Rolle gespielt. Sowohl durch die geschickte «Heiratspolitik» als auch durch andere verwandschaftliche Verbindungen konnte ein für die Zukunft profitables, stabiles und kohä-

Abbildung 108: Alice und Paul Bladt-Maus, Gründerpaar der Grands Magasins du Louvre in Payerne. Alice Maus (1873–1950) war die dritte und letzte Tochter von Urahn Meyer Max Maus und die Schwester von Ernest Maus. Das Au Louvre in Payerne war vermutlich das älteste Anschlusshaus von Maus Frères. 1928 wurde es in Galeries Vaudoises SA, 1980 in La Placette umbenannt.

Abbildung 109: Postkarte der Grands Magasins du Louvre von Paul Bladt in Payerne.

rentes Firmennetzwerk in der ganzen Schweiz aufgebaut werden. So sind die Gründungen der Warenhäuser A l'Innovation in Lausanne, Au Louvre in Payerne, die weit herum verstreuten Filialen der «A la Ville de Paris»-Geschäfte, das Innovazione an mehreren Standorten im Tessin und nicht zuletzt natürlich die vielen Nordmann-Warenhäuser auf verwandtschaftliche Verknüpfungen zurückzuführen, die als Anschlusshäuser früher oder später unter dem Dach von Manor zusammengeführt wurden.[80]

Abbildung 110: Warenhauspionier Marx Bigar (1859–1936).

Nebst ihrer Berufsagenda in der Firma engagierten sich die beiden Patrons Ernest und Henri in der Communauté Israélite de Genève (CIG), wo sie aufgrund ihrer Ämter, der Familientradition entsprechend, auch soziale Anliegen und philanthropische Institutionen – auch die nichtjüdischen – unterstützten. Henri war Teil der Gemeindekommission, so lange wie es ihm seine Gesundheit erlaubte. Eine lange Krankheit verunmöglichte es ihm, seine Arbeit im Geschäft bis zu seinem Tod auszuführen. Er starb 1930.[81] Der Bruder Ernest sei von einem liberalen Geist beseelt gewesen und habe sich zutiefst für die jüdische Gemeinschaft und die CIG, der er auch mehrmals vorstand, engagiert. Er starb nach kurzer Krankheit am 30. September 1945 im Alter von 75 Jahren. Seine Beerdigung sei wie sein Leben, so der Nachruf, zurückhaltend und bescheiden gewesen, jeder fühlte, dass es nicht nötig war, viel Lob auszusprechen. Oberrabbiner Poliakof betonte in seiner Abdankungsrede, dass der Verstorbene seinen guten Namen, einen «Schem tov», hinterlasse.[82]

A l'Innovation in Lausanne

Abbildung 111: Werbeplakat Warenhaus A l'Innovation in Lausanne anlässlich der Neueröffnung 1912. Lithografie von Edouard Vallet.

Warenhauspionier Marx Bigar (geb. 1859 in Colmar, gest. 1936 in Lausanne) wuchs in einem sehr frommen Elternhaus auf, das er in jungen Jahren verliess. 1885 heiratete er in Colmar Clémentine Maus (1863–1938), die älteste Tochter von Meyer Max Maus und Schwester von Ernest und Henri Maus. Der Ehe entsprangen fünf Kinder. Drei Söhne und zwei Töchter. Später etablierte er sich in Basel mit einem Engrosgeschäft im Seidenhandel, erwarb nach der Jahrhundertwende das Schweizer Bürgerrecht und liess sich 1907 in Lausanne nieder, wo er im selben Jahr zusammen mit zwei seiner Söhne, Pierre und Georges, das Warenhaus A l'Innovation eröffnete, das diese in den folgenden Jahrzehnten zur Blüte brachten.[83] Das an der pittoresken Rue du Pont 21 gelegene Warenhaus war das erste seiner Art in Lausanne und besass schon bei der Eröffnung, die am 24. September 1907 um fünf Uhr abends stattfand, einen Lift und beschäftigte rund zwanzig Mitarbeitende. Die vor dem Eingang des «Wunder-Ladens» wartende Menschenmasse drängte sich damals durch die Eingangsportale. Erstmals bot sich ihnen die Gelegenheit, durch Verkaufsräume zu schlendern, die ein gesamtes Warenangebot unter einem Dach vereinten.[84] Der durchschlagende Erfolg des Warenhauses erlaubte den Gebrüdern Bigar fünf Jahre später, einen ersten Neubau inklusive Glasdach zu eröffnen, der im Eröffnungsinserat als Palast für neue Modewaren bezeichnet wurde und mehrere Lifte, sechzig Rayons zum Flanieren und einen Salon du Thé für die Damen anbot.[85]

A L'INNOVATION
LAUSANNE
Lundi
14 Octobre
OUVERTURE DES NOUVEAUX MAGASINS
Demandez nos catalogues gratis

Das Au Louvre in Murten, das Kaufhaus Strauss in Burgdorf

Au Louvre in Murten

Für die Idee eines «Partner-Warenhauses» stand das bereits erwähnte Au Louvre, das 1906 im fribourgischen Murten als Zweigniederlassung von Maus Frères eröffnet und ein Jahr später zu einer Kollektivgesellschaft mit deren Cousins, den Brüdern Bigar (Bigar Frères), zusammengschlossen werden konnte.[86] Als Geschäftsführer engagierte man zwei Jahre später den 22-jährigen Henri Kahn aus Solothurn, mit dem die über hundertjährige Warenhausgeschichte dieser späteren Manor-Filiale ihren Anfang nahm.

Henri entstammte eigentlich einer traditionellen Vieh- und Pferdehändlerfamilie. 1884 im elsässischen Mülhausen geboren, zogen seine Eltern fünf Jahre später nach Solothurn, wo sie einen Viehhandel betrieben.[87] Vater Jacques Jakob Kahn (1840–1900), der ursprünglich aus Obersteinbrunn kam und sich 1877 mit der Pferdehändlerstochter Adèle Braunschweig aus Bätterkinden vermählte, verstarb mit sechzig Jahren. Mit dem Ableben von Henris Vater erlosch auch dessen Viehhandel. Aus diesem Grund absolvierte er in Solothurn eine kaufmännische Lehre in einem Textilwarengeschäft, was ihm eine solide Grundlage zur Übernahme des eigenen Warenhauses verschaffte.[88] Überhaupt genoss er «in jeder Beziehung einen sehr guten Leumund», wie dies Gemeindeschreiber Walker bei seiner 1904 erfolgten Einbürgerung im solothurnischen Niederwil bescheinigte.[89]

Vonseiten der Bevölkerung wurde die Eröffnung des Au Louvre in Murten mit grossem Beifall aufgenommen. So konnte man auch in der Kleinstadt Murten alles unter einem Dach und in grosser Auswahl zu erschwinglichen Preisen einkaufen. Damals kostete eine Kravatte 5 Rappen und ein paar Socken 18 Rappen. Auch in diesem Betrieb wurde hart und lange gearbeitet, an Wochentagen bis neun Uhr abends, am Samstag bis zehn Uhr abends, und sogar am Sonntagmorgen war das Warenhaus geöffnet, um «au de Predigtlüt der Jkauf z'ermögliche».[90]

Bis ins Jahr 1919 wurde das Au Louvre von Bigar Frères & Co. betrieben. Erst dann übernahmen Maus Frères und Henri Kahn das Warenhaus auf eigene Rechnung und regelten vertraglich ihre zukünftige Zusammenarbeit. In dieser überlieferten *Convetions entre Monsieur Henri Kahn, Négociant à Morat et Messieurs Maus Frères, Négociants à Genève, représentés par Mr. Ernest Maus*[91] verpflichtete sich Henri zu Folgendem: so viel Eigenkapital als möglich zur Verfügung zu stellen, insbesondere seine Gewinnanteile im Unternehmen zu belassen, die Verkaufsware ausschliesslich bei Maus Frères und zu deren Konditionssätzen zu beziehen und zudem nichts Geringeres, als «seine ganze Zeit dem Geschäft zu widmen». Ferner wurden der jährliche Gewinn oder Verlust nach erfolgtem Inventar zu gleichen Teilen – je Partei 50 Prozent – ausbezahlt bzw. getragen. Für seine Arbeit als Geschäftsführer erhielt er einen Lohn von monatlich vierhundert Franken zugesprochen.

Nach erfolgreicher Geschäftsübernahme vermählte sich der mittlerweile 36-jährige Henri 1920 mit der jungen Marthe Lob (1898–1969) aus Sion. Obschon Marthes Eltern, Isaac und Clémence Lob-Lob, in Sion niedergelassen und eingebürgert waren, kamen beide ursprünglich aus Avenches, wo sich

Abbildung 112: Familie Lob in drei Generationen: Grosseltern Bernard und Florentine Lob-Bloch aus Avenches, Tochter Clémence mit ihrem Mann Isaac Lob aus Sion und die drei Enkelkinder Marthe, Edmond und Lucien. Marthe Lob vermählte sich 1920 mit Henri Kahn aus Solothurn, dem Geschäftsführer des Warenhauses Au Louvre in Murten. Fotografie um 1905.

vergleichsweise früh eine stattliche jüdische Gemeinde entwickeln konnte. Zu ersten Niederlassungen kam es da bereits 1826, 1830 zählte die Communauté Israélite hundert Mitglieder, darunter befanden sich auch Marthes Urgrosseltern mütterlicherseits, Marc und Caroline Lob-Baer.[92] 1870 war die Mitgliederzahl auf 260 angestiegen.[93]

Der Ehe entsprangen zwei Söhne, René und Marcel. Beide kehrten sie später nach Solothurn zurück, um im Warenhaus Léon Nordmann eine dreijährige kaufmännische Lehre zu absolvieren, bevor sie nach dem Zweiten Weltkrieg ins väterliche Geschäft eintraten. Dem Lehrvertrag von René Kahn, der 1938 als 16-Jähriger in die Lehre eintrat, ist zu entnehmen, dass er täglich neuneinhalb Stunden arbeiten musste und pro Jahr sechs Ferientage beziehen durfte. Im ersten Lehrjahr verdiente er monatlich 50, im zweiten 75 und im dritten 100 Franken.[94]

1956, pünktlich zum 50-Jahr-Jubiläum, konnte das Murtener Warenhaus Au Louvre durch den Erwerb der angrenzenden Liegenschaft und deren Ausbau erheblich vergrössert werden.[95] Eine solche Modernisierung wäre schon lange fällig gewesen, doch Vater Henri «esch settige Projekt eher skeptisch entgegestande», wie in der Festrede von Sohn René zu lesen ist. Das neue und stattliche Warenhaus aber, bei dem man mit der Fassade und der Erbauung von zusätzlichen Laubenbogen und -passagen den Auflagen des Heimatschutzes nachgekommen war, sollte Henri nicht mehr erleben. Er wurde 1951 nach 42-jähriger Geschäftstätigkeit durch einen Schlaganfall aus dem Leben gerissen. Begraben wurde er auf dem Jüdischen Friedhof in der Stadt Bern, wo er

Abbildung 113: Warenhaus Au Louvre in Murten.

Abbildung 114: Blick in die beengten Räumlichkeiten des Warenhauses Au Louvre in Murten, Fotografie 1954.

zu Lebzeiten Mitglied der Israelitischen Cultusgemeinde war. Das Warenhaus wurde von seiner Frau Marthe Kahn-Lob und seinen beiden Söhnen René Kahn und Marcel Kahn weitergeführt.[96]

Kaufhaus Strauss in Burgdorf

Auch das legendäre Kaufhaus Strauss in Burgdorf entwickelte sich aus kleinsten Anfängen heraus und gehörte anfänglich, wie jenes in Murten, zu der oben erwähnten Warenhauskette, an der Maus Frères mit Bigar Frères beteiligt waren.[97] 1906 noch als Au Louvre gegründet, wurde das Warenhaus zwei Jahre später vom deutschen Kaufmann Bernhard Strauss übernommen, der dem Geschäft sogleich – und ganz nach deutscher Manier – seinen eigenen Namen gab: B. Strauss.[98] Im Grunde genommen aber wurzelt die erfolgreiche Geschichte des Burgdorfer Kaufhauses Strauss in der Begegnung von Bernhard Strauss und Rosa Moch, die sich 1907 im Warenhaus Au Louvre in Burgdorf kennenlernten und noch im selben Jahr heirateten.[99]

Bernhard Strauss wurde 1876 im hessischen Hohenstein geboren.[100] Seine Eltern, Salomon und Karoline Strauss-Blum, betrieben in Bad Langenschwalbach ein Hotel.[101] Als junger Mann fand er eine Arbeit im damals bedeutenden Mannheimer Warenhaus Sinn. Im Alter von 26 Jahren kam er in die Schweiz nach Luzern, wo er eine Stelle als Geschäftsführer im Warenhaus Nordmann übernahm. Allem Anschein nach erfolgte seine Anstellung nach der Abwerbung durch Léon Nordmann – sein Ruf als «vorwärts strebender Kaufmann»[102] dürfte ihm also vorausgeeilt sein.[103] Auf einer Geschäfsreise nach Burgdorf ins Au Louvre lernte er 1907 seine künftige Frau Rosa kennen. Rosa,

Abbildung 115: Burgdorfer Warenhauspioniere: Bernhard Strauss (1876–1960) mit seiner Frau Rosa Strauss-Moch (1879–1970).

Abbildung 116: Kaufhaus Strauss an der Schmiedengasse 21 in Burgdorf im Jahre 1918.

1879 in Burgdorf geboren, war die Tochter des Vieh- und Pferdehändlers Isaak Joseph Moch und der Louise, geborene Woog. Zusammen mit ihren drei Geschwistern wuchs sie in einem jüdisch geführten Haushalt auf, absolvierte eine Verkäuferinnenlehre in einem grossen Konfektionshaus in Biel, wechselte danach nach Sainte-Croix, wo sie als Filialleiterin in einem Geschäft ihres Bruders tätig war, bevor sie als erste Verkäuferin ins Warenhaus nach Burgdorf und damit in ihre Heimat zurückkehrte.[104]

1908 also übernahmen die beiden Frischvermählten das Au Louvre, beziehungsweise Bernhard Strauss gründete zusammen mit Léon Nordmann die Firma B. Strauss. Das Geschäft, das sich in der Oberstadt Burgdorfs an der Schmiedengasse 21 befand, konnte bereits bei der Gründung 1908 vier Verkaufsangestellte beschäftigen, die Platzverhältnisse waren jedoch lange Zeit beengt. Anfänglich konnte nur das Parterre von hundert Quadratmetern als Verkaufsraum für das vielfältige Sortiment von Manufaktur- und Modewaren, Herren- und Damen-Konfektion, Schuhwaren und Haushaltungsartikeln genutzt werden.

35 Jahre lang führten Bernhard und Rosa Strauss-Moch das bescheidene Warenhaus und brachten es trotz stagnierender Wirtschaftslage zur ersten Blüte. Aus der Ehe entsprangen drei Kinder: Tochter Grety und die beiden Söhne Robert und Emil. Der ältere Robert durfte Medizin studieren, Emil trat in die Fussstapfen seines Vaters – vermutlich blieb ihm, als jüngstem und letztem Spross, nicht viel anderes übrig, wie sich seine beiden Kinder erinnern. Mitten im Krieg und trotz viel Abwesenheit im Aktivdienst übernahm er 1943 das väterliche Geschäft, das von da an Kaufhaus Strauss hiess.[105] Ein Jahr später trat er mit Trudy Brandenburger aus Wil (SG), der Tochter des Inhabers des Herrenkonfektionsgeschäfts Brandenburger, in der Synagoge St. Gallens unter die Chuppa. Unter Emil und Trudy Strauss-Brandenburger nahm das Kaufhaus Strauss einen beachtlichen Aufschwung. In den boomenden Nachkriegsjahren konnte sukzessive expandiert werden; angrenzende und gegenüberliegende Liegenschaften konnten dazugemietet oder erworben werden. Bald einmal hiess es im Volksmund, die Schmiedengasse sei die «Strauss-Avenue».

Emil und Trudy hatten zwei Kinder, Irène und René, die sich heute daran erinnern, wie sie jeweils nach der Schule bei ihren Grosseltern Bernhard und Rosa verweilten, deren Wohnung sich im obersten Stock des Warenhauses befand. Ihre Grossmutter Rosa sei eine richtige Burgdorferin, eine «Burdlefere», gewesen. Die Traditionen von Burgdorf waren ihr heilig, entnimmt man auch der Trauerrrede Rabbiner Engelmayers. Rosa war Mitglied des Israelitischen Frauenvereins Bern, der WIZO, des Etania-Hilfsvereins und der Jüdischen Gemeinde Bern, Letzteres wie die restlichen Familienmitglieder auch. Der Zweite Weltkrieg brachte auch für die Familie Strauss schwere Schicksalsschläge und Herausforderungen. Es gelang ihnen, Bernhards Mutter, Karoline Strauss-Blum, aus Nazi-Deutschland nach Burgdorf zu retten, wo sie 1947 mit 94 Jahren verstarb. Im Kaufhaus wurden etliche Flüchtlinge «versteckt» und vielen Verwandten ermöglichten sie durch finanzielle und praktische Hilfe die Auswanderung in die USA, nach Israel und nach Südafrika.[106]

Besiegelung zum Grosskonzern und bewegende Jahre des Aufbaus

In den 1920er-Jahren trat mit André Maus und Robert Nordmann die zweite Generation in das Geschäftsleben der nunmehr zu Senioren gewordenen Gründerväter ein. Beide durchliefen sie eine gründliche Ausbildung, wovon uns vor allem Robert Nordmanns Werdegang als anschauliches Beispiel überliefert ist. Dessen eindrückliche Lehr- und Wanderjahre bis hin zum Assoziierten, Delegierten und späteren Verwaltungsrat von Maus Frères widerspiegelt die noch heute angewendete Unternehmensphilosophie. Das Durchlaufen und Vertrautwerden mit mehreren regional unterschiedlichen Warenhausstandorten war Pflicht für jeden angehenden CEO des heutigen Grosskonzerns.

Robert, Léon Nordmanns Sohn, trat 1914 in die Fussstapfen seines Vaters. Geboren am 10. März 1898 an der Unionsgasse 18 in Biel, hätte der angehende Warenhausbesitzer eigentlich eine Lehre in der damaligen Handelsmetropole Frankfurt am Main absolvieren sollen. Doch der Ausbruch des Ersten Weltkriegs machte den Plänen seines Vaters einen Strich durch die Rechnung, und so schickte er ihn zu seinen Freunden den Brüdern Maus, zu Maus Frères, nach Genf. Robert war damals 16 Jahre alt, ein halbes Jahr später wurde er interimsmässig Direktor der Filiale Léon Nordmann in Zug, Mitte bis Ende 1915 setzte er seine Ausbildung im Warenhaus Innovation (früher Grosch & Greiff) in Lausanne fort, danach folgten acht weitere Monate der Lehre im Warenhaus Innovazione in Lugano im Tessin. 1917 dann der Beginn – gemeinsam mit André Maus – der zwölfjährigen Tätigkeit im Warenhaus in Luzern.[107]

Über André Maus, Henris Sohn, ist diesbezüglich weniger bekannt. Geboren ebenfalls in Biel, am 17. Dezember 1897, wuchs er nach der Übersiedelung seiner Eltern in Genf auf, wo er später seine Studien absolvieren und dann früh in den Familienbetrieb eintrat.[108] André gilt in der Familie als scharfsinniger Denker und Finanzgenie, war zwar oftmals hart – «un homme très dur», wie sich auch Geschäftspartner und Freund Pierre Lévy in seinen Memoiren an ihn erinnert hat –, aber fair.[109] Zudem war er sehr sportlich, spielte Golf, fuhr Ski und Bob, obwohl er einst einen schweren Unfall hatte, von dem er Narben davontrug,[110] und war Offizier der Ehrenlegion.[111] André arbeitete unermüdlich und wirkte massgeblich beim Neubau der Magazine zur Rheinbrücke in Basel mit. Robert hingegen war ausgeglichen, er wird als zugänglich, wärmer und als «grand connaisseur d'hommes» beschrieben.[112] Auf dem Weg an die Spitze des Unternehmens war für ihn und das Familienunternehmen ein Ereignis von besonders gewichtiger Bedeutung: 1929 vermählte er sich mit Simone Maus, Tochter von Ernest und Adeline Maus-Bernheim und Cousine seines Geschäftspartners André Maus. Mit der Heirat von Simone und Robert wurde das Bekenntnis zum Grosskonzern auch familiär besiegelt.

Die beiden Jungunternehmer André und Robert trieben das Erbe ihrer Väter nicht nur voran, sondern auch in die Höhe. Gewichtige und wegweisende Entscheide fielen in ihre Ära, und zu Recht werden sie deshalb als Baumeister der Warenhausgruppe bezeichnet.

Als Meilenstein in der Firmengeschichte gilt das am 5. April 1932 in Basel eröffnete neue Flaggschiff des Konzerns, das Warenhaus Magazine zur Rhein-

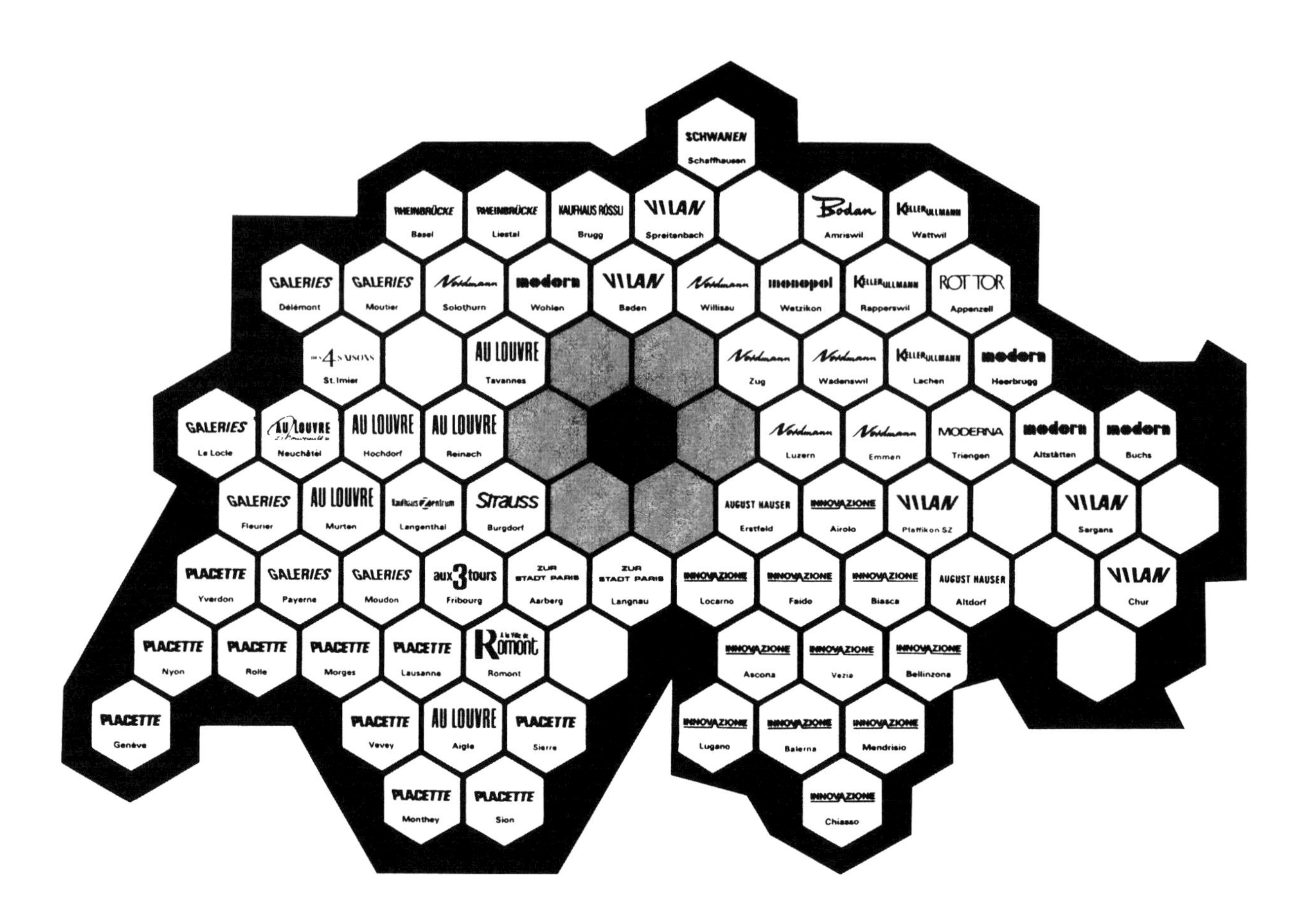

Abbildung 117: Die Namensvielfalt der früheren Manor-Häuser.

brücke. Trotz wirtschaftlicher Depression und schwierigen Verhandlungen mit den Eigentümern der angrenzenden Liegenschaft liessen sich André und Robert nicht beirren, in Basel das seinerzeit modernste und grösste Warenhaus zu erbauen, nicht im verkehrsreichen Gross-, sondern im ennet der Rheinbrücke gelegenen Kleinbasel. Bereits Mitte der 1930er-Jahre übernahmen sie dort von Abraham Dreifus aus Mülhausen dessen in Kleinbasel befindliche Warenhausfiliale Au Louvre.[113]

Im Zeitalter des anwachsenden Massenkonsums wurde aber nicht nur die Erbauung von grossflächigen Konsumpalästen evident. Neben den Verkaufsplattformen, die der Ankurbelung des schnellen Warenab- und Kapitalumsatzs dienten, gewannen sowohl Einkaufszentralen und logistisch günstig gelegene Depots zur Lagerung der Massenware rasch an Bedeutung, was André und Robert schnell erkannten. So entstanden anfangs mehrere vorerst noch bescheidene Depots, wie etwa dasjenige in Solothurn, das später zum Warenhaus Léon Nordmann umgestaltet wurde.[114] Eine erste Einkaufszentrale für Textilien befand sich anfänglich in Genf, dann in Nyon, später in Luzern und schlussendlich ab 1928 an der Rheingasse in Basel (RHEBA, Magazine zur Rheinbrücke AG, Basel). Von grosser Bedeutung und als regelrechter Glücksfall erwies sich dabei die Akquise der ehemaligen Schokoladenfabrik Lucerna in Hochdorf, die 1922 ihren Betrieb einstellen musste.[115] Mitten im Herzen der

Abbildung 118: Ein weiterer Meilenstein in der Firmengeschichte: die Eröffnung des La Placette in Lausanne 1952. André Maus hat seine ausländischen Konkurrenten unermüdlich beobachtet. Als verbrauchergerechte Innovation brachte er nach dem Zweiten Weltkrieg ein neues revolutionäres Konzept aus den USA mit, das mit der Eröffnung der Placette umgesetzt wurde. Keine Kataloge, keine Werbung auf Sonderangeboten, wenig oder kein Service, ein begrenztes Sortiment und Preise, die konkurrenzlos günstiger als anderswo waren. Der Name La Placette bezieht sich auf den von der Lausanner Bevölkerung als «kleinen Ort» genannten Platz Grand-Saint-Jean, an dem sich ein Eingang des Warenhauses befand.

Schweiz und zudem mit einem eigenen Eisenbahnanschluss ausgestattet, war dies aus logistischer Perspektive «ein Traum!», wie der Chronist in *Cent ans de magasins. Quatre générations d'hommes* resümiert.[116]

Zu Beginn der 1930er-Jahre gründeten die Cousins zusammen mit Julius Brann und Karstadt die Einheitspreisgeschäfte Epa, mit denen sowohl Brann als auch Maus ins verbale Schussfeld mittelständischer Gewerbetreibender und rechtsgelagerter antisemitischer Progaganda gerieten. Die Angriffe gegen die Warenhäuser und die skandierten Parolen der «Fröntler» verbreiteten in den 1930er-Jahren auch unter den Juden in der Schweiz Angst und Schrecken. Maus Frères gehörten zu jenen Schweizer Konzernen, die sich bereits nach der Machtergreifung Hitlers 1933 an einem Boykott gegen den Import deutscher Ware beteiligten.[117] Während Julius Brann sein Warenhaus wie bereits erwähnt an Oscar Weber veräusserte und aus Jelmoli sämtliche jüdische Verwaltungsräte austraten, sicherten sich auch Maus Frères vorsorglich mit einem Standbein in den USA ab. Aus diesem Grund reiste 1938 Robert Nordmann in die USA, wo er das im Bundesstaat Illinois gelegene Warenhaus Bergner's in Peoria akquirierte, um nötigenfalls dort den Hauptsitz des Manor-Unternehmens begründen zu können.[118] Diese Massnahme sollte viel später ein Nachspiel zeitigen: In der Dynamik der 1990er-Jahre verloren Maus Frères das amerikanische Warenhaus. Um liquid zu bleiben, mussten sie zudem ihren Anteil von 42,5 Prozent am Pariser Warenhaus Printemps an François Pinault veräussern, ein schmerzhafter Prozess. Nicht ohne chauwinistische Untertöne schrieb die Pariser Presse dazu: «Printemps ist wieder französisch».[119]

Die verlustreichen Jahre hatten André Maus und Robert Nordmann nicht mehr erlebt. André war bereits am 15. September 1965 im Alter von 67 Jahren verstorben. Robert wurde 88-jährig und starb am 17. Januar 1986 in Genf. Zusammen mit seiner Frau Simone gründete er die Stiftung Les Marroniers in Genf, die ein Altenheim erbaute und dieses noch heute betreibt.[120] André und Robert hinterliessen mit den zwischenzeitlich aufgebauten Warenhäusern Manor wie Nordmann, Rheinbrücke, Vilan, Placette, Innovazione, den Verbrauchermärkten Jumbo und den Modeboutiquen Casablanca, Aqua Verde und Chicago, zudem mit Beteiligungen an Warenhäusern in Frankreich, den USA und Japan, ein reiches Erbe.[121] In deren Fussstapfen trat die dritte Generation, die sich aus den beiden Söhnen von Robert Nordmann, Gérard und Philippe, sowie dessen Tochter Maryse und aus den drei Söhnen von André Maus, Jacques, Bertrand und Olivier, zusammensetzte.

Die Vielfalt der einzelnen Anschlusshäuser von Maus Frères hatte sich von Beginn an durch die unterschiedlichsten Firmennamen und deren Entwicklung kenntlich gemacht. Die Warenhäuser hiessen Au Louvre oder Zur Stadt Paris, sie trugen den Namen des Besitzers, wie das Kaufhaus Strauss in Burgdorf oder das legendäre Keller-Ullmann in Rapperswil, oder sie widerspiegelten lokale Besonderheiten wie das Aux Trois Tours in Fribourg oder der Schwanen in Schaffhausen, oder repräsentierten später auch Fantasienamen wie Modern oder Monopol.

1975 besassen Maus Frères 68 Warenhäuser in der ganzen Schweiz, die regional und lokal aber alle andere Namen trugen. Auf dem Weg zur Corporate Identity begann man deshalb bereits am Ende der 1970er-Jahre eine Vereinheitlichung in der Namengebung einzuleiten, die den Bekanntheitsgrad deutlich hob. Nordmann, Rheinbrücke und Vilan wurden zu den Firmenbezeichnungen der Deutschschweiz, Placette und Galeries hiessen sie in der französischen Schweiz, Innovazione im Tessin. Ab September 1994 firmierten die Warenhäuser der Deutschschweiz und ab September 2000 diejenigen der Westschweiz und des Tessins unter dem Namen, der die Gründerfamilien der heute grössten Warenhauskette der Schweiz spiegelt: MANOR.[122]

9 *Das Paradebeispiel: Die Gebrüder Lang und die Grosse Französische Warenhalle*

Im Jahr 1891, an Elul – dem Monat im jüdischen Kalender, der den Juden vor den hohen Feiertagen wie Rosch Haschana und Jom Kippur zur Besinnung und Erinnerung dient –, versammelten sich die Protagonisten dieser Geschichte im aargauischen Baden, um ihr Vermächtnis an die nachfolgenden Generationen niederzuschreiben. Dem *Testamentarischen Familien-Verband der Gebrüder Lang*, wie sich dieses überlieferte Schriftstück nennt, entnehmen wir nicht nur einen Verhaltenskodex bezüglich der Einhaltung jüdischer Rituale und Pflichten für ein thoratreues Judentum, sondern auch aufschlussreiche Hinweise zu sozioökonomischen Verhältnissen und biografischen Details, die uns die etwas verworrenen Wege der Gebrüder Lang in groben Zügen nachskizzieren lassen. Über ihre Wanderungen und der daraus entstandenen Firmengründung schrieben sie: «Wir Brüder lebten zusammen bis in die Mitte dieses Jahrhunderts, da trieb es den Aeltesten in die Welt hinaus, wo er als Händler und Arbeiter sein Brot verdiente. Er blieb 8 Jahre fort und hat ganz Frankreich und Spanien durchwandert. Der Zweite war 7 Jahre französischer Soldat und hat den ganzen Krimkrieg mit Schlachten bei Malakoff und Einnahme von Sebastopol mitgemacht und ist in der Garde lmperiale von Paris und von da nach Hause zurückgekehrt. Der Dritte, welcher durch den zweiten Bruder vom Militärdienst befreit war, hat sich während der Zeit mit Handel in der ganzen Schweiz herumgebracht, war Tag und Nacht auf den Füssen, bis sie geschwollen waren und oft ist ihm der Sack auf dem Rücken zu Sauerteig geworden. Der Vierte und Jüngste musste wieder Soldat sein und war von den zehntausend Afrikatruppen, welche einen Teil der Bourbakyschen Armee bildeten, die in die Schweiz geworfen wurde, wo er wieder in der Mitte seiner Brüder Aufnahme fand. Anno 58 haben die drei älteren Brüder das Haus Gebr. Lang gegründet und mit ihren praktischen Kenntnissen, die sie in allen Teilen Europas gewannen, sind sie zu der Ueberzeugung gelangt, dass sie alle und überall unter G'ttes allmächtigem Schutz sich befinden und haben sie deshalb diesen Familienverband gegründet, damit die nachstehenden Verpflichtungen stetsfort aufrecht gehalten werden.»[1]

Die Pioniere: Jacques, Raphael und Benoit Lang aus Sierentz

Bevor die Brüder Lang in die Welt hinausgetrieben wurden, lebten sie zusammen in Sierentz, einem kleinen Dorf im Elsass, das in jener Zeit viele, zumeist wenig bemittelte im Vieh-, Hausier- oder Trödelhandel tätige Dorfjuden aufzuweisen wusste.[2] Ihr Vater, Joseph Lang (1803–1838),[3] entstammte zwar einer traditionellen Viehhändlerfamilie, schlug sich damals aber als *revendeur* (Wiederverkäufer) durchs Leben, wie aus der Geburtsakte seines 1829 geborenen

Abbildung 119: Benoit Lang (1833–1921), einer der drei Gründer der Französischen Warenhalle.

Sohnes Jacques, des Ältesten der Brüder Lang, zu entnehmen ist.[4] Auf Jacques' Geburt folgte 1831 die von Raphael, und mit Benoit kam 1833 der letzte Pionier der Grossen Französischen Warenhalle zur Welt.[5]

Das Leben der Familie Lang dürfte wie das der anderen Juden im Elsass des 19. Jahrhunderts auch durch ein besonderes Landjudentum geprägt worden sein, eine besondere Art von Beziehung zu sich selbst und zu den Mitmenschen. Der französische Soziologe Freddy Raphaël spricht in diesem Zusammenhang von einer «Jüdischkeit», einer Kultur, die den Rhythmus der alltäglichen und festtäglichen Religiosität umfasst.[6] Aus Sicht André Nehers kann das kollektive Leben der Juden in den elsässischen Dörfern, in seiner Intensität und Seriosität, durchaus mit dem osteuropäischen Schtetl verglichen werden: «Le judaïsme d'Alsace a vécu sa religion, et c'est là un autre aspect de sa force.»[7]

Die Kindheit der drei Brüder wurde schon bald vom frühen Tod ihres Vaters überschattet. Mit 35 Jahren verstarb Joseph Lang und ihre Mutter, Caroline Kheila, eine geborene Bernheim – inzwischen schon fünffache Mutter –, wurde mit 36 Jahren Witwe. Nach dem frühen Tod des Vaters hat sich Caroline ein Jahr später mit dem ebenfalls aus Sierentz stammenden Maurice Moise Guth (1806–1885) wieder verheiratet. 1843 wird aus dieser Ehe das einzige und letzte Kind geboren: Halbbruder Lazar Guth (1843–1927). Doch auch der neue Vater brachte keinen Wohlstand oder ein sorgenfreies Leben für die Kinder. Zusammen mit ihrem Schwiegervater mussten die drei Brüder schwere Handwerksarbeit beim Bau der Badischen Eisenbahn verrichten, wie dem Familienvertrag zu entnehmen ist.[8] Das Aufkommen der Eisenbahn führte dazu, dass man die traditionellen Hausierer und Händler nicht mehr brauchte. Dieser Umstand führte im jüdischen Landjudentum zu einer Verarmung und einer nachhaltigen sozialökonomischen Umschichtung.[9] Überhaupt waren die Zeiten geprägt durch eine anhaltende Wirtschaftskrise, die zwischen 1846 und 1848 in eine Agrarkrise mündete und die grosse Teile Europas betraf.[10] Missernten und die anhaltende wirtschaftliche Rezession liessen den latenten Judenhass im Elsass erneut aufflammen und entluden sich im Revolutionsjahr 1848 im «Judenrumpel». Von den Ausschreitungen wurde vor allem das Sundgauer Dorf Durmenach getroffen. Über hundert Häuser wurden zerstört und geplündert und viele jüdische Bewohner flohen in der Nacht vom 27. auf den 28. Februar nach Basel in die Schweiz.[11]

Etablierung in Glarus 1863: Die erste Tuch- und Kleiderhandlung der Gebrüder Lang

Nachdem Jacques, Raphael und Benoit anno 1858 den Grundstein zum «Haus Gebr. Lang» gelegt hatten, verdienten sie sich ihren Lebensunterhalt als Marktfahrer. Jahrelang, so schreibt es jedenfalls die *Neue Zürcher Zeitung* zum Hundertjahrjubiläum der Französischen Warenhalle, hätten die drei Brüder Jahrmärkte, Ostermontagmärkte, Martinimärkte und ähnliche Veranstaltungen abgeklopft, um ihre Textilien feilzuhalten.[12] Das Jahr 1863 dürfte für die drei Brüder entscheidend wichtige Veränderungen mit sich gebracht haben. In diesem Jahr schloss die Schweiz mit Frankreich einen Handels- und

Niederlassungsvertrag ab, wobei Frankreich die Gleichstellung aller Franzosen – ohne Unterschiede der Religion – in den Kantonen zur Bedingung machte.[13] Von der Ratifizierung dieses Vertrages konnte die Familie Lang nur profitieren. Als französische Staatsangehörige waren sie nun gegenüber den Schweizer Juden in der bevorzugten Lage, sich schon einige Jahre früher in der Schweiz niederlassen zu können.[14] Diese Gelegenheit liessen sich die drei innovativen Brüder nicht entgehen. Erstaunlicherweise fiel ihre Wahl dabei auf Glarus.

Auf welchem Weg es die Langs aus dem Elsass in das abgelegene Linthal nach Glarus verschlug, ist nicht belegt. Zudem sind die Quellen jüdischen Lebens in Glarus überaus spärlich. Fest steht, dass die Langs ab 1863 nachweislich in dieser Gemeinde lebten.[15] Wahrscheinlich profitierten sie von der «gemässigt liberalen» Einstellung der Glarner gegenüber Juden, wie aus der Umfrage des amerikanischen Gesandten Theo S. Fay von 1859 hervorging.[16] Nebst Glarus zählten auch Luzern, Uri und beide Unterwalden zu den Kantonen, die in dieser Studie zu Protokoll gaben, «dass keine besonderen Beschränkungsgesetze gegen die Juden beständen, dass die Zulassung derselben ausnahmsweise als Gunst, aber nicht als Recht gewährt werden könnte, dass in der Praxis die Entscheidung wohl in ungünstigem Sinne fallen würde.»[17] Gemäss einer Studie von Nordmann aus dem Jahre 1926 waren um 1880 gerade einmal sieben Juden in Glarus ansässig. Dieser Hinweis bestärkt die Annahme, dass die Familie Lang und Guth zu jener Zeit die einzigen Juden in Glarus waren.[18]

Die «ausnahmsweise Gunst» der Glarner gegenüber den Gebrüdern Lang machte sich nicht nur in deren Ansiedlung bemerkbar, sondern auch darin, dass sie einen Tuchladen eröffnen konnten. Das Geschäft, das sich anfänglich beim Buchdrucker Vogel im Zaun befand, konnte am 4. Juli 1863 an die Bahnhofstrasse in das neu erbaute Haus von Weinhändler H. Schuler verlegt werden.[19] Bereits in diesen ersten Geschäftsjahren machten sich die «revolutionären» Geschäftsmethoden der Pariser Warenhausgründer bemerkbar. Ganz nach dem Prinzip «kleine Preise – grosser Umsatz» verfügten die Gebrüder Lang über ein sehr grosses Warensortiment zu äusserst billigen Preisen. Anno 1870 führten sie Ausverkäufe ihrer saisonalen Artikel durch, um dem Publikum wieder das Allerneueste anbieten zu können und «nicht konvenierende» Waren konnten bereitwillig umgetauscht werden.[20]

Vermutlich war Jacques Lang der erste der drei Brüder, der sich in Glarus niederliess. Vorab heiratete er 1861 die 25-jährige Rosa Dreifuss aus Mulhouse. Der Ehe entspringen sechs Kinder, wovon alle – mit Ausnahme des ersten und des letzten – in Glarus zur Welt kamen.[21] Die Zeitschrift *Der Israelit* schreibt später, dass Jacques Lang nach seiner Verheiratung lange Jahre «als einziger Jude» mit seiner Familie in Glarus lebte, wo er «ein blühendes Geschäft» betrieb.[22] Auch Bruder Raphael lebte mindestens zehn Jahre in Glarus, wie aus einer Niederlassungsbewilligung vom 29. Mai 1865 hervorgeht.[23] Im selben Jahr trat er mit Rosalie Bloch aus Bern unter die Chuppa; die kommenden Jahre bescherten ihnen vier Kinder. 1875 ist sein Wegzug nach Zürich zu verzeichnen.[24] Selbst Benoit muss im abgelegenen Linthal ansässig gewesen sein, zumindest tritt er als Einziger im Genealogiewerk von Glarus in Erscheinung.[25] 1871 vermählte er sich in Endingen mit der 17 Jahre jüngeren Regine Reikele Dreifuss aus Oberendingen; seine fünf Kinder werden alle in Baden geboren.

Als Soldat der Bourbakischen Armee wurde der Halbbruder Lazar Guth 1871 in der Schweiz entwaffnet und interniert.[26] Nach seiner Freilassung lässt auch er sich bei seinen Brüdern in Glarus nieder und heiratete 1876 Julie Bloch aus Feuerthalen. Ein Jahr später kommt mit Lucien der erste Sohn zur Welt, und es folgen im Abstand von einem oder höchsten zwei Jahren weitere sieben Kinder.

Obwohl die Langs in den 1870er-Jahren von Glarus nach Baden oder Zürich wegzogen, blieb ihr Geschäft bestehen, wie aus der Durchsicht der *Neuen Glarner Zeitung* von 1880 hervorgeht.[27] Zwischenzeitlich wurde das Stoff- und Kleidersortiment auf Knabenkleider und Teppichresten ausgeweitet. Es ist deshalb anzunehmen, dass der Halbbruder Lazar das Geschäft der Langs – quasi als Filiale – weiterführte, da er als Einziger bis Ende des 19. Jahrhunderts in Glarus blieb.[28]

Kriegsherbst 1870: «Deballage», «Mechale Schabes» und das Nachspiel in Luzern

Als Frankreich im Juli 1870 Preussen den Krieg erklärte, wurde infolge davon auch die Einfuhr von Gütern erschwert und die Schweiz stürzte vorerst in wirtschaftliche Schwierigkeiten.[29] Die Zufahrtsrouten der Eisenbahnanschlüsse mit Frankreich wurden bei Kriegsausbruch zum Teil stillgelegt oder erlitten starke Störungen, was jedoch den Geschäftsgang der Gebrüder Lang vorerst nicht stark beeinträchtigt haben muss. Sie entschlossen sich – wohl gerade wegen der anhaltenden Wirtschaftsflaute –, in Luzern eine *deballage* (Ausverkauf) durchzuführen. Der überaus erfolgreiche Verkauf und der nicht abreissende Kundenstrom brachte die Gebrüder Lang am Freitagabend in ungewollte Verlegenheit, weshalb auch diese folgende Geschichte als «Wunder von Gott» im Familienvertrag niedergeschrieben wurde: «Im Kriegsjahre 1870, im Oktober, hatten wir in Luzern einen Ausverkauf (Deballage) im Theaterfoyer und war das Lokal am Freitag in der Schabesstunde mit Käufern so angefüllt, dass wir nicht wussten, wie die Leute hinauszubringen und wir Brüder immerdar zuriefen: ‹Wir werden Mechale Schabes› [Schabbatentweihende]. Aber kaum waren die Worte gesprochen, trat ein festgewachsener Polizist in das Lokal und stiess persönlich die Leute zur Türe hinaus, indem durch Befehl des Regierungsstatthalters es den Juden verboten sei, in Luzern zu verkaufen. Er schloss das Magazin selbst ab und nun haben wir gut Schabes machen können. Wir glaubten natürlich, von Luzern verjagt zu werden, was aber keineswegs geschah, denn das Schliessen wurde nur durch Klagen der Konkurrenz verursacht und am Montagmorgen wurde uns das Magazin vom gleichen Polizisten wieder geöffnet. Der Zudrang von Käufern war nun derart, dass wir in wenigen Wochen mehr verkauft haben, als viele Geschäfte die samstags geöffnet halten im ganzen Jahr nicht verkaufen.»[30]
Mit dieser Geschichte wollten die Familien Lang nachfolgenden Generationen aufzeigen, dass es auch in modernen Zeiten möglich bleibt, Schabbat und Jomtow (Feiertag) einzuhalten.[31]

Das Nachspiel dieser Geschichte ist jedoch weniger heiter und wirft einmal mehr Schatten auf den langen Weg der Gleichberechtigung der Juden in der Schweiz. Die erwähnten «Klagen der Konkurrenz» fanden keine Ruhe: Wie sehr die Gebrüder Lang mit ihrem Ausverkauf der hiesigen Konkurrenz ein Dorn im Auge waren, geht aus diversen eingereichten Schreiben an das Polizeidepartement, die Handelskammer und den Stadtrat von Luzern hervor.[32] So verfasste in einem ersten Schritt der federführende «Wandeler Fröhlich» im Namen der Luzerner Handelstreibenden einen Brief an das Polizeidepartement und die Regierungsräte, in dem er sich über ein nicht unterzeichnetes Inserat eines Ausverkaufs im letzten *Eidgenossen* beklagte und feststellte: «[...] denn ein rechtlicher Mann, der die Steuern zahlt, könnte die Preise nicht so stellen. Es müssen wieder einmal Juden von der grossen Nation im Spiele sein.»[33] Im Weiteren forderte dieser von den Behörden ein amtliches Verbot solcher Warenausverkäufe und dass keine solchen kurzen Niederlassungsgesuche mehr bewilligt werden sollen. Ihr Begehren wurde von der Handelspolizei vorerst abgewiesen, was die Bewohner von Luzern zu noch rigoroseren Mitteln greifen liess. Abermals rotteten sich die Handelstreibenden zusammen und reichten am 17. November 1870 an die Herren Stadträte eine Petition ein. Ganze 62 Unterschriften wurden gesammelt, um diese unliebsamen «französischen Israeliten aus Glarus» loszuwerden. Sie ersuchten die Luzerner Regierung, die Niederlassungsbewilligungen, die mit Folgen für die Gewerbeausübung verbunden waren, genauer unter die Lupe zu nehmen. Wie sie fänden, sei der Vertrag mit Frankreich für die einheimischen Handelsleute ohnehin beschwerlich genug und «französische Israeliten [sollten nicht] zum Zwecke eines Ausverkaufes Niederlassungsbewilligungen erhalten».[34]

Ein solches Vorgehen der Luzerner Bevölkerung passt in das Bild des schwierigen Weges der Gleichberechtigung der Juden in der Schweiz. Schon 1849 liess man vier jüdische Handelsleute durch die liberale Regierung des Kantons Luzern von der Messe polizeilich wegweisen.[35] Das Argument der Luzerner, Juden seien keine Schweizer Bürger, deshalb garantiere ihnen die Bundesverfassung nicht das Recht auf gleichen Kauf und Verkauf, wurde vom Bundesrat jedoch nicht toleriert. 1856 bewirkte der oben erwähnte Bundesbeschluss wenigstens im Verkauf und Kauf sowie der in Ausübung der politischen Rechte die Gleichstellung der Juden in der Schweiz.[36] Der Abstimmungskampf um die Revision der Bundesverfassung, welche für die Juden die Gleichberechtigung hätte bringen sollen, trieb in Luzern besonders antijüdische Blüten: «aus Luzern kamen die wildesten Töne» – schrieb Josef Guggenheim.[37]

Kaufhaus Schlossberg in Baden und die Synagogen-Episode

Obwohl Jacques Lang in Glarus ein blühendes Geschäft hatte, war er als orthodoxer Jude unablässig darauf bedacht, sich in einer jüdischen Gemeinde niederzulassen.[38] Während sein Bruder Raphael nach Zürich abwanderte, entschied er sich Anfang der 1870er-Jahre zusammen mit seinem Bruder Benoit für Baden im Kanton Aargau, wo 1859 die erste Israelitische Kultusgemeinde

(IKGB) der Schweiz ausserhalb Endingen/Lengnau gegründet wurde.[39] Schon bald entstanden in dieser Gemeinde die wichtigsten jüdischen Einrichtungen wie ein Betlokal beziehungsweise eine Synagoge, eine Religionsschule, ein Friedhof und eine Armenpflege. Sehr schnell nach seiner Ankunft gewann Jacques Lang das Vertrauen der Gemeinde, die ihn zum ersten Vorsteher wählte, eine Stellung, die er bis ins hohe Greisenalter bekleidete.[40]

Zur täglichen Arbeit gehörten auch die täglichen Pflichten des orthodoxen jüdischen Lebens, was zwei Jahrzehnte nach der bürgerlichen Gleichstellung in der Schweiz nicht mehr selbstverständlich schien. Markante Reformbewegungen innerhalb der jüdischen Gemeinden selbst führten zu Problemen zwischen dem gemässigten und dem orthodoxen Lager. Das Abdriften in eine liberalere Geisteshaltung schien den Brüdern Lang eine grosse Gefahr, weshalb sie in ihrem Generationenvertrag die Idealvorstellungen eines «thoratreuen Judentums» – eine damalige Selbstbezeichnung für die orthodoxe Bewegung nach deutschem Ritus, die sich vor allem an der sogenannten Frankfurter Austrittsgemeinde orientierte – an ihre Nachkommen weitergeben wollten. So findet sich darin nicht nur ein Beschrieb der *hanghagot*, der Handlungsanweisungen zum rituellen und ethischen Verhalten der täglichen Pflichten für beide Geschlechter, sondern auch über die Kaschrut (jüdische Speisegesetze) und die Einhaltung des Schabbats.[41] Die mustergültige Befolgung der Sonntagsruhe war vor allem Jacques Lang ein zentrales Anliegen, wie dies auch dem Verfasser seines Nachrufs in guter Erinnerung geblieben war: «Als sein ausgebreitetes Manufakturwarengeschäft in höchster Blüte stand, hatte er allen Reisenden vertraglich bei Androhung einer hohen Konventionalstrafe untersagt, am Schabbos irgendwie auf der Reise für das Geschäft tätig zu sein. Als sich nachträglich herausstellte, dass trotzdem ein christlicher Reisender am Schabbos eine Bestellung aufgenommen hatte, ordnete er an, dass die Musterkoffer sämtlicher Reisenden am Schabbos-Morgen in Baden sein müssen!»[42]

Nicht nur Zürich, wo die Gebrüder Lang sich 1871 mit der Grossen Französischen Warenhalle etablieren konnten, sondern auch Baden sollte zur Etablierung eines Textilgeschäfts genutzt werden, weshalb Jacques und Benoit am 1. September 1873 ihr Manufakturgeschäft ins Handelsregister eintragen liessen.[43] Zunächst einmal wurden sie Besitzer einer grösseren Liegenschaft in Baden. Am 6. Januar 1877 kauften die Gebrüder Lang das Gebäude am Schlossberg für 48 680 Franken von Bernhard Guggenheim, wie aus demselben Fertigungsprotokoll (Kaufvertrag) hervorgeht.[44] Aufschlussreiche Details über die Baugeschichte dieser Liegenschaft findet man in den Notizen des Badener Lokalhistorikers Dr. Paul Haberbosch.[45] So schreibt er, dass dieses monumental wirkende Gesellschaftshaus 1840 ausserhalb des Badenertores vom Architekten Caspar Joseph Jeuch erstellt wurde. Bereits 1845 wurden erste Renovationen vorgenommen: Es entstand ein Hotel mit geräumigem Tanzsaal, einem niedlichen Speisesaal und sieben Kramläden. Später diente dieses Etablissement besonders zur Fasnachtszeit als Ballsaal, bevor es 1855 zum Konkurs kam. In den darauffolgenden zwanzig Jahren wechselte die Liegenschaft mehrmals den Besitzer: «Erst im Jahre 1877 wurde dieselbe aus einer Zwangsversteigerung von den Gebrüder Lang in Baden für Fr. 48 000.– erworben, welche einen Teil des Gebäudes als Kaufhaus einrichteten, während-

Abbildung 120: Das Kaufhaus Schlossberg. Die Wirtschaft zum Schlossberg, 1843 von Caspar Joseph Jeuch erbaut, gelangte 1877 in den Besitz der Gebrüder Lang. Von 1873 bis 1910 befand sich darin (im ehemaligen Ballsaal) die zweite Synagoge der Badener Kultusgemeinde. 1925 wurde das Kaufhaus von der Familie Ascher übernommen. Heute steht an dieser Stelle das Warenhaus Manor.

dem der Ballsaal der damals noch sehr bedeutenden und zahlreichen israelitischen Gemeinde Badens als Synagoge vermietet wurde. Erst als der Mietzins im Jahre 1910 von Fr. 2000.– auf Fr. 3000.– erhöht werden sollte und die sparsamen Israeliten es vorzogen, ihre Gottesdienste in mehreren Privathäusern abzuhalten, wurde auch der Tanzsaal als Verkaufsmagazin eingerichtet.»[46]

Tatsächlich entwickelte sich das Thema der Mietzinserhöhung der Gebrüder Lang ab Mitte der 1890er-Jahre zu einem Dauerthema. So wird eine erste Synagogenkündigung in den Protokollen der jüdischen Gemeinde von 1896 erwähnt. Der arg gebeutelte Vorstand musste in diesem Jahr nicht weniger als dreizehn Mal tagen. Der damalige Gemeindepräsident Jacques Guggenheim demissionierte nicht zuletzt wegen der Synagogenfrage, worauf man hoffnungsvoll den Schlossberginhaber Jacques Lang wählte. Darauf liess sich der wohlgesinnte Präsident in der Tat erweichen und nahm die Kündigung zurück. Die jährliche Miete wurde auf 1200 Franken erhöht.[47] Doch der Hausfrieden währte nicht lange, fünf Jahre später – beim Abtreten als Gemeindepräsident – erhöhte Jacques Lang den Zins erneut auf «happige» 2000 Franken. Eine solche Mehrausgabe war im Gemeindehaushalt nicht duldbar. Unverzüglich berief man eine achtköpfige Kommission ein, die sich – erfolglos – auf die Suche einer neuen Lokalität machte. Der Vertrag mit dem Schlossberginhaber wurde auf zwei weitere Jahre verlängert.[48] Die Suche nach einem neuen Betlokal gestaltete sich als äussert schwierig und man gelangte zur Einsicht, dass nur der Bau einer eigenen Synagoge die Zukunft der Gemeinde sichern könne. Eine lange Zeit der Planung und Umsetzung dieses Vorhabens begann. Fast zwanzig Jahre später war man immer noch im Schlossberg eingemietet. 1910 erhöhte Jacques Lang die Synagogenmiete auf einen jährlichen Betrag von 3000 Franken, eine Summe, die für die jüdische Gemeinde nicht mehr zu verkraften war und die Kündigung des Lokals zur Folge hatte.[49] Dem Ende der Ära Schlossberg folgte der Neubau der Synagoge, die 1913 festlich eingeweiht wurde. Dennoch erinnert man sich zum Teil noch wehmütig an das alte Betlokal, wie aus einem Reisebericht des ehemaligen jüdischen Lehrers Schachnowitz hervorgeht: «Es war im Frühjahre 1901, als ich hier sozusagen zuerst festen Schweizerboden betrat. Der Schnee schmolz und rann den Schlossberg hinunter, der Tag ging zur Neige. Da oben fand ich aber ein Dutzend Menschen in einer Art Beshamidrasch (sc. Talmudschule), zu dem man durch einen dunklen Korridor von der Synagoge aus gelangte, bei der Gemoro versammelt. […] Dieser Gang zum Schlossberg war entscheidend für mein späteres Leben … Heute (1924) liegt der Schlossberg, das einstmalige Zentrum starken jüdischen Lebens, verödet. Gebet-, Lehr- und Rabbinerhaus, in dem die herrlichste der Frauen waltete, sind geschlossen. Ein verwunschenes Schloss, in dessen dunklen Räumen und Ecken es von einstiger Größe nur raunt und flüstert wie aus den Tiefen einer versunkenen Welt. Aber der Geist ist nicht gewichen, er hat sich nur anderswohin verzogen.»[50]

1889 zog sich Jacques Lang aus dem Geschäftsleben zurück. Seine beiden erstgeborenen Söhne, Fernand und Charles, übernahmen den Schlossberg und gründeten unter dem Namen Les fils de Jacques Lang eine Herren- und Knabenkleiderfabrik.[51] Sein dritter Sohn, Jules, übernahm 1896 zusammen mit Max Lang (Sohn von Benoit) und Eugen Lang (Sohn von Raphael) die Grosse Französische Warenhalle in Zürich. In Baden wurde der Firmenname der Gebrüder Lang gelöscht und neu fungierte der Schlossberg unter dem Namen Lang & Co.[52] 1925 gelangte das Schlossberg-Kaufhaus in den Besitz der Familie Ascher. Heute steht an dieser Stelle das Warenhaus Manor.[53]

Nach seiner Pension widmete sich Jacques Lang vorwiegend dem Studium der Thora und der Erfüllung ihrer Gebote. Auch die oben erwähnte Talmudschule ist als Institution auf ihn zurückzuführen und wurde der Gemeinde nach seinem Tod als Stiftung hinterlassen. 1908 starb seine Frau Rosa im Alter von 72 Jahren. Sie hatte ihm sechs Kinder geschenkt, drei Knaben und drei Mädchen. Im Alter von 82 Jahren verheiratete sich Jacques Lang ein weiteres Mal, mit Rosette Seckel aus Frankfurt.[54] Ein entsprechender Ehevertrag regelte die Besitzverhältnisse und lässt erkennen, dass Jacques Lang auch das Gebot der Armenfürsorge ein zentrales Anliegen war. So wünschte er ausdrücklich, dass eine Fortsetzung seiner bisherigen Armenunterstützungen als Erinnerung an ihn möglichst lange währe und dass deshalb seine neue Frau auch nach seinem Tod, wenn immer möglich, in Baden wohnen bleibe.

Mitten im Ersten Weltkrieg, am 30. März 1915, starb Jacques Lang im Alter von 86 Jahren in Baden. «Wie er lebte, ist er gestorben, mitten in der Erfüllung

Abbildung 121: Die Kinder von Jacques Lang und Rosa, geb. Dreifuss, Fotografie um 1880. Von links: Jules Lang, entweder Hortense Lang (später Levinger) oder Berthe Lang (später Lehmann), Fernand Lang, Henriette Lang (später Rothschild) und Charles Lang.

der Mizwos, die das Pessachfest in so reicher Fülle bringt, wie ein Kämpfer auf der Wallstatt», schrieb *Der Israelit* in seinem Nachruf.[55] Das Nachlassinventar gab Aufschluss über die damaligen Aufenthaltsorte der Kinder. Von den Söhnen wurden Fernand und Jules als Kaufmänner von Zürich vermerkt, Charles war zu der Zeit in Berlin in Holzminden interniert. Von den Töchtern befanden sich zwei in Deutschland: Hortense wohnte in München und Bertha in Frankfurt. Nur die Älteste, Henriette, war mit ihrem Mann in Zürich ansässig. Alle Kinder waren verheiratet.[56] Bei der Partnerwahl dürfte wohl die Liebe eine nebensächliche Rolle gespielt haben, in erster Linie galt es, eine nach orthodoxen Massstäben lebende Familie zu berücksichtigen, wie im Weiteren aus dem Nachruf hervorgeht: «Bei der Verheiratung seiner Kinder war er in erster Reihe auf Verbindungen mit Familien bedacht, die eine Bürgschaft für ein echt jüdisches Leben in dem zu gründenden Hause boten.» Jacques Lang blieb zeitlebens französischer Staatsangehöriger.

Die glanzvollen Zeiten der Grossen Französischen Warenhalle in Zürich, 1871–1917

Glarus im abgelegenen Linthal konnte den Gebrüdern Lang auf Dauer nicht den gewünschten wirtschaftlichen Erfolg bringen. Das mondän aufstrebende Zürich musste auch auf sie eine grosse Anziehungskraft ausgeübt haben. Nicht gerade an der Bahnhofstrasse, jedoch in unmittelbarer Nähe konnten die Gebrüder Lang zu Beginn der 1870er-Jahre eine Liegenschaft für ihre geplante Französische Warenhalle ins Auge fassen. Der Leuenhof gehörte zusammen mit zwei weiteren zu den ausrangierten Zeughäusern Zürichs, die infolge der Verlegung aller Militärgebäude nach Aussersihl 1867 auf einer öffentlichen Gant versteigert und neuen Nutzungen zugeführt wurden.[57] Der Leuenhof befand sich In Gassen 10 und 12 und gelangte ab 1870 in den Besitz von Caspar Fürst, einem Gastwirt.[58] Auf der Suche nach einer geeigneten Lokalität konnten sich die Gebrüder Lang bei Fürst einmieten und das Parterre des vorderen Gebäudekomplexes in ein Ladenlokal umwandeln.

Am 12. Oktober 1871 war es so weit: Die Französische Warenhalle öffnete zum ersten Mal ihre Tore.[59] Ein Eröffnungsinserat mit der Anzeige einiger Hauptartikel erschien am selben Tag im *Tagblatt der Stadt Zürich*. Unter anderem wurden «einige Tausend Stück Frauenzimmerkleiderstoffe vom Ordinärsten bis zur allerfeinsten Hautes-Nouveautés» zum Kauf angeboten. Aber auch ein grosses Sortiment von französischem Merino in allen Farben, Regenmantelstoffe, halbleinene und halbwollene Hosenstoffe, alle Sorten Flanelle sowie Tücher und Bukskins für Herren- und Knabenkleidung wurden angepriesen. Verkauft wurde en gros und en détail, aber nur zu «fairen Preisen», die Halle war geöffnet von morgens halb acht Uhr bis abends sieben Uhr.[60] Der jüdischen Tradition entsprechend blieben die Tore der Französischen Warenhalle am Schabbat vermutlich geschlossen.[61]

Raphael Lang verliess Glarus als letzter der drei Brüder. 1875 zog er mit seiner Familie direkt nach Zürich, wo er 1888 das Bürgerrecht der Stadt erwarb.[62] Zehn Jahre nach der Firmengründung verzeichnete das Ragionenbuch der Stadt Zürich Raphael Lang als alleinigen Besitzer der Französischen Warenhalle, was aufgrund der örtlichen Niederlassung der Brüder keine Überraschung war: Jacques und Benoit lebten in Baden und führten das Kaufhaus Schlossberg, Raphael lebte in Zürich und führte die Französische Warenhalle. Wie seine Brüder war auch Raphael sehr religiös und fand Anschluss in der 1862 gegründeten Israelitischen Cultusgemeinde Zürich.

Die mit der Emanzipation eingeleiteten Veränderungen und die Akkulturation erfolgten nicht nur im gesellschaftlichen Bereich – es wurden traditionelle Wohltätigkeitsvereine, Gesangs- und Theatervereine, Orchester, literarische Lesezirkel, Geselligkeitsvereine, Studentenverbindungen und Sportvereine gegründet –, sondern auch im religiösen Leben. Im ausgehenden 19. Jahrhundert setzte sich bei den westeuropäischen Juden immer stärker ein Liberalismus durch, sodass auch die ICZ umstrukturiert wurde. Dazu gehörte die Installation eines Harmoniums in der Synagoge, das erst 1936 wieder entfernt wurde. Auch sang beim Gottesdienst am Schabbat und an den Feiertagen ein gemischter Chor (aus Damen und Herren bestehend), eine für heute unvorstellbare Situation – wie Felix Rom erläutert. 1906 wurde dies wieder rückgängig gemacht und der gemischte Chor wurde durch den traditionellen Männerchor ersetzt. Gerade zu dieser Zeit liessen sich in Zürich «die ersten Gesetzestreuen Mitbürger» nieder, die später den Grundstein für die Israelitische Religionsgemeinschaft (IRG) bildeten.[63] Solch liberale Tendenzen gingen einigen Mitgliedern zu weit; die nicht überbrückbaren Divergenzen führten zur Formierung eines eigenständigen Gebetsquorums, des Minjan, das 1891 zum ersten Mal durchgeführt wurde. 1895 konstituierte sich das Minjan als Separatgemeinde, 1898 war das Schisma unumgänglich: Die Betgemeinschaft trennte sich von der ICZ und gründete die Israeltische Religionsgemeinschaft Zürich (IRGZ), die sich am Vorbild der Frankfurter Austrittsgemeinde orientierte.[64]

Auch Raphael Lang trat aus der ICZ aus, um sich an der Gründung der IRGZ zu beteiligen. Unter den sieben Gründervätern fungierte er an erster Stelle und verpflichtete sich zusammen mit Hermann Weill, einen jährlichen Beitrag von tausend Franken zu bezahlen.[65] So bemerkt auch Ruth Heinrichs, dass die kleine Separatgemeinde nur durch die wirtschaftlich erfolgreichen Gründungsmitglieder Raphael Lang und Hermann Weill aufgebaut werden konnte.[66] Von Bedeutung sind indes auch die Parallelen zwischen den Ereignissen in Zürich und dem Inhalt des Familienvertrages der Gebrüder Lang. Die Bildung eines eigenständigen Minjan fällt ins gleiche Jahr wie die Niederschrift des Testamentes. Bereits der einleitende Satz lässt vermuten, dass die Formierung eines eigenständigen Gebetsquorums gar der Auslöser dazu war: «Durch die Verhältnisse der jetzigen Zeit finden wir uns gezwungen, den gegenwärtigen Familienverband abzuschliessen, damit alle die jüdischen Gesetze und Verpflichtungen, wie wir sie von unseren sel. Eltern und Voreltern übernommen haben, von unserer Nachkommenschaft stetsfort gehalten und weiter überliefert werde.»[67]

Die Geschäftslokalitäten der Gebrüder Lang dienten auch in diesem Fall als Versammlungsort der eigenen Kehillah. Zwischen 1898 und 1900 wurde der Austrittsgemeinde Raum in der Französischen Warenhalle als provisorische Synagoge zur Verfügung gestellt.[68] Auch der Bau des kostspieligen Friedhofs ist auf die Grosszügigkeit der Langs zurückzuführen. So gewährten Eugen Lang (Sohn von Raphael) und Hermann Weill einen Kredit über je 6000 Franken, was für damalige Verhältnisse ein erheblicher Betrag war.[69]

Raphael Lang konnte die Entfaltung der IRG zu einer erstarkten Gemeinde nicht mehr miterleben. Er starb 1899 als erster der drei Brüder im Alter von 68 Jahren. Sein Bruder Benoit hingegen lebte bis um die Jahrhundertwende in Baden. Nachdem die Rochade um die Geschäftsübergabe an je einen Sohn der drei Brüder vollzogen war, wanderte auch er im Alter mit seiner Frau zu seinen Kindern nach Zürich ab. Nach seinem Wohnortswechsel engagierte sich der ebenfalls sehr religiöse Benoit in der IRG in Zürich. Gottesfurcht, Philanthropie und Armendienst gehörten auch bei ihm zu den drei wichtigsten Grundlagen seines religiösen Lebens.[70] Als letzter der drei Brüder starb Benoit Lang 1921 im Alter von 88 Jahren in Zürich.

Die neue Führung der Französischen Warenhalle unter den drei Cousins Jules, Max und Eugen Lang brachte 1897 auch eine Sortimentserweiterung: Im Angebot standen nebst Manufaktur- neu auch Haushaltswaren und Möbelfabrikation. Zusätzlich liessen die drei Brüder den Firmennamen mit dem Zusatz «Grosse» versehen und fortan hiess das Familienunternehmen Grosse Französische Warenhalle.[71] 1896 konnte die ganze Liegenschaft In Gassen 10 und 12 vom Hufschmied Ludwig Maier erworben und in erweiterte Geschäftsräumlichkeiten ausgebaut werden.[72] Die vorläufige Eröffnungsanzeige im *Tagblatt der Stadt Zürich* gab nicht nur Auskunft über das neue Warensortiment, sondern beschrieb auch die Stimmung bezüglich der Expansion der Warenhäuser um die Jahrhundertwende: «Wir bringen unserer werten Kundschaft, sowie einem weitern geehrten Publikum zur gefl. Kenntnis, dass wir in unseren erweiterten Lokalitäten in Gassen, im 2. und 3. Stock, in allernächster Zeit verschieden neue Rayons, wie: Mercerie, Garnituren, Putz, Haushaltungs-Artikel, Email-Geschirr, Bürstenwaren etc. etc. eröffnen werden. Unsere Vorgänger hatten immer darauf gehalten, unsere bisherigen Artikel in Spezialität zu führen und waren auch wir bis dahin dieser Ansicht: durch das Entstehen der grossen Geschäfte in der Bahnhofstrasse aber – und um den vielen Nachfragen unserer Kunden gerecht zu werden – sehen wir uns gezwungen, wenn auch wider Willen, noch andere Artikel anzulegen. Wir empfehlen allen Geschäften Zürichs, dasselbe auch zu tun, denn nach unserer Ansicht ist das der einzige Weg, um den neu entstehenden Geschäften entgegenzutreten; in einigen Jahren wird man dann wieder zum alten Geschäftsprinzip zurückkehren können.»[73]

Wider Willen zu expandieren, lässt Rückschlüsse auf zwei Dinge zu: Erstens, auch Jules, Max und Eugen Lang waren keineswegs erfreut über das Aufstreben der Warenhausmagnaten wie beispielsweise Brann und Jelmoli in Zürich um die Jahrhundertwende, schliesslich standen auch sie mit der Französischen Warenhalle eher dem mittelständischen Kleingewerbe nahe. Zweitens wollte man vermutlich vermeiden, eine allzu grosse Aufmerksamkeit zu erregen. Wie bereits an anderen Orten erwähnt, war die Stimmung der Detailhändler gegenüber den «jüdischen» Händlern bereits um 1900 angespannt und aufgeheizt. Der Zürcher Lobbyist Blumer-Egloff thematisierte in seinem 1901 gehaltenen Referat über die Grossbasare die vorherrschenden Missstände im Detailhandel und lamentierte über die «grosse soziale Gefahr» dieser damals aus dem Boden spriessenden sogenannten Monsterhallen.[74]

Das Kollektiv der drei Cousins währte nicht lange. Vier Jahre nach dem Zusammenschluss trennten sich ihre Wege, sodass die Französische Warenhalle 1901 in den alleinigen Besitz der beiden Söhne von Benoit Lang, Max und Camille, überging. Die beiden Brüder wuchsen in Baden auf und wurden nach der obligatorischen Schulzeit in die damalige Metropole jüdischen Gemeindelebens, Frankfurt am Main, zur Weitererziehung ihres religiösen Lebens geschickt, wo sie auch die Grundlagen des Denkens und Handelns für ihr späteres Leben erhielten. Nach der kommerziellen Ausbildung in der elterlichen Firma übernahmen sie die Französische Warenhalle und schon bald entwickelte sich das Unternehmen zu einem der beliebtesten Geschäfte Zürichs.[75] 1903 heiratete Max Lang die Mulhouserin Ella Rothschild, Camille Lang sechs Jahre später seine gleichgesinnte Lebensgefährtin Claire Bloch aus Müllheim.

Krisenjahre: Grossbrand, das «Gross» muss weg und eine ungewisse Zukunft

Der Erste Weltkrieg beendete 1914 die Belle Époque. Der Kriegsbeginn versetzte die Schweiz in einen schweren Schock, weil das Land nicht mehr im gewohnten Mass auf den Import von Rohstoffen und Lebensmitteln zählen

Abbildung 122: Die Grosse Französische Warenhalle, In Gassen 10 und 12, in Zürich, 1871 eröffnet.

konnte. Für die Schweizer Bevölkerung folgten schwere Jahre der Entbehrung. Hohe Arbeitslosigkeit und Lebensmittelverknappung führten zu sozialen Spannungen, die sich nach Kriegsende im Landesgeneralstreik entluden.[76] In diesen Zeiten der Not und des Chaos brach über die Französische Warenhalle eine zusätzliche Katastrophe herein. Mitten in der Nacht des 31. Januar 1917 brach in den Magazinen der Französischen Warenhalle Feuer aus und zerstörte das in 46 Jahren aufgebaute Familienunternehmen bis auf die Fundamente. «Das kann nicht sein, ich habe die Geschäftsschlüssel ja auf mir», waren Max Langs erste Worte, als man ihm mitten in der Nacht vom Brand seines

Geschäftes Nachricht gab.[77] Der Brandherd befand sich gemäss *Tages Anzeiger der Stadt Zürich* im Parterre des Hauses; das Feuer breitete sich zunächst auf der Hinterseite des Gebäudes aus. Nach ersten Löschaktionen loderten um fünf Uhr früh erneut Flammen auf. Diesmal betraf es den Dachstuhl und im Nu stand der ganze Bau in Flammen. Das Feuer fand vor allem in den grossen Tuchbeständen und dem Spielwarenlager geeignete Nahrung, um sich auszubreiten. Trotz grossen Anstrengungen der Löschmänner in der vorherrschenden Nässe und Kälte konnte das alte Zeughaus nicht gerettet werden, es brannte vollständig aus. Zuletzt beschränkten sich die Feuerwehrmänner nur noch darauf, die Gefahr von den Nachbarshäusern abzuwenden. Der Brand der Französischen Warenhalle war gemäss Zeitung eines der bedeutendsten und gefährlichsten Grossfeuer der damaligen Zeit in Zürich.[78]

Tags darauf meldeten sich im *Tages-Anzeiger* die ersten kritischen Stimmen zu den Ereignissen. Ins Schussfeuer der verbalen Kritik gelangte vor allem die Feuerwehr, die bei Kriegsbeginn eine provisorische Neuorganisation erfahren hatte und deshalb über einen arg dezimierten Personalbestand verfügte. Ausserdem wurde ihnen auch vorgeworfen, dass ihr verzögertes Aufgebot auf mangelnde Kenntnisse der Brandgrösse zurückzuführen sei. Der Sachschaden der Französischen Warenhalle wurde auf bis zu drei Viertel Millionen Franken geschätzt. Zu beklagen gab es auch das unter Denkmalschutz stehende Inventar des ehemaligen Zeughauses, das grösstenteils ebenfalls den Flammen zum Opfer gefallen war.[79] Unter anderem ging eine wertvolle Gipsdecke von 1711 aus dem ehemaligen Kollegiantensaal verloren; diese hatte aber wenigstens zuvor durch das Landesmuseum fotografisch aufgenommen werden können.[80]

Max und Camille Lang verzichteten auf einen Wiederaufbau der abgebrannten Lokalität In Gassen und machten sich auf die Suche nach einem neuen Gebäude. Eine erste Zwischenstation fanden sie am Münzplatz 3 neben der Augustinerkirche in Zürich. Als Interimslösung mieteten sie sich in das Haus Hofer & Cie. ein, wo sie ab dem 17. April 1917 einen Teil der vom Brand geretteten Ware zum Verkauf anbieten konnten.[81]

Der Sorgen um eine neue Lokalität nicht genug, mussten sich die beiden Brüder zu Beginn der 1920er-Jahre auch noch mit einem niederträchtigen Namensdeklarationsstreit herumschlagen. Ein ausgestellter Brief des Handelsregisterbüros brüskierte sie am 5. Juli 1920 mit der Mitteilung, dass Attribute wie «gross» und «französisch» aus ihrem Firmennamen zu streichen seien. Gemäss Bundesratsbeschluss vom 16. Dezember 1918 seien alle unwahren oder täuschenden Angaben, die in einem Firmennamen enthalten seien, richtigzustellen, nationale oder territoriale Bezeichnungen dürften nur noch ausnahmsweise in Firmennamen verwendet werden, das heisst nur sofern tatsächlich stichhaltige Gründe dafürsprächen. Dem zerstörten Familienunternehmen drohte durch diese Deklaration das Verbot des langjährigen Firmennamens, was in der Zeit nach dem Brand und dem Wiederaufbau eine weitere Belastung war. In einem Rekursverfahren versuchten die Brüder der rechtlichen Instanz darzulegen, dass die Bezeichnung «Grosse Warenhalle» nicht vorwiegend oder ausschliesslich ein einen Reklamezweck verfolgender Zusatz sei, sondern der Bezeichnung einer wesentlichen Eigenschaft ihrer Firma diene. Ferner seien ihre Verkaufshallen In Gassen 1917 abgebrannt, die

Abbildung 123: 1917 brannte die Grosse Französische Warenhalle vollständig nieder.

jetzige Lokalität stelle eine Zwischenlösung dar, aber man beabsichtige das Geschäftshaus wiederaufzubauen, und nach der Fertigstellung seien abermals grosse Hallen für den Verkauf bestimmt. Die Bezeichnung «Französische Warenhalle» sei eine wohlerworbene, seit fünfzig Jahren bestehende, nationale Bezeichnung, die auf die Ursprünge ihrer Gründer zurückzuführen sei. Unter diesem Namen sei die Firma seit langem in weiten Volkskreisen nicht nur der Stadt Zürich und deren Umgebung, sondern des ganzen grossen Gebietes bekannt. Der Sieg war halbherzig: Die Volkswirtschaftsdirektion verfügte, dass das Attribut «Grosse» zu streichen sei, dagegen wurde die Weiterführung der nationalen Bezeichnung «französisch» gestattet.[82]

Glücklicherweise konnte man die Interimslösung bald verlassen, weil man einen adäquaten Lokalersatz in der Nähe der Bahnhofstrasse an der Seidengasse 13 gefunden hatte. Nach dieser schwierigen und rastlosen Zeit der Suche nach einer neuen Lokalität und dem Wiederaufbau und dem Rekurrieren und Einstehen für ihren Firmennamen wollte Camille Lang nicht mehr. Er hatte genug und verkaufte seinen Anteil an der Firma.[83]

1924 übernahm Max Lang nach dem Austritt seines Bruders Camille die alleinige Leitung des langjährigen Familienunternehmens. Dank seines grossen Weitblickes schaffte er es, das Unternehmen zu einem führenden Spezialgeschäft der Textilbranche auszubauen. Anfang der 1930er-Jahre erwarb er die Liegenschaft Zur alten Seidenpost, die mit ihrer idealen Verkehrslage gute Voraussetzungen für den gewünschten Wiederaufbau eines grösseren Geschäftes bot. 1932, fünfzehn Jahre nach der Brandkatastrophe, konnte in der umgebauten Alten Seidenpost endlich wieder im eigenen Haus eröffnet werden. 1937 wurde die Französische Warenhalle in eine Aktiengesellschaft umgewandelt und hiess fortan Frawa AG, nicht zuletzt, weil inzwischen fast 90 Prozent der zu verkaufenden Weisswaren, Woll-, Seiden- und Baumwollstoffe aus der Schweiz stammten.[84] Max Lang blieb bis zu seinem Tod Seniorchef und Vorsitzender des Verwaltungsrats der Frawa AG. Er führte das Familienunternehmen ganze vierzig Jahre und war als integre und beliebte Persönlichkeit der Stadt Zürich bekannt. Max Lang starb 1953 im Alter von 79 Jahren.[85]

Von der Frawa zur Übernahme durch C & A

Der Zweite Weltkrieg brachte die Prosperität und Expansion der Frawa ins Stocken. Textilrationierung, Kontingentierung und Restriktionen bremsten während Jahren den Geschäftsgang. Just in dieser Zeit übernahm in dritter Generation René Lang, der zweite Sohn von Max Lang, die Geschäftsleitung.[86] René hatte eine kaufmännische Ausbildung in London absolviert, bevor er mit einundzwanzig Jahren das Geschäft seines Vaters übernahm. Es ist anzunehmen, dass René seine Kindheit und Jugend noch vorwiegend in der orthodoxen Gemeinschaft der IRG verbracht hatte, da sein Vater Max ein aktives Gemeindemitglied war und von 1930 bis 1931 sogar als deren Präsident fungierte.[87] Ausserdem wurde René zur Vervollständigung seiner Studien für ein Jahr an die Jeschiwa nach Montreux geschickt, was ihn zutiefst geprägt haben soll.[88]

Trotz den schweren Kriegsjahren war René Lang mutig: Seine erste Neuschöpfung in der Frawa war eine Hemdenabteilung für die «Herren der Schöpfung». In den 1950er-Jahren erfolgte der ökonomische langfristige Aufschwung, die Löhne stiegen, die Lebenshaltungskosten sanken und der Traum der immerwährenden Prosperität führte zu einer tiefgreifenden Veränderung im Kaufverhalten des Individuums: Der Massenkonsum hielt Einzug, der wachsende Wohlstand weckte die Lust auf immer neue Produkte. Auch die Frawa expandierte, das Hotel Touring wurde verkleinert, zwei zusätzliche Stockwerke ausgebaut und zum ersten Mal bekam die moderne Frau eine Abteilung mit Damenkonfektion angeboten.

Nach dem Zweiten Weltkrieg schloss sich die Frawa mit der ähnlich gelagerten Firma Comptoir des Tissus zu einer Einkaufsgemeinschaft zusam-

Abbildung 124: Die Frawa (Französische Warenhalle) an der Gerbergasse 2 in den 1960er-Jahren.

men.[89] Die wachsende Reichhaltigkeit des Warensortiments und die Inszenierung von dessen Fülle und Vielfalt in den Verkaufsläden entsprachen dem vorherrschenden Bedürfnis der Konsumenten seit den 1950er-Jahren. Mitte der 1960er-Jahre waren die Verkaufsräume der Frawa schon wieder zu klein und René Lang plante einen erneuten Ausbau der Verkaufsfläche. Das vierjährige Bauprojekt sollte die Frawa in einen modernen Konsumtempel verwandeln. Das alte Gebäude wurde nicht abgerissen, sondern umgebaut, und zwar in Etappen, um den Verkauf möglichst wenig zu beeinträchtigen. Am 5. September 1970 fand die denkwürdige Eröffnungsfeier statt: «Es ist soweit! Zürich hat seine neue Frawa.», verkündete die Extrabeilage des *Zürcher Tagblatts*. Mit dem Ausbau wurde viel mehr Platz geschaffen. Alle Abteilungen konnten vergrössert werden und auch das Angebot an Konfektionswaren präsentierte sich reichhaltiger. *La Grande Nation* gehörte nun endgültig der Vergangenheit an, *the American way of life* bestimmte nun das völlig neu konzipierte Verkaufsprogramm: Nebst einer Pelzabteilung für die anspruchsvolleren Kunden fand man erstmals auch ein Lingerie-Departement, einen Spannteppichservice, eine Accessoire-Boutique und für die junge Kundschaft einen College-Club. Sogar ein innovativer «Mens-Shop» für das minder konsumierende männliche Geschlecht wurde als Neuheit eingerichtet.[90] Der Besuch der Frawa wurde zum einmaligen Erlebnis. Der eigens dafür angefertigte «Shopping-Guide» sollte dem Kunden helfen, sich in den neuen Räumlichkeiten zu orientieren. Hostessen sorgten dafür, dass an den vielen Rolltreppen keine grosse Staugefahr entstand. Die Neueröffnung der Frawa fiel auf einen Samstag und musste *das* Grossereignis von Zürich gewesen sein. Die Freude und die Bedeutung dieses bevorstehenden «Fests» waren so gross, dass man im Schulvorstand sogar einen eigens dafür einberufenen schulfreien Samstag für die Kinder in Erwägung zog. Solchen Diskussionen wurde jedoch durch die Intervention des hauptsächlichen Zielpublikums ein Ende gesetzt: Eine prominente Vertreterin der Zürcher Frauen liess die Schulbehörden mit dem einleuchtenden Argument umstimmen, «dass nur dann alle Frawa-Kundinnen zur Eröffnung kommen könnten, wenn sie ihre Kinder wenigstens am Vormittag in der Obhut ihres Lehrer wissen».[91]

Unter der Führung von René Lang war die Frawa erstmals zu einem imposanten Modehaus der Stadt Zürich angewachsen. Die gute Lage mitten in der City und der moderne Neubau sorgten dafür, dass der Modetempel mit einem Umsatz von weit über 100 Millionen Franken, zirka 300 Festangestellten und 200 Teilzeitarbeitskräften zu den «Grossen» der Stadt aufrückte.[92] 1971 feierte die Frawa ihr hundertjähriges Bestehen und blickte dabei auf eine bewegende Erfolgsgeschichte zurück. Trotz ihrer Konstituierung als Aktiengesellschaft war sie weitgehend ein Familienunternehmen geblieben. An der Jubiläumsfeier wurde den geladenen Gästen in einer amüsanten Tonbildschau die «guten alten Zeiten» vor Augen geführt und als kleines Dankeschön an die Zürcherinnen und Zürcher schenkte die Frawa dem Zoo dreizehn Hirschziegenantilopen samt einem neuen Gehege.[93] Ferner waren auch Zukunftspläne bei der Frawa reichlich vorhanden, man plante eine Verkaufsstelle im grossen Shoppingcenter Glatt. Eigentlich wären die Söhne der vierten Generation vorhanden gewesen – doch es kam anders. Die Frawa wurde vom niederländischen Brenninkmeyer-Clan (C & A) übernommen. Die Übernahme der Frawa-Contis-Gruppe durch den Grosskonzern C & A kam schleichend, eine erste Anlehnung erfolgte nach zweijähriger Verhandlung 1974. «Die verschwiegene Sippe agierte allerdings anfänglich in der Schweiz mit einer Tarnkappe, erwarb diskret die damalige Contis-Frawa AG», schreibt Pellinghausen von der Zeitschrift *Bilanz*.[94] Anfang 1977 sorgte die definitive Übernahme der Frawa-Contis durch C & A in der Presse für Schlagzeilen: «Frawa-Contis in neuen Händen», hiess es in den meisten grossen Tageszeitungen. Nach hundert ereignisreichen Jahren endete hier die Geschichte der Gebrüder Lang, der Grossen Französischen Warenhalle und der Frawa. Auf die Frage nach dem Grund für den Verkauf des langjährigen Familienbesitzes erhält man eine schlichte Antwort: «Die Söhne wollten nicht mehr», so Reinhardt.[95]

Epilog

Es gebe keine Stadt auf der Welt, schrieb 1960 John William Ferry in seinem Buch über die Geschichte der amerikanischen Warenhäuser, in der man nicht auf ein Warenhaus treffen würde. «They are part of the make-up of urban areas just as are the churches, theaters, hotels, art galleries, and museums. They are among the attractions for the tourist and the focal points for the ‹day in town› of the suburban housewife.»[1]

Der als triumphal gefeierte Vormarsch des Warenhauses liess sich trotz Gegenwind, sei dies in Form moralischer Bedenken, wirtschaftlicher Repressionen oder grundsätzlich antimodernistischer Kritik, nicht aufhalten und die neuen «Kathedralen des Kommerzes» (Zola) bahnten sich ihren Weg ins 20. Jahrhundert. Doch auch der einleitend zitierte anonyme Autor der französischen Zeitung *Le Figaro*, der in seinem 1881 erschienenen Artikel *Les Grands Bazars* sowohl Fortschritt als auch Verwerfung und Entfremdung dieser neuen Betriebsform gekonnt aufzuzeigen vermochte, blickte damals mit gemischten Gefühlen in die Zukunft, als er am Schluss seines Artikels schrieb: «Die großen Basare sind die ersten Häuser der grossen Stadt der Zukunft! Ihr elektrisches Licht ist die Helligkeit, die in der Nacht, die der Sonne fortsetzt. Die nächste Menschheit wird von einem ununterbrochenen Tag erhellt werden, wie ein monotoner Sommer in der Polarwelt. Abschied nehmen von vielen Dingen, die wir geliebt haben … Ja! diese grossen Basare sind im Moment ein gesellschaftliches Gut, aber sie sind die Vorboten einer immensen Phalansterie, die das zwanzigste Jahrhundert vorbereitet. Wirklich, zum ersten Mal bin ich froh, nicht mehr jung zu sein und hoffen zu können, dass ich diese enormen Dinge in Zukunft nicht mehr sehen werde!»[2]

Zukunftsängste oder Kulturpessimismus prägten also den Diskurs mit. Viele Zeitgenossen rund um das Phänomen Warenhaus, selbst ein so berufener Denker wie der deutsch-jüdische Philosoph Walter Benjamin, sahen das Warenhaus, das den zuvor entstandenen Bautyp der Pariser Passagen als neuen Einkaufsort ablöste, als eine Art «Verfallsform» an.[3] Der Flaneur würde nun, so Benjamin, anstelle des Flanierens durch ein Labyrinth der Waren irren. Doch demografische Verschiebungen, allen voran Urbanisierung, technologischer Fortschritt, neue Verkaufsmethoden und die steigende Kaufkraft des Mittelstandes begünstigten die Massenproduktion und den Massenkonsum und damit die Entstehung und Entwicklung des Warenhauses.[4] So wurde das Warenhaus um 1900 zum Wendepunkt oder Neuanfang, jedenfalls zu einem sichtbaren Zeichen der Moderne. Der Mensch als Konsument beziehungsweise Konsumentin wurde geboren, Einkaufen wurde zum Erlebnis, zur Freizeitbeschäftigung und für die aufstrebende Mittelschicht gar zu einer neuen Identität: «Consumption itself became a substitute for being bourgeois.»[5]

Bei diesen auf die Gesellschaft verändernd einwirkenden Kräften – hinsichtlich ökonomischer und sozialer Ordnungen – dürfte dem Raum[6] eine eminente Rolle als Erfolgsfaktor zugeschrieben werden. Das Gesamtensemble von der durch Materialität und Licht beherrschten Architektur schuf dem Menschen damals einen von berauschender Atmosphäre erfüllten «Tempel», dessen scheinbar «sakrale» Anziehungskraft ihn zu irrationalen Handlungen jenseits erkannter Normen, wie beispielsweise Kaufrausch und Warenhausdiebstal, aber auch zu anderen veränderten Lebensgewohnheiten verleiteten. «Atmosphäre» wird von der Soziologin Martina Löw auch als die «spürbaren unsichtbaren Seiten»[7] des materiellen Raums bezeichnet, die unser Verhalten beeinflussen. Etwas, das auch der Soziologe Michel Foucault aufnimmt, wenn er schreibt, dass wir nicht in einem homogenen leeren Raum leben, sondern in einem Raum, der mit Qualitäten aufgeladen und mit Phantasmen gefüllt sein kann: «Der Raum unserer ersten Wahrnehmung, der Raum unserer Träume, der Raum unserer Leidenschaften – enthalten in sich gleichsam innere Qualitäten; es ist ein leichter, ätherischer, durchsichtiger Raum.»[8]

Nicht umsonst haben diese neuartigen von «Atmosphäre» erfüllten kollektiven Verkaufsräumlichkeiten des Warenhauses, in denen sich sowohl «Träume» als auch «Leidenschaften» abspielten, den französischen Schriftsteller Emile Zola zu Begriffen wie «Tempel» oder «Kathedralen» inspiriert. Er selber schien beeindruckt von dieser gigantischen, aber mit einer Schwerelosigkeit versehenen Raumgestaltung, wie er dies in seinem Notizbuch vermerkte.[9] Bezeichnenderweise werden die Menschen noch heutzutage von solch ästhetisierten Realitäten angezogen, die sich durch Licht und eine extensive Präsentation von Materialität auszuzeichnen wissen, wie der Philosoph Gernot Böhme in seinem Essay *Atmosphäre* ausführt.[10] Unsere Realität, schreibt er, sei die Realität der fortgeschrittenen Industrienationen, der westlichen Industrienationen, die geprägt werde durch Metropolen, die trotz Krisen und Katastrophen ihren Reichtum entfalteten. Der Palast oder das Schloss, als Urbild für die «babylonische Pracht», wie er sie nennt, die sich in den Bahnhöfen, Restaurants, Warenhäusern und Flughäfen entfalte: «Marmor und Edelstahl noch in den U-Bahnhöfen, Gold, Silber, edle Holztäfelungen in den Restaurants, Kaufhäusern, Flughäfen. Dazu die Farbenpracht der Blumen, die Eleganz der Stoffe, über allem das Geflimmer und das Gleißen der Spotlights, der Halogenlämpchen, die zwischen Spiegeln und Scheiben und marmornen Fußböden auf und ab, hin und her hüpfen. Das Urbild dieser Inszenierungen ist unschwer zu erraten. Es ist das fürstliche Schloss, das mit dem Glanz seiner Lichter dem späten, aber immer noch steigerungsfähigen Kapitalismus seine Ästhetik geliehen hat.»[11]

Die Ausführungen machen deutlich, dass dem Raum des Warenhauses und der damit einhergehenden Inszenierung der Ware ein erfolgsversprechendes Moment innewohnte und noch heute innewohnt. Der heute zum Teil abhandengekommene «Glanz» der Warenhäuser dürfte in diesem Sinne viel mit der architektonischen Prachtbauweise der Warenhäuser der ersten Stunde zu tun haben. Selbst in der Schweiz, wo im Vergleich zum Ausland kleinere Raumverhältnisse anzutreffen waren, haben sich die Lichthöfe und die exklusiven Materialien der Warenhäuser in den Erinnerungen zeitgenössischer Besucher eindrücklich sedimentiert. Eine solch sichtbare Pracht im urbanen Raum, die hierzulande aufgrund verspäteter Städteentwicklung erst um 1900 zu verzeichnen ist, ist wie dieses Buch ausführt, grösstenteils auf ausländische und zu fünfzig Prozent auf jüdische Einwanderer zurückzuführen. Die Gründe dafür sind damit erklärbar, dass einerseits die Pioniere an hohe Mobilität gewöhnt waren – vor allem die Juden nutzten sie für ihren sozialen Aufstieg –, anderseits dürften auch die jeweiligen sozialen und kulturellen Erfahrungen ein nicht zu unterschätzender Faktor gewesen sein. Sowohl die jüdischen als auch die italienischen Händler, wie Leon Weisz nachweist, verfügten über einen ethischen Kodex, eine Lebensart, die sich durch strenge Sitten und Tugenden auszeichnete.[12] Auch Johannes Blumer-Egloff, ein Gegner der damals aufkeimenden schweizerischen Warenhausszene, musste zugestehen, dass die Kleingewerbler von den Juden noch vieles lernen könnten, da diese die besseren Geschäftskenntnisse, mehr Ausdauer, Sparsinn und Nüchternheit sowie zumeist ein tadelloses Familienleben aufzuweisen hätten.[13] Dabei orientierten sich diese Familien an Werten aus ihrer jüdischen Tradition, die selber im Wandel begriffen war. Der Prozess der Ausdifferenzierung religiöser Gebundenheit verläuft gemäss den Gründerbiografien in einem weiten Spektrum: von thoratreuer Orthodoxie bis zur religiös-liberalen Reform, von konservativem Festhalten an heimatlich-lokalen Riten bis zu kulturell-säkularen Deutungen innerhalb des Judentums, das Quelle der ethischen Orientierung im Dschungel und Dickicht der Moderne sein konnte.

Nach den Geburtswehen der Gründerjahre und der grossen Depression der 1930er-Jahre, nach der vehementen Bekämpfung der Einheitspreisgeschäfte, der Epa, in der der damals arg gebeutelte mittelständische Gewerbetreibende die «Wurzel allen Übels»[14] sah, ging es für die Warenhäuser nach dem Zweiten Weltkrieg auch in der Schweiz aufwärts. Der 1933 eingeführte dringliche Bundesbeschluss (WHB), der die Eröffnung und Erweiterung von Warenhäusern, Einheitspreisgeschäften und Filialgeschäften verbot, lief 1945 aus und Mitte der 1950er-Jahre setzten zwei Jahrzehnte der Hochkonjunktur ein, der in den 1970er-Jahren eine schwere Rezession folgte, die eine Neuorientierung im Detailhandel auslöste.[15]

Dennoch verblassten mit den Jahren die Erinnerungen an die Gründerzeiten der Warenhäuser in der Schweiz. Nach Dennebergs 1937 publizierter Dissertation, in der sich zumindest einige wenige biografische Angaben unserer Schweizer Warenhauspioniere wiederfinden lassen, scheint nicht nur das Forschungsinteresse an den damit verbundenen Lebenswelten, sondern auch am Warenhaus selber erloschen zu sein. Ob dies Vergessen im Zusammenhang mit der «alltagsgrauen Funktionalisierung»[16] des Warenhauses selber steht, wie dies Strohmeyer ausführt, oder ob es mit Blick auf die jüdische Geschichte sich in die lange Zeit vorherrschende Tradition der Marginalisierung des Individuums einreiht, wie dies Jacques Picard in seinen Gedanken über Biografik und Zeitfelder des Schreibens anmerkt,[17] kann an dieser Stelle nicht beantwortet werden. Abgesehen davon hinterliess solcherart Desinteresse aber nicht nur eine klaffende Lücke in der Geschichte der Juden der Schweiz, sondern es fehlte bis anhin weitgehend eine Aufarbeitung des Themas aus einer wirtschaftshistorischen und/oder unternehmensbiografischen Perspektive. Darin muss dem «Warenhaus» als Dreh- und Angelpunkt und als Sinnbild der Moderne eine eminente Rolle zugedacht werden, wie dies der Historiker und Warenhausforscher Hrant Pasdermadjian bereits 1954 ausführte: «Durch seine

Abbildung 125: Sommerkatalog des Warenhauses Brann 1941, Umschlag und Innenseiten. Einer der letzten Kataloge, nachdem Julius Brann 1939 seine Firma an Oscar Weber verkauft hatte. Zwei Jahre später erfolgte der Namenwechsel von Brann AG zu Oscar Weber AG.

Existenz, aber auch durch die Einflüsse, die von ihm ausgegangen sind, war es an der wirtschaftlichen und sozialen Entwicklung unseres Jahrhunderts beteiligt.»[18] Dennoch, so schreibt Laermans rund dreissig Jahre später, wurde das Warenhaus als Phänomen des modernen Massenkonsums lange Zeit viel debattiert, aber nicht studiert. Viele Kommentare, die die Konsumgesellschaft der Nachkriegszeit betrafen, würden sich in ihren gleichen moralisierenden «consumtion hedonism» oder der falschen Demokratisierung von Luxus wiederholen, die bereits die Kritiken des 19. Jahrhunderts geprägt hätten.[19]

Auch die hier vorliegende Arbeit stellt keinen Anspruch an eine vollständige Aufarbeitung der Geschichte des Warenhauses in der Schweiz. Es gäbe da noch viel zu tun. Auch kleinere jüdische Pioniere wie etwa Abraham Dreifus und dessen Warenhaus Au Louvre in Basel[20] mussten beiseitegelassen werden, ebenso jene Geschäfte und Betriebe, die zwar einen «warenhausähnlichen» Charakter aufwiesen, sich aber letzten Endes nicht zu einem Warenhaus im Sinne des Begriffes entwickelten. So etwa die von Biel aus agierenden Gebrüder Hess mit ihrer Firma Zur Stadt Mülhausen, die in der Folge Zweigniederlassungen in Basel, Olten, Solothurn und Aarau errichten konnten, oder der von Adolphe Brunschwig 1891 in Genf unter dem Namen Au Bon Genie eröffnete Basar, der sich inzwischen zu einem Luxus-Modehaus entwickeln konnte.[21]

Selbst die in diesem Buch zur Sprache gebrachten jüdischen Gründer von Warenhäusern konnten letzten Endes nicht in allen Tiefen und Breiten zu Ende erforscht werden, da es einerseits den Rahmen dieser Arbeit gesprengt hätte, andererseits viele Zeitzeugen bereits verstorben sind. Obwohl uns dadurch die aus unternehmerischer Sicht durchwegs erfolgreichen Familienbiografien lückenhaft erscheinen müssen oder zumindest fragmentarisch verbleiben, treten die wesentlichen oder überhaupt beachteten Momente dennoch, wie der Philosoph Simmel es ausdrückte, «scharf beleuchtet» hervor. Was wir feststellen können, so Simmel in seinem Exkurs *Beiträge zur Philosophie der Geschichte,* «ist niemals ein wirkliches Gleiten, sondern immer nur einzelne Punkte, die dadurch eine Reihe bilden, dass der betrachtende Geist sich mit kontinuierlichem Bewusstsein vom einen zum andern bewegt».[22]

Die glanzvolle Zeit der Warenhäuser ist vielerorts längst einem nüchternen Massenkonsum gewichen, die einst so revolutionäre Betriebsform «Warenhaus» steckt gegenwärtig tief in der Krise. Das grösste Warenhaus der Welt ist heute das Internet, der Onlinehandel: Amazon, Alibaba, Zalando, das sind die neuen «Tempel des Verschwendungswahnsinns der Mode», um die Worte Zolas nochmals aufzunehmen. Die ambivalente Ordnung des Warenhauses verschiebt sich nun zunehmend in einen ebenso illusorischen wie fiktiven «Raum» des Internets, wo das Begehren der Konsumentinnen und Konsumenten, ihr Handeln und ihre Einkaufswege neu durch Algorithmen gelenkt werden.

Bestehende Ordnungen im Detailhandel werden offensichtlich erneut umgewälzt und es scheint, dass sich der die Gesellschaft und Sinn und Sein bestimmende Konsum sukzessive vom realen in den virtuellen Raum verschiebt. Jedenfalls ist nicht auszuschliessen, dass das Warenhaus sich nun erneut in einem grösseren Transformationsprozess befindet und wir mit ihm, vielleicht gar an jener Schwelle, an der gemäss Pierre Bourdieu «die Ordnung der Dinge umschlägt».[23]

BRANN
SOMMERKATALOG 1941
F. GROSSHARDT

Anmerkungen

Einleitung

1 Harris: Merchant Princes (1979), S. ix.
2 Das *Schweizerische Handelsamtsblatt* (SHAB) vermeldete am 20. 6. 1939: «Brann A.-G., in Zürich, [...] Betrieb von Warenhäusern. Julius Brann und Hugo May sind aus dem Verwaltungsrat ausgetreten; die Unterschrift des erstern ist erloschen. Hugo May bleibt in der Direktion und führt weiterhin Kollektivunterschrift. Neu wurde als Mitglied und zugleich als Vizepräsident und Delegierter des Verwaltungsrates gewählt Dr. Werner Weber, von Zürich, in Zug; er führt Einzelunterschrift.» In: SHAB, 22. 6. 1939, Nr. 143.
3 NZZ, 15. 10. 1941, S. 7.
4 Mitteilung unter Rubrik Berner Wochenchronik vom 15. 10. 1941. In: Die Berner Woche, 1941, Bd. 31, Heft 43, S. 1058.
5 Harris: Merchant Princes (1979), S. ix.
6 IW, 9. 1. 1903 (Nr. 2), S. 7.
7 Brüschweiler: Beruf und Konfession (1938), S. 23.
8 Kamis-Müller: Antisemitismus (2000), S. 167; Denneberg: Begriff (1937), S. 65–67.
9 Picard: Juden (1997), S. 61.
10 Brüschweiler: Beruf und Konfession (1938), S. 5.
11 Ebd., S. 7.
12 Vgl. Kap. 1, Die Entwicklung der Warenhäuser in Europa und Amerika.
13 Homburg: Warenhausunternehmer (1992), S. 183–220, hier S. 192.
14 Miller: Bon Marché (1981), S. 25.
15 Homburg: Warenhausunternehmer (1992), S. 192.
16 So die Familien Thiéry, Bernheim, Vaxelaire, Beausillon. Vgl. dazu: Claeys, Janine: Le Bon Marché fut le tout premier. Il ouvrit ses portes en 1845. Thiery, Bernheim, Vaxelaire, Beausillon etaient etrangers. Online: www.lesoir.be/art/le-bon-marche-fut-le-tout-premier-il-ouvrit-ses-portes-_t-19940131-Z07RWR.html, konsultiert am 27. 10. 2019; Jaggi: Le phénomène (1970), S. 316 f.
17 Vgl. Kap. 2, Herkunft, Mobilität und Migration.
18 Stucki: Imperium (1968).
19 Blumer-Egloff: Grossbazare (1901), S. 16.
20 Verkaufsbräuche vor sechzig Jahren. In: Volksrecht Zürich, 11. 4. 1956 (Nr. 85).
21 Mueller: «Eine Zierde jeder Stadt» (2013), S. 243. Vgl. ebenfalls Lerner: The consuming temple (2015), S. 5. «The association between Jews and department stores ran so deep that for many Germans, from the late nineteenth century through the 1930s, the phrase ‹Jewish department store› would have sounded redundant.»
22 Vgl. dazu: Volkov: Jüdisches Leben und Antisemitismus (1990), S. 13–36; Dies.: Das jüdische Projekt (2001); Battenberg: Antisemitismus (1998), S. 15–51.
23 Vgl. dazu: Battenberg: Das Europäische Zeitalter der Juden (1990).
24 Simmel: Probleme der Geschichtsphilosophie [1907] (1987), S. 31.
25 Haumann: Geschichte, Lebenswerk, Sinn (2006), S. 48. Zum Konzept der Lebenswelt vgl. zudem: Haumann: Lebensweltlich orientierte Geschichtsschreibung (2003), S. 105–122; Vierhaus: Die Rekonstruktion historischer Lebenswelten (1995); Mahrer: Handwerk der Moderne (2012), S. 22–30.
26 Vgl. dazu: Marx: Die deutsche Ideologie (1968), S. 340. Zit. nach: Haumann: Geschichte, Lebenswerk, Sinn (2006), S. 48.
27 Habermas: Theorie des kommunikativen Handelns (1995), S. 209.
28 Elias: Prozess der Zivilisation (1976), S. 15. Ebenso Elias: Die Gesellschaft der Individuen (1987).
29 Vierhaus, Rudolf: Die Rekonstruktion historischer Lebenswelten (1995), S. 11 f.
30 Wietschorke: Historische Kulturanalyse (2014), S. 160 f.
31 Dirk Oschmann weist nach, dass Georg Simmel den Terminus der «Lebenswelt» entwickelte und ihn in seinem 1912 überarbeiteten Essay *Die Religion* als Erster benutzte. Vgl. dazu: Oschmann: Kleine Prosa (2007), S. 239.
32 Haumann: Lebensweltlich orientierte Geschichtsschreibung (2003), S. 110.
33 Boas: Anthropology (1962). Zu Person und Werk von Franz Boas vgl. Frank: Jews (1997), S. 731–741.
34 Mahrer: Handwerk der Moderne (2012), S. 30.
35 Vgl. Biale: Cultures of the Jews (2002), S. xvii-xxxiii (Preface). Geertz: The Interpretation (1973); dazu die Diskussion in: Ortner: Fate of Culture (1999).
36 Habermas: Theorie des kommunikativen Handelns (1995), S. 204 f.
37 Picard: Biografie und biografische Methoden (2014), S. 177–194, hier S. 177.
38 Picard: Das Alphabet der Erinnerung (2009), S. 322.
39 Ebd., S. 322 f.
40 König: Konsumkultur (2009), S. 242–245.
41 Böhme: Atmosphäre (2013).
42 Lindner: Vom Wesen der Kulturanalyse (2003), S. 177–188.
43 Auf der Rückseite einer Druckgrafik des Warenhauses Brann finden sich Klaviernoten zu einem «Brann-Marsch», der wohl eigens zur Eröffnung des Warenhauses anno 1900 komponiert worden ist. Vgl. dazu: Züricher-Engros-Lager Julius Brann. ZB Grafische Sammlung.
44 Z. B. der 1962 erstandene deutsch-schweizerische Musikfilm «Schneewittchen und die sieben Gaukler» von Kurt Hoffmann (Regie) und Günter Neumann (Drehbuch), der unter anderem im Zürcher Warenhaus Jelmoli drehte, in dem der Schauspieler Walter Giller den «Warenhaus-Song» sang und der neben Klamauk bereits auch konsumkritische Ansätze vermittelt.
45 Z. B. auf der CD «Allein wie eine Mutterseele» des deutsch-jüdischen Kabarettisten Georg Kreisler mit dem Lied «Im Warenhaus». Ich danke Jacques Picard für diesen Hinweis.
46 O. V.: Les Grands Bazars. In: Le Figaro, 23. 3. 1881 (Nr. 82), S. 1.
47 Zola: Paradies (2007). Im Original *Au Bonheur des Dames*. Ein Pendant zu Zola stellt im Übrigen der noch weitgehend unbekannte und 1910 erschienene Roman *Warenhaus Gross & Comp.* der Wiener Volksschullehrerin und Schriftstellerin Auguste Groner (1850–1929) dar. Der Liebes- und Sozialgeschichte liegt der Schauplatz des Wiener Warenhauses Gerngross zugrunde. Vgl. dazu: Groner: Warenhaus Gross &

Comp. (2012). Der Roman wurde vermutlich (wie bei Zola auch) zuerst in mehreren Folgen in verschiedenen Zeitungen abgedruckt, indes erst in jüngster Zeit als Buch publiziert. Vgl. dazu bspw. Die Neue Zeitung, 25. 9. 1912, S. 6; Linzer Tages-Post, 6. 9. 1910; Österreichisches Biographisches Lexikon. Online: www.biographien.ac.at/oebl/oebl_G/Groner_Auguste_1850_1929.xml;internal&action=hilite.action&Parameter=groner*, konsultiert am 16. 11. 2019.

48 Giffard: Les Grands Bazars (1882), S. 294. «Nous avons vu sous toutes ses faces le grand bazar contemporain. Nous en avons étudié les merveilles et les vilenies.»

49 D'Avenel: Le Mécanisme (1894), S. 329–369.

50 Williams: Dream Worlds (1982), S. 94 f.

51 Göhre: Warenhaus (1907), S. 35.

52 Ebd.

53 Zola hat bereits damals anhand qualitativer Methode Feldforschung betrieben und seine Beobachtungen und Interviews auf beinahe 400 handgeschriebenen Seiten notiert. Vgl. dazu: Zola: Œuvres. Deuxième volume [1881]. Vgl. zudem: Rooch: Warenhäuser (2009), S. 18 und Laermans: Consume (1993), S. 81.

54 Zola: Œuvres. Premier volume [1801-1900] [1881], S. 2. Vgl. zudem Nachwort von Gertrud Lehnert. In: Zola: Paradies (2007), S. 558–571.

55 Z. B. auch der 1932 erschienene Roman «Kleiner Mann – was nun?» von Hans Fallada oder die von Joseph Breitbach 1928 erschienene Erzählung «Rot gegen Rot», die den realistischen Warenhausalltag von Tietz in Koblenz und Landauer in Augsburg nachskizziert. Vgl. dazu: Dreyfus: Die Dichter und das Warenhaus (Dez. 2010/Jan. 2011).

56 Marienbad [Scholem Alejchem] (1977).

57 Ebd., S. 8.

58 Ebd., S. 9.

59 Bischoff: Methoden der Kulturanthropologie (2014), S. 16.

60 Herczeg: Joseph Roth auf Reisen (2011), S. 70.

61 In jüngster Zeit erschienen: Lewinsky, Charles: Melnitz. München/Zürich 2006; Chessex, Jacques: Un Juif pour l'exemple. Paris 2009.

62 Von Matt, Beatrice: Erzähler des Übergangs. In: NZZ, 1. 11. 2006.

63 Heimann, Kurt: «De Heimann chund». In: Seetaler Brattig, 2012, 34. Jg, S. 53–55.

64 Guggenheim: Das Zusammensetzspiel (1977). Guggenheim bezog sich in seinen literarischen Ausführungen auf seinen Freund, den Volkskundeprofessor Arnold Niederer, Leiter des Instituts für Volkskunde der Universität Zürich von 1964 bis 1978.

65 Ebd., S. 31 f.

66 Vgl. zu den neuen Verkaufsmethoden: Denneberg: Begriff (1937), S. 22–47; Göhre: Warenhaus (1907), S. 41, 113; Sombart: Warenhaus (1928), S. 77–88; Laermans: Consume (1993), S. 85 f.

67 Laermans: Consume (1993), S. 80.

68 Zit. nach: Lindemann: Schauplatz (2015), S. 104.

69 Laermans: Consume (1993), S. 81.

70 Lerner: The consuming temple (2015), S. 4.

71 Wiener: Warenhaus (1912).

72 Zola: Mosaik einer Gesellschaft (1990), S. 159 f.

73 Briesen: Warenhaus (2001), S. 9.

74 Lindemann: Schauplatz (2015), S. 34.

75 Crossick: The world of the department store (1999), S. 3.

76 Wyrwa: Consumption (1997), S. 747–762.

77 Marx: Das Kapital (1931), S. 35.

78 Zola: Paradies (2007), S. 503.

79 Ebd., S. 302.

80 Ebd., S. 100.

81 Ebd.

82 Ebd., S. 550. Zolas Kritik am Shopping als neuer Religion wurde gemäss Laermans von vielen zeitgenössischen Journalisten geteilt. Vgl. dazu: Laermans: Consume (1993), S. 88.

83 Auch dem Artikel *Les Grands Bazars* im *Figaro* entnehmen wir, dass 1881 das Verhältnis von Frauen und Männern zehn zu eins war. Vgl. Les Grands Bazars. In: Le Figaro, 23. 3. 1881 (Nr. 82), S. 1.

84 Zit. nach: Haupt: Konsum (2003), S. 102.

85 Rappaport: Shopping (2000), S. 6. Zit. nach: Haupt: Konsum (2003), S. 106.

86 Haupt: Konsum (2003), S. 107.

87 Ebd., S. 89.

88 Kyrk: Consumtion (1923); Veblen: Leisure Class (1899). Zur Epoche der Theoriebildung bei Veblen und Kyrk vgl. die Beiträge in Horowitz: Veblen's Century (2001).

89 Zu Kallen vgl. Picard: Horace Kallen (2016), S. 220–232. Der Begriff «Cultural Pluralism» erstmals bei: Kallen: Democracy Versus the Melting Pot (1915), S. 190–94 und S. 217–20; der Anlass waren die Umtriebe des Ku-Klux-Clans. Zum Bedeutungswandel dieses Begriffs vgl. Sollors: A Critique of Pure Pluralism (1986), S. 269.

90 Kallen: The Decline (1936), S. 392, 407. Zum Aufstieg der neuen Migrantenschichten in New York vgl. Brodkin: How Jews Became White (1994), S. 78–102.

91 Walzer: «What does it mean to be an American?» (1990), S. 591–614.

92 Willms: Franz Oppenheimer (2018).

93 Brackmann: NS-Deutsch (1988), S. 113. Demnach lehnten die Nationalsozialisten das Wort Konsum und damit einhergehende Verknüpfungen ab.

94 Horkheimer: Dialektik der Aufklärung [1947] (1971), bes. S. 121–129. Marcuse: Eindimensionaler Mensch (1967), S. 11–39. Ders.: Zur Kritik des Hedonismus (1965), S. 128–168.

95 Galbraith: Gesellschaft im Überfluss (1959).

96 Habermas: Stichworte zur Geistigen Situation (1979), (Bd. 2, Kap. VIII, Kritik des Konsumismus).

97 Katona: Die Macht des Verbrauchers (1962); ders.: The mass consumption Society (1964).

98 Bourdieu: Die feinen Unterschiede (1982).

99 McKendrick: The birth of a consumer society (1982); Brewer: Consumption (1993).

100 Zur Frage der Grossbazare (1899), S. 36.

101 Ebd.

102 Die Umsatzsteuer im Detailhandel (1914), S. 12 f.

103 Denneberg: Begriff (1937), S. 4.

104 Zur Warenhausfrage (1933), S. 7.

105 Lindemann: Schauplatz (2015), S. 11 f.

106 Etymologisches Wörterbuch des Deutschen, M-Z, Berlin 1993 (2. Auflage).

107 Denneberg: Begriff (1937), S. 21. Yvette Jaggi wählt für ihre 1970 erschienene Dissertation die Definition aus *Le commerce de détail en Europe* (1963), die jene von Dennebergs spezifiziert, indem ein Warenhaus mindestens fünf verschiedene Warengruppen, darunter Damen- und Kinderbekleidung, als Fachabteilungen aufzuweisen hat. Darüber hinaus

mussten Warenhäuser damals zwei der drei folgenden Merkmale aufweisen: Mitarbeiterzahl von mehr als 175, Verkaufsfläche von mehr als 2000 m^2, Jahresumsatz von mehr als, 1,5 Millionen US-Dollar. Nach diesen Massstäben existierten 1960 in Europa 725–750 grosse Warenhäuser, in denen rund 400 000 Menschen beschäftigt waren und auf die rund 3,6 % des gesamten Einzelhandels Umsatzes in Europa entfielen. Vgl. dazu: Jaggi: Le phénomène (1970), S. 313 f.

108 Denneberg: Begriff (1937), S. 20 f.

109 Ebd., S. 20.

110 Ebd., S. 21 (Grafik).

111 Tagblatt der Stadt Zürich, 14. 12. 1893. Naphtaly hatte seine Firma bereits 1874 im Zürcher Niederdorf gegründet. Vgl. dazu Huser: Vieh- und Textilhändler (2007), S. 214.

112 Denneberg: Begriff (1937), S. 18 f.

113 Sombart: Warenhaus (1928), S. 80.

114 Briesen: Warenhaus (2001), S. 12–23.

115 Tagebuch Georg Wertheim. Zit. nach: Fischer: Die Wertheims (2004), S. 90.

116 Ebd.

117 Adress-Buch von Stadt und Kanton Luzern 1907; Adressbuch der Stadt Basel 1922.

118 SHAB, 22. 5. 1895 (Nr. 136).

119 Inserat *Berner Waarenhalle*. In: Walliser Bote, 4. 11. 1893. Zur Geschichte der Berner Warenhalle vgl. Bhend: Verbürgerlichung und Konfessionalisierung (2014), S. 141 f.

120 Tagblatt der Stadt Zürich, 13. 12. 1896 (Nr. 295), 22. 12. 1896 (Nr. 301).

121 Ebd., 7. 4. 1900 (Nr. 83).

122 Basler Anzeiger, 28. 3. 1897 (Nr. 74), 4. 4. 1897 (Nr. 80), 7. 4. 1897 (Nr. 82).

123 Ich danke Beata Ebnöther herzlich für diesen Hinweis und diese Informationen.

124 Frei: Tempel (1997), S. 43.

Kapitel 1

1 C. E.: Les Grands Magasins de Paris. Le Louvre. In: Le monde illustré: journal hebdomadaire, 5. 3. 1870 (Nr. 673), S. 160.

2 Schramm: Deutsche Warenhausbauten (1995), S. 21. Zit. nach Kasiske: Das Warenhaus (2013), S. 153.

3 Flavien: Les magasins du Bon Marché [um 1890], S. II–III. «Ces grands magasins sont une nouveauté dans le monde commercial, presque une révolution. Nous en avons plusieurs à Paris. […] les petits détaillants luttent tant qu'ils peuvent contre les immenses bazars. En définitive, il n'y aura pas de forces perdues; tout le monde trouvera à se caser, à s'utiliser, dans l'organisation nouvelle; et le progrès sera si grand, qu'on ne le trouvera pas trop payé par quelques souffrances passagères. C'est le monde moderne qui arrive; il faut que le passé s'empresse de s'accommoder aux formes nouvelles de la société, et d'en profit.»

4 Wiener: Warenhaus (1912), S. 3. Dasselbe bestätigt auch Miller, indem er schreibt, dass alle grossen Warenhäuser, wie Bon Marché, Louvre, Printemps und andere, eine *Magasin de Nouveautés*-Phase, die auf den neuen Handelsmethoden basierten, durchliefen. Vgl. Miller: Bon Marché (1981), S. 21.

5 Homburg: Warenhausunternehmer (1992), S. 185.

6 D'Avenel: Le Mécanisme (1896), S. 4.

7 Homburg: Warenhausunternehmer (1992), S. 184. Homburg bezieht sich da auf: Davis: Shopping (1966), S. 276–302.

8 Homburg: Warenhausunternehmer (1992), S. 184.

9 Denneberg: Begriff (1937), S. 22–25; Müller: Warenhaus-Problem (1935), S. 6.

10 Vgl. zu den neuen Verkaufsmethoden: Denneberg: Begriff (1937), S. 22–47; Göhre: Warenhaus (1907), S. 41, 113; Sombart: Warenhaus (1928), S. 77–88; Laermans: Consume (1993), S. 85 f.

11 «Der Verkauf aller Waren vollzieht sich bei absolut festen Preisen. Ein Handeln und Feilschen ist in jedem Falle ausgeschlossen. Kein Käufer macht auch heutzutage mehr einen Versuch dazu. Überall, an allen Waren sind Angaben der Preise angebracht, deutlich sichtbar und für jedermann leserlich. Mit der üblen Gewohnheit vieler kleineren, aber auch größeren Geschäfte, die Preise durch dem Käufer unverständliche, nur dem Verkäufer leserliche Buchstaben zu bezeichnen, ist ohne Ausnahme gebrochen.» Vgl. dazu: Göhre: Warenhaus (1907), S. 41.

12 Denneberg: Begriff (1937), S. 22 f.

13 Mataja: Grossmagazine (1891), S. 66.

14 Huber: Warenhaus (1899), S. 3–5.

15 Fixe Preise würden Ehrlichkeit fördern und Neid eliminieren; ob reich oder arm, vor Gott sind alle gleich. Vlg. dazu: Kent: The Quaker Ethic (1983), S. 16–32. Londoner Shopkeeper betrieben am Ende des 18. Jahrhunderts anhand Visitenkarten und Schaufensterplatzierung Werbung und erteilten Rückgaberechte. Vgl. zudem: Laermans: Consume (1993), S. 85.

16 Laermans: Consume (1993), S. 85.

17 D'Avenel: Le Mécanisme (1896), S. 10. Noch im 18. Jahrhundert ist es den Einzelhändlern verboten worden, Handzettel (Prospekte) mit Verkaufsanzeigen zu festen Preisen, zu verteilen. Vgl. dazu: Pasdermadjian: Warenhaus (1954), S. 3.

18 Balzac: César Birotteau (1855), S. 53.

19 Resseguie: Alexander Turney Stewart (1965), S. 306 f.

20 Homburg: Warenhausunternehmer (1992), S. 187. Gemäss Laermans waren Paris, New York und Chicago «the forerunners in the modernization of sales methods and ‹the production of consumption›». In England und Deutschland sei die «formula» des Warenhauses sehr spät, um 1900, eingeführt worden. Vgl. Laermans: Consume (1993), S. 81. Stresemann hingegen meint, dass die sogenannten Grossbasare und Magazine oder eben Warenhäusern in England und Frankreich etwa zur gleichen Zeit, wenngleich unter verschiedenen Formen, aufgetaucht sind. Vgl. dazu: Stresemann: Die Warenhäuser (1900), S. 699.

21 Vgl. dazu: Laermans: Consume (1993), S. 81; Haupt: Konsum (2003), S. 66–71; Homburg: Warenhausunternehmer (1992), S. 187 f. Davis: Shopping (1966), S. 288 f. Davis schreibt dazu, dass das «Filialsystem» (multiple branch organizations) als britische Idee, hingegen das Warenhaus als französische Idee erachtet werden kann.

22 Benjamin: Paris (1977), S. 170–184.

23 Sawatzki: Grands Magasins (1989), S. 16 f.

24 Stresemann: Warenhäuser (1900), S. 698.

25 Benjamin: Paris (1977), S. 176.

26 Sawatzki: Grands Magasins (1989), S. 17.

27 D'Avenel: Le Mécanisme (1896), S. 11 f. Bspw. das Diable Boiteux, Deux Magots oder das Petit Matelot. Vgl. zudem: Jarry, Paul: Les Magasins de Nouveautés. Histoire rétrospec-

tive et anecdotique. Paris 1948; Pasdermadjian: Warenhaus (1954), S. 2.

28 Benjamin: Paris (1977), S. 170–184.

29 Ebd.

30 Heine: Lutetia (1997), S. 449. Zit. nach: Picard: Profane Zeit (2004), S. 348.

31 Laermans: Consume (1993), S. 82. Die Forschung ist sich diesbezüglich nicht ganz einig. Lange Zeit wurde davon ausgegangen, dass Boucicaut der erste Warenhausgründer sei. Laermans Argument beruht jedoch auf dem Hinweis, dass weder Boucicaut noch Frankreich für sich in Anspruch nehmen können, Pioniere der Modernisierung des Handels gewesen zu sein. Viel eher sei davon auszugehen, dass diese «Geschäftspolitiken» in den USA und England zuerst eingeführt worden seien. Vgl. Miller: Bon Marché (1981), S. 42.

32 Frei: Tempel (1997), S. 23 f; weitere erfolgreiche Magasins de Nouveautés waren Au Coin de Rue und Les Deux Magots, vgl. dazu: Miller: Bon Marché (1981), S. 25.

33 Miller: Bon Marché (1981), S. 39 f.

34 Ebd., S. 20, 40.

35 Le monde illustré, 2. 10. 1880, S. 203.

36 Miller: Bon Marché (1981), S. 40.

37 1876 und 1921 wurden das Printemps durch Brände vollständig zerstört. 1905 wurden auf der anderen Seite der Strasse die sogenannten Nouveaux Magasins errichtet, die sich an der Rue Caumartin befanden mit einer Grundfläche von 5000 m2. 1965 betrug die Verkaufsfläche im ganzen Gebäudekomplex 40 000 m2, die täglich von 150 000 Menschen besucht wurden. Der Reingewinn in den Jahren 1926–1930 betrug um die 25 Millionen Francs. Zudem besass der Printemps in Genf und in Basel eine Filiale. Vgl. dazu: SWA, H+I, C1013, Au Printemps. Diverse Zeitungsartikel: Finanz und Wirtschaft Zürich, 30. 1. 1965; National-Zeitung, 15. 11. und 2. 12. 1930; NZZ, 15. 12. 1935.

38 Denneberg: Begriff (1937), S. 27 f.

39 Archives juives 2004 (Nr. 37/2), S. 135 f; Homburg: Warenhausgründer (1994), S. 169–171. Théophile Bader entstammt, wie die Brüder Lang, aus dem Elsass in Frankreich. Als Sohn von Cerf und Adele Bader-Hirstel wurde er am 24. 4. 1864 in Dambach-la-Ville geboren. Seine Eltern betätigen sich in dem für damalige Zeiten typisch jüdischen Kleinhandel und sind selber aus einer Wein- und Viehhändler Familie entsprungen, vgl. Archives juives 2004 (Nr. 37/2), S. 135.

40 Wussow: Warenhäuser (1906), S. 19.

41 Stresemann: Die Warenhäuser (1900), S. 699.

42 C. E.: Les Grands Magasins de Paris. Le Louvre. In: Le monde illustré, 5. 3. 1870 (Nr. 673), S. 160.

43 Vgl. dazu: Denneberg: Begriff (1937), S. 30 f.; Stresemann: Die Warenhäuser (1900), S. 699 f. Weitere Genossenschaften waren die Civil Service Cooperative Society (ein Warenhaus auf Aktien, das 1867 5014 und 1899 48 777 Mitglieder und Freunde besass), die Army and Navy Cooperative Society (gegr. 1872, besass 1879 bereits 23 000 Mitglieder). Vgl. zudem Davis: Shopping (1966), vor allem S. 276–302.

44 Denneberg: Begriff (1937), S. 31.

45 Lambert: The Universal Provider (1938), S. 64–73.

46 Frei: Tempel (1997), S. 43 f.

47 Ebd.

48 Neben einer Kuppel im Stil der St. Pauls Kathedrale, die zu erbauen ihm nicht genehmigt wurde, holte er bspw. im Juli 1909 Louis Blériot, der als Erster den Ärmelkanal in einem Flugzeug überquert hatte, direkt in sein Warenhaus. Selfridge verstand es, die Begeisterung für Naturwissenschaft und Technik, die er mit seiner Kundschaft teilte, in Bares umzumünzen. Er liess in seinem Warenhaus einen Seismografen aufbauen und auf dem Dach einen der ersten Antennentürme der BBCV. Er schlug Profit aus der wachsenden Begeisterung für Sport, indem er ebenfalls auf dem Dach eine Kunsteisbahn eröffnete. Vgl. ebd. S. 46–48.

49 Vgl. dazu: Burke: Marks & Spencer (Dez. 2010/Jan. 2011); Bevan: Rise & Fall (2001).

50 Lacrosse: Emile Bernheim (1972); Les Bernheim, de l'Inno au mécénat. Online: www.lecho.be/dossier/130ans/les-bernheim-de-l-inno-au-mecenat/9070615.html, konsultiert am 3. 1. 2020.

51 Zamagni: Die langsame Modernisierung (1997), S. 708.

52 Kauft bei Juden! (2017).

53 Ferry: Department Store (1960), S. 23 f. Zur Geschichte amerikanischer Warenhäuser vgl. zudem: Harris: Merchant Princes (1979); Mink: Die Geschichte des Kaufhauses (Dez. 2010/Jan. 2011).

54 Harris: Merchant Princes (1979), S. ix.

55 Ebd., S. 35.

56 Ebd., S. 35 f.

57 Das neueste Riesenkaufhaus New Yorks. In: Intelligenzblatt Bern, 15. 10. 1910, S. 5. Vgl. zudem: The Brooklyn Daily Eagle (Brooklyn, New York), 29. 9. 1910, S. 8.

58 Lindemann: Schauplatz (2015), S. 22. Als das grösste Warenhaus der Welt anno 1912 wird jenes von William Whiteley in London bezeichnet. Vgl. dazu: Intelligenzblatt Bern, 6. 4. 1912, S. 6.

59 Homburg: Warenhausgründer (1994), S. 169.

60 Frei: Tempel (1997), S. 66 f; Busch-Petersen: Leonhard Tietz (2014), S. 60–62.

61 Buchner: Warenhauspolitik (1929), S. 4. Zit. nach: Lerner: Circulation and Representation (2013), S. 93 f.

62 Eine andere Erklärung wird im sozial-politischen Umfeld von Birnbaum angesiedelt. So seien an Birnbaums Schulen gescheiterte Revolutionäre als Lehrer tätig gewesen, die aufgrund der 1848er-Revolution dahin versetzt wurden und da ihr liberales Gedankengut vermitteln konnten. Vgl. dazu: Busch-Petersen: Oscar Tietz (2013), S. 8–11; Frei: Tempel (1997), S. 66 f.

63 Busch-Petersen: Oscar Tietz (2013), S. 7.

64 Wussow schrieb nach Mitteilungen von Oscar Tietz, dass dieser den Fabrikanten direkt aufsuchte und durch Bestellungen vor Ort erheblich billiger einkaufen konnte, deshalb auch den Verkaufspreis, im Vergleich mit anderen Detailhändlern, erheblich herabsetzen konnte. Der geringe Aufschlag, die Marge, führte selbstverständlich dazu, dass man fixe Preise führte und das sonst übliche Handeln von vornherein ausgeschlossen wurde. Um noch mehr günstigere Einkaufsbedingungen beim Fabrikanten herauszuwirtschaften, vereinigten sich die Inhaber mit den anfänglichen skeptischen Verwandten, die ihrerseits selber Betriebe führten, und der gemeinsame Einkauf führte naturgemäss zu noch günstigeren und vorteilhafteren Einkaufspreisen. Vgl. dazu: Wussow: Warenhäuser (1906), S. 36 f.

65 Busch-Petersen: Oscar Tietz (2013).

66 Busch-Petersen: Leonhard Tietz (2014).

67 Haupt: Konsum (2003), S. 67 f.

68 Ladwig-Winters: Wertheim (1997), S. 9–31. Messel kam übrigens ebenfalls aus jüdischem Milieu, hat sich aber taufen lassen.
69 Laforgue: Berlin [1887] (1970), S. 80.
70 Homburg: Warenhausgründer (1994), S. 169–171.
71 Colze: Berliner Warenhäuser (1908), S. 11.
72 Serger, Bernd: Zweimal enteignet. Vor 130 Jahren gründete der jüdische Kaufmann Sally Knopf sein erstes Warengeschäft, das Sohn Arthur 1937 verkaufen musste. In: FZ, 31. 3. 2017, S. 22. Gemäss neuestem Forschungsstand von Bernd Serger ist davon auszugehen, dass Moritz Knopf als prägende Figur in der Geschichte, einen ersten Laden bereits 1878 in Bonn eröffnete.
73 Appelius, Stefan: Arisierungen. Lili und die Kaufhauskönige. In: Spiegel Online, 25. 10. 2007. Online: www.spiegel.de/einestages/arisierungen-a-948689.html, konsultiert am 2. 5. 2019. Riebsamen, Hans: Lili Wronker hegt weder Hass noch Groll. In: Frankfurter Allgemeine F.A.Z., 7. 11. 2007. Online: www.faz.net/aktuell/rhein-main/frankfurt/lili-wronker-hegt-weder-hass-noch-groll-1489983.html?service=printPreview, konsultiert am 3. 5. 2019. Mönch: Wronker (2019).
74 Vgl. dazu: Uhlig: Warenhäuser (1956); Hoffmann: Völkische Kapitalismus-Kritik (1996), S. 558–571; Lindemann: Schauplatz (2015), S. 10–20, 177 ff.
75 Dehn: Grossbazare (1899), S. 66.
76 Ebd.
77 Ebd., S. 68.
78 Lerner: Circulation and Representation (2013), S. 94.
79 Ebd.
80 König: Konsumgesellschaft (2008), S. 50–52.
81 Lerner: Circulation and Representation (2013), S. 94.
82 Ebd., S. 94 f.
83 Busch-Petersen: Oscar Tietz (2013), S. 24.
84 Hoffmann: Völkische Kapitalismus-Kritik (1996), S. 566 f.
85 Nationalsozialistischer Sturm auf Warenhäuser. In: IW, 3. 1. 1930.
86 Busch-Petersen: Oscar Tietz (2013), S. 40 f.
87 Berghoff: Moderne Unternehmensgeschichte (2016), S. 258 f.

2. Kapitel

1 SHAB, 14. 8. 1896 (Nr. 229), 17. 2. 1900 (Nr. 58).
2 Denneberg: Begriff (1937), S. 65–67.
3 Ebd., S. 47.
4 Zur Geschichte von Globus: 75 Jahre Magazine zum Globus (1992); Pfenninger: Globus (2007); Denneberg: Begriff (1937), S. 53–55.
5 Mahler: Warenhaus (1939), S. 9 f.
6 Schär: Ökonomik (1938), S. 69.
7 Mahler: Warenhaus (1939), S. 9 f. Von den Beschäftigten sind 2 % leitende, 10,2 % technisches und 87,8 % Büro- und Verkaufspersonal. Gliederung der Unternehmen nach Rechtsform: Einzelperson und einfache Gesellschaft 22 %, Kollektiv/Kommanditgesellschaft 19,1 %, Aktiengesellschaften 55,9 %, Kommandit-AG/Genossenschaften, 3 %. Vgl. ebd.
8 Jaggi: Le phénomène (1970), S. 325–327.
9 75 Jahre Magazine zum Globus (1982), [o. S.].
10 Denneberg: Begriff (1937), S. 56; Hermann: Ein Jahrhundert (1946), S. 307–311. Auch die 1931 publizierte Broschüre *Die Brann-AG Zürich und die mit ihr verbundenen Häuser* gibt an, dass dieses Warenhaus das älteste der Schweiz sei.
11 Eine neue Sehenswürdigkeit Zürichs. In: Zürcher Adressbuch-Zeitung, Nr. 38, 23. 9. 1899.
12 Basler Nachrichten, 9. 4. 1905 (2. Beilage zu Nr. 98).
13 Müller: Warenhaus-Problem (1935), S. 6.
14 So war es jedenfalls in Deutschland. Vgl. dazu: Lowenstein: Deutsch-Jüdische Geschichte (1997), S. 49.
15 Vgl. Teil II, Die Dynastie. Die Familien Maus und Nordmann sind das Warenhaus Manor.
16 Kälin, Adi: Von Fröschen und vornehmer Kundschaft (27. 11. 2014). In: NZZ. Online: www.nzz.ch/zuerich/150-jahre-bahnhofstrasse/von-froeschen-und-vornehmer-kundschaft-1.18432138, konsultiert am 16. 2. 2020.
17 Louise Breslau (Maria Luise Katharina Breslau) war eine deutsch-schweizerische Malerin und Porträtistin jüdischer Herkunft, die zu Lebzeiten eine in der Pariser Gesellschaft verehrte Berühmtheit war, die nach ihrem Tod 1927 schnell in Vergessenheit geriet und still und leise auf dem Friedhof der Stadt Baden, neben ihrer Mutter, der Baronin Katharina von Brandenstein, begraben liegt. Vgl. dazu: Labhart, Walter: Eine jüdische Porträtistin. In: Aufbau, Das jüdische Monatsmagazin, 11. 1. 2002.
18 Brief von Lydia Escher an Louise Breslau, [o. J.]. Zit. nach: Müller Max: Lydia Escher und Louise Breslau. In: NZZ, 29. 3. 1936 (Blatt 7, Zweite Sonntagsausgabe Nr. 537).
19 Zur Bahnhofstrasse vgl.: Bürkli: Der Zürcher Kalender [1879]; Guyer: 100 Jahre Bahnhofstrasse (1964); Huber: Bahnhofstrasse (2015).
20 Vgl. dazu: Witzig: Einkaufen (1997), S. 133–146.
21 Ramseyer: Zibelemärit (1990), S. 49.
22 Lüthi: Wachstum (2003), S. 51.
23 Walthard: Description topographique (1827), S. 165. «Les rues principales, maintenant garnies de magasins, offrent à la fois aux habitants de la ville le spectacle d'un bazar oriental et la facilité de s'approvisionner d'un jour à l'autre, de tout objet qui leur devient nécessaire.»
24 Weisz: Wie Johann Peter Jelmoli nach Zürich kam (1938), S. 104. Weisz bezieht sich auf folgende Schrift: Gothein: Wirtschaftsgeschichte (1892).
25 Weisz: Wie Johann Peter Jelmoli nach Zürich kam (1938), S. 104.
26 Zur Frage der Grossbazare (1899), S. 22.
27 Blumer-Egloff: Grossbazare (1901), S. 29.
28 Weisz: Wie Johann Peter Jelmoli nach Zürich kam (1938), S. 125.
29 Ebd.
30 Byers: Switzerland (1875), S. 42 f.
31 Simmel: Alpenreisen [1895] (1992), S. 91. Zit. nach: Lenz: Konsum (2011), S. 136.
32 Bernet, Peter: 1909: Zweihundert Angestellte für neun Gäste. Online: www.grindelwaldgeschichten.ch/jahresrueckblick/1909/, konsultiert am 30. 8. 2015.
33 Friedmann: »MF« (1983), S. 32 (abgedrucktes Inserat, Luzerner Tagesanzeiger, Nr. 1, 1897).
34 SHAB, 30. 3. 1883, Nr. 45 (II. Teil). C. Bernheim besass damals schon Filialen in Münster und Neuenstadt.
35 SHAB, 27. 10. 1893, Nr. 228. Gemäss Optionschein vom 20. 3. 1872: Clément Bernheim, négotiant, née à Zillisheim, 15. 5. 1820, marié le 20. Mars 1850 in Zillisheim mit Breinel Maus, geb. in Herrlisheim, 2. 12. 1831, Kinder, alle in

Zillisheim geboren: Isaac 1854, Henri 1855, Rosalie 25. 6. 1859, Meyer 1861, Léon 1863, Léopold 23. Oct. 1864, Moise 15. 5. 1869, Camille, 25. 10. 1870. Vgl. dazu: Frankreich | 1872–1872 | AN BB-31-36. Optants Alsace-Lorraine – BERNARDEAU à BERNHEM. Document conservé aux Archives nationales à Pierrefitte. https://de.geneanet.org/archives/registres/view/43698/522, konsultiert am 29. 1. 2021. Vgl. zudem mehrere Inserate: *Zur Stadt Paris*, C. Bernheim, Nidaugasse 31, Biel (Tagblatt der Stadt Biel, 16. 10. 1889, Nr. 245); *A la Ville de Paris*, C. Bernheim. Nidaugasse 36, Biel (Journal du Jura, 26. 10. 1893); *Zur Stadt Paris*, Gebr. Bernheim, Nidaugasse 36, Biel (Seeländer Bote, 2. 2. 1895, Nr. 15).

36 Vgl. Kap. 2, Familiäre Bande.

37 Bei den «Blum Frères» handelt es sich um vier Brüder, die einer im elsässischen Durmenach lang eingesessenen Familie entstammten. Joseph (geb. 1810), Juda (Jules) (geb. 1812), Moise (Maurice) (geb. 1814) und Jacques (Charles) (geb. 1821) wurden als letzte Generation noch alle in Durmenach geboren. Vgl. dazu: www.geneanet.org.

38 Inserat «A la ville de Paris, vente à pris fixe». In: Zürcherisches Wochenblatt, 6. 6. 1842 (Nr. 45).

39 1840 gründeten die beiden älteren Brüder, Joseph und Juda Blum, die Kollektivgesellschaft Blum Frères mit Sitz in Paris. Ein paar Jahre später traten die beiden jüngeren Brüder in die Kollektivgesellschaft Blum Frères ein (Fabrikation und Verkauf in Frankreich und der Schweiz von Konfektionskleidung, mit Sitz in Paris, an der Rue Bourbon-Villeneuve 19). 1854 sind Joseph und Maurice Blum noch immer im Pariser Montmartre anzutreffen, während Juda in Strasbourg und Jacques in Genf die Geschäfte leiteten. Vgl. dazu: Etude de M. Bordeaux, avocat-agréé à Paris. In: Gazette des Tribunaux, 4. 4. 1847; Inserat «A la Ville de Paris, Blum Frères». In: Le Confédéré de Fribourg, 4. 4. 1884; Geschäftsgründung Blum Frères. In: Gazette des Tribunaux, 6. 5. 1854. Am 26. 3. 1847 formierten sich Blum Frères für die Fabrikation und den Verkauf von Konfektionskleidung in Frankreich und der Schweiz, mit Sitz in Paris, an der Rue Bourbon-Villeneuve 19 und später (1854) an der Rue Montmartre 131 oder 134. 1854 dann Eintrag der Vierlinge (quadruple), die da hiessen: Joseph Blum, *machand tailleur*, wohnhaft in Paris an der Rue Montmartre; Moyse (dit Maurice) Blum, *marchand*, wohnhaft in Paris an der derselben Adresse wie Joseph Blum; Juda (dit Jules) Blum, *marchand tailleur*, wohnhaft in Strasbourg und Jacques (dit Charles) Blum, *marchand*, wohnhaft in Genf.

40 Zürcherische Freitagszeitung, 14. 6. 1844 (Nr. 25). Die Gebrüder Blum belegten die Stände Nr. 259–266.

41 Inserat *Zur Stadt Paris*. In: Intelligenzblatt Bern, 28. 11. 1843. Es gab auch eine Umziehkabine.

42 Vgl. dazu: Mehrere Inserate *Zur Stadt Paris*. In: Intelligenzblatt Bern, 28. und 30. 11. 1843; Journal de Genève, 7. und 28. 11.1843 (In einem ersten Inserat im Journal de Genève kündigen sie sich 1843 an der Rue du Rhône 76 mit Liquidationsverkäufen als *Magasin de la Ville de Paris*. Daraus bildete sich kurz darauf der Firmenname *Maison Blum Frères, A la Ville de Paris*); Mehrere Inserate *A la Ville de Paris*. In: Le Narrateur fribourgeois, 15. 11. 1842, 25. 4. 1845, 7. 2. 1845; L'Express, 26. 10. 1843, 30. 1. 1845.

43 Intelligenzblatt Bern, 19. 4. 1851, S. 15; Mehrere Inserate *Aux Villes de Suisse*. In: Le Constitutionnel: journal du commerce, politique et littéraire, 30. 4. 1850; La Presse, 17. 11. 1850; Guide de l'Etrangère à Paris – Maison en Vogue. Rubrik Expositions permanentes: *Aux Ville de Suisse*. In: Journal des débats politiques et littéraires, 13. 12. 1850.

44 Miller: Bon Marché (1981), S. 25. Das Ville de Paris war in den 1840er-Jahren der grösste Magasin de Nouveautés, er beschäftigte 150 Mitarbeiter und wies 1844 einen Umsatz von 10–12 Millionen Francs auf.

45 SHAB, 26. 6. 1906 (Nr. 273).

46 Jonas Geismar (1880 Grussenheim–1965 Thun), Sohn d. Jakob und Sophia Bertha Geismar-Weill. Heirat mit Suzanna Weill (geb. 1895) am 15. 10. 1918. Online: www.alemannia-judaica.de/thun_juedgeschichte.htm, konsultiert am 15. 11. 2018; Marti: Wie Interlaken zum Stadtteil Paris kam (2005); Hinweise auf der AFZ-Webseite des Donators der Abbildung *Zur Stadt Paris*: AfZ: BA BASJ-Archiv / 462. Bloch-Nordmann, Louis.

47 Ebd.

48 In Schwyz führten die Gebrüder Bernheim eine Filiale ihres Geschäftes A la ville de Paris, vgl. weiter oben.

49 Vgl. weiter unten.

50 StadtA Zürich: Meldekarte Gustav Werner (geb. 1877), von Züllichau (Preussen), protestantisch.

51 Milliet & Werner wurde am 26. 2. 1901 von Alessandro Milliet und Gustavo Werner in Lugano gegründet. Ihren Ursprung hat die Firma im westschweizerischen Yverdon. Damals traf sich Gustavo Werner, Direktor der Niederlassung der Firma Grosch & Greiff in Genf, Ende 1898 zum ersten Mal mit dem fast gleichaltrigen Alessandro Milliet (eigentlich Alexandre Milliet). Aus diesem Treffen entwickelte sich eine Freundschaft und aus der Freundschaft die Entscheidung, einen Laden in ähnlichem Stil wie derjenige der Grosch & Greiff-Unternehmung zu eröffnen. 1925 erfolgte die Umwandlung in eine Aktiengesellschaft und die Umbenennung in MIWESA. Das Milliet & Werner war das erste Warenhaus in Lugano, später wurde es von Maus Frères übernommen, hiess zuerst Innovazione und später Manor, besass Filialen in Mendrisio, Chiasso und Bellinzona. Vgl. dazu: Festschrift Milliet ed Werner (1951). Alexandre Milliet, von Bonvillars, wohnhaft in Yverdon, Sohn von Frédéric Milliet. Vater Milliet betrieb bereits seit spätestens 1883 ein Geschäft, das 1888 an Sohn Alexandre überging. Vgl. dazu: SHAB, 3. 2. 1883 (Nr. 12), 24. 3. 1888 (Nr. 41).

52 Wilhelm von Felbert betrieb in Olten das Warenhaus Wilhelm von Felbert als Hauptniederlassung (SHAB, 18. 4. 1900, Nr. 143), später Filialen in Liestal (SHAB, 8. 9. 1902, Nr. 328), in Wald (ZH) (SHAB, 7. 8. 1903, Nr. 311), in Zofingen (SHAB, 1. 11. 1904, Nr. 415), in Rüti (ZH) (SHAB, 20. 10. 1910, Nr. 267), in Schönenwerd (SHAB, 6. 7. 1928, Nr. 156). In Burgdorf mit Filiale in Langenthal existierte das Volksmagazin von Felbert, die von Gustav von Felbert aus Styrum, (vermutlich ein Bruder von Wilhelm) betrieben wurde.

53 Vgl. dazu: Jornod: Gonset (2019).

54 Zahlen zur Bevölkerung Berlins sind von Kasiske: Das Warenhaus (2013), S. 153.

55 Müller: Warenhaus-Problem (1935), S. 6.

56 Lowenstein: Deutsch-jüdische Geschichte (1997), S. 28.

57 Richarz: Jüdisches Leben in Deutschland (1976), S. 19.

58 Bisch: Etre juif à Sierentz au XIX siècle (1985), S. 10 f. Auch der Kauf und Besitz von Immobilien und Grundeigentum wurde ihnen von da an gewährt, und sie mussten wie alle

anderen 20- bis 25-jährigen Franzosen auch Militärdienst leisten.

59 Gerson: Zwischen Selbstbehauptung und Assimilation (1992), S. 9. Die Herrschaft der Bourbonen in der Restaurationszeit (1814–1830) stellte die Emanzipation der Juden zwar nicht infrage, jedoch liessen konservative Strömungen den Integrationsprozess verlangsamen. Mit der Julirevolution von 1830 wurden die Bourbonen gestürzt und für die Elsässer Juden setzte eine zweite Emanzipationsphase ein. 1831 wurde unter dem liberalen Monarchen Louis-Philippe ein Gesetz erlassen, das die jüdische Konfession der protestantischen und katholischen gleichstellte. Fortan wurden Rabbiner und Vorbeter wie der christliche Klerus vom Staat besoldet und zwei Jahre später erhielten auch jüdische Schulen staatlich finanzierte Unterstützung. Insbesondere für die Juden im Elsass waren diese neuen Dekrete von besonderer Bedeutung, lebten doch zu dieser Zeit mehr als die Hälfte der 60 000 französischen Juden in den Departementen Bas-Rhin und Haut-Rhin. Auch verzeichnete das elsässische Judentum die grösste Dichte an Rabbinatsstellen und jüdischen Schulen in Frankreich. 1846 wurde mit dem Beschluss des Pariser Justizministeriums die letzte formalrechtliche Diskriminierung, der im Elsass immer noch gebräuchliche Judeneid (more iudaico), abgeschafft.

60 Mattioli: Die Schweiz und die jüdische Emanzipation (1998), S. 61–81; Rappard: Die Bundesverfassung (1948), S. 306–315.

61 Lowenstein: Deutsch-Jüdische Geschichte (1997), S. 28.

62 Ebd., S. 39–46.

63 Katz: Jüdische Emanzipation (1986), S. 208.

64 Lowenstein: Deutsch-Jüdische Geschichte (1997), S. 29.

65 Ebd., S. 18. Einblick in die damaligen Lebensumstände, über die alltäglichen Beschwernisse des Kaufmannlebens und über die wichtige Rolle der jüdischen Kaufleute im Handel der Provinz Posen und Schlesien, bis hin zur fundamentalen Umwandlung kleiner Kurz- und Manufakturgeschäfte zum Warenhaus, liefert uns die Erinnerungsschrift von Hermann Hamburger (1837–1920), vgl. dazu: Richarz: Jüdisches Leben in Deutschland (1976), S. 289–301.

66 Vgl. dazu Teil II: Unternehmensbiografie von Julius Brann.

67 Vgl. im Anhang: Stammbaum *Descendants of Isaac Leiser Brann* von Jim Bennett aus Haifa, Version 13. 4. 2014; Population Registry of Poznan 1870–1931, Paula Brann, Signatur 14304, S. 144, und Ludwig Brann, Signatur 14304, S. 137. Online: http://e-kartoteka.net/en/search, konsultiert am 18. 9. 2018.

68 Lowenstein: Deutsch-Jüdische Geschichte (1997), S. 18.

69 Katz: Jüdische Emanzipation (1986), S. 196.

70 Lowenstein: Deutsch-Jüdische Geschichte (1997), S. 18.

71 Testamentarischer Familien-Verband (1891) (siehe Anhang).

72 Entlassungsschein David Loeb aus Alzey (Privatbesitz F. Loeb).

73 Vgl. Kap. 7.

74 Lowenstein: Deutsch-Jüdische Geschichte (1997), S. 30.

75 Vgl. Kap. 8.

76 Vgl. Kap. 9.

77 Guggenheim-Grünberg: Vom Scheiterhaufen zur Emanzipation (1982), S. 47.

78 Weingarten: Gleichberechtigt in die neue Zeit (1982), S. 54.

79 Zürcher Adressbuch-Zeitung, 23. 9. 1899, Nr. 38.

80 75 Jahre Magazine zum Globus (1982) [o. S.].

81 Testamentarischer Familien-Verband (1891) (siehe Anhang).

82 Vgl. dazu diverse Messeanzeigen der Gebrüder Loeb und Lang im *Intelligenzblatt Bern*.

83 Messeinserat Gebrüder Lang aus Frankreich. In: Intelligenzblatt Bern, 27. 11. 1860, S. 2. Vgl. weitere Inserate, z. B. «Das grosse Waarenlager aus Paris.» In: Intelligenzblatt Bern, 9. 4. 1861, S. 3. «Das bekannte Waarenlager der Gebrüder Lang aus Frankreich.» In: Intelligenzblatt Bern, 26. und 27. 11. 1861, 1. und 2. 12. 1861.

84 Messeinserat Gebrüder Lang aus Frankreich. In: 14. 4. 1869, S. 4. «Wiederverkäufer erhalten besondere Begünstigung.»

85 Messeinserat David Loeb aus Freiburg. In: Intelligenzblatt Bern, 24. 11. 1867.

86 Schaffhauser Intelligenzblatt, 5. 10. 1877.

87 Bspw. etliche Läden bei den Gebrüdern Loeb. Vgl. Kap. 7.

88 Bspw. Manor Basel, Loeb Bern.

89 Whitaker: Wunderwelt (2013) S. 11.

90 Denneberg: Begriff (1937), S. 57 f.

91 Ebd.

92 Maus Frères: Cent ans (2001), S. 23.

93 Gemäss Denneberg war das 1898. Gemäss SHAB gründeten Alfred (Charles-Alfred-Jules) Greiff von Barmen (Preussen Rhénane) und Hermann Grosch von Waldenburg (Silésie), damals bereits in La Chaux-de-Fonds domiziliert, am 11. 11. 1895 die Firma Grosch & Greiff (Mercerie, Bonneterie, Lingerie), Büro an der Rue Jacquet Droz 28 (SHAB, 30. 10. 1895, Nr. 268).

94 Zur Firmenhistorie, vgl. Denneberg: Begriff (1937) und Folgendes: Für die einzelnen Firmengründungen vgl.: 1896 an der Rue Neuve in Lausanne (SHAB, 7. 10. 1896, Nr. 280); 1898 in Yverdon an Rue de la Poste (SHAB, 12. 10. 1898, Nr. 283); 1899 an der Rue de Romont in Fribourg (SHAB, 25. 8. 1899, Nr. 272); 1905 in Montreux, dann mittlerweile auch Mode und Konfektion im Sortiment (SHAB, 9. 12. 1905, Nr. 479); 1913 in Bern an der Marktgasse 10 (SHAB, 7. 10. 1913, Nr. 254). Der Hauptsitz wurde 1901 von La Chaux-de-Fonds nach Neuchâtel (SHAB, 20. Mais 1901, Nr. 182) und 1906 nach Genf (Plainpalais) verlegt (SHAB, 22. 8. 1906, Nr. 350). 1913 Umwandlung in eine AG (SHAB, 31. 1. 1914, Nr. 25).

95 Denneberg: Begriff (1937), S. 59.

96 Ebd. S. 59 f.

97 Georges und die Witwe Edgar Bloch, beides Nachkommen von Samuel Bloch, kauften das Geschäftshaus der Grosch & Greiff. 1930 übernahmen Henri-Louis und Maurice Bloch die Direktion. 1964 integrierte das Warenhaus die Gruppe Innovation-Jelmoli, Direktor wurde Marc Boch, der das Geschäft 1991 verliess. Vgl. dazu: Juden La Chaux-de-Fonds [2017], S. 8 f.

98 Festschrift Milliet ed Werner (1951).

99 Huser: Vieh- und Textilhändler (2007), S. 232–241.

100 Nachruf Genia Karfiol. In: IW, 17. 2. 1961 (Nr. 7).

101 SHAB, 17. 6. 1913 (Nr. 154).

102 Teichman: Julius Brann (2013); StadtA Zürich: Meldekarte Jenny Luss (1880 Mommenheim – 1942 Zürich).

103 Friedmann: »MF« (1983), S. 33.

104 Zur Warenhausfrage, Preisbildungskommission (1933), S. 6.

105 Denneberg: Begriff (1937), S. 62.

106 Ebd.

107 Friedmann: »MF« (1983), S. 17.

108 Denneberg: Begriff (1937), S. 55. Allerdings eröffnete Oscar Tietz seinen ersten Laden 1882 in Gera, also ein Jahr später als Max Knopf in Karlsruhe. Leonhard Tietz jedoch gründete sein erstes Geschäft in Stralsund 1879. Die Inspiration könnte indes auch durch verwandtschaftliche Beziehungen erfolgt sein: Max Knopf und seine Geschwister waren Cousins von Flora Baumann (1855–1943), die mit Leonhard Tietz (1849–1914), dem Bruder von Oscar Tietz (1858-1923), verheiratet war.

109 Zur Geschichte des Warenhaus Knopf vgl.: Serger, Bernd: Einkaufen «bei's Knopfe». Die Warenhaus-Dynastie aus Karlsruhe, Strassburg und Freiburg war bis 1918 die Nummer 1 im Südwesten. In: Badische Zeitung (Magazin), 15. 1. 2011; ders.: Eine Spur vornehmer als die anderen. In: Der Sonntag, 18. 3. 2012; ders.: Die «französische Manier» gefiel nicht. In: FZ, 12. 1. 2011; ders.: Der scheue Gigant. Das jüdische Kaufhaus Knopf in Freiburg war Teil einer bedeutenden Warenhauskette. In: Cultur.Zeit. Das chilli-Kulturmagazin für das Dreiländereck Heft Nr. 7, 1. 9.–7. 12. 2012; ders.: Zweimal enteignet. Vor 130 Jahren gründete der jüdische Kaufmann Sally Knopf sein erstes Warengeschäft, das Sohn Arthur 1937 verkaufen musste. In: FZ, 31. 3. 2017, S. 22. SWA: H+I, C 510. Diverse Zeitungsberichte. Gemäss neuestem Forschungsstand von Bernd Serger ist davon auszugehen, dass Moritz Knopf als prägende Figur in der Geschichte, einen ersten Laden bereits 1878 in Bonn eröffnete.

110 Ebd. (Serger: Zweimal enteignet), S. 22.

111 SHAB, 10. 3. 1893 (Nr. 59). «Die Firma M. Knopf in Strassburg i. E., Inhaber Moritz Knopf, von und in Strassburg, eingetragen im Handelsregister ihrer Hauptniederlassung in Strassburg am 11. 8. 1882, hat am 1. 3. 1893 in Zürich unter derselben Firma eine Zweigniederlassung errichtet, welche durch den Inhaber vertreten wird und für welche an Albert Knopf von Birnbaum (Posen), in Zürich, Prokura erteilt ist. Kurz-, Wäsche-, Woll- und Modewaren. Bahnhofstrasse 104.»

112 StadtA Zürich: Meldekarte Albert Knopf-Schachtel, geb. 1850 in Birnbaum (Preussen), Heirat mit Auguste Schachtel 1875.

113 Gemäss Adressbuch der Stadt Zürich für 1894, erstmals eingetragen: Knopf, Alb., Kaufmann, Bahnhofstr. 108 ZI (Zürich, Kreis 1), gemäss Adressbuch 1896: Knopf, A. Woll- u. Modewaren, I Bahnhofstr. 104, Wohn. Bahnhofstr. 108.

114 Vgl. SHAB für Zürich: 4. 4. 1895 (Nr. 93); Baden: 14. 4. 1896 (Nr. 103); Rapperswil, SHAB, 12. 11. 1897 (Nr. 282); Glarus, 9. 12. 1897 (Nr. 304).

115 Zuger Volksblatt, 5. 12. 1895 (Nr. 143), S. 3.

116 StAZH: Landrecht Albert Knopf.

117 SHAB, 18. 1. 1929 (Nr. 14).

118 Augusta Knopf war die Tochter des Fabrikbesitzers Josef Schachtel und dessen Ehefrau Johanna, geb. Sternberg. Vgl. dazu: Landesarchiv Berlin: Sterberegister der Berliner Standesämter 1874–1920. Nr. 745 (Tod Augusta Knopf). Online: Ancestry.com.

119 Vgl. dazu: Landesarchiv Berlin: Heiratsregister der Berliner Standesämter 1874–1920. Nr. 434 (Heirat Alice Knopf). Online: Ancestry.com.

120 SWA: H. & I. C 510, div. Zeitungsartikel zum Warenhaus Knopf.

121 Ich danke Bernd Serger für diesen Hinweis.

122 SHAB, 14. 2. 1895 (Nr. 37).

123 SHAB, 26. 3. 1897 (Nr. 87).

124 Stammbaum Familie Knopf von Bernd Serger: Knopf, Max *30. 4. 1857 (Birnbaum) +21. 10. 1934 (Karlsruhe); Knopf, Paula geb. Klopstock *28. 1. 1865 (Birnbaum) +31. 10. 1923 (Karlsruhe).

125 Vgl. Kap 1, Die Entwicklung der Warenhäuser in Europa und Amerika.

126 Vgl. dazu: Todesanzeige Lisbeth Klopstock-Rothe. In: Schaffhauser Nachrichten, 22. 3. 1938; Umwandlung von Klopstock in Glarner & Co. In: Schaffhauser Nachrichten, 20. und 27. 8.1938.

127 Vgl. dazu: Mahrer: Handwerk der Moderne (2012), S. 218.

128 Tanner: Arbeitsame Patrioten (1995), S. 25. Zit. nach: Mahrer: Handwerk der Moderne (2012), S. 218. Als Beispiel: Die Gebrüder Loeb Söhne in Bern versteuerten 1906 ein Einkommen von 54 600 und ein Vermögen von 481 500 Franken. Vgl. dazu: Verzeichnis der Steuerpflichtigen der Gemeinde Bern vom Jahre 1906; Ludwig Loeb in Zürich: Bis 1879 versteuerte er in Hottingen ein Vermögen von 20 000, 1886 ein Vermögen von 30 000 Franken. 1905 besass er ein Vermögen von 100 000 Franken, Einkommen 10 000 Franken. Vgl. dazu: StadtA ZH: Landrecht Ludwig Loeb, zudem Steuerregister der Stadt Zürich 1905; Henri Maus in Genf: besass 1910 ein Vermögen von 175 000 Franken und lieferte jährlich 30 000 Franken an den Fiskus ab. Vgl. dazu: AEG: Naturalisation Henri Maus 1910. Albert Knopf in Zürich versteuerte 1894 ein Einkommen von 7600 und ein Vermögen von 30 000 Franken. Vgl. dazu: StAZH: Landrecht Albert Knopf.

129 Loeb-Archiv: Bilanz 1. 7. 1879.

130 Festschrift zur Feier des fünfzigjährigen Bestandes unseres Hauses – Gebr. Loeb AG (1931), S. 5.

131 StadtA Zürich: Landrecht Ludwig Loeb.

132 Vgl. dazu: Mahrer: Handwerk der Moderne (2012), insbesondere S. 209–220.

133 Vgl. dazu die jeweiligen Kapitel im biografischen Teil.

134 Vgl. bspw.: Nachruf Clementine Bigar-Maus. In: IW, 9. 12. 1938; Nachruf Rosa Löb. In: IW, 21. und 28. 11. 1924; Nachruf Laure Nordmann. In: 1. 12. 1944 (Nr. 48); Nachruf Alice Nordmann. In: IW, 7. 4. 1978 (Nr. 14).

135 Vgl. dazu: Nachruf Fanny Loeb. In: IW, 29. 1. 1937. Zudem Kap. 7.

136 Keller: Bürger und Juden (2015), S. 19.

137 Steuerregister der Stadt Zürich 1905.

138 StadtA Zürich: Brandassekuranzen der Liegenschaft an der Schneckenmannstrasse 22 (Nr. 1304).

139 AfZ: IB SIG-Archiv / 1460, MIKA AG, 1937–1938. Brief von Julius Brann an Saly Mayer vom 7. 8. 1937. Zur Sepu vgl. Kapitel 5, Maus und Brann in Frankreich, Brann und andere in Spanien und der Tschechoslowakei.

140 Picard: Juden (1997), S. 90. Die Schweizer Juden (rund 200 emigrierte Familien) brachten von 1941 bis 1945 75 000 Franken an Flüchtlingsbeiträgen zusammen. Das Schreiben der Swiss Division der UJA von Alfred Wyler (New York) an Saly Mayer vom 27. Dezember 1945, das die erbrachten Leistungen zusammenstellt und Donatoren wie Julius Brann auflistet, ist im Archiv des American Jewish Joint Distribution Committee (dort Nachlass Saly Mayer, # 983, alte Ordnung) greifbar.

141 Testament Julius Brann, New York, 28. 5. 1959.

142 Teichman: Julius Brann (2013).

143 AfZ: IB ICZ-Archiv, Nr. 3841 Steuerregister 1922. Julius Brann war 1922 in der 13. Klasse der Steuern eingeteilt und bezahlte 250 Franken Kultussteuer, 25 Franken Armensteuer und 50 Franken Ergänzungssteuer. Insgesamt bezahlte er also 325 Franken Steuer für das 2. Semester 1922. Auch E. Mandowsky war Mitglied der ICZ und Steuerzahler. Eingeteilt in die 10. Klasse bezahlte er im 2. Semester 1922 rund 150 Franken Steuer.
144 StadtA Zürich: Bürgerrecht Julius Brann.
145 Bergier: Schlussbericht (2002), S. 72 f.
146 BAR: Protokoll des Bundesrates vom 12. 12. 1925, Bd. 297, Heft 096.
147 StadtA Zürich: Landrecht Julius Brann. Bericht der Stadtpolizei Zürich an das Polizei-Inspektorat Zürich vom 13. 6. 1929.
148 Testamentarischer Familien-Verband (1891) (siehe Anhang).
149 Katz: Antisemitismus (1989), S. 269 f.
150 Reisebereicht von Selig Schachnowitz aus dem Jahr 1901. In: Der Israelit, 24. 1. 1924.
151 Vgl. zur Jüdischen Gemeinde in Baden und den Gebrüdern Lang: Epstein: Die Jüdischen Gemeinden (2020), S. 301–317.
152 Gründungsurkunde abgedruckt bei Rom: IRG (1995), S. 14; Heinrichs: Helvetik (2005), S. 244. Vgl. Kapitel 9.
153 Lewinsky: Zavoe (2001), S. 4.
154 Rom: IRG (1995), S. 17.
155 Vgl. dazu online Website des Unternehmens: https://sinn.com/unternehmen/fakten-und-historie/ und Familienbuch: http://familienbuch-euregio.eu/genius/?person=96268, konsultiert am 16. 8. 2019.
156 Busch-Petersen: Oscar Tietz (2013), S. 41.
157 Jaggi: Le phénomène (1970), S. 316 f.
158 Vgl. Kap. 8, A l'Innovation. Zudem und im weiteren Verlauf des Textes: Stammbaum Daniel Teichman.
159 Vgl. Kap. 2, Paris erobert die Schweiz, buchstäblich.
160 Maus Frères: Cent ans (2001), S. 13.
161 Ebd.
162 Ebd., S. 25, 34, 68; SHAB, 4. 4. 1928 (Nr. 80).
163 Ebd., S. 13.
164 Ebd., S. 89.
165 Vgl. Kap. 2, Paris erobert die Schweiz, buchstäblich.

3. Kapitel

1 Müller-Zwahlen, Bertha: Unsere Firma – unser Haus. In: 70 Jahre Loeb (1951), S. 18 f.
2 SWA: H.+I., C. 511, Der Neubau der Rheinbrücke, Basels neuestes Kaufhaus. In: Basler Nachrichten, 4. 4. 1932, Nr. 92.
3 Sawatzki: Grands Magasins (1989), S. 7.
4 Zola: Paradies (2007), S. 503.
5 Ebd., S. 302.
6 Fischer: Die Wertheims (2004), S. 78 f.
7 Z. B. Warenhaus Loeb 1899 in Bern, Warenhaus Julius Brann 1900 in Zürich, Warenhaus Julius Brann 1905 in Basel, Warenhaus Jelmoli 1899 in Zürich, Warenhaus Léon Nordmann 1913 in Luzern.
8 Z. B. Warenhaus Léon Nordmann in Luzern: Der Lichthof im 1913 eröffneten Jugendstilbau wurde bereits 1920 umgebaut und verschwand dann schliesslich ganz. Vgl. dazu: SWA: H+I, C 517. Ein Stück Luzerner Altstadtgeschichte feiert den Neunzigsten. In: Luzerner Zeitung, 8. 10. 1992 (Nr. 234). Bei den Magazinen zur Rheinbrücke AG in Basel dominierte im 1932 eröffneten Monumentalbau ein Lichthof in der Mitte, der 1959 ebenfalls unter Einzug von Decken zugunsten mehr Verkaufsfläche zugebaut wurde. Auch das Eichenparkett und das Nussbaumtäfer fielen diesen Umbauten zum Opfer. Das natürliche Licht wurde durch Neonröhren und die edlen Materialien durch pflegeleichte ersetzt. Vgl. dazu Friedmann: »MF« (1983), S. 147; SWA: H.+I. C 511. Die neue Rheinbrücke eröffnet. In: Sonderbeilage der Basler Nachrichten zu Nr. 363 vom 28. 8. 1959. Im Warenhaus Brann in Zürich, später Oscar Weber, wurde der Lichthof 1962 zugunsten von mehr Verkaufsfläche zugebaut und ebenfalls durch eine Leuchtdecke ersetzt. Vgl. dazu: Vosti: Brann und Jelmoli (2003), S. 31.
9 Cohen: Urban Visibility (2002), S. 731–796; Picard: Synagogen (2005/2), S. 6–13.
10 Biland: Warenhäuser in der Stadt Bern (2011).
11 Cuénod: Un grand magasin (1976), S. 188–191.
12 Bundesgerichtsurteil vom 13. Sep. 2005: Eintragung der Liegenschaft Freie Strasse 23 / Stapfelberg 1 ins Denkmalverzeichnis. Online: https://www.bger.ch/ext/eurospider/live/de/php/aza/http/index.php?highlight_docid=aza%3A%2F%2F13-09-2005-1P-79-2005&lang=de&type=show_document&zoom=YES&, konsultiert am 4. 2. 2021.
13 Ebd. Bis 2007 war darin der Füglistaller untergebracht. Heute findet man da die deutsche Modekette Esprit.
14 Biland: Warenhäuser in der Stadt Bern (2011).
15 In Erinnerung an unsern lieben und verehrten Senior Herrn Eugen Loeb (1877–1959), S. 16.
16 Warenhaus Globus Aarau. In: INSA, 1984, Bd. 1, S. 124.
17 Am 1. 4. 1892 eröffnete Weber's Bazar mit einer Schaufensterausstellung bei elektrischer Beleuchtung am Abend sein Geschäft. «In Inseraten lud er [Weber] die Zürcherinnen und Zürcher ein, jeweils nach der Arbeit bei elektrischer Beleuchtung sein Warenhaus zu besuchen und, bei völlig freiem Eintritt, sein Sortiment gründlich zu studieren.» In: 75 Jahre Magazine zum Globus (1982) [o. S.]. Der 1900 eröffnete Neubau von Julius Brann in Zürich besass 60 Bogenlampen, vgl. dazu: Tages-Anzeiger für Stadt und Kanton Zürich, 14. 4. 1900 (Nr. 88).
18 Erismann: Aarauer Handwerk und Gewerbe (1964), S. 46.
19 Illustrierte schweiz. Handwerker-Zeitung, 1899, Bd. 15, Heft 29, S. 575.
20 Rooch: Wertheim, Tietz und das KaDeWe in Berlin (2013), S. 178.
21 Wiener: Warenhaus (1912), S. 32. Warenhäuser wie Les Grands Magasins du Louvre oder Gallerie Lafayette hätten mit geringen Abänderungen ebenso gut Paläste oder Hotels sein können. Ebd.
22 Zit. nach: SBZ, 10. 4. 1909, Bd. 54/54, Heft 15, S. 197.
23 Erweiterungsbau des Warenhauses Brann (1932), S. 218–220.
24 Tages-Anzeiger für Stadt und Kanton Zürich, 14. 4. 1900 (Nr. 88).
25 O. V.: Zur Eröffnung des neuen Geschäftshauses Brann. In: Tages-Anzeiger für Stadt und Kanton Zürich, 14. 4. 1900 (Nr. 88).
26 August Bösch (1857 Ebnat–1911 Zürich) war ein Schweizer Bildhauer. Er kam als neuntes von zehn Kindern im toggenburgischen Ebnat-Kappel auf die Welt, seine Eltern führten einen Bauernbetrieb und waren kulturellen Themen aufge-

schlossen. Ein Sohn studierte Theologie, zwei weitere Architektur. Als Fünfjähriger erkrankte August Bösch an Scharlach und wurde schwerhörig. Der monumentale *Broderbrunnen* in St. Gallen (1896) gilt wohl als sein grösstes Werk, vgl. Lexikonartikel Sik-isea.ch; Naef, Jakob: Vom Bauernbub zum grossen Künstler. August Bösch (1857 bis 1911), Appenzeller Kalender 1982, Bd. 261.

27 Rooch: Wertheim, Tietz und das KaDeWe in Berlin (2013), S. 183.

28 Vgl. dazu: Tages-Anzeiger für Stadt und Kanton Zürich, 14. 4. 1900 (Nr. 88), 21. 4. 1900 (Nr. 93).

29 Erweiterungsbau des Warenhauses Brann (1932), S. 218–220.

30 Vosti: Brann und Jelmoli (2003), S. 40; Rooch: Wertheim, Tietz und das KaDeWe in Berlin (2013), S. 185 f.

31 Tagblatt der Stadt Zürich, 27. 4. 1912 (Nr. 99), S. 22. Verbraucht wurden für den Bau unter anderem: 250 m^3 Sandstein, 2295 m^3 Beton, 156 m^3 Marmor, 350 m^3 Kupfer, 30 Waggons Eisen, 6600 m Rohr für elektrische Leitungen, 19 500 m elektrischer Draht, 200 m Kabel.

32 Vgl. dazu: Mehrere Inserate in Tages-Anzeiger vom 2., 3., 4., 5. und 6. 12. 1929.

33 Tages-Anzeiger, 6. 12. 1929.

34 Schaller: Otto Morach (1983), S. 101. In der Fussnote steht, dass diese Auskunft aus einem Brief vom 25. 10. 1978 des Architekturbüros von Oscar Weber hervorgeht.

35 Nagel: Die Kunstdenkmäler des Kantons Basel-Stadt (2006), S. 388.

36 StaBS: Staatsurkunde vom 16. 3. 1904.

37 Vgl. dazu: Warenhaus Globus, Marktplatz 1/Eisengasse 17, Basel. Denkmalpflegerische Beurteilung von Dr. Martin Möhle, Kantonale Denkmalpflege Basel-Stadt, Juli 2017; Basler Nachrichten, 9. 4. 1905 (zweite Beilage zu Nr. 98); Basler Zeitung, 6. 4. 1905 (Beilage zu Nr. 96).

38 Basler Nachrichten, 9. 4. 1905 (zweite Beilage zu Nr. 98).

39 Illustrierte schweiz. Handwerker-Zeitung, 1904, Bd. 20.

40 Inserat *Warenhaus z. Stauffacher*. In: Tagblatt der Stadt Zürich, 13. 4. 1912 (Nr. 87). Dass es sich um ein Warenhaus von Julius Brann handelt, geht unter anderem aus folgender Meldung hervor: «1 Anbau im Hofe des Warenhauses Brann an der Stauffacherstrasse 28». In: Illustrierte schweiz. Handwerker-Zeitung, 1910, Bd. 26, Heft 15, S. 226.

41 INSA: 1922, Bd. 10.

42 Rooch: Wertheim, Tietz und das KaDeWe in Berlin (2013), S. 179. Gardinen in den oberen Geschossen sind auch beim ersten Bau von Julius Brann an der Bahnhofstrasse ersichtlich.

43 Biland: Warenhäuser in der Stadt Bern (2011), S. 10–15; Neues Berner Taschenbuch, 1899, Bd. 5, S. 310; Festschrift zur Feier des fünfzigjährigen Bestandes unseres Hauses – Gebr. Loeb AG (1931); 75 Jahre Loeb (1956).

44 Loeb-Archiv: 7L–31, Eröffnungsartikel am 16. 4. 1914 (Bern wird Grossstadt).

45 Ebd.

46 Ebd.

47 Loeb-Archiv: 7L–31, Eröffnung des Neubaus der Gebrüder Loeb A.-G. in Bern. In: Der Konfektionär Berlin, 25. 9. 1929.

48 Ein Stück Luzerner Altstadtgeschichte feiert den Neunzigsten. In: Luzerner Zeitung, 8. 10. 1992 (Nr. 234). Für den ins Auge gefassten Neubau gründeten Henri und Ernest Maus zusammen mit Léon Nordmann 1909 die Dreikönigsgesellschaft, eine Genossenschaft mit Sitz in Luzern, die die geschäftliche Umgestaltung des bisherigen Hotels zu drei Königen in Luzern und evtl. auch anderen Liegenschaften zum Zwecke hatte. Vgl. dazu: SHAB, 22. 12. 1909 (Nr. 316).

49 Illustrierte schweiz. Handwerker-Zeitung, 1912, Bd. 28, Heft 51, S. 813 f. So etwa die ehemalige Wohnstätte von Frischhans von Theiling, Anführer und Sieger der Schlacht bei Giornico 1478.

50 Ebd.

51 SWA: H.+I., C. 511, Der Neubau der Rheinbrücke, Basels neuestes Kaufhaus. In: Basler Nachrichten, 4. 4. 1932, Nr. 92; Friedmann: »MF« (1983), S. 143–148.

52 Das Kaufhaus «Zur Rheinbrücke» in Basel. In: SBZ, 16. 6. 1934, Bd. 103, Nr. 24, S. 282–286, hier S. 282 f.

53 SWA, H.+I., C. 511, Der Neubau der Rheinbrücke, Basels neuestes Kaufhaus. In: Basler Nachrichten, 4. 4. 1932, Nr. 92.

54 Zur Architektur des Warenhauses Jelmoli vgl.: Vosti: Brann und Jelmoli (2003); Sonderheft Warenhaus Jelmoli (1940), S. 155–166; Stadler: Neubau des Geschäfts- und Warenhauses der Aktiengesellschaft vorm. F. Jelmoli (1898), S. 154–157; Schilling: 60 Jahre Warenhaus Jelmoli (1962); Der Neubau des Geschäfts- und Warenhauses F. Jelmoli (1899), S. 115; Zur Eröffnung des Neubaus Jelmoli 1936-38 (1938); Pestalozzi: Die Inszenierung der Grossstadt (1996).

55 Keller, Stefan: «Starkes Sonntagsgefühl». In: WOZ, Nr. 16/2008 vom 17. 4. 2008. www.woz.ch/-1194.

56 Stadler: Neubau des Geschäfts- und Warenhauses der Aktiengesellschaft vorm. F. Jelmoli (1898), S. 154–157.

57 Enzyklopaedia Britannica: Skyscrapers. www.britannica.com/technology/skyscraper.

58 Morrison: Woolworth's (2015), S. 1–32; Vgl. zudem: Fenske: The Skyscraper (2008).

59 Stadler: Neubau des Geschäfts- und Warenhauses der Aktiengesellschaft vorm. F. Jelmoli (1898), S. 153.

60 Vosti: Brann und Jelmoli (2003), S. 6.

61 Ebd., S. 14–19.

62 Zur Geschichte des Warenhauses Jelmoli vgl. im Folgenden: Weisz: Wie Johann Peter Jelmoli nach Zürich kam (1938); Grands Magasins Jelmoli SA. In: Hermann: Ein Jahrhundert (1946); Schmid: Das Jelmoli-Buch (1959); 100 Jahre Jelmoli in Zürich (1938), S. 225–230; Grands Magasins Jelmoli SA: 125 Jahre Jelmoli (1958).

63 Jelmoli. In: Verzeichnis der Niedergelassenen in der Stadt Zürich von 1845, S. 97. Johann Peter Jelmoli-Ciolina (1794–1860), aus Toceno, Piemont, Vigezzo-Tal, Geschäftsleiter 1833–1860. 21. 6. 1833 Petition an den hohen Regierungsrat betreffend Niederlassungsrecht des sardinischen Untertanen Joh. Peter Jelmoli, Commis Marchand eingereicht. Der Rat behandelte das Gesuch am 1. 11. 1833 und erteilte mit einem Niederlassungsrecht von zwei Jahren einen positiven Bescheid. 1863 erhielt die ganze Familie das Bürgerrecht der Stadt Zürich. Franz Andreas Jelmoli-Christmann (1814–1892), Sohn von Johann Peter. In der Geschäftsleitung von 1849–1875). Johann Peter Jelmoli (1844–1870) (der II.), Sohn von Franz Andreas. In Geschäftsleitung von 1869–1870. Franz Anton Jelmoli-Blass (1851–1928), Sohn von Franz Andreas, übernimmt 1876 die alleinige Geschäftsführung bis zur Umwandlung in eine AG 1896, danach ist er bis 1919 Verwaltungsrat und Delegierter. Später kauft die Familie Ringier das Unternehmen und der Enkel des Gründers Franz Anton Jelmoli-Blass schied aus. Seit da gibt es keinen Herrn

Jelmoli mehr. Einige weitentfernte Verwandte des Jelmoli-Gründers leben heute noch im Verzascatal.
64 Das Geschäft der Ciolinas ist heute immer noch an der Marktgasse in Bern anzutreffen. Vermutlich handelt es sich um eines der ältesten Modehäuser der Schweiz.
65 Weisz: Hundert Jahre Jelmoli in Zürich (1938), S. 7.
66 Schmid: Das Jelmoli-Buch (1958), S. 30.

4. Kapitel

1 O.V.: Moderne Kultur und Charakterbildung. In: Schweizerische Lehrerinnenzeitung, (1916–1917), Bd. 21, Heft 9.
2 Friedmann: »MF« (1983), S. 17. Der Neubau wurde im März 1913 eröffnet und im ersten Geschäftsjahr wurde eine Million Goldfranken umgesetzt, was kein Wunder sei, «wenn man sich der Begeisterung am Eröffnungstag erinnert, da die Leute sich in dichten Scharen vor dem Eingang drängten und immer wieder in ‹Hurra›-Rufe ausbrachen!».
3 Eine neue Sehenswürdigkeit Zürichs. In: Zürcher Adressbuch-Zeitung, Nr. 38, 23. 9. 1899 (Jelmoli); «Dasselbe bietet räumlich und dekorativ eine besondere Sehenswürdigkeit der Stadt», «einzig in seiner Art», vgl. dazu: Tages-Anzeiger für Stadt und Kanton Zürich vom 18. 4. 1900, Nr. 90, (Brann).
4 80 Jahre Loeb (1961), S. 27.
5 O. V.: Zur Eröffnung des neuen Geschäftshauses Brann. In: Tages-Anzeiger für Stadt und Kanton Zürich, 14. 4. 1900 (Nr. 88).
6 Basler Nachrichten, 9. 4. 1905 (2. Beilage zu Nr. 98).
7 Göhre: Warenhaus (1907), S. 136.
8 Grütlianer, 20. 3. 1914.
9 Brief von Else Lasker-Schüler an Hugo May und Kurt Ittmann vom 9. 10. 1934. In: Kilcher: Else Lasker-Schüler (2019), S. 119 f. Ich danke Andreas Kilcher für diesen Hinweis.
10 Berta Müller-Zwahlen, eine langjährige Verkäuferin, mag sich 1951 und 1956, als man das 70-Jahr-Jubliläum bzw. das 75-Jahr-Jubiläum feierte, noch sehr präzise an die Anfangszeiten erinnern.
11 Müller-Zwahlen, Berta: Unsere Firma – Unser Haus. In: 75 Jahre Loeb (1956), S. 38.
12 Stresemann: Die Warenhäuser (1900), S. 714.
13 Vgl. dazu: Lang, Otto: Wie es damals war … In: 70 Jahre Loeb (1951), S. 28 f.
14 Inserat Waarenhaus vorm. F. Jelmoli A.G., Eröffnungsanzeige des Erfrischungsraums. In: Tagblatt der Stadt Zürich, 7. 10. 1899 (Nr. 236).
15 Parnes: Bauten des Einzelhandels (1935), S. 54.
16 Whitaker: Wunderwelt (2013), S. 7.
17 Illustrierte schweiz. Handwerker-Zeitung, 1897, Bd. 13, Heft 1. «[…] eine Globus-Gallerie, in der die für den Fremdenverkehr wichtigeren Schweiz. Landschaften im Bilde gezeigt, sowie die Fahrpläne, Tarife und alle für die Fremden wissenswerten Nachrichten angeschlagen werden. Der Zutritt ist für jedermann frei.»
18 Hoffmann-Krayer, E. In: SAV, (1930–1931), Bd. 30. Gemäss Hofmann-Krayer führte Knopf 1892 oder 1893 die Konfetti aus Paris als Artikel in seinem Basler Warenhaus ein. Als er sie am ersten Tag nicht verkaufte, liess er sie von einem Ladenmädchen auswerfen. Der Effekt war enorm und am zweiten Tag fanden sie reissenden Absatz.
19 Müller: Warenhaus-Problem (1935), S. 24 f.
20 Göhre: Warenhaus (1907), S. 140 f.
21 Miller: Bon Marché (1981), S. 183. «The Bon Marche showed people how they should dress, how they should furnish their home, and how they should spend their leisure time. It defined the ideals and goals for French society.»
22 Haug: «Die Illusion der Einmaligkeit einer Ware» (2009), S. 85–88.
23 Zürcher Kunstchronik. Das Werk: Architektur und Kunst = L'oeuvre: architecture et art, 1934, Bd. 21, Heft 2.
24 August Bösch (1857 Ebnat–1911 Zürich) war ein Schweizer Bildhauer. Er kam als neuntes von zehn Kindern im toggenburgischen Ebnat-Kappel auf die Welt, seine Eltern führten einen Bauernbetrieb und waren kulturellen Themen aufgeschlossen. Ein Sohn studierte Theologie, zwei weitere Architektur. Als Fünfjähriger erkrankte August Bösch an Scharlach und wurde schwerhörig. Der monumentale *Broderbrunnen* in St. Gallen (1896) gilt wohl als sein grösstes Werk, vgl. Lexikonartikel Sik-isea (Schweiz. Institut für Kunstwissenschaft); Naef, Jakob: Vom Bauernbub zum grossen Künstler. August Bösch (1857 bis 1911). In: Appenzeller Kalender 1982, Bd. 261.
25 Mehrere Inserate in: Tages-Anzeiger vom 2., 3., 4., 5., und 6. 12. 1929; Schweizer Kunst = Art suisse = Arte svizzera = Swiss art, (1931–1932), Heft 8, S. 148. Die fünf Künstler waren Otto Baumberger, Karl Hügin, H. Müller, E. G. Rüegg und Prof. Stiebel.
26 Schaller: Otto Morach (1983), S. 101. In der Fussnote steht, dass diese Auskunft aus einem Brief vom 25. 10. 1978 des Architekturbüros von Oscar Weber, hervorgeht.
27 Zitiert nach einem undatierten Brief an E. B. Privatbesitz, Kanton Zürich. In: Schaller: Otto Morach (1983), S. 101; Schweizer Kunst = Art suisse = Arte svizzera = Swiss art, (1931–1932), Heft 8, S. 148.
28 Emil Cardinaux' Glasmalereien. Im neuen Loeb-Haus. In: Aus loeblichen Zeiten (1981). Ein Glasfenster (das Sommernachtsfest) war damals noch unvollendet.
29 Röthlisberger, Hermann: Mitteilungen über die Werk-Wettbewerbe. In: Das Werk: Architektur und Kunst. Bd. 3 (1916), Heft 8, S. 126–128.
30 Frei: Tempel (1997), S. 15 f.
31 Friedmann: »MF« (1983), S. 97.
32 Frei: Tempel (1997), S. 30.
33 Eine Epistel über den Einkauf. In: Wissen und Leben. Bd. 6 (1910).
34 Weiss: Alpiner Mensch (1962), S. 246.
35 Zola: Paradies (2007), S. 511, 549.
36 Wussow: Warenhäuser (1906), S. 72 f. Um die Kauflust anzuspornen und den Umsatz zu heben, haben die Warenhäuser angefangen sogenannte «Wohlfeile Wochen» einzuführen, «Sondertage», in denen «Extraangebote» und «einheitliche Ausnahmepreise» angeboten werden. Vgl. dazu: Ebd.
37 Fischer: Die Wertheims (2004), S. 129.
38 Wussow: Warenhäuser (1906), S. 73.
39 Göhre: Warenhaus (1907), S. 40. Häufig waren die «Wochen» nur halbe Wochen. Nebst den Weissen Wochen gab es auch noch die Handschuhwoche, Konservenwoche, Stoffwoche usw. Vgl. dazu: Ebd.
40 Ebd., S. 40.
41 Fischer: Die Wertheims (2004), S. 129.

42 Berner Brief. In: Schaffhauser Intelligenzblatt, 24. 2. 1914 (Nr. 46).
43 O. V.: Us em Ufsatzheft vom Gritli Wüest, Appenzeller Kalender, Bd. 193, 1914, S. 5.
44 75 Jahre Loeb (1956), S. 39 f.
45 Ebd., S. 42.
46 Der Mittelstand im Abwehrkampf. In: NZZ, 12. 7. 1937, Blatt 6.
47 Briesen: Warenhaus (2001), S. 9–41.
48 Zur Frage der Grossbazare (1899), S. 10.
49 Laermans: Consume (1993), S. 87.
50 Ziegler: Arbeit – Körper – Öffentlichkeit (2007), S. 322 f. So schreibt Ziegler, dass die Frau auch in der Schweiz zunehmend in der Öffentlichkeit «sichtbar» wurde (in der Zwischenkriegszeit und im Zweiten Weltkrieg), wenngleich auch in erster Linie als «Objekt». Ebd., S. 369.
51 Barth: City People (1980), S. 137. Zit. nach: Laermans: Consume (1993), S. 87 f: «The buying stage of shopping appeared as the most widely visible sign of female emancipation in the modern city.»
52 Lenz: Konsum (2011), S. 159.
53 Lindemann: Schauplatz (2015), S. 111 f.
54 König: Warenhausdiebstahl (2000), S. 63.
55 Ebd., S. 53.
56 Macé: La Police Parisienne (1887), S. 254. Macé konstatierte eine über fünf Jahren erstellte «erschreckende Statistik», wonach damals in Paris pro Tag 150 Diebstähle verübt wurden. Auch Victor Mataja geht in seinem Kapitel über die Bekämpfung der Grossbazare auf Gustave Macé und die Immoralität des Warenhauses ein. Vgl. dazu: Mataja: Grossmagazine (1891), S. 64–78.
57 König: Warenhausdiebstahl (2000), S. 53.
58 Lindemann: Schauplatz (2015), S. 107.
59 Ebd., S. 144–149.
60 Sanders: Consuming Fantasies (2006). Zit. nach: Ebd., S. 147.
61 Ebd. S. 147 f.
62 Ebd., S. 148. Die Rolle der Hausfrau, die den Grossteil der familiär konsumierten Produkte selbst herstellte, wandelte sich zu der einer Konsumexpertin.
63 Loeb-Archiv: 01I-1, Rayonschef-Zirkularbuch, S. 149.
64 Ebd., S. 40.
65 SWA: H+S 189 F. Geschäfts-Ordnung der Firma Gebrüder Loeb Söhne in Basel, 24. 2. 1914.
66 Intelligenzblatt Bern, 11. 12. 1913, S. 7.
67 Twain: Autobiographie (2014), S. 718 ff.; Dreyfus: Warenhaus (1920), S. 20.
68 Göhre: Warenhaus (1907), S. 119.
69 Benjamin: Paris (1977), S. 170–184.
70 Die Arbeitende Frau Nr. 11, 11. 6. 1927. Zit. nach: Joris: Frauengeschichte(n) (2001), S. 235–237.
71 L. W.: Die Prostitution und ihre Bekämpfung. In: Die Vorkämpferin, 1913, Bd. 8, Heft 10, S. 4–6. In der Schweiz von 1905 waren 98,4% aller angestellten «Ladentöchter» ledig und die meisten davon unter 25 Jahre alt, wie aus einer Studie von Xaver Schmid hervorgeht: Vgl. dazu: Schmid: Die Dienstverhältnisse (1906).
72 O. V.: Eine Hebammengeschichte. In: Intelligenzblatt Bern, 27. 11. 1908, S. 2.
73 Vgl. zu Warenhausdiebstahl und Kleptomanie: Briesen: Warenhaus (2001), S. 83–134; Lenz: Konsum (2011), S. 144–152; Spiekermann: Theft and Thieves (1999), S. 135–159; Giffard: Les Grands Bazars (1882); König: Warenhausdiebstahl (2000); Laquer: Der Warenhaus-Diebstahl (1907); Dubuisson: Les Voleuses (1902); Macé: La Police Parisienne (1887).
74 Giffard: Les Grands Bazars (1882), S. 121.
75 Briesen: Warenhaus (2001), S. 10 f.; Spiekermann: Theft and Thieves (1999), S. 136.
76 Kp.: Die Saison der Warenhausdiebinnen. In: Die Tat, 16. 12. 1944, S. 6. Weitere Beispiele siehe: o. V.: Eine raffinierte Ladendiebin. In: Intelligenzblatt Bern, 1. 2. 1911, S. 3; o. V.: Diebstahl im Warenhaus. In: NZZ, 26. 3. 1939; o. V.: In Kürze, In: Die Tat, 24. 4. 1943, S. 12.
77 Anhegger, Gerda: Diebstahl im Warenhaus. In: NZZ, 26. 3. 1939.
78 F. K.: Mode- und Marktberichte. In: Mitteilungen über Textilindustrie: schweiz. Fachschrift für die gesamte Textilindustrie, 1913, Bd. 20, Heft 6, S. 107.
79 Weisz: Hundert Jahre Jelmoli in Zürich (1938), S. 11.
80 O. V.: Les Grands Bazars. In: Le Figaro, 23. 3. 1881 (Nr. 82), S. 1.
81 Die TDT wurde in den Wissenschaften in den letzten Jahrzehnten auch immer wieder kritisiert, dennoch ist man sich einig, dass sie immer noch der «klassische» Ansatz für die Erklärung des Modewandels ist.
82 «Sobald die unteren [Stände] sich die Mode anzueignen beginnen und damit die von den oberen gesetzte Grenzmarkierung überschreiten, die Einheitlichkeit in dem so symbolisierten Zusammengehören jener durchbrechen, wenden sich die oberen Stände von dieser Mode ab und einer neuen zu, durch die sie sich wieder von den breiten Massen differenzieren, und an der das Spiel von neuem beginnt. Denn naturgemäß sehen und streben die unteren Stände nach oben und können dies noch am ehesten auf den Gebieten, die der Mode unterworfen sind, weil diese am meisten äußerlicher Nachahmung zugänglich sind.» Vgl. dazu: Simmel: Die Mode [1905, 1911] (1983), S. 31.
83 Sombart: Wirthschaft und Mode (1902), S. 23.
84 Mitteilungen über Textilindustrie. In: Schweiz. Fachschrift für die gesamte Textilindustrie, 1911, Bd. 18, Heft 20, S. 393. Dasselbe schrieb 1912 das *Schweiz. Handelsamtsblatt*: «In Frankeich machte sich überaus fühlbar die neue Frauenmode der engen Röcke. Aus diesem Umstand leitet man in Roubaix einen Produktionsausfall ab von 20 Millionen Franken. Der Rock, der bis jetzt 7–8 m Stoff erforderte, bedarf deren heute nur 4½ m. Damit ist die Rechnung bald gemacht. In England hatte dieser Umstand weniger Bedeutung.» Vgl. dazu: SHAB, 14. 5. 1912 (Nr. 124), S. 878.
85 Ebd. (Mitteilungen über Textilindustrie).
86 Von der Mode. In: Schweiz. Fachschrift für die gesamte Textilindustrie, 1913, Bd. 20, Heft 2, S. 27 f. «Die Unterröcke fielen als erstes, als Opfer der enganliegenden Direktoire-Robe, die Gürtel als Opfer der korsettlosen Röcke, die Mode, den Hals frei zu tragen, beseitigte die Kragen und mit dem Humpelrock – oft wurde schon darüber geklagt – reduzierte sich der Stoffverbrauch mit einmal um mehr als 50 %. Das Schwinden des Futters lässt sich genau verfolgen; erst beseitigte man es an den Rückenteilen des Rückens, dann an den Seiten, dann an den Vorderteilen; es konnte nicht ausbleiben, dass das Futter schliesslich auch aus den Aermeln verschwand, so dass heute das ungefütterte Kleid unumstritten das Feld beherrscht.»
87 Ebd.

88 Ferguson: The Lure of Dreams (1996), S. 31. Zit. nach: Baumann: Flüchtige Moderne (2003), S. 93.
89 Baudelaire: Das Schöne, die Mode und das Glück [1863] (2014), S. 75.
90 Lehnert: Charles Baudelaire (2014), S. 67 f.
91 Simmel: Die Mode [1905, 1911] (1983), S. 26–51.
92 Ebd., S. 49. Georg Simmel liefert uns in seinem Aufsatz *Die Mode* (1905, 1911) eine ethnografische Sicht; Werner Sombart in *Wirthschaft und Mode* (1902) eine ökonomische Sicht (Modewechsel als Folge der Industrialisierung und des kapitalistischen Systems); Thorstein B. Veblen in *Theorie der feinen Leute* (1899) prägte die Begriffe «Demonstrativer Konsum» und «Geltungskonsum» der «feinen Leute» (vor allem der Frau). Mode als Mittel, Reichtum und arbeitsfreie Zeit zu demonstrieren.
93 Ebd., S. 26–28.
94 Von Tavel: Bärnerläbe (1987), S. 137.
95 C. C. ST.: Glossen zu Nr. 8 der «Frauenbestrebungen». In: Frauenbestrebungen, 1909, Heft 9, S. 68.
96 Bourdieu: Theorie des Handelns (1998), S.163–201.
97 Weber: Wirtschaft und Gesellschaft [1921] (1980), S. 15. Für die Disziplin, die sich der Brauchforschung widmet, ist diese Differenzierung kaum fruchtbar gemacht worden; offensichtlich verharrte die ältere Volkskunde hier bei der Trachtenforschung. Vgl. dazu: Bimmer: Brauchforschung (2001), S. 446.
98 Haumann: Juden am Oberrhein (1993), S. 12.

5. Kapiel

1 Intelligenzblatt Bern, 28. 11. 1898, S. 1.
2 Winzeler, Christoph: «Handels- und Gewerbefreiheit», Kap. 2.1 «Helvetik und 19. Jahrhundert». In: HLS, Version vom 27. 11. 2007. Online: https://hls-dhs-dss.ch/de/articles/047142/2007-11-27/#HHelvetikund19.Jahrhundert, konsultiert am 29. 10. 2019.
3 Mahler: Warenhaus (1939), S. 10.
4 Blumer-Egloff: Grossbazare (1901), S. 16.
5 Zur Frage der Grossbazare (1899), S. 3, 5.
6 StAZH: MM 24.46 KRP 1904/072/0412. Motion des Herrn Redaktor Wehrlin betreffend Umsatzsteuern vom 28. 3. 1904.
7 Blumer-Egloff: Grossbazare (1901), S. 3–16.
8 AfZ: IB ZWD-Archiv / 2.4.2. Detailhandel (1846–1969) / Warenhäuser: Dossiers 157. Brief: An die tit. Sektionen des Handwerks- und Gewerbevereins des Kantons Zürich, 15. 12. 1905.
9 Wie etwa den Prozessberichten des Vorstands des Rabattsparvereins Luzern gegen die in jüdischem Besitz befindlichen Warenhäuser in Luzern (Grätz, Nordmann, Bernheim) zu entnehmen ist. «Leset unsere Prozessberichte und kaufet dort, wo der Geschäftsmann noch an der altluzernerischen Ehrlichkeit und Treue hängt!». In: Schwendimann: Luzernische Handels- und Gewerbepolitik (1918), S. 325–366.
10 Ebd., S. 326.
11 Ebd.; Schützet die einheimische Arbeit! In: Illustrierte Schweiz. Handerker-Zeitung, 9. 12. 1899, Nr. 87, S. 739; AfZ: IB ZWD-Archiv / 2.4.2. Detailhandel (1846–1969) / Warenhäuser: Dossiers 157. Brief: An die tit. Sektionen des Handwerks- und Gewerbevereins des Kantons Zürich, 15. 12. 1905.
12 Ebd.
13 Das Fass ohne Boden. In: St. Galler Volksblatt, 17. 5. 1899, Nr. 39, S. 1.
14 Schützet die einheimische Arbeit! In: Illustrierte Schweiz. Handerker-Zeitung, 9. 12. 1899, Nr. 87, S. 739.
15 Verbandswesen. In: Illustrierte Schweiz. Handwerker-Zeitung, 9. 12. 1899, Nr. 87, S. 739.
16 St. Galler Volksblatt, 12. 8. 1899, Nr. 64, S. 2; Zuger Nachrichten, 12. 8. 1899, Nr. 92, S. 2.
17 Goos: Klageinformation (1898); Goos: Der günstige Einfluss (1898). Ich danke Bernd Serger aus Freiburg i. Br. für diesen Hinweis.
18 Intelligenzblatt Bern, 7. 6. 1899.
19 Müller: Warenhaus-Problem (1935), S. 4–6.
20 Gemäss Pasdermadjian lagen 1930 für die Umsätze der Warenhäuser im Prozentsatz vom Gesamteinzelhandel des betreffenden Landes folgende Zahlen vor: Dänemark: 3 %, Frankreich: 5 %, Deutschland: 4–5 %, Grossbritannien: 7,5 %, Spanien: 1 %, Schweden: 3 %, Schweiz: 4 %, USA: 9 %. Die Zahlen zeigen den verhältnismässig geringen Anteil des Umsatzes gemessen an den Gesamteinzelhandelsumsätzen. Pasdermadjian weist jedoch darauf hin, dass erstens die Lebensmittel – die nahezu 50 % des Gesamteinzelhandelsumsatzes ausmachten – im Warenhaus nur gering vertreten sind und zweitens der Anteil bei einer Konzentrierung auf die Grossstädte, bei einer Beschränkung auf die Abteilungen Textil und Wohnungsbedarf, wesentlich höher ausfallen würde. Gemäss Pasdermadjian wären das für Amerika ca. 30 % und für Westeuropa ca. 10–20 %. Trotzdem betont er, dass um 1930 die traditionelle Betriebsform des Einzelhandels immer noch mehr als die Hälfte des gesamten Einzelhandelsumsatzes erzielt. Vgl. Pasdermadjian: Warenhaus (1954), S. 108–120.
21 Ergebnisse der eidg. Betriebszählung vom 9. Aug. 1905 (1912), S. 4.
22 Ebd., S. 31.
23 Stresemann: Die Warenhäuser (1900), S. 723.
24 Zimmermann: Kampf (1943), S. 3–32.
25 Zur Frage der Grossbazare (1899), S. 17–20. Eduard Simonet kommt in seiner 1939 erschienenen Dissertation *Entwicklung und Struktur des schweizerischen Einzelhandels* zum Schluss, dass das Problem lokal zu verorten sei und daher von Fall zu Fall untersucht werden müsste, hingegen anzunehmen sei, dass an grösseren Plätzen ohne Zweifel von einer «Übersetzung» auszugehen sei. Vgl. dazu: Simonet: Entwicklung (1939), S. 14–16.
26 Grütlianer, 21. 12. 1907, S. 5.
27 Vgl. dazu: Die Umsatzsteuer im Detailhandel (1914) und Zur Warenhausfrage, Preisbildungskommission (1933).
28 Mataja: Grossmagazine (1891), S. 64 f.
29 Briesen: Warenhaus (2001), S. 9–12.
30 Stresemann: Die Warenhäuser (1900), S. 701 f.; Schad: Warenhaussteuer (1930), S. 20–26. Stresemann fügt als Beispiel an, dass das Au Bon Marché in Frankreich bei einem Umsatz von 162 Millionen Francs noch nicht einmal 0,6 % des Umsatzes an Steuern bezahlen müsse. Ebenso verweist er auf die Tatsache, dass es sich bei den französischen Warenhäusern hauptsächlich um Konfektionshäuser handle, während sich in England der Umsatz auf verschiedenartigste Warengruppen gleichmässig verteile.

31 Lenz: Warum das Warenhaus brennen musste (2012), Teil 1.
32 Briesen: Warenhaus (2001), S. 14.
33 Ebd.
34 Ebd., S. 15.
35 StAZH: MM 24.46 KRP 1904/072/0412. Motion des Herrn Redaktor Wehrlin betreffend Umsatzsteuern vom 28. 3. 1904.
36 Zur Frage der Grossbazare (1899). Gewerbliche Vereine, die sich an der Eingabe beteiligten: Die Vereinigung gegen unlauteres Geschäftsgebahren, Der Gewerbeverein, Der Handwerksmeisterverein, Der Verein Schweiz. Geschäftsreisender, Sektion St. Gallen, Der Verein der Haus- und Grundeigentümer.
37 Zur Frage der Sonderbesteuerung der Grossbazare im Kanton St. Gallen (1906).
38 BGE 45 I (Nr. 49), S. 347 ff. II. Handels- und Gewerbefreiheit, 49. Urteil vom 27. 9. 1919 i. S. Magazine zum «Globus» A.-G. und Mitbeteiligte gegen St. Gallen. Vgl. dazu auch Briesen: Warenhaus (2001), S. 172.
39 Blumer-Egloff: Grossbazare (1901), S. 3–30, insbesondere 3–17.
40 Vgl. zu Heinrich Walther (1862–1954): Späti: Heilige Stätten (2003), S. 193. Walthers Haltung gegenüber Juden war ambivalent gewesen. Er sprach sich damals gegen die «deutschen» Warenhäusern aus, wo es besonders das «jüdische Element und Grosskapital» war, das den Kleinhandel zunehmend monopolisieren würde. Andererseits trat er 1919 in einem Komitee des SIG für die Abschaffung des in der BV verankerten Schächtverbots ein.
41 Vgl. zu Joseph Beck: Metzger: Antisemitismus (2006), S. 199, und Bundi: Johann Babtist Rusch (2003), S. 212.
42 Intelligenzblatt Bern, 2. 5. 1903, S. 3. Die Versammlung wurde stark besucht von Detaillisten. Es referierten der Regierungsrat Walther und der Fürsprecher Beck.
43 Schwendimann: Luzernische Handels- und Gewerbepolitik (1918), S. 325–366.
44 Intelligenzblatt Bern, 6. 4. 1905.
45 Zum Thema Antisemitismus/Antijudaismus im Zusammenhang mit Handel/Warenhaus vgl.: Kamis-Müller: Antisemitismus (2000), S. 105–114 und S. 158–167; Külling: Antisemitismus (1977), S. 118–175.
46 Blumer-Egloff: Grossbazare (1901), S. 16.
47 Ebd.
48 Ebd., S. 29.
49 St. Galler Volksblatt, 17. 6. 1899, Nr. 48, S. 1. Bereits 1899 wurde im Ständerat die gründliche Untersuchung über das Gewerbewesen in der Schweiz diskutiert und aus finanziellen Gründen mit 20 gegen 15 Stimmen verworfen.
50 Artikel vom 13. 4. 1913. Zit. nach: Schwendimann: Luzernische Handels- und Gewerbepolitik (1918), S. 326. Vgl. dazu ebenfalls Kamis-Müller: Antisemitismus (2000), S. 159 («la manière juive de faire les affaires»).
51 Hiestand: Warenhäuser (1933-1934), S. 84.
52 Intelligenzblatt Bern, 17. 10. 1902.
53 Intelligenzblatt Bern, 13. 11. 1902.
54 Schwander: Warenhäuser oder Kleinhandel (1903); Schwander: Die Warenhäuser (1904). Vgl. dazu ebenfalls: Müller: Warenhaus-Problem (1935), S. 19 f.
55 Schwander: Warenhäuser oder Kleinhandel (1903), S. 22 f.
56 Ebd., S. 38.
57 Ebd., S. 38–43.
58 Ebd., S. 53.
59 Ebd., S. 47 f.
60 Schweizer Detaillistenverband: 100 Jahre (2009) [o. S.].
61 AfZ: NZZ-Archiv, Wirtschaft Schweiz, Warenhäuser Allg. 1933–1961. Für das erste Geschäftsjahr des VSWK wurde ein dreiköpfiger statuarischer Vorstand ins Leben gerufen: Präsidium: Magazine zum Globus, Zürich; Vize-Präsidium und Kassieramt: Brann A.G., Zürich und Henry S. Walther & Cie. S. A., Vevey; Präsidentschaft: Direktor J. Zimmermann, Leiter der Magazine zum Globus; Verbandssekretär: Rechtsanwalt Dr. H. Hiestand, Zürich.
62 Vgl. dazu: Picard: Juden (1997), S. 51–59; Bergier: Schlussbericht (2002), S. 69–73, 520 ff.
63 Huser: Vom Ersten Weltkrieg bis in die heutige Zeit (2005), S. 355.
64 Picard: Juden (1997), S. 51.
65 Schreiber: Hirschfeld (2006), S. 224.
66 Guggenheim: Wege zur Gegenwart (1982), S. 72 f.
67 Wolf, Walter: «Frontenbewegung». In: HLS, Version vom 1. 12. 2006. Online: https://hls-dhs-dss.ch/de/articles/017405/2006-12-01/, konsultiert am 5. 1. 2020.
68 Vgl. zu Antisemitismus/Judenfeindschaft und Katholizismus: Picard: Juden (1997), S. 72–78.
69 Grundsätzliches Programm der nationalsozialistischen Deutschen Arbeiter-Partei. München, 24. 4. 1920. Plakat, zit. aus der Ausstellung des NS-Dokumentationszentrums München.
70 Hiestand: Warenhäuser (1933–1934), S. 81.
71 Glaus: Die Nationale Front (1969), S. 97.
72 IW, 7. 4. 1933.
73 «In der Nacht vom 22./23. Mai schmierten in Zürich Unbekannte die Schaufenster verschiedener Warenhäuser mit Hakenkreuzen und der Aufschrift ‹Kauft nicht bei Juden›.» In: Die Berner Woche in Wort und Bild: ein Blatt für heimatliche Art und Kunst, 1933, Bd. 23, Heft 22, S. 354; «Judenhetze in Zürich» In: Lichtensteiner Nachrichten, 27. 5. 1933, S. 2.
74 NZZ, 17. 12. 1934.
75 Leimgruber: Zwischen den Fronten (2000), S. 63 (siehe Fussnote 47: Bericht an Bezirksamt Zurzach. 26. 7. 37. PK AG ND 2. WK. 14748).
76 Sibold: Bewegte Zeiten (2010), S. 46.
77 AfZ: JUNA-Archiv / 243, NZZ, 21. 12. 1936; Volksrecht 21. 12. 1936.
78 Walliser Bote. Katholisch-konservative Volksblatt für Oberwallis, 5. 5. 1937 (Nr. 50).
79 Eiserne Besen, Nr. 11, 1932, abgedruckt in: Schmid: Schalom! (1979), S. 49.
80 Eiserne Besen, 23. 12. 1931 (Nr. 4). Zit. nach BGE 58 I 219, S. 221. Urteil vom 30. 9. 1932.
81 O. V.: Die Warenhäuser und wir. In: Der Zürcher Handelsangestellte, hg. vom Kaufmännischen Verein Zürich, XIV. Jg. 31. 1. 1933 (Nr. 1).
82 Schmid-Ammann, Paul: Mahnrufe in die Zeit: Vier bewegte Jahrzehnte schweizerischer Politik 1930–1970. Zürich 1971, S. 25. Zit. nach: Roth: Zeitung als Ausdruck (1973), S. 340 f.
83 AfZ: IB Juna-Archiv / 243, Kampf den Warenhäusern. In: Freier Aargauer, 17. 8. 1933.
84 AfZ: IB SIG-Archiv / 1455, Artikel im Schweiz. Wirtschaftlichen Volksblatt, 30. 8. 1936.
85 Le Pilori, 21. 1. 1930. Zit. nach: Schuhmacher: Nazis! (2019), S. 118.
86 Vgl. dazu folgende Inserate in der NZZ: 19. 1. 1934; 23. 1. 1934; 7. 2. 1934.

87 AfZ: NZZ-Archiv, Wirtschaft Schweiz, Warenhäuser Allg. 1933–1961, Notizen zur Bewegung gegen die Warenhäuser von E. Hans Mahler (unter Beilagen).
88 NZZ, 4. 6. 1933. Die ganze Diffamierung führte zu einem Gerichtsfall, indem F. Wittmann als Kläger gegen R.W., einen Auslandschweizer, vorging und dessen Anwalt von seiner arischen Abstammung überzeugte. Der Abschreibungsbeschluss des Bezirksgericht Zürichs ist teilweise im Artikel abgedruckt.
89 NZZ, 18. 12. 1938; Huser: Vom Ersten Weltkrieg bis in die heutige Zeit (2005), S. 329.
90 Reich: Direkte Demokratie (2007), S. 7–9.
91 Ebd., S. 71 f.
92 Wolf, Walter: «Neue Schweiz». In: HLS, Version 20. 7. 2009. Online: https://hls-dhs-dss.ch/de/articles/041724/2009-07-20/, konsultiert am 14. 2. 2020.
93 Reich: Direkte Demokratie (2007), S. 71 f.
94 Ebd.
95 AfZ: IB Juna-Archiv / 243, Warenhaus und christlicher Kaufmann. In: Gewerbeblatt, 6. 1. 1934.
96 Ebd.
97 Motion Joss (1933), S. 316.
98 Ebd.
99 Reich: Direkte Demokratie (2007), S. 71.
100 Protokoll der 78. Sitzung des Schweizerischen Bundesrates vom Dienstag 5. 9. 1933, www.amtsdruckschriften.bar.admin.ch/viewOrigDoc.do?id=70013271&action=open, konsultiert am 4. 2. 2021.
101 Die Praxis der Bundesbehörden zum Bundesbeschluss über Warenhäuser (1943).
102 Zum Beispiel legte die Firma Jakob Karfiol in ihrem Gesuch um «nachträgliche Bewilligung der Erweiterung ihres Geschäftes an der Hauptgasse in Solothurn» dar, dass es sich bei ihrem Betrieb nicht um ein Warenhaus handle. Wogegen der Regierungsrat erwog, dass Karfiol, da im amtlichen Telefonverzeichnis als Kaufhaus deklariert und mit der geplanten Erweiterung auf eine Gesamtfläche von 420 m² ansteigen würde, durchaus als solches und als Grossbetrieb erachtet werden könne. Vgl. dazu: Im Kreisschreiben des Eig. Volkswirtschaftsdepartements vom 29. 11. 1933 wurde Folgendes ausgeführt: «Der Schweizerische Verband der Waren- und Kaufhäuser hat seinerzeit vorgeschlagen, ein Geschäft als Grossbetrieb zu betrachten, wenn dessen Bodenfläche mehr als 300 oder 350 m² beträgt in einer Stadt mit mehr als 30 000 Einwohner, oder mehr als 200 m² in einer Stadt mit 10 000 bis 30 000 Einwohner, oder mehr als 150 m² in kleineren Ortschaften. Diese Zahlen können vorläufig als Richtlinien dienen.» In: StASO: Akz 2015/12, Registratur 1938, Pos. XVII und Registratur 1941, Pos. 45/3. Auszug aus dem Protokoll des Regierungsrates des Kantons Solothurn vom 23. Juli 1934 (Nr. 3046).
103 Gemäss Art. II des WHB konnte der Bundesrat auf Antrag einer Kantonsregierung den Vorschriften dieses Beschlusses rückwirkende Kraft bis auf den 5. 9. 1933 verleihen.
104 StALU: 47/834, Sitzung des Regierungsrates vom 30. 12. 1933. Verbot der Erweiterung eines Warenhauses (Léon Nordmann & Cie. Luzern). Vgl. z. B. auch den Fall der Firma Nordmann-Bloch & Cie., die beim Bundesrat in Bern erfolglos gegen einen Entscheid des Regierungsrates des Kantons Bern kämpfte, der ihr eine Raumausdehnung von 40 m² in ihrer Filiale Zur Stadt Paris in Langnau im Emmental untersagt hatte. BAR, E4110A#C.09.02 Warenhausbeschwerden. E4110A#1000/1819#175* Nordmann-Bloch & Cie, Freiburg, Filiale Langnau i.E. (1934–1934).
105 Vgl. dazu: StASO: Akz 2015/12, Registratur 1938, Pos. XVII und Registratur 1941, Pos. 45/3. Firma Nordmann, Solothurn; Firma Karfiol, Solothurn. Register XVII. Regierungsratsprotokoll vom 23. 7. 1934, Nr. 3046. Jakob Karfiol, Magazine in Solothurn, Bewilligung für die Erweiterung des Kaufhauses an der Hauptgasse in Solothurn; Regierungsratsprotokoll vom 23. 7. 1934, Nr. 3045. Firma Léon Nordmann in Solothurn, nachträgliche Bewilligung für die Erweiterung ihres Warenhauses an der Gurzelngasse durch Angliederung eines an der Hauptgasse sich befindenden Spezialgeschäftes für Damen- und Kinder-Mode und Konfektion.
106 Sonderheft Warenhaus Jelmoli (1940), S. 156.
107 StASO: Akz 2015/12, Registratur 1938, Pos. XVII und Registratur 1941, Pos. 45/3, Firma Karfiol.
108 Ebd.
109 SStASO: Akz 2015/12, Registratur 1938, Pos. XVII und Registratur 1941, Pos. 45/3, Firma Nordmann.
110 Hiestand: Warenhäuser (1933–1934), S. 84.
111 Ebd.
112 Picard: Juden (1997), S. 102–105.
113 NZZ, 7. 5. 1930; SWA: C. H. + I., C. 508, Brann A-G Zürich. Bericht über das XI. Geschäftsjahr, 1. Januar bis 31. Dezember 1929.
114 Schär: Ökonomik (1938), S. 79.
115 SWA: C. H. + I., C. 508, Brann A-G Zürich. Bericht über das XI. Geschäftsjahr, 1. Januar bis 31. Dezember 1929; Mutz: Einheitspreisgeschäft (1932), S. 45.
116 Lenz, Rudolf: «Schöndorff, Hermann». In: Neue Deutsche Biographie 23 (2007), S. 402 f.; Friedhofsliste ICZ, Version 15. 3. 2019.
117 Heilinger: Schutz des mittelständischen Detailhandels (1937), S. 81.
118 Ebd.
119 Die Entwicklung der Einheitspreisgeschäfte: In Grossbritannien eröffnete 1909 die Woolworth ihre erste Filiale in London. 1933 konnte sich die englische Woolworth mit 450 Filialen ausbreiten. In den Niederlanden wurde 1926 die Hollandsche Eenheidprijzen Maatschappij, die Hema, kreiert, in Belgien 1928 als Erste die Sarma, ihr folgten die Unipriz und die Basprix, in Schweden 1930 die Enhetsprisaktiebolaget, die Epa, und die Tempo, die es auch in Finnland gab. In der Tschechoslowakei wurde 1930 die Ander und Sohn Aso gegründet, die Jepa und die Teta. In Italien die Unico Prezzo Italiano Milano, die Upim und die Tutto a prezzo unico, die Tapu. In Beirut les Magasins A.B.C., in Japan die Magasins Takashimaya. Woolworth etablierte sich zusätzlich mit Betrieben in Kuba und Kanada. Vgl. Dazu: Cassé: Magasins a prix uniques (1935), S. 20–23.
120 Heilinger: Schutz des mittelständischen Detailhandels (1937), S. 81.
121 Mutz: Einheitspreisgeschäft (1932), S. 39 f. Die Umsätze der Ehape stiegen im selben Zeitraum von 3,8 auf 66,5 Millionen, jene der Epa von 12,1 auf zirka 100 Millionen Reichsmark an. Vgl. ebd. S. 42–46.
122 Ebd., S. 43–46. Bspw. an der von der Warenhausfirma Galeries Nouvelles in Frankreich gegründeten Société des Magasins Uniprix. In Schweden wurde zusammen mit dem

Gotenburger Warenhauskonzern Turitz die Epa Enhetspris-aktiebolaget mit einem Kapital von einer Million Kronen gegründet. Ausserdem hatte Karstadt mit einer der grössten amerikanischen und kanadischen Einheitspreisgesellschaften, der Metropolitan Chain Store Co., Einkaufsverträge abgeschlossen.

123 Crossick: The world of the department store (1999), S. 15.

124 UNIP UNIPRIX: La vérité (1937) [o. S.].

125 Herr: Schweizerischer Detailhandelsführer (1973). Rubrik 7.7. Neue Warenhaus AG (EPA).

126 «Heute haben wir auch Kunden vom Zürichberg.» Interview von Gina Gysin mit Werner Fischer, Informationschef der Neuen Warenhaus AG. In: Tages-Anzeiger Zürich, 10. 5. 1980, Nr. 108. (SWA Basel, C 514).

127 Mutz: Einheitspreisgeschäft (1932), S. 20 f.

128 Geschäftsleitung bat die Pensionierten zur Kasse und zahlte. In: Schaffhauser Nachrichten, 9. 5. 1980.

129 Mutz: Einheitspreisgeschäft (1932), S. S. 23 f. Horst Richard Mutz war selber Direktor des Einheitspreisgeschäftes Woolworth in Berlin. Vgl. dazu: Bacconnier, Firmin: Magasins à prix uniques. In: L'Action Française Economique et Sociale, 30. 12. 1933. Der Journalist Bacconnier war Monarchist und lebenslanger Schüler und Verfechter der politischen Doktrin des Korporatismus.

130 Ebd.

131 Reich: Direkte Demokratie (2007), S. 71.

132 Müller: Warenhaus-Problem (1935), S. 37.

133 Ebd., S. 44 f.

134 Ae.: Pour la protection des petits et moyens commerçants. Une imposante assemblée au Comptoir suisse. In: Gazette de Lausanne, 22. 2. 1937. «[…] Puis M. Mack indiqua le but de la présente manifestation: lutter à outrance contre les Uniprix et autres entreprises tentaculaires pour en obtenir la suppression. […] M. Mack tient à préciser deux choses: Le mouvement déclénché aujourd›hui dans le commerce lausannois, peu avant les élections au Grand Conseil, n›a pas pour but de faire pression sur les partis politiques, comme certains l'ont cru. Il n'est pas vrai, non plus, que ce mouvement soit antisémite. Mais il est ‹antiparasite ›; c'est pourquoi il luttera avec la dernière énergie contre les deux ou trois supercapitalistes israélites – étrangers ou fraîchement naturalisés – qui règnent sur les magasins à prix uniques. […] Enfin M. Cottier, conseiller national, prend la parole. ‹La défense du petit commerce, dit-il, est une nécessité sociale plus qu›économique.› Si l'Etat, qui est venu en aide aux agriculteurs, qui paie suffisamment ses fonctionnaires, se désintéresse des commerçants et des artisans, il commet une injustice. De plus, ces commerçants ruinés seront rejetés dans l›opposition prête à la révolte. M. Cottier rappelle – ce qui est exact, – que c›est la classe moyenne ruinée qui porta en Allemagne M. Hitler au pouvoir; cette classe moyenne mérite donc d'être protégée chez nous. Il ajoute que, l'Allemagne hitlérienne a interdit purement et simplement les ‹Warenhäuser›.»

135 Ebd.

136 AfZ: IB Juna-Archiv / 243, Aus dem Bundesrat. In: Die letzten Berichte der National-Zeitung Basel, Abendblatt 4. 5. 1937.

137 Pour la protection du commerce et de l'artisanat. In: Journal de Genève, 5. 6. 1937.

138 Verbot der Einheitspreisgeschäfte. Initiative des Kantons Genf. In: Amtliches Bulletin der Bundesversammlung, 1937, Bd. IV, Oktobersession, NR, Sitzung 2, GeschäftsNr. 3615, 20. 10. 1937, S. 619–625.

139 UNIP UNIPRIX: La vérité (1937) [o. S.]. Der Minimallohn einer Verkäuferin betrug monatlich 210 Franken, bei einem jungen Mädchen, das noch bei der Familie wohne, 160 Franken. Bei Krankheit wurde der Lohn während einer gewisser Dauer weiterbezahlt. Zudem wurde eine Sozialhilfe ins Leben gerufen und es gab eine Unfallversicherung. Die bezahlten Ferien betrugen 1–3 Wochen im Jahr.

140 Chronique Locale. Une grande assemblée des commerçants. In: JDG, 19. 6. 1937. «[…] M. Coppex, député, commerçant, présente la question du point de vue national. Il montre combien Uniprix constitue un danger par sa formule d'inspiration étrangère, ses capitaux internationaux, ses méthodes antisociales. Depuis qu'Uniprix exerce sa néfaste activité en Suisse, le commerce de détail est livré à l'anarchie et à la misère. M. Pasquier. député, auteur du projet de loi que discute aujourd'hui le Grand Conseil, expose les raisons qui l'ont engagé à déposer ce projet. Il s'agit d'une question de vie ou de mort pour les commerçants.»

141 Ae.: Pour la protection des petits et moyens commerçants. Une imposante assemblée au Comptoir suisse. In: Gazette de Lausanne, 22. 2. 1937.

142 AfZ: IB JUNA-Archiv / 243, Abgedruckt im *Kompass*, Nr. 12, 15. 6. 1937.

143 AfZ: IB SIG-Archiv / 1455, Sekretariatsakten 1936–1939.

144 Picard: Juden (1997), S. 102–105.

145 AfZ: IB SIG-Archiv / 1460, Brief von Julius Brann an Saly Mayer vom 7. 8. 1937.

146 AfZ: IB SIG-Archiv / 1455, Brief vom Präsidenten der Jüd. Gemeinde Vevey-Montreux an Saly Mayer vom 26. 9. 1937.

147 Ein weiteres Beispiel sind die Textilgeschäfte in Solothurn, deren jüdische Besitzer sich wie viele andere von den neuen Warenhäusern konkurrenziert finden. Vgl. Huser: Vieh- und Textilhändler (2007), S. 229–248.

148 AfZ: IB SIG-Archiv / 1455, Brief vom Präsidenten der Jüd. Gemeinde Vevey-Montreux an Saly Mayer vom 26. 9. 1937 («mâitre Henri Vallotton, qui a traité Messrs. M. & B. de monstres, de requins, et prévenu les Israëlites, que la lutte encore économique risquerait de prendre un autre caractère, si nous ne la prévenions pas.») und Brief von Saly Mayer an Georges Bigar in Lausanne vom 1. 10. 1937.

149 Journal des Epiciers, 12. 10. 1938, Nr. 41. Zit. nach: L. R.: Anklagen gegen Nationalrat H. Cottier, Haupt des Lausanner Freisinns. In: Die Tat, 22./23. 11. 1941, Nr. 275, S. 3. Weiter schrieb er: «Sie sind nun gewarnt. […] die Polizei wird nichts machen können gegen die judenfeindliche Kampagne, die sich von Vevey über Lausanne, Bern, Basel, Schaffhausen erstrecken wird […] Tausende von Unschuldigen werden für zwei Komplizen bezahlen. Sie und ihr Teilhaber, Herr Julius Brann.»

150 AfZ: IB JUNA-Archiv / 244, Une grosse manifestation à Vevey. In: Feuille d'Avis, 8. 11. 1938.

151 Gutachten über die Auswirkungen der EPA (1938).

152 SMUV-Zeitung, 18. 2. 1939, Bd. 38, Nr. 7.

153 Badel: Un milieu libéral (1999), S. 76.

154 Ebd, S. 75. Luxemburg bspw. kontingentierte den Handel und Neueröffnungen mussten von der Regierung bewilligt werden.

155 Memoiren Walter Ullmann (1986), S. 47.

156 O. V.: Schrittweiser Rückzug der Oscar Weber AG von der Einzelhandelsfront. In: NZZ, 2./3. 7. 1983 (Nr. 152), S. 17.
157 Maus Frères: Cent ans (2001), S. 89.
158 «[...] les magasins à prix uniques ont proliféré en France avec la rapidité des champignons [...].» Vgl.: Bacconnier, Firmin: Magasins à prix uniques. In: L'Action Française Economique et Sociale, 30. 12. 1933.
159 Ebd.
160 Homburg: Warenhausunternehmer (1992), S. 217.
161 Maus Frères: Cent ans (2001), S. 89.
162 Informations Commerciales et Judiciaires. In: La Soierie de Lyon – organe du Syndicat des fabricants de Soieries de Lyon, 1932–10. Das Aktienkapital der in Strasbourg gegründeten Société alsacienne de magasins à prix unique betrug 1931/32 8 Millionen Francs, aufgesplittet auf 16 000 Aktien. Der VR bestand aus Pierre Beyersdorf (Genf), Julius Brann (Zürich), Pierre Laguionie (Geschäftsführer der Firma Laguionie et Cie. Paris), Ernest Maus (Genf), Bernard Reichenbach (Paris), Henri Reichenbach (St. Gallen), René Weil (Strassburg). Weitgehend korrekt dürften folgende Angaben aus dem Jahr 1946 sein, die aus den Memoiren von Pierre Lévy, damals selber Aktionär der Firma, stammen: André Maus 45 %, Julius Brann 15 %, Weber 17 %, Beyersdorf 12 % und Pierre Lévy 11 %. Vgl. dazu: Lévy: Souvenir (1978), S. 82. Vgl. zudem Website Maus Frères SA (www.maus.ch).
163 Lévy: Souvenir (1978), S. 78.
164 Vgl. dazu: Labbé, Robert A.: Les Magasins à Prix Uniques. In: Le Mutilé de l'Algérie. Journal des mutilés, réformés et blessés de guerre de l'Afrique du Nord. 11/03/1934; Comité d'intérêts commerciaux des quartiers du Champ-de-Mars, Saint-Martial, La Bussatte, Saint-Roch et l'avenue Gambette: Les magasins à prix uniques contre le commerce et les travailleurs. In: L'Écho: grand quotidien d'information du Centre Ouest, 14. 12. 1934.
165 Badel: Un milieu libéral (1999), S. 77 f.
166 SWA: H+I, C1013, Au Printemps. NZZ, 15. 12. 1935.
167 Lévy: Souvenir (1978), S. 83.
168 Ebd. S. 83–89.
169 BAR: E2200.190-04, 74-7-39, Brauchbar Franz, 1947–1953. Die Jepa AG. In dieser Gesellschaft gehörte Ihnen die Majorität von 55 %, der Rest des Aktienkapitals verteilte sich auf damalige tschechoslowakische Staatsbürger, von denen nach dem Krieg die meisten kanadische Staatsbürger wurden. 55 % des Aktienkapitals hat sich wie folgt aufgeteilt: Edmund Brauchbar 20 %, Erwin Stiebel 15 %, Frank Bruce 10 %, Julius Brann 10 %. Die Zentrale der Jepa AG befand sich in Prag II, Vodickova 32, während Verkaufsfilialen sich in Prag, Brünn, Teplitz und Aussig befanden.
170 Erwin Stiebel (1877 Fulda–1955 Zürich) heiratete 1913 Milly Abraham aus Zürich, Tochter d. Jakob und Sophie Abraham, 1922 Eintritt in die Firma Abraham, Brauchbar & Cie., deren Verwaltungsratspräsident er bald darauf wurde. Vgl. dazu: Nachruf Erwin Stiebel. In: IW, 5. 8. 1955.
171 Vgl. dazu Kap. 6.
172 Schmid: Dreiecksgeschichten (2004), S. 220.
173 SEPU S. A., Memoria, Ejercicio 1991/92. Privatbesitz C. Götschel Zürich.
174 Böcker: Antisemitismus ohne Juden (2000), S. 231–235.
175 Gespräch mit C. Goetschel; BAR: B.73.E.7.14. SEPU, S.A. Barcelona (Alex Goetschel, Zürich). 1937 waren am Aktienkapital A. Goetschel (ca. 69 %), Julius Brann (ca. 24,1 %) und Henri Reichenbach (ca. 6,4 %) beteiligt.
176 SHAB, 19. 2. 1938, Nr. 42; SHAB, 17. 2. 1938, Nr. 40.
177 NZZ, 9. 3. 1938.
178 Vgl. dazu als Auswahl: «MIKA» – Eine neue Sorge des Wirtestandes. In: Schweiz. Wirte-Zeitung Zürich (SWZ), 12. 3. 1938, Nr. 11; M. S.: Warum ich kein «Mika»-Güggeli ass? In: SWZ, 19. 3. 1938, Nr. 12; Noch einmal «Mika» In: SWZ, 26. 3. 1938, Nr. 13; Die «Mika» und ihre Lieferanten. In: SWZ,16. 4. 1938, Nr. 16; «MIKA» macht Propaganda. In: SWZ, 14. 5. 1938, Nr. 20; Mika A.-G. – die Migros des Gastwirtschaftsgewerbes. In: SWZ, 3. 9. 1938, Nr. 36; Herr Alwin Schmid droht. In: SWZ, 10. 9. 1938, Nr. 37; Selbstbedienungs-Restaurants, Mika und dergl. In: SWZ, 17. Sep. 1938, Nr. 38; Der Wirtestand in Aufruhr. In: SWZ, 1. 10. 1938, Nr. 40; Selbstbedienungs- und Automaten-Restaurants. In: SWZ, 18. 2. 1939, Nr. 7; Das Ende der Zürcherischen Mika. In: SWZ, 19. 9. 1942; Zu Mika-Hotel vgl.: Ein «Mika-Hotel» gegenüber dem Rütli? In: SWZ, 5. 4. 1941, Nr. 14; Zu den Geschäftspraktiken des «Mika»-Grand Hotels. In: SWZ, 31. 5. 1941, Nr. 22; Wann wird der Riegel gestossen? In: SWZ, 27. 6. 1942, Nr. 26.
179 M.S.: Warum ich kein «Mika»-Güggeli ass? In: SWZ, 19. 3. 1938, Nr. 12.
180 Ebd.
181 AfZ: IB SIG-Archiv / 1460, Brief von Gebrüder Weil in Basel an Alfred Goetschel, z. E. SIG vom 2. 4. 1938.
182 AfZ: IB SIG-Archiv / 1460, Brief an Saly Mayer von Prediger Jos. Messinger aus Bern vom 13. 3. 1938. Rabbiner Messinger war bereits 1923 vom SIG beauftragt worden, die Propaganda gegen den Antisemitismus zu zentralisieren. Vgl. dazu: Zweig-Strauss: Saly Mayer (2017), S. 49.
183 AfZ: IB SIG-Archiv / 1460, Brief an Saly Mayer von Prediger Jos. Messinger aus Bern vom 13. 3. 1938.
184 AfZ: IB SIG-Archiv / 1452, Brief von Dr. E. Guggenheim (Fürsprecher & Notar, Baden) an Saly Meyer (Präs. des Israel. Gemeindebundes, St. Gallen) vom 16. 3. 1938.
185 AfZ: IB SIG-Archiv / 1452, Brief von Lucien Jung an Alfred Goetschel z. H. des SIG vom 20. 4. 1938.
186 AfZ: IB SIG-Archiv 1460, Brief von Israelitischer Kultusgemeinde Biel an Saly Mayer vom 19. 11. 1938.
187 AfZ: IB SIG-Archiv / 1460. MIKA AG 1937–1938.
188 «MIKA» macht Propaganda. In: SWZ, 14. 5. 1938, Nr. 20.
189 Ebd.
190 Magere Konkursdividende. In: Nationalzeitung, Basel, 27. 1. 1944 (Nr. 45).
191 Vgl. dazu: Bergier: Schlussbericht (2002), S. 333–337, 426–431.
192 AfZ: IB SIG-Archiv / 1455, Schreiben von Eugen Brandenburger an Ch. Kocher in Lausanne vom 14. 10. 1937 und an Saly Mayer in St. Gallen vom 15. 10. 1937.
193 AfZ: IB SIG-Archiv / 1455, Brief von Saly Mayer vom 21. 11. 1938 an Brann AG, Oscar Weber, Julius Brann, Maus Frères, Ernest Maus, André Maus, Robert Nordmann und die Einheitspreis AG.
194 Gespräch mit C. Götschel; Korrespondenz mit E. Hornik-Beer.
195 NZZ, 30. 11.1938 (Handelsteil, Nr. 2110).
196 Gespräch mit C. Götschel; Memoiren Walter Ullmann (1986), S. 49; NZZ, 15. 10. 1941, S. 7.
197 Lüönd: Ringier (2008), S. 190.

198 Meier: Ringier (2010), S. 305.
199 Schrittweiser Rückzug der Oscar Weber AG von der Einzelhandelsfront. In: NZZ, 2./3. 7. 1983 (Nr. 152), S. 17.
200 Vom Schicksal der Juden. Eine Katze, die das «Maus»en lässt! In: Der Aufbau, 2. 5. 1941. (AfZ, IB Juna-Archiv 231). Ein weiterer Artikel der *Tat* äusserte sich dazu, dass die Juden ihre Epa-Aktien zu einem verhältnismässigen niedrigen Preis verkauft haben und die Erwerber wahrscheinlich freisinnigen Kreisen angehörten. Vgl. dazu: Anklagen gegen Nationalrat H. Cottier, das Haupt des Lausanner Freisinns. In: Die Tat, 22./23. 11. 1941, Nr. 275, S. 3. (AfZ, IB Juna-Archiv 231).
201 Volksrecht Zürich, 18. 1. 1944 (Nr. 14).
202 Huser: Vieh- und Textilhändler (2007), S. 239–240, 245. Jakob Karfiol wurde 1887 in Glogow geboren.
203 Dr. Silvain Brunschwig (VR 1922–1940, davon VR-Präsident 1928–1940), Julius Wolf (VR 1929–1940), Sigmond Jacob (VR 1929–1940, Direktor der Firma 1919–1940). Vgl. dazu: Schmid: Das Jelmoli-Buch (1958), S. 156 f; SHAB, 18. 11. 1940, Nr. 271.
204 Arisierungen in der Schweiz. In: Jüdische Rundschau Maccabi, Ende August 1949, Nr. 25. Der deutsche Textilkonzern W. Wolf & Söhne (Stuttgart-Untertürkheim) wurde von den vier Brüdern Isidor, Adolf, Max und Moritz Wolf betrieben. Ein Konzern, der Anfang der 1870er-Jahre gegründet wurde und den die Brüder zu einem internationalen Grosshandelsbetrieb von Putz- und Baumwolle ausbauten. Bereits 1914 kursierten die Brüder unter den reichsten Millionären Stuttgarts. 1935 floh einer der Brüder, Max, zusammen mit seiner Frau in die Schweiz. Der deutsche Wolfkonzern fasste in den 1920er-Jahren Fuss in der Schweiz, als dieser 1912 die Aktiengesellschaft der Spinnerei von Heinrich Kunz in Windisch samt vier weiteren Spinnereien erwarb. Ein Ableger des deutschen Textilkonzerns Wolf erfolgte mit der 1917 gegründeten Aktiengesellschaft für Textilprodukte (Sapt AG) mit Sitz in Zürich. Direktor der Firma war Julius Wolf, VR-Mitglied Advokat Dr. Silvain Brunschwig von und in Basel. Letzterer sass auch im VR der Schaffhauser Firma Allianz AG, eine Holding-Gesellschaft, die Aktien des Warenhauses Jelmoli besessen haben soll. 1941 schieden Julius Wolf und Silvain Brunschwig auch aus der AG der Spinnereien von Heinrich Kunz in Windisch aus. Vgl. dazu: Sapt AG unter dodis.ch; Zelzer: Weg und Schicksal (1964), S. 75 f., 80, 104 f.; Scherer, Sarah Brian: Heinrich Kunz. In: HLS, Version vom 2. 11. 2007. Online: https://hls-dhs-dss.ch/de/articles/029621/2007-11-02/, konsultiert am 6. 11. 2019; Allerlei Betrachtungen zum Toggenburger Streik. Der Wolfkonzern. In: Der Textilarbeiter, 23. 4. 1931 (Nr. 17); «Arisierung» des Wolf-Konzerns. In: Die Gewerkschaft, 11. 12. 1941, Bd. 40 (Nr. 49); Mitteilungen über Textilindustrie. Schweiz. Fachschrift für die gesamte Textilindustrie, 1917, Bd. 24, Heft 11–12, S. 113.
205 Schmid: Das Jelmoli-Buch (1958), S. 32. Peter Meier und Thomas Häussler schreiben dazu, dass die drei jüdischen Hauptaktionäre in persönliche Bedrängnis gerieten und zum Verkauf ihrer Anteile und Emigration gezwungen waren. Vgl. dazu: Meier: Ringier (2010), S. 304 f.
206 Lüönd: Ringier (2008), S. 189–192.
207 Gespräch mit Thierry Halff; Maus Frères: Cent ans (2001), S. 92.
208 Loeb-Archiv: 1B-2, Verwaltungsratsprotokolle 1933–1967. Protokoll der GV vom 31. 1. 1947.
209 Ebd.
210 Picard: Juden (1997), S. 86–93. Die Swiss Division des UJA brachte zwischen 1941 und 1945 zugunsten des VSJF 175 000 US $ auf, was damals 750 000 Schweizer Franken entsprach. Die Motion Pestalozzi ist im Kantonsrat abgeschrieben worden, Vorstösse in anderen Kantonen wurden fallen gelassen. Eine Liste der ICZ der «nach Amerika ausgewanderten Mitglieder der I.C.Z» befindet sich im Nachlass Georg Guggenheim des Archivs für Zeitgeschichte der ETH Zürich; das Schreiben der Swiss Division der UJA von Alfred Wyler (New York) an Saly Mayer vom 27. 12. 1945, das die erbrachten Leistungen zusammenstellt, ist im Archiv des American Jewish Joint Distribution Committee (dort Nachlass Saly Mayer, # 983, alte Ordnung) greifbar. Zur Bedeutung des «Joint» genannten AJJDC siehe Bauer: American Jewry (1981).
211 Diplomatische Dokumente der Schweiz 1848–1975. UEK 10: Aussenwirtschaft/Aussenwirtschaftspolitik (Nr. 24525). 1925–1962, Archiv der Vereinigung des Schweizerischen Import- und Grosshandels (VSIG), Basel. Information Unabhängige Expertenkommission Schweiz – Zweiter Weltkrieg (UEK). Beim Text handelt es sich um eine Aktennotiz. Online: https://dodis.ch/24525, konsultiert am 12. 9. 2018.
212 «Arisierung und jüdische Angestellte». In: IW, 12. 9. 1941, S. 11. Vgl. zudem Briefe an das J. W. Jüdische Angestellte und «Arisierung» der Warenhäuser. In: IW, 22. 10. 1941.
213 Zur Frage der jüd. Angestellten. In: IW, 19. 9. 1941.

6. Kapitel

1 Picard: Biografie und biografische Methoden (2014), S. 177–194. Im Weiteren folge ich hier diesem Beitrag.
2 Leibowitz: Fabricating Lives (1989), S. 3.
3 Goertz: Unsichere Geschichte (2001), S. 38; White: Auch Klio dichtet (1986). Im Weiteren vgl. Bassler: New Historicism (2001); und Greenblatt: Learning to Curse (1990).
4 Starobinski: Rousseau (1988), S. 294.
5 Elias: Prozess der Zivilisation (1976), S. 15.
6 Fischer-Rosenthal: Biographien in Deutschland (1995), S. 253.
7 Teichman: Julius Brann (2013).
8 Korrespondenz mit Edith Hornik-Beer USA; Zur Auswanderung/Einreise vgl. National Archives New York City: Certificate of Arrival, Declaration and Petition for Naturalization von Julius Brann und Frida Brann. Als offizielles Einreisedatum gaben sie den 29. 3. 1938 an (mit der SS Normandie). Weitere Schiffsreisen von Julius und Frida Brann: Rückkehr in die Schweiz am 6. 5. 1938 mit der SS Normandie. Am 15. 3. 1939 kehrte man mit der Isle de France nach New York zurück. Bereits am 7. 4. 1939 wieder Rückkehr in die Schweiz mit der SS Queen Mary, danach endgültige Rückreise nach New York am 9. 12. mit der SS Rex.
9 Lévy: Souvenir (1978), S. 83.
10 Reiche Emigranten. In: IW 19. 12. 1941, S. 18.
11 Picard: Juden (1997), S. 89. Im Nachlass von Georg Guggenheim findet sich eine Namensliste aller nach Amerika ausgewanderten Mitglieder der ICZ sowie Ausgewanderte, aber wieder Zurückgekehrte. Vgl. dazu: AfZ: NL Georg Guggenheim / 78. Mitgliederliste der ICZ.
12 Vgl. Kap. 5, Kampagne gegen jüdische Warenhausbesitzer.

13 Vgl. im Anhang: Stammbaum *Descendants of Isaac Leiser Brann* von Jim Bennett aus Haifa, Version 13. 4. 2014.
14 Cohn: Rawitsch (1915), S. 2–5.
15 StadtA Zürich: Landrecht Julius Brann.
16 Dov Weinryb: Neueste Wirtschaftsgeschichte (1972), S. 99.
17 In seiner Heimatstadt spielten die Juden eine wichtige Rolle. Um 1835 machten die Juden mit rund 400 Bewohnern die Hälfte der Einsassen von Rawitsch aus. 1850 waren in Rawitsch rund 1700 Juden ansässig, was 18 % der Gesamtbevölkerung ausmachte. http://www.jüdische-gemeinden.de/index.php/gemeinden/p-r/1625-rawitsch-posen.
18 Ebd.
19 Vgl. im Anhang: Stammbaum Bennett 2014. Zur Geburt von Julius Brann: Archiwum Państwowe w Lesznie, Urząd Stanu Cywilnego Rawicz, Geburten 1876, Signatur 34/439/0/1.1/13 [Księga urodzeń - miasto]. https://szukajwarchiwach.pl/34/439/0/1.1/13/skan/full/y7JWh3afjPovCj_wO4Yrnw, konsultiert am 17. 9. 2018.
20 Lowenstein: Deutsch-jüdische Geschichte (1997), S. 18.
21 StadtA Zürich: Landrecht Julius Brann. Bspw. verliess auch Oscar Tietz sein Elternhaus mit 13 Jahren. Vgl. dazu: Bach: In memoriam Oscar Tietz (1928), S. 9.
22 Kasiske: Das Warenhaus (2013), S. 153.
23 Vgl. im Anhang: Stammbaum Bennett 2014; Heiratsurkunde von Martin Brann und Hedwig Pincuss. Online: https://www.myheritage.ch. Landesarchiv Berlin: Heiratsregister der Berliner Standesämter 1874–1920, Gustav Ebstein/Paula Brann, 17. 7. 1899, Nr. 680. Online: Ancestry.com.
24 Adressbuch Berlin 1897.
25 StadtA Zürich: Landrecht Julius Brann; Meldekarte Julius Brann; Meldekarte Albert Knopf; Adressbuch Karlsruhe 1895. Das Kurz-, Weiss- und Wollwarengeschäft der Geschwister Knopf befand sich 1895 an der Kaiserstrasse 147 in Karlsruhe. Der Kaufmann Max Knopf wohnte an der Kaiserstrasse 80 in Karlsruhe.
26 Denneberg: Begriff (1937), S. 56; SHAB, 14. 8. 1896 (Nr. 229). Am 11. 8. 1896 verkündete das SHAB die Gründung der Einzelfirma Jul. Brann Zürcher Engros-Lager (Mercerie, Weiss-, Woll- und Manufakturwaren).
27 Hermann: Ein Jahrhundert (1946), S. 308.
28 Schaffhauser Intelligenzblatt, 2. 11. 1899; Ostschweiz, 4. 11. 1899.
29 Gespräch C. Goetschel.
30 StadtA Zürich: Meldekarte Julius Brann; StABS: Niederlassung Julius Brann. Seine Niederlassungsbewilligung in Basel wurde ihm gegen eine Hinterlegung von zweitausend Franken vorerst für zwei Monate gestattet.
31 Eröffnungsinserat Zürcher Engros-Lager Julius Brann. In: Basler Nachrichten, 11. 4. 1897 (1. Beilage zu Nr. 99). Die Liegenschaft muss er erworben haben. Dies geht aus der Tatsache hervor, dass er 1904 von seiner Parzelle 21 m² Land an die Stadt Basel abtrat. Vgl. StABS: Staatsurkunde vom 16. 3. 1904. Zur Hauptniederlassung vgl.: SHAB, 17. 2. 1900 (Nr. 58); SHAB, 9. 5. 1901 (Nr. 169).
32 Bauer: Basel (1981), S. 71.
33 Die Liegenschaft «zur goldenen Münz» war früher im Besitz des Kaufmanns Leonhard Bernoulli-Bär, Vater des 1839 geborenen Dr. August Bernoulli-Burckhardt. Vgl. dazu: Thommen: Zur Erinnerung an Dr. August Bernoulli-Burckhardt (1922).
34 National-Zeitung, 8. 4. 1897 (Nr. 83).
35 Vögelin: Warenhäusern (1978), S. 75.
36 Basler Nachrichten, 11. 4. 1897 (1. Beilage zu Nr. 99).
37 Vgl. dazu: National-Zeitung, 25. 4. 1897 (Nr. 96); Basler Nachrichten, 14. 4. 1897 (2. Beilage zu Nr. 102);
38 Basler Nachrichten, 15. 4. 1897 (3. Beilage zu Nr. 103).
39 Nagel: Die Kunstdenkmäler des Kantons Basel-Stadt (2006), S. 388.
40 StAZH: Z.603.113. Streitfall zwischen J. Bloch-Lebrecht, Basel und Julius Brann, Zürich.
41 Vögelin: Warenhäusern (1978), S. 76.
42 StadtA Zürich: Brandassekuranz, Bahnhofstrasse 75, 1900. Max und August Weil erwarben die Liegenschaft 1899 als Wohnhaus mit Kellergewölbe von Gustave Hürlimann für 150 000 Franken; Bereits der Vater von August und Max, Hermann Weil, war Mitglied und Vorsteher des Armenwesens der ICZ. Max Weil bspw. 1917 Präsident der Augustin-Keller-Loge. Vgl. dazu: Teichman: August und Max Weil-Brüll (2015).
43 Illustrierte schweiz. Handwerker-Zeitung, 1899, Bd. 15, Heft 29, S. 575.
44 Tages-Anzeiger für Stadt und Kanton Zürich, 12. 4. 1900 (Nr. 87), 14. 4. 1900 (Nr. 88), 18. 4. 1900 (Nr. 90).
45 Vgl. Kap. 3.
46 SHAB, 30. 1. 1909 (Nr. 24).
47 Zur Warenhausfrage, Preisbildungskommission (1933), S. 47.
48 Pierre Laguionie. In: L'entreprise, 1. 5. 1953 (Nr. 3), S. 31. Online: http://clio.ish-lyon.cnrs.fr/patrons/AC00007835/AC00007835Doc981.pdf, konsultiert am 10. 1. 2020.
49 Der Jurist Oscar E. Haac war leitender Angestellter bei Wertheim. Der Wertheim-Konzern gehörte den Verwandten seiner Frau, Charlotte Luise Haac, deren Grosseltern mütterlicherseits Abraham und Ida Wertheimer waren (Abraham und Theodor Wertheim, Gründer des Wertheim-Konzerns). Vgl. dazu: Stammbaum von Oscar E. Haac. Online: geni.com.
50 Teichman: Julius Brann (2013).
51 Tietz: Hermann Tietz (1965), S. 214. Ich danke Bernd Serger für diesen Hinweis.
52 Marquardt: Die Interessengemeinschaften (1910), S. 49. Vgl. zudem Berliner Jahrbuch für Handel und Industrie (1909), S. 282 f.
53 O. V.: Le capitalisme sans patrie. In: Revue syndicale suisse: organe de l'Union syndicale suisse, 1910, Bd. 2, Heft 12, S. 211 f., hier S. 211.
54 NZZ, 10. 7. 1908 (Nr. 190).
55 Exposé des Herrn Gustav Maier (1918), S. 3 f. Bei der Gründung der AG 1918 beteiligte sich Julius Brann mit einer Einlage von 2,8 Millionen Schweizer Franken.
56 Ob Jakob Emden mit der Firma M. J. Emden Söhne im direkten Zusammenhang steht, ist unklar. Max Emden, Kaufhauskönig und Alleinerbe des Firmenimperiums, war zwar der Sohn von Jakob Emden, dessen genaue Lebensdaten treten aber nirgends genau in Erscheinung, bis auf genealogische Websites, wonach er anno 1916 verstarb, weshalb dieser nicht mit derselben Person, die im 1918 gegründeten VW der Brann AG sass, identisch sein kann. Vgl. dazu: Jacob «Giacomo» Emden (1843–1916 in Hamburg). Online: www.geni.com/people/Jacob-Emden/6000000013450505677, konsultiert am 19. 8. 2019. Zur Entwicklung der Firma M. J. Emden Söhne, Hamburg 1823–1906. In: Historisch-biographische Blätter, Berlin, 1905. Online: http://gcs.sub.uni-hamburg.

de/gcs/?action=pdf&pagesize=original&metsFile=PP-N683970453&divID=LOG_0009, konsultiert am 19. 8. 2019.

57 Hermann Hecht (1850–1929), Mitinhaber der Exportfirma Hecht, Pfeiffer und Co, Berlin; bis 1927 Mitglied des vorläufigen Reichswirtschaftsrats; Doz. Handelshochschule Berlin. In: Kurzbiographien zur Geschichte der Juden: 1918–1945, hrsg. von Joseph Walk, Leo-Baeck-Institute, S. 142. Gemäss SHAB vom 14. 3. 1921 (Nr. 68) war Kaufmann Hermann Hecht aus Berlin-Grunewald (Königsallee 35).

58 Zu Otto Schnabel, vlg. online: www.hebraistik.uni-mainz.de/files/2017/12/Schwagmeier_Sonderdruck.pdf.

59 Schulmann: Albert Einstein (2020).

60 Gustav Maier kam ursprünglich wie Albert Einstein aus dem württembergischen Ulm, wo er als Direktor der Reichsbank tätig war. Maier hatte grossen Einfluss auf die ersten Zürcher Jahre Einsteins. In dessen liberalem und freigeistigem Haus dürften sich Albert Einstein und Gusto Gräser über den Weg gelaufen sein. Online: www.gusto-graeser.info/Monteverita/Personen/Einstein.html, konsultiert am 7. 9. 2018.

61 Todesanzeige Gustav Maier. In: NZZ, 13. 3. 1923.

62 Ebd.

63 Die Brann-AG Zürich (1931).

64 Morosoli, Renato: «Oscar Weber». In: HLS, Version vom 14. 10. 2013. Online: www.hls-dhs-dss.ch/textes/d/D30897.php, konsultiert am 21. 10. 2017.

65 Hermann: Ein Jahrhundert (1946), S. 310. Eine solche Aktienkapitalerhöhung war indes notwendig, um den immensen Warenvorrat zu finanzieren. Der Brann Konzern war 1934 mit rund 2,7 Millionen Franken an den Anschlusshäusern und der Epa beteiligt. Diese Beteiligung stieg 1927 von 420 000 bis 1934 auf 2,7 Millionen Franken an. Zu vermerken ist, dass man keine Bankschulden hatte. Ich danke Erich Schaffner für seine Analyse.

66 Schär: Ökonomik (1938), S. 78. Das Warenhaus Willy Brockmann & Co. befand sich am Schlossbergplatz 1 in Aarau, wo einst französische Gesandten im Gasthof Ochsen residierten, um 1798 über die neue Schweiz zu verhandeln. Der aus Deutschland stammende Willy Brockmann kaufte die Liegenschaft Ende der Zwanzigerjahre von der berühmten Aargauer Familie Hunziker ab. Später wurde daraus das Warenhaus Oscar Weber (Nachfolger von Julius Brann) und heute befindet sich da in Reminiszenz daran die Bar OscarOne. Zur Geschichte Warenhaus Brockmann vgl.: Chronik 1928–1929. In: Aarauer Neujahrsblätter, 1930, Bd. 4, S. 69.

67 Memoiren Walter Ullmann (1986), S. 49.

68 Schär: Ökonomik (1938), S. 78.

69 SWA: H. & I. C 508, Brann A-G Zürich. Div. Geschäftsberichte. Die Geschäftsberichte der Brann AG sind von 1927 bis 1934 im Wirtschaftsarchiv erhalten geblieben.

70 Ebd., Geschäftsbericht 1927.

71 Ebd., Geschäftsbericht 1928.

72 Vgl. Kap. 5.

73 SWA: H. & I. C 508, Brann A-G Zürich. Geschäftsbericht 1930. Eigene Brann-Häuser: Zürich, Bern, St. Gallen, Rorschach, Herisau und Arbon. Anschlusshäuser: Willy Brockmann in Aarau, Jean Bouldoires & Co. in Biel und die Magazine zum Adler von Emil Oswald in Amriswil. Der Geschäftsbericht von 1927 zählt zudem die Anschlusshäuser Frauenfeld, Bischofszell, Aarau und Uster. 1927 wurden Brockmann & Co. in Wil und Paul Laumann & Co. in Brugg gegründet, bei welchen sie kommanditistisch beteiligt waren und mit denen zugleich Lieferungsverträge abgeschlossen wurden.

74 Ebd., Auswertung der Geschäftsberichte von 1927 bis 1934. Aufgrund fehlender Detailzahlen wie Ertragszahlen und fehlender Kostentransparenz muss man diese Gewinnzahlen jedoch vorsichtig beurteilen. Ein wesentlicher Anteil ist zudem auf die Erhöhung der Immobilien zurückzuführen. Diese grosse Veränderung im Immobilienbestand der Brann AG ergab sich 1928, als der Immobilienwert von 1,8 Millionen 1927 auf 5,6 Millionen im Jahr 1928 anstieg. Einerseits bedingt durch die Kosten der Erweiterung und des Umbaus des Warenhauses an der Bahnhofstrasse und andererseits durch die Übernahme der bisher im Privatbesitz von Julius Brann befindlichen Liegenschaften.

75 Landesarchiv Berlin: Heiratsregister der Berliner Standesämter 1874–1920. Viktor Mayer (Victor Avigdor Mayer)/Ida Brann, 8. 3. 1909, Nr. 130. Online: Ancestry.com; Viktor Mayer, Sohn d. Abraham Mayer (geb. 17. 10. 1844 in Altenstadt, m: 1872) und Fanny, geb. Steiner (geb. am 29. 11. 1853, m: 1872) aus Laupheim (Baden-Württemberg), Tochter d. Gabriel Steiner (1826–1880) und Jette Einstein (1832–1918, m:1852/53).

76 StadtA Biel: Niederlassung Viktor und Ida Mayer-Brann. Ida Mayer-Brann starb am 24. 4. 1909, Viktor Mayer meldete sich am 6. 7. 1909 nach Zürich ab. Viktor Meyer (21. 7. 1874, Heimat Ulm). Vgl. Noser, Anna Dorothea: Bieler Chronik 1908 bis 1910, S. 221. Die Brann-Filiale an der Nidaugasse 50 wurde bereits 1902 eröffnet. Vlg. SHAB, 22. 9. 1902 (Nr. 343). Zuvor war da Mandowsky, danach Bouldoires und heute Loeb.

77 La Liberté, 6. 4. 1909.

78 Journal du Jura, 27. 4. 1909.

79 IW, 30. 4. 1909 (Nr. 18), S. 5.

80 StABE: Eheregister A, Bd. 36, 1904, S. 189. Heirat Julius Brann/ Frida Mandowsky.

81 StadtA Bern: Niederlassung Adolf Mandowsky, Sohn d. Karl und Fanny Mandowsky-Goldberg, Heimath: Pless (Preussen). Heirat mit Rosalie David, d. Moritz u. d. Johanna Mayer, Heimath: Oppenheim (Hessen). Die erste Tochter, Amalie, verstarb mit acht Jahren (7. 1. 1885–26. 10. 1893).

82 Frida Mandowsky, geb. 9. 2. 1886, war die Cousine von Lilly Ittmann-Pilz. Deren beider Mütter, Rosalie und Flora, waren Töchter von Moritz und Johanna David-Mayer aus Oppenheim. Vgl. dazu: Ebd. und StASO: Einbürgerung Isidor Heinrich Pilz; Stammbaum Daniel Teichman.

83 StadtA Bern: Niederlassung Adolf Mandowsky.

84 SHAB, 22. 6. 1886 (Nr. 60); SHAB, 15. 9. 1886 (Nr. 86); SHAB, 5. 10. 1887 (Nr. 93).

85 1887 an der Rue de Commerce 2 in Genf, «A. Mandowsky, Nachflgr. von J. Ittmann» (SHAB, 23. 4. 1887, Nr. 42), 1890 Übernahme durch O. Willstaedt, der Anna Mandowsky geheiratet hat (SHAB, 11. 2. 1890, Nr. 20); 1888 an der Rue du 1er Mars 5 in La Chaux-de-Fonds (SHAB, 26. 5. 1888, Nr. 67); 1889 in St. Gallen an der Speisergasse 43 im ersten Stock (SHAB, 12. 1. 1889, Nr. 5); 1901 an der Salzstrasse 17 in Freiburg i. Br. (FZ 13. 9. 1901, Mandowsky und Ittmann waren die beiden grossen Warenkreditgeschäfte in Freiburg, die sich einen heftigen Konkurrenzkampf lieferten und sich 1923 schliesslich vereinigten. Ich danke Bernd Serger aus Freiburg i. Br. für diese Informationen); 1893 an der Oetenbachgasse 17/Ecke Rennweg in Zürich (SHAB, 2. 12. 1893,

Nr. 252). Basel und Mülhausen geht aus der Eröffnungsanzeige von Freiburg i. Br. hervor. Eduard Mandowsky eröffnete 1891 an der Hauptgasse in Olten eine Filiale, die er vier Jahre später an den aus dem oberelsässischen Hattstatt stammenden Jules Ulmer verkauft hat. Vgl. dazu: Huser: Vieh- und Textilhändler (2007), S. 259.

86 Todesanzeige Rosalie Mandowsky. In: NZZ, 21. 2. 1910; Nachruf Adolf Mandowsky. In: IW, 3. 6. 1910 (Nr. 22).

87 Das Kredit-Warenhaus Universum AG am Oberen Mühlesteg 6 in Zürich wurde 1908 gegründet und 1915 liquidiert. Es befand sich im Gebäude der ehemaligen Mühle, das 1943 abgetragen wurde. Vgl. dazu: SHAB, 13. 10. 1908, (Nr. 257); SHAB, 12. 7. 1915 (Nr. 159); BAZ: Foto des Kaufhaus Universum (Moser 283).

88 Illustrierte schweiz. Handwerker-Zeitung, 1904, Bd. 20.

89 Chronik der Stadt Zürich, 22. 4. 1911 (Nr. 16); Inserat Warenhaus z. Stauffacher. In: Tagblatt d. Stadt Zürich, 13. 4. 1912 (Nr. 87), S. 20; SHAB, 23. 10. 1923 (Nr. 248). Die 1908 konstituierte KG Heinrich Pilz & Co. Credithaus Universum verkaufte damals ihr in Zürich betriebenes Geschäft an die Universum A.-G.

90 Testament Julius Brann, New York, 28. 5. 1959. Vermutlich haben alle aufgelisteten Personen (Verwandten und Bekannten) ihr Erbe nie antreten können, da Julius Brann drei Jahre vor seiner Frau starb. Als Alleinerbin seines Vermögens hatte sie seinen letzten Willen nicht zu berücksichtigen. Ein weiterer Hinweis findet sich in den Erinnerungen Inge Elsohn-Rimalowers, die schreibt, dass ihrem Vater im Warenhaus Pilz in Schaffhausen eine Stelle als Buchhalter winkte und dieser «Herr Pilz» ein Verwandter des Zürcher Warenhausbesitzers Julius Brann sei. Vgl. dazu: Petry: Das Pack (1994), S. 59.

91 SHAB, 14. 7. 1903 (Nr. 279).

92 Junker, Ursula: Erwin Pilz, ein Optimist von feiner Lebensart. In: Schaffhauser Nachrichten, 8. 5. 1993 (Nr. 105), S. 19; Huser: Vieh- und Textilhändler (2007), S. 232 f.; StASO: Einbürgerung Isidor Heinrich Pilz.

93 Lasker-Schüler: Briefe, Bd. 9. (2008), S. 224. Mit den beiden Direktoren sind Kurt Ittmann und Hugo May gemeint.

94 StASG: Einbürgerung Hugo May, (1887 Trier–1958) Sohn d. Moses und Bella May-Kaufmann, Heirat mit Elisabetha Krämer (geb. 1892 in Kaiserslautern) am 24. 2. 1916 in Zürich, Tochter d. Michael-Katharina Krämer-Stumpf. Kinder: Hildegard May (geb. am 7. 1. 1915 in Bern) und Werner May (geb. 2. 5. 1918 in St. Gallen); Stadtarchiv Trier: Sterberegister Moses May, 7. 1. 1912, Nr. 14, Signatur: Tb31/2822. Online: Ancestry.com.

95 StASO: Einbürgerung Curt Ittmann; BAR: E4264#1000/842#13599*, Dossier Kurt Jttmann, 17. 7. 1896 (1930–1939); Dr. Kurt Ittmann und Walter Ittmann. In: Bonavita: Die Jüdischen Schüler (2000), S. 72 f.

96 StadtA Zürich: Meldekarte Joachim Krotoschiner, (geb. 1885 in Berlin), Sohn d. Hermann und Flora Krotoschiner-Ahronson. Verheiratet mir Herta Barasch (geb. 1898). Zwei Kinder: Hanna (geb. 1923 in Berlin), Lili (geb. 1931 in Zürich).

97 StadtA ZH: Meldekarte Arthur Fraenkel, (geb. 1877 in Berlin, gest. 1963 in Queens, USA), Heirat 1914 in Berlin mit Klara Prinz (geb. 1890), arbeitete zuvor bei der Exportfirma Hecht, Pfeiffer & Co. und kam 1919 zu Brann nach Zürich. Vgl. dazu: NYT, 28. 8. 1963; Landesarchiv Berlin: Heiratsregister der Berliner Standesämter 1874–1920, Arthur Fraenkel/Klara Prinz, 26. 11. 1914, Nr. 1046. Online: Ancestry.com.

98 StadtA Zürich: Meldekarte Emil Rawitscher, (geb. 1872) von Berlin, Heirat 1909 mit Flora Feibelsohn (geb. 1887), Prokurist bei Brann.

99 StadtA ZH: Meldekarte Julius Borchardt, (geb. 1876), Sohn d. Salomon und Sophie Borchardt-Rosenthal, Heirat 1921 mit der in Hamburg wohnhaften Emilie Meyer (1871–1935). Borchardt wurde 1923 vorerst als Geschäftsführer bei Brann angestellt, war später Direktor der Epa und macht sich etwa um 1931 als Kaufmann selbständig. Vgl. dazu: SHAB, 3. 2. 1931 (Nr. 26). Kollektivgesellschaft Borchardt & Göpfert, Waren aller Art.

100 Vgl. dazu: Barasch: Entronnen (2001); Geschichte der Gebrüder Barasch, vgl. Online: www.stolpersteine-berlin.de/de/biografie/2432, konsultiert am 30. 7. 2019.

101 Barasch: Entronnen (2001), S. 25, 110.

102 StASG: Einbürgerungsdossier Norbert Kaufmann 1932 in Stein (1887 Cornelimünster, Aachen in Preussen–1952 Basel), Sohn d. Jonas und Amalie Kaufmann-Kaufmann. Heirat 1927 in Rheinfelden mit Reine Bollag (30. 5. 1902–25. 6. Basel) von Neu-Endingen AG, Tochter d. Leopold und Cylli Bollag-Friedberger. Zwei Kinder, Margot, geb. 1929 (verstarb nach einem Tag) und Werner Jakob, geb. 1929 (beide in St. Gallen).

103 StadtA ZH: Meldekarte Friedrich Moritz Bachenheimer (1888–1962), Sohn d. Jakob und Lina Bachenheimer-Strauss. Heirat mit Irmgard Sommer (geb. 1903) am 14. 2. 1927. Sohn Klaus Jakob, geb. 1929.

104 Memoiren Walter Ullmann (1986), S. 47.

105 StadtA ZH: Meldekarte Bachenheimer.

106 Memoiren Walter Ullmann (1986), S. 49 f.

107 StadtA Zürich: Meldekarte Julius Borchardt, geb. 1876 aus Berlin-Wilmersdorf, Sohn d. Salomon u. Sophie Borchardt-Rosenthal, Heirat 1921 mit Emilie Meyer von Hamburg (1871–1935).

108 40-jähriges Jubiläum des Warenhaus Brann AG. In: IW, 1936 18. 9. 1936 (Nr. 38), S. 16.

109 Ebd., Zur Sozialvorsorge vgl. Darstellung zum 40-jährigen Jubiläum der Brann-Warenhäuser. In: Jüdische Pressezentrale, 16. 6. 1936 und StAZH: Krankenkasse der Angestellten der Firma Julius und Co., Zürich.

110 Vgl. dazu Kap. 5 und Beer: Das Österreich-Ungarn meiner Familie (2014), S. 512–526.

111 Böcker: Antisemitismus ohne Juden (2000), S. 231–235.

112 BAR: E2200.190-04, 74-7-39, Brauchbar Franz, 1947–1953.

113 Vgl. Kap. 2, Sozialer Aufstieg und Verbürgerlichung: Vom Händler zum Warenhausbesitzer.

114 Nachruf Bertha Brann-Pilz. Im: IW 14. 2. 1936 (Nr. 7), S. 15. Bertha Brann-Pilz liegt auf dem Unteren Friesenberg in Zürich bestattet.

115 StadtA Baden: Meldekarte Regina Prinz-Brann (geb. 1873 in Rawitsch). Wohnhaft vorerst an der Zürcherstrasse 74 (15. 7. 9136–17. 5. 1938), danach bei ihrer zweiten Anmeldung (im Oktober 1938) im Hotel Eden, bis sie kurz darauf nach Südafrika emigrierte, wo sie 1943 verstarb (Online Worldwide Burial Registry, South Africa.

116 Vgl. dazu: Holocaust Datenbank: www.holocaust.cz/en/database-of-digitised-documents/document/193111-prinz-herbert-nezpracovano/, konsultiert am 15. 5. 2018; Landesarchiv Berlin: Geburtenregister der Berliner Standesämter (Bestände

P Rep. 100 bis P Rep. 840) 1874–1906, Herbert Prinz, geb. 18. 11. 1896 in Berlin, Sohn d. Philipp und Regina Prinz-Brann in Berlin. Online: Ancestry.de.

117 Hedwig Pincuss (1876 Ostrowo–1947 Baden, AG), Tochter d. Max und Charlotte Pincuss-Fidelmann; Martin Brann (1877 Rawitsch–1950 New York), Sohn d. Heiman und Berta Brann-Pilz. Vgl. dazu: BAR: E4264#1988/2#19211*, Martin Brann; Landesarchiv Berlin: Einwohnermeldekartei, Bestand B Rep. 021, Meldeblatt Martin Brann, wohnte mit seiner Frau an der Düsseldorfer Str. 19/20 in Berlin-Wilmersdorf, Abmeldung nach Meran/Italien am 11. 4. 1938.

118 E-Mail-Korrespondenz mit Eliane Bros-Brann (Paris); Erinnerungsbericht von Bros-Brann: Saved By the Proverbial Rich Uncle (2009); BAR: Martin Brann. Hellmut (Henry) Walter Brann (1930 Berlin–1978 Tacoma Park/Maryland), Prof., Journalist, Philosoph, Essayist, Sozialpsychologe. Heirat 1928 mit Doris Cohn (geb. 1901 Wreschen/Posen); Brann, Hellmut Walter. In: Lexikon Deutsch-jüdischer Autoren, hrsg. Archiv Bibliographia Judaica, S. 400 f.

119 BAR: Martin Brann.

120 BAR: Guttmann-Ebstein, Paul, (geb.1898 Berlin), Betriebsleiter und Chemiker, Sohn d. Hermann und Hulda Guttmann-David, Heirat mit Gertrud Ebstein (geb. 1900 Berlin), Tochter d. Gustav und Paula Ebstein-Brann.

121 SHAB, 22. 6. 1939 (Nr. 143).

122 Aus dem VR folgender Firmen schied Julius Brann 1939 aus: Universum A.-G. (Waren-Kreditgeschäft), Sitz in Zürich, auch Heinrich Pilz schied aus, neu in den VR treten als Präsident Dr. jur. Rudolf Hofer und Dr. Kurt Ittmann. SHAB, 30. 3. 1939 (Nr. 75); Au Bon Génie A.G (Möbel, Herren- und Damenkonfektion Manufakturwaren), Sitz in Bern, auch Albert Pesch schied aus, neu in den VR treten Ernst Gamper und Hans Zwahlen. SHAB, 6. 6. 1939 (Nr. 129); Brann A.-G. (Betrieb von Warenhäusern), auch Hugo May schied aus, bleibt aber in der Direktion mit Kollektivunterschrift. Neu wurde als Mitglied und zugleich Vizepräsident und Delegierten des VW Dr. Werner Weber, von Zürich, in Zug, gewählt. SHAB, 22. 6. 1939 (Nr. 143); EPA, Einheitspreis-Aktiengesellschaft, in Zürich. Auch Hugo May und Robert Nordmann sind aus dem VR ausgetreten, neu als Mitglied und Delegierter des VR wurde der bisherige Direktor Karl Weber gewählt. SHAB, 12. 7. 1939 (Nr. 160).

123 Lichtensteiner Volksblatt, 21. 10. 1941.

124 Volksrecht Zürich, 18. 1. 1944 (Nr. 14).

125 O. V.: Arisierung in der Schweiz. In: Jüdische Rundschau Maccabi, Ende August 1949 (Nr. 25), S. 2. «Brann selbst ging gleichfalls nach USA, wo er wieder ein Einheitspreisgeschäft betreiben soll.»

126 Gespräch mit C. und H. Roder-Bruce; Foto Eröffnung Frank Bruce Co. an der North-St. in New Rochelle vom 19. 9. 1940. (Privatbesitz Roder-Bruce)

127 Inserat Bruces's Bon Ton Department Store. In: The Pelham Sun, Juni 1944.

128 Bon Ton Employes, Guests Enjoy Anniversary Fete. In: The Plain Speaker, Hazleton, 16. 9. 1953.

129 StadtA Zürich: Meldekarte Edmung Brauchbar; StAZH: Landrecht Edmund Brauchbar (1914 in Wallisellen). Edmund Brauchbar (1872 Wien–1952). Heirat am 6. 8. 1907 in Wien mit Olga Sara Tritsch (1884 Wien–1966).

130 SHAB, 23. 2. 1903 (Nr. 69).

131 Memoiren Walter Ullmann (1986), S. 24.

132 Herczeg: Joseph Rot auf Reisen (2011), S. 181 f.

133 Gespräch mit C. und H. Roder-Bruce.

134 Erwin Stiebel (1877 Fulda–1955 Zürich), Heirat 1913 mit Milly Abraham aus Zürich, Tochter d. Jakob und Sophie Abraham, 1922 Eintritt in die Firma Abraham, Brauchbar & Cie., deren VR-Präsidenten er bald darauf wurde. Vgl. dazu: Nachruf Erwin Stiebel. In: IW, 5. 8. 1955.

135 BAR: Brauchbar Franz. Die Jepa AG. In dieser Gesellschaft gehörte ihnen die Majorität von 55 %, der Rest des Aktienkapitals verteilte sich auf damalige tschechoslowakische Staatsbürger, von denen nach dem Krieg die meisten kanadische Staatsbürger wurden. 55 % des Aktienkapitals teilte sich wie folgt auf: Edmund Brauchbar 20 %, Erwin Stiebel 15 %, Frank Bruce 10 %, Julius Brann 10 %. Die Zentrale der Jepa AG befand sich in Prag II, Vodickova 32, während Verkaufsfilialen sich in Prag, Brünn, Teplitz und Aussig befanden.

136 Gespräch mit C. und H. Roder-Bruce.

137 Faerber: Joyce (1988), S. 46–47; Korrespondenz und Gespräch mit E. Hornik-Beer; Gespräch mit C. und H. Roder-Bruce. E. Brauchbar war befreundet mit James Joyce, der sich bereits zwischen 1915 und 1919 erstmals in Zürich aufgehalten hatte und es wird vermutet, dass James Joyce die Hauptfigur seines Romans Ulysses, Leopold Bloom, nach Edmund Brauchbar modellierte, von dem man weiss, dass er an Depressionen gelitten hat.

138 Gespräch mit C. Roder-Bruce.

139 Siedlung Ludwigsfeld: Gedenkfeier für jüdische Mitbürger. Online: https://la24muc.de/14554/siedlung-ludwigsfeld-gedenkfeier-fuer-juedische-mitbuerger/, konsultiert am 20. 10. 2019.

140 Gespräch mit E. Hornik-Beer.

141 Vgl. Zu Bon-Ton-Geschäften und deren Ende mehrere Zeitungsartikel: Rent «Too High», Bon Ton Is Going Out of Business. In: Standard Speaker, 20. und 22. 1. 1962; Samuel Pollock, Retired Bon Ton Manager, Civic Leader, Is Dead. In: Standard Speaker, 22. 1. 1971.

142 Gespräch mit C. Roder-Bruce und Rico Brauchbar. Vgl. zudem: BAR: E2200.52-02#1981/114#1008*, Bruce Frank alias Brauchbar Frank; E2001-08#1978/107#294*, Bruce alias Brauchbar Frank (Franz), 1902, New York.

143 StadtA Zürich: VI.HO.C32.a.:8, Brandassekuranz Nr. 1304 und V.D.b.131.:93, Abteilung Grundsteuern. Strassenregister betreffend Gebäudeversicherung (1926–1987). Neuer Besitzer nach Julius Brann war Rechtsanwalt Arthur Wiederkehr.

144 Gespräch mit C. Goetschel. Auch Rico Brauchbar mag sich erinnern, dass er die Branns nach dem Zweiten Weltkrieg noch in dessen Haus an der Schneckenmannstrasse besuchen ging. Pierre Lévy schrieb, dass die Branns jedes Jahr für drei Monate in die Schweiz und nach Frankreich zurückkehrten. Vgl. Lévy: Souvenir (1978), S. 83.

145 Gespräch mit E. Hornik-Beer.

146 Gespräch mit C. Roder-Bruce.

147 IW, 10. Febr. 1961.

148 NYT, 2. 6. 1964.

7. Kapitel

1 Müller-Zwahlen, B.: Ein Gruss zur 60-Jahr-Feier der Firma Loeb. In: 60 Jahre Loeb (1941), S. 5. Als sie ihn ansprach, fragte er sie, ob sie eigentlich wisse, wie schön es hier in Bern

sei und dass er ein ganzes Leben lang hier bleiben möchte. «Ich geh' jetzt, aber ich komme wieder» – sagte er.

2 Ebd.
3 Siehe Anhang: Vorfahren Loeb.
4 Diese Tatsache geht aus dem Hochzeitsregister von Moses Loeb II. mit Jakobina Kahnweiler hervor, wo die Eltern des Brautpaares erklärten, des Schreibens unerfahren zu sein (siehe Anhang); Es ist anzunehmen, dass die Loebs vor deren Niederlassung in Nieder-Wiesen aus dem Elsass stammten. Gut möglich, dass sie ihre französische Herkunft nach der Niederlage des Imperators Napoleon mit allen Tricks („Herkunft unbekannt", „kann nicht schreiben") verschleiern wollten, um dafür nicht scheel angeschaut zu werden. Ich danke Bernd Serger sehr herzlich für diesen Hinweis. Aus der Geschichte der jüdischen Gemeinden im deutschen Sprachraum. Nieder-Wiesen. Online: https://www.jüdische-gemeinden.de/index.php/gemeinden/m-o/1453-nieder-wiesen-rheinland-pfalz, konsultiert am 15. 2. 2020.
5 Zahn: Wörrstadt und Nieder-Wiesen (1979), S. 146.
6 Siehe Anhang: Vorfahren Loeb.
7 Ebd.
8 Lowenstein: Deutsch-jüdische Geschichte (1997), S. 9; Richarz: Jüdisches Leben in Deutschland (1976), S. 19–31, hauptsächlich S. 24.
9 StadtA Zürich: Bürgerrecht Ludwig Loeb. Der Akte ist zu entnehmen, dass sich die ganze Familie Loeb 1864 in Freiburg i. Br. niedergelassen hat.
10 Ebd., Schreiben von Bürgermeister Karl Engisch vom 3. 7. 1888 an das Kontrollbüro der Stadtpolizei Zürich; Bzgl. Bürgermeister vgl.: Kraft: Die Geschichte Nieder-Wiesens (2005).
11 1864 und 1865 sind die Inserate noch mit «Egelgasse 240» bezeichnet. Der westliche Teil der Rathausgasse wurde nach Eröffnung des Bahnhofs 1845 Eisenbahnstrasse genannt, zuvor Egelgasse (vgl. Poinsignon 1891, S. 85–86). Online: www.bauforschung-bw.de/objekt/id/197018118010/weitere-seite/2/sog-ehemaliges-ratsstueble-baukomplex-universitaetsstrasse-2-6-rathausgasse-16-in-79098-freiburg-alt/, konsultiert am 7. 1. 2020.
12 Eröffnungsanzeige. In: FZ, 9. 7. 1864 (Nr. 160).
13 FZ, 30. 9. 1864 (Nr. 231). Auch das Geschäft seines Glaubensbruders Theodor Weyl blieb aufgrund hoher israelitischer Feiertage geschlossen.
14 Blod: Gemeinde Freiburg (1988), S. 42.
15 Ebd., S. 90, 95. David Moses Loeb erscheint 1864 und 1871 auf der Synagogenratswahlliste.
16 AZJ, 6. 9. 1864 (Nr. 37), S. 37.
17 Führer durch Freiburg/Breisgau u. seine Umgebung. Freiburg 1882.
18 Aus der Geschichte der jüdischen Gemeinden im deutschen Sprachraum. Freiburg i. Br. Online: https://jüdische-gemeinden.de/index.php/gemeinden/e-g/647-freiburg-i-breisgau, konsultiert am 27. 1. 2020.
19 Festschrift zur Feier des fünfzigjährigen Bestandes unseres Hauses – Gebr. Loeb AG (1931).
20 Blod: Gemeinde Freiburg (1988), S. 66.
21 Toury: Jüdische Textilunternehmer (1984), S. 150 f. Tatsächlich erscheint im Freiburger Adressbuch von 1884 an der Clarastrasse 2a der Eintrag: Corsettfabrik Freiburg, Eduard Loeb Kfm. Ab 1886 Corsettfabrik Freiburg, Ludwig Lösch, Buchhalter. Ab 1887 erscheint die Corsettfabrik Freiburg an der Clarastrasse 18 (2–16 sind Bauplätze). Ab 1890 sind auch die Nr. 18 und die Bauplätze 2–16 verschwunden. Die Clarastrasse existiert erst ab der Nr. 20. Die Corsettfabrik scheint verschwunden.
22 Intelligenzblatt Bern, 24. 11. 1867.
23 Vögelin: Warenhäuser (1978), S. 77.
24 Anzeige im Feuille d'Avis de Neuchatel, 25. 1. 1871 (Nr. 7).
25 Anzeige im Schaffhauser Intelligenzblatt, 5. 10. 1877.
26 Anzeige in der St. Galler-Zeitung, 21. 10. 1879.
27 Ebd.
28 Dies geht aus einem Inserat im Intelligenzblatt Bern, 11. 4. 1874, S. 8, hervor.
29 StAZH: Allg. Ragionenbuch der Stadt Zürich IAF 1876–1879, Eintrag Gebrüder Loeb (S. 21).
30 Festschrift zur Feier des fünfzigjährigen Bestandes unseres Hauses – Gebr. Loeb AG (1931), S. 3.
31 Loeb-Archiv: 01A-2, Auswertung Bilanzen.
32 SHAB, 7. 5. 1887.
33 Am 11. 4. 1888 haben die Gebrüder Loeb in Luzern eine Filiale eröffnet, die Damenkonfektion, «Corsetterie» und «Modenwaaren» anbot. Vgl. SHAB, 17. 4. 1888 (Nr. 52). Am 9. 3. 1907 hat man das Geschäft in Luzern aufgelöst. Vgl. dazu: StALU: A 1044/8892, Gebrüder Loeb (Luzern 1888–1905) und A1044/8893, Gebrüder Loeb Söhne (Luzern, 1905–1907). Diverse Eintragungen und Löschungen im Handelsregisteramt.
34 Am 20. 11. 1890 eröffnete die Kollektivgesellschaft der Gebr. Loeb mit Hauptsitz in Basel (David und Justus Loeb) eine Zweigniederlassung in Schaffhausen an der Schwertstrasse, nahe dem Bahnhof. (SHAB 20. 11. 1890 (Nr. 168); Schaffhauser Nachrichten, 16. 11. 1890). Beachte die Mitteilung im Inserat: «Corsetten, eigenes Fabrikat». Am 30. 12. 1891 (Nr. 306) erschien im Schaffhauser Intelligenzblatt das Inserat mit der Auflösung und Liquidation des Geschäftes. Am 1. 6. 1892 verkündet das SHAB die Auflösung und Erlöschung der Zweigniederlassung.
35 SHAB, 9. 5. 1891 (Nr. 109); SHAB, 29. 4. 1893 (Nr. 106).
36 SHAB, 25. 7. 1894 (Nr. 175). Bereits ab 1872 waren die Loebs in Lausanne anzutreffen, wo sie gemäss einem Inserat einen «Laden» an der Rue Haldimand 6 eröffnet haben und ihre Waren zum Kauf anboten. Vgl. Inserat Loeb Frères. In: Feuille d'avis de Lausanne, 15. 2. 1872, S. 2. Als Geschäftsführer amtete ab 1903 Herr Jonas Bloch, der später, als die Lausanner Filiale einging, nach Bern wechselte und dort als Direktor und Leiter der Konfektionsabteilung bis kurz vor seinem Tod arbeitete (er war über drei Jahrzehnte für Loeb tätig und verstarb 1937/1938). Vgl. dazu: Loeb-Archiv: 01B-2, GV-Protokoll, 29. 1. 1938.
37 SHAB, 7. 5. 1887 (Nr. 48); Nachruf Eduard Loeb. In: IW, 23. 1. 1942; Nachruf Marie Loeb-Wolf. In: IW, 31. 1. 1936. StadtA Karlsruhe: Heiratsregister, 1870–1921, Eduard Loeb/Marie Wolf, 10. 12. 1885, Nr. 458 (Ancestry.de).
38 Loeb-Archiv: 01A-3, Handelsgesellschaftsvertrag zwischen David Loeb und Justus Loeb vom 6. 10. 1890.
39 SHAB, 6. 10. 1890 (Nr. 143).
40 StadtA Zürich: Bürgerrecht Ludwig Loeb. Schreiben von Bürgermeister Karl Engisch vom 3. 7. 1888 an das Kontrollbüro der Stadtpolizei Zürich.
41 Inschrift auf dem Grabstein von Moses Loeb auf dem Jüdischen Friedhof in Freiburg i. Br. Ich danke François Loeb für den gemeinsamen Besuch auf dem Friedhof seiner Vorfahren.

42 StASG: Bürgerregister St. Gallen Bd. II Nr. 909a.
43 Vgl. dazu: Hessisches Hauptstaatsarchiv: Geburtenregister und Namensverzeichnisse. Bestand 903: Max Kahn-Loeb, geb. 18. 4. 1870 in Frankfurt a. M. (Sign. 903_8844), Emma Kahn-Loeb, geb. 9. 4. 1871 in Frankfurt a. M. (Sign. 903_8847), N.N. Kahn-Loeb, geb. 13. 9. 1872 in Frankfurt a. M. (Sign. 903_8852). Online: Ancestry.de.
44 StASG: KA R.88 5a Einbürgerungsdossier A. Kahn.
45 StASG: Eintrag Aaron Kahn im Totenregister 1906, S. 306 (Nr. 609). Aaron Kahn, Sohn d. Max und Rebekka Kahn-Marx; SHAB, 21. 7. 1888 (Nr. 87); 11. 3. 1907 (Nr. 61); 15. 8. 1907 (Nr. 204).
46 StASG: Bürgerregister St. Gallen Bd. II Nr.909b. Rosalia Bernheim (1881–1956), Tochter d. Baruch und Maria Bernheim-Wihler.
47 SHAB, 22. 12. 1931 (Nr. 298).
48 Vgl. zu Jakob und Wilhelmina Löb-Loeb: StadtA Mannheim: Meldeunterlagen Jakob Löb, Geburtenregister Johanna Löb-Loeb, Sterberegister Jakob Löb. Jacob Löb (1843 Mutterstadt– 918 Mannheim), Sohn d. Kaufmannes Ludwig Löb und der Jeannette, geb. Hahn.
49 Loeb-Archiv: 01A-2, Bilanzen von 1881, 1882 und 1883.
50 StadtA Mannheim: Geburtenregister Johanna Löb-Loeb.
51 Basler Nachrichten, 22. 2. 1872 (Nr. 45); Vögelin: Warenhäusern (1978), S. 77.
52 Lewin: Geschichte der badischen Juden (1909), S. 339.
53 Nachruf Julius Loeb. In: IW, 10. 10. 1924.
54 Allgemein Baslerisches Geschäftsjubiläum. In: National Zeitung, 21. 9. 1922.
55 Geschäftsjubiläum. In: Basler Anzeiger, 30. 9. 1922.
56 Ebd.
57 StAZH: Landrecht Justus Julius Loeb, 1883 in Stallikon.
58 StABS: Bürgerrecht Justus Julius Loeb, 1890 in Basel.
59 Nachruf Julius Loeb. In: IW, 10. 10. 1924.
60 Basler Anzeiger, 14. 4. 1897 (Nr. 88).
61 Basler Anzeiger, 28. 3. 1897 (Nr. 74), 4. 4. 1897 (Nr. 80), 7. 4. 1897 (Nr. 82); Basler Nachrichten, 15. 4. 1897 (3. Beilage zu Nr. 103).
62 Nachruf Julius Loeb. In: IW, 10. 10. 1924.
63 Ebd.
64 StadtA Zürich: Bürgerrecht Ludwig Loeb. Familienschein für Ludwig Loeb aus Niederwiesen, Hessen. Ludwig (Louis) Loeb (11. 4. 1846 Nieder-Wiesen–18. 1. 1916 Zürich), Heirat am 7. 11. 1878 in Freiburg i. Br. mit Rosa Bernheim (22. 1. 1859 San Francisco–19. 11. 1924 Zürich), Tochter d. Moses und Amalia Bernheim aus San Francisco.
65 Tagblatt der Stadt Zürich, 7. 4. 1900.
66 Ebd.
67 Die Tochter von Ludwig Loeb, Alice Thekla, wurde am 30. 11. 1901 mit Willy Brandeis aus St. Gallen verheiratet. Vgl. dazu Trauungen. In: Chronik der Stadt Zürich, Nummer 48, 30. 11. 1901. Sie starb 1934 (Anzeige 2. 12.) nach kurzer, schwerer Krankheit. Vgl. dazu Todesanzeige Alice Brandeis-Loeb. In: NZZ, 4. 12. 1934.
68 StadtA Zürich: Bürgerrecht Ludwig Loeb. Familienschein für Ludwig Loeb aus Niederwiesen, Hessen.
69 Ebd.
70 Heinrichs: Helvetik (2005), S. 251 f., 441.
71 SHAB, 17. 2. 1911 (Nr. 42).
72 Friedhofsliste ICZ.
73 Inserat Geschäftsaufgabe Loeb Zürich. In: IW, 8. 10. 1920, (Nr. 41), S. 20. Liquidation: SHAB 17. 3. 1922 (Nr. 64).
74 Oskar Loeb starb am 23. 5. 1932. Vgl. dazu: Friedhofsliste ICZ; Erwin Loeb hat am 29. 6. 1919 Lucie (geb. 1896) in Zürich geheiratet. Seine Kinder Louis Marc (geb. 28. 7. 1921) und Erica Rosa (geb. 4. 7. 1926) kamen beide noch in Zürich auf die Welt. Erwin Loeb und seine Familie bestiegen am 8. 2. 1939 die SS Paris in Le Havre nach New York. Vgl. dazu: Washington, Einbürgerungsgesuche 1860–1991. Einbürgerungsgesuch (Nr. 37750) für Erwin Alfred Loeb vom 20. 4. 1944. Online: Ancestry.com.
75 Loeb-Archiv: 07D-15, In Memoriam Fanny Loeb.
76 Lowenstein: Deutsch-jüdische Geschichte (1997), S. 16. Bei jüdischen Männern lag das Heiratsalter bei 30 Jahren, bei jüdischen Frauen wie bei der christlichen Bevölkerung auch lag es bei 25 Jahren.
77 Loeb-Archiv: 01-A-2, Bilanz Gebrüder Loeb Juli 1877.
78 Lowenstein: Deutsch-jüdische Geschichte (1997), S. 83.
79 Am 23. 11. 1886 starb in Freiburg i. Br. der 14-monatige Sohn Hugo Karl von David und Fanny Loeb. Vgl. dazu: FZ 25. 11. 1886. Melanie Loeb, geb. 11. 2. 1882, starb am 18. 1. 1891 in Freiburg i. Br. Vgl. dazu: StadtA Bern: Niederlassung David Loeb. Vgl. zudem: Nachruf Eugen Loeb (1877–1959). Bern 1959.
80 StadtA Bern: Niederlassung David Loeb.
81 Entlassungsschein David Loeb aus Alzey, Nieder-Wiesen 1892 (Privatbesitz F. Loeb).
82 StAAG: Einbürgerung David Loeb 1893.
83 Hermine Meier-Aerni. In: 70 Jahre Loeb (1951), S. 15.
84 In Erinnerung an unseren lieben und verehrten Senior Herrn Eugen Loeb (1877–1959), S. 16.
85 Festschrift zur Feier des fünfzigjährigen Bestandes unseres Hauses – Gebr. Loeb AG (1931), S. 5.
86 Loeb-Archiv: 07D-15, Messinger, Josef: Gedächtnis-Rede zu Ehren des verewigten Herrn David Loeb.
87 Zwei Feste. 750 Jahre Bern – 60 Jahre Loeb (1881-1941) [o. S.].
88 80 Jahre Loeb (1961), S. 27.
89 In Erinnerung an unsern lieben und verehrten Senior Herrn Eugen Loeb (1877–1959), S. 16.
90 Bertha Häberli-Trittenbach, eine der ersten zwanzig Ladentöchter, erzählt aus den neunziger Jahren des vorigen Jahrhunderts. In: 70 Jahre Loeb (1951), S. 17.
91 80 Jahre Loeb (1961), S. 21.
92 Schaetzle, Alfred: Geschichte der Häuser der oberen Spitalgasse und die bauliche Entwicklung des Warenhauses Loeb. In: 75 Jahre Loeb (1956), S. 4–12, hier S. 9.
93 80 Jahre Loeb (1961), S. 27.
94 O. V.: Ein neues Geschäftshaus. In: Intelligenzblatt Bern, 14. 3. 1899 (Nr. 62).
95 Neues Berner Taschenbuch, 1899, Bd. 5, S. 310.
96 Festschrift zur Feier des fünfzigjährigen Bestandes unseres Hauses – Gebr. Loeb AG (1931); 75 Jahre Loeb (1956).
97 80 Jahre Loeb (1961), S. 27.
98 Müller-Zwahlen, Bertha: Unsere Firma – unser Haus. In: 70 Jahre Loeb (1951), S. 18–24.
99 Ebd., S. 19.
100 Ebd., und Schädelin, Klaus: Em Loeb syner 75 Jahr. In: 75 Jahre Loeb (1956), S. 14–25, hier S. 24.
101 Müller-Zwahlen: Unsere Firma – unser Haus, S. 19 f.
102 Ebd., S. 18 f.

103 Ebd., S. 20–22; Schädelin: 75 Jahr (1881–1956), S. 24.
104 Festschrift zur Feier des fünfzigjährigen Bestandes unseres Hauses – Gebr. Loeb AG (1931), S. 6–8; In Erinnerung an unsern lieben und verehrten Herrn Arthur Loeb (1875–1946), S. 6.
105 Loeb-Archiv: 07D-9, Erinnerungsschrift Fitz Loeb «Es war einmal».
106 In Erinnerung an unsern lieben und verehrten Senior Herrn Eugen Loeb (1877–1959).
107 75 Jahre Loeb (1956), S. 39.
108 Ebd.
109 Loeb-Archiv: 01B-2, GV-Protokoll, 31. 1. 1947.
110 70 Jahre Loeb (1951), S. 28.
111 Festschrift zur Feier des fünfzigjährigen Bestandes unseres Hauses – Gebr. Loeb AG (1931), S. 9–11; Loeb-Archiv: 01B-2, GV-Protokoll, 31. 1. 1947.
112 Loeb-Archiv: 7C-31, Eröffnungsartikel am 16. 4. 1914 (Das moderne Warenhaus).
113 Ebd.
114 Festschrift zur Feier des fünfzigjährigen Bestandes unseres Hauses – Gebr. Loeb AG (1931), S. 11; Erinnerungsschrift Fitz Loeb «Es war einmal».
115 Erinnerungsschrift Fitz Loeb «Es war einmal».
116 Triumph des Warenhauses. Neu-Eröffnung der Loeb A.-G. In: Berner Tagwacht, 13. 9. 1929.
117 Zur Eröffnung des Neubaus der Gebrüder Loeb A.-G. in Bern. In: Der Bund, Aus Handwerk und Gewerbe, Nr. 423, 11. 9. 1929.
118 Festschrift zur Feier des fünfzigjährigen Bestandes unseres Hauses – Gebr. Loeb AG (1931), S. 9.
119 Loeb-Archiv: 01B-1, Protokoll der Verwaltungsratssitzung, 11. 2. 1919.
120 Loeb, Monatsblatt, September/Oktober 1962 (32. Jahrgang), S. 27 f.
121 Loeb-Archiv: 07D-2, Stammbaum Familie Loeb.
122 Loeb-Archiv: 1H-18 Gratulationsschreiben Personal an Fanny Loeb, 22. 7. 1934.
123 Ebd.
124 Nachruf Fanny Loeb. In: IW, 29. 1. 1937. Fanny Loeb starb am 22. 1. 1937. Gemäss Sterberegister des Stadtarchivs Bern wohnte sie bei ihrem Tod im Diakonissenhaus Favourite, Schanzeneckstr. 25 Bern. Vgl. dazu, Stadtarchiv Bern, Bestattungskontrolle 1937, E. 2.2.1.9.252.
125 StABE: V JGB 3, Jahresbericht Israelitischer Kultusgemeinde 1896, S. 139.
126 Loeb-Archiv: 07D-15, Messinger, Josef: Gedächtnis-Rede zu Ehren des verewigten Herrn David Loeb. Bern 1915.
127 In Erinnerung an unsern lieben und verehrten Senior Herrn Eugen Loeb (1877–1959), S. 1–7.
128 Loeb-Archiv: 01H-6, Tagebuch Eugen Loeb: Meine Aegypten-Fahrt mit «Graf Zeppelin» L. Z. 127 vom 9. bis 13. 4. 1931, S. 21 f.
129 Staub: Warenhaus (1998), S. 61. «Gemäss der synagogalen Tradition haben nur die Rabbiner und Präsidenten oder jene Mitglieder jüdischen Gemeinschaft das Recht auf ein Begräbnis in der Synagoge, die für den Judaismus und Israel ausserordentlich aktiv gewesen waren.»
130 Gerson: Pluralisierungen und Polarisierungen (2014), bes. S. 102–112.
131 Staub: Warenhaus (1998).
132 In Erinnerung an unsern lieben und verehrten Senior Arthur Loeb (1875–1946), S. 10.
133 Staub: Warenhaus (1998), S. 57.
134 Knuchel: 30 Jahre Loeb-Schaufenster (1995), S. 4.
135 Ebd.

8. Kapitel

1 Zur Geschichte von Manor vgl.: Maus Frères: Cent ans (2001); Friedmann: »MF« (1983); Burger: Manorama (1993); INSA, 1991, Bd. 6, S. 497 f.; Huser: Vieh- und Textilhändler (2007), S. 233–239; Amrein-Gumann: Das Kaufhaus Manor (2013).
2 Vorwort von Philippe Nordmann. In: Maus Frères: Cent ans (2001). *«La conclusion de cette histoire est toute simple: nous sommes fiers de nos aïeux.* En partant de rien et de nulle part, ils ont su, à force de talent et de persévérance, construire, étendre, consolider notre entreprise pour lui donner les moyens de devenir ce qu'elle est aujourd'hui.»
3 Walser: Geschwister Tanner (1907), S. 314; Echte: Robert Walser (2008), S. 17.
4 StadtA Biel: Niederlassung Moses Nordmann.
5 Nachruf David Nordmann. In: IW, 12. 7. 1918 (Nr. 28), S. 7. David Nordmann (1831 Hegenheim–1918 Biel) liess sich gemäss IW 1857 in Biel nieder. Ins Niederlassungsregister der Stadt Biel hat er sich 1860 eintragen lassen. 1859 Heirat mit Sara Weil (1830–1924).
6 SHAB, 6. 2. 1883 (Nr. 14/II. Teil): Inhaber der Firma «David Nordmann» in Biel ist Herr David Nordmann, von Belfort, Negt. in Biel. Natur des Geschäfts: Uhrenfabrikation im Neuquartier Nr. 40 in Biel; Zusammenschluss zur KG mit Schwiegersohn Albert Blum, vgl. SHAB, 20. 1. 1884 (Nr. 6); Am 1. 3. 1893 schliesst sich Albert Blum mit Jakob Ostersetzer aus Brody (Österreich), beide wohnhaft in Biel, zur KG Blum & Ostersetzer mit Sitz in Biel an der Neuengasse 38 zusammen, vgl. SHAB, 27. 5. 1893 (Nr. 125); StadtA Biel: Niederlassung Albert Blum.
7 ADHR: Hegenheim, Décès, 1817–1862, 15. 2. 1846, Nr. 5, Salomon Nordmann (geb. 1795 in Hirsingue). Darin zu lesen: «Marchand d'Etoffe, demeurant Hegenheim, natif Hirsingue, agé de cinquante ans» Sohn von Adam Nordmann und Eva Ullmann. Online: www.archives.haut-rhin.fr/search/result#-viewer_watch:a011455803045XWHE2f/3913647b73. Aus seiner Geburtsakte geht hervor, dass Salomon Nordmann der Sohn von Adam Nordmann (Handelsmann) und Eve Ella Schmoll sei. Vgl. dazu: ADHR: Hirsingue, Naissances, 1793–1807, Salomon Nordmann, 1795, Nr. 18, Online: www.archives.haut-rhin.fr/search/result#viewer_watch:a-011455803211QqIana/7b028050bb.
8 SHAB, 7. 3. 1883 (Nr. 33). «Inhaber der Firma Moïse Nordmann in Biel ist Herr Moïse Nordmann, von Hegenheim (Elsaß), in Biel. Natur des Geschäfts: Tuchwaarenhandlung, Burg Nr. 81, in Biel.»
9 Tagblatt der Stadt Biel, 7. 2. 1878. Dieses Inserat ist das einzige, das bei der Durchsicht mehrerer Jahrgänge zwischen 1874 und 1901 zu Moïse Nordmann, Léon Nordmann oder dem Namen des Geschäftes Au Petit Bénéfice gefunden werden konnte. Dies im Gegensatz zur Konkurrenz wie das Zur Stadt Mühlhausen der Gebrüder Hess oder das Zur Stadt

Paris von C. Bernheim, die neben anderen seitenweise und sehr gross inserierten.

10 ADHR: Hegenheim, Mariages, 1863–1872, Moise Nordmann/Thérèse Picard, 20. 11. 1866. Online: www.archives.haut-rhin.fr/search/result - viewer_watch:a011455803129bgHbmu/d15e90d466.

11 Hyman: The Emancipation (1991), S. 70.

12 Brunschwig: Heimat Biel, S. 59–62.

13 Nachruf Moïse Nordmann. In: IW, 17. 8. 1928, S. 11 f.

14 Chronik von Biel von den ältesten Zeiten bis zu Ende 1873. Gesammelt und chronologisch geordnet von Gustav Blösch, Oberrichter. Biel 1875, S. 270.

15 Brunschwig: Heimat Biel (2011), S. 77. Baugesuche von Max/Moise Nordmann: 1881 an der Schulgasse; 1888 und 1896 an der Nidaugasse. In: Brunschwig: Heimat Biel (2011), S. 213.

16 Gespräch Thierry Halff. Vgl. zudem: Friedmann: »MF« (1983), S. 23 f.

17 ADHR: Geburtenregister Herrlisheim, 1833, Nr. 35. Geburt von Meyer Maus am 26. 10. 1833. Salomon Maus war damals 41-jährig, seine Frau Rosa, geb. Roth, 42-jährig. Online: www.archives.haut-rhin.fr/search/result#viewer_watch:a011455803211PbzaIM/d837030417.

18 SHAB, 13. 2. 1891 (Nr. 32).

19 Lowenstein: Deutsch-Jüdische Geschichte (1997), S. 30.

20 StASO: Einbürgerung Heinrich Maus (Nr. 56) und Ernest Maus (Nr. 92). Den Einbürgerungsakten ist zu entnehmen, dass die beiden Brüder von 1888 bis 1890 in Delémont wohnhaft waren und da gearbeitet haben.

21 Ebd.

22 Ebd.

23 StadtA Biel: Niederlassung Heinrich Maus (Nr. 628) und Ernest Maus (Nr. 1187).

24 Friedmann: »MF« (1983), S. 23 f.

25 MMF Genf: Familien-Büchlein Ernest Maus, (27. 7. 1871 in Colmar–30. 9. 1945 in Lausanne), Heirat am 4. 4. 1899 in Basel mit Adeline Bernheim (25. 12. 1874 in Pfastatt–1. 10. 1954 in Genf), Tochter d. Caspar und Regina Bernheim-Lang.

26 AEG: Naturalisation Henri Maus 1910.

27 StadtA Biel: Niederlassung Heinrich Maus; AEG: Naturalisation Henri Maus 1910 in Genf. SHAB, 23. 7. 1903 (Nr. 292); SHAB, 13. 8. 1903 (Nr. 316).

28 Vgl. dazu: Friedmann: »MF« (1983), S. 43 f.; Maus Frères: Cent ans (2001), S. 13; HLS, Stichwort Freizonen.

29 Nachruf Léon Nordmann. In: IW, 28. 6. 1957.

30 Huser: Vieh- und Textilhändler (2007), S. 234 f.

31 Laure Bernheim (28. 2. 1873 Genevey sur Coffrans–22. 11. 1944 Biel), Tochter d. Samuel Bernheim (geb. 22. 1. 1839 Pfastatt, Sohn von Alexandre und Pauline Bernheim-Lévy) und Fanny Guggenheim (geb. 1843, Tochter von Marc und Caroline Guggenheim-Wahl). Freundliche Mitteilung von Mary-Claire Oppliger, Zivilstandsamt Cernier vom 19. und 21. 10. 2016; Todesanzeige von Laure Nordmann-Bernheim. In: IW, 24. 11. 1944 (Nr. 47); Nachruf von Laure Nordmann-Bernheim. In: IW, 1. 12. 1944 (Nr. 48).

32 Ebd.

33 SHAB, 28. 10. 1898 (Nr. 298).

34 Intelligenzblatt Bern, 13. 11. 1902.

35 SHAB, 29. 7. 1905 (Nr. 313). Weder Moïse noch Léon Nordmann haben im Handelsregister den Zusatz «Au Petit Bénéfice» eintragen lassen. Der Name des Geschäftes ist vor allem durch das erhaltene Foto ersichtlich. Zudem erschien am 17. 11. 1899 eine Anzeige im *L'Express*, wonach eine junge Haushaltshilfe gesucht wurde, die sich beim Au Petit Bénéfice an der Nidaugasse melden soll.

36 SHAB, 10. 5. 1902 (Nr. 183). Der Firmenchronik von Friedmann zu entnehmen ist, dass Nyon in der Geschichte der Warenhausgruppe eine besondere Rolle spielte. Léon Nordmann sei da schon 1898, also noch vor Luzern, tätig geworden und man habe den kleinen Laden 1926 in Au Louvre umbenannt. Gemäss SHAB war dies jedoch bereits 1902 der Fall. Ob das auf den Fotos ersichtliche gegenüberliegende Au Petit Bénéfice etwas mit den Nordmanns zu tun hat, ist nicht bekannt.

37 SHAB, 10. 5. 1902 (Nr. 183).

38 Burger: Manorama (1993), S. 19; INSA, 1991, Bd. 6, S. 497 f.

39 Friedmann: »MF« (1983), S. 24 f.

40 Amrein-Gumann: Das Kaufhaus Manor (2013), S. 156–169.

41 MMF: Schreiben von Heinrich Zust (Stadtpräsident von Willisau) an Robert Nordmann vom 17. 1. 1978.

42 Ein Stück Luzerner Altstadtgeschichte feiert den Neunzigsten. In: Luzerner Zeitung, 8. 10. 1992 (Nr. 234). Für den ins Auge gefassten Neubau gründeten Henri und Ernest Maus zusammen mit Léon Nordmann 1909 die Dreikönigsgesellschaft, eine Genossenschaft mit Sitz in Luzern, die die geschäftliche Umgestaltung des bisherigen Hotels Zu den drei Königen in Luzern und evtl. auch anderer Liegenschaften zum Zwecke hatte. Vgl. dazu: SHAB, 22. 12. 1909 (Nr. 316).

43 Illustrierte schweiz. Handwerker-Zeitung, 1912, Bd. 28, Heft 51, S. 813 f.

44 Ein Stück Luzerner Altstadtgeschichte feiert den Neunzigsten. In: Luzerner Zeitung, 8. 10. 1992 (Nr. 234).

45 SHAB, 5. 2. 1921 (Nr. 36).

46 Friedmann: »MF« (1983), S. 187–190. Vgl. zudem: Huser: Vieh- und Textilhändler (2007), S. 233–239.

47 SHAB, 26. 4. 1921 (Nr. 108); SHAB, 4. 5. 1921 (Nr. 123); SHAB, 17. 10. 1923 (Nr. 243); SHAB, 17. 12. 1928 (Nr. 296).

48 Nachruf Léon Nordmann. In: IW, 28. 6. 1957.

49 Nachruf Laure Nordmann-Bernheim. In: IW, 1. 12. 1944 (Nr. 48).

50 Vgl. dazu: SHAB, 1. 5. 1883 (Nr. 63, II. Teil) und SHAB, 13. 7. 1883 (Nr. 103, II. Teil); Inserat Nordmann & Blum, *Magasin Au Petit Bénéfice*. In: La Liberté, Mittwoch 9. 5. 1883, S. 4.

51 ADHR: Geburtsakte Abraham Nordmann, 6. 5. 1842, Niederhagenthal, Sohn d. Goetsch Nordmann, Revendeur, (damals 38) und Marie Kahn (damals 40). Als Zeugen unterzeichneten Leopold Schwab (54, Revendeur) und Lazare Goetschel (50, Colpoteur). Online: www.archives.haut-rhin.fr/search/result#viewer_watch:a011455803208YGRrlD/9711fa8c2f.

52 SHAB, 1. 5. 1883 (Nr. 63, II. Teil). «Unter der Firma Nordmann und Blum in Olten und Freiburg, die seit 1. 1. 1873 besteht, haben [sic!] die Herren Abraham Nordmann von Belfort und Salomon Blum von Vesoul – Frankreich, in Olten eine Kollektivgesellschaft eingegangen, deren Hauptgeschäft in Olten durch Herrn Blum, die Filiale in Freiburg durch Herrn Nordmann geführt wird. Natur des Geschäftes: Handlung in Manufakturwaaren und Confections.»

53 Ebd. und SHAB, 13. 7. 1883 (Nr. 103, II. Teil).

54 Maurice (1874), Isidore (1876), Camille (1878), Mathilde (1879), Clémence (1881) kamen alle in Olten zur Welt, Jules (1885) und Léonie (1889) in Fribourg. Léonie verstarb als

Siebenjährige und liegt auf dem Jüdischen Friedhof in Bern begraben. Vgl. dazu: StAZH: Landrecht Abraham Nordmann 1892; Sterberegister Jüdische Gemeinde Bern.

55 Ab 1889 befand sich die zweite Filiale in Fribourg an der Rue de Lausanne 92. Vgl. dazu: Inserat in Le Confédéré, 28. 4. 1889.

56 StAZH: Landrecht Abraham Nordmann 1892.

57 Nachruf Abraham Nordmann. In: IW, 17. 4. 1914.

58 AfZ: NL Jean Nordmann / 325 (A) (Isidore Nordmann Archives); / VE 326 (A) (Isidore, Korrespondenz 1930–1944).

59 Nachruf Camille Nordmann. In: IW, 2. 9. 1955 (Nr. 36).

60 Todesanzeigen für Madame A. Nordmann. In: La Liberté, 23. 5. 1912. Gewürdigt wurde sie da auch vom Verein La Musique de Landwehr und von der Société fédérale de sous-officiers de Fribourg.

61 SHAB, 28. 10. 1912 (Nr. 271). 1912 übernimmt Maurice das Geschäft von Abraham Nordmann und zügelt an die Rue de Lausanne 16. Der Name wird geändert von Au Petit Bénéfice in Au Printemps; Todesanzeige Maurice Nordmann-Weiller. In: La Liberté, 18. 2. 1918; Nachruf für Maurice Nordmann: «[…] dans la Gruyère, ou la défunt était honorablement connu. C'était un citoyen laborieux, un commerçant honnête et avisé. Les nombreuses sociétes dont il faisait partie, dans la capitale, perdent en lui un appui éclairé et désintéressé.» Vgl. dazu: Nécrologie. M. Maurice Nordmann. In: La Gruyère, 19. 2. 1918; Gespräch mit C. Nordmann.

62 SHAB, 3. 4. 1918 (Nr. 78). Von da an wieder nur Au Petit Bénéfice an der Rue de Lausanne 16 und 18. Gemäss C. Nordmann emigrierte Bella Nordmann-Weiller mit ihren beiden Kindern in die USA.

63 Todesanzeige Madame Achille Nordmann, geb. Clémence Nordmann. In: La Liberté, 9. 7. 1947.

64 SHAB, 19. 9. 1904 (Nr. 358). Emanuel und Henri Nordmann, beide von Belfort, beide wohnhaft in Liestal, haben unter der Firma B. Nordmann's Söhne eine Kollektivgesellschaft eingegangen, welche vor dem 1. 1. 1883 entstanden ist. Vgl. dazu SHAB, 12. 3. 1883 (Nr. 35).

65 Todesanzeige Madame Achille Nordmann, geb. Clémence Nordmann. In: La Liberté, 9. 7. 1947. Beim Tod seiner Schwester Clemence 1947 ist er verheiratet und in Yverdon ansässig.

66 Léopold Bloch-Bernheim (1851–1926) war wohnhaft in Biel, wo er ein Kleidergeschäft betrieb. Vgl. dazu: Brunschwig: Heimat Biel (2011), S. 218; Nachruf in IW, 16. 7. 1926 (Nr. 29); Zivilstandsmeldungen in La Liberté, 28. 7. 1926, S. 3.

67 Am 21. 1. 1907: Heirat von Isidore Nordmann (von Seuzach, geb. 28. 9. 1876) mit Alice Bloch (von Belfort, geb. 8. 11. 1885), damals wohnhaft in Biel. Vgl. dazu: Heiratsmeldung von Isidore Nordmann mit Alice Bloch. In: La Liberté, 16. 2. 1907, S. 4. Am 6. 9. 1908 wurde Jean geboren, man war damals wohnhaft an der Rue de la Gare 29, vgl. dazu: Geburtsmeldung von Jean Nordmann-Bloch. In: La Liberté, 8. 9. 1908, S. 3.

68 Vgl. dazu: Inserate von A la ville de Paris. In: La Liberté, 27. 10. 1894, 6. 5. 1899, 19. 4. 1900.

69 Léopold Bloch verheiratete sich mit Rosalie Bernheim, der einzigen Tochter von Clément Bernheim (1820–1898), der damals ebenfalls in Biel ansässig war. Vgl. dazu: Stammbaum Daniel Teichman, Abb. 32.

70 Ein origineller Wettbewerb. In: Freiburger Nachrichten, 10. 5. 1920, Nr. 109, S. 3.

71 Gespräch mit C. Nordmann; La Liberté, 26. 9. 1970, S. 9. Die Jury bestand aus Hubert Savoy (recteur du Collège Saint-Michel), Auguste Schorderet (Professeur) und Elie Crausaz (Rédacteur à la Liberté).

72 Stadt Freiburg. Silbernes Geschäftsjubiläum der Magazine Trois Tours. In: Freiburger Nachrichten, 17. 4. 1945, Nr. 87.

73 AfZ: Nachlass Jean Nordmann; Zsolt Keller: «Jean Nordmann», in: HLS, Version vom 9. 9. 2010, Online: https://hls-dhs-dss.ch/de/articles/021923/2010-09-09/, konsultiert am 1. 1. 2020.

74 Von Maus Frères gegründete «Au Louvre»-Geschäfte: Murten: SHAB, 6. 3. 1906, Nr. 90 (ab 1907 Kollektivgesellschaft mit den beiden Cousins: Bigar Frères & Cie. Vgl. SHAB, 4. 6. 1907, Nr. 142); Burgdorf: SHAB, 8. 11. 1906, Nr. 453 (zusammen mit den Brüdern Bigar, Georg und Andreas Bigar); Sainte-Croix: SHAB, 10. 5. 1906, Nr. 202 (ging ein Jahr später wieder ein bzw. wurde vermutlich von Martin Wanner aus dem schaffhausischen Schleitheim übernommen. Vgl. SHAB, 7. 5. 1907, Nr. 118); Hochdorf: SHAB, 26. 3. 1907, Nr. 75 (zusammen mit Meyer Schwob, von Herlisheim i. E. in Hochdorf); Saignelégier: SHAB, 19. 2. 1908, Nr. 41; Bulle: SHAB, 6. 10. 1908, Nr. 249; Tavannes: SHAB, 18. 11. 1909, Nr. 287; Aigle: SHAB, 23. 10. 1911, Nr. 262; Orbe: SHAB, 23. 3. 1914, Nr. 68 (zusammen mit Armand Brunschwig von und aus Genf); Rolle: SHAB, 19. 10. 1916, Nr. 246; Tramelan-dessus: SHAB, 11. 4. 1922, Nr. 85.

75 SHAB, 4. 9. 1907 (Nr. 221) (Kollektivfirma Bigar Frères & Co., André und Georges Bigar, Henri und Ernest Maus); SHAB: 19. 3. 1920, Nr. 72. Die Chroniken der Firma Maus Frères schreiben, dass die Verbindung zu Bigar Frères nicht von langer Dauer war und man sich schnell wieder trennte. Vgl. dazu: Maus Frères: Cent ans (2001), S. 15. Gemeinsam mit den Brüdern Bigar waren sie Partner an Warenhäusern in Neuchâtel, Vevey, Murten, St. Imier und La Chaux-de-Fonds. Chronist Friedmann schreibt, dass bei der Trennung im Jahr 1906 das Geschäft von Murten an die Maus Frères und das von St. Imier an die Herren Elsner und Brunschwig überging. Vgl. Friedmann: »MF« (1983), S. 18.

76 Friedmann: »MF« (1983), S. 57 f.

77 Maus Frères: Cent ans (2001), S. 23; Nachruf Henri Maus. In: IW, 6. 6. 1930 (Nr. 23).

78 Nachruf Henri Maus. In: IW, 6. 6. 1930 (Nr. 23).

79 Nachruf Ernest Maus. In: IW, 5. 10. 1945 (Nr. 40).

80 Vgl. Kap. 2, Familiäre Bande.

81 Nachruf Henri Maus. In: IW, 6. 6. 1930 (Nr. 23).

82 Nachruf Ernest Maus. In: IW, 5. 10. 1945 (Nr. 40).

83 Vgl. dazu: Nachruf Marx Bigar. In: IW, 9. 10. 1936, Nr. 41; Stammbaum Annie Claire Blum.

84 Grands Magasins Innovation S. A. Lausanne. Festschrift 50-Jahr-Jubiläum. 1957 [o. S.].

85 Ebd.; Eröffnungsinserat A l'Innovation in Lausanne 1912. In: La Gruyère, 12. 10. 1912.

86 SHAB, 6. 3. 1906 (Nr. 90); SHAB, 4. 6. 1907 (Nr. 142).

87 ADHR: Mulhouse, Naissances 1884–1884, Geburt von Heinrich Nephtaly Kahn am 13. 9. 1884, Nr. 1825; online: www.archives.haut-rhin.fr/search/result#viewer_watch:a-011455803229JFTiBl/1353c7e984; Huser: Vieh- und Textilhändler (2007), S. 133 f.

88 Ebd.

89 StASO: Einbürgerung von Heinrich Nephtaly Kahn. Schreiben von der Gemeindekanzlei der Stadt Solothurn vom 20. 1. 1904.
90 Festrede zum 50-Jahr-Jubiläum des Au Louvre in Murten 1956. (Privatbesitz Familie Kahn, Bern)
91 Ebd., Vertrag zwischen Henri Kahn in Murten und Maus Frères in Genf vom 10. 3. 1919.
92 Marc und Caroline Lob-Baer (früher Leb) gehörten zu jenen frühen Einwanderern in Avenches, kam doch deren erstgeborene Tochter Henriette daselbst am 26. 12. 1828 auf die Welt und bereits 1831 konnte ein Haus als Eigentum erworben werden. Der 1832 geborene Sohn Bernard Lob vermählte sich später mit Florentine Bloch aus Moudon. Vgl. dazu Gottraux: La Communauté (1978), S. 1 und dazugehöriger Anhang (B) «Enfants nés à Avenches de 1828 à 1945»; Stammbaum Familie Leb (Privatbesitz Familie Kahn, Bern). Es folgten noch sieben weitere Kinder, darunter der 1832 geborene Bernard Lob, der später Florentine Bloch aus Moudon heiratete (Marthes Grosseltern). Isaac Lob (früher Loeb) hingegen, wurde 1866 zu Elie und Pauline Loeb-Lévy in Belfort geboren, etablierte sich später in Pontarlier, dann in Avenches und schlussendlich in Sion, wo er 1909 samt seiner Familie eingebürgert wurde. Spätestens bei seiner Hochzeit mit Clémence Lob 1894 waren diese in Sion ansässig. Vgl. dazu diverse Unterlagen aus dem Privatbesitz Familie Kahn, Bern: Einbürgerungsurkunde von Isaac Lob am 14. 3. 1909 in der Stadt Sion, Genealogisches Auskunftsmaterial der Burgergemeinde Sion, *Contrat de mariage* zwischen Isaac Loeb und Clémence Loeb von 1894.
93 Gottraux: La Communauté (1978), S. 1.
94 Lehrvertrag René Kahn beim Warenhaus Nordmann in Solothurn vom 11. 5. 1938. (Privatbesitz Familie Kahn, Bern)
95 Ebd. Festrede René Kahn zum 50-Jahr-Jubiläum 1956; Gespräch mit G. Kahn.
96 SHAB, 9. 4. 1951 (Nr. 81).
97 SHAB, 8. 11. 1906 (Nr. 453). Das Au Louvre führte Mercerie, Bonneterie, Kleiderstoffe, Konfektion, Schuhwaren, Putz- und Bazarartikel im Sortiment.
98 SHAB, 26. 9. 1908 (Nr. 241). Gemäss SHAB war Bernhard Strauss gebürtig in Hohenstein (Provinz Hessen-Nassau).
99 Gespräch mit I. Bandle und R. Strauss; Familienbüchlein (Privatbesitz Bandle/Strauss).
100 Bernhard Strauss, geb. 1876 im hessischen Hohenstein, gest. 1960 in Burgdorf, Sohn d. Salomon und Caroline Strauss-Blum. Vgl. dazu: Familienbüchlein (Privatbesitz Bandle/Strauss); Sterberegister Jüdische Gemeinde Bern, Bernhard Strauss (Grab-Nr. 1295).
101 Nachruf Karoline Strauss-Blum. In: IW, 5. 12.1947.
102 Trauerrede für Rosa Strauss-Moch, gehalten durch Rabbiner Engelmayer 1970 (Privatbesitz Bandle/Strauss).
103 Friedmann: »MF« (1983), S. 25 f.
104 Trauerrede für Rosa Strauss-Moch, gehalten durch Rabbiner Engelmayer 1970.
105 SHAB, 18. 2. 1943 (Nr. 40).
106 Gespräch mit I. Bandle und R. Strauss; Trauerrede für Rosa Strauss-Moch, gehalten durch Rabbiner Engelmayer 1970; Nachruf Karoline Strauss-Blum. In: IW, 5. 12. 1947.
107 Friedmann: »MF« (1983), S. 51–54; Gespräch mit Thierry Halff.
108 Nachruf André Maus. In: Feuille d'Avis de Lausanne, 16. 9. 1965, S. 15; Mort de M. André Maus. In: Tribune de Lausanne, 17. 9. 1965, S. 32.
109 Lévy: Souvenir (1978), S. 82; Maus Frères: Cent ans (2001), S. 28.
110 Lévy: Souvenir (1978), S. 88.
111 Mort de M. André Maus. In: Tribune de Lausanne, 17. 9. 1965, S. 32.
112 Maus Frères: Cent ans (2001), S. 29. Vgl. zudem Nachruf Robert Nordmann. In: IW, 24. 1. 1986 (Nr. 4), 31. 1. 1986 (Nr. 5).
113 Friedmann: »MF« (1983), S. 64 f.; Abraham Dreyfus betrieb ein Warenhaus Au Louvre in Mülhausen. Sein in Basel wohnender Sohn Jean Jacques Dreyfus, betrieb die Filiale in Basel. Vgl. SHAB, 14. 2. 1919 (Nr. 37). 1926 übernahm man das bereits bestehende Warenhaus «Magazine zum Greifen». Vgl. dazu: SHAB, 22. 6. 1926, S. 1142 (Nr. 142).
114 Weitere Depots befanden sich in Wädenswil, Buchs, Altstätten, Romanshorn, Rheinfelden. Vgl. dazu: Maus Frères: Cent ans (2001), S. 29.
115 Ebd., S. 29–33.
116 Ebd., S. 30.
117 MMF Genf: Dossiermappe *Antisémitisme en Suisse 1933*. Darin enthalten zahlreiche Briefe deutscher Firmen, die gegen diesen Boykott protestieren.
118 Gespräch mit Thierry Halff; Maus Frères: Cent ans (2001), S. 92.
119 SWA: H+I, C1013, Au Printemps. Schweizerische Handels-Zeitung Zürich, 28. 11. 1991 (Nr. 48).
120 Nachruf Robert Nordmann. In: IW, 24. 1. 1986, Nr. 4; 31. 1. 1986, Nr. 5.
121 Ebd.
122 Maus Frères: Cent ans (2001), S. 70 f.

9. Kapitel

1 Testamentarischer Familien-Verband (1891) (siehe Anhang).
2 Bisch: Etre juif à Sierentz au XIX siècle (1985), S. 12. Um 1900 zählte die jüdische Gemeinde in Sierentz 256 Juden. Auch im Geldverleih waren einige Juden tätig. Mehr als die Hälfte lebte zu der Zeit in miserablen Zuständen, sieben Familien wurden als Notdürftige bezeichnet und zwölf wussten nicht, wovon sie ihren Lebensunterhalt bestreiten sollten. Nur fünf Familien waren vermögender als die anderen.
3 Vgl. zur Herkunft der Familie Lang: Bhend: Die Gebrüder Lang (2009).
4 ADHR: Sierentz, Naissances (1793–1831), Jacques Lang, 5. 10. 1829 (Nr. 31). Online: www.archives.haut-rhin.fr/search/result#viewer_watch:a011455803248y4OC-cB/98519f04f5.
5 Nachfahrenliste für Joseph Baruch Lang. In: Maajan 2001, Heft 58 (1. Q.), S. 1744–1752 sowie Maajan 2004, Heft 70 (1. Q.), S. 2298.
6 Raphaël: Der Viehhändler (1992), S. 14.
7 Neher: Esprit du judaïsme d'Alsace (1991/1992), S. 30.
8 Testamentarischer Familien-Verband (1891) (siehe Anhang).
9 Die gleichen Umstände traf man auch bei den Osteuropäischen Juden an. Vgl. Haumann: Ostjuden (1999), S. 99.
10 Gerson: Die Kehrseite (2006), S. 229.
11 Ebd., S. 229–237.

12 NZZ, 13. 10. 1971.
13 Guggenheim-Grünberg: Vom Scheiterhaufen zur Emanzipation (1982), S. 47.
14 Lewinsky: Zavoe (2001), S. 2.
15 Von Arx: Handwerker (ca. 2005).
16 Nordmann: Zur Geschichte der Juden (1929), S. 86 f.
17 Ebd. Zu den absolut restriktiven Kantonen wurden Schwyz und Zug gerechnet, die den Juden unter keinen Umständen Niederlassungsrecht erteilen wollten.
18 Ebd., S. 88; Vgl. zudem: Guth: Die Juden in der Schweiz (1954), S. 92.
19 Von Arx: Handwerker (ca. 2005). Die Gebrüder Lang priesen sich dem Publikum mit grossen Inseraten in der *Neuen Glarner Zeitung* an.
20 NGZ vom 18. 7. 1863, 23. 1. und 30. 4. 1864, 30. 10. 1880.
21 Ahnenliste zu den Vorfahren des Joseph Lang. In: Maajan 2004, Heft 72 (3. Q.), S. 2400.
22 Nachruf Jacques Lang, In: Der Israelit, 15. 4. 1915.
23 Ahnenliste zu den Vorfahren des Joseph Lang. In: Maajan 2004, Heft 72 (3. Q.), S. 2400.
24 Ebd.
25 Landesarchiv Glarus: Genealogieauszug. Ich danke Herr Rigendinger für diese Information.
26 Testamentarischer Familien-Verband (1891) (siehe Anhang).
27 NGZ, 30. 10. 1880.
28 Lazar Guth wohnte spätestens ab 1901 in Zürich an der Leonhardstrasse 1 und wurde Bürger dieser Stadt. Zwei seiner Söhne – Jules und Moritz – wanderten nach Basel ab und wurden Vertreter für Ärzte- und Praxisausstattungen. Wahrscheinlich blieben der zweite und der dritte Sohn – Jacob und Louis – in Glarus sesshaft und führten gemäss Gespräch mit K. Guth-Dreyfuss einen mässig rentierenden «Hosenladen» bis in die 1950er-Jahre weiter. Vgl. zudem: Bhend: Die Gebrüder Lang (2009), S. 34 f.
29 HLS, Stichwort: Deutsch-Französischer Krieg.
30 Testamentarischer Familien-Verband (1891) (siehe Anhang).
31 Ebd., S. 155.
32 StALU: HK 62 (1800–1872) Betr. Juden auf Märkten, Luzern «Ausverkauf» 1872; AKT 37/180A.2.
33 Ebd., Schreiben an das Polizeidepartement vom 5. 11. 1870.
34 Ebd., Petition an Stadtrat von Luzern.
35 Kaufmann: Juden in Luzern (1984), S. 10.
36 Haller: Die rechtliche Stellung (1900), S. 235–240.
37 Erlanger: Stammbaum (1998), S. 51.
38 Der Israelit, 15. 4. 1915.
39 Wildi: Abwanderung (1998), S. 50.
40 Jacques Lang war Präsident der Israelitischen Kultusgemeinde Baden von 1879–1895 und 1897–1901. Vgl. dazu: Jüdische Lebenswelt Schweiz (2004), S. 457 und Nachruf Jacques Lang. In: Der Israelit, 15. 4. 1915.
41 Testamentarischer Familien-Verband (1891) (siehe Anhang).
42 Nachruf Jacques Lang.
43 Anmeldung der Gebrüder Lang für das Handelsregister vom 1. 3. 1883, DIA.H 0083, Nr. 70.
44 StadtA Baden: Fertigungsprotokolle der Gemeinde Baden, Bd. 22.
45 StadtA Baden: Privatbesitz Andreas Steigmeier.
46 StadtA Baden: Eröffnungsansprache des Kaufhauses Vilan 1968, Privatbesitz Andreas Steigmeier.
47 Frenkel: Baden [o. J.], S. 59.
48 Ebd., S. 60.
49 Ebd., S. 74 f.
50 Reisebereicht von Selig Schachnowitz aus dem Jahr 1901. In: Der Israelit, 24. 1. 1924, S. 9.
51 Firmenbuch: Bezirk Baden Bd. I., DIA.H. 0032 (1833–1979). Geschäftslokalität der Firma ist der angestammte Platz am Schlossberg in Baden. 1903 verlegten sie die Firma nach Zürich an die Usteristrasse. 1914 erfolgte die Aufgabe der Herrenkleiderfabrik.
52 SHAB 1896.
53 Wildi: Abwanderung (1998), S. 50 f.
54 StadtA Baden: B.41.6.1915, Nachlassinventar von Jacques Lang, Ehevertrag zwischen Jacques Lang und Rosette Seckel.
55 Der Israelit, 15. 4. 1915.
56 StadtA Baden: Nachlassinventar von Jacques Lang.
57 Wyss: Das «Alte, Grosse oder Gelbe Zeughaus» (1991), S. 33–38.
58 StadtA Zürich: Brandassekuranz (Nr. 60 a + b), In Gassen 10 und 12 in Zürich.
59 Der Name der Französischen Warenhalle kam daher, dass die Gebrüder Lang traditionell den grössten Teil der angebotenen Weisswaren und Stoffe aus Frankreich bezogen. Vgl. dazu: Tagesanzeiger Zürich, 14. 10. 1971.
60 Tagblatt der Stadt Zürich, 12. 10. 1871 (Bro).
61 Gespräch mit J. Reinhardt-Lang.
62 StadtA Zürich: Einbürgerungsakte Raphael Lang.
63 Rom: IRG (1995), S. 10.
64 Heinrichs: Helvetik (2005), S. 244.
65 Ebd., S. 241–247 und Rom: IRG (1995), S. 1–83. Die Gründer der IRGZ waren Gabriel Bernheim, Léon Bloch, Aron Gutmann, Raphael Lang, Joseph Weil, Hermann Weill und Leopold Weill. Bei der Gründung zählte die Gemeinde 16 Mitglieder. Gründungsurkunde abgedruckt bei Rom: IRG (1995), S. 14.
66 Heinrichs: Helvetik (2005), S. 244.
67 Frenkel: Baden [o. J.], S. 154.
68 Rom: IRG (1995), S. 17.
69 Ebd., S. 20.
70 Gespräch mit J. Reinhardt-Lang; Lewinsky: Zavoe (2001), S. 4; Nachruf Max Lang, IW, 27. 2. 1953.
71 SHAB 1897.
72 Besitzer der Liegenschaft war seit 1876 der Hufschmied Ludwig Maier, vgl. Brandassekuranz (1812–1925, Nr. 60 a + b) In Gassen 10 und 12, Stadtarchiv Zürich.
73 Tagblatt der Stadt Zürich, 14. 3. 1900 (Bro).
74 Vgl. Kap. 5.
75 Nachruf Max Lang, IW 27. 2. 1953; Nachruf Camille Lang, IW 15. 8. 1958.
76 Pfenninger: Globus (2007), S. 24–26.
77 Frawa-Contis: Grosse Französische Warenhalle (1971).
78 Tages-Anzeiger der Stadt Zürich vom 1. und 2. 2. 1917; Chronik der Stadt Zürich 1917 (19. Jg.), S. 50 f.
79 Tages-Anzeiger der Stadt Zürich, 1. und 2. 2. 1917.
80 BAZ: 53. Bericht AGZ, 1922/23.
81 Frawa-Contis: Grosse Französische Warenhalle (1971).
82 StAZH: Z. 2. 713, Z. 11. 323, Z. 11. 330, Z. 11. 1287, Z. 11. 1291. Korrespondenz zwischen der Zürcher Handelskammer, dem Zürcher Volkswirtschaftsdepartement, dem Eidg. Justiz- und Polizeidepartement und der Frawa bezüglich Namensänderung aus den Jahren 1920–1922.
83 Gespräch mit J. Reinhardt-Lang.
84 NZZ, 13. 10. 1971.

85 Nachruf Max Lang. In: IW 27. 2. 1953.
86 NZZ, 13. 10. 1971.
87 Rosenstein: Jüdische Lebenswelt (2004), S. 470; IW, 25. 8. 1995.
88 IW, 27. 11. 1987, S. 40.
89 Der Bund vom 28. 2. 1977; NZZ vom 13. 10. 1971; Frawa-Contis: Grosse Französische Warenhalle (1971). Bei der Comtoir des Tissus handelt es sich um ein von Lucien Schwob in Porrentruy gegründetes Familienunternehmen, das seit 1901 in Genf und Vevey kleine Verkaufsstellen betrieb. In Bern konnte bereits 1928 die erste Filiale der deutschen Schweiz an der Marktgasse 11 eröffnet werden. Die langjährige Freundschaft von René Lang mit dem jüdischen Geschäftspartner Robert Schwob aus der Westschweiz führte 1969 zur Fusion beider Unternehmen unter dem neuen Firmennamen Frawa-Contis AG. Die Textilkette aus der Westschweiz konnte sich bis 1970 erfolgreich etablieren und verfügte über Geschäftslokale in Bern, Lausanne, Luzern, Vevey und Genf an bevorzugter Verkehrslage. Zusammen eröffneten sie 1969 nach über zehnjähriger Planung eine Filiale in Winterthur.
90 Zeitung Stadt Zürich, 7. 9. 1970 (Morgenausgabe).
91 Tagblatt vom Samstag, 5. 9. 1970 (Extrabeilage); ich danke J. Reinhardt-Lang für diesen Hinweis.
92 Schweizerische Handels-Zeitung Zürich, 4. 4. 1974.
93 Frawa-Contis: Grosse Französische Warenhalle (1971); NZZ, 13. 10. 1971.
94 Pellinghausen, Walter: Die Strippenzieher vom Zugersee. In: Bilanz, 8. 3. 2005.
95 Gespräch mit J. Reinhardt-Lang.

Epilog

1 Ferry: Department Store (1960), S. 1.
2 O. V.: Les Grands Bazars. In: Le Figaro, 23. 3. 1881 (Nr. 82), S. 1.
3 Dies in Bezug auf den Flaneur und dessen Strasse und die Passagen. Zit. nach: Haupt: Konsum und Handel (2003), S. 88. Die Passagen zeichneten sich um 1820 als urbaner und anonymer Bautyp und «Pilgerort» aus, der nicht nur wesentliche Merkmale der Warenhäuser, sondern auch der heutigen Einkaufszentren in sich trug. Die Nachfolger der seit der Antike bekannten Figur des Pilgers sieht übrigens Zygmunt Baumann im Vagabunden, im Touristen, im Spieler und vor allem im Flaneur, der als Spaziergänger Einkaufsstrassen und die Malls durchstreift. Vgl. dazu: Bauman: Flaneure (2007), S. 136–161.
4 Laermans: Consume (1993), S. 80.
5 Miller: Bon Marché (1981), S. 185.
6 Zum Begriff «Raum» vgl.: Rolshoven: Übergänge und Zwischenräume (2000), S. 107–122; Rolshoven: Kulturraum- zur Raumkulturforschung (2003), Nr. 99, S. 189–213.
7 Löw: Raumsoziologie (2001). Zit. nach: Wehrheim: Die Ordnung der Mall (2007), S. 285.
8 Foucault: Andere Räume (1991), S. 37.
9 Zola: Mosaik einer Gesellschaft (1990), S. 159 f.
10 Böhme: Atmosphäre (2013), S. 51.
11 Ebd.
12 Das Hauptgeschäft des italienischen Hausierhandels war stets im Piemont. Die italienischen Hausierer waren nicht nur zäh, sondern auch straff organisiert. Sie bildeten Hausgenossenschaften, deren Grundlagen die erweiterte Familie war. Der Geschäftsgewinn wurde unter allen gleichberechtigt aufgeteilt, ein jeder Genosse musste genauestens Buch führen, sowohl über seinen Geschäftsbetrieb als auch über seine privaten Ausgaben. Es galten strikte Regeln: Spielen, Tanzen, Vollsaufen und Kegeln, das Aufsuchen schlechter Gesellschaft, das Ausgehen bei Nacht und das Karessieren waren verboten. Auch durfte man sich nicht im Ausland verheiraten und musste der Compagnie in der Kirche Treue und Gehorsam geloben. Es waren durchaus «solide Kaufleute», schreibt Weisz, die zu jener Zeit über die Alpen zogen und mit ihrer Anspruchslosigkeit und Arbeitsamkeit rasch erfolgreich waren. Es sei deshalb kein Wunder, «dass sie für die gefährlichsten Konkurrenten der einheimischen Krämer galten und mehr gehasst wurden als die Juden». Vgl. dazu: Weisz: Wie Johann Peter Jelmoli nach Zürich kam (1938), S. 105.
13 Blumer-Egloff: Grossbazare (1901), S. 29.
14 gwr.: Ist die EPA schuld? Eine Untersuchung von grundsätzlicher Bedeutung. In: Schweiz. Metallarbeiter Zeitung, 18. 2. 1939, Nr. 7.
15 75 Jahre Magazine zum Globus (1992) [o. S.].
16 Strohmeyer: Warenhäuser (1980), S. 9.
17 Picard: Das Alphabet der Erinnerung (2009), S. 299 f.
18 Pasdermadjian: Warenhaus (1954), S. 108.
19 Laermans: Consume (1993), S. 79.
20 Vgl. dazu: Dreyfus: Warenhaus (1920).
21 Vgl. zu Au Bon Genie: Au Bon Genie. 75 Années (1966).
22 Simmel: Beiträge zur Philosophie [1907] (1987), S. 35.
23 Bourdieu: Sozialer Sinn (1993), S. 206. Zit. nach: Rolshoven: Übergänge (2000), S. 111.

Anhang

Abkürzungsverzeichnis

ADHR	Archives départementales du Haut-Rhin
AEG	Les Archives d'État de Genève
AfZ	Archiv für Zeitgeschichte ETH Zürich
AK	Ansichtskarte
AZJ	Allgemeine Zeitung des Judentums
BAZ	Baugeschichtliches Archiv Zürich
BGE	Bundesgerichtsentscheid
BnF	Bibliothèque nationale de France
FZ	Freiburger Zeitung
IB	Institutionelle Archive und Bestände (AfZ)
ICZ	Israelitische Cultusgemeinde Zürich
INSA	Inventar der neueren Schweizer Architektur, 1850–1920, Städte Inventaire suisse d'architecture, 1850–1920: villes Inventario svizzero di architettura, 1850–1920: città
IW	Israelitisches Wochenblatt
JDG	Journal de Genève
JUNA	Jüdische Nachrichten (AfZ)
MMF Genf	Museum Maus Frères Genf
NGZ	Neue Glarner Zeitung
NYT	New York Times
SAV	Schweizerisches Archiv für Volkskunde
SBZ	Schweizerische Bauzeitung
SHAB	Schweizerisches Handelsamtsblatt
SIG	Schweizerisch Israelitischer Gemeindebund
StAAG	Staatsarchiv Aargau, Aarau
StABE	Staatsarchiv Bern
StABS	Staatsarchiv Basel-Stadt
StadtA	Stadtarchiv
StALU	Staatsarchiv Luzern
StASG	Staatsarchiv St. Gallen
StASO	Staatsarchiv Solothurn
StAZH	Staatsarchiv Zürich
SWZ	Schweizerische Wirte-Zeitung Zürich
SWA	Schweizerisches Wirtschaftsarchiv Basel
WHB	Warenhausbeschluss
ZHdK	Zürcher Hochschule der Künste
ZWD	Zentrale für Wirtschaftsdokumentation (AfZ)
ZB	Zentralbibliothek Zürich

Abbildungsnachweis

Abb. 1: ZB, Graphische Sammlung und Fotoarchiv, GRA 1.287.
Abb. 2, 3, 10, 16, 25, 28, 40, 44, 45, 47, 48, 57, 59, 63, 64, 70, 71, 79, 91, 100, 125: Privatarchiv Angela Bhend.
Abb. 4, 9: SWA, C1013, Broschüre C'est le Printemps. De 1865 à demain, l'histoire du grand magasin parisien. Paris 2015.
Abb. 5: BnF, Le Monde illustré, 4. 10. 1879, S. 227.
Abb. 6: www.zeno.org.
Abb. 7: BnF, Le Monde illustré, 2. 10. 1880, S. 205.
Abb. 8: AfZ, BA BASJ-Archiv/465.
Abb. 11: BnF, Le Monde illustré, 23. 3. 1872, S. 189.
Abb. 12: The Illustrated Police News. Law Courts and Weekly Record, 13. 8. 1887, Nr. 1226.
Abb. 13: Wikipedia, von unknown (Uploader=Armin Kübelbeck), www.bildindex.de, Gemeinfrei, https://commons.wikimedia.org/w/index.php?curid=1833475.
Abb. 14: Hermann, Eugen: Ein Jahrhundert Zürich und die Entwicklung seiner Firmen. Zürich 1946, S. 308.
Abb. 15, 34, 36, 38, 39, 41, 46, 65, 88: BAZ.
Abb, 17: Bibliothèque de Genève, VG 1285.
Abb. 18: Zürcherische Freitagszeitung, Nr. 25, 14. 6. 1844.
Abb. 19: AfZ, BA BASJ-Archiv/462.
Abb. 20: AfZ, BA BASJ-Archiv/460.
Abb. 21: Karte erstellt von Angela Bhend, 2020, © StepMap.
Abb. 22: StASO, A 10,347 (1890) Nr. 56: Einbürgerung von Heinrich Maus und Nr. 92: Einbürgerung von Ernest Maus.
Abb. 23: StadtA Zürich, Bürgerrecht Ludwig Loeb, Akten zum Stadtratsprotokoll 1889/B-Nr. 1-334.
Abb. 24: Intelligenzblatt Bern, 24. 11. 1867.
Abb. 26: Schaffhauser Nachrichten, 16. 12. 1898.
Abb. 27: SWA, C 510, Knopf & Cie – Basel.
Abb. 29: Loeb-Archiv, Bilanzen und Inventare 1873–1905, 1 A-2, Bilanz 1883.
Abb. 30: Inserat im IW, Nr. 46, 18. 11. 1921.
Abb. 31, 32, 74: Daniel Teichman, Zürich (privat).
Abb. 33, 35: 75 Jahre Magazine zum Globus, Festschrift. Zürich 1982. [Festschrift o. S.].
Abb. 37: Tages-Anzeiger für Stadt und Kanton Zürich, 14. 4. 1900, Nr. 88.
Abb. 42, 90: SWA, HS 189 F, Warenhaus Loeb Basel, Privatarchiv Rudolf Loeb, Wegweiser durch den Neubau der Firma Gebr. Loeb Söhne Bern.
Abb. 43: Stadtarchiv Luzern, F2a/Strassen/Weggisgasse 11:02, Eckansicht Nordmann, 1952, Fotograf unbekannt.
Abb. 49: Schaller, Marie-Louise: Otto Morach (1887–1973). Mit einem kritischen Katalog der Staffeleibilder. Zürich 1983.
Abb. 50: Das Werk: Architektur und Kunst, Bd. 3 (1916), Heft 8, S. 126.
Abb. 51, 56: Loeb-Archiv, Bern, 7L-3I.
Abb. 52, 55, 97, 98, 99, 108, 109: Museum Maus Frères Genève (privat).
Abb. 53: SWA, HS 189 B, Warenhaus Loeb Basel, Privatarchiv Rudolf Loeb.
Abb. 54: Aus loeblichen Zeiten. 100 Jahre Loeb, im Spiegel des «Bund».
Abb. 58: SWA, HS 189 A4, National-Zeitung, 18. 3. 1910.
Abb. 60: Die Ostschweiz, 17. 1. 1899.
Abb. 61: Neue Zürcher Zeitung, 19. 1. 1934.
Abb. 62: Archiv Basler Mittwoch-Gesellschaft.
Abb. 66: ETH-Bibliothek, E-Periodika, aus: Nebelspalter, 1943, Bd. 69, Heft 4.
Abb. 67: Privatarchiv Edith Hornik-Beer, USA.

Abb. 68: Photograph No. 292715, Julius Brann; Declaration of Intention (No. 456331) and Petition for Naturalization (No. 476572); March 1940; U. S. Department of Labor, Immigration and Naturalization Service; National Archives New York City. Photograph No. 304081, Frida Brann; Declaration of Intention (No. 455266) and Petition for Naturalization (No. 476563); March 1940; U. S. Department of Labor, Immigration and Naturalization Service; National Archives at New York City.
Abb. 69: Tagblatt der Stadt Zürich, 18. 8. 1896, Nr. 193.
Abb. 72: Zur Warenhausfrage. Vernehmlassung der Preisbildungskommission an das Eidg. Volkswirtschaftsdepartement. Bern 1933, S. 47.
Abb. 73, 102, 111: Museum für Gestaltung Zürich, Plakatsammlung, ZHdK. © 2021, ProLitteris, Zürich
Abb. 75: Stadtarchiv Schaffhausen: Fotografie, J 15.LR/LR-3039.
Abb. 76: AfZ, BA-BASJ-Archiv/428.
Abb. 77: BAR, E4264#1988/2#19210*, Az. P057642, Brann, Hedwig, 18xx; Brann, Martin, 18xx (1944–1948).
Abb. 78: Privatarchiv Carol und Heinz Roder-Bruce.
Abb. 80, 83, 86: Festschrift zur Feier des fünfzigjährigen Bestandes unseres Hauses – Gebr. Loeb AG. Bern 1931.
Abb. 81: SWA, HS 189 A, Warenhaus Loeb Basel, Privatarchiv Rudolf Loeb.
Abb. 82: FZ 9. 7. 1864.
Abb. 84: Camille-César Mermod, Automobile descendant la rue de Bourg à Lausanne, Fotografie um 1912, Musée Historique Lausanne (P.2.DD.28.A.1.B.66.002).
Abb. 85: St. Galler-Zeitung, 21. 10. 1879.
Abb. 87: Staatsarchiv Basel-Stadt, Fotoarchiv Wolf, NEG 2562.
Abb. 89: Festschrift 80 Jahre Loeb. Bern 1961, S. 24.
Abb. 92: AfZ, BA BASJ-Archiv/379.
Abb. 93: In Erinnerung an unsern lieben und verehrten Senior Herrn Eugen Loeb (1877–1959). Bern 1959, S. 15.
Abb. 94: Reproduktion Poster, Privatarchiv Angela Bhend, © 2021 ProLitteris, Zürich.
Abb. 95: Tagblatt der Stadt Biel, 7. 2. 1878.
Abb. 96: IW, 17. 8. 1928, S. 11. © Archiv der JM Jüdischen Medien AG, Zürich.
Abb. 101: Stadtarchiv Luzern, F2a/Strassen/Weggisgasse 11:01, Warenhaus Léon Nordmann, 1902, Fotograf unbekannt.
Abb. 103: La Liberté, 9. 5. 1883.
Abb. 104: IW,12. 7. 1957. © Archiv der JM Jüdischen Medien AG, Zürich.
Abb. 105, 106: Privatarchiv Claude Nordmann.
Abb. 107: SWA, C 511, Magazine zur Rheinbrücke AG Basel.
Abb. 110: Grands Magasins Innovation S. A. Lausanne. Festschrift 50-Jahr-Jubiläum, 1957.
Abb. 112, 114: Privatarchiv Familie Kahn.
Abb. 113, 117, 118: Maus Frères (Hg.): 1902–2002. Cent ans de magasins. Quatre générations d'hommes. Genf 2001.
Abb. 115, 116: Privatarchiv Irène Bandle und René Strauss.
Abb. 119, 122, 123, 124: Frawa-Contis AG (Hg.): Grosse Französische Warenhalle 1871. Dies ist die 100-jährige Geschichte der Frawa-Contis. Zürich 1971.
Abb. 120: StadtA Baden, Israelitische Kultusgemeinde Baden, Briefkopf Lang & Co. Foto: Ron Epstein-Mil.
Abb. 121: Privatarchiv Charles Lewinsky.

Verlag und Autorin haben sich bemüht, alle Bildrechte abzuklären; bei Unklarheiten bitten wir, sich mit dem Verlag in Verbindung zu setzen.

Verzeichnis Tabellen

Tabellen Warenhäuser

Tabelle 4 *Chronologie Warenhaus Loeb Bern*

1881	Eröffnung des ersten Verkaufsladens der Gebrüder Loeb an der Spitalgasse 32 in Bern.
1891	Übernahme durch David und Fanny Loeb
1899	Eröffnung des ersten modernen Warenhauses in Bern an der Spitalgasse (Nr. 47/49) und der Schauplatzgasse (Nr. 36/38).
1905	Übernahme des Betriebes durch Arthur und Eugen Loeb auf eigene Rechnung.
1910	Eröffnung Spezialabteilung für Damen- und Kinderkonfektion im Studer-Haus am Bubenbergplatz. Beginn des Loeb-Eggens.
1912	Eröffnung Filiale Thun
1914	Erster Erweiterungsbau der Geschäftsräume an der Spitalgasse. Missglückte Fassade (Zahnlücke) wurde rückgängig gemacht.
1915	Eröffnung Tearoom
1918	Umwandlung in eine Aktiengesellschaft. Einkaufsgemeinschaft mit Aux Armourins in Neuchâtel, Innovation in Lausanne und Au Grand Passage Genf.
1929	Zweiter Erweiterungsbau. Erwerb der angrenzenden Liegenschaft Hotel Löwen. Das Warenhaus erhält seine heutige bauliche Form.
1930	Einführung der Personalfürsorge, der Hauszeitung und des Monatsblattes. Eröffnung der Personalbibliothek, der Personalkantine und der Beschluss, Zuwendungen von Beiträgen an die Krankenkassenprämien einzuführen.
1931	Eröffnung der Bar im ersten Stock. Einkaufsgemeinschaft mit den Galeries Lafayette in Paris.
1938	Fritz und Victor Loeb übernehmen formell die Geschäftsleitung.
1940	Gründung einer Pensionskasse

Tabelle 5: Warenhäuser in der Schweiz 1937.

Firma	Ort	Rechtsform	Gründung	Warenhaus seit	Filiale der / Anschlusshaus von:
Brann AG	Zürich	AG	1896	1896	
Magazine zum Globus AG	Zürich	AG	1883	1900	
Grands Magasins Jelmoli SA	Zürich	AG	1883	1896	
Paul Hoeftmann & o.	Uster	Kommanditgesellschaft	1926	1926	Brann AG Zürich
Léon Nordmann AG	Wädenswil	AG	1921	1921	Maus Frères SA Genf
Brann AG	Bern	AG	1905	1905	Brann AG Zürich
Kaiser & Co. AG	Bern	AG	1883	ca. 1900	
Gebr. Loeb AG	Bern	AG	1870	1899	
Jean Bouldoires & Co.	Biel	Kommanditgesellschaft	1911		Brann AG Zürich
M. Meyer's Söhne	Biel	Kollektivgesellschaft	1899	1900	Herz-Knopf & Cie., Freiburg i.Ü.
B. Strauss	Burgdorf	Einzelfirma	1908	1908	Maus Frères SA
G. von Felbert	Burgdorf	Einzelfirma	1900		W. & A. von Felbert, Olten
Sally Knopf	Interlaken	Einzelfirma	1899	ca. 1902	Knopf, Freiburg i. Br.
Nordmann, Bloch & Cie.	Langnau	Kollektivgesellschaft			Maus Frères SA
Gebr. Loeb AG	Thun	AG	1912	1912	Gebr. Loeb AG, Bern
G. von Felbert	Langenthal	Einzelfirma	1904		W. & A. von Felbert, Olten
Sally Knopf	Luzern	Einzelfirma	1896	ca. 1900	S. Knopf, Freiburg i. Br.
Léon Nordmann & Cie.	Luzern	Kollektivgesellschaft	1902	1902	Maus frères SA Genf
Schwob?	Hochdorf	Einzelfirma	1907	1907	Maus Frères SA, Genf
Léon Nordmann	Willisau	Einzelfirma	1902	1902	Maus Frères SA, Genf
Léon Nordmann	Zug	Einzelfirma	1904	1904	Maus Frères SA, Genf
Eugène Herz-Knopf & Cie.	Freiburg i. Ü.	Kollektivgesellschaft	1899	1900	
Nordmann, Bloch & Cie.	Freiburg i. Ü.	Kollektivgesellschaft	1902	ca. 1902	Maus Frères SA, Genf
Galeries de Bulle, Au Louvre	Bulle	AG	1908	1908	Maus Frères SA, Genf
Henri Kahn, Kaufhaus Au Louvre	Murten	Einzelfirma	1907	1907	Maus Frères SA, Genf
Grands Magasins «A la Ville de Romont» SA	Romont	AG	1927	1927	Maus Frères SA, Genf
Léon Nordmann	Solothurn	Einzelfirma	1921	1921	Maus Frères SA, Genf
M. Meyer's Söhne	Grenchen	Kollektivgesellschaft			Herz-Knopf & Cie., Fribourg
W. & A. von Felbert	Olten	Kollektivgesellschaft	1900		
Kaufhaus Krone	Olten				Maus Frères SA Genf
Magazine zum Globus AG	Basel	AG	1908	1908	Globus AG, Zürich
AG vormals Knopf & Co., «Das Haus für Jedermann»	Basel	AG	1894	ca. 1900	Herz-Knopf & Co., Fribourg
Magazine zur Rheinbrücke AG	Basel	AG	1932	1932	Maus Frères SA, Genf
Brann AG	Herisau	AG	1905	1905	Brann AG, Zürich
Brann AG	St. Gallen	AG	1899	1899	Brann AG, Zürich

Firma	Ort	Rechtsform	Gründung	Warenhaus seit	Filiale der / Anschlusshaus von:
Magazine zum Globus AG	St. Gallen	AG	1909	1909	Globus AG, Zürich
Kaufhaus «Modern» AG	Altstätten	AG	1929	1929	Maus Frères SA, Genf
Kaufhaus «Modern» AG	Buchs	AG	1929	1929	Maus Frères SA, Genf
Hugo Heim, Zur Stadt Paris	Gossau	Einzelfirma	1923	1923	Maus Frères SA, Genf
Brann AG	Rorschach	AG	1903	1903	Brann AG., Zürich
Willy Brockmann	Will	Einzelfirma	1920	1920	Brann AG Zürich
Magazine zum Globus AG	Chur	AG	1909	1909	Globus AG Zürich
Franz Brockmann	Aarau	Einzelfirma	1919	1919	Brann AG Zürich
Magazine zum Globus AG	Aarau	AG	1900	1900	Globus AG Zürich
Kaufhaus «Modern» AG	Baden	AG	1907	1907	Brann AG Zürich
Paul Laumann & Co.	Brugg	Kommanditgesellschaft	1927	1927	Brann AG Zürich
M. Schwob «Au Louvre»	Reinach	Einzelfirma	1907	1907	Maus Frères SA, Genf
Albert Luss, Grand Bazar	Rheinfelden	Einzelfirma	1913	1913	
Willy Brockmann	Frauenfeld	Einzelfirma	1920	1920	Brann AG Zürich
Emil Oswald, Magazine zum Adler	Amriswil	Einzelfirma	1930	1930	Brann AG Zürich
Brann AG	Arbon	AG	1930	1930	Brann AG Zürich
Volksmagazin	Bischofszell	Einzelfirma			Brann AG Zürich
Kaufhaus «Bodan» AG	Romanshorn	AG	1927	1927	Maus Frères SA, Genf
Milliet & Werner SA	Bellinzona	AG			Milliet & Werner, Lugano
Milliet & Werner SA	Chiasso	AG			Milliet & Werner, Lugano
Milliet & Werner SA	Lugano	AG	1901		Milliet & Werner, Lugano
Innovazione SA	Lugano	AG	1911	1911	Maus Frères SA, Genf
Milliet & Werner	Mendrisio	AG			Milliet & Werner, Lugano
Grands Magasins Innovation SA	Lausanne	AG			Gebr. Loeb AG, Bern
Nouvelles Galeries SA	Nyon	AG	1926	1926	Maus Frères SA, Genf
Magasins Réunis SA	Yverdon	AG	ca. 1901	ca. 1901	Herz-Knopf & Co, Fribourg
S. A. P. Gonset-Henrioud	Yverdon	AG			
Aux Armourins SA	Neuchâtel	AG	ca. 1902	ca. 1902	Gebr. Loeb AG, Bern
Au Grand Passage	Genf	AG	ca. 1903	ca. 1903	

Quelle: Denneberg, Erwin: Begriff und Geschichte des Warenhauses: Privatrechtliche Verhältnisse der schweizerischen Warenhäuser. Zürich 1937

Tabelle 6 *Manor-Warenhäuser*

Stadt	*Warenhaus*	*Eröffnungsjahr*
Aarberg	Zur Stadt Paris	1917
	Nordmann-Bloch & Co. (Successeur de Bernheim)	1929
Aigle	Au Louvre	1904/1911
Airolo	Innovazione	
Altdorf	August Hauser	1951
Altstätten (SG)	Kaufhaus Modern	1929
Amriswil	Vilan	1958
Appenzell	Au Louvre	um 1900
	Kaufhaus Alpstein AG	
	Kaufhaus Rot-Tor AG	1941
Ascona	Innovazione	
Baden	Kaufhaus Schlossberg	1877
	Vilan AG	1968
Balerna	Innovazione	
Basel	Magazine zum Greifen	
	Magazine zur Rheinbrücke AG	1926
Bellinzona	Innovazione	
Biasca	Innovazione	1920
Buchs	Modern AG	1929
	Vilan	1978
Burgdorf	Kaufhaus Strauss	1908
Chiasso	Innovazione	
Chur	Vilan, Maus & Co.	1957
Delémont	Galeries du Jura	1963
Emmen	Nordmann	1975
Erstfeld	Kaufhaus Hauser	1933 (gegr. 1908)
Faido	Innovazione	
Fleurier	Galeries (vormals E. Moch et Fils)	1935
Fribourg	Zur Stadt Paris	1902
	Aux Trois Tours Nordmann & Co.	1920
	Placette	1976
Genève	Placette	1967
Heerbrugg	Vilan	
Hochdorf	Au Louvre	1907
Lachen	Keller-Ullmann	
Langenthal	Zur Stadt Paris	1930?
	Zentrum Langenthal	1957
	Nordmann AG	1978

Stadt	*Warenhaus*	*Eröffnungsjahr*
Langnau	Zur Stadt Paris	1929
	Nordmann (Langnau AG)	1978
Lausanne	Placette	1952
Le Locle	Blaser & Co.	
	Galeries du Marché	1957
Liestal	Kaufhaus zum Tor	1932
	Rheinbrücke	1967
Locarno	Innovazione	
Lugano	Innovazione	1911
Luzern	Leon Nordmann	1902
	Nordmann	
Mendrisio	Innovazione	
Monthey	Placette	1971
Morges	Placette (Morges SA)	1962
Moudon	Galeries Vaudoises SA Payerne	1932
	Placette	1980
Moutier	Nouvelles Galeries Martin & Co.	1926
	Galeries Prévotoises	1946
Murten	Au Louvre, Bigar Frères & Cie.	1906
	Au Louvre	1908
Neuchâtel	Au Louvre	1896
	später: Au Louvre La Nouvauté SA	
Nyon	Léon Nordmann	1898
	Au Louvre SA	1926
	Placette Nyon SA	1963/64
Olten	Kaufhaus zur Krone	
	Nordmann	1977
Payerne	Galeries Vaudoises SA	1899
	Placette	1980
Pfäffikon	Vilan	1974
Rapperswil	Keller-Ullmann	1911/1919
Reinach	Au Louvre	1912
Rolle	Au Louvre SA Rolle	1906
	La Placette Nyon SA, Rolle	1959
Sargans	Vilan AG	1965
Schaffhausen	Zum Schwanen	1954
	Vilan	1978
Schwyz	Nordmann	1980
Sierre	Placette	1974

Stadt	*Warenhaus*	*Eröffnungsjahr*
Sion	Porte Neuve SA	1951
	La Placette SA	1972
Solothurn	Magazine Léon Nordmann	1921
	Nordmann AG	1944
Spreitenbach	Vilan	1970
Tavannes	Au Louvre	1905
Vevey	Henry S. Walther & Co. SA	1920
	Aux Galeries du Léman SA	1958
	Grands Magasins l Placette Vevey SA	1973
Vezia	Innovazione	
Wattwil	Keller-Ullmann	1963
Wetzikon	Kaufhaus Monopol	1925
	Kaufhaus Modern?	1966
	Vilan	1978
Willisau	Leon Nordmann	1902
Wohlen	Kaufhaus Modern AG	1961
	Vilan	1978
Yverdon	Placette	1964
Zug	Nordmann	1904

Quelle: Friedmann, Fritz: »MF« In Stille gewachsen. Geschichte eines Unternehmens. Privatdruck, Genf 1983; SHAB.

Testamentarischer Familien-Verband der Gebrüder Lang

Durch die Verhältnisse der jetzigen Zeit finden wir uns gezwungen, den gegenwärtigen Familienverband abzuschliessen, damit alle die jüdischen Gesetze und Verpflichtungen, wie wir sie von unseren sel. Eltern und Voreltern übernommen haben, von unserer Nachkommenschaft stetsfort gehalten und weiter überliefert werden.
Baden (Schweiz) im Elul 5651 (1891)

Jacques Lang
Raphael Lang
Benoit Lang
Lazare Gut
Fernand Lang
Jules Lang
Charles Lang

Ein grosser Teil zu Stadt und Land wohnender Juden sagt oft, man könne heute nicht mehr koscher leben, wir wollen aber den Beweis geben, dass man mit gutem Willen alles könne. Vor 45 Jahren (anno 47) am «Jakres» haben wir mit unserem sel. Vater in Klein-Kemps & Renviller bei Anlage der grossh. Badischen Eisenbahn Erdarbeiten verrichtet. Von Sierenz, unserem Wohnort aus, hatten wir zum Arbeitsplatz bereits 2 Stunden zu laufen und betrug der Taglohn 10 alte Batzen. Als Mittagessen hatte uns die sel. Mutter insgesamt ca. 1 Pfund Brot mitgegeben und um dieses zu kaufen musste sie zeitweise ihr altes Zinngeschirr und sogar Linge verkaufen. Brot und Butter genügte uns bei harter Arbeit von morgens 3 Uhr bis abends 10 Uhr als wir wieder zurückkamen und doch hat uns der lb. G'tt gross und stark werden lassen.

Ferner hört man heute sehr oft sagen, es sei heute nicht mehr möglich, Schabes und Jomtow zu halten wie früher. Auch davon können wir das Gegenteil beweisen. Auf Märkten und Messen machten wir schon Geschäfte vor 30 Jahren und führen En gros und Detail in grossen Städten schon 21 Jahren und der lb. G'tt hat uns stets «Barnose» gegeben, ja selbst ein Wunder geschehen lassen, das wir hier zur Wahrheitsbestätigung wiedergeben. Im Kriegsjahre 1870, im Oktober, hatten wir in Luzern einen Ausverkauf (Deballage) im Theaterfoyer und war das Lokal am Freitag in der Schabesstunde mit Käufern so angefüllt, dass wir nicht wussten, wie die Leute hinauszubringen und wir Brüder immerdar zuriefen: «Wir werden Mechale Schabes». Aber kaum waren die Worte gesprochen, trat ein festgewachsener Polizist in das Lokal und stiess persönlich die Leute zur Türe hinaus, indem durch Befehl des Regierungsstatthalters es den Juden verboten sei, in Luzern zu verkaufen. Er schloss das Magazin selbst ab und nun haben wir gut Schabes machen können. Wir glaubten natürlich, von Luzern verjagt zu werden, was aber keineswegs geschah, denn das Schliessen wurde nur durch Klagen der Konkurrenz verursacht und am Montagmorgen wurde uns das Magazin vom gleichen Polizist wieder geöffnet. Der Zudrang von Käufern war nun derart, dass wir in wenigen Wochen mehr verkauft haben, als viele Geschäfte die Samstags geöffnet halten im ganzen Jahr nicht verkaufen.

Im weitern sagen dieselben Juden, dass «Rischus» komme daher, weil die Juden nicht nach den Goyem leben, aber gerade das Gegenteil ist wahr. Rischus ist mehr gegen die Halb- und Neujuden, wie ja Hofprediger Stöcker in seinen Predigten selbst sagte, gegen die orthodoxen Juden habe er nichts. wir wollen daher nicht zu den Halb- oder Neujuden gehören, sondern vollständig volle Juden sein, wie sie unsere sel. Eltern und Voreltern gewesen sind.

Solche welche in späterer Zeit dieses Schreiben lesen, werden sich vielleicht sagen oder doch die Frage aufwerten, die Vorväter derselben mögen wohl Rabbiner oder sonst zurückgezogene Leute, welche mit der Welt nicht in Berührung kamen, oder gar schwachsinnige gewesen sein, was aber keineswegs der Fall ist.

Wir Brüder lebten zusammen bis in die Mitte dieses Jahrhunderts, da trieb es den Aeltesten in die Welt hinaus, wo er als Händler und Arbeiter sein Brot verdiente. Er blieb 8 Jahre fort und hat ganz Frankreich und Spanien durchwandert.

Der Zweite war 7 Jahre französischer Soldat und hat den ganzen Krimkrieg mit Schlachten bei Malakoff und Einnahme von Sebastopol mitgemacht und ist in der Garde lmperiale von Paris und von da nach Hause zurückgekehrt.

Der Dritte, welcher durch den zweiten Bruder vom Militärdienst befreit war, hat sich während der Zeit mit Handel in der ganzen Schweiz herumgebracht, war Tag und Nacht auf den Füssen, bis sie geschwollen waren und oft ist ihm der Sack auf dem Rücken zu Sauerteig geworden.

Der Vierte und Jüngste musste wieder Soldat sein und war von den zehntausend Afrikatruppen, welche einen Teil der Bourbakyschen Armee bildeten, die in die Schweiz geworfen wurde, wo er wieder in der Mitte seiner Brüder Aufnahme fand.

Anno 58 haben die drei älteren Brüder das Haus Gebr. Lang gegründet und mit ihren praktischen Kenntnissen, die sie in allen Teilen Europas gewannen, sind sie zu der Ueberzeugung gelangt, dass sie alle und überall unter G'ttes allmächtigem Schutz sich befinden und haben sie deshalb diesen Familienverband gegründet, damit die nachstehenden Verpflichtungen stetsfort aufrecht gehalten werden.

Tägliche Pflichten:

a) für Männer
Morgens beim Aufstehen sind die Mizwah von Broches & «Schema-sagen zu beachten, Arbah-Kaufes mit koschern Zizis anzuziehen; Tefillin zu legen und mit Andacht die Gebete zu verrichten. Täglich einige «Tehillim» zu sagen, Minchagebet von 1/2 1 Uhr bis Sonnenuntergang, Marif von Sonnenuntergang bis Mitternacht. Männer dürfen sich nicht rasieren lassen.

b) für Frauen
Das Morgengebet dürfen sie noch im Laufe des Vormittags verrichten. Jeden Eref Schabes müssen sie Kalo nehmen und bei Sonnenuntergang mindestens drei Schabeslichter anzünden. Sie haben überhaupt die Pflichten, welche in «(unleserlich) Schlomo» enthalten sind zu beobachten.

Allgemeine Pflichten:
Fleisch darf nur von Metzgern bezogen werden, die nicht Mechale Schabes sind und deren Schochat nach den jüdischen Gesetzen lebt. Der Schochat muss seine Kavolah von einem streng orthodoxen Rabbiner haben.

Schmalz, Oel, Cichorie, Geflügel oder Fleischwaren dürfen aus der Ferne nur bezogen werden, wenn sie mit einem Koscherzettel eines relig. orthodoxen Rabbiners versehen sind, ebenso Mazes und Spezereien für Pesach.

Ueber Tisch zu Kiddusch, Haphtole, Broches darf nur Rotwein verwendet werden. Jedem Armen muss zu Essen gegeben werden und zwar jüdischen Armen jeweils am eigenen Tisch.

Zedokoh soll niemand verweigert werden und sind dem Armen keine Vorhaltungen zu machen, im Gegenteil ist der Arme wie der Reiche nobel zu behandeln.

Kranke sollen im ersten Augenblick, sobald man von deren Kranksein in Kenntnis gesetzt ist, besucht werden und soll man überhaupt jedermann mit Rat und Tat behilflich sein.

Wenn Freitagabend die Schabeslichter angezündet sind, darf kein Feuer mehr im Hause sein. Alle Geschäfte müssen ruhen resp. geschlossen sein, kein Arbeiter oder Arbeiterin mehr im Hause sich zeigen, keine Lebensmittel weder gekauft noch bestellt werden, Geld nicht eingenommen oder ausgegeben und irgend welche Gegenstände ausser dem Hause getragen werden.

Die erste Nacht Schewuoth, sowie Schanah Rabah muss gelernt werden.

In den 9 Tagen darf nur Milchting genossen werden und sind alle Fasttage von gesunden Leuten strenge zu halten.

Am Succoth sind Lulaf und Esrog zu kaufen und soll 8 Tage in Succah gewohnt werden.

Chanukah und Purim sind zu beobachten.

Wohnen Verbandsmitglieder in einem Orte, in dem eine orthodoxe Gemeinde besteht, sollen sie sich solcher anschliessen, existiert aber nur eine Gemeinde, wo MusikG'ttesdienste stattfinden oder andere Unregelmassigkelten vorkommen, sollen sie suchen, ein Minjan zu bilden und soll womöglich damit ein Lernzimmer und eine Mikvah Verbunden werden. Reicht ihr Vermögen dazu nicht aus, so soll die jetzt schon bestehende Manserkasse zur Mithilfe in Anspruch genommen werden.

Zins darf von Juden nicht genommen werden und an Juden nicht gegeben werden.

«Schatnes» darf nicht getragen werden.

Eine Hauptverpflichtung jedes Verbandsmitgliedes ist es, für die religiöse Erziehung der Kinder zu sorgen. Die Kinder sind strenge anzuhalten, dass sie nichts geniessen, ohne vorher betreffende Broche zu sagen und dass sie ihre Gebete mässig verrichten.

Quelle: Frenkel, Werner: Baden, eine jüdische Kleingemeinde. Fragmente aus der Geschichte 1859–1947. Baden (o.J.), S. 154–159.

Stammbäume, genealogisches Material

Zu den Gebrüdern Lang:

1. Caroline Kheila Bernheim (1802 Zillisheim – 1889 Baden CH) ∞ 1828 Joseph Lang (1803 Sierentz – 1838 Sierentz)
    2. Jacques Jakob Lang (1829 Sierentz – 1915 Baden CH) ∞ 1861 Rosa Dreifuss (1836 Mulhouse – 1908)
        3. Fernand Lang (1860–1925 Baden CH) ∞ Claire Moos (?–1932)
            4. Alfred Lang (?–1960)
            4. Jules Lang (?–1960)
        3. Charles Lang (1863 Glarus – 1937 Zürich) ∞ Lilly Goldstein (1877 Daneville USA – 1952 Zürich)
        3. Jules Martin Lang (1865 Glarus – 1943 Zürich) ∞ Jenny Wyler
        3. Henriette Lang (1868 Glarus – 1965 Zürich)
        3. Hortense Lang (1870 Glarus – 1957)
        3. Berthe Lang (1872–1958)
    2. Raphael Lang (1831 Sierentz –1899 Zürich) ∞ 1865 Rosalie Bloch (1843 Bern – 1925 Zürich)
        3. Melanie Lang (1868 – 1965 Antwerpen)
        3. Eugen Lang (1869 Glarus – 1921 Zürich)
        3. Martin Lang (1872–1954 Zürich)
        3. Constance Kenendel Lang (1874 Glarus – 1961 Riehen)
    2. Benoit Pierre Baruch Lang (1833 Sierentz –1921 Zürich) ∞ 1871 Regine Reikele Dreifuss (1850 Oberendigen CH – 1945 Zürich)
        3. Max Lang (1874 Banden CH – 1953 Zürich) ∞ 1903 Ella Rothschild (1882 Mulhouse – 1967 Zürich)
            4. Emil Lang (1907–1946)
            4. René Kallmann Lang (1919–1987)
            4. Henny Lang
        3. Josef Lang (1874 Baden CH – 1879 Baden CH)
        3. Martha Lang (1876 Baden CH – 1974 Paris)
        3. Camille Henri Lang (1878 Baden CH – 1958 Zürich)
        3. Ida Lang (? – 1913 Karlsruhe)
    2. Martin Lang (1835 Sierentz – 1835 Sierentz)
    2. Madeleine Melanie Lang (1838–?)

1. Caroline Kheila Bernheim (1802 Zillisheim – 1889 Baden CH) ∞ 1839 Maurice Moise Guth (1806 Sierentz – 1885 Baden CH)
    2. Lazar Guth (1843 Sierentz – 1927 Zürich) ∞ 1876 Julie Bloch (1849 Feuerthalen CH – 1934 Zürich)
        3. Lucien Guth (1877 Glarus – 1964 Zürich) ∞ Clementine Ortlieb
        3. Jacob Guth (1878 Glarus – 1956)
        3. Emma Guth (1879 Glarus – ?)
        3. Louis Ludwig Guth (1881 Glarus – 1971 Riehen)
        3. Jules Guth (1883 Glarus – 1966)
        3. Arthur Guth (1884 Glarus – ?)
        3. Moritz Guth (1886 Glarus – 1972 Basel)
        3. Adele Guth (1887 Glarus – 1954 Zürich)

Zur Familie Brann:

Nachkommen von Isaac Leiser Brann aus Rawitsch, Provinz Posen (damals zu Preussen gehörend, heute Polen)
(Stammbaum: Jim Bennett, Haifa, Israel, Version: 13. 4. 2014, mit Ergänzungen von Angela Bhend)

1 Isaac Leiser Brann
- 2 Leiser Brann (um 1810 – 1856 Rawitsch) ∞ Pauline Schneidemann (?– 1870 Rawitsch)
  - 3 Johanna Brann (1836 Rawitsch – 1907 Glogau)
  - 3 Salomon Brann (1831 Rawitsch – 1888 Rawitsch)
  - 3 Heimann Leiser Brann (1843 Rawitsch – 1885 Rawitsch) ∞ 1871 Bertha Pilz (1851 Ostrowo – 1936 Rheinfelden CH)
    - 4 Paula Brann (1872 Rawitsch – 1935 Berlin) ∞ 1899 Gustav Ebstein (1863 Karlsruhe – 1907 Berlin)
      - 5 Gertrude Ebstein (1900 Berlin –?) ∞ 1924 Paul Guttmann (1898 Berlin –?)
      - 5 Frieda Ebstein (1903 Berlin–?) ∞ 1927 Conrad Cohn
    - 4 Regina Brann (1873 Rawitsch – 1943 Johannesburg SA) ∞ 1895 Phillip Prinz
      - 5 Herbert Prinz (1896 Berlin – 1943 Auschwitz)
      - 5 Alice Prinz (1900 Berlin – 1946 Livingstone SA) ∞ 1930 Max Stammreich
      - 5 Kaete Prinz (1903 Berlin –?) ∞ 1925 Adolf Weil (1900–1946 Capetown SA)
    - 4 Ludwig Leiser Brann (1875 Rawitsch–?)
    - 4 Julius Brann (1876 Rawitsch – 1961 New York) ∞ 1904 Frida Mandowsky (1886 Bern – 1964 New York)
    - 4 Martin Brann (1877 Rawitsch – 1950 New York) ∞ 1901 Hedwig Pincus (1876 Ostrowo – 1947 Baden CH)
      - 5 Eva Margarethe Brann (1904 Berlin –?) ∞ 1936 Hans Friede (1904 Magdeburg –?)
    - 4 Friedrich Brann (1878 Rawitsch – 1878 Rawitsch)
    - 4 Ida Brann (1881 Rawitsch – 1909 Biel CH) ∞ 1909 Victor Mayer (1874 Ulm –?)
      - 5 Ludwig Mayer Died as child
      - 5 Fritz Mayer Died as child
  - 3 Leopold Leiser Brann (1845 Rawitsch – 1903 Leipzig)
  - 3 Lina Brann (1847 Rawitsch – 1916 Berlin)
  - 3 Dorothea Brann (1848 Rawitsch – 1888 Liegnitz)
  - 3 Fanny Brann (1850 Rawitsch – 1919 Berlin)
  - 3 Julius Leiser Brann (?– 1873 Rawitsch)

Vorfahren der Familie Loeb (Schweiz)

Quelle:	Standesregister Niederwiesen, 1798–1972, Archiv des Standesamtes der Verbandsgemeinde Alzey-Land in Alzey
Heirat:	22. 11. 1842 Niederwiesen, Reg. Nr. 4
Bräutigam:	**Moses Löb II.**
	27 bis 28 Jahre alt, Handelsmann, wohnhaft in Niederwiesen, Geburtsort ist unbekannt
	Sohn von Moses Löb I., 75 Jahre alt, Handelsmann, wohnhaft in Niederwiesen, und Ehefrau Adelheid, geb. Nathan, 54 Jahre alt, ohne Beruf
Braut:	**Jakobina Kahnweiler**
	28 Jahre alt, ohne Beruf, wohnhaft in Grünstadt, geboren am 21.05.1814 in Grünstadt
	Tochter von David Kahnweiler, Handelsmann, wohnhaft in Grünstadt und verstorben am 26. 12. 1818, und Ehefrau Wilhelmina, geb. Bug, 56 Jahre alt, ohne Beruf, wohnhaft in Grünstadt
	Einer der vier Zeugen war Jsaak Kahnweiler, 24 Jahre alt, Handelsmann, wohnhaft in Grünstadt, Bruder der Braut
	Die Eltern des Brautpaares erklärten, des Schreibens unerfahren zu sein.
Geburt:	5. 9. 1843 Niederwiesen, Reg. Nr. 11
Kind:	David Löb
	Sohn von Moses Löb II., 28 Jahre alt, Handelsmann, wohnhaft in Niederwiesen, Schloßgaß Nr. 50, und Ehefrau Jakobina, geb. Kahnweiler, 28 Jahre alt, ohne Beruf
weitere Kinder:	Emilia Löb * 24. 3. 1845 Niederwiesen, Reg. Nr. 5
	Ludwig Löb* 7. 4. 1846 Niederwiesen, Reg. Nr. 13
	Justus Löb* 20. 4. 1848 Niederwiesen, Reg. Nr. 7
	Isaak Löb* 9. 10. 1849 Niederwiesen, Reg. Nr. 16 + 21.05.1851
	Eduard Löb* 2. 5. 1851 Niederwiesen, Reg. Nr. 10
	Wilhelmina Löb* 5. 3. 1853 Niederwiesen, Reg. Nr. 5
	Mathilde Löb* 3. 4. 1855 Niederwiesen, Reg. Nr. 4
Tod:	24. 3. 1850 Niederwiesen, Reg. Nr. 2
	Moses Löb I.
	80 Jahre alt, Händler, geboren zu Niederwiesen, wohnhaft in Niederwiesen Schloßgasse Nr. 51, Eltern unbekannt
	Ehemann von Adelheid, geb. Nathan, 62 Jahre alt, wohnhaft in Niederwiesen
	Declarant: Moses Löb II., 35 Jahre alt, Handelsmann, wohnhaft in Niederwiesen, Sohn des Verstorbenen
Tod:	27. 3. 1856 Niederwiesen, Reg. Nr. 8
	Adelheid Löb, geb. **Nathan**
	68 Jahre alt, wohnhaft in Niederwiesen Marktstraße 34, Eltern unbekannt
	Witwe von Moses Löb I., im Leben Handelsmann
	Declarant: Moses Löb II., 41 Jahre alt, Handelsmann, wohnhaft in Niederwiesen, Sohn der Verstorbenen

Quellen und Literatur

Quellen

Mündliche Quellen und Korrespondenzen

Irène Bandle, Arbon
Petra Bonavita, Frankfurt am Main
Rico Brauchbar, Basel
Eliane Bros-Brann, Paris
Odette Brunschvig, Bern
Kenneth DuBroff, New York
Werner Frenkel, Lengnau
Carlo Goetschel, Zürich (verst. 2020)
Katia Guth-Dreyfuss, Basel
Thierry Halff, Genf
Edith Hornik-Beer, Colorado USA
Thomas Ittmann, Stans
Gérard Kahn, Bern
François Loeb, Freiburg im Breisgau
Claude Nordmann, Fribourg
Jack Reinhardt-Lang, Zürich
Carol und Heinz Roder-Bruce, Zürich
Bernd Serger, Freiburg im Breisgau
René Strauss, Lyssach
Daniel Teichman, Zürich

Archive

Archives départementales du Haut-Rhin (ADHR)

État civil de 1793 à 1892. Originale Dokumente zu Geburt, Heirat und Tod, online verfügbar unter: www.archives.haut-rhin.fr/search?preset=44&view=list

Archiv für Zeitgeschichte Zürich (AfZ), ETH Zürich

NL Georg Guggenheim / 78 Mitgliederliste der ICZ
NL Jean Nordmann / 241 (Interventionen, 1943–1944)
NL Jean Nordmann / 3 (Aufenthalt in Paris, 1934)
NL Jean Nordmann / 325 (A) (Isidore Nordmann Archives); / VE 326 (A) (Isidore, Korrespondenz 1930–1944)
IB SIG-Archiv / Teil1 / Ressort Abwehr und Aufklärung / 4.3. Abwehr und Aufklärung 1930–1943 / 4.3.6. Disziplinierung der eigenen Reihen, «Innere Schädlinge» / 4.3.6.1 Einzelfälle und 4.3.6.2 Warenhäuser mit jüdischen Inhabern:
1452 (Einzelfälle, 1936–1944)
1455 (Sekretariatsakten, 1936–1939)
1457 (Antisemitische Druckerzeugnisse gegen jüdische Warenhäuser, Kopien)
1459 (Lauri, J., Präsident der Schweizerischen Spezereihändler)
1460 (MIKA AG, 1936–1938)

IB ZWD-Archiv / 2.4.2. Detailhandel (1846–1969) / Warenhäuser: Dossiers 157–159
IB ICZ-Archiv / Nr. 3841 Steuerregister 1922
IB JUNA-Archiv / 230 Antisemitismus und «Judenfrage», Presseartikel (1938–1939)
IB JUNA-Archiv / 231 Antisemitismus und «Judenfrage», Presseartikel (1940–1943)
IB JUNA-Archiv / 243 Jüdischen Warenhäuser, Presseartikel (1933–1937)
IB JUNA-Archiv / 244 Jüdischen Warenhäuser, Presseartikel (1938–1944)
IB NZZ–Archiv / Wirtschaft Schweiz / Warenhäuser allg. (1933–1961)
IB NZZ–Archiv / Unlauterer Wettbewerb (1927–1959)
IB NZZ–Archiv / Ausverkaufswesen (1926–1966)
PA Syst Sammlung / 1441 und 1447 Warenhäuser, Grosshandelsfirmen, Detailhandelsketten
Presseakte Hans Guth

Baugeschichtliches Archiv Zürich (BAZ)

Bundesarchiv Bern (BAR)

B.73.E.7.14. SEPU, S.A. Barcelona (Alex Goetschel, Zürich)
E2001-08#1978/107#294*, Bruce alias Brauchbar Frank (Franz), 1902, New York
E2001D#1000/1551#5162*, SEPU, S.A. Barcelona (1936–1937)
E2200.190-04, 74-7-39, Brauchbar Franz, 1947–1953
E2200.52-02#1981/114#1008*, Bruce Frank alias Brauchbar Frank
E4110A#1000/1819#175* Nordmann-Bloch & Cie, Freiburg, Filiale Langnau i.E. (1934–1934)
E4110A#C.09.02, Warenhausbeschwerden
E4264#1000/842#13599*, JTTMANN, KURT, 17. 7. 1896 (1930–1939)
E4264#1988/2#12335*, GUTTMANN-EBSTEIN, PAUL, 17. 10. 1898
E4264#1988/2#19211*, BRANN, HEDWIG, 18xx; BRANN, MARTIN, 18xx (1944–1948)

Online-Amtsdruckschriften: Protokoll des Bundesrates vom 12. 12. 1925, Bd. 297, Heft 096

Landesarchiv Glarus

Auszug Genealogiewerk Lang und Guth

Landesarchiv Berlin

Einwohnermeldekartei (EMK), Bestand B Rep. 021, Meldeblatt Martin Brann

Les Archives d'État de Genève (AEG)

Registres d'état civil des décès de la Ville de Genève:
E.C. Genéve mariages 49
E.C. Genève décès 73
Répertoire Bourgeoisie C9 (SL rez épi F)
2007va24.209, Naturalisation Henri Maus 1910

National Archives New York City

Naturalization records:
Certificate of Arrival, Declaration and Petition for Julius Brann
Certificate of Arrival, Declaration and Petition for Frida Brann

Schweizerisches Wirtschaftsarchiv Basel (SWA)

Erwerbsgeschichte Handel & Industrie H + I
Bb 108, Au bon Marché, A. Lauterburg Sohn, A.G
Bb 132, Brunschwig & Cie S.A. (Bro)
Bv D 625, Verband der Schweizerischen Waren- und Kaufhäuser
C 506, Milliet & Werner S.A. Lugano
C 508, Oscar Weber AG (darin auch Diverses zu Julius Brann)
C 510, Knopf & Cie, Basel
C 511, Magazine zur Rheinbrücke AG, Basel
C 514, Neue Warenhaus AG, Zürich
C 517, Nordmann AG, Luzern
C 521, A l'Innovation, Lausanne
C 523, Inauguration des Grands Magasins «La Placette» Nordmann et Cie à Genéve 1967 (Bro)
C 527, C und A Mode AG Zürich. Darin enthalten: Frawa-Contis AG Zürich
C1013, Au Printemps Paris
HS 189 Warenhaus Loeb Basel, Privatarchiv Rudolf Loeb
HS 487 A 25 Band mit 3 Mode-Prospekten zur Saisoneröffnung Herbst 1945 für die Warenhäuser Rheinbrücke Basel, Nordmann Luzern und Magazine Hess Biel
Vo H III 1 allg. und CH, Grossbetriebe des Detailhandels, Warenhäuser, allgemein und Ausland (1899–2004)

Staatsarchiv Aargau (StAAG)

Anmeldung für das Handelsregister: Gebr. Lang 1883 Baden, DIA.H 0083, Nr. 70
Firmenbuch: Bezirk Baden Bd. I., DIA.H. 0032 (1833–1979)
AG 34.1862, Einbürgerung David Loeb, Akten der 47. Grossratssitzung vom 25. Januar 1893

Staatsarchiv Basel (StABS)

Bürgerrecht H I 28, 1890, Nr. 101, Einbürgerungsdossier Justus Julius Loeb
Staatsurkunde, 16. März 1904, Landabtretung Julius Brann
Niederlassung Julius Brann, PD-REG 14a 9-5: Niederlassungskontrolle Ausländer, 1892–1919, Nr. 24936

Staatsarchiv Bern (StABE)

Eheregister A, Bd. 36, 1904. Julius Brann/Frida Mandowsky
V JGB (Archiv der Jüdischen Gemeinde Bern)

Staatsarchiv Luzern (StALU)

A 1044/8892, Gebrüder Loeb (Luzern 1888–1905) und A1044/8893, Gebrüder Loeb Söhne (Luzern, 1905–1907). Diverse Eintragungen und Löschungen für das Handelsregisteramt

AKT 37/180A.2., Handelspolizei: Betr. Juden auf Märkten, Luzern «Ausverkauf» 1872, HK 62 (1800–1872)

AKT 313/4784, Niederlassung-Bewilligung für David Löb für die Gd. Luzern vom 1. Juni 1889 und Niederlassung-Bewilligung für Justus Julius Loeb für die Gd. Luzern vom 2. Mai 1888

47/834, Sitzung des Regierungsrates vom 30. Dezember 1933. Verbot der Erweiterung eines Warenhauses (Léon Nordmann & Cie. Luzern)

Staatsarchiv Solothurn (StASO)

Kantonsratsakten:

StASO A 11,4 (1904), Nr. 16r: Einbürgerung Heinrich Nephtaly Kahn

StASO A 11,26 (1920 II), Nr. 339l: Einbürgerung Isidor Heinrich Pilz

StASO A 11,45 (1934 I), Nr. 69b: Einbürgerung Curt Ittmann

Regierungsratsakten, Rubrik Kantonsrat:

StASO A 10,347 (1890), Nr. 56: Einbürgerung Heinrich Maus und Nr. 92: Einbürgerung Ernest Maus

StASO A 10,516 (1891), Nr. 68: Einbürgerung Camille Bernheim

Bestand Volkswirtschaftsdepartement, Verbot der Eröffnung und Erweiterung von Kaufhäusern / Warenhäusern:

StASO Akz. 2015/12, Registratur 1938, Pos. XVII und Registratur 1941, Pos. 45/3

Staatsarchiv St. Gallen (StASG)

KA R.88 5a, Einbürgerungsdossier Aaron Kahn, 1890 in St. Gallen

Bürgerbuch St.Gallen 1950, Eintrag Familie Kahn

Totenregister 1906, Eintrag Aaron Kahn

Bürgerregister St.Gallen, Bd. II Nr. 909a und 909b, Aaron Kahn

KA R.88 5a, Einbürgerungsdossier Hugo May, 1923 in Eggersriet

AGR B 1-1923-112, Kantonsbürgerrechtsgesuch Hugo May

Einbürgerungsdossier Norbert Kaufmann, 1932 in Stein

Familienregister Stein SG, Band I., Norbert Kaufmann

Staatsarchiv Zürich (StAZH)

Landrechtsakten, Einbürgerungen:

N 13 C2, Abraham Nordmann, 1982 in Seuzach

N 6.2 Bezirk Bülach, Edmund Brauchbar, 1914 in Wallisellen

N 4 a.2 Bezirk Affoltern (1877–1893), Justus Julius Loeb, 1883 in Stallikon

C.II. (Nr. 442), Albert Knopf, 1896 in Wettsweil

Korrespondenz zwischen der Zürcher Handelskammer, dem Zürcher Volkswirtschaftsdepartement, dem Eidg. Justiz- und Polizeidepartement und der Frawa bezüglich Namensänderung aus dem Jahre 1920–1922: Z. 2. 713, Z. 11. 323, Z. 11. 330, Z. 11. 1287, Z. 11. 1291

OO 50, Allgemeines Ragionenbuch der Stadt Zürich (1835–1883)

o 36 (b), Allgemeine Korrespondenzen 1933/35. Bewilligung zur Eröffnung von Betrieben

Z 2.677, Warenhaus zum Stauffacher AG, Zürich Engros Handel (1911–1923)
Z 2.1046, Krankenkasse der Angestellten der Firma Julius und Co., Zürich. Genossenschaft zur gegenseitigen Unterstützung in Krankheitsfällen
Z 2.713, Frawa: Anmeldungen beim Handelsregisteramt Geschäftsübergabe
Z 11.4060, Handelsregister – Krankenkasse der Angestellten der Julius Brann & Co, Zürich: Firmenlöschung
Z 11.872, Heinrich Pilz & Co., Credithaus Universum K-G, Zürich 1921
Z 603.113, Streitfall zwischen J. Bloch-Lebrecht, Basel und Julius Brann, Zürich
Z 6.2412, Ausverkaufswesen der Firma Frawa 1938

Stadtarchiv Baden (StadtA Baden)

B.41.6.1915., Nachlassinventar von Jacques Lang (In diesem Inventar befindet sich noch ein Ehevertrag von Jacques Lang mit Rosette Seckel aus Frankfurt vom 26. 4. 1911)
Einwohnerkontrollkarten der Jahre 1948–1964 (Regina Prinz, geb. Brann und Martin Brann)
Eröffnungsansprache des Kaufhauses Vilan 1968 (Privatbesitz Andreas Steigmeier)
Fertigungsprotokolle der Gemeinde Baden, Bd. 22, vom 6. 1. 1877

Stadtarchiv Bern (StadtA Bern)

Anmeldungskontrolle Schweizer und Fremde, 1888–1891, E 2.2.1.4.306. David Loeb
Bestattungskontrolle 1937, E. 2.2.1.9.252
Niederlassung Adolf Mandowsky: Fremden-Einwohnerregister Niedergelassene FER IV, 1872–1884. E 2.2.1.3. 004, S. 100
Niederlassung David Loeb: Fremden-Einwohnerregister Niedergelassene, FER V 1885–1894, E 2.2.1.3. 005, S. 96

Stadtarchiv Biel (StadtA Biel)

Polizeidirektion, Einwohneramt, Register, XIX. Jh. –1928:
II 15-5345, Niederlassung David Nordmann (Nr. 18); Moses Nordmann (Nr. 265);
Leopold Bloch (Nr. 1223); Moise Bernheim (Nr. 1267)
II 6240-6639, Niederlassung Moise Bernheim (Nr. 6308)
N 1-600, Niederlassung Albert Blum (Nr. 311)
N 14-1688, Niederlassung Léon Nordmann (Nr. 1209)
N 601-1200, Niederlassung Heinrich Maus (Nr. 628) und Ernst Maus (Nr. 1187)
N 1201-1800, Niederlassung Camille Bernheim (Nr. 1259)
N 3601-4200, Niederlassung Albert Blum (Nr. 4142); Viktor Mayer (Nr. 3745)
Postkartensammlung

Stadtarchiv Mannheim, Deutschland

Meldeunterlagen Jakob Löb
Geburtenregister Johanna Löb-Loeb
Sterberegister Jakob Löb
Personenstandsregister: Sterberegister Standesamt Mannheim und Vororte 1876–1950. Geburtsregister Standesamt Mannheim und Vororte 1876–1900
Polizeipräsidium Mannheim Familienbögen, 1800–1900
Familienbögen, 1760–1900, für Erna Johanna Loeb (Zugang 22/1965)

Stadtarchiv Zürich (StadtA Zürich)

Stadtrat Zürich, Bürgerliche Abteilung, Berichte über Bürgerrechtbewerber:
Landrecht Julius Brann. Akten 1929, Prot. Nr. 802, 1016, 1172
Landrecht Ludwig Loeb. Akten zum Stadtratsprotokoll 1889 / B-Nr. 1-334
Landrecht Raphael Lang, 1888, Nr. 3
Brandassekuranz, In Gassen 10 und 12 (1812–1925, Nr. 60 a + b)
Brandassekuranz, Bahnhofstrasse 75, 1900, Max und August Weil
Firmenarchiv Grieder
Protokolle des Stadtrates Zürich
V.D.b.131.:93. Abteilung Grundsteuern. Strassenregister betreffend Gebäudeversicherung (1926–1987). Schneckenmannstrasse 22 (Nr. 1304)
V.E. c.45. Akten der Fremdenpolizei. Else Lasker-Schüler (1869 – 1945), Schriftstellerin, Akten-Nr. A40783
V.E.c.100. Einwohner- und Fremdenkontrolle. Meldekarten
VI.HO.C.32.a.:8. Brandassekuranz. Gemeinde Hottingen. Gemeindearchiv (1538–1893). Schneckenmannstrasse 22 (Nr. 1304)

Warenhaus- und Privatarchive

Loeb-Archiv Bern

01A-2 Bilanzen und Inventare 1873–1905
01A-3 Handelsgesellschaftsvertrag zwischen David Loeb und Justus Loeb vom 6. 10. 1890
01B-1 Protokollbuch Gebrüder Loeb AG Bern (1918–1933)
01B-2 Protokollbuch Verwaltungsrat und Generalversammlung Gebr. Loeb AG (1933–1967)
07C-31 Album: Neueröffnung Warenhaus (1881–1929) (Zeitungsausschnitte und Bilder) u.a. Eröffnungsartikel am 16. 4. 1914 (Das moderne Warenhaus)
01H-6 Persönliche Unterlagen von und über Eugen Loeb (1931–1962)
01H-18 Gratulationsschreiben Personal an Fanny Loeb vom 22. Juli 1934
07D-2 Stammbaum Familie Loeb
07D-9, 100 Jahre Loeb 1981; Erinnerungsschrift Fitz Loeb «Es war einmal»
07D-11 Geschäftseröffnung 1929; Geschäftsjubiläum 1931, Geschäftsjubliäum 1941 (Festschriften, Personalanlässe, Zeitungsausschnitte)
07D-15 Gedenkalbum mit Zeitungsausschnitten (1915–1944) (v.a. Todesanzeigen und Nekrologen Fam. Loeb, Verwandte und Freunde, Direktionsmitglieder und deren Angehörige) u.a. Messinger, Josef: Gedächtnis-Rede zu Ehren des verewigten Herrn David Loeb. Bern 1915; In Memoriam Fanny Loeb (Personal der Firma Loeb), 1937.
07D-16 Gedenkalbum mit Zeitungsausschnitten (1944–1951) (v.a. Todesanzeigen und Nekrologen Fam. Loeb, Verwandte und Freunde, Direktionsmitglieder und deren Angehörige, dazu Aktivitäten von Victor Loeb, u.a. in jüdischen und zionistischen Organisationen)
07D-28 Gedenkschriften Arthur, Eugen, Victor Loeb
01I-1 Rayonchef-Zirkularbuch (1927–1944)
03K-5 100 Jahre Loeb (Personalfest). Dokumentation 1931–1981
Div. Festschriften: 50-, 60-, 70-, 75-, 80-, 100-Jahr-Jubliäum
Staub, Hans O.: Ein Warenhaus wird zum Wahrzeichen. Vier Generationen Loeb. Bern 1998 (unveröffentlichtes Manuskript)

Museum Maus Frères Genève

Acte de Mariage, Moïse Nordmann und Thérèse Picard, Hegenheim 1867
Acte de naissance Ernest Maus, Fils de Meyer, Colmar 1871
Caisse 1889
Div. Fotos u. Abbildungen
Div. Kataloge Rheinbrücke Basel
Dossiermappe Antisémitisme en Suisse 1933. Darin enthalten zahlreiche Briefe deutscher Firmen, die gegen den Boykott protestieren.
Dossiermappe Au Louvre Neuchâtel, Correspondance 1938–1965 (darin mehrseitiger Bericht von Carl Silberstein über seine Tätigkeit im Warenhaus)
Dossiermappe Léon Nordmann Lucerne 1902
Dossiermappe Nordmann Lucerne 1952 (50 ans)
Ernest Maus, Citoyen du Canton de Soleure 1890
Familien-Büchlein von Ernest und Adeline Maus-Bernheim. Privatbesitz der Maus Frères Holding. Firmenmuseum Hauptsitz Manor in Genf
Hausordnung Léon Nordmann AG, Wädenswil
Katalog Nordmann Luzern 1954
Kataloge Populäre Preise, 1967, 1970, 1972
Landrechtsurkunde Léon Nordmann
Léon Nordmann, 1914 Convocation Service Militaire
Léon Nordmann, Permis d'habiter, Bienne 1897
Maus Frères SA, Livres des Bilans 1891–1894
Schreiben von Heinrich Zust (Stadtpräsident von Willisau) an Robert Nordmann vom 17. 1. 1978
Zahlreiche Inserate Léon Nordmann Luzern

Familie Bandle und Strauss (Kaufhaus Strauss Burgdorf)

Bürgerrecht Bernhard Strauss, 1914 in Oberburg
Familienbüchlein Bernhard Strauss-Moch
Firmengeschichte Kaufhaus Strauss 1908–2008
Trauerrede für Rosa Strauss-Moch, gehalten durch Rabbiner Engelmayer 1970

Familie Kahn, Bern (Au Louvre Murten)

Contrat de mariage zwischen Isaac Loeb und Clémence Loeb von 1894
Einbürgerungsurkunde von Isaac Lob am 14. März 1909 in der Stadt Sion
Festrede René Kahn zum 50-Jahr Jubiläum 1956
Genealogisches Auskunftsmaterial der Bürgergemeinde Sion
Lehrvertrag René Kahn beim Warenhaus Nordmann in Solothurn vom 11. Mai 1938
Stammbaum Familie Leb
Vertrag zwischen Henri Kahn in Murten und Maus Frères in Genf vom 10. März 1919

Stammbäume

Stammbaum Descendants of Isaac Leiser Brann von Jim Bennett Haifa, Version 13. 4. 2014
Daniel Teichman, Zürich
Gérard Kahn, Bern
Thierry Halff / Blum, Genf
Bernd Serger, Freiburg i. Br. (Familie Knopf)

Gedruckte Quellen

100 Jahre Jelmoli in Zürich. In: Zürcher Monats-Chronik, Oktober 1938 (Nr. 10).
100 Jahre Loeb (1881–1981). Für unsere Mitarbeiter. Bern 1981.
60 Jahre Loeb (1881-1941). Bern 1941.
70 Jahre Loeb (1881–1951). Bern 1951.
75 Jahre Loeb (1881–1956). Bern 1956.
80 Jahre Loeb (1881–1961). Bern 1961.
Aargauisches Ragionenbuch: Sonderdruck aus dem Schweizerischen Ragionenbuch (1857–1870).
Ahnenliste zu den Vorfahren des Joseph Lang. In: Maajan 2004, Heft 72 (3. Q.).
Assall, Paul: Juden im Elsass. Moos 1984.
Au Bon Genie. 75 Années au Service de la Mode. 1891–1966. Genf 1966.
Aus loeblichen Zeiten, 100 Jahre Loeb, im Spiegel des «Bund» 1981.
Balzac, Honoré de: César Birotteau. Paris 1855.
Bisch, Yves: Etre juif à Sierentz au XIX siècle. In: Société d'histoire de la hochkirch. Annuaire 1985, S. 9–28.
Blumer-Egloff, Johannes: Der Hausierhandel in der Schweiz und seine schädlichen Auswüchse. Zürich 1894.
Blumer-Egloff, Johannes: Die modernen Grossbazare oder Warenhäuser, nebst einigen Streiflichtern über andere dunkle Punkte im Schweiz. Kleinhandel und Kleingewerbe. Zürich 1901.
Bros-Brann, Eliane: Saved By the Proverbial Rich Uncle (Hunter College H. S. Holocaust Survivors) (2009). Online: http://shatteredcrystals.net/hchs/hchs_accounts16.htm, konsultiert am 4. 8. 2013.
Buchli, Hans: Soll die Schweiz ein Fremden-Warenhaus werden? [Bern] 1938 (H. Börsig's Erben).
Büchner, Richard: Einzelhandel und Mittelstandspolitik. Zürich 1940.
Bürkli, Friedrich: Der Zürcher Kalender. Die Eröffnung des Rennweges gegen die Bahnhofstrasse. [Zürich] [1879].
Bundesbeschluss über das Verbot der Eröffnung und Erweiterung von Warenhäusern, Kaufhäusern, Einheitspreisgeschäften und Filialgeschäften vom 14. Oktober 1933. Bern 1933.
Byers, Samuel Hawkins Marshall: Switzerland and the Swiss. Zürich 1875.
Cohn, John: Die Geschichte der jüdischen Gemeinde Rawitsch. Berlin 1915.
Colze, Leo: Berliner Warenhäuser. Berlin 1908.
D'Avenel, Georges: Le Mécanisme de la vie moderne. Paris 1896.
D'Avenel, Georges: Le Mécanisme de la vie moderne. Les Grands Magasins. In: Revue des Deux Mondes. Paris, 15. Juli 1894, S. 329–369.
Das Geschäftshaus *Peterhof* in Zürich, von den Architekten B. S. A., Gebrüder Pfister Zürich, mit Text von Dr. Hans Blösch Bern. Sonderdruck Moderne Bauformen 1913, Heft 10.
Dehn, Paul: Die Grossbazare und Massenzweiggeschäfte. Berlin 1899.
Denneberg, Erwin: Begriff und Geschichte des Warenhauses: Privatrechtliche Verhältnisse der schweizerischen Warenhäuser. Zürich 1937.
Der Neubau des Geschäfts- und Warenhauses F. Jelmoli in Zürich. In: SBZ, 1899, Band 33/34, Heft 12, S. 115.
Die Brann-AG Zürich und die mit ihr verbundenen Häuser. Berlin 1931.
Die Praxis der Bundesbehörden zum Bundesbeschluss über Warenhäuser und Filialgeschäfte 1934–1942. Bearbeitet vom Bundesamt für Industrie, Gewerbe und Arbeit. Bern 1943.
Die Umsatzsteuer im Detailhandel. Eingabe der Grands Magasins Jelmoli S.A. an den hohen Kantonsrat des Kantons Zürich und Antwort auf die Eingabe des Gewerbeverbands der Stadt Zürich. Zürich 1914.

Dreyfus, Jean-Jacques: Das Warenhaus. Seine Bedeutung und Entwicklung. Lörrach 1920.
Dubuisson, Paul: Les Voleuses des Grands Magasins. Paris 1902.
Ergebnisse der eidg. Betriebszählung vom 9. August 1905. Die Betriebe des Handels, des Verkehrs und der freien Berufe, Bd. 4. Bern 1912.
Erläuterungen und Bemerkungen der EPA Einheitspreis-Aktiengesellschaft UNIP Uniprix Société Anonyme, zur Vernehmlassung der Preisbildungskommission des Eidg. Volkswirtschaftsdepartementes «ZUR WARENHAUSFRAGE». Zürich 1933.
Erweiterungsbau des Warenhauses Brann und Umbau des Pfauentheaters in Zürich: Arch. Otto Pfleghard, Zürich. In: SBZ, 1932, Bd. 99/100, Heft 17, S. 218–220.
Exposé des Herrn Gustav Maier für eine am 5. und 6. Oktober 1918 in München im Hotel «Königshof» stattgehabte Beirats-Sitzung der Firma Julius Brann & Co. K.-G. betreffend: Umwandlung der Kommandit-Gesellschaft in eine Aktiengesellschaft. Zürich 1918.
Festschrift Società Anonima Milliet ed Werner. Giubileo [Milliet Ed Werner] – 1901–1951.
Festschrift zur Feier des fünfzigjährigen Bestandes unseres Hauses – Gebr. Loeb AG. Bern 1931.
Flavien, E.; Cucheval-Clarigny; mit einem Vorwort von Jules Simon: Les magasins du Bon Marché, fondés par Aristide Boucicaut à Paris. Paris [o. J., um 1890].
Frawa-Contis AG (Hg.): Grosse Französische Warenhalle 1871. Dies ist die 100-jährige Geschichte der Frawa-Contis. Zürich 1971.
Führer durch Freiburg/Breisgau u. seine Umgebung. Freiburg 1882.
Giffard, Pierre: Paris sous la troisième République. Les Grands Bazars. Paris 1882 (2. Aufl.).
Ginsburger, M.: Die Namen der Juden im Elsass, in: Elsassland (Augustausgabe) 1924.
Göhre, Paul: Das Warenhaus. Frankfurt a. M. 1907.
Goos, Johann Peter: Der günstige Einfluss der Beamten- und Konsumvereine auf das allgemeine Volkswohl. Dresden/Basel 1898.
Goos, Johann Peter: Klageinformation des Geschäftsführers Joh. Peter Goos in Basel gegen die Firma S. Knopf in Basel, [o. O.] 1898.
Grands Magasins Innovation S. A. Lausanne. Festschrift 50-Jahr-Jubiläum. Lausanne 1957.
Grands Magasins Jelmoli SA (Hg.): 125 Jahre Jelmoli 1833/1958. Kleiner Historischer Rückblick. Zürich 1958.
Groner, Auguste: Warenhaus Gross & Comp. Hamburg 2012.
Grundsätzliches Programm der nationalsozialistischen Deutschen Arbeiter-Partei. München, 24. April 1920.
Guggenheim, Kurt: Das Zusammensetzspiel. Frauenfeld 1977.
Gutachten über die Auswirkungen der EPA Einheitspreis-Aktiengesellschaft in Vevey auf den übrigen Detailhandel. Verfasst durch das Eidg. Volkswirtschaftsdepartement, erstattet durch F. Marbach, Maurice Morel und J. C. Bruggmann. Bern 1938.
Heilinger, Bruno: Der Schutz des mittelständischen Detailhandels gegen Warenhäuser, Kaufhäuser, Einheitspreis- und Filialgeschäfte, durch den Bundesbeschluss vom 14. 10. 1933. Zug 1937.
Herczeg, Petra; Rosenberg, Rainer (Hg.): Joseph Roth auf Reisen. Klagenfurt 2011.
Hiestand, Hans: Warenhäuser und Einheitspreisgeschäfte im Ständestaat. In: Schweizer Monatshefte: Zeitschrift für Politik, Wirtschaft, Kultur (1933–1934), Bd. 13, Heft 2, S. 81–86.
Huber, F. C.: Warenhaus und Kleinhandel. Berlin 1899.
In Erinnerung an unsern lieben und verehrten Senior Arthur Loeb (1875–1946). Bern 1946.

In Erinnerung an unsern lieben und verehrten Senior Herrn Eugen Loeb (1877–1959). Bern 1959.
Laforgue, Jules: Berlin. Der Hof und die Stadt 1887 (Titel der Originalausgabe: Berlin, La Cour et la Ville, 1887). Frankfurt a. M. 1970.
Laquer, Leopold: Der Warenhaus-Diebstahl. Halle 1907.
Lévy, Pierre: D'un souvenir à l'autre. Paris 1978.
Lewinsky, Tamar: Zavoe – Ein Generationenvertrag aus dem orthodoxen Dreiländereck. In: Kalonymos 2001, Heft 1, S. 1–4.
Macé, Gustave: La Police Parisienne. Un Joli Monde. Paris 1887.
Mahler, E. Hans: Das Warenhaus in der Schweiz. Wesen, Aufgabe, Entwicklung. Bern 1939.
Mahler, E. Hans: Notizen zur Bewegung gegen die Warenhäuser von E. Hans Mahler (unveröffentlichtes Dokument in AfZ: NZZ-Archiv).
Marienbad. Ein Roman in Briefen nach Scholem Alejchem. Aus dem jiddischen neu übertragen und hrsg. von Salcia Landmann. München 1977.
Mataja, Victor: Grossmagazine und Kleinhandel. Leipzig 1891.
Maus Frères (Hg.): 1902–2002. Cent ans de magasins. Quatre générations d'hommes. Genf 2001.
Memoiren Walter Ullmann (1907–2005): Euer Pappi Icak Walter Opali, geschrieben im September/Oktober 1986 (unveröffentlichtes Dokument im Privatbesitz).
Motion Joss. Schutz des Gewerbestandes. In: Amtliches Bulletin der Bundesversammlung 1933 (Bd. II), Sommersession des Nationalrats am 8. 6. 1933, Geschäftsnr. 2945, S. 314–319, www.amtsdruckschriften.bar.admin.ch/viewOrigDoc/20031475.pdf?ID=20031475.
Müller, Hans: Das Warenhaus-Problem in der Schweiz und seine Lösung durch das «landesübliche Mass der Verfassungsritzung». Zürich 1935.
Nachfahrenliste für Joseph Baruch Lang. In: Maajan 2001, Heft 58 (1. Q.), S. 1744–1752 sowie Maajan 2004, Heft 70 (1. Q.), S. 2298.
Schär, Arnold: Ökonomik und Technik der Güterverteilung mit besonderer Berücksichtigung der Konsumgenossenschaften. Basel 1938.
Schilling, J. et al.: 60 Jahre Warenhaus Jelmoli in Zürich. In: SBZ, 1962, Bd. 80, Heft 8, S. 134–136.
Schulze, Ed[uard]: Der Kleinhandel und die Warenhäuser: Gutachten zu Handen des Regierungsrates des Kantons St. Gallen. In: Zur Frage der Grossbazare Eingabe an den hohen Regierungsrat des Kantons St. Gallen von Seiten St. Gallischer Vereine. St. Gallen 1899.
Schulze, Eduard Otto: Zur Sonderbesteuerung der Grossbazare: Erwiderung auf das Gutachten «Der Kleinhandel und die Warenhäuser» des Herrn Prof. Dr. E[duard Otto] Schulze. St. Gallen 1900.
Schwander, Johann Gottfried: Die Warenhäuser oder Kleinhandel und Gewerbe – das Opfer einer übelberatenen Staatspolitik. Biel 1903.
Schwander, Johann Gottfried: Die Warenhäuser: ein gemeinschädlicher wirtschaftlicher Auswuchs. Als Manuscript gedruckt, Biel 1904.
Schwander, Johann Gottfried: Hausierwesen und Hausiergesetzgebung: [Mit] Anhang: Entwurf eines Normalgesetzes über den Wandererwerb. Im Auftrage des Centralvorstandes des Vereins Schweiz. Geschäftsreisender / bearb. von J. G. Schwander. Biel 1898.
Schwendimann, Johannes: Luzernische Handels- und Gewerbepolitik vom Mittelalter bis zur Gegenwart. Ein Beitrag zur Geschichte des schweizerischen Mittelstandes. Luzern 1918.
Seiler, Otto: Die Rationalisierung des Detailhandels im Ausland: Bericht zuhanden des Schweizerischen Detaillistenverbandes. [o. O.] 1944.
SEPU S. A., Memoria, Ejercicio 1991/92. (Privatbesitz C. Götschel Zürich)
Sonderheft Warenhaus Jelmoli in Zürich. In: SBZ, 6. 4. 1940, Bd. 115, Heft 14, S. 155–166.

Stadler, H.: Neubau des Geschäfts- und Warenhauses der Aktiengesellschaft vorm. F. Jelmoli in Zürich I. In: SBZ, 12. Nov. 1898, Bd. 32, Nr. 20, S. 154–157.
Stauben, Daniel: Eine Reise zu den Juden auf dem Lande. Augsburg 1986.
Steuerregister der Stadt Zürich vom Jahre 1905. Zürich 1906.
Steuerregister der Stadt Zürich vom Jahre 1909. Zürich 1910.
Steuerregister der Stadt Zürich vom Jahre 1912. Zürich 1913.
Steuerregister der Stadt Zürich. Ausgabe 1931.
Teichman, Daniel: August und Max Weil-Brüll. Besitzer des Gebäudes Bahnhofstrasse 75 in Zürich in den Jahren 1899 bis 1917. (unveröffentlichtes Recherchematerial, Zürich 2015).
Teichman, Daniel: Julius Brann und sein Umfeld. (unveröffentlichtes Recherchematerial, Zürich 2013)
Testament Julius Brann, New York, 28. Mai 1959.
Testamentarischer Familien-Verband der Gebrüder Lang, Baden 1891.
UNIP UNIPRIX S.A. (Hg.): La vérité sur UNIPRIX. Genf 1937.
Verzeichnis der Niedergelassenen in der Stadt Zürich 1845.
Verzeichnis der Niedergelassenen in der Stadt Zürich 1882.
Von Arx, Rolf: Handwerker und Läden in der Gemeinde Glarus im 19. Jahrhundert, nicht publizierte Dokumentation [o. J., ca. 2005].
Von Tavel Albert: Bärnerläbe vor hundert Jahren. Langnau 1987.
Warenhaus Globus, Marktplatz 1/Eisengasse 17, Basel. Denkmalpflegerische Beurteilung von Dr. Martin Möhle, Kantonale Denkmalpflege Basel-Stadt, Juli 2017.
Weisz, Leo: Hundert Jahre Jelmoli in Zürich. In: Zur Eröffnung des Neubaus Jelmoli 1936–38. Separatabdruck aus der Neuen Zürcher Zeitung vom 13. Oktober 1938.
Zimmermann, Joseph: Kampf dem Warenhaus! Zürich 1943.
Zola, Emile: Das Paradies der Damen. Frankfurt a. M. 2007.
Zola, Emile: Œuvres. Manuscrits et dossiers préparatoires. Les Rougon-Macquart. Au Bonheur des dames. Dossier préparatoire. Premier volume [1801–1900] [1881].
Zola, Emile: Œuvres. Manuscrits et dossiers préparatoires. Les Rougon-Macquart. Au Bonheur des dames. Dossier préparatoire. Deuxième volume. Paris 1881.
Zum Gedächtnis Adolf Grieder, geboren am 11. November 1854, gestorben am 29. April 1933.
Zum Gedächtnis Edgar Grieder, geboren am 15. Mai 1892, gestorben am 23. Juni 1942.
Zur Eröffnung des Neubaus Jelmoli 1936–38. Separatabdruck aus der NZZ vom 12. Oktober 1938.
Zur Frage der Grossbazare. Eingabe an den hohen Regierungsrat des Kantons St. Gallen von Seiten St. Gallischer Vereine. – Der Kleinhandel und die Warenhäuser. Gutachten zu Handen des Regierungsrates des Kantons St. Gallen von Professor Dr. Ed. Schulze. St. Gallen. 1899.
Zur Frage der Sonderbesteuerung der Grossbazare im Kanton St. Gallen. Eingabe an die Regierung des Kantons St. Gallen seitens der gewerblichen Vereine. Besteuerungs-Vorschläge. St. Gallen 1906.
Zur Warenhausfrage. Vernehmlassung der Preisbildungskommission an das Eidg. Volkswirtschaftsdepartement. Bern 1933.
Zwei Feste. 750 Jahre Bern – 60 Jahre Loeb (1881–1941).
Zimmermann, Joseph: Kampf dem Warenhaus! Zürich 1943.

Adressbücher

Adress-Buch von Stadt und Kanton Luzern
Adressbuch Biel und Seeland 1899–1900; Adressbuch Biel und Umgebung 1901/1902
Adressbuch der Stadt Bern
Adressbuch der Stadt Freiburg im Breisgau

Adressbuch der Stadt St. Gallen
Adressbuch Karlsruhe
Adressenbuch der Stadt Basel
Adressenbuch der Stadt Berlin
Adressenbuch der Stadt Zürich

Internetseiten

ADHR: www.archives.haut-rhin.fr
Berliner Adressbücher 1799–1970: https://digital.zlb.de/viewer/cms/141
Bibliothèque nationale de France: www.bnf.fr/fr
Bieler Chronik 1908 bis 1910: www.bibliobiel.ch/de-wAssets/docs/angebot/chroniken/1910-1883/bj_1908-1910.pdf
Bundesgerichtsentscheide: www.servat.unibe.ch/dfr/dfr_bge00.html
Deutsche Biographie: www.deutsche-biographie.de/home
Digitale Fotosammlungen: www.e-pics.ethz.ch/de/home

Digitale Zeitschriften-Bibliotheken:
Schweizer Zeitschriften:
www.e-newspaperarchives.ch/?l=de
www.e-periodica.ch
http://intelligenzblatt.unibe.ch/olive/APA/Intelligenzblatt/#panel=home
https://zeitungsarchiv.nzz.ch

Alte Drucke:
www.e-rara.ch

Deutschsprachiger Raum:
Freiburger Zeitung: https://fz.ub.uni-freiburg.de/show/fz.cgi?pKuerzel=FZ
Jüdische Periodika: RL: www.compactmemory.de

USA:
www.newspapers.com
https://archive.nytimes.com/www.nytimes.com/ref/membercenter/nytarchive.html
Diplomatische Dokumente der Schweiz 1848–1975: https://dodis.ch/24525

Genealogische Websites:
www.ancestry.de
www.myheritage.ch
https://de.geneanet.org
www.geni.com
www.jewishgen.org/new
Geschichte der jüdischen Gemeinden im deutschen Sprachraum: https://jüdische-gemeinden.de
Holocaust Datenbank: Holocaust.cz: www.holocaust.cz/en/main-2
Liechtensteinische Landesbibliothek: www.eliechtensteinensia.li/viewer
Österreichisches Biographisches Lexikon: https://biographien.ac.at/oebl
Polnisches Staatsarchiv: https://szukajwarchiwach.pl
Schweizerisches Bundesarchiv. Online-Amtsdruckschriften, Beschlussprotokolle, Protokolle des Bundesrates, etc.: www.amtsdruckschriften.bar.admin.ch
Schweizerisches Institut für Kunstwissenschaft (SIK-ISEA): www.sik-isea.ch/de-ch

75 Jahre Magazine zum Globus. Festschrift. Zürich 1982. [Festschrift o. S.].
Adam, Birgit: Alles, was das Herz begehrt! Von Wunderkammern und Konsumtempeln. Hildesheim 2012.
Altermatt, Urs (Hg.): Katholische Denk- und Lebenswelten. Beiträge zur Kultur- und Sozialgeschichte des Schweizer Katholizismus im 20. Jahrhundert. Freiburg 2003.
Amrein-Gumann, Erwin: Das Kaufhaus Manor in Willisau ist Geschichte. In: Heimatkunde Wiggertal, 2013, Bd. 70.
Bach, G.: In memoriam Oscar Tietz. In: Probleme des Warenhauses. Beiträge zur Geschichte und Erkenntnis der Entwicklung des Warenhauses in Deutschland, hrsg. vom Verband Deutscher Waren- und Kaufhäuser E.V. anlässlich seines fünfundzwanzigjährigen Bestehens. Berlin 1928, S. 9–12.
Badel, Laurence: Un milieu libéral et européen: Le grand commerce français 1925–1948. Paris 1999.
Bär, Ulrich; Siegel, Monique R. (Hg.): Geschichte der Juden im Kanton Zürich. Von den Anfängen bis in die heutige Zeit. Zürich 2005.
Barasch, Werner: Entronnen. Autobiographische Skizze der Jahre 1938 bis 1946. Frankfurt a. M. 2001.
Barth, Gunther: City People. The Rise of Modern City Culture in Nineteenth-Century America. New York 1980.
Bassler, Moritz (Hg.): New Historicism, Literaturgeschichte als Poetik der Kultur. Tübingen 2001.
Battenberg, Friedrich: Antisemitismus als «kultureller Code». In: Kiesel, Doron; Siegele-Wenschkewitz, Leonore (Hg.): Der Aufklärung zum Trotz. Antisemitismus in der politischen Kultur in Deutschland. Frankfurt 1998, S. 15–51.
Battenberg, Friedrich: Das Europäische Zeitalter der Juden. Zur Entwicklung einer Minderheit in der nichtjüdischen Umwelt Europas. Bd. II: Von 1650–1945. Darmstadt 1990.
Baudelaire, Charles: Das Schöne, die Mode und das Glück (1863). In: Lehnert, Gertrud; Kühl, Alicia; Weise, Katja (Hg.): Modetheorie. Klassische Texte aus vier Jahrhunderten. Bielefeld 2014, S. 71–76.
Bauer, Hans: Basel, gestern, heute, morgen. Hundert Jahre Basler Wirtschaftsgeschichte. Basel 1981.
Bauer, Jehuda: American Jewry and the Holocaust. The American Jewish Joint Distribution Committee 1939–1945. Detroit 1981.
Bauman, Zygmunt: Flaneure, Spieler, Touristen. Essays zu postmodernen Lebensformen. Hamburg 2007.
Bauman, Zygmunt: Flüchtige Moderne. Frankfurt a. M. 2003.
Beer, Edith Lynn: Das Österreich-Ungarn meiner Familie. In: Merkur – Deutsche Zeitschrift für europäisches Denken, Stuttgart Juni 2014, Heft 6 (68. Jg.), S. 512–526.
Benjamin, Walter: Paris, die Hauptstadt des XIX. Jahrhunderts. In: Ders.: Illuminationen. Ausgewählte Schriften 1. Frankfurt a. M. 1977.
Berghoff, Hartmut: Moderne Unternehmensgeschichte. Eine themen- und theorieorientierte Einführung. Berlin 2016 (zweite, aktualisierte Auflage).
Bergier, Jean-François et. al.: Die Schweiz, der Nationalsozialismus und der Zweite Weltkrieg: Schlussbericht. Zürich 2002.
Berliner Jahrbuch für Handel und Industrie: Bericht der Ältesten der Kaufmannschaft von Berlin. Hg. Korporation der Kaufmannschaft von Berlin, 1909.
Bevan, Judi: The Rise & Fall of Marks & Spencer. London 2001.
Bhend, Angela: Fragmente einer jüdischen Lebens- und Wirtschaftsgeschichte: Die Gebrüder Lang – Vom Tuchhandel zur Grossen Französischen Warenhalle. Basel 2009 [Liz.].

Bhend, Angela: Im Tempel der Versuchungen. Das Warenhaus als Erfahrungs- und Ordnungsraum. In: Groth, Stefan; Mülli, Linda (Hg.): Ordnungen in Alltag & Gesellschaft. Empirisch-kulturwissenschaftliche Perspektiven. Würzburg 2019.
Bhend, Angela: Verbürgerlichung und Konfessionalisierung. Jüdische Lebenswelt in der Gründerzeit, 1848–1914. In: Bloch, René und Picard, Jacques (Hg.): Wie über Wolken. Jüdische Lebens- und Denkwelten in Stadt und Region Bern, 1200–2000. Zürich 2014, S. 105–171.
Biale, David (Hg.): Cultures of the Jews. A New History. New York 2002.
Biland, Anne-Marie: Warenhäuser in der Stadt Bern. Ein Beitrag zur lokal gefärbten Warenhaus-Architektur kurz vor und nach 1900. Bern 2011, S. 44–45. Hg. von bauforschungsonline.ch. Verfügbar unter: http://bauforschungonline.ch/sites/default/files/aufsatz_illustriert_komp_28.05.2011pdf.pdf.
Bimmer, Andreas C.: Brauchforschung. In: Brednich, Rolf W. (Hg.): Grundriss der Volkskunde, Einführung in die Forschungsfelder der Europäischen Ethnologie. Berlin 2001 (3. Aufl.).
Bischoff, Christine; Oehme-Jüngling, Karoline; Leimgruber, Walter (Hg.): Methoden der Kulturanthropologie. Bern 2014.
Bloch, René; Picard, Jacques (Hg.): Wie über Wolken. Jüdische Lebens- und Denkwelten in Stadt und Region Bern 1200–2000. Zürich 2014.
Blod, Gabriel: Die Entstehung der Israelitischen Gemeinde Freiburg 1849–1871. Freiburg i. Br. 1988.
Boas, Franz: Anthropology and Modern Life [1928]. New York 1962.
Böcker, Manfred: Antisemitismus ohne Juden. Die Zweite Republik, die antirepublikanische Rechte und die Juden. Spanien 1931 bis 1936. Frankfurt a. M. 2000.
Böhme, Gernot: Atmosphäre. Essays zur neuen Ästhetik. Berlin 2013.
Bonavita, Petra: Die Jüdischen Schüler des Kaiser-Friedrichs-Gymnasium, 1888–1933. Begleitdokumentation zur Ausstellung im Heinrich-von-Gagern-Gymnasium. Frankfurt a. M. 2000.
Bourdieu, Pierre: Die feinen Unterschiede. Kritik der gesellschaftlichen Urteilskraft. Frankfurt a. M. 1982. (franz. Original: La distinction. Critique sociale du jugement. Paris 1979)
Bourdieu, Pierre: Praktische Vernunft. Zur Theorie des Handelns. Frankfurt a. M. 1998.
Bourdieu, Pierre: Sozialer Sinn. Kritik der theoretischen Vernunft. Frankfurt a. M. 1993.
Brackmann, Karl-Heinz; Birkenhauer, Renate: NS-Deutsch. «Selbstverständliche» Begriffe und Schlagwörter aus der Zeit des Nationalsozialismus. Straelen 1988.
Brewer, John; Porter, Roy: Consumption and the Worls of Goods. London 1993.
Briesen, Detlef: Warenhaus, Massenkonsum und Sozialmoral. Zur Geschichte der Konsumkritik im 20. Jahrhundert. Frankfurt a. M. 2001.
Brodkin, Karen: How Jews Became White. In: Gregory, Steven; Sanjekt, Roger (Hg.): Race. New Brunswick 1994, S. 78–102.
Brunschwig, Annette: Heimat Biel. Geschichte der Juden in einer Schweizer Stadt vom Spätmittelalter bis 1945. Zürich 2011.
Brüschweiler, Carl: Beruf und Konfession in der Schweiz. Olten 1938.
Buchner, Hans: Warenhauspolitik und Nationalsozialismus. München 1929.
Bundi, Annetta: Johann Babtist Rusch: Zwischen Konservativismus, Nationalismus und Erneuerungswille. In: Altermatt, Urs (Hg.): Katholische Denk- und Lebenswelten. Beiträge zur Kultur- und Sozialgeschichte des Schweizer Katholizismus im 20. Jahrhundert. Freiburg 2003, S. 209–2018.
Burger, Sonja; Bütler, Adalbert: 70 Jahre Manorama. Geschichte, Umfeld, Perspektiven. Hochdorf 1993.
Burke, Eva: Marks & Spencer. Die Geschichte einer Weltmarke. In: Aufbau, Das Jüdische Monatsmagazin, Mikrokosmos Kaufhaus, Nr. 12/1, 76. Jg., Dez. 2010/Jan. 2011, S. 9–10.

Busch-Petersen, Nils: Leonhard Tietz. Fuhrmannssohn und Warenhauskönig – Von der Warthe an den Rhein. Berlin 2014.
Busch-Petersen, Nils: Oscar Tietz. Von Birnbaum / Provinz Posen zum Warenhauskönig von Berlin. Berlin 2013 (Erstauflage 2004).
Cassé, Noël: Etude sur les Magasins a prix uniques. Toulouse 1935 [Diss.].
Cohen, Richard: Urban Visibility and Biblical Vision. Jewish Culture in Western and Central Europe in the Modern Age. In: Biale, David (Hg.): Cultures oft he Jews. A New History. New York 2002, S. 731–796.
Cohn, John: Geschichte der jüdischen Gemeinde Rawitsch. Berlin 1915.
Crossick, Geoffrey; Jaumain, Serge: Cathedrals of Consumption. The European Department Store 1850–1939. Aldershot 1999.
Crossick, Geoffrey; Jaumain, Serge: The world of the department store: distribution, culture and social change. In: Dies. (Hg.): Cathedrals of Consumption. The European Department Store 1850–1939. Aldershot 1999, S. 1–45.
Cuénod, Anne: Un grand magasin à Genève au début du siècle. In: Unsere Kunstdenkmäler. Mitteilungsblatt für die Mitglieder der Gesellschaft für Schweizerische Kunstgeschichte, 1976, Bd. 27, S. 188–191.
David, Alison Matthews: Fashion victims. The dangers of dress past and present. London 2015.
Davis, Dorothy: A History of Shopping. London 1966.
Dov Weinryb, Bernard: Neueste Wirtschaftsgeschichte der Juden in Russland und Polen. Hildesheim 1972 [1934].
Dreyfus, Martin: Die Dichter und das Warenhaus. In: Aufbau, Das Jüdische Monatsmagazin, Mikrokosmos Kaufhaus, Nr. 12/1, 76. Jg., Dez. 2010/Jan. 2011, S. 26–28.
Echte, Bernhard (Hg.): Robert Walser. Sein Leben in Bildern und Texten. Frankfurt a. M. 2008.
Elias, Norbert: Die Gesellschaft der Individuen. Frankfurt a. M. 1987.
Elias, Norbert: Über den Prozess der Zivilisation. Soziogenetische und psychogenetische Untersuchungen [1939], Bd. 1. Frankfurt a. M. 1976.
Epstein-Mil, Ron: Die Jüdischen Gemeinden Baden und Bremgarten. In: Picard, Jacques; Bhend, Angela (Hg.): Jüdischer Kulturraum Aargau. Baden/Zürich 2020, S. 301–317.
Erismann, Paul: Von Aarauer Handwerk und Gewerbe, Gewerbeverband Aarau 1864–1964. Ein lokal- und kulturgeschichtlicher Rückblick zum Jubiläum des Gewerbeverbandes Aarau. Aarau 1964.
Erlanger, Ruben et al. (Hg.): Stammbaum und Chronik der Familie Erlanger. Ein Beitrag zur Geschichte der Juden in Luzern und Gailingen. Jerusalem 1998.
Faerber, Thomas; Luchsinger, Markus: Joyce in Zürich. Zürich 1988.
Fenske, Gail: The Skyscraper and the City. The Woolworth Building and the Making of Modern New York. Chicago/London 2008.
Ferguson, Harvie: The Lure of Dreams: Sigmund Freud and the Construction of Modernity. London 1996.
Ferry, John William: A History of the Department Store. New York 1960.
Fischer-Rosenthal, Wolfram; Alheit, Peter (Hg.): Biographien in Deutschland. Soziologische Re-konstruktionen gelebter Gesellschaftsgeschichte. Opladen 1995.
Fischer, Erica; Ladwig-Winters, Simone: Die Wertheims. Geschichte einer Familie. Berlin 2004.
Foucault, Michel: Andere Räume. In: Aisthesis. Wahrnehmung heute oder Perspektiven einer anderen Ästhetik. Essais. Leipzig 1991.
Frank, Gelya: Jews, Multiculturalism, and Boasian Anthropology. In: American Anthropologist 99-4, 1997, S. 731–741.
Frei, Helmut: Tempel der Kauflust. Eine Geschichte der Warenhauskultur. Leipzig 1997.
Frenkel, Werner: Baden, eine jüdische Kleingemeinde. Fragmente aus der Geschichte 1859–1947. Baden [o. J.].

Friedmann, Fritz: »MF« In Stille gewachsen. Geschichte eines Unternehmens. Privatdruck, Genf 1983.
Galbraith, John Kenneth: Gesellschaft im Überfluss [amerik. Original The Affluent Society 1958)], München 1959.
Geertz, Clifford: The Interpretation of Cultures. New York 1973.
Gerson, Daniel: Die Kehrseite der Emanzipation in Frankreich. Judenfeindschaft im Elsass 1778 bis 1848. Essen 2006.
Gerson, Daniel: Pluralisierungen und Polarisierungen. Jüdische Reformbewegungen in der Schweiz, 1950–2010. In: Picard, Jacques; Gerson, Daniel (Hg.): Schweizer Judentum im Wandel. Religion und Gemeinschaft zwischen Integration, Selbstbehauptung und Abgrenzung. Zürich 2014, S. 99–157.
Gerson, Daniel: Zwischen Selbstbehauptung und Assimilation: Die elsässischen Juden im 19. Jahrhundert. In: Juden im Elsass, hrsg. vom Jüdischen Museum der Schweiz und dem Schweizerischen Museum für Volkskunde. Basel 1992.
Glaus, Beat: Die Nationale Front. Eine Schweizer faschistische Bewegung 1930–1940. Zürich 1969 [Diss.].
Goertz, Hans-Jürgen: Unsichere Geschichte. Zur Theorie historischer Referentialität. Stuttgart 2001.
Gothein, Eberhard: Wirtschaftsgeschichte des Schwarzwaldes und der angrenzenden Landschaften. Erster Bd.: Städte- und Gewerbegeschichte. Strassburg 1892.
Gottraux, Yoland: La Communauté Israélite d'Avenches. [Avenches] 1978.
Greenblatt, Stephen: Learning to Curse. Essays in Early Modern Culture. London 1990.
Guggenheim-Grünberg, Florence: Vom Scheiterhaufen zur Emanzipation. Die Juden in der Schweiz vom 6. bis 19. Jahrhundert. In: Guggenheim, Willy (Hg.): Juden in der Schweiz. Glaube – Geschichte – Gegenwart. Küsnacht/Zürich 1982, S. 10–53.
Guggenheim, Kurt: Das Zusammensetzspiel. Frauenfeld 1977.
Guggenheim, Willy (Hg.): Juden in der Schweiz. Glaube, Geschichte, Gegenwart. Küsnacht/Zürich 1982.
Guggenheim, Willy: Wege zur Gegenwart. Die Schweizer Juden zwischen 1920 und 1945. In: Ders.: Juden in der Schweiz. Glaube, Geschichte, Gegenwart. Küsnacht/ Zürich 1982, S. 69–106.
Guth, Hans: Die Juden in der Schweiz im Spiegel der Bevölkerungsstatistik. In: Schweizerischer Israelitischer Gemeindebund 1904–1954: Festschrift zum 50jährigen Bestehen. Basel 1954, S. 85–106.
Guyer, Paul: 100 Jahre Bahnhofstrasse. Eine baugeschichtliche Ausstellung, Helmhaus Zürich, 15. August bis 13. September 1964. Zürich 1964.
Habermas, Jürgen (Hg.): Stichworte zur «Geistigen Situation der Zeit». Frankfurt a. M. 1979.
Habermas, Jürgen: Theorie des kommunikativen Handelns. Zur Kritik der funktionalistischen Vernunft [1981], Bd. 2. Frankfurt a. M. 1995.
Haller, Ernst: Die rechtliche Stellung der Juden im Kanton Aargau. Aarau 1900 [Diss.].
Harris, Leon: Merchant Princes. An Intimate History of Jewish Families Who Built Great Department Stores. New York 1979.
Haug, Christine: «Die Illusion der Einmaligkeit einer Ware». Warenhäuser als kulturelle Erfahrungsräume und Vermittler populärer Kultur um 1900. In: Haug, Christine; Mayer, Franziska; Podewski, Madleen (Hg.): Populäres Judentum. Medien, Debatten, Lesestoffe. Tübingen 2009, S. 85–102.
Haumann, Heiko: Geschichte der Ostjuden. München 1999.
Haumann, Heiko: Geschichte, Lebenswerk, Sinn. Über die Interpretation von Selbstzeugnissen. In: Hilmer, Brigitte; Lohmann, Georg; Welsche, Tilo (Hg.): Anfang und Grenzen des Sinns. Göttingen 2006, S. 42–54.
Haumann, Heiko: Lebensweltlich orientierte Geschichtsschreibung in den Jüdischen Studien: Das Basler Beispiel. In: Hödl, Klaus (Hg.): Jüdische Studien. Reflexionen

zu Theorie und Praxis eines wissenschaftlichen Feldes. Schriften des Centrums für Jüdische Studien, Bd. 4. Innsbruck 2003, S. 105–122.
Haumann, Heiko: Wege zur Geschichte der Juden am Oberrhein. In: Allmende, Nr. 36/37, 13. Jg., 1993 (Alemannisches Judentum, Versuche einer Wiederannäherung), S. 5–251.
Haupt, Heinz-Gerhard: Konsum und Handel. Europa im 19. und 20. Jahrhundert. Göttingen 2003.
Heine, Heinrich: Lutetia. Berichte über Politik, Kunst und Volksleben. In: Ders.: Sämtliche Schriften, Bd. 5, hrsg. von Klaus Briegleb. München 1997, S. 217–548.
Heinrichs, Ruth: Von der Helvetik (1798) bis zum Ersten Weltkrieg. In: Bär, Ulrich; Siegel, Monique R. (Hg.): Geschichte der Juden im Kanton Zürich. Von den Anfängen bis in die heutige Zeit. Zürich 2005, S. 152–282.
Hermann, Eugen: Ein Jahrhundert Zürich und die Entwicklung seiner Firmen. Zürich 1946/1947.
Herr, Manfred: Schweizerischer Detailhandelsführer. Eine Publikation für den Vertriebspraktiker. Zürich 1973.
Hirschfeld, Gerhard; Krumeich, Gerd; Renz, Irina (Hg.): Enzyklopädie Erster Weltkrieg. Zürich 2003.
Hoffmann, Heike: Völkische Kapitalismus-Kritik: Das Beispiel Warenhaus. In: Handbuch zur «Völkischen Bewegung» 1871–1918, hrsg. von Puschner, Uwe; Schmitz, Walter; Ulbricht, Justus H. München 1996, S. 558–571.
Homburg, Heidrun: Warenhausgründer in Frankreich und Deutschland. Gemeinsamkeiten und Unterschiede. In: Eliten in Deutschland und Frankreich im 19. und 20. Jahrhundert. Strukturen und Beziehungen, hrsg. von Hudemann, Rainer und Soutou, Georges-Henri. München 1994, Bd. 1, S. 169–177.
Homburg, Heidrun: Warenhausunternehmen und ihre Gründer in Frankreich und Deutschland: eine diskrete Elite und mancherlei Mythen. In: Jahrbuch für Wirtschaftsgeschichte / Economic History Yearbook, 33/1(1992-06).
Horkheimer, Max; Adorno, Theodor W.: Dialektik der Aufklärung [1947]. Frankfurt a. M. 1971.
Horowitz, Irving Louis (Hg.): Veblen's Century: A Collective Portrait. New Brunswick 2001.
Huber, Werner: Bahnhofstrasse Zürich. Geschichte – Gebäude – Geschäfte. Zürich 2015.
Hundert Jahre. Bilder aus der Geschichte der Stadt Zürich in der Zeit von 1814–1914. Zürich 1915 (Bd. 2).
Huser Bugmann, Karin: Schtetl an der Sihl. Einwanderung, Leben und Alltag der Ostjuden in Zürich 1880–1939. Zürich 1998.
Huser, Karin: Vieh- und Textilhändler an der Aare. Geschichte der Juden im Kanton Solothurn vom Mittelalter bis heute. Zürich 2007.
Huser, Karin: Vom Ersten Weltkrieg bis in die heutige Zeit. In: Bär, Ulrich; Siegel, Monique R. (Hg.): Geschichte der Juden im Kanton Zürich. Von den Anfängen bis in die heutige Zeit. Zürich 2005, S. 284–426.
Hyman Paula E.: The Emancipation of the Jews of Alsace. Acculturation and Tradition in the nineteenth century. London 1991.
Jaggi, Yvette: Le phénomène de concentration dans le secteur de la distribution en relation avec l'avènement de la société de consommation massive. Lausanne 1970.
Jahrbuch Schloss Thun: https://biblio.unibe.ch/digibern/jahrbuch_schloss_thun/jahrbuch_schloss_thun_2012.pdf.
Jarry, Paul: Les Magasins de Nouveautés. Histoire rétrospective et anecdotique. Paris1948.
Joris, Elisabeth; Witzig, Heidi; Alt, Marianna (Hg.): Frauengeschichte(n). Dokumente aus zwei Jahrhunderten zur Situation der Frauen in der Schweiz. Zürich 2001.
Jornod, Joël: La conquête des clients : les magasins Gonset et la Suisse occidentale (1920–1960). Neuchâtel 2019.

Juden La Chaux-de-Fonds (Juifs de La Chaux-de-Fonds): Blicke auf eine Gemeinschaft. Texte der Sonderausstellung im Musée d'Histoire la Chaux-de-Fonds [2017], http://www2.chaux-de-fonds.ch/musees/mh/mh-expositions/actuelles/PublishingImages/ville-de-loisirs/musees/mh/mh-expositions/actuelles/juifs-de-suisse-juifs-de-la-chaux-de-fonds/170405_TextesGuideVisite_Allemand.pdf.

Jüdische Lebenswelt Schweiz. 100 Jahre Schweizerischer Israelitischer Gemeindebund (SIG), hrsg. von Gabrielle Rosenstein et al. Zürich 2004.

Kahn, Ludwig: Die wirtschaftlichen Verhältnisse der Judenschaft in der Umgebung von Basel, im benachbarten Elsass und Baden im 18. und zu Beginn des 19. Jahrhunderts. Basel 1961/62.

Kallen, Horace M.: Democracy Versus the Melting Pot: A Study of American Nationality. In: The Nation, 18. u. 25. 2. 1915, S. 190–194 u. S. 217–220.

Kallen, Horace M.: The Decline and Rise of the Consumer. A Philosophy of Consumer Cooperation. New York 1936.

Kamis-Müller, Aaron: Antisemitismus in der Schweiz, 1900–1930, Zürich 2000.

Kasiske, Michael: Das Warenhaus und die Stadt. Die urbane Entwicklung kommerzieller Zentren. In: Das Berliner Warenhaus. The Berlin Department Store. Geschichte und Diskurse. History and Discourse. Frankfurt a. M. 2013, S. 153–166.

Katona, George: Die Macht des Verbrauchers. Düsseldorf 1962.

Katona, George: The mass consumption Society. New York 1964.

Katz, Jacob: Aus dem Ghetto in die bürgerliche Gesellschaft. Jüdische Emanzipation 1770–1870. Frankfurt a. M. 1986.

Katz, Jacob: Vom Vorurteil bis zur Vernichtung. Der Antisemitismus 1700–1933. München 1989.

Kaufmann, Robert Uri: Juden in Luzern, hrsg. vom Komitee für die Ausstellung «Juden in der Schweiz». Luzern 1984.

Kauft bei Juden! Geschichte einer Wiener Geschäftskultur = Buy from Jews!, hrsg. von Astrid Peterle im Auftrag des Jüdischen Museums. Wien 2017.

Keller, Erich: Bürger und Juden. Die Familie Wyler-Bloch in Zürich 1880–1954. Biografie als Erinnerungsraum. Zürich 2015.

Kent, Stephen A.: The Quaker Ethic and the Fixed Price Policy: Max Weber and Beyond. In: Sociological Inquiry 1983, 53 (1), S. 16–32.

Kilcher, Andreas; Skrodzki, Karl Jürgen (Hg.): Else Lasker-Schüler. Gedichtbuch für Hugo May. Faksimile-Edition, Bd. 2 (Text und Kommentar). Göttingen 2019.

Knuchel, Peter R.: 30 Jahre Loeb-Schaufenster. Thun 1995.

König, Gudrun M.: Konsumkultur. Inszenierte Warenwelt um 1900. Wien/Köln/Weimar 2009.

König, Gudrun M.: Zum Warenhausdiebstahl um 1900: Über juristische Definitionen, medizinische Interpretamente und die Geschlechterforschung. In: Mentges, Gabriel; Mohrmann, Ruth-E.; Foerster, Cornelia (Hg.): Geschlecht und materielle Kultur. Frauen-Sachen, Männer-Sachen, Sach-Kultur. Münster 2000, S. 49–66.

König, Wolfgang: Kleine Geschichte der Konsumgesellschaft. Konsum als Lebensform der Moderne (2. Aufl.). Stuttgart 2008.

Kraft, Tobias: Die Geschichte Nieder-Wiesens, der Pfarrei und seiner Kirchen: Sonderausgabe anlässlich des 50-jährigen Glockenjubliäums. Nieder-Wiesen 2005.

Kreis, Georg: Judenfeindschaft in der Schweiz. In: Jüdische Lebenswelt Schweiz. 100 Jahre Schweizerischer Israelitischer Gemeindebund (SIG), hrsg. von Gabrielle Rosenstein et al. Zürich 2004, S. 423–445.

Külling, Friedrich Traugott: Antisemitismus in der Schweiz zwischen 1866 und 1900. Zürich 1977.

Kurzbiographien zur Geschichte der Juden: 1918–1945, hrsg. von Joseph Walk, Leo Baeck Institute.

Kyrk, Hazel: A Theory of Consumtion. Boston 1923.

Lacrosse, Jacques; De Bie, Pierre: Emile Bernheim. Histoire d'un Grand Magasin. Brüssel 1972.

Ladwig-Winters, Simone: Wertheim: Geschichte eines Warenhauses. Berlin 1997.
Ladwig-Winters, Simone: Wertheim. Ein Warenhausunternehmen und seine Eigentümer. Ein Beispiel der Entwicklung der Berliner Warenhäuser bis zur «Arisierung». Münster 1997.
Laermans, Rudi: Learning to Consume. Early Department Stores and the Shaping of the Modern Consumer Culture (1860–1914). In: Theory, Culture & Society 10 (1993), S. 79–102.
Lambert, Richard S.: The Universal Provider. London 1938.
Lasker-Schüler, Else: Briefe 1933–1936, Bd. 9. Frankfurt a. M. 2008.
Lehnert, Gertrud; Kühl, Alicia; Weise, Katja (Hg.): Charles Baudelaire. In: Dies.: Modetheorie. Klassische Texte aus vier Jahrhunderten. Bielefeld 2014, S. 67–70.
Lehnert, Gertrud; Kühl, Alicia; Weise, Katja (Hg.): Modetheorie. Klassische Texte aus vier Jahrhunderten. Bielefeld 2014.
Leibowitz, Herbert: Fabricating Lives, Explorations in American Autobiography. New York 1989.
Leimgruber, Walter: Zwischen den Fronten: Alltagsdynamik in einer schweizerischen Grenzgemeinde am Rhein. In: Schweizerisches Archiv für Volkskunde, 2000, Bd. 96, Heft 1, S. 55–89.
Lenz, Thomas: Konsum und Modernisierung. Die Debatte um das Warenhaus als Diskurs um die Moderne. Bielefeld 2011.
Lenz, Thomas: Warum das Warenhaus brennen musste. In: Löw, Martina (Hg.): Vielfalt und Zusammenhalt. Verhandlungen des 36. Kongresses der Deutschen Gesellschaft für Soziologie in Bochum und Dortmund 2012, Teil 1.
Lerner, Paul: Circulation and Representation: Jews, Department Stores and Cosmopolitan Consumption in Germany, ca. 1880s–1930s. In: Weiss-Sussex, Godela; Zitzlsperger, Ulrike (Hg.): Das Berliner Warenhaus/The Berlin Department Store. Geschichte und Diskurse/History and Discourse, Frankfurt a. M. 2013, S. 93–115.
Lerner, Paul: The consuming temple. Jews, department stores, and the consumer revolution in Germany, 1880–1940. Ithaca 2015.
Lewin, Adolf: Geschichte der badischen Juden seit der Regierung Karl Friedrichs (1738–1909). Karlsruhe 1909.
Lexikon Deutsch-jüdischer Autoren, hrsg. vom Archiv Bibliographia Judaica.
Lindemann, Uwe: Das Warenhaus. Schauplatz der Moderne. Köln 2015.
Lindner, Rolf: Vom Wesen der Kulturanalyse. In: Zeitschrift für Volkskunde 99 (2003), S. 177–188.
Löw, Martina: Raumsoziologie. Frankfurt a. M. 2001.
Lowenstein, Steven M.; Mendes-Flohr, Paul; Pulzer, Peter; Richarz, Monika: Deutsch-Jüdische Geschichte in der Neuzeit, Bd. 3, 1871–1918. München 1997.
Lüönd, Karl: Ringier bei den Leuten. Die bewegte Geschichte eines ungewöhnlichen Familienunternehmens, 1833–2008. Zürich 2008.
Lüthi, Christian: Wachstum in schwierigem Umfeld. In: Bern – die Geschichte der Stadt im 19. und 20. Jahrhundert. Stadtentwicklung, Gesellschaft, Wirtschaft, Politik, Kultur. Bern 2003.
Mahler, Hans E.: Das Warenhaus in der Schweiz. Wesen, Aufgabe, Entwicklung. Bern 1939.
Mahrer, Stefanie: Handwerk der Moderne. Jüdische Uhrmacher und Uhrenunternehmer im Neuenburger Jura 1800–1914. Köln 2012.
Marcuse, Herbert: Eindimensionaler Mensch. Studien zur Ideologie der fortgeschrittenen Industriegesellschaft. Zürich 1967.
Marcuse, Herbert: Zur Kritik des Hedonismus. In: Ders.: Kultur und Gesellschaft, Bd.1. Frankfurt a. M. 1965. S. 128–168.
Marquardt, Ulrich: Die Interessengemeinschaften. Eine Ergänzung zur Entwicklungsgeschichte der Zusammenschlussbewegung von Unternehmungen. Berlin 1910.

Marti, Annette: Wie Interlaken zum Stadtteil Paris kam. In: Jungfrau Zeitung, 26. 1. 2005: https://www.jungfrauzeitung.ch/artikel/print/51988.
Marx, Karl: Das Kapital. Kritik der politischen Ökonomie. Bd. 1, Buch I: Der Produktionsprozess des Kapitals, hrsg. von Karl Kautsky. Berlin 1931.
Marx, Karl: Die deutsche Ideologie. In: Ders.: Die Frühschriften, hrsg. von Siegfried Landshut. Stuttgart 1968, S. 339–485.
Mattioli, Aram: Die Schweiz und die jüdische Emanzipation 1798–1874. In: Ders. (Hg.): Antisemitismus in der Schweiz 1848–1960. Zürich 1998, S. 61–81.
McKendrick, Neil; Brewer, John; Plumb, John H: The birth of a consumer society. The commercialization of eighteenth-century England. London 1982.
Meier, Peter; Häussler, Thomas: Zwischen Masse, Markt und Macht: das Medienunternehmen Ringier im Wandel 1833–2009, Bd. 1. Zürich 2010.
Meiners, Antonia: 100 Jahre KaDeWe. Berlin 2007.
Mentges, Gabriel; Mohrmann, Ruth-E.; Foerster, Cornelia (Hg.): Geschlecht und materielle Kultur. Frauen-Sachen, Männer-Sachen, Sach-Kultur. Münster 2000.
Metzger, Thomas: Antisemitismus in der Stadt St. Gallen 1918–1939. Fribourg 2006.
Miller, Michael B.: The Bon Marché. Bourgeois Culture and the Department Store, 1869–1920. New Jersey 1981.
Mink, Andreas: Die Geschichte des Kaufhauses. In: Aufbau, Das Jüdische Monatsmagazin, Mikrokosmos Kaufhaus, Nr. 12/1, 76. Jg., Dez. 2010/Jan. 2011, S. 6–8.
Mönch, Dieter: Vergessene Namen. Vernichtete Leben. Die Geschichte der jüdischen Frankfurter Unternehmerfamilie Wronker und ihr großes Warenhaus an der Zeil. Frankfurt a. M. 2019.
Morrison, Kathryn A.: Woolworth's. 100 Years on the High Street. Swindon 2015.
Mueller, John F.: «Eine Zierde jeder Stadt». Placing Provincial Department Stores in German Historiography and on the High Street. In: Weiss-Sussex, Godela; Zitzlsperger, Ulrike (Hg.): Das Berliner Warenhaus/The Berlin Department Store. Geschichte und Diskurse/History and Discourse. Frankfurt a. M. 2013, S. 241–255.
Mutz, Horst Richard: Das Einheitspreisgeschäft als neuzeitliche Betriebsform im deutschen Einzelhandel. Berlin 1932.
Nagel, Anne; Möhle, Martin; Meles, Brigitte: Die Kunstdenkmäler des Kantons Basel-Stadt. Die Altstadt von Grossbasel I. Profanbauten, Bd. VII, hrsg. von der Gesellschaft für Schweizerische Kunstgeschichte GSK. Bern 2006, S. 388–390.
Neher, André: Esprit du judaïsme d'Alsace. In: Les Juifs d'Alsace. Village – tradition – émancipation. Jerusalem 1991/1992.
Nordmann, Achilles: Zur Geschichte der Juden in der Innerschweiz. In: Der Geschichtsfreund. Mitteilungen des Hist. Vereins der fünf Orte Luzern, Uri, Schwyz, Unterwalden und Zug, Bd. 84. Stans 1929, S. 73–89.
Ortner, Sherry B. (Hg.): The Fate of Culture. Geertz and Beyond. Berkeley 1999.
Oschmann, Dirk: Kleine Prosa – Kleine Phänomenologie. Benjamins Erkundungen der Lebenswelt. In: Althaus, Thomas; Bunzel, Wolfgang; Göttsche, Dirk (Hg.): Kleine Prosa: Theorie und Geschichte eines Textfeldes im Literatursystem der Moderne. Tübingen 2007, S. 235–251.
Parnes, Louis: Bauten des Einzelhandels und ihre Verkehrs- und Organisations probleme. Zürich 1935.
Pasdermadjian, Hrant: Das Warenhaus. Entstehung, Entwicklung und wirtschaftliche Struktur. Wiesbaden 1954.
Pestalozzi, Manuel: Die Inszenierung der Grossstadt. Das Warenhaus Jelmoli in der City von Zürich: das ursprüngliche Gebäude Sihlstrasse/Seidengasse. Die Erweiterungsbauten am Steinmühleplatz und an der Uraniastrasse. Zürich 1996 (Diplomwahlfacharbeit EHT).
Petry, Erik: Gedächtnis und Erinnerung. Das «Pack» in Zürich. Köln 1994.
Pfenninger, Ernst: Globus – das Besondere im Alltag. Das Warenhaus als Spiegel der Gesellschaft. Zürich 2007.

Picard, Jacques et. al. (Hg.): Makers of Jewish Modernity. Thinkers, artists, leaders, and the world they made. Princeton UP 2016.
Picard, Jacques; Bhend, Angela (Hg.): Jüdischer Kulturraum Aargau. Baden/Zürich 2020.
Picard, Jacques; Epstein, Ron: Synagogen – zwischen religiöser Funktion und räumlicher Inszenierung. In: Kunst + Architektur in der Schweiz, 56. Jg., 2005/2, S. 6–13.
Picard, Jacques; Gerson, Daniel (Hg.): Schweizer Judentum im Wandel. Religion und Gemeinschaft zwischen Integration, Selbstbehauptung und Abgrenzung. Zürich 2014.
Picard, Jacques: Biografie und biografische Methoden. In: Bischoff, Christine; Oehme-Jüngling, Karoline, u. Leimgruber, Walter (Hg.): Methoden der Kulturanthropologie. Bern 2014, S. 177–194.
Picard, Jacques: Das Alphabet der Erinnerung. Über Biographik und andere Zeitfelder des Schreibens. In: Picard, Jacques: Gebrochene Zeit. Jüdische Paare im Exil. Zürich 2009. S. 289–333.
Picard, Jacques: Die Schweiz und die Juden, 1933–1945. Schweizerischer Antisemitismus, jüdische Abwehr und internationale Migrations- und Flüchtlingspolitik. Zürich 1997.
Picard, Jacques: Gebrochene Zeit. Jüdische Paare im Exil. Zürich 2009.
Picard, Jacques: Horace Kallen (1982–1974). In: Picard, Jacques et. Al. (Hg.): Makers of Jewish Modernity. Thinkers, artists, leaders, and the world they made. Princeton UP 2016, S. 220–232.
Picard, Jacques: Profane Zeit, sakrale Zeit, virtuelle Zeit? Über jüdische Kultur in der Moderne. In: John, Eckhard; Zimmermann Heidy (Hg.): Jüdische Musik? Fremdbilder – Eigenbilder, Köln 2004, S. 339–359.
Probleme des Warenhauses. Beiträge zur Geschichte und Erkenntnis der Entwicklung des Warenhauses in Deutschland, hrsg. vom Verband Deutscher Waren- und Kaufhäuser E. V. anlässlich seines fünfundzwanzigjährigen Bestehens. Berlin 1928.
Ramseyer Rudolf J.: Zibelemärit. Martinimesse. Langnau 1990.
Raphaël, Freddy: Der Viehhändler, Symbolgestalt des elsässischen Judentums. In: Juden im Elsass, hrsg. vom Jüdischen Museum der Schweiz und dem Schweizerischen Museum für Volkskunde. Basel 1992.
Raphaël, Freddy: Des métiers et des hommes. In: Raphaël, Freddy; Weyl, Robert: Juifs en Alsace. Culture, société, histoire. Toulouse 1977, S. 349–383.
Rappaport, Erika Diane: Shopping for Pleasure. Women in the Making of London's West End. Princeton 2000.
Rappard, William E.: Die Bundesverfassung der Schweizerischen Eidgenossenschaft, 1848–1948. Zürich 1948.
Reich, David: Direkte Demokratie in der Krise. Die Funktion des Notrechts in der Schweiz während Welt-wirtschaftskrise und Zweitem Weltkrieg dargestellt am Beispiel des Warenhausbeschlusses 1933–1945. Basel 2007.
Resseguie, Harry E.: Alexander Turney Stewart and the Development of the Department Store, 1823–1876. In: The Business History Review, Vol. 39, Nr. 3 (1965), S. 301–322.
Richarz, Monika (Hg.): Jüdisches Leben in Deutschland. Selbstzeugnisse zur Sozialgeschichte 1780–1871. New York 1976.
Rolshoven, Johanna: Übergänge und Zwischenräume. Eine Phänomenologie von Stadtraum und «sozialer Bewegung». In: Kokot, Waltraud; Hengartner, Thomas; Wildner, Kathrin (Hg.): Kulturwissenschaftliche Stadtforschung. Eine Bestandsaufnahme. Berlin 2000, S. 107–122.
Rolshoven, Johanna: Von der Kulturraum- zur Raumkulturforschung. Theoretische Herausforderungen an eine Kultur- und Sozialwissenschaft des Alltags. In: Zeitschrift für Volkskunde 2003, Nr. 99, S. 189–213.

Rom, Felix: Diaspora – Gastland – Heimat. In: Piatti, Livio: Schtetl Zürich, von orthodoxen jüdischen Nachbarn. Zürich 1997, S. 11–17.
Rom, Felix: Die Geschichte der IRG von 1895–1995. In: Festschrift 100 Jahre Israelitische Religionsgesellschaft, hrsg. vom Vorstand der IRG. Zürich 1995, S. 10–83.
Rooch, Alarich: Bewertung des Warenhauses Bahnhofstraße 75–79, Zürich (Manor) in seiner architektonischen und sozialräumlichen Bedeutung, https://www.ig-manor-bahnhofstrasse.ch/Newsfiles/GUTACHTEN_ROOCH.pdf.
Rooch, Alarich: Warenhäuser: Inszenierungsräume der Konsumkultur. Von der Jahrhundertwende bis 1930. In: Bürgertum und Bürgerlichkeit zwischen Kaiserreich und Nationalsozialismus. Mainz 2009, S. 17–30.
Rooch, Alarich: Wertheim, Tietz und das KaDeWe in Berlin. Zur Architektursprache eines Kulturraums. In: Das Berliner Warenhaus. The Berlin Department Store. Geschichte und Diskurse. History and Discourse. Frankfurt a. M. 2013, S. 167–197.
Rosenstein, Gabrielle et. al. (Hg.): Jüdische Lebenswelt Schweiz. 100 Jahre Schweizerischer Israelitischer Gemeindebund (SIG). Zürich 2004.
Roth, Fritz: Zeitung als Ausdruck ihrer Zeit. Zur Gründung des Wochenblattes *Die Nation* vor 40 Jahren. In: Profil: sozialdemokratische Zeitschrift für Politik, Wirtschaft und Kultur, 1973, Bd. 52, Heft 12, S. 335–341.
Sanders, Lise Shapiro: Consuming Fantasies. Labor, Leisure, and the London Shopgirl, 1880–1920. Columbus 2006.
Sawatzki, Dieter: Grands Magasins oder die Geburt des Warenhauses im Paris des 19. Jahrhunderts. Mit einer Einführung von Siegfried Gerlach. Dortmund 1989.
Schad, Josef: Die Warenhaussteuer der Nachkriegszeit. Berlin 1930.
Schaller, Marie-Louise: Otto Morach (1887–1973). Mit einem kritischen Katalog der Staffeleibilder. Zürich 1983.
Schmid-Ammann, Paul: Mahnrufe in die Zeit: Vier bewegte Jahrzehnte schweizerischer Politik 1930–1970. Zürich 1971.
Schmid, Daniel C.: Dreiecksgeschichten. Die Schweizer Diplomatie, das «Dritte Reich» und die böhmischen Länder 1938–1945. Zürich 2004.
Schmid, Hans Rudolf: Das Jelmoli- Buch. Vom Leben eines Unternehmens, hrsg. von Grands Magasins Jelmoli SA zum 125-jährigen Bestehen, 1833–1958. Zürich 1959.
Schmid, Max: Schalom! Wir werden euch töten! Texte und Dokumente zum Antisemitismus in der Schweiz 1930–1980. Zürich 1979.
Schmid, Xaver: Die Dienstverhältnisse der Ladentöchter. Ergebnisse einer Enquete über die Dienstverhältnisse der Ladentöchter in der Stadt Luzern im Sommer 1905, hrsg. von der Zentralstelle des schweiz. kath. Volksvereins. Zürich 1906.
Schramm, Christian: Deutsche Warenhausbauten. Ursprung, Typologie und Entwicklungstendenzen. Achen 1995.
Schreiber Sabine: Hirschfeld, Strauss, Malinsky. Jüdisches Leben in St. Gallen 1803–1833. Zürich 2006.
Schuhmacher, Yves: Nazis! Fascistes! Fascisti!: Faschismus in der Schweiz – 1918–1945. Zürich 2019.
Schulmann, Robert: Albert Einstein. Die moralische Erziehung in jungen Jahren. In: Picard, Jacques; Bhend, Angela (Hg.): Jüdischer Kulturraum Aargau. Baden/ Zürich 2020, S. 89–94.
Schweizer Detaillistenverband (Hg.): 100 Jahre Schweizer Detaillistenverband 1909–2009 (Festschrift). Luzern 2009.
Sibold, Noëmi: Bewegte Zeiten. Zur Geschichte der Juden in Basel, 1930er bis 1950er Jahre. Zürich 2010.
Siegrist, Hannes; Kaelble, Hartmut; Kocka, Jürgen (Hg.): Europäische Konsumgeschichte. Zur Gesellschafts- und Kulturgeschichte des Konsums (18. bis 20. Jahrhundert). Frankfurt a. M. 1997.
Simmel, Georg: Alpenreisen. In: Dahme, Heinz-Jürgen; Frisby, David P. (Hg.): Georg Simmel: Aufsätze und Abhandlungen 1894–1900. Frankfurt a. M. 1992, S. 91–95.

Simmel, Georg: Beiträge zur Philosophie der Geschichte (Ergänzungen zur 1907 in 3. Aufl. erschienen Studie «Die Probleme der Geschichtsphilosophie»). In: Ders.: Das individuelle Gesetz. Philosophische Exkurse, hrsg. von Michael Landmann. Frankfurt a. M. 1987, S. 33–40.
Simmel, Georg: Das individuelle Gesetz. Philosophische Exkurse, hrsg. von Michael Landmann. Frankfurt a. M. 1987.
Simmel, Georg: Die Mode. In: Ders.: Philosophische Kultur. Über das Abenteuer, die Geschlechter und die Krise der Moderne. Gesammelte Essays. Berlin 1983, S. 26–51.
Simmel, Georg: Die Probleme der Geschichtsphilosophie (1907 in 3. Aufl. erschienene Studie). In: Ders.: Das individuelle Gesetz. Philosophische Exkurse, hrsg. von Michael Landmann. Frankfurt a. M. 1987.
Simonet, Eduard: Entwicklung und Struktur des schweizerischen Einzelhandels. Bern 1939 [Diss.].
Sollors, Werner: A Critique of Pure Pluralism. In: Reconstructing American Literary History, Cambridge 1986, S. 250–279.
Sombart, Werner: Das Warenhaus – ein Gebilde des hochkapitalistischen Zeitalters. In: Probleme des Warenhauses: Beiträge zur Geschichte und Erkenntnis der Entwicklung des Warenhauses in Deutschland, hrsg. vom Verband Deutscher Waren- und Kaufhäuser E. V. anlässlich seines fünfundzwanzigjährigen Bestehens. Berlin 1928, S. 77–88.
Sombart, Werner: Wirthschaft und Mode. Ein Beitrag zur Theorie der modernen Bedarfsgestaltung. Wiesbaden 1902.
Späti, Christina: Heilige Stätten, Freiheitsgeist und Antisemitismus: Das vielschichtige Verhältnis der Katholiken zum Zionismus. In: Altermatt, Urs (Hg.): Katholische Denk- und Lebenswelten. Beiträge zur Kultur- und Sozialgeschichte des Schweizer Katholizismus im 20. Jahrhundert. Freiburg 2003, S. 187–208.
Spiekermann, Uwe: Basis der Konsumgesellschaft. Entstehung und Entwicklung des modernen Kleinhandels in Deutschland 1850–1914. München 1999.
Spiekermann, Uwe: Theft and Thieves in German Department Stores 1895–1930. A Discourse on Morality, Crime and Gender. In: Crossick, Geoffrey; Jaumain, Serge (Hg.): Cathedrals of Consumption. The European Department Store 1850–1939. Aldershot 1999, S. 135–159.
Starobinski, Jean: Rousseau. Eine Welt von Widerständen. München 1988.
Staub, Hans O.: Ein Warenhaus wird zum Wahrzeichen. Vier Generationen Loeb, Bern. Meilen 1998 (unveröffentlichtes Manuskript).
Stresemann, Gustav: Die Warenhäuser. Ihre Entstehung, Entwicklung und volkswirtschaftliche Bedeutung. In: Zeitschrift für die gesamte Staatswissenschaft / Journal of Institutional and Theoretical Economics, 1900, Bd. 56, Heft 4, S. 696–733.
Strohmeyer, Klaus: Warenhäuser: Geschichte, Blüte und Untergang im Warenmeer. Berlin 1980.
Stucki, Lorenz: Das heimliche Imperium. Wie die Schweiz reich wurde. Bern 1968.
Tanner, Albert: Arbeitsame Patrioten – wohlanständige Damen. Bürgertum und Bürgerlichkeit in der Schweiz 1830–1914. Zürich 1995.
Thommen, Rudolf: Zur Erinnerung an Dr. August Bernoulli-Burckhardt. In: Basler Zeitschrift für Geschichte und Altertumskunde, 1922, Bd. 20.
Tietz, Georg: Hermann Tietz. Geschichte einer Familie und ihrer Warenhäuser. Stuttgart 1965.
Toury, Jacob: Jüdische Textilunternehmer in Baden-Württemberg 1683–1938. Tübingen 1984.
Twain, Mark; Griffin, Benjamin et al. (Hg.): Ich bin der eselhafteste Mensch, den ich je gekannt habe. Neue Geheimnisse meiner Autobiographie, Bd. 1. Berlin 2014.
Uhlig, Heinrich: Die Warenhäuser im Dritten Reich. Wiesbaden 1956.
Veblen, Thorstein B.: The Theory of Leisure Class, An Economic Study in the Evolution of Institutions. New York 1899.

Veblen, Thorstein B.: Theorie der feinen Leute. New York 1899.
Vierhaus, Rudolf: Die Rekonstruktion historischer Lebenswelten. Probleme moderner Kulturgeschichtsschreibung. In: Lehmann, Hartmut (Hg.): Wege zu einer neuen Kulturgeschichte. Göttingen 1995.
Vögelin, Hans Adolf: Wie Basel zu Warenhäusern und anderen Grossverkaufsstellen kam. Basel 1978.
Volkov, Shulamit: Antisemitismus als kultureller Code. In: Dies.: Jüdisches Leben und Antisemitismus im 19. und 20. Jahrhundert. München 1990.
Volkov, Shulamit: Jüdisches Leben und Antisemitismus im 19. und 20. Jahrhundert. München 1990.
Volkov, Shulamit: Das jüdische Projekt der Moderne. Zehn Essays. München 2001.
Vosti, Claudia; Caminada, Nicole: Die Warenhäuser Brann und Jelmoli. Zwei unterschiedliche Beiträge zum Zürcher Stadtbild um die Jahrhundertwende und deren Entwicklung. Zürich 2003 (Typoskript).
Walser, Robert: Geschwister Tanner. Berlin 1907.
Walthard, Rudolf Samuel: Description topographique et historique de la ville et des environs de Berne. Berne 1827.
Walzer, Michael: «What does it mean to be an American?» In: Social Research 57, New York 1990, S. 591–614.
Weber Max: Wirtschaft und Gesellschaft [1921], hrsg. von Johannes Winckelmann. Tübingen 1980.
Wehrheim, Jan: Die Ordnung der Mall. In: Ders.: Shopping Malls – Interdisziplinäre Betrachtungen eines neuen Raumtyps. Wiesbaden 2007, S. 277–294.
Weiguny, Bettina: Die Geheimnisvollen Herren von C & A. Der Aufstieg der Brenninkmeyers. Frankfurt a. M. 2005.
Weingarten-Guggenheim, Elisabeth: Frau-Sein im Judentum. In: Piatti, Livio: Schtetl Zürich, von orthodoxen jüdischen Nachbarn. Zürich 1997, 157–162.
Weingarten, Ralph: Gleichberechtigt in die neue Zeit. Die «Gründerzeit» des Schweizer Judentums 1866–1920. In: Guggenheim, Willy (Hg.): Juden in der Schweiz. Glaube, Geschichte, Gegenwart. Küsnacht/Zürich 1982, S. 54–68.
Weingarten, Ralph: Jüdisches Leben in Zürich. In: Piatti, Livio: Schtetl Zürich, von orthodoxen jüdischen Nachbarn. Zürich 1997.
Weiss, Richard: Alpiner Mensch und alpines Leben in der Krise der Gegenwart. In: Schweizerisches Archiv für Volkskunde, 58/4 (1962), S. 232–254.
Weiss-Sussex, Godela; Zitzlsperger, Ulrike (Hg.): Das Berliner Warenhaus/The Berlin Department Store. Geschichte und Diskurse/History and Discourse. Frankfurt a. M. 2013.
Weisz, Leo: Hundert Jahre Jelmoli in Zürich. In: Zur Eröffnung des Neubaus Jelmoli 1936–38 (Separatabdruck aus der Neuen Zürcher Zeitung vom 13. Oktober 1938), S. 7–15.
Weisz, Leo: Wie Johann Peter Jelmoli nach Zürich kam. In: Ders.: Studien zur Handels- und Industrie-Geschichte der Schweiz. Sonderabdruck aus der Neuen Zürcher Zeitung, Bd. 1. Zürich 1938, S. 101–129.
Weldler-Steinberg, Augusta: Geschichte der Juden in der Schweiz. Vom 16. Jahrhundert bis nach der Emanzipation, hrsg. vom Schweizerischen Israelitischen Gemeindebund, Bd. 2. Zürich 1970.
Whitaker, Jan: Wunderwelt Warenhaus. Eine internationale Geschichte. Hildesheim 2013.
White, Hayden: Auch Klio dichtet oder Die Fiktion des Faktischen. Studien zur Tropologie des historischen Diskurses. Stuttgart 1986.
Wiener, Alfred: Das Warenhaus. Kauf-, Geschäfts-, Büro-Haus. Berlin 1912.
Wietschorke, Jens: Historische Kulturanalyse. In: Bischoff, Christine; Oehme-Jüngling, Karoline, u. Leimgruber, Walter (Hg.): Methoden der Kulturanthropologie. Bern 2014, S. 160–176.

Wildi, Tobias: Abwanderung im Surbtal – Zuwanderung in Baden. Die Veränderung der jüdischen Wohn- und Berufsstruktur 1940–1920. In: Badener Neujahrsblätter 1998 (Nr. 75).
Williams, Rosalind H.: Dream Worlds, Mass Consumption in Late Nineteenth-century France. Berkeley 1982.
Willms, Claudia: Franz Oppenheimer (1864–1943). Liberaler Sozialist, Zionist, Utopist. Wien 2018.
Witzig, Heidi: Einkaufen in der Stadt Zürich um die Jahrhundertwende. In: Schweiz. Zeitschrift für Wirtschafts- und Sozialgeschichte, 1997, Bd. 15, S. 133–146.
Wohlmann, L.: 75 Jahre Israelitische Kultusgemeinde. In: Zürcher Monatschronik 1937, S. 253–257.
Wottreng, Willi: Revolutionäre und Querköpfe. Zürcher Schicksale, hrsg. von Hans Vontobel. Zürich 2005.
Wussow v., Otto Erich: Geschichte und Entwicklung der Warenhäuser (nach Mitteilungen von Oskar Tietz). Berlin 1906.
Wyrwa, Ulrich: Consumption, Konsum, Konsumgesellschaft. Ein Beitrag zur
Begriffsgeschichte. In: Hannes Siegrist; Hartmut Kaelble; Jürgen Kocka (Hg.): Europäische Konsumgeschichte. Zur Gesellschafts- und Kulturgeschichte des Konsums (18. bis 20. Jahrhundert). Frankfurt a. M. 1997, S. 747–762.
Wyss, Felix; Schneider, Jürg E.: Das «Alte, Grosse oder Gelbe Zeughaus» in Zürich. In: Zürcher Denkmalpflege. Zürich 1991 (Bericht 1987/88), S. 33–38.
Zahn, Ralf: Die Geschichte der jüdischen Gemeinden in Wörrstadt und Nieder-Wiesen. In: Alzeyer Geschichtsblätter, 1979, Seite 142–151.
Zamagni, Vera: Die langsame Modernisierung des italienischen Einzelhandels. Die Geschichte eines Sonderfalls in vergleichender Perspektive. In: Siegrist, Hannes; Kaelble, Hartmut; Kocka, Jürgen: Europäische Konsumgeschichte. Zur Gesellschafts- und Kulturgeschichte des Konsums (18. bis 20. Jahrhundert). Frankfurt a.M 1997, S. 705–716.
Zelzer, Maria: Weg und Schicksal der Stuttgarter Juden. Ein Gedenkbuch, hrsg. von der Stadt Stuttgart. Stuttgart 1964.
Ziegler, Beatrice: Arbeit – Körper – Öffentlichkeit. Berner und Bieler Frauen zwischen Diskurs und Alltag (1919–1945). Zürich 2007.
Zola, Emile: Frankreich. Mosaik einer Gesellschaft. Unveröffentlichte Skizzen und Studien, hrsg. und kommentiert von Henri Mitterand, Wien 1990.
Zweig-Strauss, Hanna: Saly Mayer 1882–1950. Ein Retter jüdischen Lebens während dem Holocaust. Köln 2017.